岩溶高原湖盆区城市快速路施工新技术
——哨关路工程施工实践

王东生　刘昆珏　胡　俊 ⊙ 著

西南交通大学出版社
·成都·

```
图书在版编目（CIP）数据

岩溶高原湖盆区城市快速路施工新技术：哨关路工
程施工实践 / 王东生，刘昆珏，胡俊著. —成都：西
南交通大学出版社，2018.4
 ISBN 978-7-5643-6115-0

Ⅰ.①岩… Ⅱ.①王… ②刘… ③胡… Ⅲ.①断陷盆
地－城市道路－快速路－道路施工－工程技术－云南
Ⅳ.①U415.6

中国版本图书馆 CIP 数据核字（2018）第 060816 号
```

岩溶高原湖盆区城市快速路施工新技术
——哨关路工程施工实践

王东生　刘昆珏　胡　俊　著

责任编辑	柳堰龙
封面设计	何东琳设计工作室
出版发行	西南交通大学出版社 （四川省成都市二环路北一段 111 号 西南交通大学创新大厦 21 楼）
邮政编码	610031
发行部电话	028-87600564　028-87600533
官网	http://www.xnjdcbs.com
印刷	四川煤田地质制图印刷厂
成品尺寸	185 mm×260 mm
印张	28.5
字数	692 千
版次	2018 年 4 月第 1 版
印次	2018 年 4 月第 1 次
定价	138.00 元
书号	ISBN 978-7-5643-6115-0

图书如有印装质量问题　本社负责退换
版权所有　盗版必究　举报电话：028-87600562

编 委 会

主　编　王东生

副主编　刘昆珏　胡　俊　闭春华

编　委　朱红兴　李家舜　魏家旭　苏雄斌　李官勇
　　　　　郭振豪　张明杰　吕维超　唐　洪　陈玉键
　　　　　字锐周　杨　杰　李　强　程春梅　王　伟
　　　　　张崇文　马兴伟　刘瑞迪　罗顺江　连国彪
　　　　　樊兴波　邹　政　王　璐　唐　斌　韦章林
　　　　　闭　芬　赵平波　刘天国

前　言

　　云南高原新构造运动强烈，一些断块沿多条平行断裂陷落，形成了众多岩溶断陷盆地。其中部分盆地以湖泊为中心，即岩溶断陷湖盆。被誉为"高原明珠"的九大湖泊，流域面积 8 110 km^2，占全省土地面积的 21%，其中高原岩溶断陷盆地约占全省土地面积的 6%，因断陷湖盆具有优越的自然地理条件及丰富的资源，多成为当地政治、经济、科技和文化中心。近年来，随着城市化的加速，这些岩溶断陷湖盆区的人口快速增长，市政基础设施尤其是市政道路的建设速度不断加快。

　　岩溶断陷湖盆地区具有特殊的地质条件，区内主要不良地质现象为岩溶，主要特殊性岩土为红黏土、泥炭土、填土，岩溶断陷湖盆区的常见工程病害包括：岩溶塌陷、高液限土、软土、滑坡、坍塌、泥石流等。岩溶断陷湖盆地区特殊的地质条件，在市政道路施工过程中容易引发特殊的工程问题。

　　云南省建设投资控股集团有限公司在高原岩溶湖盆区具有丰富的施工经验，近年来，随着国家投融资体制的改革，集团各版块的业务发展迅猛，为提高集团内部的施工技术水平，迫切需要对不同地形地质条件下的市政道路施工技术进行总结和提高。为此目的，集团委托所属路桥总承包部，组织具备丰富经验的总工程师、专业技术人员，以哨关路的施工实践为依托，编著《岩溶高原湖盆区城市快速路施工新技术——哨关路工程施工实践》一书，深入总结分析哨关路施工过程中遇到的各种工程问题及相关施工技术，可为今后类似工程问题提供参考，对于提高岩溶断陷湖盆区市政道路的施工技术水平具有重要的现实意义。

作　者

2017 年 11 月

目 录

第 1 章 概 论 ·· 1
 1.1 岩溶断陷湖盆区的地质特征 ·· 1
 1.2 岩溶断陷湖盆区的主要工程病害 ······································ 3
 1.3 城市快速路的工程特点 ··· 8
 1.4 依托工程介绍——哨关路 ·· 10

第 2 章 红黏土路基施工技术 ··· 20
 2.1 云南红黏土的物理特征 ··· 20
 2.2 云南红黏土的工程特性 ··· 25
 2.3 云南红黏土路基填筑技术 ·· 30
 2.4 哨关路红黏土路基施工技术 ··· 42

第 3 章 隐伏岩溶路基施工技术 ·· 50
 3.1 路基隐伏岩溶的探测方法与病害类型 ······························ 50
 3.2 岩溶塌陷机理与分布规律 ·· 55
 3.3 岩溶路基处理的原则和方法 ··· 65
 3.4 哨关路岩溶路基处理技术 ·· 76

第 4 章 高填石路基施工技术 ··· 88
 4.1 高填石路基施工的特殊性 ·· 88
 4.2 高填石路基的压实机理与基本要求 ································· 91
 4.3 高填石路基的施工工艺 ··· 94
 4.4 哨关路高填石路基的施工技术 ······································ 100

第 5 章 溶洞地区桥梁桩基施工技术 ·· 109
 5.1 溶洞对桩基稳定性的影响及探测方法 ···························· 109
 5.2 钻孔灌注桩遇溶洞钻孔施工技术 ··································· 113
 5.3 溶洞处理技术 ··· 121
 5.4 哨关路上跨沪昆铁路桥桩基础溶洞处理技术 ·················· 127

第 6 章 桥梁旋挖桩基础施工技术 ··· 146
 6.1 桩基旋挖施工技术的特点 ·· 146

6.2 桩基旋挖施工工艺 ·········151
6.3 哨关路花庄河大桥旋挖桩施工技术 ·········154

第7章 水源保护区跨河大桥施工关键技术 ·········170
7.1 哨关路花庄河大桥工程概况 ·········170
7.2 花庄河大桥墩柱、系梁、盖梁、桥台施工技术 ·········171
7.3 花庄河大桥支架施工技术 ·········193
7.4 花庄河拦砂坝施工 ·········204
7.5 花庄河主桥钢箱梁顶推滑移施工技术 ·········207

第8章 城市道路跨越铁路桥梁施工关键技术 ·········243
8.1 哨关路上跨沪昆铁路工程概况 ·········243
8.2 上跨沪昆铁路桥梁顶推施工技术 ·········247
8.3 综合管廊下穿沪昆铁路桥梁施工技术 ·········271

第9章 城市道路跨越既有公路桥梁施工技术 ·········276
9.1 哨关路跨G320国道工程概况 ·········276
9.2 现浇连续箱梁施工技术 ·········279
9.3 T梁预制架设施工技术 ·········302
9.4 跨线桥施工防护技术 ·········319

第10章 城市综合管廊施工技术 ·········326
10.1 哨关路综合管廊概况 ·········326
10.2 综合管廊基坑施工技术 ·········327
10.3 综合管廊总体施工技术 ·········335

第11章 城市综合管廊桥施工关键技术 ·········345
11.1 花庄河管廊桥工程简介 ·········345
11.2 管廊桥现浇箱梁施工技术 ·········349
11.3 管廊桥悬臂浇筑施工技术 ·········357

第12章 城市快速路宽幅路面施工关键技术 ·········399
12.1 哨关路路面工程概况及施工总体安排 ·········399
12.2 拌合站建站与施工 ·········402
12.3 级配碎石底基层施工技术 ·········405
12.4 水泥稳定碎石基层施工技术 ·········413
12.5 路面面层施工技术 ·········420

参考文献 ·········438

第1章 概 论

1.1 岩溶断陷湖盆区的地质特征

1.1.1 岩溶断陷湖盆区的分布概况

岩溶断陷盆地是新生代断裂活动形成的岩溶盆地。盆地形状较为规则，边界平直，呈长条形或方形，面积数十至数百平方千米，底部平坦，有较厚的新生界沉积。云南东部挽近地质时期，南北向断裂构造发育，断陷盆地多达数十个，是中国主要的岩溶断陷盆地分布区。云南高原新构造运动强烈，一些断块沿多条平行断裂陷落，形成了众多岩溶断陷盆地。其中部分盆地以湖泊为中心，即岩溶断陷湖盆。被誉为"高原明珠"的九大湖泊，流域面积 8 110 km²，占全省土地面积的 21%，其中高原岩溶断陷盆地约占全省土地面积的 6%，如图 1-1 所示。岩溶断陷盆地的基底以及周围山地的基岩大部分为可溶岩类。周围山地中溶沟、溶蚀裂隙、封闭洼地等形态发育，而盆地深部可溶岩中溶洞发育，常含丰富的承压岩溶水，有的地区可自流。

断陷湖盆因具有优越的自然地理条件及丰富的资源，多成为当地政治、经济、科技和文化中心。近年来，随着城市化的加速，这些岩溶断陷湖盆区的人口快速增长，市政基础设施尤其是市政道路的建设速度不断加快。岩溶断陷湖盆地区具有特殊的地质条件，在市政道路施工过程中容易引发特殊的工程问题。哨关公路属于城市快速路，该项目位于昆明断陷湖盆区，在该项目的修建过程中遇到了多处典型的工程问题。

深入研究哨关路施工过程中遇到的各种工程问题及相关施工技术，可为今后类似工程问题提供参考，对于提高岩溶断陷湖盆区市政道路的施工技术水平具有重要的现实意义。

1.1.2 昆明岩溶断陷湖盆区的地质特征

1. 区域地质构造

昆明断陷湖积盆地构造区域位于南岭东西构造、川滇南北构造与云南山字型构造交接地带，区内历经多期构造运动，各类型构造形迹较发育，性质复杂多变。按展布方向划分为近南北向构造体系、近东西向构造体系、北西向构造体系，其中近南北向构造体系为区域控制性构造。

2. 地震烈度

区域地质构造复杂，断裂较发育，地震活动频繁，地震多发生在活动性强的主干断裂或两组以上断裂交汇部位。西部的昆明西山断裂带，东部的小江断裂带都是地震活动的敏感地带。据有关史料记载：昆明地区自公元前 26 年迄今共发生地震 652 次，其中破坏性地震 165 次；小江断裂带从公元 1500 年—1975 年共发生地震 37 次，最大震级 8 级，≥6 级地震 12 次。

1927年3月15日嵩明县发生6级地震,震中位于上游水库嵩明—沧溪大断裂本身断面倾向发生转折地段。据地震监测小江断裂带近期内仍在活动。项目区设计基本地震加速度为$0.20g \sim 0.30g$,抗震设防烈度为Ⅷ度。

3. 水文地质

1) 地表水

项目区主要地表水体为青年水库及八家村水库。其中青年水库位于线路起点北侧;八家村水库位于小哨乡,水库为狭长形状,线路以高架桥形式跨越,该水库目前无养殖,蓄水主要是周边农民灌溉用水和部分村庄的饮用水源,水质清澈无污染,该水库最深处20余米。

2) 地下水

本工程地下水类型主要为孔隙型潜水及基岩裂隙水、岩溶水。孔隙潜水主要赋存于第四系残坡积及冲洪积土层,该层透水性一般,主要接受大气降水补给及地表径流侧向补给。基岩裂隙水主要赋存于全强风化灰岩中、岩溶水主要赋存于灰岩溶洞中,流通性一般较差,部分岩溶发育区勘探孔未见地下水。

4. 工程地质

区内及附近广布碳酸盐岩,除路线起点部分地段属山前冲洪积平原地貌外,总体属溶蚀低山丘陵及岩溶垅岗洼地地貌。部分地段为第四系下更新统冲洪积土,以褐灰色卵(砾)石土、黏土夹卵(砾)石为主,本次勘察未揭穿,最大揭示深度60.9 m;其余段落全线表面大面积覆盖第四系红黏土,厚度不均,最厚可达12.4 m。下伏泥盆系中统海口组白云质灰岩、角砾状灰岩,岩溶作用较强烈,岩溶漏斗、地下溶洞时有分布,透水及富水性强,岩溶地下水埋藏较深,旱、雨季水位变幅较大。完整岩体力学强度高,稳定性好,而岩溶洞穴发育地段,在诱发条件(上部荷载、水位大幅下降等)可发生岩溶地面塌陷,危害极大。

5. 不良地质及特殊性岩土

区内主要不良地质现象为岩溶,主要特殊性岩土为红黏土、泥炭土、填土。

1) 岩溶

区内分布地层主要为灰岩、白云质灰岩,其可溶性好,厚度大,表层主要为第四系松散层覆盖,第四系松散层以红黏土及次生红黏土层为主。30 m以浅基岩中局部见厅堂式溶洞发育,区内岩溶形态地表主要表现为地下隐伏性岩溶,主要类型为溶洞、溶隙、溶孔等,部分地表发育有岩溶洼地。由于岩溶的长期作用,路线区土层下部溶隙、溶沟、石芽等相对较发育,造成基岩面起伏较大,上部土层的厚度变化较大,地基存在不均匀性。区内基岩为可溶性碳酸盐岩,主要工程地质问题由岩溶作用引起,地基不均匀性、石芽岩体稳定性、溶洞顶板岩体稳定性、地面塌陷可能性是拟建项目的主要工程地质问题。

2) 红黏土

旱季位于斜坡和陡坎地带的红黏土发育收缩裂隙或地裂。收缩裂隙呈网状,以纵向为主,斜交和水平裂隙少见,地裂水平方向多为单向延伸,斜坡地段平行等高线延伸,具干张、湿闭可逆性变化。红黏土抗风化性弱,土体强度对湿度、温度变化敏感,易出现强度降低,产生不均匀胀缩特性。

红黏土分布范围较广，由于侵溶蚀的长期作用，地下溶沟、溶槽相对较发育，基岩面起伏相对较大，红黏土厚度变化较大，一般厚度 1~15 m，局部地段厚度达到 38.2 m，土质主要以高液限黏土为主。红黏土随深度不同，存在不同的特性，主要表现如下：① 红黏土随深度存在明显变化，浅表层由于孔隙水被蒸发，形成松散的红黏土层，土体松散，对拟建工程影响较大。② 松散层以下，红黏土稍湿，呈硬塑状，局部可塑状，干强度高。承载力较高，可作为道路的路基基础持力层。③ 接近基岩段随岩溶的发育情况，分别呈现可塑状—软塑状，主要跟岩溶水的发育有关，岩溶发育路段，地下水排泄通畅，红黏土呈可塑状，局部夹有灰岩碎块石，岩溶不发育地段，地下水排水不畅，红黏土呈软塑状，对路基不均匀沉降存在一定的安全影响，现状条件下，区内均为岩溶强发育，受地下水影响的范围较小。

浅部红黏土层受大气影响深度 4.00~4.50 m，以及大气影响急剧层 1.80~2.00 m 范围内，结构松散。该红黏土自由膨胀率为 25.8%~38.7%；重度变化大，平均孔隙比较高，平均收缩系数较大，对路基存在一定的安全影响。不可直接作为路基填料，如需使用，必须进行掺灰或掺石料处理，且应做好排水措施。基础施工宜采用分段快速作业法，施工过程中不得曝晒或泡水，雨季施工时应采取防水措施。

3）泥炭土

区内局部地段分布 4-2a 层泥炭土，灰黑色，软—可塑，切面稍有光滑，韧性及干强度中等，腐殖物含量较高，含水率 34.0%~64.9%，孔隙比 0.974~1.527，压缩系数 0.549，有机质含量 36.8%。该层层顶埋深 1.5~4.0 m，层厚 0.5~1.5 m。该层高含水率、高压缩性、高孔隙比，整体性质较差。

4）填土

区内局部地段分布 1a 层填土，褐色—褐红色，主要以黏性土为主，土质松散，多分布于线路表层，一般厚度 0.3~1.0 m。局部地段堆填有大量松散土，最大填土厚度约 15.6 m。

1.2 岩溶断陷湖盆区的主要工程病害

岩溶断陷湖盆区的常见工程病害包括：岩溶塌陷、高液限土、软土、滑坡、坍塌、泥石流等。

1.2.1 岩溶塌陷

昆明岩溶断陷湖积盆地域内广泛分布碳酸盐，下伏泥盆系中统海口组白云质灰岩，岩溶作用较强烈，岩溶漏斗、地下溶洞时有分布。

岩溶塌陷（karst break down）是指在岩溶地区，下部可溶岩层中的溶洞或上覆土层中的土洞，因自身洞体扩大或在自然与人为因素影响下，顶板失稳产生塌落或沉陷的统称。在我国岩溶塌陷的定义有狭义岩溶塌陷与广义岩溶塌陷之分。

狭义岩溶塌陷又叫岩溶地面塌陷，是指开口溶洞（溶隙）与上覆土层中的水、气，对盖层产生力学效应，导致地面塌落的一种岩溶动力地质作用与现象。广义岩溶塌陷是指在岩溶地区，由于下部岩体中的洞穴扩大而导致顶板岩体塌陷，或上覆土层中的土洞顶板因自然或人为因素失去平衡产生下沉或塌陷的通称。该定义将岩溶塌陷分为基岩塌陷和上覆土层塌陷即两种，前者是指基岩洞穴顶板的坍塌；后者指土洞顶板的塌落（即狭义的岩溶塌陷）。

岩溶地面塌陷是地面变形破坏的主要类型，多发生于碳酸盐岩、钙质碎屑岩和盐岩等可溶性岩石分布地区。激发塌陷活动的直接诱因除降雨、洪水、干旱、地震等自然因素外，往往与抽水、排水、蓄水和其他工程活动等人为因素密切相关，而后者往往规模大、突发性强、危害也就大。岩溶地面塌陷发现于碳酸盐岩分布区，其形成受到环境和人类活动的双重影响。

（1）可溶岩及岩溶发育程度。

可溶岩是由岩溶地面塌陷形成的物质基础，而岩溶洞穴的存在则为地面塌陷提供了必要的空间条件。大量塌陷事件表明，塌陷主要发生在覆盖型岩溶和裸露型岩溶分布区，部分发育在埋藏型岩溶分布区。溶穴的发育和分布受岩溶发育条件的制约，一般主要沿构造断裂破碎带、褶皱轴部张裂隙发育带、质纯层厚的可溶岩分布地段、与非可溶岩接触地带分布。岩溶的发育程度和岩溶洞穴的开启程度，是决定岩溶地面塌陷的直接因素，可溶岩洞穴和裂隙一方面造成岩体结构的不完整，形成局部的不稳定，另一方面为容纳陷落物质和地下水的强烈运动提供了充分的空间条件。一般情况下，岩溶越发育，溶穴的开启性越好，洞穴的规模越大，则岩溶地面塌陷也越严重。

（2）覆盖层厚度、结构和性质。

松散破碎的盖层是塌陷体的主要组成部分，由基岩构造成的塌陷体在重力作用下沿溶洞、管道顶板陷落而成的塌陷为基岩塌陷。塌陷体物质主要为第四系松散沉积物所形成的塌陷叫土层塌陷。据南方十省区统计，土层塌陷占塌陷总数的96.7%。

（3）地下水运动。

地下水运动是塌陷产生的动力条件——主要动力。地下水的流动及其水动力条件的改变是岩溶塌陷形成的最重要动力因素，地下水径流集中和强烈的地带，最易产生塌陷，这些地带有：岩溶地下水的主径流带；岩溶地下水的（集中）排泄带；地下水位埋藏浅、变幅大的地带（地段）；地下水位在基岩面上下频繁波动的地段；双层（上为孔隙、下为岩溶）含水介质分布的地段，或地下水位急剧变化的地段；地下水与地表水转移密切的地段。地下水位急剧变化带是塌陷产生的敏感区，水动力条件的改变是产生塌陷的主要触发因素。水动力条件发生急剧变化的原因主要有降雨、水库蓄水、井下充水、灌溉渗漏、严重干旱、矿井排水、强烈抽水等。此外，地震、附加荷载、人为排放的酸碱废液对可溶岩的强烈溶蚀等均可诱发岩溶地面塌陷。

1.2.2 过湿土与高液限土

在昆明断陷湖盆区，过湿土主要分布在东部的红黏土地带，对"过湿土"目前尚无确切的定义。按现行公路路基土的分类，所说的过湿土大多属于高液限黏土。有的文献认为，过湿土一般是指稠度（w_C）小于某一允许值后，必须采取相应技术措施加以处理方可压实到规定压实度的土。研究表明：黏性土按稠度[$w_C=(w_L-w)/I_P$，w_L 为液限，w 为天然含水量，I_P 为塑性指数]划分时，$w_C<0.5$ 时呈极软塑状，不能直接用作筑路材料；$w_C=0.5\sim0.75$ 时呈软塑状，属于需要处理的湿黏土，如用作填土材料，可掺入无机结合料，视情况晾晒拌和后压实，能获得满意效果；$w_C=0.75\sim1.00$ 时呈硬塑状，属于可利用的湿黏土，其中 $w_C=0.90\sim1.00$ 时只需稍加晾晒便可压实；$w_C=0.75\sim0.90$ 时需要晾晒时间较长，并需要掺入小剂量的结合料

拌和后压实；只有当 $w_C > 1.00$ 时土呈半固体状，属于正常填料，直接可用重型机具碾压密实。

高液限土具有含水量高、容重轻、稳定性差、强度低等特点，按常规的施工工艺高液限土的压实度达不到设计规范要求。在工程中判别高液限土的3个指标为：小于0.075 mm 的颗粒含量大于50%、液限大于50%，塑性指数大于26的土。高液限土除了具有遇水膨胀、失水收缩的特征外，更主要的特征是高液限土的压实性差，经过压实后的土的压缩性仍然较大，且有明显的应变软化。如果忽视高液限土的这些工程特性，很容易导致边坡工程失稳。

高液限土通常含有大量的蒙脱石、伊利石、高岭石等黏土矿物成分。其中蒙脱石是由颗粒极细的含水铝硅酸盐构成的矿物，其晶格单元由两层硅氧四面体层夹一层氧化铝八面体层构成，层间连接依靠范得华力，较弱，水分子容易进入晶胞之间，增大晶胞距离，脱水后，又产生相应的收缩，其液限变化范围可达到140%～710%，塑限范围为50%～100%；在晶格之间，由于同晶置换作用，使蒙脱石具有很强的吸附能力，大量的 Na^+、Ca^{2+} 填充进来，产生双电层效应，导致粒间的膨胀。相似的，伊利石也具有2:1的三层晶体结构，但其吸附的阳离子主要为 Na^+、K^+，晶格间连接力较强，水分子不容易进入，所以伊利石亲水性、胀缩性不如蒙脱石，其液限变化范围为80%～120%，塑限为45%～60%。伊利石属于较不稳定的中间产物，性质介于蒙脱石和高岭石之间，并随着层间 K^+ 含量的逐渐减少，而接近于蒙脱石。高岭石的结构单元是由一层铝氢氧晶片和一层硅氧晶片组成的晶胞。晶胞之间的联结是氧原子与氢氧基之间的氢键，联结力较强，晶胞之间的距离不易改变，水分子不能进入，亲水性及膨胀性较前两种矿物成分小。

高液限土的工程性质与其母岩成分、含水量、密实度、外荷载大小及作用方式、其他物理化学作用等都有关系。根据大量工程实践可知：高液限土透水性较差；干硬时强度高，坚硬不易挖掘，不易压实；毛细现象明显，吸水后能长时间保持水分，故吸水后承载力小、稳定性差；具有较大的可塑性、弱膨胀性和黏性。

1.2.3 软土

在昆明断陷湖盆区，滇池周边地带及域内河流两侧局部分布有淤泥质软土。软土一般外观以灰色为主，这类土的物理特性大部分是饱和的，包括淤泥、淤泥质土（淤泥质黏性土粉土）、泥炭、泥炭质土等，且天然含水量大于液限的细粒土，含有机质，天然含水量大于液限，孔隙比大于1；当天然孔隙比大于1.5时，称为淤泥；天然孔隙比大于1而小于1.5时，则称为淤泥质土。软土主要是由天然含水量大、压缩性高、承载能力低的淤泥沉积物及少量腐殖质所组成的土。软土是指滨海、湖沼、谷地、河滩沉积的天然含水量高、孔隙比大、压缩性高、抗剪强度低的细粒土。具有天然含水量高、天然孔隙比大、压缩性高、抗剪强度低、固结系数小、固结时间长、灵敏度高、扰动性大、透水性差、土层层状分布复杂、各层之间物理力学性质相差较大等特点。软土泛指淤泥及淤泥质土，是第四纪后期于沿海地区的滨海相、泻湖相、三角洲相和溺谷相，内陆平原或山区的湖相和冲击洪积沼泽相等静水或非常缓慢的流水环境中沉积，并经生物化学作用形成的饱和软黏性土。软土的组成和状态特征是由其生成环境决定的。由于它形成于上述水流不通畅、饱和缺氧的静水盆地，这类土主要由黏粒和粉粒等细小颗粒组成。淤泥的黏粒含量较高，一般达30%～60%。黏粒的黏土矿物成分以水云母和蒙德石为主，含大量的有机质。有机质含量一般达5%～15%，最大达17%～25%。这些黏土矿物和有机质颗粒表面带有大量负电荷，与水分子作用非常强烈，因而在其颗粒外围形成很厚的结合水膜，且在沉积过程中由于粒间静电荷引力和分子引力作用，形成絮状和蜂窝状结构。所以，软土含大量的结合水，并由于存在一定强度的粒间连结而具有显著的结构性。由于软土的生成环境及粒度、矿物组成和结构特征，结构性显著且处于形成初期，呈饱和状态，这都使软土在其自重作用下难于压密，而且来不及压密。因此，不仅使之必然具有高孔隙性和高含水量，而且使淤泥一般呈欠压密状态，以致其孔隙比和天然含水量随埋藏深度很小变化，因而土质特别松软。淤泥质土一般则呈稍欠压密或正常压密状态，其强度有所增大。淤泥和淤泥质土一般呈软塑状态，但当其结构一经扰动破坏，就会使其强度剧烈降低甚至呈流动状态。因此，淤泥和淤泥质土的稠度实际上通常处于潜流状态。

由于软土强度低，沉隐量大，往往给道路工程带来很大的危害，如处理不当，会给公路的施工和使用造成很大影响。软土根据特征，可划分为：软黏性土、淤泥质土、淤泥、泥炭质土及泥炭五种类型。路基中常见的软土，一般是指处于软朔或者流朔状态下的黏性土。其特点是天然含水量大、孔隙比大、压缩系数高、强度低，并具有蠕变性、触变性等特殊的工程地质性质，工程地质条件较差。选用软土作为路基应用，必须提采取出切实可行的技术措施。这种土质如果在施工中出现在路基填土或桥涵构造物基础中，最佳含水量不易把握，极难达到规定的压实度值，满足不了相应的密实度要求，在通车后，往往会发生路基失稳或过量沉陷。其危害性显而易见，故禁止采用。在软土地基上修筑路堤，特别是桥头引道，如不采取有效的加固措施，就会产生不同程度的坍滑或沉陷，导致公路破坏或不能正常使用。

软土地基下沉的一个主要原因是软土地基的沉降，包括瞬时沉降、固结沉降和次固结沉降三部分。根据沉降标准，按我国现行的有关规定，用容许工后沉降——路面设计使用年限内的剩余沉降来控制（其值见有关设计标准）。一般地，除要确保新填筑路基的密实度以减少沉降外，包括原地面的地基总沉降必须达到基本稳定，沉降量大致达到总沉降量的80%以上时，才容许铺路面。软土地基沉降严重时，不仅增加填方数量，而且沉降或水平位移对临近填土的桥台、挡土墙、涵洞，甚至对附近的住宅、农田以及路线的技术标准都会产生很大的影响。为此，首先应做好深入细致的工程地质勘探工作，充分研究已有地质资料，采取调绘、钻探、原位测试及物探等综合勘测手段。查明路段所处的地形、地质、水文、气候、径流条件等自然环境条件和路基排水条件，明确松软土层的成因、类型、分布范围及其在路线通过地带分布的具体情况，确定软土层在纵向、横向的分布厚度、层次、各层土的土质及物理力学性质（如天然容重、天然含水量、塑限、液限、孔隙比、内聚力、内摩擦角、承载力及渗透系数等）。根据路基土的工程特性，选用适当的处理措施。

1.2.4 滑坡

昆明断陷湖盆区内，零星分布着一些小型土质滑坡。滑坡是指斜坡上的土体或者岩体，受河流冲刷、地下水活动、雨水浸泡、地震及人工切坡等因素影响，在重力作用下，沿着一定的软弱面或者软弱带，整体地或者分散地顺坡向下滑动的自然现象。滑坡的机制是某一滑移面上剪应力超过了该面的抗剪强度，运动的岩（土）体称为变位体或滑移体，未移动的下伏岩（土）体称为滑床。

产生滑坡的基本条件是斜坡体前有滑动空间，两侧有切割面。例如中国西南地区，特别是西南丘陵山区，最基本的地形地貌特征就是山体众多，山势陡峻，土壤结构疏松，易积水，沟谷河流遍布于山体之中，与之相互切割，因而形成众多的具有足够滑动空间的斜坡体和切割面。广泛存在滑坡发生的基本条件，滑坡灾害相当频繁。从斜坡的物质组成来看，具有松散土层、碎石土、风化壳和半成岩土层的斜坡抗剪强度低，容易产生变形而下滑；坚硬岩石中由于岩石的抗剪强度较大，能够经受较大的剪切力而不变形滑动。但是如果岩体中存在着滑动面，特别是在暴雨之后，由于水在滑动面上的浸泡，其抗剪强度大幅度下降而易滑动。降雨对滑坡的影响很大。降雨对滑坡的作用主要表现在，雨水的大量下渗，导致斜坡上的土石层饱和，甚至在斜坡下部的隔水层上积水，从而增加了滑体的重量，降低土石层的抗剪强度，导致滑坡产生。不少滑坡具有"大雨大滑、小雨小滑、无雨不滑"的特点。地震对滑坡的影响很大。究其原因，首先是地震的强烈作用使斜坡土石的内部结构发生破坏和变化，原有的结构面张裂、松弛，加上地下水也有较大变化，特别是地下水位的突然升高或降低对斜坡稳定是很不利的。另外，一次强烈地震的发生往往伴随着许多余震，在地震力的反复振动冲击下，斜坡土石体就更容易发生变形，最后就会发展成滑坡。

1.2.5 崩塌

昆明断陷湖盆区内的崩塌现象主要出现在盆地西部的西山区域，多发生在雨季，具有较大的工程危害。崩塌是指陡峻山坡上岩块、土体在重力作用下，发生突然的急剧的倾落运动。多发生在大于 60°~70°的斜坡上。崩塌的物质，称为崩塌体。崩塌体为土质者，称为土崩；崩塌体为岩质者，称为岩崩；大规模的岩崩，称为山崩。崩塌可以发生在任何地带，山崩限于高山峡谷区内。崩塌体与坡体的分离界面称为崩塌面，崩塌面往往就是倾角很大的界面，如节理、片理、劈理、层面、破碎带等。崩塌体的运动方式为倾倒、崩落。崩塌体碎块在运动过程中滚动或跳跃，最后在坡脚处形成堆积地貌——崩塌倒石锥。崩塌倒石锥结构松散、杂乱、无层理、多孔隙；由于崩塌所产生的气浪作用，使细小颗粒的运动距离更远一些，因而在水平方向上有一定的分选性。

崩塌会使建筑物，有时甚至使整个居民点遭到毁坏，使公路和铁路被掩埋。由崩塌带来的损失，不单是建筑物毁坏的直接损失，并且常因此而使交通中断，给运输带来重大损失。崩塌有时还会使河流堵塞形成堰塞湖，这样就会将上游建筑物及农田淹没，在宽河谷中，由于崩塌能使河流改道及改变河流性质，而造成急湍地段。

防治崩塌的工程措施主要有：

（1）排水：在有水活动的地段，布置排水构筑物，以进行拦截与疏导。包括排出边坡地下水和防止地表水进入。

（2）锚固：① 遮挡。即遮挡斜坡上部的崩塌物。这种措施常用于中、小型崩塌或人工边坡崩塌的防治中，通常采用修建明硐、棚硐等工程进行，在铁路工程中较为常用。② 拦截。对于仅在雨后才有坠石、剥落和小型崩塌的地段，可在坡脚或半坡上设置拦截构筑物。如设置落石平台和落石槽以停积崩塌物质，修建挡石墙以拦坠石；利用废钢轨、钢钎及钢丝等编制钢轨或钢钎棚栏来拦截这些措施，也常用于铁路工程。③ 支挡。在岩石突出或不稳定的大孤石下面修建支柱、支挡墙或用废钢轨支撑。④ 打桩。固定边坡。⑤ 护墙、护坡。在易风化剥落的边坡地段，修建护墙，对缓坡进行水泥护坡等。一般边坡均可采用。

(3)刷坡、削坡。在危石孤石突出的山嘴以及坡体风化破碎的地段,采用刷坡技术放缓边坡。

(4)镶补勾缝。对坡体中的裂隙、缝、空洞,可用片石填补空洞,水泥沙浆勾缝等以防止裂隙、缝、洞的进一步发展。

(5)其他:灌浆(充填硅酸盐水泥)等。

1.2.6 泥石流

昆明断陷湖盆区内的泥石流现象主要发生在东部寻甸、东川境内。泥石流是指在山区或者其他沟谷深壑,地形险峻的地区,因为暴雨、暴雪或其他自然灾害引发的山体滑坡并携带有大量泥沙以及石块的特殊洪流。泥石流具有突然性以及流速快,流量大,物质容量大和破坏力强等特点。发生泥石流常常会冲毁公路铁路等交通设施甚至村镇等,造成巨大损失。

泥石流是暴雨、洪水将含有沙石且松软的土质山体经饱和稀释后形成的洪流,它的面积、体积和流量都较大,而滑坡是经稀释土质山体小面积的区域,典型的泥石流由悬浮着粗大固体碎屑物并富含粉砂及黏土的黏稠泥浆组成。在适当的地形条件下,大量的水体浸透流水山坡或沟床中的固体堆积物质,使其稳定性降低,饱含水分的固体堆积物质在自身重力作用下发生运动,就形成了泥石流。泥石流是一种灾害性的地质现象。通常泥石流爆发突然、来势凶猛,可携带巨大的石块。因其高速前进,具有强大的能量,因而破坏性极大。泥石流流动的全过程一般只有几个小时,短的只有几分钟,是一种广泛分布于世界各国一些具有特殊地形、地貌状况地区的自然灾害。这是山区沟谷或山地坡面上,由暴雨、冰雪融化等水源激发的、含有大量泥沙石块的介于挟沙水流和滑坡之间的土、水、气混合流。泥石流大多伴随山区洪水而发生。它与一般洪水的区别是洪流中含有足够数量的泥沙石等固体碎屑物,其体积含量最少为15%,最高可达80%左右,因此比洪水更具有破坏力。

减轻或避防泥石流的工程措施主要有:①跨越工程。是指修建桥梁、涵洞,从泥石流沟的上方跨越通过,让泥石流在其下方排泄,用以避防泥石流。这是铁道和公路交通部门为了保障交通安全常用的措施。②穿过工程。指修隧道、明硐或渡槽,从泥石流的下方通过,而让泥石流从其上方排泄。这也是铁路和公路通过泥石流地区的又一主要工程形式。③防护工程。指对泥石流地区的桥梁、隧道、路基及泥石流集中的山区变迁型河流的沿河线路或其他主要工程措施,作一定的防护建筑物,用以抵御或消除泥石流对主体建筑物的冲刷、冲击、侧蚀和淤埋等的危害。防护工程主要有:护坡、挡墙、顺坝和丁坝等。④排导工程。其作用是改善泥石流流势,增大桥梁等建筑物的排泄能力,使泥石流按设计意图顺利排泄。排导工程,包括导流堤、急流槽、束流堤等。⑤拦挡工程。用以控制泥石流的固体物质和暴雨、洪水径流,削弱泥石流的流量、下泄量和能量,以减少泥石流对下游建筑工程的冲刷、撞击和淤埋等危害的工程措施。拦挡措施有:栏渣坝、储淤场、支挡工程、截洪工程等。

1.3 城市快速路的工程特点

城市快速路,常简称为快速路,是等级最高的城市道路,通过设置超长距离的中央隔离带使汽车快速通行，位居城市道路四个等级中的顶端。城市道路中设有中央分隔带，具有双向四车道以上的规模，全部或部分采用立体交叉与控制出入，供车辆以较高速度行驶，主要作用是保证汽车畅通、连续地行驶，提高城市内部的运输效率。城市快速路的一个主要原则，即快速路没有红绿灯，可以连续通行。因此需要在所有的路口形成一个立交，或者是一个简单的立交，或者是大型的立交，立交的设置主要跟相关道路有关。城市快速路的另一个重要特点是它只服务于城市内部。如果一条快速路已连接着其他城市，则不能叫城市快速路，应该叫城际快速路。与高速公路相比，城市快速路的建设具有显著的不同，这种区别主要体现在以下几个方面：

1. 道路宽度大、土石方工程量大、路基路面施工要求高

按照规范要求，城市快速路的道路宽度一般在 40~70 m，加上分隔带、绿化带、辅道，一般总宽度会达到 60 m 以上。由于城市快速路的道路很宽，整个工程的土石方工程量庞大；此外，道路宽度大容易导致在路基的横向产生差异沉降，进而容易引发路面纵向裂缝等路面病害的发生。因此，城市快速建设时，对路基、路面的施工质量提出了更高的要求。

2. 道路立交多、跨线施工任务常见

规范要求城市快速路以立体交叉的方式通过道路交叉口，由于城市快速路只服务于城市内部，在施工过程中难免要与许多已经建成的公路、铁路、水利设施、城市轨道交通等工程产生交叉；一般交叉穿越的方式或采用桥梁上跨，或采用地下工程下穿。总之，在城市快速路施工过程中，不可避免地要遇到很多跨线施工任务。跨线施工技术难度大、安全风险高，往往成为制约整个工程进度的瓶颈。

3. 地下管线等附属设施多

在市政建设过程中，一般会将大量的城市生命线工程附着在市政道路的下方。因此城市快速路的修筑往往伴随着大量地下管线等附属设施的修建（主要包括供水、排水系统管线；电力、燃气及石油管线；电话和广播电视等通信管线），这些附属设施有时会各自独立修筑，有时会采用城市综合管廊的形式集中修筑。这些附属设施是城市快速路的重要组成部分，也会对城市快速路的投资和进度产生直接影响。

4. 安全保通任务重

城市快速路在市区进行跨线施工时，既要保证工程施工的顺利进行，又要保证既有道路的畅通，此外还要同时保证既有道路的通行安全和在建道路的施工安全。因此，城市快速路施工的安全保通任务非常繁重。

5. 环境保护、文明施工要求高

与高速公路相比，城市快速路在城市范围内施工，因此对施工环境保护和文明施工提出了更高的要求。环境保护和文明施工的高要求主要体现在以下几个方面：① 对地上构筑物和地下管线的保护要求高；② 对施工围挡的要求高；③ 对施工噪音控制及施工扬尘控制要求高；④ 对土方运输要求高；⑤ 对既有道路通行秩序要求高。

1.4 依托工程介绍——哨关路

1.4.1 工程概述

哨关路位于云南省滇中新区嵩明—空港片区，是片区骨架路网的重要组成部分，路线总体呈东西走向，东接新昆嵩高速，西连昆曲高速改线，总里程约 12.687 km，主要工程内容包括道路工程、桥涵工程、排水工程、交通工程、照明工程、综合管廊工程、环境保护和景观工程等。哨关路起点接新昆嵩高速小哨互通，终点顺接小龙高速哨关互通。哨关路作为片区内部骨架道路，其功能主要是作为空港—嵩明组团的东西片区发展轴、东西向骨架道路；服务于嵩明中部片区对外快速出行、未来小哨核心区；同时服务于沿线产业发展，带动周边地块开发。哨关路区位图如图 1-2、1-3 所示。

图 1-2 哨关路区位图

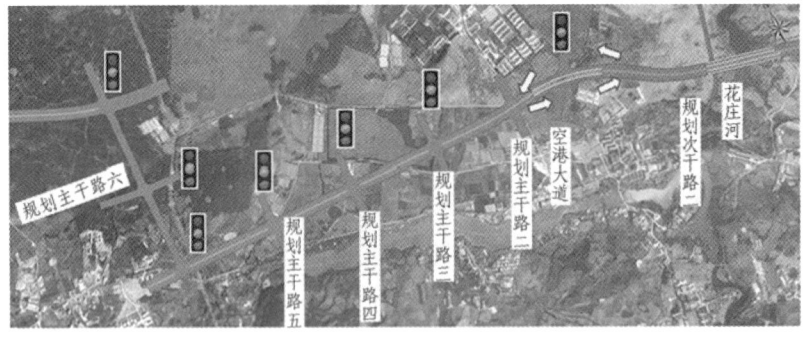

图 1-3 哨关路与其他道路交叉关系

1.4.2 设计标准

哨关路横断面图如图 1-4 所示。

（1）道路等级：城市快速路。

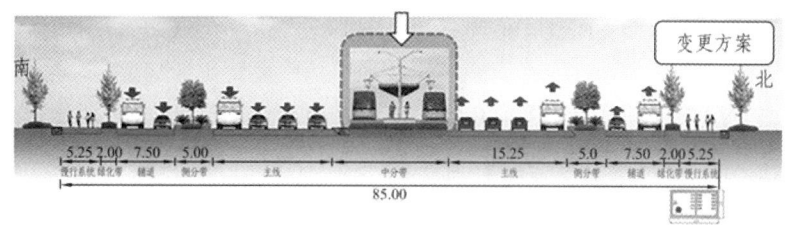

图 1-4 哨关路横断面图

（2）设计车速：

快速系统 80 km/h。

辅道系统 40 km/h。

（3）加减速车道：

加速车道长度：160 m。

减速车道长度：80 m。

渐变段长度：50 m。

（4）道路主要线性标准（表 1-1）。

表 1-1 道路线行标准

项目		单位	技术指标要求表		
			主路		辅路
道路等级			快速路	主干路	主干路
设计车速		km/h	80	60	40
车道宽度		m	3.5、3.75	3.5、3.75	3.5
不设缓和曲线最小圆曲线半径		m	2 000	1 000	500
不设超高最小半径		m	1 000	600	300
设超高推荐半径		m	400	300	150
设超高最小半径		m	250	150	70
平曲线最小长度		m	140	100	35
小转角平曲线最小长度		m/a	1 000	700	500
缓和曲线最小长度		m	70	50	35
机动车最大纵坡		%	4	5	6
机动车最小纵坡		%	0.3（地面） 0.5（高架）	03	0.3
纵坡坡段最小长度		m	200	150	110
最大超高		%	6	6	6
凸形竖曲线	极限最小半径	m	3 000	1 200	400
	一般最小半径	m	4 500	1 800	600
凹形竖曲线	极限最小半径	m	1 800	1 000	450
	一般最小半径	m	2 700	1 500	700

（5）通行净空高度：

机动车道：≥5.0 m。

非机动车道和人行道：≥2.5 m。

（6）荷载等级：

桥梁荷载等级：城-A 级。

人群荷载：按《城市桥梁设计规范》（CJJ11—2011）取用。

路面结构轴载计算标准：BZZ-100型标准车轴载。

（7）设计年限：

桥梁、通道、涵洞设计基准期：100年。

沥青路面设计基准期：15年。

1.4.3 主要工程量

哨关路道路工程量见表1-2~表1-5。

表1-2 哨关路道路工程数量一览表

序号	单项工程			单位	工程数量
1	路面	主线机动车道		m²	287 148
		辅道机动车道（新建）			237 053
		辅道机动车道（加铺）			9 594
		非机动车道			39 448
		人行道			41 140
2	路基	清表		m³	663 681
		填方	素土		210 573
			碎石土		3 113 100
		挖方	土方		2 208 442
			石方		1 215 227
		钢塑格栅		m²	511 329
		冲击碾压			104 570
		特殊路基	φ110钻孔	m	54 892
			M7.5水泥砂浆	m³	109 911
			M7.5浆砌片石	m³	3 547
			回填片（块）石	m³	16 625
			基坑开挖	m³	5 346
			回填碎石土	m³	4 703
3	挡土墙			m	3 448
4	边坡防护			m²	163 859
5	边沟			m	10 173.4
6	涵洞			道	10

表1-3 桥梁工程主要规模

桥名	桥长/m	标准宽度/m	桥梁面积/m²
跨老G320桥	左幅：769 右幅：729	24.25	36 326
跨新G320桥	左幅：134 右幅：134	16.25	4 355

续表

桥名	桥长/m	标准宽度/m	桥梁面积/m²
跨花庄河桥	主线左幅：498 主线右幅：468 辅道左幅：498 辅道右幅：468	主线：16.25 辅道：13.75	28 980
支线上跨桥	108	7	756
人行天桥一	111	4.3	477
人行天桥二	112	4.3	482
跨空港大道桥	左幅：536.64 右幅：501.64	16.25	16 872
跨规划主干道二桥	左幅：493.64 右幅：493.64	16.25	16 043
跨嵩昆路及兰茂路桥	左幅：781.34 右幅：759.34	16.25	25 036
人行天桥一	112	4.3	481.6
人行天桥二	112	4.3	481.6
人行天桥三	111	4.3	447.3

表1-4 排水工程一览表（雨水）

序号	名称	规格	材料	单位	数量	备注
1	雨水口连接管	de300	HDPE	m	5 540	环刚度≥8 kN/m²
2	雨水口连接管	De400	HDPE	m	115	环刚度≥8 kN/m²
3	雨水管	d600	钢筋砼	m	23 242	Ⅱ级承插口
4	雨水管	d800	钢筋砼	m	2 721	Ⅱ级承插口
5	雨水管	d1000	钢筋砼	m	1 198	Ⅱ级、承插口
6	雨水管	d1200	钢筋砼	m	993	Ⅱ级，平口
7	雨水管	d1400	钢筋砼	m	1 602	Ⅱ级，平口
8	雨水管	d1500	钢筋砼	m	1 003	Ⅱ级，平口
9	雨水管	d1650	钢筋砼	m	1 412	Ⅱ级平口
10	雨水管	d1800	钢筋砼	m	624	Ⅱ级，平口
11	雨水管	d2000	钢筋砼	m	674	Ⅱ级平口
12	砂石基础	d300	砂石	m³	1122	
13	砂石基础	d400	砂石	m³	30	
14	180°混凝土基础	d600	砼	m³	5 949	
15	180°混凝土基础	d800	砼	m³	1 244	
16	180°混凝土基础	d1000	砼	m³	857	
17	180°混凝土基础	d1200	砼	m³	1 022	
18	180°混凝土基础	d1400	砼	m³	2 576	
19	180°混凝土基础	D1500	砼	m³	1 613	

续表

序号	名称	规格	材料	单位	数量	备注
20	180°混凝土基础	d1650	砼	m³	2 748	
21	180°混凝土基础	d1800	砼	m³	1 445	
22	180°混凝土基础	d2000	砼	m³	589	1 927
23	雨水检查井	1000×1000	钢筋砼	座	672	
24	雨水检查井	1200×1000	钢筋砼	座	52	
25	雨水检查井	1100×1100	钢筋砼	座	4	
26	雨水检查井	1400×1000	钢筋砼	座	27	
27	雨水检查井	1600×1000	钢筋砼	座	19	
28	雨水检查井	1800×1000	钢筋砼	座	42	
29	雨水检查井	2200×1000	钢筋砼	座	51	
30	雨水检查井	2000×1100	钢筋砼	座	2	
31	雨水检查井	2100×1100	钢筋砼	座	27	
32	雨水检查井	2300×1100	钢筋砼	座	19	
33	出水口	d600	石砌	座	12	
34	出水口	d800	石砌	座	2	
35	八字形排除口	d800	石砌	座	3	
36	八字形排除口	d1500	石砌	座	1	
37	偏沟式单箅雨水口	单箅	Mu10砖砌体	座	273	
38	偏沟式单箅雨水口	双箅	Mu10砖砌体	座	208	
39	平箅式四箅雨水口	三箅	Mu10砖砌体	座	46	
40	平箅式四箅雨水口	四箅	Mu10砖砌体	座	5	

表 1-5 排水工程一览表（污水）

序号	名称	规格	材料	单位	数量	备注
1	污水管	de400	HDPE	m	551	环刚度≥8 kN/m²
2	污水管	de500	HDPE	m	4 625	环刚度≥8 kN/m²
3	污水管	d600	钢筋砼	m	2 243	Ⅱ级，承插口
4	污水管	d800	钢筋砼	米	575	Ⅱ级承插口
5	砂石基础	d400	砂石	m³	145	
6	砂石基础	d500	砂石	m³	1 528	
7	180°混凝土基础	d600	砼	m³	576	
8	180°混凝土基础	d800	砼	m³	263	
9	污水检查井	1 000×1 000	钢筋砼	座	258	
10	污水检查井	1 200×1 000	钢筋砼	座	17	
11	防坠落设施			座	1 189	

1.4.4 自然条件

1. 地形、地貌

路线区域位于滇池盆地中部地段，属滇东高原盆地区昆明岩溶高原湖盆亚区。沿线总体地势较为平坦、开阔，局部起伏较大，局部地段基岩裸露。路线展布区内一般多在海拔1 900～2 300 m。路线所经区域可划分为山间盆地、岩溶地貌，局部段落为果园区，植被茂盛。项目起点位置有山体，最高海拔2 150 m；中部地势较为平坦，海拔在1 995 m左右；终点在老昆曲高速之后海拔逐级攀升，终点海拔在2 230 m左右。

2. 气象

昆明属高原性季风气候，大部分地区为北亚热带，海拔较低的坝区和河谷区为中亚热带，海拔1 900 m以上的山地为南温带。高低悬殊的地区气候的垂直变化显著。

（1）气温：昆明市年平均气压810.5 kPa，年平均气温15.1 ℃，最热为7月，平均温度20.2 ℃，极值高温31.2 ℃；冬季均温9.3 ℃，最冷为1月，极值最低温度-7.8 ℃，最大积雪厚度17 cm；年温差12.8 ℃，无霜期240～247天。

（2）降水：区域内年平均降水量869 mm，年最大降水量1 348 mm，日最大降水量313.9 mm，历年平均降雨日96～98天，最长持续降水17天。降水多集中在6—9月份，雨量占全年50%以上。

（3）霜冻：区域内最大冻深为24 cm。

（4）风向及风速：区域内年平均风速2.2 m/s，20年一遇最大风速23.7 m/s。

（5）湿度：区域内年平均相对湿度73%，年蒸发量1 940.9 mm，月蒸发量278.8 mm，3、4月为最干旱月，相对湿度仅54%～55%。

3. 水文条件

项目沿线河流仅有花庄河，且其连通八家村水库。八家村水库位于小哨乡，水库为狭长形状，目前无人饲养，蓄水主要是周边农民灌溉用水和部分村庄的饮用水源，该水库最深处近20余米。

4. 区域地质构造

拟建场地地貌上属昆明断陷湖积盆地。构造区域位于蓝岭东西构造、川滇南北构造与云南山字形构造交接地带，区内历经多期构造运动，各类型构造形迹较发育，性质复杂多变。按展布方向划分为近南北向构造体系、近东西向构造体系、北西向构造体系，其中近南北向构造体系为区域控制性构造。

1）近南北向构造体系

南北向构造体系形迹表现为一系列褶皱构造、断裂构造，如黑龙潭—官渡断裂、白邑村—龙潭箐断裂、九里冲向斜、金殿背斜、日昨云背斜及与之配套的各式断裂构造；小江断裂带（嵩明—沧溪大断裂）近代断陷湖泊发育（东湖、上游水库）。地震及系四系断裂也较发育，显示其晚近期的活动性。路线展布区段均在此构造体系内，路线与之斜交或垂直穿越。

2）近东西向构造体系

东西向构造体系主要展布于乌龙村以西，由于受强大的南北向构造影响，其连续性显然遭受不同程度破坏，只断续出露于南北向构造带之间，二者多呈截接关系。东西向构造在路线区域发育较弱。

5. 地震

区域地质构造复杂，断裂较发育，地震活动频繁，地震多发生在活动性强的主干断裂或两组以上断裂交汇部位。西部的昆明西山断裂带，东部的小江断裂带都是地震活动的敏感地带。据有关史料记载：昆明地区自公元前 26 年迄今共发生地震 652 次，其中破坏性地震 165 次；小江断裂带从公元 1500—1975 年共发生地震 37 次，最大震级 8 级，≥6 级地震 12 次。1927 年 3 月 15 日嵩明县发生 6 级地震，震中位于上游水库嵩明—沧溪大断裂本身断面倾向发生转折地段。据地震监测小江断裂带近期内仍在活动。

依据中华人民共和国国家标准《中国地震动参数区划图》(GB 18306—2001)、《云南省地震动反应谱特征周期区划图》及《云南省地震动峰值加速度区划图》，该区域地震动峰值加速值为 0.2g，地震动反应谱特征周期 0.4 s，与之对应的地震烈度为Ⅷ度。各人工构造物应按相关地震动参数抗震设防。

6. 工程地质条件

本次勘察揭示浅表层为全新统人工填土及残坡积层，其下为第四系上更新统残坡积土层、下更新统冲洪积土层，下伏泥盆系中统海口组（白云质）灰岩。依据钻探、原位测试及土工试验成果，勘探深度范围内地层自上而下，由新到老分别描述如下：

1）全新统人工填土层（Q_4^{ml}）

1b 层填土：褐色—褐红色，主要以黏性土为主，土质松散，多分布于线路表层，一般厚度 0.5～1.0 m。局部地段堆填有大量松散土，填土厚度一般在 0.5～2.1 m。

2）全新统残坡积层（Q_4^{el+dl}）

1-1 层黏土：黄褐色，硬可塑为主，夹大量角砾，含量一般为 40%～50%。该层为残坡积堆积物，一般层厚 0.7～6.2 m。地基承载力基本容许值$[f_{ao}]$=120 kPa，桩侧土摩阻力标准值 q_{ik}=30 kPa。土石工程等级Ⅲ级。

3）上更新统冲洪积层（Q_3^{el+dl}）

2-1 层黏土：褐红色，可塑，土质不均，局部含有少量砾石及碎石，局部地段含灰岩块石，具高孔隙比，中偏高压缩性。全线分布，一般厚 0.7～5.8 m。地基承载力基本容许值$[f_{ao}]$=140 kPa，桩侧土摩阻力标准值 q_{ik}=35 kPa。土石工程等级Ⅱ级。

3-1 层黏土：褐红色，可塑为主，局部硬塑，土质不均，局部含少量碎石，具中等压缩性。一般厚度 0.9～12.0 m。地基承载力基本容许值$[f_{ao}]$=170 kPa，桩侧土摩阻力标准值 q_{ik}=45 kPa。土石工程等级Ⅲ级。

4）下更新统冲洪积层（Q_3^p）

4-2 层黏土夹碎石、圆砾土：青灰色、褐灰色，硬塑，土质不均，夹大量角砾、圆砾，含量 40%～70%。该层为冲洪积堆积物，主要分布于昆嵩高速互通式立交部分地段，层厚 8.9～32 m。地基承载力基本容许值$[f_{ao}]$=250 kPa，桩侧土摩阻力标准值 q_{ik}=65 kPa。土石工程等级Ⅲ级。

4-2b 层黏土：部分为泥炭土，灰黑色，软—可塑，切面稍有光泽，韧性及干强度中等，腐殖物含量较高。该层为冲洪积堆积物，主要分布于昆嵩高速互通式立交局部地段，层厚 3.0～11.3 m。

5）泥盆系中统海口组白云质灰岩（D_2h）

5-1 层全风化白云质灰岩：灰色—灰白色，风化强烈，岩芯已成砂土状，手捏易碎，夹强风化灰岩碎块。地基承载力基本容许值$[f_{ao}]$=240 kPa，桩侧土摩阻力标准值 q_{ik}=55 kPa。土石工程等级Ⅲ级。

5-2 层强风化白云质灰岩：灰色—灰白色，节理裂隙发育，岩芯相对破碎，呈碎块状及少量短柱状，锤击声哑。地基承载力基本容许值$[f_{ao}]$=700 kPa，桩侧土摩阻力标准值 q_{ik}=100 kPa。土石工程等级Ⅳ级。

5-3 层中风化白云质灰岩：灰色—灰白色，节理裂隙较发育，岩芯较完整，呈短柱状、柱状及长柱状，局部较为破碎，呈碎块状，锤击声脆不易碎。岩石饱和单轴抗压强度平均值为 54.7 MPa。地基承载力基本容许值$[f_{ao}]$=2 500 kPa，桩侧土摩阻力标准值 q_{ik}=220 kPa。土石工程等级Ⅵ级。

5-3a 层破碎中风化白云质灰岩：灰色—灰白色，节理裂隙较发育，岩芯较完整，呈短柱状、柱状及长柱状，局部较为破碎，呈碎块状，锤击声脆不易碎。岩石饱和单轴抗压强度平均值为 54.7 MPa。地基承载力基本容许值$[f_{ao}]$=1 500 kPa，桩侧土摩阻力标准值 q_{ik}=180 kPa。土石工程等级Ⅴ级。

5a 层溶洞：洞高一般 0.4～8.9 m。部分为空洞，部分全充填，充填物主要为黏性土夹碎石，黏性土一般呈可塑性。

7. 水文地质条件

1）地表水

项目区主要地表水体为青年水库及八家村水库。其中青年水库位于线路起点北侧；八家村水库位于小哨乡，水库为狭长形状，线路以高架桥形式跨越，该水库目前无人饲养，蓄水主要是周边农民灌溉用水和部分村庄的饮用水源，水质清澈无污染，该水库最深处近 20 余米。

2）地下水

本工程地下水类型主要为孔隙型潜水及基岩裂隙水、岩溶水。

孔隙潜水主要赋存于第四系残坡积及冲洪积土层，该层透水性一般，主要接受大气降水补给及地表径流侧向补给。基岩裂隙水主要赋存于全强风化灰岩中、岩溶水主要赋存于灰岩溶洞中，流通性一般较差，部分岩溶发育区勘探孔未见地下水。

1.4.5 现场条件

1. 交通运输条件

新建道路与地方道路相交，主要与老 G320 国道、中对龙公路十字相交，现场运输相对困难，土石方、材料运输需从原地方道路顺路线走向在征地线范围内修建临时施工便道。

2. 砂石材料

沿线碎石、砂料匮乏，就近无成规模砂石料场，无法满足施工需求，需远距离采购。

1.4.6 道路沿线基本情况

1. 基本情况

哨关路为新建道路，规划为沿线组团对外出行的快速通道，同时也是东南绕城高速南侧的重要横向道路。规划哨关路走廊，地形起伏变化较大，除中断地势较为平坦，居民聚集点较多外，两端基本尚未开发，保持着原始地貌，整个走廊带海拔高度在 1 960～2 190 m 范围，高差较大。走廊带东段地形起伏频繁，最大高差接近 100 m；中断地形平坦，建设条件较好，适宜城市发展，也是本次规划的核心发展区域；西段地形一路攀升，平均地面纵坡约 4.16%。图 1-5 是哨关路地形标高变化图。

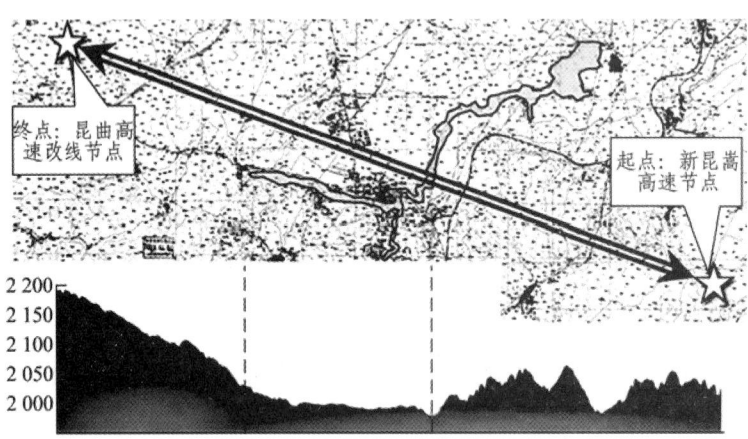

图 1-5　哨关路地形标高变化图

2. 沿线相交道路情况

规划哨关路沿线主要相交道路见表 1-6。

表 1-6　沿线道路相交情况

序号	路名	道路等级	被交路宽度/m	备注
1	老 G320	规划次干道	7	现状
2	新 G320	规划快速路	41	新建
3	对龙公路	三级路	10	现状
4	昆曲高速	现状高速，规划快速路	28	即将改造

3. 沿线管线情况

现状老 G320 东侧山体有南北线输油管道；现状昆曲高速东边有横穿云南成品油管道，管径为 406 mm；改线一段和改线二段交叉口东侧存在主干水管，昆曲高速西侧有军用光缆。如图 1-6 所示。

4. 沿线水系河流

项目沿线河流仅花庄河，且其连通八家村水库。八家村水库位于小哨乡，水库为狭长形状，目前无人饲养，蓄水主要是周边农民灌溉用水和部分村庄的饮用水源，该水库最深处 20

余米，如图 1-7 所示。

图 1-6　沿线管线情况

图 1-7　沿线河流

5. 沿线铁路

项目走廊区域内有横穿铁路，即沪昆铁路。沪昆高速铁路是国家《中长期铁路网规划》中"四纵四横"的快速客运通道之一，途经上海、杭州、南昌、长沙、贵阳、昆明等 6 座省会城市及直辖市，线路全长 2 264 km。全线为双线电气化铁路，客运专线级，贵阳至昆明段是设计速度为 250 km/h 等级的高速铁路客运专线。如图 1-8 所示。

图 1-8　上跨沪昆铁路

第 2 章 红黏土路基施工技术

红黏土是一种特殊土,其特点主要是天然含水率较高(一般大于最佳含水率),液限较高(50%~80%),塑性指数较高(塑性指数大于26),高孔隙比,低压缩性,抗剪强度较高,沉降变形时间较长,在干燥状态下强度较高,一旦遇水则迅速软化,强度急剧降低,水稳定性差,易失水开裂,在路基施工过程中难以压实等。在已修建的红黏土路基中发现,在经历一个或两个雨季之后,正常条件下的红黏土路基强度会明显降低,有的地方甚至还会出现路基垮塌现象。导致红黏土路基力学性质降低甚至破坏的一个重要原因为环境条件的变化引起了路基干湿循环的变化,具体表现为:路基填料在干旱季节失水收缩开裂,在雨季又吸水饱和膨胀,这样反复的干湿作用导致路基填料结构发生变化,强度降低,最终引起路基的破坏。造成红黏土路基破坏的原因是多方面的,如施工质量差,路基排水不畅,地质调查不详等,但是根本原因是对各地区的高液限红黏土工程性质研究还不够深入。因此深入认识高液限红黏土的性质,采取合理措施提高红黏土地区的公路修筑水平,减少路基病害的发生,无论在理论上还是工程应用上都具有重要的意义。

2.1 云南红黏土的物理特征

云南红黏土主要分布于滇东、滇东南及滇南一带,其厚度一般为 10~20 m,最厚超过 30 m。从地表至基岩面,红黏土具有典型的"上硬下软"特征。表现为坚硬、硬塑、可塑、软塑、流塑状态,在地表附近的红黏土主要以坚硬、硬塑为主。可塑、软塑、流塑状态主要发育于近下伏基岩附近而且占比很小。

红黏土的不可逆特性是指红黏土先失水再吸水后某些工程特性和力学特性将发生改变,其原因为红黏土富含铁铝氧化物,这些铁铝氧化物对水敏感,一旦经过干湿循环后其性质将不再恢复到初始状态,氧化物性质的改变影响了红黏土的水理特性进而影响了工程力学特性。

2.1.1 红黏土的成因及分类

1. 红黏土的成因

红黏土是指碳酸盐岩经特殊的物理化学作用后形成的棕红、褐黄色的高含水率高液塑限黏土。在我国长江以南特别是云南、贵州、湖南、广西等地区分布着大量的红黏土。随着我国经济的不断发展,在红黏土地区修建的高速公路也越来越多,由于红黏土具有特殊的物理力学性质,在修建这些公路时遇到了很多的问题,从而也激发我国学者对红黏土展开了多学科的研究。

姜洪涛对红黏土的成因进行了研究,将红黏土的形成过程分为 3 个阶段:第一阶段,土体的孔隙率随着原始矿物风化开始增加，而强度随着原始矿物的风化逐渐降低，这个过程中称为最初分化阶段；第二阶段称为次生分化阶段，在这期间，土体的孔隙率因为矿物的相互重组渐渐增加，同时强度也不断提高；第三个阶段称为固结阶段，这一阶段中，因为矿物颗粒的水合胶结形成了氧化铁和氧化铝等氧化物，土体的孔隙率进一步减小了，而土体强度再一次的提高。

张慧颖等研究了云南红黏土成因，认为大多数云南红黏土是在亚热带高原季风型温湿气候的作用下由石灰岩形成，此过程经历了两个阶段：第一阶段为母岩受到化学和物理风化的作用下开始破碎、分解和迁移，铝、硅也开始分离并且经过氧化形成了大量硅铝氧化物。第二阶段岩基成分基本风化消失，形成大量的黏土矿物，其主要矿物成分为高岭石和伊利石。

2. 红黏土的分类

从工程地质角度出发，将红黏土划分为三类：第一类红黏土是由碳酸盐类岩石（石灰岩、白云岩）风化残积、坡积所形成，主要分布在广西、贵州以及云南部分地区，黏粒含量很高，颗粒很细，石英含量较少。这一类红黏土为中等孔隙，含水率较高，强度要高于一般黏性土，胀缩性不等。第二类红黏土大多是由岩浆岩（花岗岩、玄武岩等）风化残积坡积所形成的，主要分布在福建、广东以及云南南部地区，黏土含量较低，石英含量较高。这一类红黏土孔隙度较高，含水率中等，强度较高，胀缩性甚微。第三类红黏土主要是由冲洪积所形成，其颜色红白相间，分布于湖南、湖北以及江西北部、浙江福建的部分地区，故又称网纹红土。这类红黏土孔隙率很低，土质较为密实，含水量中等。

2.1.2 云南红黏土的界限含水率

云南红黏土的主要矿物成分为石英，其次是三水铝石和高岭石，含有少量亲水矿物蒙脱石，针铁矿等铁质物质含量较少。由于石英颗粒较大且无塑性，而三水铝石和高岭石结构单位层之间含有较强的联结力，结构单位层之间不会分散，晶格活动性小。故矿物颗粒间可以形成稳定团粒结构，具有稳定的结晶格架，使得云南红黏土颗粒内部连接紧密，表现出低压缩性，高强度的特性。这与其他地区高液限红黏土有着明显的不同。

黏性土的状态随着含水率的变化而变化，随着土体含水率由高到低，黏性土的状态分别表现为流动状态、可塑状态、半固体状态和固体状态。界限含水率就是黏土处于塑性状态的含水率范围的量度值，液限是可塑状态的上限，塑限是可塑状态的下限。对工程来说，具有实际意义的是液限和塑限，界限含水率，尤其是液限能较好地反应土的物理力学性质。从流动状态到可塑状态的变化是逐步发生的，用一种特别灵敏的仪器测定土的强度，将土具有最小强度时的含水率作为流动状态和可塑状态的界限值，称为液限，如果土体的水分继续减小，土就变成脆性，区分塑性和脆性的界限含水率定义为塑限。液限与塑限之间的含水率为塑性指数，它是黏土塑性的量度。

云南红黏土界限含水率试验方法采用液限和塑限联合测定法，试验严格按照《公路土工试验规程》（JTGE 40—2007）进行，主要试验步骤如下：

（1）将晾晒好的红黏土土样过 0.5 mm 筛，并且称取筛下土样 200 g 放入调土皿，在调土皿中加入蒸馏水使土样变成均匀膏状并用薄膜覆盖，一夜后，将调匀后的试样装入试样杯中，使试样杯中的土样密实不应有孔隙，填满后刮平试样杯表面。

（2）将试样杯放在联合测定仪的升降座上，接通电源，调节圆锥高度，当仪器指示灯亮起时，表示圆锥和试样表面接触，并将仪器读数归零，按下电钮，让圆锥以自由落体的方式沉入杯中，5 s后读取入土深度。

（3）取出试样杯，取锥体附近的土样放入铝盒内，测其含水率。

（4）将不同含水率下的试样重复以上步骤，测定圆锥的入土深度并测其含水率。

（5）数据整理，根据圆锥入土深度及相应的含水率在双对数坐标上绘制关系曲线，三点应连成一条直线，圆锥入土深度17 mm时所对应的含水率即为该土样液限，将测得的液限带入塑限入土深度与液限拟合公式中，求得塑限入土深度，相对应的含水率即为该土样的塑限。试验结果如表2-1和图2-1、图2-2所示。

表2-1 界限含水率结果

土样名称	液限/%	塑限/%	塑性指数
云南红黏土	60.5	32.5	28

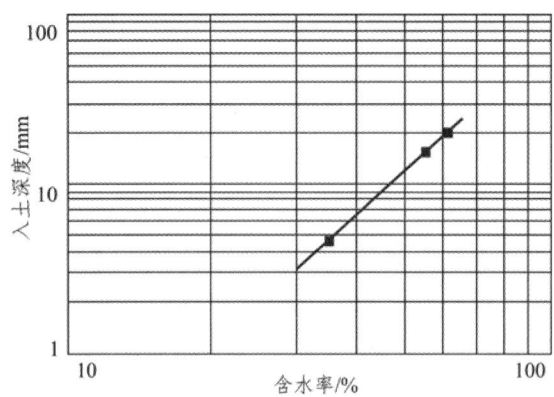

图2-1 锥入深度与含水率关系曲线

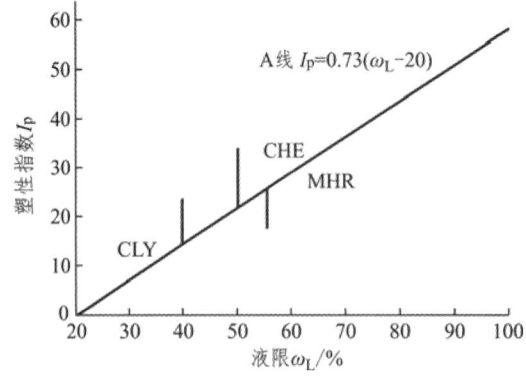

图2-2 特殊土塑性图

根据试验结果对比特殊图塑性图可以得出：该云南红黏土土样在全部位于塑性图中 A 线以下，属于高液限粉土（MHR），但是由于红黏土中含有较多的铁铝氧化物，使用常规试验方法求得的塑性指数会偏低，而落入 A 线以下，同时，红黏土中的黏粒含量可以达到 50%～70%，故红黏土应划为黏土。通过红黏土在塑性图中的位置还可以初步判断红黏土是否具有膨胀性，大量的室内试验结果表明，凡是落于 A 线以下的红黏土，其矿物成分中亲水物质较少，这一点也从云南红黏土 X 衍射试验得到了验证。而 A 线以上的红黏土矿物中含有较多的亲水物质，如蒙脱石、伊利石、蛭石等，且具有较强的膨胀性。故初步判定云南红黏土用于路堤填料时应以高液限黏土进行路基设计。

2.1.3　云南红黏土颗粒分析

颗粒分析是测定土中各种粒组所占该土总质量百分数的方法，它对土的力学性质、物理及化学性质都起着非常重要的控制作用。影响黏性土颗粒分析结果的主要因素为土样状态和备样方法。实践证明，使用天然含水率下的红黏土土样进行颗粒分析试验可以更好地反映红黏土的各粒组组成，因为红黏土中含有一定量的非可溶性胶体物质，经过干燥后这些胶体成团难以再分散，影响了颗粒分析试验结果。但是考虑到红黏土天然含水率较高，碾压时必须经过晾晒，再加上取土后经过长途运送后土样很难保持天然含水率状态，故本次颗粒分析试验决定采用风干的红黏土土样进行。高液限黏土用于路基填料时，粗粒料含量与路基强度、固结系数、土体开裂有着显著关系。

试验时将严格按照土工试验规程进行，对于粒径大于 0.075 mm 的红黏土土样采用筛分法进行测定，对于粒径小于 0.075 mm 的土样使用甲种密度计进行测定。主要试验步骤如下：

（1）取具有代表性的红黏土土样 200～300 g，过 2 mm 筛，求出筛上试样占试样总质量的百分比，取筛下红黏土土样测其含水率。

（2）在 500 mL 的锥形瓶中加入 200 mL 的蒸馏水，将称好的红黏土土样 30 g 倒入锥形瓶中，然后将锥形瓶置于水浴箱上煮沸，煮沸时间大约为半小时，取下冷却到室温。

（3）将冷却到室温的水土混合液倒入烧杯中，然后通过洗筛漏斗将混合液过 0.075 mm 筛，将残留烧杯底的红黏土颗粒用研磨锤研碎，在烧杯中再次加入适量的蒸馏水，再过 0.075 mm 的筛，如此重复清洗，直至将烧杯底部的红黏土颗粒清洗干净，最后将筛上的红黏土颗粒倒入蒸发皿中，放水浴箱进行烘干并称其质量，计算各粒组占试验总质量的百分比。

（4）将 4%浓度六偏磷酸钠 10 mL、蒸馏水 1 000 mL 和过筛后的悬液倒入量筒中，使用搅拌棒沿量筒从下向上进行搅拌，完毕后在量筒中放入密度计，按规定时间进行读数。试验结果如表 2-2 和图 2-3 所示。从试验结果可以看出：该云南红黏土土样的粗粒料占 16.1%，粒径大部分集中于 0.075～0.002 mm，属于细粒土。

表 2-2　颗粒组成分析表

	颗粒组成各粒径（mm）占百分比（%）		
云南红黏土	>0.075	0.075～0.002	<0.002
	16.1	80.6	3.3

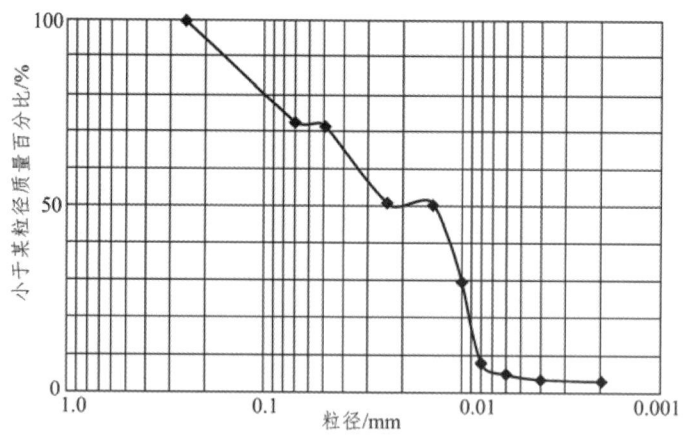

图 2-3 红黏土粒径分配曲线

自由膨胀率受到黏土矿物成分、化学成分、胶粒含量的影响，是评定黏性土有无胀缩性的指标之一，目的在于测定黏性土在无外力作用下的膨胀潜势。试验步骤如下：

（1）取代表性风干红黏土土样 50 g，过 0.5 mm 筛。混合均匀后，放入烘箱烘至恒量，冷却至室温。

（2）支架上安装无颈漏斗，使漏斗与量土杯中心对正，并保持距杯口 10 mm 距离。

（3）将冷却至室温的红黏土土样取出，将其全部倒入量土杯中，装满后将杯口刮平，再将量土杯中红黏土土样倒一次性倒入漏斗，用细玻璃棒轻轻搅动漏斗中土样，使其全部漏下，移开漏斗后，然后用刮刀将杯口多余土样轻轻刮去，并称量杯中土质量。

（4）在量筒中加入 30 mL 的蒸馏水，并加入 5 mL、5% 的分析纯氯化钠溶液，然后将量土杯中的土样倒入量筒内。

（5）用搅拌棒从上至下搅拌量筒内悬液，以每秒 1 次的速度搅拌 10 次，将搅拌棒和量筒壁上的土粒冲洗进量筒，加蒸馏水使量筒内液面约至 50 mL 刻度处。

（6）当量筒中土样沉积后，每隔 5 h 读一次试样体积，体积估读至 0.1 mL。当两次读数差值不大于 0.2 mL 时，即认为膨胀稳定。用下式计算土的自由膨胀率。

$$\delta = \frac{v - v_0}{v_0} \times 100$$

式中：δ——自由膨胀率（%）

v_0——量土杯的体积（mL）；

v——土样在量筒中膨胀稳定后的体积（mL）。

试验结果表明该土样的自由膨胀率为 23%。

根据《膨胀土地区建筑技术规范》（GB 50112—2013）和多年施工经验总结，膨胀土的自由含水率大于 40%，而该云南红黏土土样的自由膨胀率为 23%，不应视作膨胀土，路基应按时按高液限黏土进行设计。

2.2 云南红黏土的工程特性

2.2.1 路基填土强度的一般规定

目前，我国公路路基质量控制指标为压实度和 CBR 值，路面设计体系中计算参数为土基回弹模量和设计弯沉；同时规范对高液限路基填料的压缩性也作出了明确规定。承载比是用来评价路基土和路面材料强度的指标，是由美国加州公路局首先提出来的，简称 CBR（California Bearing Ration 的缩写）。国外的很多国家的路基质量控制指标为 CBR，如美国和南非。我国在公路工程建设标准《公路沥青路面设计规范》和《公路路基设计规范》中对各级公路路基填料的压实度和 CBR 值均作出了明确规定。

路基作为道路结构的基础，绵延数百千米，并长期与大气环境直接接触，不可避免地要受到环境因素（大气降水，温度变化，干湿变化）的影响，再加上车辆荷载的作用，其强度与稳定性必然发生变化。为了保证在道路运营期间内路基的沉降与变形满足规范要求，在最不利条件下路基的强度和稳定性就不能出现大幅下降。高液限红黏土作为一种水敏感性较强的特殊土，当使用红黏土直接作为路基填料时，工程实践表明：红黏土路基在经历过一个或几个雨季之后，路基强度会出现明显降低。通过浸水 CBR 试验可反应路基土在最不利条件下的强度，通过浸水后试件的膨胀率和干密度变化可以反映路基的稳定性。高速公路对路基填料的要求以及红黏土的特殊性决定了必须对红黏土的强度和水稳性进行研究。

回弹模量是指土体在部分侧限的条件下，卸载过程中的竖向压力与回弹应变的比值。我国路面设计体系中以路基回弹模量和设计弯沉值作为设计参数，路基回弹模量的大小决定了路面结构层设计的厚度，具体体现为：如果路基设计回弹模量的取值小于实际回弹模量值，那么计算出来路面结构层就会偏厚，自然就会造成工程成本的增加。如果路基设计回弹模量的取值大于实际值，计算出来的路面结构层的厚度就会偏薄，造成路面过早地破坏。因此，在路面结构设计中，选用一个合适的路基回弹模量直接关系到路面结构的经济性和安全性。现行规范规定现场测定路基回弹模量的方法是承载板法，承载板法测定路基回弹模量能较好地反映路基实际的应力和变形状况，是一种很好的方法，但它需要在最不利季节对土基进行测定，而且测定时操作费时费力，并不能大规模的取样测定，对取值较少的情况下，测出的路基回弹模量代表性不强。室内试验法测定回弹模量得方法为强度仪法和承载板法，和现场测试方法相比，室内测定回弹模量的方法简单易于操作，而且通过静压法成型试件，可以测定不同含水率和不同压实度下的回弹模量值，对研究路基填料的强度特性有很大的帮助。

压缩系数是指土体在侧限条件下，土试样的孔隙比减少量与有效压力的增加量的比值，用来表征土体压缩性的大小。通常将压力 100 kPa 与压力 200 kPa 下的压缩系数 a_{1-2} 作为土体压缩性评价指标。当 $a_{1-2}<0.1$ MPa^{-1}，属于低压缩性土，$a_{1-2}<0.5$ MPa^{-1}，属于中压缩性土，$a_{1-2}>0.5$ MPa^{-1}，属于高压缩性土。路基设计规范规定当填料的压缩系数大于 0.5 MPa^{-1} 时不得直接作为路基填料。

2.2.2 云南红黏土压实特性

路基是道路的主要工程结构物，同时也是路面结构的基础，车辆荷载由路面传递给路基，所以坚固而又稳定的路基为道路的长期营运提供了重要保证。路基质量受到多方面因素的影响：一方面由于路基直接与大气接触，其强度和稳定性受环境条件的影响，如降雨、温度和地理地质条件。另一方面，路基的稳定性还受到施工质量、设计方法和养护措施的影响。其中施工质量是影响路基稳定的最主要因素。要保证路基在设计期限内在环境和车辆荷载共同作用下不产生严重病害，路基就必须充分压实，压实是提高路基强度与稳定性的根本技术保证。所以路基的碾压工作就尤为重要，在实际施工中就必须保证这道工序的质量，这样才能保证路基具有足够的强度和稳定性抵抗变形与破坏。

使用振动压路机对路基进行碾压时，松散的路基填料将产生以下物理过程：

（1）土粒间的摩擦力将减小，在振动力的作用下，填料将从静止状态过渡到运动状态，从而克服了土粒间的摩擦力。

（2）路基填料将被压实，在外部荷载作用下，使得填料间的空气和水被挤出，颗粒进行重新排列组合，颗粒间相互挤紧镶嵌，有效应力增加，从而填料被压实。

（3）填料间的大块土团将被压碎密实，在碾压荷载作用下，填料中大块土团将被压缩，致使填料的颗粒级配发生改变，更多的细粒料填充到粗粒料间隙中，从而路基填料被压实。这些物理过程的产生最终结果是路基被压实，强度、变形和渗透性得到明显改善。

影响路基压实质量的因素是多方面的，既有路基填料土质和碾压含水率的影响，又有压实方法和压实功能的影响。土质和含水率为内因，压实方法和压实功能为外因，对于已经确定的路基填料，路基压实效果主要受到碾压含水率、压实方法和压实功能的影响。所以在工程实践中，控制碾压含水率和适当的压实方法和压实功能才能保证路基的压实效果。由击实曲线可知，土的干密度随着含水率的增加先增大后减小。先增大是因为水分的润滑作用减小了土粒间的摩擦力，在外部荷载作用下，土粒更容易挤紧密实，土的干密度得以提高。后降低是因为过高的含水率占据了土粒间隙，而水是不能被压缩的，这就抵消了部分击实能，所以干密度降低了。通常将击实曲线上的峰值点称为在一定击实功能下的填料的最大干密度，最大干密度对应的含水率称为最佳含水率。

压实厚度对压实效果也具有明显的影响，当土质、含水率一定时，由于压实功能随着土层的深度在递减，土体的表层密实度最大，而土体深处比较松散。因此，在实际施工过程中，路基填料的松铺厚度应通过现场试验确定。压实功能包括压实工具的重量、碾压的遍数、作用时间等，压实功能是影响压实效果另一个重要因素。实践证明，同一种土的最大干密度随着压实功能的增大而增加，最佳含水率随压实功能的增大而减小。同一含水率下，压实功能越大，土就越密实，故在工程中可以增大压实功能，以提高路基的强度。但以增加压实功能来提高土层的密实度有一定的限度，一旦超过这个限度，过大的压实功能可能破坏土体结构，压实效果会适得其反。在高含水率下，过大的压实功能可能会使土体出现"弹簧现象"。通过以上所述，在路基施工过程中，适合的碾压含水率、适当的松铺厚度和适当的压实功能才可以保证路基压实到最佳效果。

施工中常用的压实方法有：滚动碾压、冲击碾压、振动碾压等。滚动碾压是采用带有一定重量的滚轮以缓慢的速度碾过被压材料，使其产生永久变形的方法；滚动碾压是利用压路机自身重量使被压材料密实，强度提高，变形减小。滚动碾压在路基施工时有一定的局限性，因为随着静压力的增加，土体间的抗剪切力也在增加，土体的抗剪切力实质为颗粒间的摩擦力，颗粒间的摩擦力阻碍了颗粒间相互靠近、镶嵌密实。而且过大的静压力还会破坏土体的结构，压实效果反而会变差。从实践中也发现，静压力随着土层深度的增加而减小，对深度较厚的土体作用有限。冲击碾压是利用不规则轮子的自重和在大型牵引车牵引下产生的冲击力使被压材料密实的方法。冲击碾压具备静力压实和夯实的双重效果，所以作用深度比静力压实要深，对于压实黏性土具有较好的效果。振动压实是使用连续快速的振动力冲击被压实材料使其密实的方法，振动压实主要是利用往复荷载作用对土体产生压缩，使得土体内的水分和空气排出，同时被压材料也由初始的静止状态过渡到运动状态，被压材料之间的摩擦力减小，使得颗粒间的接触更加紧密。对于砂性土和含水率较高的亚黏土而言，振动产生的冲击波还可以使得土体发生液化，从而改变了填料内部黏聚力的状态，颗粒间会重新分布排列直到达到新的密实。

压实机理随压实方法的不同而改变，滚动压实主要利用静压力使填料密实，压实深度较浅，主要作用于填料表面，在实际施工中主要起收面的作用，即松散填料时，先采用静力压实进行碾压，为后续振动压实或者冲击碾压提供一个较好的碾压环境。而冲击压实则是利用强大的冲击力使填料密实，作用深度较大，对于黏性土来说压实效果会更好，但会受到环境和场地的限制。而振动压实主要利用循环往复的高频激振力使填料由静止状态过渡到运动状态，克服填料间的摩擦力和黏聚力，使填料颗粒重新进行排列和填充，并最终使其密实。

李向东（2013）分别采用干法和湿法两种试验方式测得云南红黏土的击实曲线，干法下标准重型击实曲线如图 2-4 所示；湿法下标准重型击实曲线如图 2-5 所示。

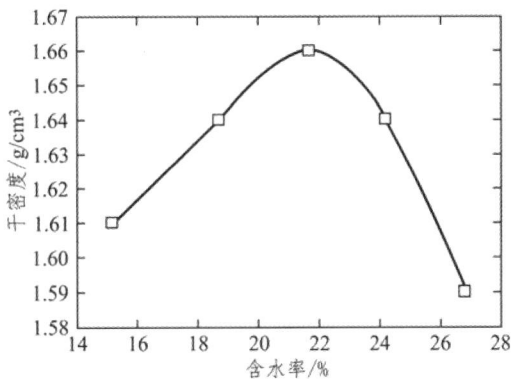

图 2-4　含水率与干密度关系曲线（干法）

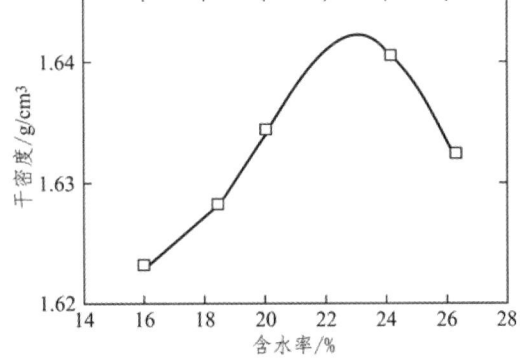

图 2-5　含水率与干密度关系曲线（湿法）

由实验结果可以得出：由湿法重型击实试验得出的最大干密度要小于干法重型击实试验的最大干密度，其两者最大干密度相差 0.025 g/cm³，而湿法下标准重型击实试验的最佳含水率要大于干法下的最佳含水率，两者间最佳含水率相差 1.8%。同时，击实曲线也有着明显的不同，湿法下击实曲线比较平缓，意味着土样可以在一个较宽的含水率范围内达到填料要求的干密度，从而有利于实际路基施工中含水率的控制。其原因是红黏土具有不可逆特性，即在干湿循环下，红黏土的矿物成分与结合水的特性将发生改变，而湿法所得出的最佳含水率包括了其内部的结合水含量，得出的最佳含水率会偏大，故干法击实试验和湿法击实试验即使在相同的击实功下试验结果也会有所不同。从实际施工考虑，由于红黏土的天然含水率都会比较高，通常大于碾压含水率，所以压实前必须经过晾晒，降低其含水率后才能进行碾压，这和湿法击实试验过程相类似，更加准确地反映了红黏土矿物成分与结合水的特性，故湿法得出的结果能更好地指导实际施工。

研究表明，随着击实功的增加，云南红黏土的最大干密度增大，最佳含水率减小。通过振动台法试验，得出了云南红黏土干密度随振动频率和振动幅度的规律，试验表明：云南红黏土的干密度随着振动频率的增加，先增大后减小，最佳频率为 35 Hz，最佳频率所对应的干密度为 1.458 g/cm³；干密度随着振幅的增加而增大，但是过大的振幅可能出现"跳振"现象，对压实不利，故最佳振幅为 1.0 mm，最佳振幅对应的干密度为 1.456 g/cm³；在最佳频率和最佳振幅下进行振动压实，云南红黏土的最大干密度为 1.474 g/cm³，最佳含水率为 27.0%。

2.2.3 云南红黏土 CBR 值

CBR 是指试料贯入量达到 2.5 mm 时，单位压力与标准碎石压入相同贯入量时标准荷载压强的比值，CBR 值的大小反映了试料中部分土体与整体产生剪切时，在滑动面上产生的抗剪切力的大小。抗剪切力越大，在进行贯入试验时，施加的荷载就越大，得出的 CBR 值越大。一般情况下，CBR 试验需要对试件进行浸水，一方面浸水 CBR 试验可以反映在最不利条件下路基的强度，另一方面也可以测定路基填料的潜在强度。浸水时间的长短应根据具体情况而定，考虑到云南地区潮湿多雨，故以浸水 96 h 作为设计状态。贯入试验时在试件顶面放置荷载板是为了模拟路面对路基施加的附加应力。黏性土的抗剪切力主要由内摩阻力和黏聚力两部分组成，内摩阻力包括土颗粒间的摩擦力和颗粒间的咬合力，黏聚力主要是颗粒间的水膜受到相邻土粒的引力而形成。颗粒间的摩擦力和咬合力受到土体密实度的影响，土体越密实，其内摩阻力就越大，在贯入相同深度时所施加的荷载就越大，CBR 值越大。黏聚力主要受到土体含水率的影响，土体含水率越小，颗粒间的结合水膜就越薄，颗粒间的引力就越大，在贯入相同深度时所施加的荷载就越大，CBR 值越大。当土体含水率较高时，颗粒间的水膜变厚，引力变小，就越容易贯入，得出的 CBR 值越小。由此可以看出，浸水 CBR 试验对于多雨地区的公路水稳定性有着极其重要的意义。

试验表明当试件含水率在 20.5% ~ 26% 时，在 30 击和 50 击的情况下，试件的干密度、压实度和 CBR 值均随含水率的增大而增加，继续增加试件含水率，干密度、压实度和 CBR 值降低，这是因为试件中过多的水分抵消了部分击实功所致。试验结果表明：

（1）云南红黏土 CBR。

值随含水率变化的规律与击实曲线相似，呈单峰曲线，CBR 峰值所对应的含水率并不是最佳含水率，而是大于最佳含水率，且随着击实次数的增加，CBR 峰值在不断提高，而峰值所对应的含水率在不断减小。

（2）当含水率在 20.5%～26%变化时，击实功对云南红黏土的 CBR 值和压实度的影响十分显著，即随着击实功的增加，红黏土的 CBR 与压实度均增大，当含水率大于 29%时，增大击实功对 CBR 值和压实度的提高影响很小。这也说明对于超出一定含水率范围的红黏土进行碾压时，靠增加压实功提高红黏土的强度和压实度既不经济也不科学。

（3）当含水率在 20.5%～24.5%变化时，在击实次数为 30 次和 50 次时，CBR 值和压实度随着含水率增加而明显增大。但在击实次数为 98 次时，CBR 值和压实度在减小。当含水率大于 26%时，CBR 值和压实度出现急剧衰减。这也进一步证明红黏土属于一种水敏感性强的特殊土。

（4）当含水率位于 20.5%～32%时，在任何击实次数下，云南红黏土的 CBR 值均能满足规范规定的下路堤最小强度要求。

2.2.4 云南红黏土的水稳特性

路基的水稳性对于路基日后的运营至关重要，如果红黏土在最佳含水率附近进行压实，虽然密实度能够达到较高的要求，但饱和度较低，长期下来路基必然吸水，造成密实度和强度下降。对于高液限红黏土填筑的路基水稳性来说，可以通过浸水后的膨胀率和浸水前后干密度的变化来表现。李向东（2013）根据相关研究绘制浸水前后干密度、膨胀率与含水率关系曲线，如图 2-6、图 2-7 所示。

试验结果表明：

（1）随着含水率的不断增大，云南红黏土的膨胀率在不断减小，当试件含水率达到 26%时，膨胀率趋于稳定。究其原因，随着含水率的增加，土中孔隙在减小，饱和度在增加，吸水量在减小，膨胀率减小，当饱和度达到 100%，试件不在吸水膨胀，膨胀率趋于恒定。所以红黏土在作为路基填料时，不能过分强调降低碾压含水率，这会对路基的水稳性不利，同时，由于天然红黏土的含水率较高，一味地降低含水率还会造成施工组织上的困难。

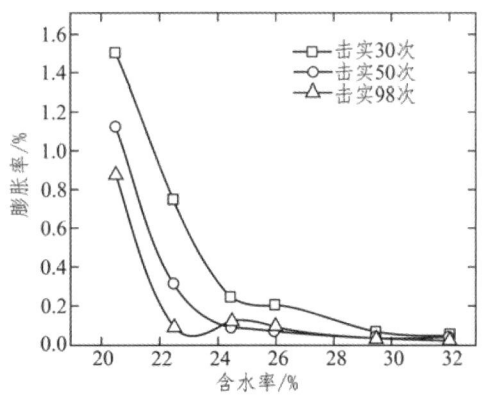

图 2-6　膨胀率与含水率关系曲线

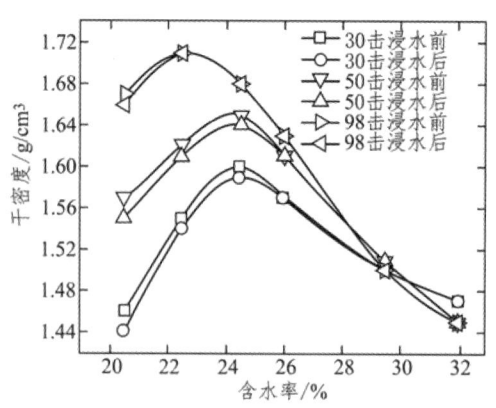

图 2-7 浸水前后干密度与含水率关系曲线

（2）当试件含水率小于 26% 时，浸水前后的干密度有较明显的变化，且增大击实功可以有效增大干密度，而当试件含水率大于 26% 时，在任何击实功下，浸水后的干密度几乎没有变化，也就说红黏土在含水率达到 26% 时水稳性较好，因此路基施工时要控制含水率以保证路基的水稳性。

（3）为了保证路基的长期稳定性，建议实际施工时红黏土填料含水率 26% 作为碾压含水率的下限。

2.3 云南红黏土路基填筑技术

根据之前的探讨，云南红黏土属于高液限土，高液限土的路基填筑技术包括直接填筑法、土质改良法、包芯处治法、土石分层填筑法、土工格栅加筋垫层、碎石桩处治法、冲击碾压法等方法。

2.3.1 直接填筑法

《公路路基设计规范》规定：液限大于 50%、塑性指数大于 26 的细粒土不得直接作为路基填料，高液限土不能直接作为路堤填料，当利用挖方路段高液限黏土填筑路堤时，应进行处置。但是在高液限土地区，运用高液限土填筑路堤已经有许多成功案例。在我国泉厦、阳茂高速公路均将高液限土用作路堤填料，而且通车以来一直运营良好。惠普高速公路将液限低于 70% 的高液限土用作路堤填料，在施工期间做好处置措施，如搞好施工组织设计、注意翻晒、碾压和排水，同样获得了较好的效果。本书中云南红黏土的液限为 60.5%，塑性指数 28，按规范规定，同样不能直接作为路基填料。但是通过矿物成分分析可知，此红黏土石英含量很高，只有极少的亲水矿物蒙脱石，这就保证了云南红黏土具有较高的强度，这一点在室内 CBR 试验也得到了验证。在试件含水率 20.5%~32% 范围内，任意击实功情况下，CBR 值均满足规范规定的下路堤最小强度要求。且在土样含水率大于 26% 时，同时也可以获得较好的水稳性。从现场修筑的试验路来看，当天然含水率高于碾压含水率 8% 以内时，控制好松铺厚度，采用旋耕机进行翻晒，翻晒频率一天 2~3 次，两天之内含水率可以达到碾压含水率。通过压实后，路基获得了较高的强度。因此对于云南红黏土，完全有必要开展进一步的研究，研究不做改性直接用于路基填筑的可行性。

1. 填料要求

（1）93区：塑性指数小于30%，最佳含水量不大于26%，CBR值大于3%，最大干密度大于1.55 g/cm³，但低洼地段，常水位以下路基，构造物回填不得使用该类土。

（2）94区：采用含有较多的粗粒土，最大干密度大于1.70 g/cm³，最佳含水量不大于20%，CBR值大于5%，浸水膨胀量不大于3%。

（3）96区：最大干密度不低于1.80 g/cm³，最佳含水量不大于20%，CBR值大于8%，浸水膨胀量不大于3%。

2. 压实设备要求

要求用羊足碾或20 t以上的压路机，如图2-8所示。

图2-8 压路机械

3. 施工要求

（1）路基在填筑前，需将表面进行压实，鉴于填方深度深，全部按高填方的填前压实进行处理，要求压实度不小于93%。路堤分层填筑分层压实，最大的松铺厚度不大于30 cm。

（2）按照横断面全宽分成水平层次逐层向上填筑。由最低处分层填起，每填一层，经过压实符合规定要求之后，再填上一层。

（3）施工应该尽量避开雨季。无法避开雨季施工时，应做到雨水到来之前一次性压实填筑完毕，同时每层表面宜做成2%~4%的横坡以利排水，并及时做好边坡防护及取土场的排水，对于因在雨季到来时未及时摊铺压实的高液限土，因被水浸泡，应予废弃，废弃后应对下层成型路基进行复压，同时对废弃土方的挖填不予计量。

（4）遇雨或雨后，施工表面不干时，不得开放交通，雨后进行施工，下层填方须重新压实，符合要求，方可施工。在下一层填筑前，将已完工的路基用羊角碾重新振压一遍，形成凹凸面，以保证上下层面间的联结。

（5）连续晴天施工时，下层施工完后应及时覆盖上层土方，避免因曝晒造成路基表面水分蒸发而开裂，已开裂的应重新翻松碾压，如图2-9所示。

（6）对于低洼地段，常水位以下路基先采用砂性土填筑，如砂性土有困难时可采用石灰土，砂砾片石等水稳性好的材料处理后再填筑符合上述要求的土质。

图 2-9 红黏土翻晒

（7）严格控制含水量，加强取土场的排水，压实时必须在最佳含水量下进行碾压，为降低含水量采用晾晒。取土场开挖时，采用梯形方式开挖以保证所取的土天然含水量较低。

（8）采用平地机进行平整，以提高平整度，路基压实时，采用重型压路机，先慢速压平，再慢速（10 km/h）碾压，先弱振后强振。

（9）在软基路段（水稻田或者鱼塘），在填筑路基时，必须换填一层 60 cm 的砂砾垫层或者碎石垫层，以利于排水，确保底层强度。

4．施工工艺

在已满足沉降要求的碎石垫层上铺设一层防渗土工布后，每块土工布至少搭接 10 cm，在铺好的土工布上松铺厚度 25 cm 的素红黏土，并测定天然含水率，然后用推土机进行粗平，再用平地机进行精平，使铺土厚度基本一致，表面平整。由于云南红黏土的天然含水率高于碾压含水率，因此填料需要进行晾晒，晾晒时使用旋耕机进行翻拌，翻拌频率一天 2~3 次，翻拌深度为 25 cm，保证翻晒到位，避免填料含水率不均匀。

经检验填料含水率满足碾压要求时，使用光轮振动碾按照先两侧后中间，先慢后快的原则进行碾压。为了研究不同碾压方式下红黏土的压实效果，设计了三种碾压方式。方式一：振动压路机静压一遍，强振四遍，弱振两遍；方式二：振动压路机静压一遍，强振六遍；方式三：振动压路机静压一遍，弱振一遍，再强振四遍。

5．路基质量检测

我国现行规范规定的控制路基压实标准的指标为压实度，美国、南非分别采用压应变与 CBR 作为路基设计施工的控制指标。压实度检测方法采用灌砂法，压实度的检测频率按《公路路基施工技术规范》的相关规定执行，即每 1 000 m² 检验 2 点。图 2-10 为现场压实度检测。

研究表明云南红黏土直接用作路基下路堤填料时，压实度随着碾压遍数的增加而增大，在静压一遍强振六遍工况下，路基压实度可以达到 90.3%；在静压一遍弱振一遍后强振四遍的工况下，路基压实度可以达到 91.5%，在静压一遍强振 4 遍弱振 2 遍后压实度可以达到 90.4%，且由室内 CBR 试验插值可知，压实度在 87.3% 时，CBR 值为 3.5%，满足规范规定的下路堤最小强度要求。由于云南红黏土属于高液限土，其天然含水率较高，经过翻拌晾晒后，含水率可以降到 29% 左右，但仍然高于湿法标准重型击实试验下最佳含水率 5% 左右，在此含水率下进行压实，很难满足规范规定的下路堤压实度的要求。在碾压 7 遍以后，部分路段出现软弹现象。如果增加晾晒时间，再将红黏土的含水率进一步降低，此时压实度可以达到要求，但是增加了施工成本，更会对路基长期稳定性不利。偏干时土体易形成坚硬的土块，难以压碎，且压实后路基饱和度较低，在路基以后的运营过程中路基必然吸水膨胀，造成强度降低。路基是道路的承重结构，路基的质量对于路面结构有着重要的影响。路面对于路基的要求是具有足够的强度、刚度、稳定性及较小的工后沉降量，在我国现行的路基路面设计体系中，路面的计算参数的土基回弹模量和设计弯沉值。换言之，检测路基压实度只是控制路基填筑质量的手段，并不是最终目的，对路面结构设计没有任何实际意义。因此强度和变形才是路基质量控制的关键。

图 2-10　现场压实度检测

2.3.2　包芯法

对于无法达到直接填筑要求的土质，可采用包芯法施工该类土只能用于 90 区内心，包芯法施工具体如下：

（1）包边土填料要求。

液限小于 50%，塑性指数大于 6%，小于最佳含水量 26%，不得采用粉土包边。

（2）包边土厚度 $b=1.5 \sim 2$ m。

（3）阻隔水层的设置，设置阻隔水层主要是防止毛细水对高液限土的浸润作用，从而导致路基强度下降，对阻隔水层的设置根据现场的地质，水文条件，地表积水情况而定。

① 地下水位较高，土质潮湿，采用石灰土或砂砾封层，石灰剂量 3% ~ 5%，层厚 30 cm。

② 地下水位不高，地表干燥，可填 75 ~ 80 cm 厚的低液限土作为封层。

③ 若地方有砂性土，最好采用砂性土封层的办法，封层厚度以 40 ~ 50 cm 为宜。

（4）设备要求：用羊足碾或 20 t 吨位以上的压路机。

（5）施工要求。

① 每层土上土前先放样，洒石灰划出高液限土与包边土的分界线，划线要准确，顺直，弯道要圆顺。

② 先上包边土，后上高液限土，碾压从两边往中间进行，对两种土质的结合处增加碾压 2 遍。

③ 雨季施工时，可适当增加路拱横坡，包边土的横坡比高液限土横坡大 1% ~ 2%，雨后路堤含水量合适时应进行复压并检测压实度，用羊足碾的路段应注意用光轮压路机复压以消除凹槽。

④ 加强对结合处的压实度检测，结合处的标准干密度采用两种材料的平均值。

2.3.3 土石分层填筑法

1. 路基填方段

对石源丰富的地段可采用填筑一层高液限土再填筑一层石料的施工方法，填石时要求采用羊角碾将石块部分压入高液限土中。高液限土的含水量为 25%~32%，松铺厚度宜为 20 cm 左右；碾压时应采用最大振力 25 t 以上的振动压路机或羊足碾，当含水量小于 30%时，采用最大振力 40 t 以上的振动压路机，碾压遍数一般为 8~10 遍，含水量偏低时可适当增加遍数，应视具体情况在路基表面出现软弹，剪切破坏之前中止碾压；必须强调连续施工，压完一层经检验合格后必须马上进行下一层的摊铺，以防本层土晒干后开裂；对于多雨潮湿时段，土的含水量大，地下水位高，对于路基边坡的防护宜采用必要的防护措施，路基施工期间应设置边沟以防路基被雨水浸泡。

2. 路基挖方段

（1）采用超挖 40~80 cm（具体视土质而定），换填合格土确保路基质量。

（2）独段开挖，不要一步挖至标高，预留一层作为最后集中开挖，最后一层开挖后必须马上采用合格土换填。

（3）加深边沟，同时在边沟地下增设盲沟，以阻止山体地下水渗透路基，盲沟底标高和超挖换填底面标高相同，盲沟采用土工布，内侧和底部采用隔水土工布。

（4）在路槽顶面铺设一层土工格栅，以提高路基强度，土工格栅采用搭接法进行连接，搭接长度 30 cm，为了避免日晒老化，当天铺设的土工格栅必须当天填上碎石。

3. 碎石垫层施工

采用渐进式对碎石填料进行摊铺，并用平地机将碎石摊铺整平，在试验段松铺 50 cm 厚的碎石填料，在施工中采用 26 t 振动压路机进行碾压施工，碾压速度控制在 1.5 km/h，碾压每次错轮 1/3 轮宽，振动频率 30 Hz 左右。碾压时按照先两侧后中间，先慢后快，先静压一遍后在振动碾压 6 遍，最后静压 1 遍进行收面。在振动碾压第五遍时进行沉降观测，在试验段选取四个断面，每个断面 6 个点，用水准仪进行观测，第六遍碾压后在相同断面再一次使用水准仪进行沉降观测，当沉降差平均不大于 3 mm 时停止碾压。对于有明显空洞、空隙的地方补充细料后再进行碾压。如图 2-11 所示。

图 2-11 碎石垫层施工

2.3.4 土质改良法

高含水量土的处治关键是如何快速、有效地降低土的天然含水量至一个适宜的含水量，使之能够压实，同时具有一定的强度和稳定性。因此常常采用在高含水量土中掺加具有吸湿能力和固化作用的外掺剂，降低含水量，满足施工碾压要求，提高强度和稳定性。目前国内常用的外掺剂有消石灰和生石灰、水泥、粉煤灰、固化材料。研究证明：消石灰的减水能力弱，无法快速有效降低过湿土的含水量，常规剂量处治后达不到规定的压实度要求，而且掺量不容易把握，拌和往往不均匀，所以路基的强度、稳定性不能得到保证。生石灰减水能力强，掺量容易控制，是一种较好的外掺剂。水泥减水能力比生石灰弱，成本较高，对施工作业时间有较严格的要求。粉煤灰的吸水能力更弱，强度提高不明显，而且工艺麻烦。

随着高等级公路的迅速发展及对土路基强度和稳定性认识的提高，采用石灰处理土路基已十分普遍。石灰处理土是通过在土中掺入石灰熟石灰或生石灰来获得土基强度的提高。根据处理的目的不同和石灰掺入量的不同，石灰处理土可分为石灰稳定土和石灰改善土。石灰稳定土是通过掺入足够剂量的石灰，经过土中火山灰物质的凝硬性反应，得到足够的强度，一般用于道路结构的底基层或基层的处理中。石灰改善土是通过较低的石灰掺量，经过离子交换，引起土的絮凝作用或结构重组，提高土的工作性能和抗剪强度，使土基能在较经济的情况下达到充分压实的目的。对于江南潮湿地区，因其一般地下水位较高，雨水较多，土壤一般呈过湿状态，往往难以达到土基规定的压实要求，对道路路面结构的承载能力和整体稳定性带来不良后果，且不利于垫层或基层的规范施工，采用低剂量的磨细生石灰粉处理，能够比较经济而有效地改变这种状况，生石灰粉的掺量一般不取决于土基强度的提高，而取决于施工用土的天然含水量。

1. 高液限土固化机理

1）水的处理

从土壤固化过程来看，土壤中水分的存在对土壤固化具有很大的负面影响。土壤中的水分包括游离水和结合水。由于水的存在，溶解了土壤中的盐类和土壤本身部分带正电的活性成分，反过来促使水产生电离，形成的氢氧根离子在土壤颗粒表面通过弱的化学作用吸附聚集，使得土粒成为带负电的胶粒，进一步和土粒周围的阳离子形成双电层结构，使得土壤变成溶胶体。这样的胶体具有一定的稳定性，胶粒与胶粒之间维持一定距离，主要是范德华力在起维系土体的作用，所以土壤的强度比较差；即使在某种条件下破坏了这种胶体结构，在饱水的环境里产生的也是松散的絮凝，对土壤的强度并没有多少提高。所以为了固化土壤，必须将土壤中的水除去，并且还要保证这种形成双电层和土壤溶胶的过程不再发生。目前处理水的方法有两种。

（1）一种是将游离水转化为结晶水，利用生成高结晶水的物质消耗土壤中的游离水分。结晶水不参与上述破坏土壤强度的过程，并且生成的结晶水合物具有胶凝的性质，可以堵塞土块中的各种毛细管道，避免渗入水分再一次破坏固化土的结构。

（2）另一种是破坏土粒表面的亲水性质，削弱土粒与水之间的作用力，利用施压和引流等措施除去土壤中的水分。利用高聚物来固化土，一般是利用高聚物包裹层本身具有的憎水性质；而电离子溶液是利用离子交换将土粒表面亲水性较强的阳离子变成亲水能力较差的铝离子等，再辅助以离子配位，使得土粒表面趋于电中性，从而释放土粒表面的吸附水。

2）土壤颗粒的胶结

研究表明，土体的力学性质并不取决于黏土中基本结构单元的强度，而是取决于它们之间的结构黏结力。所以采用何种方式黏结土粒，是影响固化土强度的主要因素。从另一个角度看，促进土壤颗粒在固化剂中的分散，增加黏结效率，也可以增强土壤固化效果。在后一点上，液体固化剂较之固体固化剂有着明显的优势，可以节省大量的施工费用。现有的固化剂在土粒的胶结上一般也是两种方式：

（1）一种是利用自身形成黏结土粒的结构，不管是凝胶或者是高聚物链，将土粒包裹镶嵌在已经形成的结构中。

（2）第二种胶结土粒的方式就是激发土粒本身的活性，利用土粒与土粒之间的反应使得土壤成为整体，这也是土壤固化剂最终的目标。就目前所知，在一定条件下，土壤颗粒自己会聚合。在形成离子晶体时，遵循 Pauling 法则。根据这一法则，利用低价离子取代土壤中的铝离子，有利于土壤中矿物晶体的再形成。实际上，这两种胶结的方式经常出现在同一种固化土中，相互促进。

2. 固化剂分类概述及土质改良研究

从固化剂发展的过程以及固化机理来看，现有的固化剂大体可以分成四大类。

1）灰水泥类固化剂

石灰和水泥在建筑施工上的广泛应用使得它们自然成为固化土壤的首选。石灰、粉煤灰和水泥固化土壤的机理类似，包括结合土壤中的水分、形成胶凝成分来胶结土壤，堵塞土壤的毛细结构，降低土质塑限，提高缩限，改善膨胀特性，从而提高强度和稳定性。这类固化剂加入量较大，形成胶凝的过程会产生较大的形变，固化土容易干缩，形成裂缝，破坏结构，影响水稳定性，造成早期强度不高的缺点，而且这类固化剂的固化效果依赖于土壤的颗粒度和含水量，在施工上存在着限制。

2）矿渣硅酸盐类固化剂

这一类固化剂的元素组成与土壤较为接近，主要是活性硅氧化物、铝氧化物等，与水泥相区别。利用活性激发成分促进固化剂水化和产生胶结土壤颗粒的胶凝物质，并且在一定程度上激发土壤颗粒本身的活性，在固化剂和土壤颗粒之间进一步形成有效的作用力，并且保留部分活性成分，在较长的时间内稳定地增加强度。由于这类固化剂采用的是水硬性成分，所以防水抗冻性能较好。这是目前较为成功的土壤固化剂，而且国内矿渣等资源比较丰富，成本也比较低，所以市场前景比较好。缺点是这类固化剂适用的土壤类型有限，而且固化剂掺入量仍然较大，施工量没有降低，对于本地缺乏资源的地区，进行施工需要较高的运输成本，这也是限制其应用的一大因素。

3）高聚物类固化剂

这类固化剂种类很多，包括多种树脂、纤维、表面活化剂等。传统的高聚物改良土壤包括水土保持、土壤保湿、疏松土质等，在此基础上，研究发现利用聚合物交联形成立体结构包裹和胶结土粒，或者利用表面活性剂改变土粒表面亲水性质，形成有效的抗水能力，在土壤压实的基础上，可以得到较好的抗压强度，从而发展成一类新的土壤固化剂。它有如下优点：固化剂的掺入量较少，运输方便，成本可以有较大幅度的降低；一般采用水溶液的形态与土壤混合，施工方便；加入催化聚合成分或者直接利用土壤成分来实现胶联，土壤早期强度和后期稳定强度均可以满足要求；适用的土壤类型比较丰富，所以适应性也比较好。缺点是这类固化剂普遍的抗水性能比较差，遇水强度急剧降低，一些成型的产品同样存在这类问题。并且土壤的强度建立在聚合物本身的胶结能力上，土壤的结构成分复杂，对聚合物本身的稳定性也是一种考验，有待进一步发展和实践检验。

4）电离子溶液类固化剂

这一类固化剂作用的机理是利用强离子来破坏土壤颗粒表面的双电层结构，减弱土壤表面与水的化学作用力，并且从根本上改变土壤颗粒的表面性质，使其趋于憎水性，在压力作用下使得土壤形成强度和良好的抗水性能，其中还包括一定的离子交换促使土壤具备一些活性，从而促进土壤的稳定和强度。这一类固化剂与高聚物类固化剂有相同的优点，施工方便，成本较低。但是也有较大的缺点，由于施工需要的用水量较大，所以在北方和西部一些缺水的地方施工存在困难；另外这种固化剂对土壤成分有一定的要求，这也在很大程度上限制了其应用。

2.3.5 土工格栅加筋垫层处治法

1．土工格栅加筋垫层法的基本原理及适用范围

土工格栅加筋垫层主要用于处治表层软弱土层厚度小于 3 m 的地基，并针对实际地质情况与其他处治方式结合使用，以达到良好的处治效果，处治示意图如图 2-12 所示。对于排水条件较好的路段，可在铺设加筋垫层前，通过开沟晾晒、铺设纵横盲沟使土体排水固结，以获得更高的土体强度；对于排水不畅的路段，加筋垫层可结合抛石挤淤共同处治地基。

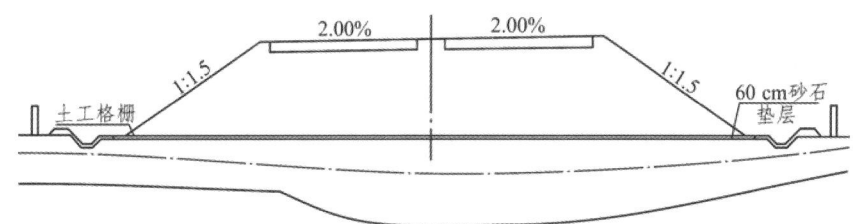

图 2-12　土工格栅加筋垫层处治高液限土地基示意图

2．土工格栅加筋垫层处治高液限土地基的机理

用土工格栅加筋加筋垫层处治地基一般是在堤身底部的砂石垫层中铺设单层或多层土工格栅，依靠筋材与土的摩擦作用，限制其上下土体的侧向变形，增强土体的整体性，从而提高土体的刚度和强度，起到提高地基承载力、均衡不均匀沉降的作用。根据现有研究成果，土工格栅加筋垫层的作用机理可分为以下几个方面：

（1）应力扩散作用。由于土与筋材的摩擦作用使得应力扩散角增大，地基中应力的分布趋向均匀，垫层下地基的附加应力减少，均化了地基的沉降变形。

（2）筋材拉力的水平分力引起的侧限作用。在上部荷载作用下，筋材在破坏线处会产生变形，其拉力的水平分力的反力可以限制土体的侧向位移，改善软土地基浅部的应力场。

（3）筋材拉力的垂直分力的作用。筋材拉力的垂直分力可以分担上部的荷载，减小筋材界面以下土体的附加应力，因而减小了土体的竖向压缩变形和由剪切变形产生的侧向变形，提高了地基承载力。

（4）加筋垫层的旁载作用。地基在荷载作用的平面应变状态下，两侧的土体会隆起变形，而加筋垫层的宽度一般会比路堤的宽度大，且垫层的整体刚度较大，在筋材的拉力作用下，路堤两侧地基土的隆起会受到约束，地基的稳定性增加，沉降量也减少，这就相当于在路堤两侧有旁载作用。

（5）减小不均匀沉降的作用。加筋砂垫层和未加筋砂垫层相比，强度指标和应力应变关系均有所变化，强度提高使加筋砂垫层的应力扩散效应更加明显，同时加筋砂垫层有一定的抗弯刚度，会使垫层下的应力分布均匀化，应力分布趋向均匀有利于减小地基的不均匀沉降。

（6）防冻胀作用。因为粗颗粒砂垫层孔隙比较大，不会产生毛细管现象，因此可以防止冬季土中结冰造成基础的冻胀。

（7）消除地基上的胀缩作用。

3．施工工艺

1）砂石垫层施工工艺

（1）砂石垫层材料宜用中、粗砂，不得掺有粉细砂，含泥量不大于5%，并应尽量除尽其中的植物根系和杂质。采用天然级配砂砾料时，砾石强度不低于四级即洛杉矶磨耗律<60%，最大粒径不大于50 mm。

（2）施工前应平整地表面，清除树根、草根及硬物，并做好排水坡以及临时排水设施。

（3）砂石垫层的宽度应宽出路堤边脚0.5~1.0 m，两侧以片石护砌或采用其他方式防护，以免砂料流失。

（4）砂石垫层施工的关键是将砂加密到设计要求的密实度。一般采用分层铺砂，逐层压实，分层的厚度视压实能量而定，一般在20~35 cm。碾压时，砂石垫层的最佳含水量一般控制在8%~12%。

2）土工格栅施工工艺

（1）土工格栅应按其受力方向铺设，铺设时应拉直平顺、紧贴下承层，不使其出现扭曲、褶皱、重叠。在斜坡铺设时，应保持一定的松紧度（可用U形钉控制）。

（2）铺设土工格栅时，应在路堤每边各留足够的锚固长度，回折裹覆在压实的填料上面，平整顺适，外侧用土覆盖，以免人为破坏。锚固长度应满足设计要求。

（3）应保证土工格栅的整体性，当采用搭接法连接时，搭接长度宜为30~90 cm；采用挂接法时，黏结宽度不小于5 cm；采用U形钉钉合法时，U形钉的间距宜为1.0 m。

（4）铺设时，土工格栅不得有大的损伤破坏；撕裂处或孔洞处应在其上缝补新材料，新材料面积不小于破坏面积的4倍，边长不小于1 m。

（5）土工格栅在存放以及施工铺设的过程中应尽量避免长时间暴晒或暴露，以免其性能劣化。

（6）回填土层应分层填筑，每层填土厚度应随填土的深度及所用压实机械决定。一般宜为 100～300 mm，但第一层填土厚度不小于 150 mm。土工格栅上第一层土层，填土机械应沿垂直于土工格栅的铺设方向进行，应用轻型机械（压力小于 55 kPa）碾压；填土高度大于 600 mm 时，方可使用重型机械。

4. 质量检验

土工格栅铺设质量要求应符合表 2-3。

表 2-3 土工格栅施工质量要求

项目	允许偏差	检查方法和频率
垫层平整度、拱度	符合设计要求	每 200m 检查 4 处
搭接宽度/mm	+50，-0	抽查 2%
搭接缝错开距离/mm	符合设计要求	抽查 2%
锚固长度/mm	符合设计要求	抽查 2%

2.3.6 碎石桩处治法

1. 适用范围

对于表层软弱土层的厚度大于 3 m，且天然软黏土地基的不排水强度大于 20 kPa 的路段，采用碎石桩加筋垫层联合处治，处治示意图如图 2-13 所示。

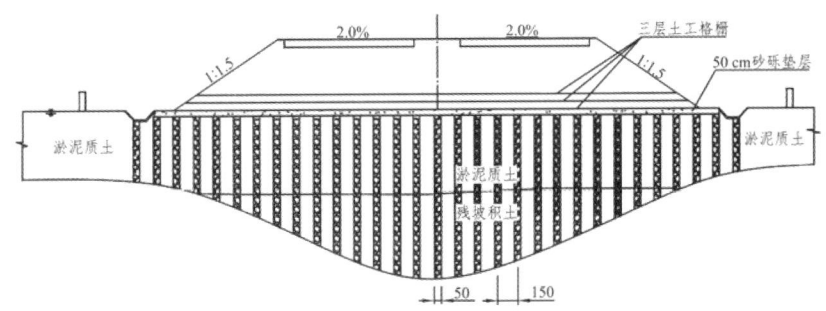

图 2-13 碎石桩处治高液限土地基示意图

2. 加固机理

（1）置换作用。对于饱和黏性土地基，由于土的黏粒含量较大，粒间结合力强，渗透性低，在振动力或挤压力的作用下土中水不易排走，因此碎石桩的作用不是通过挤密桩间土，而是通过以刚度较大的桩体置换桩体部位的软土分担上部荷载而实现的。由密实的碎石桩替代了与桩同体积的软弱黏土，由于桩体的强度和抗变形的能力均优于原地基，所形成的复合地基的承载力比原来天然地基承载力要高，其沉降量也比天然地基要小，从而提高了地基的整体稳定性和抗破坏能力。

碎石桩的置换作用与桩间土的性质有关，当桩间土的强度不能平衡碎石的挤入力，进入土层的砂石料便成松散状，形成不了碎石柱体，起不到复合地基的作用。有研究认为黏性土的不排水抗剪强度小于 20 kPa 时就不能形成桩体，这也是形成碎石桩复合地基的条件。

（2）排水作用。碎石桩在黏土中形成一个良好的排水通道，起到排水砂井的作用，而且缩短了孔隙水的水平渗透半径,加速软土的排水固结,使沉降稳定,地基得以加固。

(3)加筋作用。碎石桩可贯穿整个软弱土层,伸到相对硬层,此时桩体在荷载作用下主要起应力集中作用,从而使软土负担的压力相对减少,与天然地基相比,复合地基的承载力提高、压缩性减少。

(4)垫层作用。碎石桩可以将荷载扩散使应力分布趋于均匀,从而达到提高地基整体承载力和减少沉降量的目的。

3. 施工工艺

(1)机械设备宜采用走管式振动沉桩机,内置平底活页式桩尖;桩管直径符合设计要求,并设有二次投料口,最大沉桩深度能满足设计要求;容积相等的手推车数辆。

(2)碎石级配以自然级配为宜,最大粒径不超过4 cm,含泥量不大于5%。

(3)施工顺序由路基一侧推向另一侧,往返逐桩施工。

(4)桩基就位,校正桩管垂直度≤1.5%;校正桩管长度并满足设计桩长;设置二次投料口在桩管中间以上部位;在桩位处铺设少量碎石。

(5)边振动边下沉至设计深度,稍提升桩管使桩尖打开,然后停止振动,灌料直至灌满桩管为止。然后启动拔管,拔管前留振1 min,以后边振动边拔管,拔管速度需均匀(1 m/min)且每拔管1 m留振30 s,反插1次。

(6)根据单桩设计碎石用量确定第一次投料的成桩长度(约为桩管长度一半),进行多次反插(每米长反插1次)直至桩管内碎石全部投出;然后提升桩管,开启第二投料口并停止振动,进行第二次投料直至灌满桩管;启动拔管,边振动边上拔,并进行多次反插(每米长反插1次),至管内碎石全部投出;提升桩管高于地面停止振动,进行孔口投料(第三次投料)直至地表;启动反插(反插电流控制在80 A左右),并及时进行孔口补料至该桩设计碎石用量全部投完为止;孔口加压至前机架抬起,完成一根桩施工。

(7)碎石灌入量按充盈系数1.2~1.4计算控制。

(8)提升和反插速度必须均匀;每根桩反插次数视情况而定,一般不得少于12次(15 m内桩长)。

(9)施工过程中应及时挖除桩管带出泥土,孔口泥土不得掉入孔。

(10)碎石桩复合地基施工完成后,整平桩顶,开始铺设土工格栅加筋垫层。

4. 质量检验

1)检验方法

(1)清除15 cm厚表层后,用重型触探检测桩的密实度,用钢尺检测桩的桩径、桩距及单桩碎石灌入量。其中单桩碎石灌入量查施工记录。

(2)对桩间土加固效果采用标准贯入试验(SPT)、静力触探试验(CPT)进行检测。

(3)采用瞬态瑞利波法检验复合地基效果。

2)检测时间

在施工结束7 d后即可进行。

3)检验频率

(1)单桩碎石量检查按规定频率随机抽查。

（2）标准贯入试验以桩数的1%控制；孔位随机布置，特殊地段适当加密。

（3）瑞利波法按1点/40 m，在中心线两侧各15 m处交叉布点。

4）检验标准

（1）单桩碎石灌入量按不小于充盈系数1.2检验。

（2）桩间土标准贯入试验$N_{63.5} \geq 8$击，则认为处治达到要求。

（3）瑞利波测试测出剪切波速$V_s \geq 200$ m/s，则处治效果达到设计要求；否则，应加测标准贯入试验，如$N_{63.5} \geq 8$击，方可认为达到设计要求。

5）质量控制标准

碎石桩复合地基的质量控制标准如表2-4所示。

表2-4 碎石桩质量控制指标

项目	允许偏差	检查方法和频率
桩距/mm	±100	抽查2%
桩径/mm	不小于设计值	抽查2%
桩长/m	不小于设计值	查看施工记录
竖直度/%	1.5	查看施工记录
灌入碎石量	不小于设计值	查看施工记录

2.3.7 冲击碾压法

1. 技术简介及适用范围

冲击碾压技术是由曲线边构成的正多边形冲击轮在位能落差与行驶功能相结合下对工作面进行静压、冲击、揉搓，其高振幅、低频率的冲击碾压使工作面下深层土石的压实度不断增加，并达到规定压实度的压实技术。它是一种最新的高速厚铺层压实技术，具有较强压实能力，如图2-14所示。冲击碾压技术是在二十世纪七八十年代在南非发展成熟并应用于工程建设中的一种新型压实技术，于1996年引入我国。在我国公路施工中，开始主要用于地基的碾压和路基的增强补压，2000年以后，这项技术开始应用旧路改建。

图2-14 冲击压路机械

虽冲击压路机在土方分层填筑方面应用较少，但国内为在山东省青银—济馆高速公路连接线工程LK+331.5～LK8+554段土方路基、石黄高速公路衡水支线路基中进行了尝试应用，并取得了较好的效果。目前，冲击压路机的压实效果逐渐得到了公路界的认同，广泛应用于公路行业的多个领域：

（1）高路堤、路床、填挖交界路基的冲击增强补压。

（2）湿陷性黄土等软弱地基、路堑的冲击碾压处理。

（3）路堤等的分层填筑冲压。

（4）旧砂石路、旧沥青路的冲击碾压与加宽部分的增强补压等。

2. 冲击碾压路基的施工特点

路基压实方法中常见的有静压、振动和冲击压实三类方法。

静压常见的有光轮压路机、轮胎压路机静压，以及静作用羊足压路机通过对土体表面施加大小不同静压力和揉搓效果进行的压实。这些方法常用于地下水位以上大面积填土的路基压实以及一般非饱和黏性土和杂填土地基的浅层处理。静压存在加固深度浅、需严格按照平行施工作业法分层碾压、工作效率低等缺点。振动压实机工作时，是依靠振动力和碾静重压力的共同作用，低振幅、高频率的压力波快速连续地作用于土体表面。在压力波的作用下，土体颗粒处于运动状态，相互间的摩阻减少土体进行重排，进而得到压实。这种作用在压路机的振动频率接近颗粒的振动频率时就更为显著。

冲击则通过高振幅、低频率的压力波对路基产生比静荷载大得多的作用力，用重型落锤冲击土体、土石填方可以达到更大深度的压实。强夯、冲击碾压都属于典型的冲击压实方法。强夯法虽然冲击能量巨大、加固效果好、加固深度大，但主要缺点是振动的影响和飞溅的土石可能造成人员、房屋等的损伤，在高路堤施工中存在一定局限。

采用冲击压路机进行路基碾压，其冲击能量较强夯能量小，但较静压和振动压实能量却大很多，压实原理也有所不同。冲击式压路机利用垂直冲击振动密实土壤，还可向前搓揉被压材料，提高水平密实度，与传统的滚动振压实技术相比，具有压实力集中、冲击能量巨大、压实深度大、双向压实、效果好等特点。冲击式压路机压实后的地层密实均匀，有效提高了压实质量；同时，冲击式压实机能够实现厚铺层高填方施工，工作行驶速度是传统压实机的2~3倍，工作效率可达传统压实机的10倍以上。

2.4 哨关路红黏土路基施工技术

2.4.1 哨关路红黏土工程特性

据调查，旱季位于斜坡和陡坎地带的红黏土发育收缩裂隙或地裂。收缩裂隙呈网状，以纵向为主，斜交和水平裂隙少见，地裂水平方向多为单向延伸，斜坡地段平行等高线延伸，具干张、湿闭可逆性变化。红黏土抗风化性弱，土体强度对湿度、温度变化敏感，易出现强度降低，产生不均匀胀缩特性。该段路线中红黏土全线分布，由于侵溶蚀的长期作用，地下溶沟、溶槽相对较发育，基岩面起伏相对较大，红黏土厚度变化较大，一般厚度1~15 m，局部地段厚度达到38.2 m，土质主要以高液限黏土为主。

红黏土随深度不同，存在不同的特性，主要表现如下：

（1）拟建路段红黏土随深度存在明显变化，浅表层由于孔隙水被蒸发，形成松散的红黏土层，土体松散，对拟建工程影响较大。

（2）松散层以下，红黏土稍湿，呈硬塑状，局部可塑状，干强度高。承载力较高，可作为拟建道路的路基基础持力层。

（3）接近基岩段随岩溶的发育情况，分别呈现可塑状—软塑状，主要跟岩溶水的发育有关，岩溶发育路段，地下水排泄通畅，红黏土呈可塑状，局部夹有灰岩碎块石，岩溶不发育地段，地下水排水不畅，红黏土呈软塑状，对路基不均匀沉降存在一定的安全影响，本路段内，现状条件下，区内均为岩溶强发育，受地下水影响的范围较小。

浅部红黏土层受大气影响深度 4.00~4.50 m，以及大气影响急剧层 1.80~2.00 m 范围内，结构松散。该红黏土自由膨胀率为 25.8%~38.7%；重度变化大，平均孔隙比较高，平均收缩系数较大，对路基存在一定的安全影响。不可直接作为路基填料，如需使用，必须进行掺灰或掺石料处理，且应做好排水措施。基础施工宜采用分段快速作业法，施工过程中不得曝晒或泡水，雨季施工时应采取防水措施。

2.4.2 红黏土路基施工工艺

由于哨关路沿线的红黏土土质以高液限土为主，且哨关路工程量大，工期紧，土体翻耕晾晒难以实现，而土质改性也受天气等因素的影响；因此为保证施工工期，在本工程中的红黏土处治方法主要采用掺碎石料处理后作为路基填料土。

1. 挖方地段施工工艺

（1）土方开挖工艺流程如图 2-15 所示。

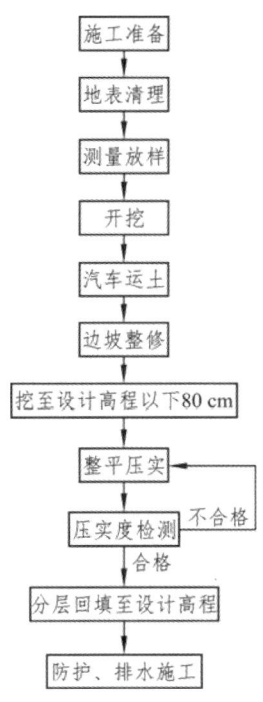

图 2-15 土方开挖施工流程

施工时沿线分段进行土方开挖，采用挖掘机直接装车或采用推土机集料，装载机配 8~15 t

自卸车运输。合格土料直接运至填方路段进行掺拌填筑，碎石土土石比根据试验确定，不合格土料运至指定弃土场堆放。

由于本工程路堑的宽度及深度较大，拟采用通道纵挖法施工。

① 当挖深在 4 m 以内时，采用单层通道纵挖法施工。

② 当挖深超过 4 m 时，采用分层通道纵挖法施工。先沿纵向分层，每层挖出一条通道，再开挖两旁，上层通道开挖至路堑边坡后再开挖下层通道，如此开挖直至路基设计高程。开挖的同时做好边坡碎落台临时排水沟，将水引出路基外，如图 2-16 所示。

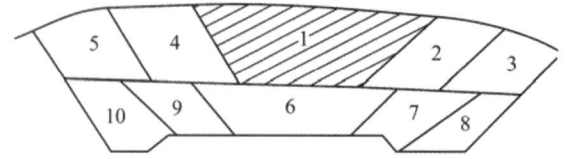

图 2-16 通道纵挖法（按编号顺序从小到大开挖）

土方开挖应自上而下进行，不得乱挖、超挖，严禁掏底开挖。开挖坡面必须一次性成形。开挖过程中，必须采取措施保证边坡稳定。开挖至边坡时预留至少 30 cm，保证刷坡过程中设计边坡线外的土层不受到扰动，同时对已开挖的坡面进行复核，确保开挖坡面不欠挖、不超挖。在施工过程中加强对施工便道的维护清理，保持施工道路的畅通，以保证开挖中机械设备的顺利运输。

2. 路基填方施工工艺

1）施工准备

路堤填筑工程的施工准备，除要做好施工调查、核对设计文件、交桩复测、技术交底、安全交底等常规准备工作外，还须着重做好土源试验、路基填筑试验段和测量放样工作。

（1）施工前调查。

调查填筑范围内水渠、管路、文物、道路、地下水位、原地面软弱状况等情况，当与设计不符且遇不利回填的情况须特殊处理时，并及时向业主、设计单位、监理工程师报告，以及时制定处理方案。

（2）清表。

清表厚度严格按照设计要求进行。采用挖掘机和装载机等机械对路线范围内的灌木、草皮、表土、废料等进行清理，并按业主要求对其进行堆放、处理。清表后进行碾压，压实度不小于 90%。

（3）土源试验。

开工前进行土源调查试验，以取得足够详细的数据，为基底处理、土石方的调配等提供施工依据，确定最佳施工方案。核对填料的类别、分布，进行填料复查和试验，不符合设计要求的填料严禁用于填筑。

（4）路基填筑试验段。

根据类似工程施工经验以及土源试验结果，初步拟定路基填筑施工机械组合，选择地质条件、断面形式具有代表性的地段做试验路段。从中选出路基施工的最佳方案、工艺参数和检测方法来指导施工。试验时作好记录，对压实设备的类型、最佳机械组合方式、碾压遍数及碾压速度、工序、每层材料的松铺厚度、材料的含水量等写出试验报告并报监理工程师批准。作为该种填料施工时使用的依据,根据其确定的施工参数进行路堤填筑。

(5)填料要求。

根据设计要求,本项目路基填料除侧分带及中分带外均为碎石土,主要来源于挖方利用、土场取土(或外购)。其中路床填料采用的碎石土碎石含量为70%,其余填料采用的碎石土含量为60%。路基填料最小强度和最大粒径见表2-5。

表2-5 路基填料最小强度和最大粒径

路面底面以下深度/cm		CBR		填料最大粒径/cm
		快速系统、辅道	慢速系统	
填方	0~30	8	6	10
	30~80	5	4	10
	80~150	4	3	15
	>150	3	2	15
挖方和零填	0~30	8	慢速系统换填40 cm路床,要求CBR≥6%	10
	30~80	5		10

2)路基填筑施工

(1)施工工艺:

路基填筑施工采用机械化施工,基本机械配置为:自卸汽车运输,推土机或平地机进行摊铺、找平(人工配合)、整平填筑层,压路机碾压。在施工过程中,应严格控制松铺厚度及碾压前填筑层含水量的检测、已压实层压实度的检测,检测指标合格后方可进行下一道工序的施工。施工工艺流程如图2-17所示。

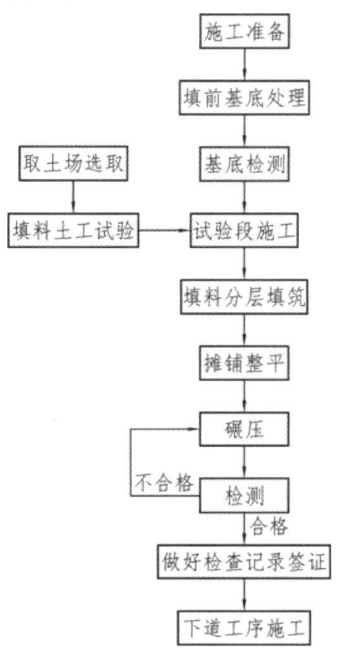

图2-17 路基填筑施工流程

（2）填筑采用水平分层填筑法施工，即按照横断面全宽分成水平层次逐层向上填筑，如原地面不平应先进行填前处理，后由最低处分层填筑，每填一层，经过压实试验检测达到设计压实度规定要求后，再填上一层。

（3）路堤填筑分段纵向衔接采取分层相互搭接、相互覆盖的做法，以利结合。

路基分段作业施工时，若两段交接处不在同一时间填筑，则采用分层搭接方式。先填地段按 1∶1 坡度分层留台阶，示意图如图 2-18 所示。

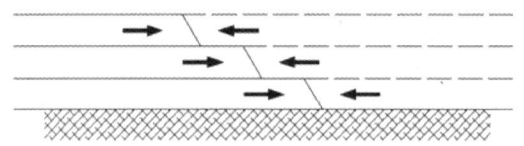

图 2-18　填筑分层搭接示意图

若两段同时填筑，则采用覆盖衔接方式。分层相互交叠衔接，其搭接长度不小于 2 m，示意图如图 2-19 所示。

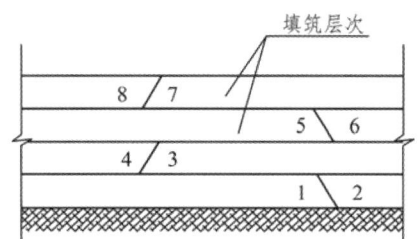

图 2-19　填筑层次相互覆盖衔接法示意图

原地面坡度大于 1∶5 及半填半挖路段：地面横坡大于 1∶5 时，直接清除地表草皮、腐殖土后开挖台阶，台阶宽度不小于 2 m，台阶向内倾斜坡度 3%，然后再进行路基填筑，填筑时自下而上，开挖一阶及时填筑一阶。横向坡度较大时，为避免路堤不均匀沉降致使路面开裂，路面底面以下铺设 3 层双向土工格栅。第一层土工格栅位于路面底面以下 40 cm 处，层与层间隔 40 cm。双向土工格栅应使用锚钉固定于台阶上，其设计抗拉强度大于 80 kN/m，横向搭接长度大于 20 cm 且搭接处受力强度不低于 30 kN/m，土工格栅反折长度为 2 m。路基填挖交界（含半填半挖交界）处由于填方会产生沉降，往往导致填挖交界处路基产生断裂，为了防止或减缓填挖交界处路基开裂，采取了开挖台阶和加筋补强措施：清除地表草、腐殖土后开挖台阶，台阶宽度不小于 2 m，台阶内向倾斜坡度 3%；在路床附近铺设 2~3 层钢塑格栅，钢塑格栅要求设计抗拉强度不小于 80 kN。如图 2-20 ~ 图 2-23 所示。

（4）土工格栅施工。

施工场地：要求压实平整、呈水平状、清除尖刺突起物。

格栅铺设：在平整压实的场地上，安装铺设的格栅其主要受力方向（纵向）应垂直于路堤轴线方向，铺设要平整，无皱折，尽量张紧。用插钉及土石压重固定，铺设的格栅主要受力方向不宜设接头缝，如避不开，搭接长度不应小于设计要求，并用铅丝绑扎牢固。土工格栅铺设层与层之间应错缝。

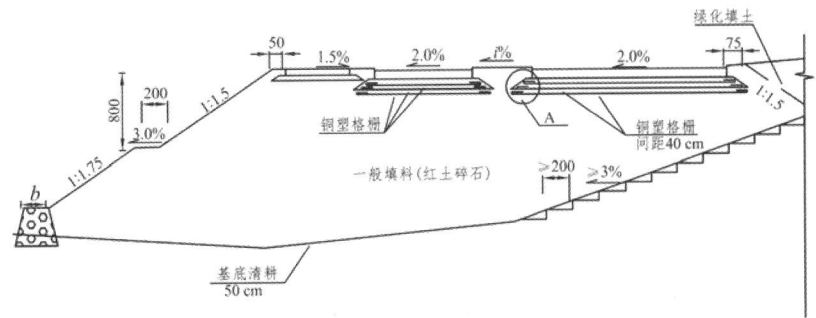

图 2-20 陡坡路段处理

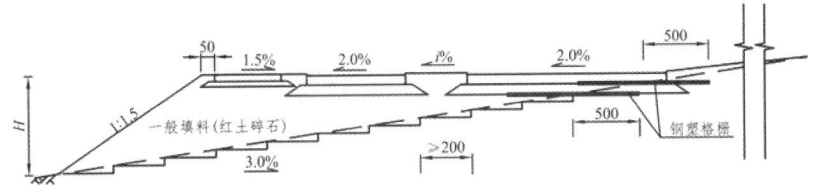

图 2-21 横向半填半挖处理

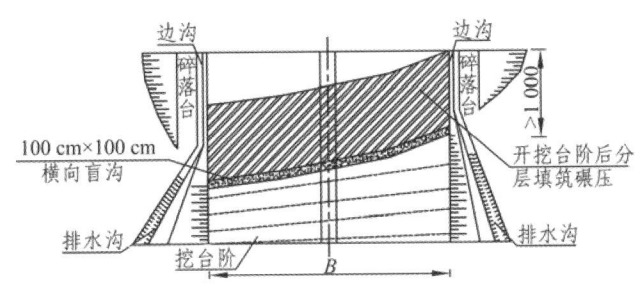

图 2-22 纵向填挖方过渡段（平面）

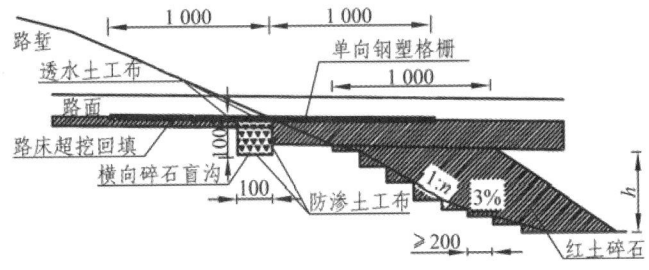

图 2-23 纵向填挖交界处拼接示意图

连接、固定格栅：土工格栅沿横轴向（非主要受力方向）的接缝采用塑料带绑扎，绑扎间距 1.0 m；铺好的土工格栅每隔 1.5～2.0 m 用 U 型锚钉固定于底面，使铺好的格网平顺并与底面密贴。

填料的摊铺和压实：当格栅铺设定位后，应及时填土覆盖，裸露时间不得超时 48 h，回填土料粒径不得大于碾压层距的一半。回填时先在两端摊铺填料，将格栅固定，再向中部推进，车辆机械不得直接在铺好的格栅上行走。碾压顺序先由两端向路堤中心碾压，压路机应顺路堤纵向行驶，压实度应满足设计要求。

（5）摊铺、碾压。

填料摊铺采用推土机粗平，使填筑层表面大致平整，然后采用平地机配合人工找平。填筑压实时，采用重型振动压路机碾压。碾压时从低处起先两侧后中间、先慢后快、先静压后振压。横向行与行之间重叠 0.4~0.5 m，前后相邻两段之间重叠 1.5~2.0 m。摊铺厚度及碾压遍数根据试验段试验数据确定。压实度不合格者，进一步碾压，直到合格为止，验收合格经签证后方可进入下一层施工。

设计采用重型击实标准，基底压实度要求≥90%，其余各部分压实度见表 2-6。

为了减少路基在构造物两侧产生不均匀沉降而导致路面不平整，对于构造物两侧的一定长度范围内在填筑时需要特别注意。涵洞两侧的填土和压实、桥台背后与锥坡的填土与压实应对称进行。桥台台背和涵洞两侧与顶部、锥坡等处填土均应分层压实、分层检查，其压实度标准均为 96%。

表 2-6 路基压实度（%）（重型）

	路面底面以下深度/cm	快速系统、辅道	慢行系统
填方	0~30	≥96	路床 40 cm，压实度≥93
	30~80	≥96	
	80~150	≥94	≥90
	>150	≥93	≥90
挖方和零填	0~30	≥96	慢速系统换填 40 cm 路床，要求压实度≥93
	30~80	≥96	

2.4.3 红黏土路基施工方案

1. 施工工序

清表→填前处理（含原地面坑洞填平、软基换填、整平压实、纵横台阶处理等）→施工放样→下层白灰打格完毕→卸填土石料→推土机摊铺整平→人工辅助找平→压路机碾压→压实度等检测→平整度、宽度、横坡度检查。

2. 采用的机械设备组合

填前处理：推土机整平，挖掘机按规范要求挖台阶，22 t 压路机压实。

试验段填筑：50 t 装载机装料，双桥自卸汽车运料至现场，挖掘机找平，人工辅助找平，22 t 压路机碾压。施工便道洒水车洒水降尘，如填料含水量偏低，用洒水车补水，辅以挖掘机拌和。

3. 控制要点

填料含水量、松铺厚度、机械组合、碾压遍数、压实度、平整度、标高、横坡度。填料含水量控制在试验得出的最佳含水量的±2%范围内。填料的倾卸：根据每车运送方量和确定松铺厚度，采用石灰在上一层上画方格的办法，由专人指挥将填料直接卸在网格内。填料控制：确定分层标高，各层标高确定后，作为控制标准，填筑填料松铺厚度按 30 cm 内控制，由于该段落处于综合管廊填方段基底回填，并且综合管廊基底回填压实度（96%）大于路基回填压实度要求，为此该段落压实度控制均按照综合管廊基底回填压实度（96%）的要求进行控制。填料最大粒径不大于15 cm（上路床不大于10 cm），在最佳含水量±2%条件下碾压，坡脚处为达到压实效果，铺筑宽度每边超出设计值50 cm，以保证路基边缘的压实度，松铺厚度的大致控制方法，松铺系数暂定为1.2，填筑时，两侧立好标杆，立杆沿路基纵向每20 m一个断面布置，左中右各订设一个标杆，然后挂线初步控制其松铺厚度，填筑层的中部采用铁杆插入的办法确定其松铺厚度，最后用水准仪逐桩测量其铺筑厚度。

填筑施工：采用右幅横断面全宽水平分层填筑法，由低处往高处逐层进行，每层填料布料均匀，边坡修整要求满足规范要求。填方施工按"四区"分区作业，即分为上料区、摊铺区、碾压区、检测区，并设置标识牌。

4. 碾压指标

碾压密实度是土石混合路基填方的一个重要指标，压路机的整个碾压过程须严格按规程操作。压实时速度控制在4 km/h以内。压实方式，先慢后快，直线段先两头后中间，曲线段先内侧后外侧，先静压（由弱到强）后振压。在换向之前，先关掉振动器，以避免造成凹凸不平。变换时速时，操作要平稳。碾压一个来回，应处于同一个车道上。横向接头一般应重叠30~50 cm，前后相邻两路段宜纵向重叠2.0 m以上。做到无漏压、无死角、确保均匀碾压。

2.4.4 质量保障措施

（1）施工时严格按图纸和施工规范进行施工。

（2）路基填筑时，严格控制填料质量及粒径，并选择合适的压实时间。

（3）现场试验时，认真、及时地填写试验过程中的各类数据，以保证填方试验段成果的真实、可靠性。

（4）严格报检制度，及时报请监理工程师验收。

（5）虚心接受监理及业主提出的指导性意见，积极请教，完善质保措施。

（6）碾压密实是关键。压路机先静压1遍，再开始振动碾压，振动时，先弱后强，先慢后快，来回往返碾压密实，由两侧向中间碾压，碾压时横向接头重叠0.4~0.5 m，做到碾压均匀，无漏压、无死角，记录好碾压遍数、碾压方式、方法、振动频率和碾压行驶速度。

（7）加强沉降观测：由测量队派驻现场专职测量员跟踪测量，每项测量结果都必须经测量监理工程师确认。测量用的各项仪器的精度、灵敏度必须满足要求，并定期进行校检。

（8）基底清表后碾压密实，经监理工程师验收合格后，再进行填筑。

（9）路基填筑使用各种压实机具时的注意事项与压实填土路基相同，而路基压实到所要求的紧密程度所需的碾压或夯压的遍数严格经过试验确定。

第3章 隐伏岩溶路基施工技术

岩溶，在国际上的通用术语为 Karst，通常翻译为喀斯特。它本来是巴尔干半岛的西北部某一个灰岩高原的名字，在该处岩溶发育非常广泛，后来将该高原的名字命名这种特殊地质。早在十九世纪末，国外某学者将其解释为"水对溶岩或者溶洞所进行的一种比较特殊的地质作用过程和作用结果"，这一解释在国际上得到认可，并沿用到现在。隐伏岩溶是指埋藏在已成岩的非可溶性岩层之下的岩溶。这种岩溶一般不反映于地表。我国最早对岩溶地貌开展的认识和研究可以追溯到战国时期的《山海经》，该书对岩溶地貌有相关的记载或描述。到了明朝末年，我国著名的学者徐霞客，撰写了一本著名的书——《徐霞客游记》，该书中详细描述了我国南方岩溶地貌的形成原因、分布以及类型特征等。此书是世界上最早比较系统介绍岩溶这种特定地貌的著作。

随着我国高速公路的进一步发展，路基的稳定性及可靠性成为制约交通基础建设的一个重要因素，给相应工程建设带来极大不便，甚至造成巨大的经济损失或工程安全事故。浙江省高速公路在浙西山区建设期间，不可避免地会面临岩溶路基处理问题。岩溶给高速公路路基础的建设带来了极大的隐患，使得岩溶与采空区路基础的处理及其质量监控往往成为高速公路建设成败的关键，迫切需要解决岩溶路基础处理的关键技术。

3.1 路基隐伏岩溶的探测方法与病害类型

3.1.1 岩溶的产生条件

岩溶是一种危害性较大的地质现象，要对其进行科学有效的治理，就要对岩溶的产生发育和危害性进行正确完整的认识。在岩溶区地段的设计施工中，岩溶的不良地质是建设单位各方共同关注的重要问题。设计人员在工程建设之前的设计过程中就尽量要避开一些岩溶地段，对于必须经过的岩溶地段必须充分做好处理岩溶问题的准备。

岩溶是地上和地下的水流针对具有可溶性质的岩层进行的化学侵蚀和破坏作用所产生的各种地上地下的溶洞现象。岩溶的生成与所处的地质条件和自然条件有直接关系，其发育过程是一个复杂的长期的过程，与地质岩性、地质构造、地形地貌和地下水的运动规律有关。岩溶的形成要具备一定的条件。主要从下面三方面来分析。

首先，岩石具备可溶性是岩溶产生的物质基础。受到地下水流动的强烈作用，如白云岩、石灰岩等岩石通过地下水的不同作用发生破坏。石灰构造的岩石经过溶解发生破坏。

其次，岩溶发育程度和规模是与岩土的一些地质特征有很大的关联，比如岩土的产状分布，节理分布，接触关系，岩土的厚度以及之间的裂隙，岩层时间的软弱夹层等。在一些隧道开挖中遇到的切过岩溶底层的节理或断层时，会有暗河、溶洞等出现。因此，地质构造的不同导致了多种多样岩溶的发生发展。

最后，水循环为岩溶的形式做了重要的准备。具备了可溶性物质和地质构造的存在，那么还要具有对其作用的水。由于溶洞处在一些具有一定特殊地质条件的山谷、洼地之间，高程差别大，这就给水的流动创造了良好的条件，造成地下水的补给和循环，具备一定地质构造的岩层产生水力作用，促使岩溶的发育。地下岩层中水流具有很强的流动性，水流的循环非常便利，这就促进了岩溶的进一步发育，这在岩溶发育中起了非常关键的作用。另外，水中含有的多种具有一定腐蚀性的矿物质元素也增强了岩溶的发育，此条件是溶烛发育的外因和条件，否则岩溶作用就很难进行。

3.1.2 路基隐伏岩溶的探测方法

路基隐伏岩溶的勘察工作包括工程地质测绘、工程地质物探及勘探、工程地质室内试验、工程地质现场试验、工程地质长期观测、勘察资料的室内整理等内容。但是不同的工程项目和勘察阶段，上述各项工作内容的重点和组合方式并不相同。我国岩溶地区的地质构造、岩溶构造等地质情况十分复杂，不仅分布广泛，而且成因、规模、岩土工程力学特征以及演进规律都相差较大，仅溶洞一例，就有天然与人工、稳定与失稳、充填与半充填，以及充水、充泥和干涸等多种类型。不同类型岩溶构造，其地质、地球物理特征相差甚远，其岩土工程力学特征也不尽相同，准确探测和划分路基病害的类型，是岩溶路基病害评价和处治的前提和基础。针对岩溶地区路基病害探测要求准确性强、精度高和速度快的特点，在分析各种地球物理探测方法的优缺点和适应性的基础上，结合以往的工程实践经验，目前在岩溶地区开展探测工作，一般应选择物探、钻探、岩溶构造实地调查和水文条件分析等相结合的勘查技术手段，来查明岩溶构造的空间分布形态以及平面分布位置，为岩溶路基的评价和处理提供科学依据。物探的主要任务是通过高密度电法、探地雷达等多种物探方法的综合探测结果来圈定岩溶构造的平面分布位置和空间形态。物探的主要任务是在物探成果的基础上，针对典型的物探异常部位予以钻孔揭露，以准确确定岩溶构造的规模变化及顶、底面埋深。岩溶构造调查、水文条件分析的目的是了解本区岩溶的发育规律和控制条件，为物探和钻探工作的布置提供指导信息，并可进一步深化对物探和钻探结果的认识。

由于地质问题的复杂性，勘察探测结果具有多解性，因此需要多种勘察探测方法结合工程实际经验交叉判定。在岩溶区的工程地质探测方法及岩溶探测技术等方面，由于岩溶经常形成于厚块状可溶性的碳酸盐岩地层，多沿岩层层面或断层破碎带发育成溶洞。岩溶洞穴一般与其围岩之间会存在较明显的密度、弹性、导电性等物理性质的差异，因此可选用遥感技术、地球物理探测技术、同位素跟踪技术、趋势面分析技术等方法来探测岩溶洞穴的分布情况。

目前国内外主要在如下领域开展相应的研究工作：

（1）遥感技术。遥感技术主要包括：卫星遥感技术（如：MSS、TM、SPOT）、航空遥感技术、热红遥感技术以及侧视雷达遥感技术等。我国自20世纪70年代，引进遥感技术后，该技术在我国岩溶探测方面做出了较大的贡献。

（2）地球物理探测技术。该探测技术主要是通过获取实际工程中的各种物理参数，然后再经过处理分析。该方法在岩体复杂的岩溶洞穴探测时可以采用，并且效果非常好。地球物理探测技术主要包括：地震法、电法、测井法、声波法、地质雷达、微重力勘探、层析成像（CT）技术等。这些技术在我国水利水电以及道路铁道等部门广泛应用。

（3）同位素跟踪技术。同位素跟踪技术，是指以同位素作为示踪剂开展地下水连通试验，然后根据示踪浓度曲线进一步可以建立多种模型，在此基础上还可以将岩溶水划分不同的场，从而确定地质状况。如我国的四川锦屏电站、乌江渡电站、山东淄博就曾经采用相应的同位素进行地下场地的探测，并取得了较好的效果。

（4）趋势面分析技术。趋势面分析技术是用一定的函数对岩溶的某种特征面进行观测并对试验数据进行处理，从而能求出受系统因素控制的区域趋势值及其变化趋势，进而分析岩溶发育带、渗流中心。

（5）溶洞精确探测新技术。随着科学技术的发展，各种先进的技术设备可以应用到地质探查工作中来，使得技术人员对岩溶问题的掌握更加清晰，比如物探层析成像技术具有较高的分辨率。

① 溶洞物探精确探测方法与技术。因溶洞发育的随机性和溶洞周围岩性的多样性，决定了必须有选择地运用物探技术和方法，物探层析成像技术具有探测分辨率和精度与勘探深度无关的特点，为了达到米量级的分辨率，主要进行以下技术的研究：a. 物探层析成像辅助反演技术：公轭梯度、卷积重建技术，各向异性处理技术，钻孔精确测斜与边界反演技术，计算机模拟正反演判定溶洞边界技术等。b. 井间斯通滤波探测溶洞：波动探测溶洞，射线法确定溶洞边界，小波分析判断溶洞及裂隙型异常。c. 物探技术的综合分析。d. 新一代钻井电视摄像仪的研制。

② 深埋溶洞潜流水的流速流向测试技术。研究了测试深埋地下水流流速、流向测试的方法和技术：a. 噪声监测测试地下水流流速，该技术主要由"噪声-流速"率定关系曲线，声波分析，率定曲线对比确定。噪声监测测速的特点是：工作效率高可进行全孔、多孔测试，监测范围大可监测钻孔四周的地下水流动情况，测试孔径小要求测试孔径不小于，但测试进度不高，干扰因素多。b. 光电式流速仪，可测试大流速，能准确测定孔内揭示溶洞的水流速，特点是操作简单，动态范围大，不受测试深度的影响，是溶洞探测的推荐方法。c. 同位素示踪测试渗流流速，是地下水流速慢的地段有效的测试方法。溶洞精确探测技术之前的应用表明，采用该技术可取得如下成果：可确定范围大溶洞，测试溶洞剖面面积，溶洞精确探测技术探测出溶洞走向、规模、充填物等，可为溶洞堵漏的顺利进行奠定了基础。

另外还有一些探测方法或探测技术，如灰色系统理论分析方法、岩溶浸没的物理模拟法以及岩溶地下水污染的水动力弥散法等。这些方法都具有一定的使用条件，且有其优势和缺陷，在选择相关的探测技术或方法时，一定要根据工程实际情况以及客观需要，有针对性地选择相应的方法。

3.1.3 路基隐伏岩溶的发育特征与规律

岩溶对道路的工程影响和危害主要是隐伏岩溶溶洞对基础稳定的影响和岩溶涌水对地下工程造成危害。岩溶病害的类型分很多种，其发育形成与岩石所处环境，岩层物理性质有很大关系。在施工中，如果不能清楚地摸清楚溶洞的位置和形式，那么将直接威胁工程的使用。

以下是几种常见的岩溶病害形式：

1. 岩溶塌陷

由于在施工中处置不当，梭工后的很多高速公路都出现塌陷，例如多地公路出现的天坑。各种岩溶塌陷的广泛发生，严重威胁到了高速公路的通车使用，其发生受各种因素的影响，其主要是由于公路底部的一些有一定顶板厚度的溶洞坊塌引起的。

（1）水流影响。许多岩溶区地下水资源丰富，而且常年活动，呈现多方向流动，有些地下水因为含有微量元素，对岩溶地质具有较大的腐蚀作用，同时导致被腐蚀的碎肩被吹刷带走，导致岩溶空洞的加大，增加危害性。严重的会直接导致大面积塌陷，溶洞顶板发生垮塌。在一些多雨的地区，有些岩质渗透性较好，地表水会不断地向下渗透，破坏了岩质本身所具有的结构。有些岩溶区底部由于水流渗透聚到多，在多雨季节，雨水会大量汇集，地下水位也会相继升高，对基岩的腐蚀性大大加强，在不断渗透的情况，岩质结构收到了局部破坏，逐渐不稳定。水流的汇集会对溶洞内部产生冲击，导致塌陷。另外，岩溶地质发育强烈的地区，地质状况非常复杂，水流经过的地方岩质物理特征差别很大，发育过程也大不相同，这使得地下水流的活动更加活跃，为水流在岩溶地质中进行自由活动提供了便利。岩溶溶洞的上覆顶板为岩层时，安全情况较好一些；如果是松散的比如沙土、黄土等颗粒型的黏聚力差的土层时候，遭遇冲击的能力很差，会增加岩溶溶洞的不稳定性。

（2）人类活动的影响。人类活动不仅改变了自身也改变了世界。一些大型工程的建设，会对周围环境产生较大的影响。而岩溶产生的破坏不仅是自身的影响，更是人们对水资源环境的无止境的改变和破坏，导致了岩溶破坏性的加剧。例如，地下水也是一个完整的系统，在不断的循环运动之中，如果改变其流动方向或者水位高低，就会对水流周围岩质和环境造成改变，就要改变它们保持的现有平衡状态。在一些公路铁道建设，水电站建设中，对地下水位的干扰和影响显得非常的突出。还有一种情况就是人们在工程建设中，在不清楚地下岩溶地质状况和地下水流分布的情况下对土层和岩质进行随意开挖，导致溶洞上部顶板厚度变小。尤其是一些公路建设中，这样会使得开挖的溶洞上部进行频率的荷载施加，导致岩溶灾害的发生。

2. 溶洞和土洞

溶洞是最常见也是对工程威胁最大的一种岩溶病害，在施工中如果处置不当会严重影响高速公路或者各种建筑的后期正常使用。因此，在实际施工中，首先必须对岩溶区的溶洞分布状态采用先进的地质探查手段进行全面的精准的探查，先掌握其分布规律和发育形态，全面了解溶洞病害的各方面的信息。溶洞的发育形态多种多样，在实际的勘察处理中，都会将其近似描述成球形或者立方体形。有的溶洞尺寸较大，断面不规则，上不顶板厚度不均匀，尤其是高度公路建设区域，往往会导致路基发生不均匀沉降，催生工程问题。在溶洞上的动荷载影响下，严重的可能会导致溶洞顶板突然断裂产生塌陷。有些溶沟、溶槽等由于荷载作用受到太大的扰动可能会产生结构破坏，导致周围土体移动。

土洞和溶洞有一定的相似之处，但是土洞是在岩层的上覆土中发育，其周边是由有一定黏聚力的土体支撑。土洞很容易受到水流的干扰，尤其在一些多雨的地区，水位升降运动将土颗粒携带进入以下岩溶裂隙和洞穴所形成的土中的空洞，导致其具有很差的稳定性。在工程中土洞必须进行有效治理，防止发生垮塌。有些土洞周围的土体比较松散，比如湿陷性黄土承载力非常低下。综合各方面的因素，土洞对道路地基的稳定性的威胁也是非常大的。

3. 落水洞

落水洞是地表水或地下水垂直循环的通道，是在可溶岩石中形成的，上部开口，近竖向发育的岩溶形态。落水洞也是一种与地下水流动作用相关联的岩溶病害形式，但是落水洞洞跨较小，一般不会构成塌陷威胁，其自身的稳定性也较好。只要能保持本岩溶区域的地下水平衡，就不会对落水洞的安全造成破坏。落水洞是垂直发育的，在道路地基是工程中，在其上不覆盖一定厚度的土层，地表水可能会顺着上覆土层不断的向下渗透，导致上部水流和地下水流频繁活动对落水洞产生大的侵蚀破坏，日积月累，落水洞的尺寸可能会逐渐加大。在工程实际中，这种问题是绝对不能忽略的，要及时采用措施进行处理，以消除这种岩溶的不稳定因素。

3.1.4 路基隐伏岩溶道路路基病害类型

公路岩溶病害的形式多种多样，对其安全运行构成巨大威胁。道路路基底部的岩溶溶洞导致路基放置在空中，导致其承载上部荷载的能力下降。一般情况下，高速公路对地基的承载能力要求较高，处置不力最终会导致塌陷。工程中遇到的岩溶形式，如果不是因为施工对其进行处理，它自身是保持一种稳固状态的在漫长的发展过程中，经历了长时间的地质时期，溶洞的能保持其形态说明他的自稳在实际工程问题中，具备一定厚度的岩层顶板对于上部荷载的作用，一般情况会保持安全，关键是不要去直接破坏岩土围岩和溶洞顶板。在大量工程活动的影响下，围岩四周的水文系统失衡，导致路基下面围岩被侵蚀破坏，造成岩溶灾害。公路路基具有较大的宽度，其荷载作用为面荷载，即使有一定的填方高度，加上车载因素，这些荷载对具有一定厚度的岩石来说，影响仍然微弱，尚不至于造成岩溶洞室的垮塌。所以只要工程活动不直接破坏岩石顶板，岩溶洞室的稳定性问题并不突出。溶洞的顶板一旦垮塌，上部路基结构就会破坏。由于各种因素的影响，道路的路基和桥基的稳定性能下降。其主要病害有以下几方面。

1. 路基不均匀沉降

岩溶对道路路基的破坏表现多种多样，由于其发育形式的不同，道路在使用中可能会产生起伏不平，岩溶溶洞上部的土体压缩性较高，每个地方的厚度不一样，在多雨的地区，会出现的坑坑洼洼；另外，由于道路地基溶洞顶板的厚度和跨度的不同，可能会产生顶板顶部的沉降。基于这种情况，在岩溶地基上部的道路路基会产生不同程度的下降。岩溶区的路基不均匀变形或者沉降常常会造成路面脱空、局部开裂、整体失平坦、结构物开裂等一系列类似的岩溶路基病害。产生这些路基病害的最主要原因是：类似于石柱、溶槽、漏斗等一系列岩溶形态，如果所处的地基高低起伏不定，特别对于洼地等边缘，往往可以形成高角度的岩溶路基临空面。如果有荷载作用，岩溶路基以下的岩体有可能会顺着岩体中的软弱结构面或破裂的结构面滑动，从而导致整个溶洞的破坏，导致该路基失稳。另外，在地下水的作用下，路基土体本身的强度也会发生变化，从而导致路基的承载特性发生变化，进而引起路基的不均匀沉降或变形。

2. 路基失稳

由于岩石是脆性的，如果溶洞顶板发生弯曲，可能会产生断裂，失去稳定性。在道路沿线存在的一些尺寸大的岩溶溶洞，顶板厚度不足可能导致失去稳定，形成塌陷。

岩溶区路基垮塌的主要原因主要是指：在人为或自然因素的作用下，溶洞或者土洞的上覆岩土体，逐渐塌落或者垮塌。根据土层的位置，可以将其分为两种类型，即：上覆塌陷和底层塌陷。上覆塌陷是指在地表水或者地下水的作用下，岩溶或者土洞被掏空而形成一个比较大的空洞或孔洞，随着自然和人类活动的影响，而发生塌陷，且这种塌陷主要局限在土洞或者溶洞的上覆层。底层塌陷主要是由于溶洞或者土洞的顶板厚度及强度不够，造成整个岩溶土洞或溶洞整体失稳而破坏。

3. 边坡冲刷

在一些山区，道路受到了雨水和水流的长期反复冲刷，路基填料流失，引起了道路路基塌陷变形或整体滑动失去稳定。

4. 岩溶区路基遭受岩溶水作用而破坏

岩溶区的岩溶水主要包括地表水和地下水。地表水和地下水的活动常常伴随着岩溶孔洞内岩土体的侵蚀和掏空。由于人类对岩溶地表水与地下水的认识不足，常常会忽视其对孔洞的作用，从而导致路基破坏。这种破坏主要发生在路基底部低洼、常年积水、岩溶泉水非常丰富的地方。在岩溶水的作用下，岩溶或土洞的强度发生很大的变化，如：浸泡、软化等均可以引发路基的整体失稳；因岩溶引起路基坍塌或沉降变形；等等。

3.2 岩溶塌陷机理与分布规律

3.2.1 岩溶塌陷的演化过程

松散的土体覆盖在溶蚀洞穴之上，在外力的作用下会造成岩溶地面塌陷，这样会形成圆锥形塌陷坑。

岩溶地面塌陷是地面变形破坏的主要类型，常发生于可溶性岩石分布的地区如灰质碎屑岩、碳酸盐岩和盐岩等。激发塌陷活动除了有如降雨、洪水、干旱、地震等自然因素的直接诱因外，还常与排水、抽水、蓄水以及其他工程活动等人造因素息息相关，而且后者常常规模更大、突发性更强、危害也就更大。岩溶地面塌陷常发生在碳酸盐岩分布区，但是其形成更是受到环境和人类活动的双重影响。尽管岩溶塌陷有突发性，但其前身的土洞，往往是在某些因素的作用下，大多数是经过长期发育而成。因此，对土洞的勘探、调查、治理以及预报是重要的岩土工程工作之一，特别是在岩溶塌陷区。覆盖型岩溶地区的岩溶塌陷是由覆盖层中的土洞发展而发生的，其演化过程如图 3-1 所示。自然的因素是长期地和经常地通过影响地下水的水质、水量、水力来溶蚀可溶岩、潜蚀土层而孕育、发展土洞的；人为的因素则通过这些作用加速土洞的发展，加强塌陷的规模，加剧塌陷的危害。

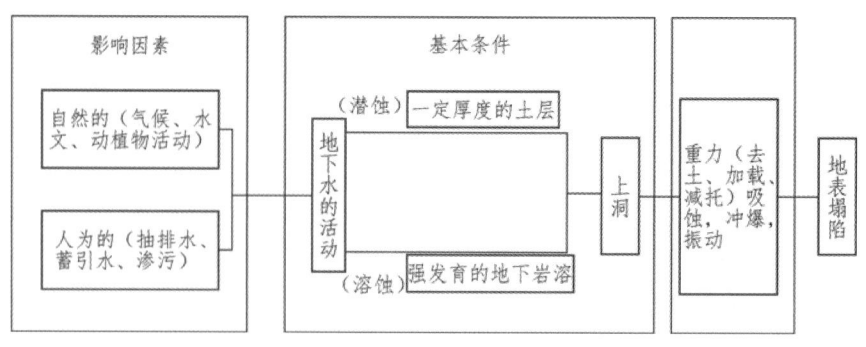

图 3-1 岩溶塌陷的形成演化过程

3.2.2 岩溶塌陷的形成条件

岩溶塌陷的形成，通常必须具备三个条件：其一为下部有岩溶的地层，有溶蚀的空间溶洞或土洞，为地下水和塌陷物质提供存储场所或通道；其二为上部有一定厚度的盖层，盖层可以是基岩，也可以是松散土层；其三是产生岩溶塌陷的主导因素。

1. 空间条件

岩溶洞穴的存在则为地面塌陷提供了必要的空间条件。溶穴的发育和分布受岩溶发育条件的制约，一般主要沿构造断裂破碎带、褶皱轴部张裂隙发育带、质纯层厚的可溶岩分布地段、与非可溶岩接触地带分布。岩溶的发育程度和岩溶洞穴的开启程度，是决定岩溶地面塌陷的直接因素。可溶岩洞穴和裂隙一方面造成岩体结构的不完整，形成局部的不稳定；另一方面为容纳陷落物质和地下水的强烈运动提供了充分的空间条件。一般情况下，岩溶越发育，溶穴的开启性越好，洞穴的规模越大，则岩溶地面塌陷也越严重。可溶岩中普遍存在的垂向岩溶是其上方岩土体中物质在水的入渗作用下发生的垂直通道，而层状岩溶、构造岩溶和层间岩溶，既是垂直通道运移来的物质在水动力作用下进一步运移的水平通道，也是当溶洞发展到一定规模时直接容纳冒落和塌陷物质的空间，它控制了岩溶塌陷的分布。简言之，洞隙是塌陷产生的基础，是地下水和塌陷物质的存储场所或通道。大量塌陷事件表明，塌陷主要发生在覆盖型岩溶和裸露型岩溶分布区，部分发育在埋藏型岩溶分布区。

2. 岩溶塌陷的物质条件

岩溶是地面沉降形成的结构基础。岩溶地面塌陷是盖层土体在各种致塌因素作用下所产生的塌落现象，盖层的性质根据其胶结程度分为岩石和土石两类。岩石指各种坚硬岩石，裂隙发育，具破碎性；土石主要为松散土石，是主要的塌陷盖层。从致塌条件分析，随土的颗粒变粗，其抗塌性能变差，随含砂量的增加，其抗塌性降低，均匀结构的土具有较好的抗塌性。岩土体的厚度因受岩溶地下水动力作用的大小、可溶岩接受溶蚀的时间长短、区域构造升降运动的缓急等因素控制，随地区的不同其差异较大。一般来说，塌陷大多分布于上覆盖层较薄部位，盖层越厚越不易产生塌陷。塌陷体物质主要为第四系松散沉积物所形成的塌陷叫土层塌陷。

3. 水动力条件

有了基岩的洞化及较薄的盖层，并不一定就会形成塌陷，还要有岩溶系统渗流场中地下水动力条件的改变，这是产生岩溶塌陷的主导因素。地下水运动是塌陷产生的动力条件。地下水的流动及其水动力条件的改变是岩溶塌陷形成的最重要动力因素，地下水径流集中和强烈的地带，最易产生塌陷。地下水动力条件的改变，从某种程度上来讲就是使塌陷产生的作用力，即致塌力。这种力主要来自地下水位改变及水流产生的水、气作用力及岩土体的自重。由于不同水动力条件决定的岩溶洞穴扩展速率和上部岩土体物质转移的速率不同，岩溶塌陷有两种形式：一种是岩溶洞穴发展到一定规模时在重力作用下产生自然冒落，形成岩溶塌陷。岩溶洞穴容纳了塌陷体，我国北方大多数地区都属于这种类型。另一种是岩溶上部岩土体中薄弱部位在垂直入渗水动力和分界面水平运动水动力综合作用下形成土洞，当土洞发展到一定规模时，自然冒落形成岩溶塌陷，容纳塌陷体的是土洞而不是岩溶洞穴。总之，地下水动力条件的改变是塌陷形成的主要原因；而可溶性浅部岩溶发育强烈，溶洞发育，第四系土层较薄，结构较疏松，地势较低洼，则是塌陷发生必须具备的条件。只有上述条件同时具备，岩溶塌陷才有可能产生。

3.2.3 岩溶塌陷的基本模式

根据前人研究，岩溶土层塌陷中的盖层，通常具隔水盖层和透水盖层两种形式。哨关路区域内隔水盖层包括碳酸盐岩分布区普遍发育的残坡积层，红黏土、次生红黏土和黏土，以及冲洪积尸形成的粉质黏土、黏土等透水性较差的盖层。而透水盖层则指透水性能较好，在其中可形成孔隙水的盖层。

脱离一定的物质基础去探讨其形成机制就会出现偏差。对于一定的条件，岩溶致塌将具有一定的形成机制。比如，对于单一阻水盖层情况下，若水位在盖层中，才可能存在潜蚀问题，对水位在盖层以下时，也就谈不上地下水的潜蚀。在单一透水盖层的情况下，若盖层为松散砂砾，无论地下水是否在盖层中，真空吸蚀将较难产生。可见，一定的地质条件是研讨岩溶致塌机制的前提，因而有必要对实际中各种地质条件下发生致塌的过程进行抽象与总结，从中去发现各地质条件下相应的岩溶致塌过程，这是进一步客观地预测评价岩溶塌陷的基础，同时也应成为预测评价的因子加以考虑。总结前人关于昆明地区岩溶塌陷发育基本条件及基本地质条件，昆明地区覆盖型岩溶其盖层的地质概化模式存在以下几种形式：

1. "红黏土或次生红黏土碳酸盐岩溶洞"型岩溶塌陷模式

塌陷的地质环境条件，由残坡积层，形成的相对隔水层的红黏土、次生红黏土及可溶岩基岩组成，如图 3-2 所示，通过对研究区地下水位测试及长期观测，地下水位位于可溶岩基岩面以下的盖化类型。此类岩溶塌陷模式分布于场区绝大多数红黏土、次生红黏土区。

红黏土、次生红黏土中的塌陷较发育，主要是红黏土，次红黏土中含有较多的亲水矿物如伊利石、蒙脱石、高岭土等，它们的结构联结力较弱，易于水化，遇水易产生崩解。由于水化崩解后的土体将会在自重作用下脱离土体，故土体不断产生新的临空面，使水化崩解过程向上部继续发展，甚至在地下水不运动的情况下，土体也可以产生较明显的破坏裂纹空间。一般来说当土层出现干湿交替变化，土层的含水量或饱和度产生较大变化时，土层更容易崩解。这也是红黏土中土洞塌陷多发生在暴雨或大雪过后水位上升或人为降水之后的原因之一。地下水位升降是土层崩解乃至塌陷最活跃的因素,地下水位变化愈频,土体崩解愈快。根据不同水位变幅的崩解试验,土层的崩解率总体上随着水位的变幅的增加而增加,而水流速度的改变对土层崩解的影响在短期内不大。

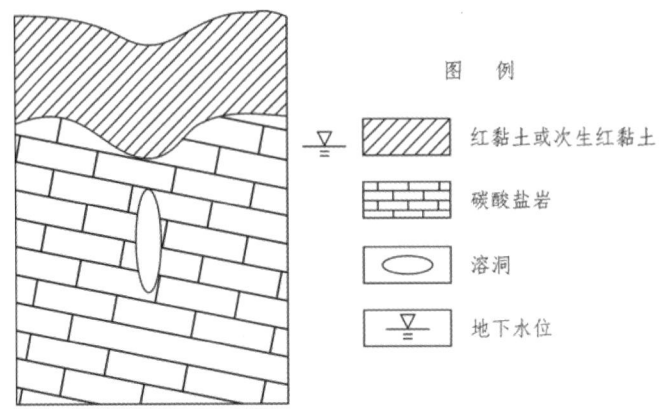

图 3-2　红黏土或次生红黏土形成塌陷模式

当碳酸盐岩区覆盖的红黏土、次生红黏土自由膨胀率较大时,土体具有一定的膨胀性。其膨胀性容易导致盖层失水,易干裂形成网格状裂隙,因此盖层的阻水性就相对较弱。通过降雨或化雪入渗,补给岩溶地下水过程中形成的作用于盖层土体的渗压效应,入渗潜蚀作用,土体遇水崩解作用,形成了"入渗潜蚀→遇水崩解→渗压致塌或波动→气压差致塌成因机制"的塌陷发育模式。

2. "粉质黏土或黏土碳酸盐岩溶洞"型岩溶塌陷模式(地下水在覆盖层内)

岩溶塌陷的地质环境条件,由冲洪积,形成相对隔水的粉质黏土、黏土及可溶岩基岩组成。通过地下水位观测,水位位于基覆界面以上的地质概化类型如图3-3所示。当水位处于粉质黏土或黏土层中时,其中常有一定的承压水头。因相对隔水层的作用,盖层中除毛细水外,一般无渗流现象。但是在盖层与水直接接触带,黏土处于被软化状态。由于下水的作用,盖层土体不断遭受潜蚀和搬运,在地下水不断升降的作用下,最终会在岩溶空洞或裂隙与盖层的接触带形成土洞。自然状态下水位降到盖层以下的过程较缓慢,地下孔隙中的气体有足够的时间通过细小的孔隙向外释放,因而很少形成真空。但由于毛细水的张力作用可使土洞表层土层遭到一定的破坏,从而使土洞得以扩大。当水位下降位于盖层以下时,盖层土体不会发生潜流过程,此时产生的塌陷主要由水位急剧下降产生的气压差引起。但此种类型由于真空吸蚀作用致塌,其吸蚀力大小取决于水位下降的速度、幅度及岩溶空腔特征等。

3. "粉质黏土或黏土碳酸盐岩溶洞"型岩溶塌陷模式(地下水在基岩内)

岩溶塌陷的地质环境条件,由冲洪积形成相对隔水的粉质黏土、黏土及可溶岩基岩组成。通过对地下水位的观测,地下水位位于可溶性碳酸盐岩内的地质概化类型如图3-4所示。

冲洪积形成的松散、湿、稍湿的硬塑-软塑状粉质黏土、黏土。由于粉质黏土、黏土为相对阻水层,除毛细水外,一般无渗流现象。当在暴雨或化雪天气,地表水的入渗沿基覆界面溶蚀裂隙、溶蚀孔洞等潜蚀作用,土体流失逐渐形成土洞,土洞发展不断扩大,当上覆黏性土重量增大、剪应力大于黏性土抗剪强度时，在重力作用下致塌。此类塌陷在暴雨、化雪等天气下较易发生，其黏性土层中内聚力、内摩擦角因水作用下降，因而发生塌陷。此类岩溶塌陷的地质概化模式的致塌过程可总结为"地表水潜蚀-流土-潜蚀重力致塌"机制。

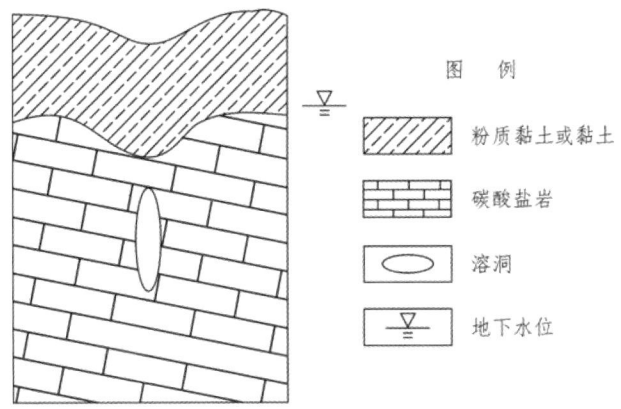

图 3-3　粉质黏土或黏土形成塌陷模式（地下水在覆盖层内）

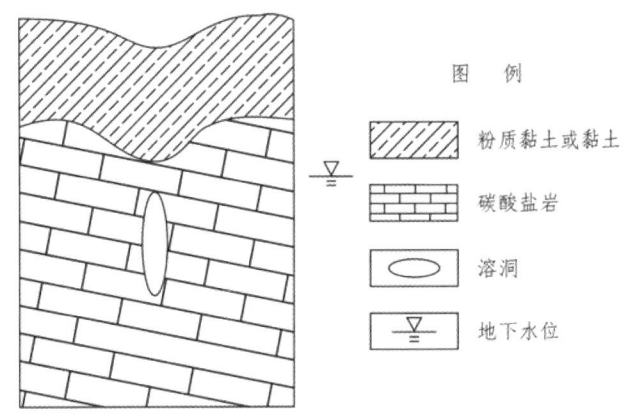

图 3-4　粉质黏土或黏土形成塌陷模式（地下水在基岩内）

4. "粉质黏土或黏土圆砾碳酸盐岩溶洞"型岩溶塌陷模式

岩溶塌陷的地质环境条件，由冲洪积层形成相对隔水的粉质黏土、黏土，相对透水的圆砾层与可溶岩基岩组成。通过对研究区地下水位测试及长期观测，地下水位位于可溶性岩基岩的地质概化类型如图 3-5 所示。

下部圆砾层充填砂、黏性土，上部为透水层，孔隙水与岩溶水共存，且上下层之间有水力联系。由于粉质黏土、黏土为相对阻水层，除毛细水外，一般无渗流现象。当在暴雨或化雪天气，地表水的入渗潜蚀作用对圆砾层中砂土流失较为明显，砂土流失产生土洞，当其发展到不透水盖层黏性土时，其土层的内聚力较下层大，土层剥离减缓，土洞纵向发展受阻，转而向横向发展，使得土洞横向宽度加大。当上覆黏性土重量增大，剪应力大于黏性土抗剪强度时，在重力作用下致塌。此类塌陷在暴雨、化雪等天气下较易发生，其黏性土层中内聚力、内摩擦角因水作用下降，因而发生塌陷，且一般表现为塌坑较大或表现为大范围的沉降。此类岩溶塌陷的地质概化模式的致塌过程可总结为"地表水潜蚀-流土-潜蚀重力致塌"机制。

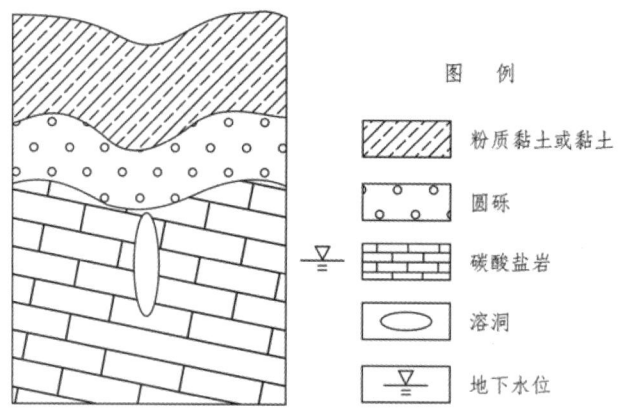

图 3-5 粉质黏土或黏土圆砾形成塌陷模式

5. "圆砾粉质黏土或黏土圆砾碳酸盐岩溶洞"型岩溶塌陷模式

由冲洪积形成的圆砾透水层,中部为相对隔水的粉质黏土或黏土,底部为透水的圆砾与可溶性碳酸盐岩组成,通过长期测量其地下水位位于基岩内的地质概化类型如图 3-6 所示。上部透水层对地表水的汇集,由于阻水层的作用,形成相对软化饱水区,阻水层内聚力、内摩擦角降低,基岩内岩溶地下水位的反复升降致使下部透水层中圆砾层中砂土流失明显,逐渐形成土洞,当土洞发展到阻水盖层黏性土时,软化黏性土,使其抗剪力无法维系其土洞拱重力稳定性,进而发生坍塌。

6. "粉质黏土或黏土圆砾粉质黏土或黏土碳酸盐岩溶洞"型岩溶塌陷模式

此类型为两对隔水层间夹有一圆砾透水层,如图 3-7 所示。该区覆盖层较厚,地下水赋存于下伏基岩中,在大气降水的作用下,地下水位迅速回升至底层黏性土层中,浸泡、软化土层,水位的迅速回落形成了对底部黏土层的潜蚀作用,在黏性土层中发育土洞,随着反复作用,这种水位的大涨大落,强化了潜蚀作用,扩大了土洞,水位的快速回落又形成吸蚀作用。当土洞发育至透水层时,砂砾层无黏结力,力学平衡发生变化后,其物质很容易向下移动或塌落,从而带动圆砾层上部的黏性土塌陷,进而露出地表,可能形成漏斗状类型的塌坑。

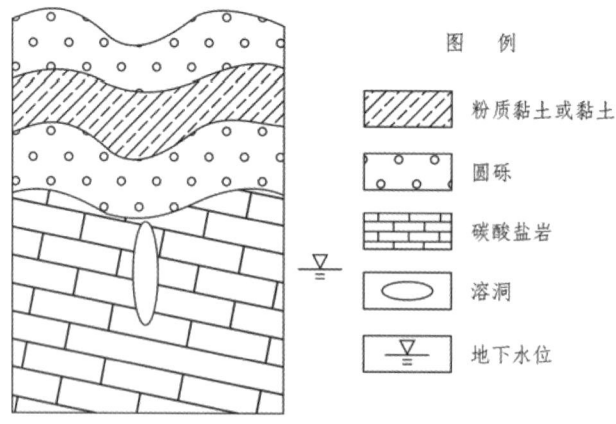

图 3-6 圆砾粉质黏土或黏土圆砾形成塌陷模式

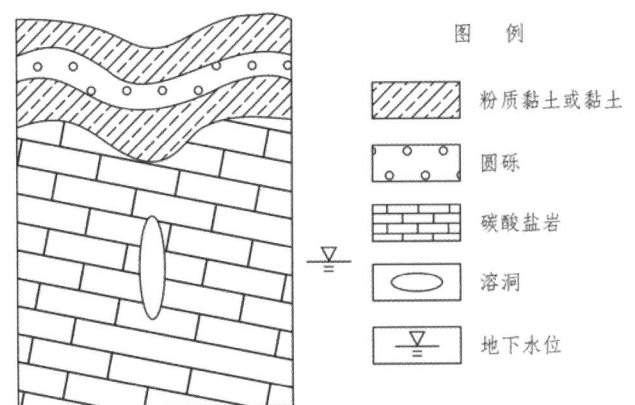

图 3-7 粉质黏土或黏土圆砾+粉质黏土或黏土形成塌陷模式

3.2.4 岩溶塌陷的形成机理

1. 基岩塌陷成因机理

1）地震诱发塌陷成因机理

研究区溶洞塌陷主要是由地震诱发。根据钻探、物探资料及野外工程地质测绘，该类塌陷较少，但塌陷区域节理裂隙发育，溶洞基岩顶板较易形成"人"形"契"形块体，在地震波的作用下，岩体失稳、陷落，形成基岩塌陷，进而发育成现今的漏斗。溶洞基岩塌陷形成演化过程如图 3-8 所示。

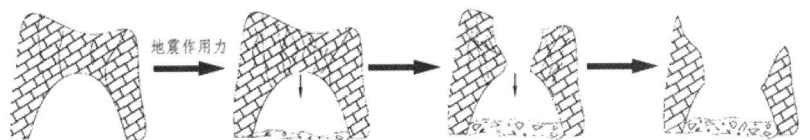

图 3-8 溶洞基岩顶板塌陷示意图

2）重力致塌塌陷成因机理

岩土体自重力引起的重力效应，使溶洞顶板破坏，逐层剥落或整体下陷，造成塌陷的过程和现象，称为重力致塌。研究区溶蚀平原区地下水水位埋深较深。场区岩体节理裂隙发育，浅部岩溶发育且多以漏斗、竖井、落水洞、溶沟、溶槽等出露地表，重力式塌陷是该场区岩溶地面塌陷形成的重要成因机理，较典型塌陷如漏斗等。如图 3-9 所示。

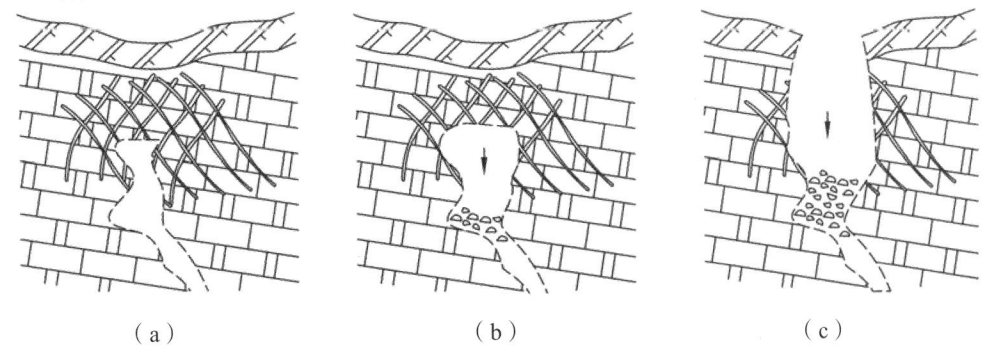

图 3-9 溶洞重力塌陷演化示意图

2. 土层塌陷成因机理

土层塌陷是溶洞塌陷的主要表现形式。塌陷的形成机制根据前人研究，主要有潜蚀论、真空吸蚀论、气爆论、液化论等。虽然每一种成因机理都对应某一种诱发因素，但岩溶塌陷的成因机理较复杂，往往受多种因素的影响，由多种作用力的耦合作用而形成。通过对研究区地表地下水活动等的分析，除研究区荷包地一带外，地下水以孔隙水、岩溶水等为主，场区其余地区主要以岩溶水为主，且其岩溶地下水位长年较深，在没有降雨入渗或雪水融化的情况下很难形成有效的渗透潜蚀作用或波动-气压差作用。因此研究区降雨、降雪等地表水入渗是诱发岩溶塌陷的主要因素，而地表水对盖层的渗压效应是岩溶塌陷的主要力学机制。铁轨沿线、公路沿线震动荷载作用是其岩溶塌陷的主要力学机制。基于不同地质条件下的塌陷概化模式分析，为研究区岩溶塌陷的致塌机理有了一个较系统的认识。研究区岩溶致塌的塌陷机理可以归纳为三种模式：降雨或地表水入渗致塌模式、地下水位下降致塌模式、动荷载致塌模式，每一种模式中包括了特有的塌陷成因机制。

1）降雨、降雪等地表水入渗产生渗压效应致塌机理

渗压效应是指由于降雨或地表水等上部水体入渗补给岩溶地下水对盖层岩土体产生的各种综合作用，包括静水增荷效应、垂直渗透效应、吸水软化效应及负压封闭效应，其塌陷形成过程模式如图 3-10 所示。

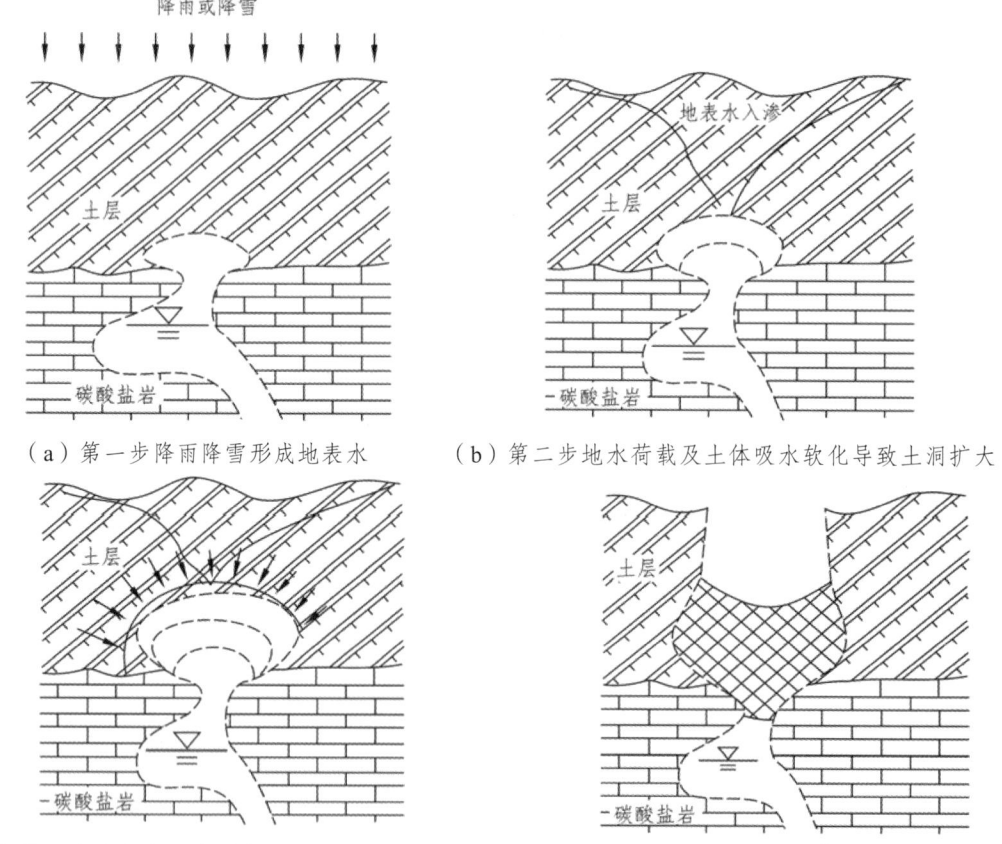

（a）第一步降雨降雪形成地表水　　（b）第二步地水荷载及土体吸水软化导致土洞扩大

（c）第三步地表水入渗形成软化、负压封闭等效应　　（d）第四步土洞产生塌陷、附加应力消失

图 3-10 渗压效应导致塌陷形成过程模式

2）水位下降致塌机理

水位下降致塌主要出现在区溶蚀槽谷地带及区荷包地等处，其致塌的原因包括人为抽水致塌、荷包地处落水洞堵塞后突然贯通作用引起的水位快速下降致塌、其他人类活动造成的地下水位快速下降致塌等。盖层为相对单一隔水层，地下水位下降的致塌过程存在两种，其一负压吸蚀致塌，其二为失托增荷致塌。

（1）负压吸蚀致塌机理：在封闭较好的岩溶空腔中，当负压状态形成后，产生负压扩容、真空吸蚀效应，造成岩土体破坏而引起塌陷。其形成过程如图3-11所示。天然状态下，岩溶洞穴、管道中的水位突然下降或产生高速水流，可能造成负压状态并形成吸蚀塌陷。当地下水位位于盖层中时，为"软化-真空吸蚀"型致；塌当水位在阻水盖层以下时，为"波动-气压差剥离"型致塌。

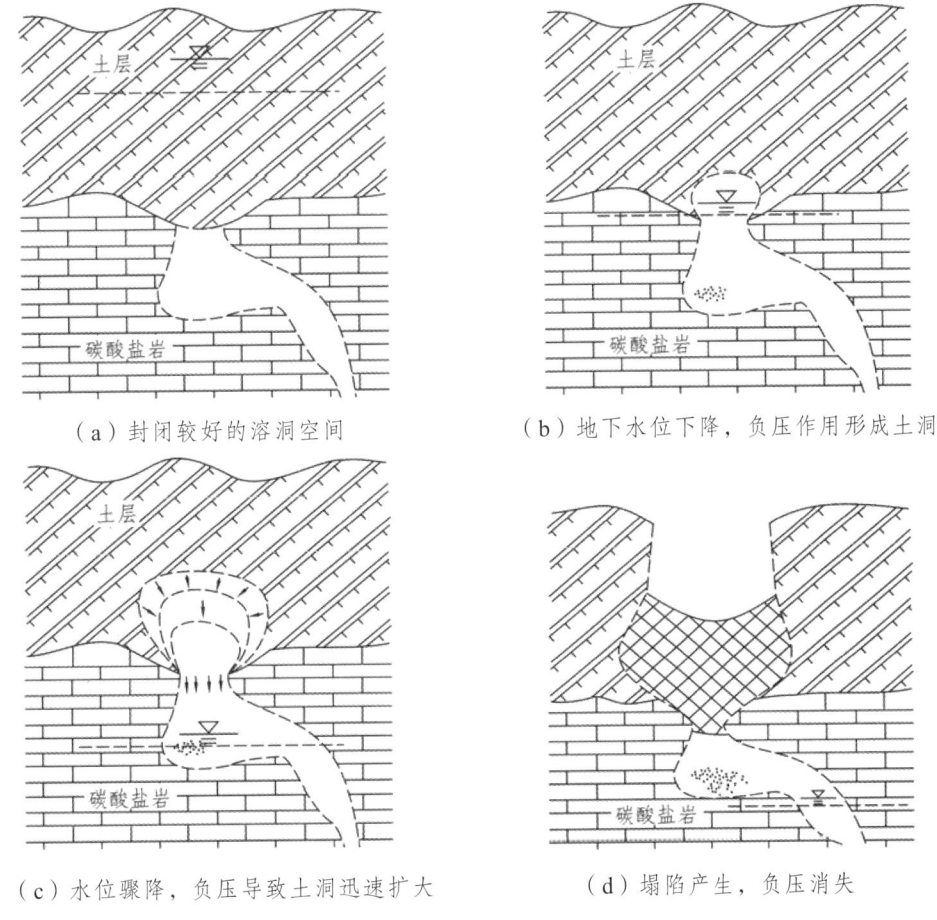

(a) 封闭较好的溶洞空间　　　　　　(b) 地下水位下降，负压作用形成土洞

(c) 水位骤降，负压导致土洞迅速扩大　　(d) 塌陷产生，负压消失

图 3-11　负压吸蚀致塌形成过程图

溶蚀槽谷地带受斜坡地带地下水补给的影响，常常造成槽谷内地下水位波动较大，经过长期地下水位测量，槽谷区地下水位常在阻水盖层以下，因此槽谷区塌陷上要以"波动-气压差剥离"型致塌。

（2）失托增荷致塌机理。

当地下水位位于盖层中时，土洞的应力拱受地下水的浮托力作用而处于稳定状态，当水位下降浮托力消失后，应力拱产生附加力致塌。其形成过程如图 3-12 所示。

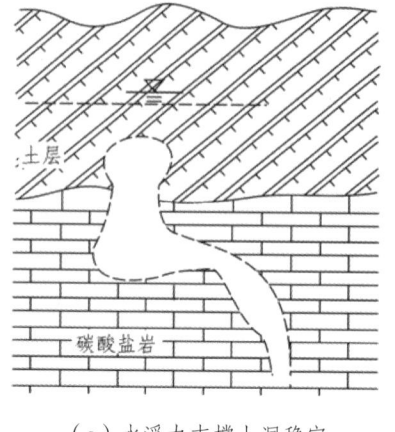
（a）水浮力支撑土洞稳定

（b）地下水位下降导致超静孔隙水压力

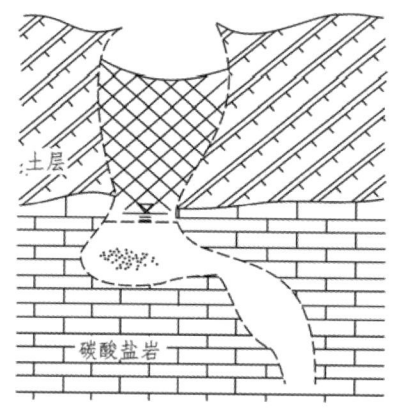
（c）土洞在附加应力作用下塌陷

图 3-12　失托增荷致塌过程

3）动荷载致塌机理

动荷载致塌是指在振动荷载下引发的致塌过程，其形成过程如图 3-13 所示。在贵昆铁路浑水塘火车站一带，曾经因为列车震动引发过溶洞的坍塌事故。其作用机理包括：动荷载叠加耦合效应和破坏累积效应两种致塌机理。

（a）土洞发育土层　　　　（b）土洞受振动荷载扩大

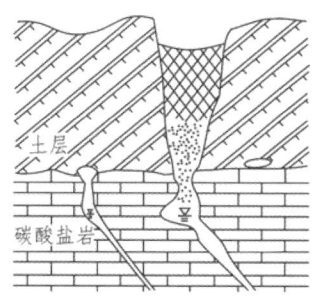

(c)土洞在振动荷载下塌陷

图 3-13 动荷载致塌形成过程

动荷载叠加耦合效应是指动荷载引起土中应力分布改变,造成土层内应力分布不均匀,从而造成应力增加的地方土层破坏,进而引发坍塌。破坏累积效应是指动力加载振波和反射波的往复作用,导致土体较小破坏的叠加累积,从而导致土体坍塌的现象。

3.2.5 岩溶塌陷的时空分布规律

1. 空间分布规律

在地形地貌上,主要发生于丘陵地带或中低山的山前,岩溶洼地及河谷低洼地段,特别是在河床沟塘及其两岸粗粒层分布地段。这里有利于地表水的汇集及地下水的补给,使地下水的潜蚀作用增强。岩溶塌陷随地下水抽排水量的增加和地下水位的降低而发展,多位于地下水的疏干漏斗内,并随漏斗的扩展而变大。还多产生于浅部隐伏岩溶发育地段,特别是开口型岩溶形态发育地区。在地层结构上,塌陷的产生与第四系岩性有关,第四系主要为松散冲积,易产生塌陷。在第四系岩性大体相同的情况下,塌陷则往往发生在土层厚度较薄的地段。这些地段,由于地下水的潜蚀搬运作用,土层自然应力拱易失去平衡,引起地面塌陷。

岩溶塌陷多受地质构造控制,多沿断裂构造带分布。可溶岩内的张性、张扭性断裂带岩石破碎,裂隙特别发育,往往是地下水补给、径流、排泄的通道。当抽排水时这些地带特别易产生塌陷,产生的塌陷规模大且塌陷的延伸方向与构造线方向一致。在地质发展史上,主要出现在浅层岩溶作用强烈的时期。

2. 随时间的变化规律

塌陷随时间的变化规律主要受塌陷水位变动的控制,在抽排水初期,首先塌陷的是漏斗中心部位,因为此时漏斗中心部位的水位变动最大;之后随地下水降落漏斗的扩展,塌陷范围也扩大,其发展具有向源性。一般自然塌陷多发生在雨季、降雨后期和春耕泡田季节,这个时期是地下水强烈变动期。

3.3 岩溶路基处理的原则和方法

3.3.1 岩溶路基处理一般原则

根据岩溶不同工程及工程地质特点,考虑处理方案的经济性、合理性以及安全性等因素,高速公路岩溶路基处理方案的一般原则如下：

（1）重要建筑物宜避开岩溶强烈发育区。

（2）当地基含石膏、岩盐等易溶岩时，应考虑溶蚀作用的影响，采取相应的处理方法。

（3）对于不稳定的溶岩洞隙主要以地基处理为重点。主要是根据岩溶形态、孔洞尺寸大小以及岩溶的埋置深度，可以采用采用清爆换填的方法或者浅层楔状填塞的方法等进行岩溶处理。

（4）岩溶水的处治通常以疏导为主。

（5）下列天然地基不能作为工程地基，一是在未经处理的隐伏土洞；二是在地表塌陷影响范围内的地基。地表截流、防渗堵漏等方法可以治理地下水的影响，利用梁板跨越法可以处理隐伏土洞。

（6）必须采取一些措施防止地下水排泄通道遭受堵截，从而造成地基板失稳等不良现象。

（7）在岩溶区采用桩基础，应该优先采用较大直径的墩基础或者嵌岩桩，而且还需满足如下要求。

① 桩端3倍桩径范围内，必须无浅层洞隙，并且按冲剪条件验算岩溶顶板的稳定性。

② 桩端应力扩散角包含的范围内，无临空面或裂隙面，并且按滑移条件验算岩溶顶板稳定性。

③ 探明溶洞内的充填物，并且嵌岩深度范围内应确保桩端的稳定性应该有保障，且其底部与岩体完好的接触。

（8）对于填方区的溶洞及采空洞，如其岩溶的顶板岩层厚度超过了3 m，那么按照相关的原则可以不处理；但是当顶板岩屋厚度在1~3 m时，那么可以采用注架法进行岩溶处理；对于顶板岩层厚小于1 m的溶洞可以采用直接凿开的方法，根据实际情况再做处理。

（9）对于填方区，因路基已经形成，基底岩溶与采空洞经受了填土与压路机震动碾压等长时间考验，原则上不考虑注浆处理方案，可采用路面连续配筋轮板跨越等补强处理措施；对于明显存在隐患的少数区域宜马上进行注浆处理，采用静压挤密注浆，注浆压力控制在0.2~0.5 MPa，灌注水泥浆、水泥粉煤灰浆或水泥砂浆，视具体情况而定；对分布范围广，空洞尺寸很大的地区，可考虑用盖板桥跨越。

3.3.2 岩溶路基处理主要方法

1. 地表封闭防渗

1）植被防渗

为防止地表雨水对土体的冲刷流失，造成雨水集中渗透，可在土体边坡上覆以植被。如种植草本植物等，对于易于生长、根系发育的草本植物，可以减少水土流失及边坡冲刷，防止雨水集中入渗等，另外还可美化环境等，如场区浑水塘火车站曾经种植小冠花以防降雨入渗致塌。

2）排水设施

场区岩溶塌陷的形成多与土洞的发育有关，因此做好地表水的排水措施防止土洞大面积的形成。排水设施种类很多，诸如挖方堑顶外的天沟，路堑侧沟及填方坡脚的排水沟，建筑场地的铺砌，以及桥涵排水等设施。针对场区冲沟，应设置盲沟，盲沟可采用碎石外包土工布的方法。地表散水通过设置排水沟，引至机场排水系统排放，部分地面散水引至区内低洼处作后反滤层或铺有土工材料的洼地、漏斗中排放。

3）水泥土封闭

土粒经过粉碎并用筛滤，拌和时先干拌均匀，浇水后再拌和，可用搓团跌散法确定最佳含水量，然后根据需要铺设、养护。如适用于区内半裸露岩溶区等。

4）铺设土工布

铺设土工布对地基的排水或隔水有非常好的效果，如玻璃纤维涂料等土工布，适用于大多数地区。

5）回填抹面封闭

对深大的塌陷坑，一般的应急措施采用回填的方法，回填以大块石为宜，上部夯填黏性土，并用水泥抹平。对重要场区，需钢筋混凝土回填封闭。对需要承载力的地面，在回填夯土的上部铺钢筋混凝土网格板等，抹面应略高于周边，利于排水。

2. 地下加固措施

地下加固措施具有预防地下水的活动导致新塌陷，对处理土洞及向上开口岩溶洞隙具有重要作用。其具体措施有：

1）恢复地下水位

当岩溶塌陷由地下水位下降致塌时，恢复地下水位，维持地下水动水位平衡，是最佳方法，但是难道较大，并且水位恢复后，尚需考虑处理残存的土洞，消除隐患。

2）控制地下水位

设计合理的水位降深，控制地下水位在不致构成危害的程度以下。通过在铁路部门及一些抽水试验等，对防治塌陷发生具有积极的作用，但难度较大。较适用于研究区内浑水塘槽谷内等处。

3）钻孔充气法

对于因地下水位升降而形成冲爆或负压吸蚀致塌作用，通过钻孔等设置通风调压装置，破坏岩溶封闭条件，减小冲爆及吸蚀致塌的发生的几率。

4）灌浆

灌浆是整治岩溶地面塌陷的常用有效措施。压浆的目的在于充填溶洞隙，消除隐患，固结岩土体以增强溶洞顶板的抗塌力，一般适用于场区所有地下溶洞处理。在灌浆同时，形成地下帷幕或堵塞地下岩溶管道，使得地下径流通道改变，对形成新的岩溶塌陷具有不可预见的影响。与此同时地下岩溶管道发育时，灌浆处理工程投入巨大，如在场区试验段方案一区洼地内溶洞采取灌浆试验处理研究时，多吨水泥浆灌下后仍不见底，因此需要根据实际情况咨询专家意见，谨慎对待地下溶洞隙灌浆处理。

5）强夯

强夯的目的在于增加土体密度，降低压缩性，提高土体的抗塌力。强夯还可以直接破坏隐伏土洞，较薄顶板的溶洞，消除潜在塌陷隐患。在岩溶机场建设中，此方法具有较好的效果，适用于大多数覆盖型岩溶区。

6）旋喷

旋喷是利用旋转提升高压喷射水泥浆凝结成桩柱或不旋转只定向提升喷射成板墙。对岩溶塌陷治理作用主要表现在：径向挤压密实，并与部分土粒混合进入水泥浆中，凝结成桩柱，具有较好的效果。

7）碎石填料

岩溶地面塌陷多发生在洼地、漏斗等地势低洼负地下中。针对洼地、漏斗的处理，可采取清表压实回填碎石填料，接近地表皆宜采用黏性土按照要求分层压实，防止地表水的渗入，引起土洞等新的塌陷问题。

3. 结构物跨越

对通过勘察已经查清隐伏洞穴或已发生的岩溶塌陷等，可采取结构物跨越。具体可采取以下方法：

1）桥式跨越

对于具有较大的塌陷带或隐伏较大厅堂式洞穴，可作桥跨越如场区肋厅式塌陷溶洞。

2）网格梁

地形平坦、岩溶塌陷无常、难以预测塌陷坑位的地段，可用钢筋混凝土网格梁，以整体结构抗衡塌陷时形成的局部悬案和应力集中。

3）地面板

对直径较小且深的单个塌陷坑，上部需承载，两端有稳定可靠的地基时，可用钢筋混凝土板跨过。一般采取就地浇注，也有作成周边固定的钢筋混凝土板。适用于区半裸露岩溶发育区形成的落水洞、溶槽、溶沟等处。

4）钢轨梁板

对直径较大且深的单个塌陷坑，或直径小、密集的群体塌陷坑的场地，两端有稳定岩土体，且上部有较大负荷时，可用钢筋混凝上梁或板跨过，两端应置于稳定的地基上。适用于区半裸露岩溶发育区形成的落水洞、溶槽、溶沟等处。

5）框架梁

框架梁适用于在既有建筑物的基础下，用顶进法将已成框架梁或涵洞顶进。梁的孔径视岩溶塌陷的直径大小而定，梁的两端或涵洞边墙应置于稳定的地基上。如区半裸露岩溶发育区形成的落水洞、溶槽、溶沟等处。

6）深基础

对于埋深较大，不易跨越的土洞，常用桩基工程。适用于区碳酸盐岩地层与陡坡寺组泥岩接触地带，可能存在埋深大、不易勘探或跨越的土洞。

3.3.3 岩溶灌浆处理技术

1. 方法简介

灌浆法的实质是用气压、液压或电化学原理，把浆液注入天然的和人为的裂缝或孔隙，以改善各种介质的物理力学性质。灌浆法适于加固松散软弱土层、溶穴堆积物、风化残积填充物等。在下列条件可考虑采用：

（1）溶沟、石芽埋深3~8 m；沟（槽）内充填软弱松散土。

（2）覆盖型岩溶地区，较厚的垂直形态岩溶，如松散堆积的土体、块石、碎石，其清除工作量太大，且爆破施工不易。

（3）地下水的波动使基岩与上覆土层接触带之间的岩溶裂隙、溶沟、溶槽中的充填物和上覆土层的底层土产生冲刷和掏空，而在土层底部形成土洞，形成潜在的塌陷威胁。

（4）不能进入的未填充溶洞可先抛填毛石、碎石或用沙砾填充，而后充填灌浆。而对于软弱松散土充填的溶洞（落水洞），可进入挖除的先挖除，后换填（砌）毛石，再进行充填灌浆；不能进入的，直接固化灌浆。

（5）对于已经发生塌陷的溶洞、土洞，通过灌浆加固松散的塌陷体和周边土体。

（6）通过灌浆技术加固边坡上的裂隙和松散填充物，以改善边坡岩体的物理力学性能，保证边坡的稳定性。

（7）如隧道底部为松散或软塑状的黏土或砂黏土沉积物，应加强对基底的处理，隧道底部的处理可采用注浆加固、换填、桩基等方法。如基底溶洞充填物的厚度为隧道仰拱以下 2.0～10.0 m，可考虑采用注浆加固法。当路基以下洞穴埋藏较深时，可通过钻孔灌注水泥砂浆、混凝土、沥青等，以堵填洞穴、溶隙，提高其强度，防止洞穴进一步坍塌。

2. 灌浆材料

在国内外灌浆工程中，水泥一直是用途最广和用量最大的浆材，其主要特点为结石力学强度高，耐久性较好且无毒，料源广且价格较低；但普通水泥浆因容易沉淀析水而稳定性较差，硬化时伴有体积收缩，对细裂隙而言颗粒较粗，对大规模灌浆工程则水泥耗量过大。为克服上述缺点，常采取下述几种措施：

（1）在水泥浆中掺入砂和粉煤灰等廉价材料。

（2）用各种方法提高水泥颗粒细度。

（3）掺入各种附加剂以改善水泥浆液性质。

3. 浆液扩散半径

浆液扩散半径 r 是一个重要的参数，它对灌浆工程量及造价具有重要的影响，如果选用的 r 值不符合实际情况，还将降低灌浆效果甚至导致灌浆失败。r 值可按理论公式估算，但当地基条件较复杂或计算参数不易时就应通过现场灌浆试验来确定。问题在于，隐伏岩溶区基岩溶蚀沟槽、裂隙等多数是不均匀的，尤其在深度方向上，因而不论是理论计算还是现场灌浆试验，都难求得一个适用于整个地层的具有代表性的 r 值。然而由于某些原因，实际工程中往往只能采用均匀布孔的方法，这是理论和实际的矛盾，为了克服这一矛盾，设计时应注意以下几点：

（1）在进行现场灌浆试验时，最好用不同的方法灌浆，以求得不同条件下浆液的 r 值。

（2）所谓扩散半径，并非最远距离，而是符合设计要求的扩散距离。

（3）在确定设计扩散半径时，要择取多数条件下可以达到的数值，而不取平均值。

（4）当有些地层因渗透性较小而不能达到设计 r 值时，可提高灌浆压力或浆液的流动性，必要时还可在局部地区增加钻孔以缩小孔距。

4. 地下溶洞（土洞）灌浆

处理溶洞（土洞）的办法有多种多样，其中压力灌浆往往是不可或缺的手段。但是，由于溶洞常常存在一些特殊的情况，使灌浆方法变得非常复杂，不论灌浆设计和施工技术都受上述情况的制约而多变。

1）灌浆机理和效果

如前所述，由于溶洞内黏性土和粉细砂的孔隙微小，灌注水泥浆时必须采用劈裂灌浆机理才能使浆液进入受灌的土体。研究证明，浆液在较高的灌浆压力作用进入土体后，将同时发生劈裂、挤出、固结和化学加固等作用，使土的抗渗性、抗水性、变形性和力学强度都得到不同程度的改善，能够满足工程的需要。

2）灌浆工艺

（1）如前所述，在黏性土、砂和砂砾石地层中灌浆时，袖阀管法和循环钻灌法都是可行的，施工时可根据自己的实际条件选用何种灌浆工艺。

（2）当采用劈裂灌浆工艺时，应把灌浆压力划分为临界压力 P_0（主体劈裂和开始吃浆）、最大灌浆压力 P_m 和有效灌浆压力 P_e 三类。

（3）洞内填土的渗透性很小，非但自身难于排水固结，也不利于浆液的排水变浓，故灌浆时浆液不必遵守由稀变浓的原则，可在一开始就采用较浓的浆液。

（4）研究证明，只有用水泥浆才能在灌浆体内形成刚硬的网格结构，故劈裂灌浆应以纯水泥浆为主。在由较强的地下水活动的地层中，可在浆液中加入适当的外加剂以减缓浆液的流速和加快浆液的凝固。

5. "探灌结合"地基注浆

"探灌结合"地基注浆技术主要适用于岩层岩溶中等发育及以上且对路基影响中等及以上的路段。

1）施工准备

路基注浆处理宽度控制：① 填土高度不大于 5 m 时，处理宽度为路基顶宽左右加 3 m；② 填土高度大于 5 m 时，处理宽度为路基顶宽左右加 5 m。

2）主要设计参数建议注浆

按"探灌结合"的原则二序施工（间距 5 m），1 序孔为先导探灌孔（即注浆孔兼勘探孔，图 3-14），应根据 1 序孔施工中揭示的地层情况和施工情况对工艺参数进行调整；如施工 2 序孔时发现漏浆严重（单位时间内注浆量超过正常值一倍以上）的岩溶异常区域，应及时与监理与设计进行联系，对钻孔进行加密。由于现场实际地质情况与设计资料会有差异，应根据探灌结合孔的地质情况按照以下几方面动态调整注浆范围：

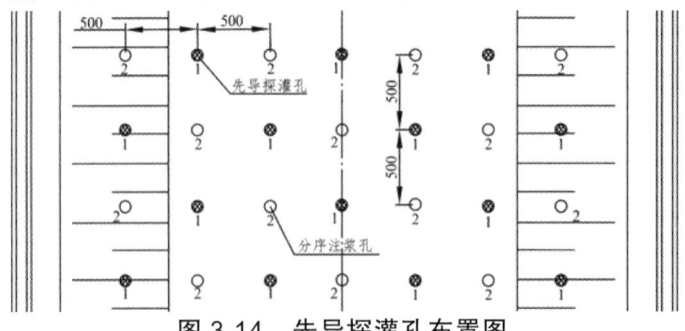

图 3-14　先导探灌孔布置图

（1）1序孔为先导，孔距约10 m，钻孔深度一般控制在20 m。在埋深20 m以内遇基岩的，钻孔应进入中风化完整基岩5 m，5 m以内遇溶洞时，应穿过溶洞，在稳定基岩内钻进3~5 m。

（2）1序孔的钻孔孔径不小于110 mm，全孔取芯，野外所取岩芯按顺序摆放，进尺1m为1段，每进尺5 m之间隔开，放置进尺卡片。拍摄钻探现场（能辨别孔位）及岩芯照片，钻孔岩芯全貌照片1张，每5 m拍1张，并标明孔号及进尺深度，照片上应字迹清晰。

（3）1序孔应详细进行地层描述，岩芯采取率等需满足《公路工程地质勘察规范》（JTGC 20—2011）要求。岩土定名按照《公路桥涵地基与基础设计规范》（JTGD 63—2007）。

（4）1序孔施工时，回次进尺不大于2 m。钻探过程中应重点关注岩土层软硬的变化，若发现岩土层突然变软，则应立即停钻取芯，查看岩芯的变化，记录地层的性质和状态，按回次进尺≤0.5 m继续钻进，观察岩性变化，必要时取样；地层稳定后按正常回次进尺钻进。

（5）1序孔施工时，若发现塌孔或漏浆问题，应及时记录塌孔或漏浆的位置，记录漏浆的体积。

（6）中风化基岩面埋深≤10 m时，加固岩层以上覆盖层厚度3 m，岩层厚度5 m；10 m<中风化基岩面≤15 m时，加固岩层以上覆盖层厚度1.5 m，岩层厚度5 m。若20 m以内孔中未遇基岩，且土中未遇土洞，则采用碎石对钻孔进行回填，碎石粒径<3 cm。

（7）1序孔完成后，根据1序孔钻探成果对场地的地质条件进行再次分析，分析岩溶发育的规律，重点是岩溶发育程度及基岩面的起伏情况，根据岩溶发育的特征细分区域，分析岩溶对路基的影响，对2序孔的位置及密度进行调整。

（8）2序孔按一般注浆孔的要求实施，若发现漏浆严重（单位时间内注浆量超过正常值一倍以上）的岩溶异常区域，应及时与监理和设计联系，对钻孔进行加密。注浆孔施工应自路基坡脚向路线中心的顺序进行，先两侧后中间，保证注浆质量。

（9）使用纯水泥浆加固处理岩溶，水泥采用普通硅酸盐水泥，水灰比一般为0.6∶1~1.2∶1；当遇土洞和岩溶空洞时，浆液中可掺入可适量掺入粉煤灰，掺入量可为水泥重量的10%~30%。

（10）采用回转钻进成孔，根据地质情况可采取硬质合金钻头或金刚石钻头；对卵石层可采取冲击管钻。为避免斜孔坍孔严重和提高注浆质量，采用套管跟进；

（11）采用分段压浆，自下而上逐段拔管注浆；注浆压力控制范围为0.2~0.8 MPa，注浆过程中应根据实际情况随时调整注浆压力；注浆底面伸入基岩深度不小于5 m。若覆盖层厚度不大于10 m时，加固岩层以上覆盖层厚度3 m，岩层厚度5 m；覆盖层厚度大于10 m，加固岩层以上覆盖层厚度1.5 m，岩层厚度5 m。可见岩溶地段，应加固至溶洞底部以下不小于2 m；注浆量根据岩溶形态、形成机理、发育程度等情况按0.6~1.2 m^3/m计。

（12）当注浆量较大时，可添加速凝剂，但掺入量不大于浆液量的3%（重量比）；对注浆量大的空洞或半充填溶洞，当注浆量超过正常值的一半时，填充混合良好的水泥砂浆或水泥碎石粉浆，要求水泥砂浆强度不低于M5.0，水泥碎石粉浆的水泥含量不低于100 kg/m^3。

6. 施工要求

（1）全面施工之前必须进行注浆试验，确定钻孔机具和钻进方法、注浆压力与注浆量、水灰比、扩散半径等参数。

（2）钻孔注浆采用二序法施工，注浆孔分先导探灌孔和分序注浆孔两种类型，分序布置与实施，先导探灌孔和分序注浆孔布置原则为：先导探灌孔间距10 m，呈梅花形交错布置，优先施工，分序孔在先导探灌孔中间内插。总的施工顺序是先施工路基两侧再施工中间。

（3）钻孔：注浆孔依据钻孔布置设计图交错布置，具体施工时，视岩溶发育程度、施工场地等情况，孔位原则上可在2 m内调整；在钻孔过程中土层和岩溶发育破碎带应采用跟管干钻，钻至岩层后可采用饱和水钻进，水源困难地段可采用风压干钻，严禁使用泥浆钻、大水冲水钻进；钻孔倾斜度误差应严格控制在1°以内；钻孔终孔直径不得小于91 mm，钻至设计深度后，埋入注浆管，管外孔口段用水泥浆加速凝剂凝固，待达到强度后，实施注浆。

（4）注浆：根据灌浆需要可掺入下列掺和料，要求如下：粉煤灰：粒径不宜粗于同时使用的水泥，烧失量宜小于8%，SO_3含量宜小于3%；砂：粒径不宜大于2.5 mm，细度模数不宜大于2.0，含泥量不宜大于3%；水玻璃：模数宜为2.4~3.0，浓度宜为30~45波美度；纯水泥浆液的搅拌时间，使用普通搅拌机时要求不少于3 min；使用高速搅拌机时（转速大于1 200 r/min），宜不少于30 s；浆液温度应保持在5~40 ℃；浆液在使用前应过筛，自制备至用完的时间宜小于4 h；灌浆泵和孔口均应安设压力表，压力表与管路之间应设有隔浆装置；注浆工作必须连续进行，若因故中断，应及早采取处理措施，尽快恢复；若因故不能恢复应立即冲洗钻孔，而后再恢复注浆；出现下列情况之一时，需间歇反复注浆；注浆孔揭露较大的溶洞，自流注浓浆2 m^3后，孔底仍没有明显抬升；浆液漏失严重，一次连续注浆2 m^3后，注浆速率不减或压力不升高；注浆压力突然降低或速率突然升高；注浆环境发生异常情况。对串浆现象可根据具体情况采取延长施工间隔时间、同时注浆或先封闭串浆孔，待注浆孔完成后再清洗串浆孔后继续钻进和注浆；注浆终注条件：在注浆压力表不小于0.2 MPa时，20 min持续注浆量小于1 L/min或10 min持续注浆量小于0.4 L/min。

（5）封孔：全孔注浆完成后，采用一定的压力和浓浆注浆封孔，待初凝几天后，再对钻孔上部空余部分压入浓浆或水泥砂浆进行回填。

（6）施工注意事项：注浆过程中，注意控制压力并加强巡视，避免污染环境（如水源、农田），发现异常情况，应立即采用相应措施。

7. 施工控制要点（图3-15）

1）岩溶注浆封孔

（1）封孔位置：覆盖层厚度大于10 m，加固岩层以上覆盖层厚度1.5 m，封孔位置为B—B断面以上部分；覆盖层小于10 m，加固岩层以上覆盖层3.0 m，封孔位置为B—B断面以上部分。

（2）封孔方法：注浆钻孔至目标深度后，先埋设注浆管（注浆管要求在目标加固深度范围内开孔），然后往钻孔内回填碎石（碎石粒径<1 cm）至覆盖层以上2.5 m或4.0 m位置（即B—B断面位置）（备注：B—B断面位置可由钻孔孔口位置由上往下用测绳量出），再拔套管至B—B断面位置（若碎石填充套管后，套管不便一次拔出的，可分次操作，即填1.0 m，拔1.0 m，或填2.0 m，拔2.0 m等，具体应结合钻孔顶部最上面一根套管的长度调整），最后往钻孔内回填M5.0水泥砂浆至钻孔顶部，再全部拔出套管（回填水泥砂浆过程中，也可分次操作，跟回填碎石拔套管的过程类似），若钻孔中水位高于B—B断面，应先用水泵抽干钻孔内

积水后，再开始回填水泥砂浆；整个封孔过程要求监理人员旁站确认，并做好相关记录。

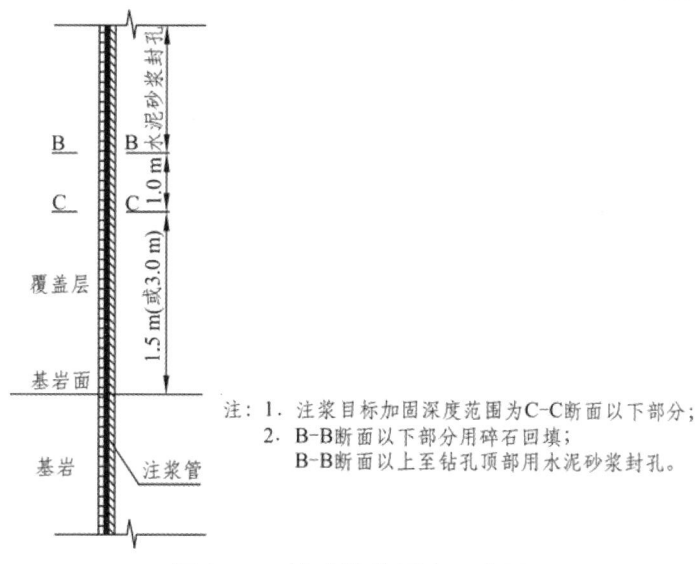

图 3-15 钻孔注浆要点示意图

2）水灰比控制

施工过程中，项目部应加强对施工人员的培训管理，要求严格按照标定刻度搅拌生产水泥浆；监理人员要求每 1 h 测一次水灰比，水灰比要求在二次搅拌池中测量，同时做好相关记录。

3）压力控制

注浆机安放位置应配备专业的技术人员，加强注浆压力观测，并做好相关记录（压力变化情况，压力表损坏更换时间），一旦压力表出现异常，应立刻停止注浆，待更换好压力表压力显示正常后再重新注浆；监理人员要求每 1 h 观测压力表一次，并做好相关记录。鉴于目前，注浆机压力表经常损坏的情况下，建议施工单位更换注浆设备，以更好地确保注浆效果和工程施工质量。

4）注浆控制

（1）设计要求注浆压力控制范围为 0.2~0.8 MPa，注浆刚开始时，初始注浆压力采用较小值，当持续注浆一定数量以后，应及时观测压力表变化，发现注浆压力变大时，应及时减小电机转速，减小注浆速率，确保注浆压力保持在设计范围内，首先维持注浆压力在初始压力附近不变，待达到终注条件后，观测注浆量是否达到了设计数量，若达到则终注，若相差较大，可在设计要求注浆压力范围内适当增加注浆压力再重新注浆一段时间，直至最终达到终注条件。整个注浆过程中，监理人员应注意观测注浆量和注浆压力的变化，实施动态调整，并过好过程记录。

（2）注浆要求采用间歇反复注浆，间隔时间根据水泥浆的初凝时间确定。当注浆量较大时，应添加速凝剂，但掺入量不大于浆液量的 3%（重量比）；路基注浆先两侧后中间，待两侧注浆孔水泥浆终凝后，再施工中间部分注浆孔，同时，两侧注浆孔注浆时均要求添加速凝剂，两侧注浆孔速凝剂掺量在施工操作可行的情况下，可适当加大。

（3）注浆终注条件：在注浆压力表不小于 0.2 MPa 时，20 min 持续注浆量小于 1 L/min 或 10 min 持续注浆量小于 0.4 L/min；在达到终注条件时，要求在 20 min 或 10 min 内打印 3 次以上小票,记录注浆流量变化情况,同时,应注意观测注浆压力变化,并做好相关记录。

8. 质量检查

注浆施工结束后,为控制施工质量,应进行注浆效果检查,在成片注浆、初凝后在注浆孔间布置10%的质量检查孔,满足下列条件之一,可认为合格,否则应重新补钻孔注浆,直到满足为止;注浆前后岩层单位吸水率的比值大于10;检查孔岩芯可见多处水泥块,基本填满可见缝隙;检查孔的单位吃浆量不超过周围2孔单位吃浆量平均值的30%。

3.3.4 强夯处理技术

1. 强夯处理方法概述

强夯法地基加固施工技术是在20世纪70年代开始使用的。该方法是将夯锤(质量一般为10~40 t)提到一定的设计高度,使其自由落下(落距一般为10~40 m),给地基土以冲击能量强大的夯击,使土中产生冲击波和冲击压力,从而提高地基的承载力,降低其压缩性,并改善地基性能。由于强夯法具有加固效果好、设备简单、施工方便速度快、节省材料和费用低等优点,我国自20世纪80年代引进此法后迅速在全国推广应用。大量工程实例证明,强夯法用于处理粗粒土、低饱和度的粉土、黏性土、湿陷性黄土、素填土等地基,通常能取得比较好的处理效果,但对饱和黏性土要慎用。

强夯法加固的设计主要参数有:加固深度及范围,单位面积夯击能力,夯击次数,夯点间距,布置以及夯击遍数和间隙时间等。我国至今采用的最大夯锤质量为40 t,常用的夯锤质量为10~25 t,通常采用的落距为8~25 m,单击夯击能可达到1 000~8 000 kN·m,有效加固深度可达到10 m。实际上影响有效加固深度的因素很多,有锤重和落距,还有地基土的性质,土层的厚度、地层顺序、地下水位情况、夯击次数、夯坑底面积等都与有效加固深度有着密切的关系。因此,强夯的有效加固深度必须通过现场试夯或项目地方经验来确定。

2. 主要施工方案

1) 夯点布置

根据不同工程的不同需求,夯点布置间距不同,某公路点夯施工点位按 4 m×4 m 正方形网格布置,分两遍完成,如图3-16所示。

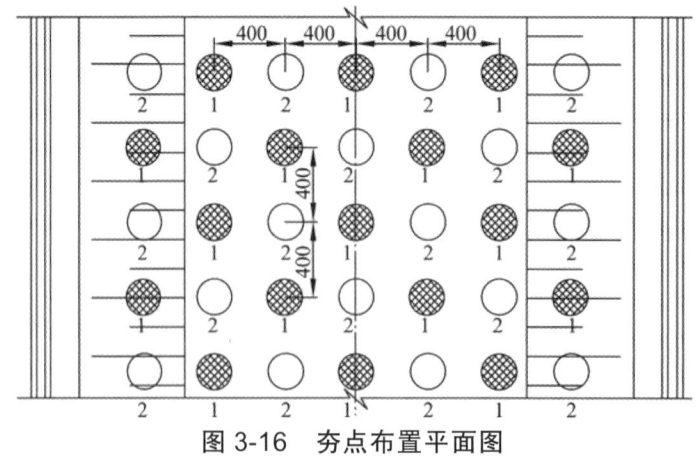

图3-16 夯点布置平面图

2）夯锤落距确定（图 3-17）

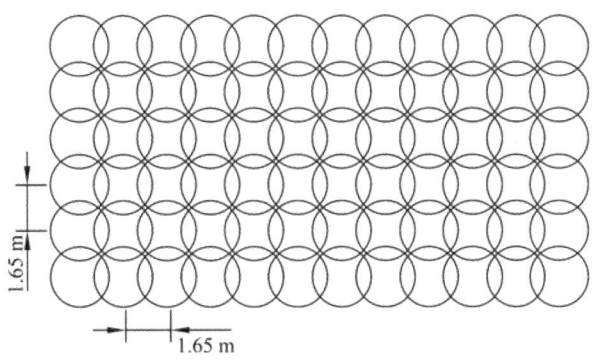

图 3-17　满夯夯点平面示意图

3）点夯施工

点夯施工顺序从边缘夯向中央，强夯机直线行驶，从一边夯向另一边。先将夯锤起吊至预定高度后自动脱钩，夯锤夯击地面，测量夯锤顶面标高，减去夯锤就位时的顶面标高就是该击的夯沉量，如此反复进行，直至测量最后平均夯沉量≤5 cm，且最后一击夯坑周围地面的隆起高度不大于 10 cm。

4）夯坑回填

点夯完成后，推土机将夯坑周围土推至夯坑内，使夯坑内的土体高于坑周围土体 5~10 mm，然后用重型震动压实设备，在下雨之前将坑内土体震动压实到规定的压实度和平整度，以方便下一步施工。

5）满夯施工

满夯施工时，不再进行夯点布置，仅控制夯击数，夯锤落距和夯印搭接情况，测量最后平均夯沉量≤5 cm。

6）夯后检测

强夯施工时结束 7 天后对地基加固质量进行检测。

7）其他

强夯施工过程中有明显坍塌的夯坑应边夯边回填，回填材料采用碎石或砂砾，回填材料的最大粒径、级配等参数参照原路基设计填料的要求。

3．强夯处理方案注意事项

（1）按设计要求确定夯击路线，无特别规定时应使相邻轴线的夯击间隔时间尽量拉长，特别是当土的含水量较高时。

（2）夯击时夯锤的气孔要畅通，夯锤落地时应基本水平。

（3）各夯点应放线定位，夯完后检查夯坑位置，发现偏差及漏夯应及时纠正，强夯施工时应对每一夯击点的单击夯击能、夯击次数和每次夯沉量等进行详细记录。

（4）强夯过程的记录及数据整理：① 每个夯点的夯坑深度、夯坑体积、夯坑四周隆起高度都须记录、整理；② 地隆起和下沉的记录，特别是邻近有建筑物时；③ 每遍夯击后场地的夯沉量、外部补充填料量的记录；④ 附近建筑物的变形监测；⑤ 普夯前应根据设计基底标高，考虑夯沉预留量并整平场地，使普夯后接近设计标高；⑥记录最后两击的贯入度，看是否满足设计或试夯要求值。

3.4 哨关路岩溶路基处理技术

3.4.1 哨关路岩溶总体分布概况

路线区分布地层主要为灰岩、白云质灰岩，其可溶性好，厚度大，表层主要为第四系松散层覆盖，第四系松散层以红黏土及次生红黏土层为主。根据现场调查、物探、钻探成果显示，30 m 以浅基岩中局部见厅堂式溶洞发育，路线区内岩溶形态地表主要表现为地下隐伏性岩溶，主要类型为溶洞、溶隙、溶孔等。地段地表发育有岩溶洼地，由于岩溶的长期作用，路线区土层下部溶隙、溶沟、石芽等相对较发育，造成基岩面起伏较大，上部土层的厚度变化较大，地基存在不均匀性。本路线基岩为可溶性碳酸盐岩，因此，拟建工程场地主要工程地质问题由岩溶作用引起，地基不均匀性、石芽岩体稳定性、溶洞顶板岩体稳定性、地面塌陷可能性是拟建项目的主要工程地质问题。

本工程的岩溶病害勘探主要采用高密度电法物探手段进行确定。

1. 高密度电阻率法基本原理与工作方法

高密度电阻率法是一种新型的电阻率方法，可以实现电阻率的快速采集和现场数据的实时处理，集电剖面和电测深于一体，采用高密度布点，进行二维地电断面测量，提供的数据量大、信息多，并且观测精度高、速度快，是灰岩地区寻找溶洞及构造破碎带等较有效的物探方法之一。高密度电法勘探的前提条件是地下介质间的导电性差异，和常规电法一样，它通过 A、B 电极向地下供电（电流为 I），然后测量 M、N 极电位差 ΔU，从而求得该记录点的视电阻率值 $\rho_s = K \cdot \Delta U / I$。根据实测的视电阻率剖面进行计算、处理、分析，便可获得地层中的电阻率分布情况，从而解决相应的工程地质问题。

（1）测区内各岩土层的电阻率均有一定的差异，从视电阻率上反映。

① 覆盖层显示为低阻，下覆基岩显示为高阻。

② 强透水带、断层破碎带、裂隙密集带，含水率较高，电阻率相对完整岩石较低。

③ 不良地质体均显示为低阻，完整岩石显示为高阻。

（2）对于岩溶通道，从视电阻率上反映。

① 若通道内充水（土），该通道为相对低阻，电阻率值与水（土）相当，从视电阻率上反映，显示为相对低阻，围岩显示为相对高阻。

② 若通道内无充填物，阻值按空气计，通道为高电阻率，围岩为低电阻率。综上所述，选择高密度电法作为本次岩溶区勘察手段较为适宜。

2. 岩溶发育带电性特征

由于高密度电法仅反映地下电阻率差异，物性参数较为单一，因此对于岩溶发育强度未做级别划分。结合岩溶发育带的划分标准，岩溶发育带电阻率值一般低于 300 Ω。位置多出现在破碎中风化层以及中风化层中，依据其发育位置等特征大致分为两种。

1）破碎中风化层或中风化层内部低阻特征

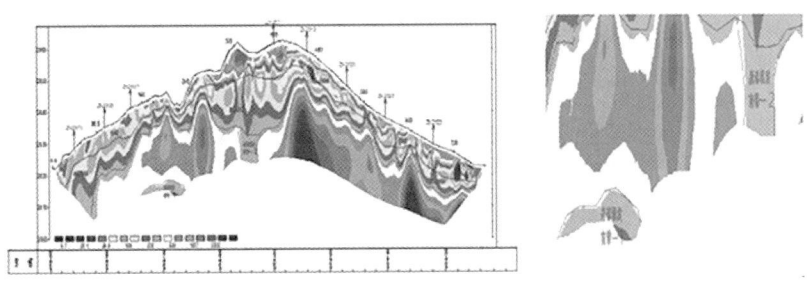

图 3-18 电阻率值反演成果图

如图 3-19 所示，灰岩中风化层内部高电阻率值背景下出现低阻特征，推测为岩溶发育带。

2）强风化层、破碎中风化层内低阻下延特征

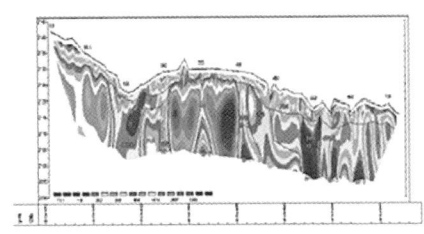 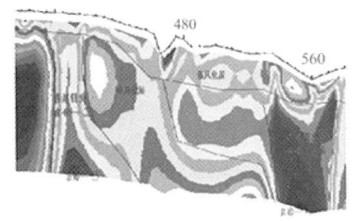

图 3-19 电阻率值反演成果图

如图 3-19 所示，灰岩破碎中风化层内低阻特征下延至中风化层内，推测为岩溶发育带。

3. 岩溶电性特征

本次勘察区岩溶以充填型为主，大多表现为低阻特征，电阻率值一般低于 100 Ω。根据其形态特征大致可分为 3 种：

1）黏土富水与下伏灰岩接触面岩溶发育

黏土层中富水区域下延至其下伏地层灰岩中，下伏灰岩在裂隙发育与水同时具备的情况下，极易发育成岩溶，如图 3-20 所示，黏土层与灰岩接触面富水的情况下导致岩溶发育，图中岩溶对应钻孔资料均有揭示。

2）岩溶发育带伴生岩溶

岩溶发育带中底部出现电阻率值较低特征，属于低阻中的低阻，推测为岩溶发育，如图 3-21 所示。

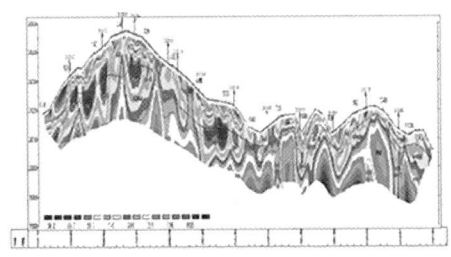 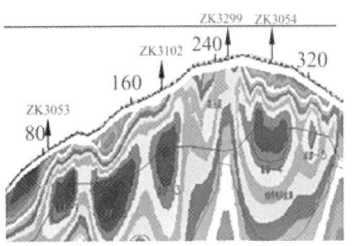

图 3-20 电阻率值反演成果图

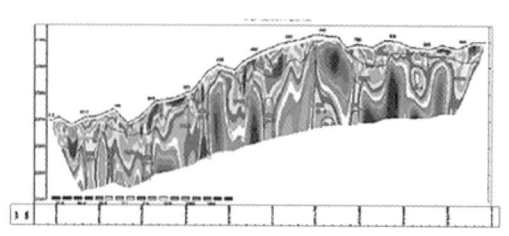 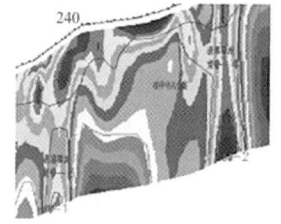

图 3-21　电阻率值反演成果图

3）中风化层（破碎中风化层）中岩溶发育

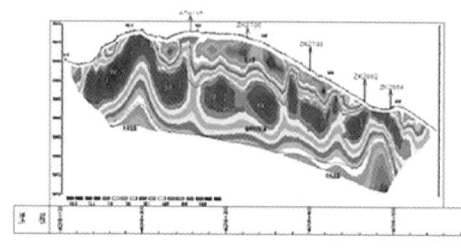 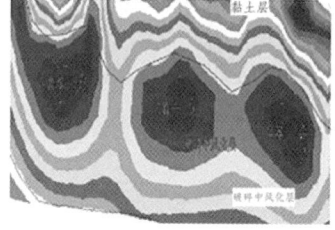

图 3-22　电阻率值反演成果图

图 3-22 中所示破碎中风化层（或中风化层）中，高阻背景下出现的低阻特征，推测为岩溶。

4．物探成果解释

1）MZK1+588～MZK2+785 段测线

按里程由小到大，此里程段可供参考的钻孔有 4 个，其中较近的钻孔距离测线也有 4 m 左右，因此以上述钻孔资料作为参考，对高密度电法成果进行地质解释。结合钻孔资料，由图 3-23 视电阻率反演成果可见，此段整体电阻率值表现较低，推测受断层影响，其灰岩完整性、稳定性均较差，其中破碎中风化层中见有四处岩溶发育带与二处岩溶。

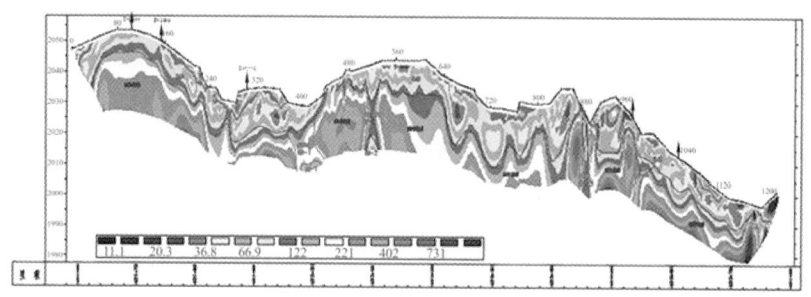

图 3-23　MZK1+588～MZK2+785 段测线视电阻率反演与地质解释成果图

2）MYK3+600 段横测线

按照测线方向，此里程段可供参考的钻孔有 2 个，均离测线较近约 1 m，以上述钻孔资料作为参考，对高密度电法成果进行地质解释。结合钻孔资料，由图 3-24 视电阻率反演图可见，大致分为三层，黏土层、破碎中风化层与中风化层；破碎中风化层中见有 1 处岩溶与 1 处岩溶发育带。

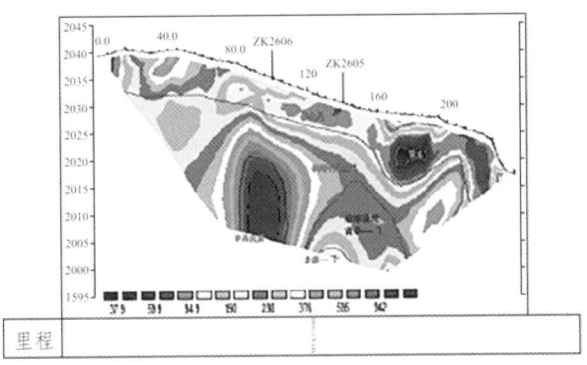

图 3-24　MYK3+600 段横测线视电阻率反演与地质解释成果图

3）MYK5+165～MYK5+788 段测线

按里程由小到大,此里程段可供参考的钻孔有 8 个,以上钻孔距离测线约 1 m,以上述钻孔资料作为参考,对高密度电法成果进行地质解释。结合钻孔资料,由图 3-25 视电阻率反演成果可见,起始端强风化层较厚,后面部分分为三层、黏土层、破碎中风化层与中风化层,整体电阻率值表现较低,破碎中风化层相对较厚,其中破碎中风化层中见有 10 处岩溶及 1 处岩溶发育带。

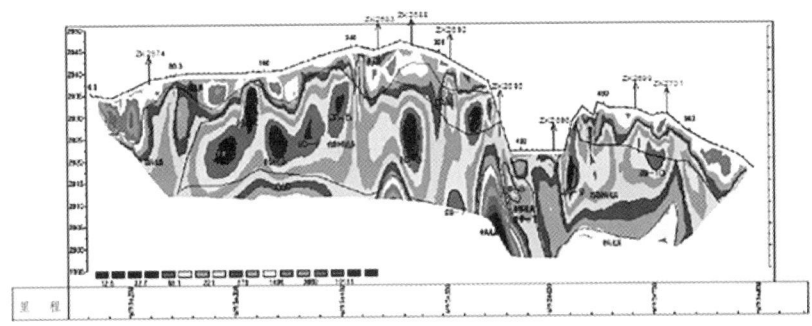

图 3-25　MYK5+163～MYK5+793 段测线视电阻率反演与地质解释成果图

哨关路 1 标段内物探已有工作成果中共检测出岩溶、岩溶发育带如下:左线充填型岩溶 7 处,岩溶发育带 8 处;中线充填型岩溶 17 处,岩溶发育带 4 处;右线充填型岩溶 21 处,岩溶发育带 10 处。老 G320 桥、新 G320 桥、人行桥二及 3、4 号箱涵共见充填型岩溶 76 处、空洞型岩溶 1 处,岩溶发育带 12 处。

3.4.2　哨关路隐伏岩溶路基处理设计方案

根据详勘资料分析结果表明,项目区域内溶洞相对发育,有发生地面塌陷的可能性,对路基稳定性有直接的影响,故需进行工程治理措施。设计提出两种主要处治方案:

1. 开挖换填法

对埋深较浅、洞径小、顶板薄或岩层破碎的溶洞,采用开挖后用片石回填加固处理设计,回填完毕后施工路基,片石以不侵占路床为限。

2. 压力注浆法

压力注浆是将浆液通过压浆泵注浆管注入岩土层中,以填充、渗透和挤密等方式,驱走岩石裂隙中或土颗粒间的水分和气体，并填充其位置，硬化后将岩土胶结成一个整体，形成一个强大的、抗渗性高和稳定性良好的新的岩土体。另外注浆体的压力注入，可在基岩面封堵岩溶开口洞隙，防止地下水位升障潜蚀发生土洞，从而使岩溶地基得到加固。

本项目对路基溶洞处治主要采用开挖换填法或压力注浆法处治，处治方案的选择参照施工设计图纸，并结合现场实际钻孔情况，溶洞顶部距填方段原地面或挖方段路槽 0~4 m 采用回填片石处理，4~9 m 注浆处理，大于 9 m 不处理。

3.4.3 开挖换填法

对埋深较浅、洞径小、顶板薄或岩层破碎的溶洞，采用开挖后用片石回填加固处理设计，回填完毕后施工路基，片石以不侵占路床为限。如图 3-26 所示。

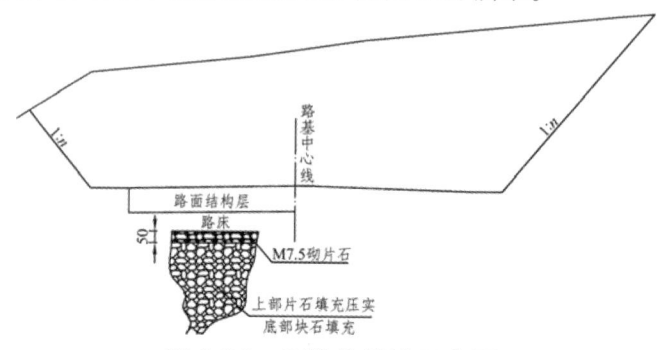

图 3-26 开挖换填法示意图

1. 工艺流程

根据物探及设计资料测量放样→挖除溶洞顶覆盖层→用挖机分层回填、夯实→顶部采用土夹石嵌缝料回填，用振动压路机压实。

2. 回填材料

换填片石采用路基挖方石灰岩质石料，最大粒径 500 mm（原地面以下 1.5 m 范围不大于 300 mm），石料强度（饱水试件极限抗压强度）不小于 30 MPa。

3. 主要施工方法

1）测量工作

根据地质钻探资料放样，确定溶洞位置及挖高（埋深）。

2）挖除溶洞顶覆盖层

采用挖掘机挖土，废土运至弃土场。挖除覆盖层施工时，现场设专人指挥。

3）回填前处理

回填片石前，应清除洞底积水、沉积泥土，铲出溶洞石笋，整平基底。

4）回填片石

用自卸车运输合格的片石到现场，用挖机回填并逐层夯实，片石换填完后，用一层细集料石进行找平、嵌缝，填平后用 22 t 压路机进行碾压，使用压路机碾压时，保证压路机的碾压速度在 3 km/h。碾压遍数不少于 7 遍。碾压密实平整，无明显沉降后，经监理工程师检验合格后方可进行路基填筑施工。

3.4.4 压力注浆法

压力注浆是将浆液通过压浆泵注浆管注入岩土层中，以填充、渗透和挤密等方式，驱走岩石裂隙中或土颗粒间的水分和气体，并充填其位置，硬化后将岩土胶结成一个整体，形成一个强大的、抗渗性高和稳定性良好的新的土体。另外注浆体的压力注入，可在基岩面封堵岩溶开口洞隙，防止地下水位升降潜蚀土洞，从而使岩溶地基得到加固。如图 3-27 所示。

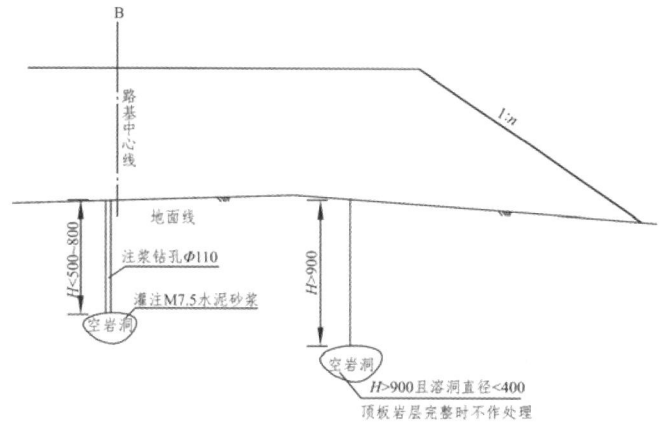

图 3-27 压力注浆示意图

1. 溶洞注浆施工流程

溶洞注浆工艺流程如图 3-28 所示。

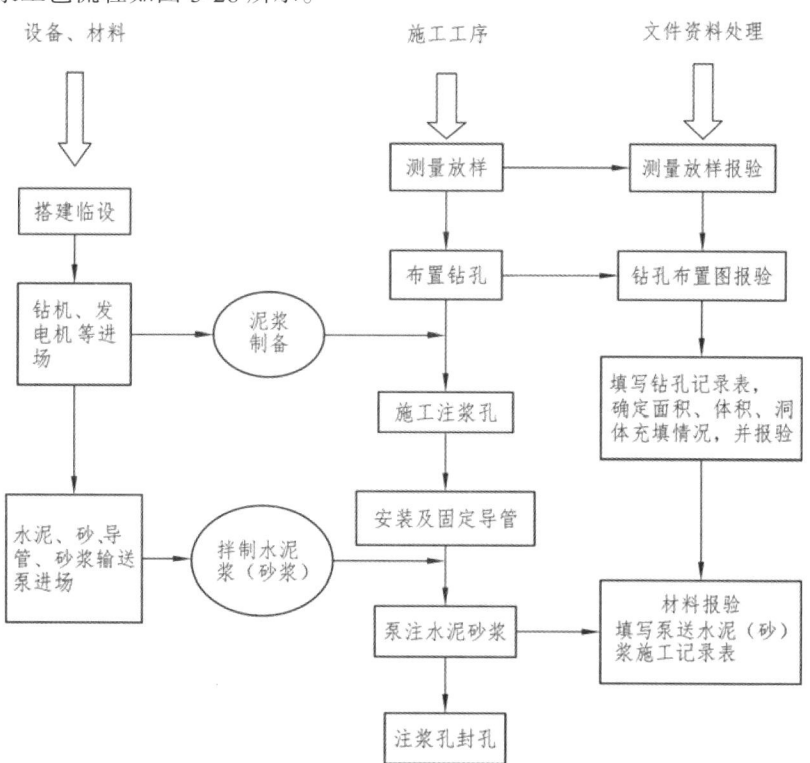

图 3-28 压力注浆施工工艺流程

2. 材料及配比试验

施工前,进行原材料取样及配比试验。注浆采用42.5级普通硅酸盐水泥,充填溶洞、孔隙溶洞注浆采用纯水泥浆,浆液采用水灰比为1∶1~0.5∶1;空心溶洞注浆采用水泥砂浆(浆液中加入砂子),砂子最大粒径不超过2.0 mm,含泥量不大于3%,有机物含量不大于3%,砂浆配合比(重量比)为水泥∶砂∶水=1∶0.8∶1。实际施工配合比按试验室试验结果为准,砂浆标号不低于M7.5。

3. 施工工艺流程

1)施工准备

(1)测量放样。

测量员根据待处理溶洞上代表钻孔的坐标确定土洞的中心位置,作好标记,测定施工前的地面标高,将测量放样结果报建设方、监理批准。根据放样结果就近搭建临设,运进设备,确定材料堆放场所。

(2)场地布置。

施工前,按照原地面处理的要求对施工场地进行平整和碾压。施工场地进行规划,从施工布局、电线布设、机械停放、施工防护、材料堆码、弃浆处理、施工排水七个方面统一规划,统一布局,是施工现场做到整齐有序。

(3)设备准备。

在注浆施工前,对钻机、注浆泵等机械进行检查、调试、维修,使其保持良好的状态,并报送监理验收后挂牌进行施工。

2)钻孔

(1)孔位布置。

钻孔施工采用XY-100型钻机,注浆孔用ϕ110 mm钻头泥浆护壁钻进。钻孔平面布置间距为2 m,梅花型错位布置。

根据按施工勘察报告及设计图纸要求标出注浆孔位置,并进行复测,并做好标记。孔位可根据现场建筑物和电线、管网等具体情况适当调整。全部钻孔统一编号。

在施工前,现场技术人员要熟悉场地岩(土)层发育情况和洞物探成果,了解待处理溶洞代表钻孔柱状图,土洞的顶、底界埋深,厚度。

(2)钻孔顺序。

采用按钻孔布置图间隔跳越施钻,首先在两侧进行注浆,再在中线进行,中线钻孔一方面作为两侧注浆效果的检查孔,又作为下道工序的注浆孔。在两侧进行注浆时,也必须采用间隔注浆的方法,以提高注浆的效果。不能全部钻完再注浆,以免引起孔位串浆,增加注浆难度和清孔工作量。如图3-29所示。

(3)钻孔方法。

钻孔方法:移动钻机至钻孔位置,钻机就位后,用倾斜尺、水平尺等工具调整钻机角度,安装牢固,定位稳妥。对准孔位开孔钻进,钻孔直径110 mm,钻孔9 m范围内未遇见溶洞,即可结束钻探。遇溶洞时,穿过溶洞,进入溶洞底板1 m。如遇见多层溶洞,必须要穿过所有溶洞后,再回转钻进入基岩5 m。

施工工序图：

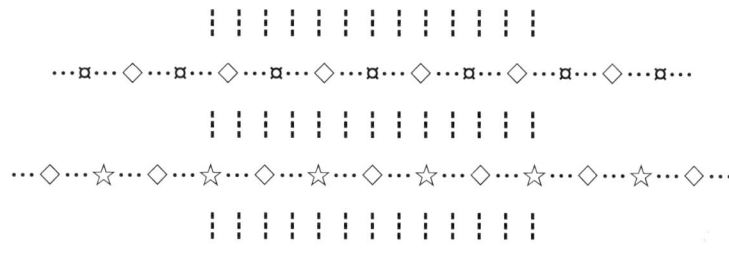

（注：▫第一工序注浆孔；◇第二工序注浆孔；☆第三工序注浆孔）

图 3-29　钻孔顺序图

钻孔要求：钻进过程中应注意观察地层变化，详细作好钻孔记录。注浆孔应间隔跳越施钻，不应全部钻完后再注浆，以免孔位串浆增加难度及清孔工作量。注浆孔施工先两侧后中间，保证注浆质量。钻孔中如遇溶洞，溶洞段必须干钻取芯。

记录：除一般地层岩性描述记录外，还必须详细记录岩溶、裂隙发育情况、位置、大小、充填物以及孔内返水、漏水情况；所有钻孔均要作好成孔记录（溶洞的顶、底界埋深，厚度、充填情况及充填物性质，基岩段要取芯并编录，钻孔泥浆返浆或漏浆情况等），填写"钻孔原始记录表"，确定土洞的面积、体积、充填情况，原始记录必须真实准确。

（4）安装孔口套管。

钻孔成孔后安装 ϕ110 mm 孔口套管，孔口套管长 2～3 m，套管顶高出地表面约 20～50 cm，孔口套管四周用砂浆封严。

3）注浆施工

（1）注浆准备。

① 安装注浆管和止浆器。接上孔口法兰盘，连接送浆设备；然后安装孔口止浆器或孔内止浆塞，止浆器应有排气孔。注浆设备就近安装，注浆管线固定，且不宜过长，一般为 30～50 m，以防压力损失。

② 压水试验。注浆前进行简易的压水试验，检查孔口套管固结密封程度和止浆塞的止浆效果。压水压力由小逐渐增大到预定注浆压力，并持续 15 min。

（2）制浆。

本工程压力注浆主要注浆材料为：42.5 级普通硅酸盐水泥与 2.0 mm 的山砂(含泥量＜3%、有机物含量＜3%)。水泥浆液的设计水灰比为 1∶1～0.5∶1，水泥砂浆设计配合比采用水∶水泥∶砂=1∶1∶0.8，实际施工时应按检测中心试验结果为准，砂浆标号不低于 M7.5，水泥浆由搅拌机或搅拌桶进行充分搅拌后即可灌注。

试验室根据设计给定的水灰（1∶1～0.5∶1），试验室进行水泥浆的配合比试验：① 按水灰比 0.5∶1。② 按水灰比 1∶1。③ 按水灰比 1.5∶1。现场试注浆拌和根据试验室给定的几种配合比分别搅拌水泥浆。

根据以上配合比拌制的水泥浆通过现场先导孔施工，从水泥浆的凝结时间、结石率、流动性、浆液扩展性及经济性等方面确定出合理掺砂量，满足设计及规范的要求，确定出合理的配合比，指导以后的全面施工。

(3)注浆施工技术参数。

施工工艺技术参数见表 3-1。

表 3-1 注浆施工工艺技术参数一览表

分类	项目	技术参数
钻孔	孔径	$\phi 110$
	孔斜	≤1%
	孔深	不小于超前钻揭露最底层溶洞底 0.5 m
	安放套管	高出地表面不少于 20 cm
压力注浆	砂浆配合比	水:水泥:砂=1:1:0.8
	注浆压力	0.6~1.2 MPa
	终注标准	直到灌满、达到设计压力并持续不小于 30 min 为止

(4)注浆。

①注浆管路系统的试运转：接好水、电，施工前 1.5~2 倍于注浆终压对系统进行吸水试验检验，检查管路系统能否耐压，有无漏水；检查管路连接是否正常；检查设备机况是否正常；使设备充分热身。试运转时间为 20 min。

②注浆顺序：按自路基坡脚到向线路中心的顺序进行，先两侧后中间，以保证注浆质量。注浆过程中发现冒浆暂停注浆，孔口封堵后继续进行注浆，但应减少压力或加浓浆液。

③注浆压力：岩溶地表注浆一般在溶洞或土层中进行，一般工作压力为 0.1~0.5 MPa。终孔注浆压力下的流量要求：注浆段的进浆量小于 35 L/min。实施大孔径注浆，注浆压力一般基岩中不小于 0.1~0.3 MPa，岩土界面逐步加大到 0.3~0.5 MPa。施工过程中根据注浆情况调整注浆压力，注浆泵流量采用 35~90 L/min。

④填充较少的溶洞注浆开始时，根据地质钻孔揭示的溶洞大小，先向溶洞中快速压一定数量的纯水泥浆，然后用砂浆泵直接将稀水泥砂浆通过压浆管输送至孔底，当砂浆无压下落已经困难时，再加压灌注水泥浆。灌浆工作压力采用 0.3~0.5 MPa。

⑤填充量较多的岩溶注浆向溶洞中注纯水泥浆，注浆工作压力用 0.3~0.5 MPa。

⑥当遇有较大溶洞或注浆出现异常情况时采取适量掺入细砂、粉煤灰、碎石等充填物，或采用加入适量水玻璃、细砂、粉煤灰等混合浆液，加快凝结速率，不断总结施工工艺，减少水泥用量，控制注浆范围，提高工效和保证注浆效果。

⑦适合如下条件时应采用水泥-水玻璃双液注浆：水泥单液地表冒浆时，用双液封堵；注浆已超出有效范围或整治范围，浆液扩散过远时，用双液控制；岩溶垂直裂隙贯通性好，浆液渗流太深，宜用双液处理；注浆量较大，单孔注浆量平均大于 0.8~1.2 m³/m，宜用双液控制。

(5)注浆结束。

①注浆结束标准。

当注浆达到下列标准之一时，可结束该孔注浆：

a. 注浆压力达到 0.6~1.2 MPa，当注入率不大于 0.4 L/min 时继续灌浆 30 min，注浆可以结束。

b. 注浆压力达到 0.6~1.2 MPa，当注入率 1 L/min 时，继续灌浆 60 min，注浆可以结束。

c. 压力控制标准：当压力超过 1～1.2 MPa，浆液难以注入时。注浆钻孔基岩完整，或多次注浆，孔口压力超过 1.2 MPa。

d. 注浆范围控制：冒浆点已出有效范围或整治范围外 3～5 m³/m 时。

e. 单孔注浆量达到平均注浆量的 1.5～2.0 倍，且吸浆量明显减少时，当达不到上述标准时，应清孔再次注浆。

f. 地质条件控制：浆液已至溶洞下限，注浆受阻进浆困难时。

g. 特殊条件控制：当单液注浆压力不大（0.2～0.5 MPa）或降低注浆量，地表仍出现异常上鼓，应立即终止注浆，同时采用附近注浆孔"补偿"的措施。

② 拔管、回填。

孔口采用止浆器止浆，注浆过程应注意排气孔是否畅通。注浆施工结束后，采用水泥砂浆及时封孔，封孔采用压力灌浆封孔法。

注浆完成后应拔出套管，若拔管不及时，浆液会把注浆管凝固造成拔管困难。拔出管后，及时刷洗，以便保持清洁、通畅。拔出套管后留下的缝隙，及时用水泥砂浆封严。

4. 施工过程控制

（1）每个先导孔钻探取芯施工单位必须按要求摆放整齐、标明孔号，提钻及取芯样品监理单位必须留存。钻孔记录必须详细描述地质情况，尤其是发现溶洞地段更应描述清楚。

（2）注浆出现异常情况必须及时通知设计及建设单位，以便制定下步施工措施。

（3）注浆施工时，地面应设置 3～5 个水准观测点，密切观测洞体地表的变化情况，不允许地面产生裂缝和抬升情况。对一定范围内的路基及原地表进行观察。

注浆过程中，密切注意注浆可能造成的孔内外及周边环境的变化，如吸浆量、压力、地表冒浆及距离远近、附近水位水质的变化等异常情况，按照设计要求及时调整浆液配比或增减添加剂，必要时采用双液注浆。如注浆初始即出现泵压大、吸浆量小或注浆过程中突然出现这种情况，即应停止送浆，清孔后再行注浆。

（4）施工过程必须严格执行监理现场旁站制度以及设计、建设单位人员常驻现场场制度，建设四方做到每日一小结，每周一分析，每月一总结，确保注浆质量和效果，保证工程投资受控。

（5）施工过程中详细记录灌注情况，填写"注浆施工记录表"，并及时报验。对于注浆量的确认，执行每日签认制度，当天注浆量必须经监理工程师签认。

5. 施工异常情况处理

1）不进浆

主要有两个原因，一是因管道堵塞，应进行疏通或上提灌浆管；二因灌浆压力过小，应加大压力。

2）串浆、冒浆

当因工期紧张，使钻孔及灌浆同时进行时，易产生串浆、冒浆。

冒浆：应视具体情况采用嵌缝、表面封堵、加浓浆液、限流、限量和降低压力、断续灌浆等方法处理。并将冒浆处用水泥浆、黏土夯实。

串浆：应采取下列措施处理：

（1）如被串孔正在钻进，应立即停钻。

（2）如串浆量不大，可于灌浆时同时在被串孔内通入水流，使水泥浆不致充填钻孔。

（3）如串浆量大时，如条件可能，可与被串孔同时施灌，否则可用浆塞置于被串部上方 1～2 m 处。

（4）如串浆影响范围较广，可采用浓浆施灌或双液法进行。

3）压力骤降

主要因地层存在架空、空洞，突然串通大量吸浆，或搅拌机通往灌浆泵管路堵塞引起或破裂引起。前者应加大流量，后者应进行管路疏通或冒浆止堵。

4）灌浆量过大

可进行限量灌浆多次灌浆，或采取浓浆，或降低灌浆压力，若每个孔注浆超过 300 立方，则应先停止，由业主、设计、监理和施工单位现场研究下一步方案。

5）压力无法升高

当压力始终无法提升时，说明地层受浆能力大或局部泄露，应堵漏或加浓浆液、断续灌浆、双液法。

6）灌浆中断

灌浆工作必须连续进行，若因故中断，应按下述原则进行处理：

（1）尽可能及时复灌。

（2）复灌时开始应使用稀浆液灌注，如浆流量及压力同中断前相近，即可恢复正常之水灰比。

7）地面抬动

若发现地面抬动，应立即停止灌浆，并释放压力。

6. 质量保控制要点

（1）钻孔、注浆必须严格执行相关施工方案，未经允许，不得更改。

（2）进场注浆材料的种类、规格及质量必须检查产品质量证明文件，并现场抽样检验。水泥按同一产地、品种、规格且连续进场的不大于 200 t 为一批，每批抽样检验 1 组强度、安定性、凝结时间等。严禁使用受潮、结块、变质的加固料。

（3）各类设备应就近安装固定管线，不宜过长，以防压力和流量消耗。钻机成孔插入注浆管后及时封堵孔口及附近的地面裂缝以防冒浆。

（4）注浆用的浆液应经过搅拌机充分搅拌均匀后才能开始注浆，并应在注浆过程中不停地缓慢搅拌，搅拌时间应小于浆液初凝时间。浆液在泵送前应经过筛网过滤。注浆施工时，采用自动流量和压力记录表，并及时对资料进行整理分析。开启或关闭注浆泵时必须先开启或关闭化学注浆泵，以免堵塞管路。

（5）施工过程中经常检查并记录注浆压力、浆液流量、注浆量，记录每孔注浆时间、浆液配合比及外加剂用量等施工参数。

（6）检查并记录每个注浆孔垂直偏斜率、孔位偏差、钻孔倾角。

（7）注浆孔数 5%钻孔取芯检查浆液充填情况，直观判断注浆效果。裂隙岩溶、洞穴等必须干钻取芯，岩心采取率大于 90%。布孔的重点是地质条件不好的地段以及注浆质量较差或有疑问的部位。检查孔同时作为补浆孔。

（8）每工点注浆后进行物探检验，通过对注浆前后的物探成果资料进行对比，结合钻孔取芯情况，判断注浆效果。

（9）注浆施工过程应加强地面观测记录。在注浆区域埋设观测桩，在注浆前后观测其地表沉降。一般应在线路中心、路基两侧路堤以及坡脚外（或重顶外）10 m 各设一排观测桩，纵向间距一般不大于 50 m，过渡段范围及非均质地区应加密观测剖面。施工期间必须每天进行地面变形监测，实测地面变形量，测量精度不大于 1 mm，并做好详细记录，根据观测数据控制注浆压力，以免重坡的稳定性或附近构筑物受影响，同时监测数据应提交相关部门，以备路基沉降分析用。

第4章 高填石路基施工技术

云南省地形地质条件复杂，自然条件差，生态环境脆弱，给工程建设带来了较大困难。一方面高填深挖多，路基良性土填料缺乏，工程投资大，工程质量控制难；另一方面，路堑开挖产生大量废弃石方，造成大量植物遭破坏，引起水土流失，恶化当地自然环境，诱发地质灾害。如何充分利用路堑开挖石料或利用其他已开采石料修筑合格的高等级公路路基，已成为石山地区高等级公路修筑的难题。

可以预计，在今后相当长的一段时间内，在云南省内还将遇到更多的填石路堤问题，填石路堤修筑技术研究会越来受到公路、市政建设部门的重视。因此，解决填石路堤的压实工艺和检测手段及检测标准、粗粒料的压实特性、填石路堤的沉降、稳定性评价等问题，对于推动我省市政、公路建设技术水平具有重要的现实意义。

4.1 高填石路基施工的特殊性

4.1.1 高填石路基的路用特点

路基是公路的主要结构物，对路面的使用性能有着重要的影响。对路基的要求主要有两个方面：整体稳定性和变形小。路基的整体稳定性和变形条件是保证公路工程质量和路面耐久性的基本前提。而高堤石路堤的整体稳定性和变形又有其独有的特点：

（1）路基整体稳定性实际上是由地基承载力和路堤填土与车辆荷载共同决定的，由于高填石路堤本身强大的自重荷载作用，在一般路堤荷载作用下能保持稳定，但在高填石路堤荷载作用下，会因地基承载力不足，处于稳定的地层有可能失衡，导致路基失稳。特别是在软土地层上填筑较高路堤，则有可能由于填土的附加应力超出软土地基的承载力而出现较大的路堤沉陷，甚至坍塌。

（2）经过振动压实后的一般的填石路堤，具有较高的强度和很小的变形，对路面的使用性能影响不大。但对高填石路堤而言，由于受填料的强度、级配和水、温度稳定性及路基的压实效果的影响，路基本身在自然环境荷载和巨大的自重作用会产生较大的变形，尤其是不均匀变形则将导致路面开裂甚至破坏，影响或不能保证车辆的正常运营。

4.1.2 高填石路堤填料的工程特点

随着堆石坝的发展，对堆石、砂砾石等粗颗粒材料的性能要求有更深入的认识，从而促进了对这些粗颗粒材料的试验研究工作。长期以来，我国公路部门有关筑路材料工程性质试验都是建立在细粒土基础之上。关于粗粒料工程性质的研究工作极其薄弱，也缺乏相应的试验设备。20世纪90年代初，我国公路部门开始配置这一方面的设备，为公路部门开展粗粒料的工程特性研究提供了可能。我国水利部门在"七五""八五"期间，开展了粗粒料工程特性的研究。从仪器设备、试验材料的模拟方法和尺寸效应、试验资料的整理分析、强度和变形特性、渗透及渗透稳定性等方面进行了研究，取得了较为丰硕的成果，可供公路部门借鉴。粗粒土试验设备较常规试验设备尺寸有较大的提高（如大型三轴试验直径仅为30 cm），但仍不能满足填石料的试验要求，填石料最大粒径可达60~80 cm。在进行大粒径材料试验时，必须采用相似级配法等方法配置试验材料。研究表明，级配相似的材料不会改变粗细粒料间的填筑关系，呈现较相似的力学、工程特性。这就为粗粒料的室内试验提供了理论基础。根据研究结果，在对原型材料配置试验材料时，可采用简单剔除法（超径颗粒较少时）、相似级配法、等量替代法、混合法等方法。

1. 填石料的级配特性

填石料的级配特性对填石料的最大干密度有影响，对压实后填料的力学特性也有影响。水利部门要求堆石坝填筑时不同分区的填料应在一定的级配范围内。对于公路路堤，其路线长，料场多，无法像水利部门一样按事先设计好的级配曲线来组成填料，只能根据实际挖方材料进行施工。碾压试验和室内模拟表明，即使填石材料级配范围波动较大，仍能达到较高的密实程度和力学指标。因此，级配曲线对公路部门意义不大。

2. 填石料的密度性质

填石料的最大干密度需采用专门的大型击实设备（如表面振动击实仪和振动台）进行试验。对于同一种岩石，由于级配不同，其最大干密度也有所差异。因此，在干密度试验时，还应知道实际填料的级配范围，用相似级配法进行试验。填石路堤施工中，室内试验确定的最大干密度指标只能作为一个参考控制指标，填料的最大干密度指标还应根据现场碾压试验进行修正。在水利部门的相关规范中，采用孔隙率作为填筑控制指标，对于主堆石区，其设计孔隙率一般为22%~25%，相当于最大干密度21 kN/m³左右。

3. 填石料的压缩变形

与普通土性填料相比较，填石料有以下特点：填石料的压缩模量可达100 MPa左右，而普通填料的压缩模量一般在20 MPa左右；黏性土填料的压缩系数比填石料高一个数量级；堆石料的固结系数一般在10^{-1}~10^{-2} cm/s的水平，而普通填料一般在10^{-3} cm/s，填石料的固结（渗透）系数为普通填料的10~100倍。这些结果说明填石路堤变形小，且变形发展快，在施工期即可完成大部分变形。

4. 填石料的强度

填石料的强度指标一般以c、ϕ值表示。研究表明，填石料的强度指标与填石料的密实程度和坚硬程度有着密切的关系。在同等密度情况下，坚硬石料较软弱石料具有更高的强度。根据国内外73组堆石料的大型三轴试验结果进行了统计分析，该组资料表明，最小ϕ值为32°，最大ϕ值为53°，而其中80%则密集于36°~44°之间。研究同时表明，粗集料的c值已不再是凝聚力的表现，而主要是大颗粒之间咬合力的体现，其大小不容忽视，一般粗粒填料的c值可达到 20~70 kPa。无论从填石料的强度，还是填石料的压缩特性来看，填石料都是一种高强度、低变形的优良填料，完全可以用于公路路基的填筑。

5. 填石料的长期性能

普通填料是一种较稳定的材料，在压实后，其工程性质不会发生显著的变化。而大颗粒填料是一种衰退性材料，随着时间的推移，其大颗粒会逐渐风化（其风化的进程与岩石类型有关），从而增加了长期性能的不确定性。这是填石材料和普通填料的一个显著差别。在这一方面国内有关部门研究较少，可借鉴的经验不多。高等级公路路面对路基变形有十分严格的要求。因此，岩石料的长期性能研究显得尤为必要，特别是对易风化岩体堆石料的长期性能进行研究。

4.1.3 高填石路堤的压实特点

填石的压实是指石料在机械作用下颗粒排列至密集，使密度提高的过程。填石的空隙尺寸大，渗透性强，一般为自由排水体，因此，填石的压实特性不同于黏性土，不存在孔隙气体或孔隙水的排出，仅仅只是克服颗粒间相互作用力之后的颗粒密集过程。但是填石压实却伴有颗粒破碎、级配不断变化的过程。填石属于散体材料，其颗粒多呈块状，此种材料与黏性土不同，其颗粒呈单粒状排列，颗粒间的连接方式是简单的邻接接触和咬合连接。因此，颗粒之间的连接强度主要为摩擦力，几乎没有黏结力。此种摩擦力，在静力条件下难以克服，但在振动条件下：一方面颗粒处于运动状态，粒间摩阻力减小；另一方面，通过振动碾的自重和激振力，在填石中产生位移和剪应力，并以压力波形式向填石体内部传播，使填石体产生位移，填石体得到压实；再者，表层填石在碾压轮的作用下，内部在相互碰撞之下进一步破碎填充空隙使填石体进一步得到密实。高填石的压实效果影响因素如下：

1. 填石岩块质量对压实效果影响

早期的堆石坝因为采用抛填施工，因此对岩块要求比较高，一般都要选用质地坚硬、新鲜的岩石。随着重型机械的发展和使用，可用来修筑大坝和道路的填石材料范围也有了相当大的突破和放宽。有研究表明不适合用作混凝土骨料的岩石仍可用来筑坝。据统计，能用作堆石坝石料的岩性相当广泛，从完整的岩浆岩到强风化的各类岩石；岩块的单轴抗压强度从最低的 10 MPa 到 250 MPa。一般来说，任何岩性的石料均可在振动碾的作用下压实到密实状态。但是，在相同压实度下，硬岩填石体的变形比软岩小。这并不意味采用强度过高的硬岩填筑更为有利，因为硬岩采石、爆破的费用高，而且爆破后形成带锐角的岩块，对施工机械不利。

2. 石料的级配对压实效果的影响

填石体的力学性质在很大程度上取决于填石料级配。开挖填料的级配与山体的岩性、岩层的产状和构造以及爆破工艺有关，其级配在压实过程中还会有些改变。填石的级配对压实的效果影响很大。根据关门山坝的压实试验结果分析，填石的不均匀系数与堆石体的孔隙率显著相关，这表明填石级配越不均匀，其压实效果越好。填石的最大粒径对压实也有很大影响，填石体粒径越大，就越不容易压实，所需的压实功能也越大。

3. 施工工艺对压实效果的影响

（1）填筑过程中的加水：在填石的压实过程中，也可以加入适量的水。加水的目的是使材料浸湿，软化细料，减小岩块之间的摩擦力，以便压实和减少路堤竣工后的沉降。试验表明只要材料中有足够的细粒料，加水对任何填石都有影响。加水量的多少与填石材料的性质有关，对于坚硬、吸水率小的岩石，加水效果并不明显。

（2）碾压机械因素：填石主要靠颗粒间接触点的局部破碎和颗粒间的相互移动来密实，为了克服颗粒间的摩阻力，要求必须采用重型振动碾。

（3）松铺厚度：振动碾的振动力以波的方式向填石体内传播，动压力随深度的增加逐渐减弱，因此松铺厚度对压实效果影响很大。厚度越薄，越容易压实。

4. 填石路基沉降病害原因

根据大量现场调查及研究表明，导致现有填石路堤发生较重沉降病害的原因基本都离不开以下几条：

（1）碾压设备吨位较低，振动压实未能使石块之间嵌锁密实，路堤没有处于弹性状态。

（2）填石路堤路基顶面以下 150 cm 压实度标准为 90%，在自重的作用下，路堤继续沉降。

（3）斜坡地形与半填半挖路基地段存在差异变形。

（4）填石料中存在粒径大于 23 cm 铺层厚度的石块导致压实不足。

4.2 高填石路基的压实机理与基本要求

4.2.1 高填石路基的压实机理

1. 普通土方压实机理

土方的压实效果一般与土的结构组成、土粒的表面现象、毛细水压力和孔隙水、气压力等因素均有关系。土体在外部功能作用下克服土颗粒间引力，土料间产生相对位移，土体内孔隙中的气体被排出，土体密度逐渐增大，当土体内孔隙全部被封闭时，土体密度不再增大。在土体压实中，含水量非常重要。压实过程中，水可以起到润滑土颗粒的作用，土体处于偏干状态时，由于包裹土颗粒的水膜润滑作用不明显，在相同的压实功能下压实效果相对差些；含水量逐渐增大，水膜变厚，在外部功能作用下土颗粒相对移动比较容易，压实效果渐佳。压实功能一定，含水量在某一值时，最有利于土颗粒受击时发生相对位移，以致被击实到最大干密度。当含水量再增加到偏湿状态时，土体孔隙中出现自由水，击实时阻碍气体排出，孔隙水压力更为显著，抵消部分击实功能，击实效果反而下降。含水量超过一定值时，即使增大压实功能，土体也达不到要求的最大干密度。

2. 填石压实机理

填石的压实是指石料在机械作用下颗粒排列至密集，使密度提高的过程。填石的空隙尺寸大，渗透性强，一般为自由排水体，因此，填石的压实特性不同于黏性土，不存在孔隙气体或孔隙水的排出，仅仅只是克服颗粒间相互作用力之后的颗粒密集过程。但是填石压实却伴有颗粒破碎、级配不断变化的过程。填石属于散体材料，其颗粒多呈块状，此种材料与黏性土不同，其颗粒呈单粒状排列，颗粒间的连接方式是简单的邻接接触和咬合连接。因此，颗粒之间的连接强度主要为摩擦力，几乎没有黏结力。此种摩擦力，在静力条件下难以克服，但在振动条件下，一方面颗粒处于运动状态，粒间摩阻力减小；另一方面，通过振动碾的自重和激振力，在填石中产生位移和剪应力，并以压力波形式向填石体内部传播，使填石体产生位移，填石体得到压实；再者，表层填石在碾压轮的作用下，内部在相互碰撞之下进一步破碎填充空隙使填石体进一步得到密实。

3. 填石路基特点

填石路基是指利用爆破开采出来的石料或其他弃石料填筑的路基，且填筑石料中粒径大于 40 mm 的石料含量超过总质量的 70%。填石路基具有抗剪强度高、透水性强、孔隙率大的特点，因而在施工工艺、质量检验与控制方面与常规的填土路基有较大区别：

（1）填石路基填料属于散体材料，与土颗粒不同，其本身是密实而不可压缩的，颗粒多呈单粒状排列，颗粒间的连接方式是简单的邻接接触和咬合连接。

（2）与填土路基相比，由于填料的粒径较大，现场施工时的离散性较大，石块之间一般在缺少足够的细料填充的条件下会产生架空现象，导致填石路基的空隙尺寸较大，渗透性强。因此，一般认为填石路基的压实过程中不存在孔隙气体和孔隙水的排出，仅仅只是克服颗粒间相互作用力之后的颗粒密实过程。

（3）由于填料的粒径大，透水性强，具有自由排水能力，很难保持水分，所以与填土路基不同，含水量在填石路基施工过程中的作用不甚明显。

（4）由于填料的工程特性，填石路基压实过程中经常会伴有粒破碎从而导致填料粒径组成不断变化的过程，所以说填石路基的压实过程属动态稳定过程。

综上所述，填石路基的压实过程是较为松散的填石材料在外力（压实功）的作用下，内部应力状态发生变化，失去了摊铺时最初的应力平衡状态，颗粒之间克服摩擦力彼此移动不断被挤密靠近，同时互相填充出现新的级配排列，导致路基填筑体的孔隙减小，密实程度增大。随着施加的外力不断增大，促使石料颗粒移动、充填的能量亦随之增大，填筑体愈趋密实。当路基填筑体密实到一定程度之后，颗粒间的孔隙较小，达到了新的更加稳定的应力平衡，此时再增大压实功能，颗粒也不易再移动、充填。由此可见，填石路基压实的根本目的在于使碎石填料之间由松散状态变为接触状态再变为坚实咬合状态，从而形成稳定的结构状态。

4.2.2 高填石路基对地基的要求

从高填石路堤的路用特性可知，高填石路堤对地基的要求较高，一般来讲应包括以下几个方面的要求：

（1）地基承载力要求。

基底的承载能力应满足不同路基高度的要求，路基高度小于 10 m 时，基底承载力不宜低于 150 MPa；路基高度为 10~20 m 时，宜填筑在岩石基底上。因此对于在非岩石基底口修筑高填石路堤其地基承载力应通过验算后确定，或填筑在岩石基底上。

（2）填方基底范围内由于地表水或地下水影响路基稳定时，应在路堤底部填筑不易风化的片石、块石或砂、砾等透水性材料；做好原地面临时排水设施，并与永久性排水设施相结合，避免雨水冲刷填石路堤基底，影响填石路堤的稳定。

（3）遇不良地基时，应视工程具体条件，采取清除软基、复合地基等措施，使地基达到要求后方可填筑。

（4）当为特殊路基时，如岩溶、滑坡影响、膨胀土等，应专题勘察治理，防止地基承载力不足导致路堤失稳。

（5）若基底为岩层，地面横坡大于30°，岩层上的表土厚度不足30 cm厚时，应将表土清除，并将底层岩面凿成向内倾斜的台阶。

4.2.3 高填石路基对填料的技术的要求

石料是属于透水性好的筑路材料，因此在正常的施工条件下，不受最佳含水量的控制，一般天然含水量即可，施工时主要以石料的最大粒径及强度加以控制。填石路堤的石料强度不应小于15 MPa（用于护坡的不应小于20 MPa），最大粒径不宜超过层厚的2/3。若用强风化石料或软质造石填筑路堤（强度小于15 MPa），石料在阳光、水、空气等作用下，由石块逐渐风化变成碎末，使路基产生沉降，对公路造成极大破坏。用这类材料填筑时应按土质路堤施工规定先检验其CBR值是否符合要求，符合使用要求时应按土质路堤施工的技术要求施工，否则不得使用。高速公路及一级公路填石路堤路床顶面以下50 cm范围内应填筑符合路床要求的土并分层压实，填料最大粒径不得大于10 cm。其他公路填石路堤路床顶面以下30 cm范围内宜填筑符合路床要求的土并压实，填料最大粒径不应大于15 cm。

4.2.4 高填石路基对施工工艺的要求

1. 填筑技术要求

（1）填石路堤的填筑方法根据不同的公路等级可分为逐层填筑和倾填（含抛填）两种方式。高速公路、一级公路、二级公路和铺设高级路面的其他等级公路的填石路堤均应逐层填筑分层压实，以保证路堤的强度和稳定性。三级及三级以下且铺设低级路面的公路在陡峻山坡段施工特别困难或大量爆破移挖作填时，可采用倾填方式将石料填筑于路堤下部，但倾填路堤在路床底面下不小于1.0 m范围内仍应分层填筑压实。

（2）分层松铺厚度：高速公路及一级公路不宜大于0.5 m；其他公路不宜大于1.0 m。

（3）填石路堤倾填前，路堤边坡坡脚应用粒径大于30 cm的硬质石料码砌。但设计无规定时，填石路堤高度小于或等于6 m时，其码砌厚度不应小于1 m；当高度大于6 m时，码砌厚度不应小于2 m。

（4）逐层填筑时，应安排好石料运输路线，专人指挥，按水平分层，先低后高、先两侧后中央卸料，并用大型推土机摊平。个别不平处应配合人工用细石块、石屑找平。

（5）当石块级配较差、粒径较大、填层较厚、石块间的空隙较大时，可于每层表面的空隙里扫入石渣、石屑、中、粗砂，再以压力水将砂冲入下部，反复数次，使空隙填满。

（6）人工铺填粒径25 cm以上石料时，应先铺填大块石料，大面向下，小面向上，摆平放稳，再用小石块找平，石屑塞缝，最后压实。人工铺填块径25 cm以下石料时，可直接分层摊铺，分层碾压。

（7）填石路堤的填料如其岩性相差较大，则应将不同岩性的填料分层或分段填筑。

2. 压实技术要求

填石路堤的填料本身是密实而不能压缩的，路基的压实就是要求使各石块之间松散接触状态变为紧密咬合状态。

（1）填石路堤在压实之前，应用大型推土机摊铺平整，个别不平处应配合用人工以细石屑找平。

（2）填石路堤均应压实并宜选用工作质量40 t以上的重型振动压路机进行碾压。

（3）填石路堤压实到所要求的紧密程度所需的碾压或夯压的遍数应经过试验确定。

4.2.5 高填石路堤的适用范围

尽管在山区高等级公路的路基施工中，填石路堤应用具有广阔前景，但高填石路堤由于受其本身的特点和施工艺的限制，也有其局限性。

（1）高填石路堤一般不宜修筑在软土地基上。

（2）用于路基填方材料的岩石，基饱水抗压强度应不低于15 MPa。当其抗压强度小于规定要求时，应进行CBR试验，CBR不低于15%。不满足要求时，应按填土的要求检验和控制。

（3）适宜采用高架桥的路段尽量不采用高填石路堤。

4.3 高填石路基的施工工艺

4.3.1 填石路堤施工技术发展历程

中国古代就已大量采用石料修堤筑坝，但由于机械的缺乏和当时水平所限，石料堤坝的修筑一般采用人工码砌和自然堆砌的方法。自20世纪50年代以后，和填石路堤很类似的结构工程——堆石坝在我国逐渐开始修筑，如50年代修建的四川狮子滩重力式抛填堆石坝，60年代的广东南水黏土定向爆破堆石坝，60年代的贵州猫跳河的百花水电站抛填式混凝土面板堆石坝等。在这一时期我国和国外修筑的堆石坝一般不用专门机械压实，而采用厚层抛填，一般层厚8~25 m，最厚的每层达30~40 m，石料从高处投下，靠冲力压实。再采用水枪充填细粒料以填充粗粒料间的孔隙。这些坝建成后，尽管安全性没出现问题，但有一个共同特点是抛填填石密度低，完工后沉降量大，导致一些堆石坝面板裂缝和大量渗漏。50年代，苏格兰夸伊奇坝成功地利用振动碾压实隧洞开挖的弃渣，振动碾压的出现使堆石坝的修筑产生了质的飞跃，国外自70年代来，完成了从抛填堆石和碾压堆石的过渡，开始采用薄层振动碾压修筑堆石坝，这标志着堆石坝修筑开始进入现代阶段。在我国，正式用现代技术修筑碾压式堆石坝是从80年代开始，中国虽然起步晚，但发展较快，已成为世界上修建混凝土面板堆石坝最多的国家之一。可以说，振动碾压的出现使混凝土面板堆石坝取得了成功，并在世界各地大量修筑。采用薄层振动碾压填筑的堆石，可达到较高的密实度，薄层碾压堆石一般碾压厚度1 m左右，采用10 t以上的振动压路机分层振动密实。孔隙率一般都在25%以下，堆石体的沉降在施工期间就可完成绝大部分，不同条件下堆石的变形模量为30~150 MPa。这一方面提高了堆石体的强度和稳定性，解决了早期抛填堆石的大变形问题，另一方面也扩大了堆石料的使用范围，使堆石料不再仅仅局限于坚硬、新鲜完整的岩石。

尽管堆石坝与公路填石路堤功用不同，但在筑坝材料，施工工艺、检测技术等方面仍有很多相同或可供借鉴的地方。从80年代至90年代中期，在公路部门，填石路堤仅有零星的修筑，这些工程在施工、检测工艺方面进行了一些探索。从试验结果来看，一般都强调了振动压实、分层碾压的重要性。强夯是压实粗粒填料的一种较好方法，它具有压实效果好，影响深度大等优点，但强夯技术在施工功效、机械灵活性方面都无法与传统的压实机械相比。目前，国内外有厂家推出了冲击式压路机，在粗粒土压实中取得了较好的效果，冲击压实是利用重物从一定高度落下后产生的冲击力和振动力使土颗粒产生相对位移而使土体更加密实。同传统的高频低振幅振动压路机相比，冲击压实具有低频高振幅的特点，在压实作用中较大地增加了对土石方的压实功能，因此其加固深度明显大于传统振动压路机，但由于该压实机具目前在国内无法普及，在很长一段时间内，振动压路机仍是压实粗粒填料的一种主要机型。

对于填石路堤，在现行的公路路基设计与施工规范中涉及填石路堤的条目较少，主要内容如下：

（1）填石路堤采用12 t以上振动压路机或夯锤进行压实，每层压实厚度不超过50 cm，填石路堤应分层填筑，分层压实。

（2）填石路堤应采用不易风化的石料填筑，石料强度应不小于15 MPa（堤身）和20 MPa（边坡）。

（3）填石路堤应进行边坡码砌，码砌厚度112 m。

由于规范的条文有的较为笼统（如压实工艺），有的较为保守（如压实层厚），已很难适应现代化填石路堤施工的要求。特别是在广西的桂北地区，广泛分布着石灰岩、页岩等较为坚硬的岩石，要达到规范中规定的层厚和粒径，将极大地增加施工难度和工程造价。

4.3.2 填石路堤施工技术要点

1. 基底的处理

（1）在进行第一层填石施工前，必须认真清除地表植被杂物、积水和表土，处理坑塘，并对基底进行认真压实和处理，压实系数大于0.090。如因原状土含水量大，压实系数达不到0.090时，应将原地面土翻挖、晾晒后，再压实直至合格为止。

（2）彻底清除软土。通过填前压实，检查发现将软土彻底清除后，才能填石。

（3）若基底为土基，地面横坡陡于1∶5时，应将原地面挖成宽度不小于1 m的台阶，台阶顶面作成3%~5%的内倾斜坡再进行路堤填筑。

（4）若基底为岩层，地面横坡大于30°，岩层上的表土厚度不足30 cm厚时，应将表上清除，并将底层岩面凿成向内倾斜的台阶。

（5）应做好原地面临时排水设施，并与永久排水设施相结合，避免雨水冲刷填石路堤基底，影响填石路堤的稳定。

2. 填料的选择

1）填料强度的限制

（1）岩石填料的分类。

岩石填料按抗压强度划分为硬质岩和软质岩两大类，见表 4-1。岩石强度采用尺寸为 50 mm×50 mm×50 mm 的立方体试件饱水抗压强度试验确定。

表 4-1 岩石填料按强度分类

名称	硬质岩 R_c/MPa		软质岩 R_c/MPa		
	坚硬	软硬	较软	软	极软
分级标准	>60	30~60	15~30	5~15	<5

（2）岩石填料强度的限制。

石料的强度是指饱水试件的极限抗压强度，填石路堤的石料强度不应小于 15 MPa（用于护坡的不应小于 20 MPa）。

路堑挖出和隧道爆破产生的石料，要注意其强度和风化程度是否符合要求。一般泥岩、黏土岩、泥砾岩、泥质砂岩、泥质页岩、黏土页岩、炭质页岩、云母片或千枚岩等属于易风化的软岩，这类石料会因短期与水、空气、酸碱盐类接触或受温度（酷暑、严寒冰冻）变化使石料的颜色改变，强度降低（小于 15 MPa），次生矿物（石膏等）和裂隙产生。强风化的软岩是岩体结构已部分破坏的软岩。有些岩石虽不属上述风化岩，但强度低、碾压易粉碎，也不得作为填石路堤填料。若用强风化石料或软质造石填筑路堤（强度小于 15 MPa），石料在阳光、水、空气等作用下，由石块逐渐风化变成碎末，使路基产生沉降，对公路造成极大破坏。用这类材料填筑时应按土质路堤施工规定先检验其 CBR 值是否符合要求，符合使用要求时应按土质路堤施工的技术要求施工，否则不得使用。

2）岩石填料的级配要求

（1）最大粒径的限制。

国外填筑石料的粒径不作限制，关键要选择与施工层厚度相适合的大型压实机械。但从施工性能方面考虑，日本规定最大粒径以 1 m 以下为宜，但从考虑薄层施工以提高填方稳定性出发，应尽可能使用粒径小的石料。我国的路基设计及施工规范，对填石路堤的石料粒径未做明细规定，但要求其最大粒径不宜超过层厚的 2/3，在路床范围内填筑石料最大粒径不超过 10 cm。

（2）粗粒料和细粒料的比例。

用于路基主填区岩石填料中 20 mm 以下的细粒料的比例不低于 10%，一般应为 10%~40%；大于 200 mm 的巨粒料的比例不应高于 40%；0.074 mm 以下的颗粒比例不应大于 10%。用于路床和结构物回填的岩石填料，其 5 mm 以下的细料比例应为 20%~40%，0.074 mm 以下的颗粒比例不应大于 10%。用于边坡码砌的岩石填料，30 cm 以上的巨粒料比例不少于 70%，填隙用的中粒料粒径应大于 10 cm，其比例不应超过 30%。

（3）不均匀系数。

用于路基主填区的岩石填料，不均匀系数宜为 10~40；用于基底、路床、结构物回填和边坡时，不均匀系数宜为 10~20。

（4）浸水石方填方路基填料的级配要求。

浸水石方填方路基可采用块石码砌或级配料填筑。采用块石码砌时，与边坡的要求相同；采用级配料填筑时，其最大粒径不宜大于 20 cm，小于 5 mm 的颗粒比例不少于 30%，小于

0.074 mm 颗粒的比例不大于 10%。

（5）反滤层粒料的级配要求。

反滤层粒料 20%通过量时的粒径为 10~40 mm，与被保护的填料 20%通过量时的粒径的比值为 2~4。

（6）过渡层粒料的级配要求。

在石方填方路基上填筑细粒土时，若粗粒料的 $R_{15}/F_{85}>5$，应设过渡层，过渡层应满足 $M_{15}/F_{15}>5$，$M_{15}/F_{85}<5$。其中 R 代表粗粒料，M 代表过渡层粒料，F 代表细粒料，加上数字表示该通过量对应的粒径。

4.3.3 填石路堤的施工工艺

在填石材料岩性一定的条件下，填石材料的摊铺工艺很大程度上决定了填石路基压实层的结构类型，从而直接影响路基的压实效果。因此明确摊铺方法能够有效地将填料摊铺到路基上，以形成较为理想的结构状态，从而最大程度上避免填料的离析现象，提高压实效果。另外，摊铺过程中的一些重要技术问题，如填料的最大粒径、松铺厚度是本章的主要研究内容。

1. 常用的路基摊铺方法

目前路基施工过程中填料的摊铺方法主要有以下三种：

1）渐进式摊铺法

这种方法是指运料汽车在新卸的松铺填料面上逐渐向前卸料，并用推土机随时推铺整平。

2）后退式摊铺法

此法是指运料汽车在上一层已压实好的路基表面上后退卸料，形成许多密集的填料堆，再用推土机整平。一般认为，这类方法比较适合于细料含量较多的填料以及细粒土。

3）混合式摊铺法

混合式摊铺法铺料是在已压实的层面上先用后退法卸料，形成一些分散的料堆，再在其上用渐进式摊铺法卸料，用推土机平整达到所要求的层厚，此法兼有渐进式摊铺法和后退法的优点，适合于层厚较大的情况。但混合法较渐进式摊铺法费工一些。

对于填石路基而言，采用后退式摊铺法进行施工时，填料的表面不易整平，离析现象较为严重，层厚也不好控制，同时较大粒径的石料也没有较好地被摊到压实层的层底，容易露出层面，从而增加了整平的难度。相比而言，采用渐进式摊铺法时的路基表面较为平整，没有较大的石块突出。分析其原因，这是由于后者在用推土机将石料向前推进时，填料前面没有阻挡物，且已有的卸料面与原有的压实面形成一定的落差，这就能够为较大粒径的石料提供一个较为充分寻求最佳位置的过程，使其落到压实层的层底，最终到达一个较为稳定的位置，同时细料也能较好地填充空隙，使填料嵌挤紧密，从而为压路机提供了一个较好的工作面。所以总的来说，渐进式摊铺方法应用于填石路基时的优点是压实层面较易于整平，同时也容易控制填料的填筑厚度，从而减少整平工序的时间，并且为填石路基的压实工作提供了一个较好的结构状态，有利于提高路基的压实质量。

对于坚硬石料填石路堤，采用渐进式摊铺法施工更为适合。填石料的堆料应和摊铺工作同步进行。由于填石料属极不均匀的松散材料，在运料过程中，容易造成细料沉积到压实层底部，在渐进式摊铺法施工中，先在工作面的一端沿路基横向堆放石料，然后，挖掘机配合立即进行摊铺，摊铺厚度略小于控制层厚。以后的运料直接堆放在已摊铺成型的工作面上，由大型推土机逐渐向前摊铺，这样施工对填石路堤有两个好处：

（1）可避免摊铺过程中，粗细料分离、细料全部沉淀到摊铺层下层的现象。

（2）每一次从摊铺好的表面将填石料向前推进，可使大粒径料有一个较充分的寻求最佳位置的过程。大功率推摊土机在推动过程中，大粒径料相互滚动、摩擦，最后达到一个较稳定的位置。从试验路不同段落的施工情况来看，大功率推土机可使摊铺后的填石表面平顺，大粒径料间孔隙较少，效果明显优于小功率的推土机。可以说，大功率推土机在填石料的摊铺、平整工序中，起着关键性的作用，对于后期的压实也影响重大，施工单位对此必须予以足够重视另外，也可用挖掘机整平，但成本有所提高。

2．填石路基摊铺关键控制参数

虽然填石路基填料的粒径大小基本上取决于石方开挖现场的爆破技术，但是由于爆破开采现场的填料粒径较大，所以必须要对施工现场填料的最大粒径提出控制要求，以保证路基的压实质量。

填石路基不同填筑深度部位允许的最大粒径控制值是不相同的，填料的最大粒径应随路基填筑深度的降低而逐渐减小，同时考虑到压碎性的双重影响，对于强度不同的石料，最大粒径控制值也应不同。

在填石粗粒料上面填筑细粒土时，最好加设过渡层，如图 4-1 所示。已有的资料表明粗粒料（$R_{15}/F_{85} > 5$）施工时，必须设置过渡层。该过渡层应满足 $M_{15}/F_{15} > 5$，$M_{15}/F_{85} < 5$，其中 R_{15} 为粗粒料中 15%通过的粒径，M_{15} 为过渡层材料 15%通过的粒径，F_{15} 为细粒料中 15%通过的粒径，F_{85} 为细料中 85%通过的粒径。填石之上填土，应在填石顶面与土之间设 2～3 层碎石过渡层。相邻层碎石粒径一般不小于 1∶4，厚度约为 150～250 mm。例如，填石路基最大粒径为 300 mm，层厚 500 mm。在填石顶面设计层厚 400 mm 的过渡层：第一过渡层可设粒径 150 mm，厚度 250 mm；第二过渡层可设粒径为 60 mm，厚度 150 mm。

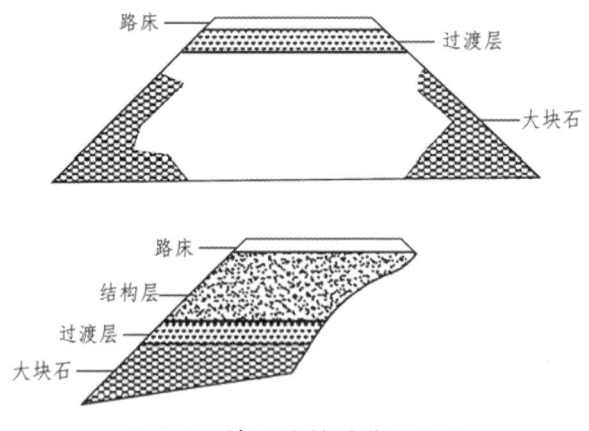

图 4-1 填石路基过渡层设置

3．松铺厚度的控制

松铺厚度是填石路基施工工艺中的一个重要指标，因为它直接影响到了路基的压实质量。

仅从压实质量角度来看，松铺层厚越薄，压实后的密实程度越大，压实质量也越好。而从施工进度角度来看，则是松铺厚度越厚越好。但是很明显，松铺厚度过厚，非但压实层的下层难以达到压实要求，上层也会受到不良的影响，所以说松铺厚度应是在现场试验段结果的基础上结合路基填料的岩性、最大粒径等填料的工程特性和碾压机械、碾压遍数等压实条件以及工程经济性等多方面因素综合考虑后加以确定的。松铺厚度与这些参数的相互关系研究如下：

1）松铺厚度与填料工程性质岩性的关系

试验数据表明：在相同松铺厚度的条件下，填料的强度越高，路基压实层的沉降率也越大，同时弯沉值也越小。填料强度较低的填石路基在填料的摊铺和整平阶段，由于自卸车与推土机的初步压实作用，路基压实层已经得到一定的密实，随后在振动压路机的压实功能下，路基的沉降率并没有较大的增加。而填料强度较高的填石路基在填料的摊铺和整平阶段所形成的骨架-密实结构。在振动压路机的压实功能下，其填筑体结构中的空隙明显减小，单位体积内的密实程度得到提高，再加上填料的破碎现象，因此路基的沉降率有较大幅度的增加。

2）松铺厚度与压实机械的关系

大量现场试验和研究表明：当松铺厚度增大时，必须增大压实机械的激振力来保证较为理想的压实质量，例如在兰临路试验段上，当松铺层厚为 50 cm 时，采用 18 t 自行式压路机碾压 8 遍时压实层沉降率为 6.85%，而当松铺厚度为 70 cm 时，同样采用 18 t 自行式压路机碾压 10 遍后，路基沉降率仅为 2.84%。究其原因，激振力越大的压路机具有更为强大的振动力去影响周围大粒径碎石填料，施加压实能量，从而使其进一步密实、稳定。同理，随着压实机械吨位和激振力的增大，填石路基的松铺厚度也可在满足较好压实效果的前提下随之适当增大。但是应该看到，在一定的压实厚度内有一个压实效果较为理想的激振力，并不是每一个具体的压实层厚都对应着一个激振力，因为在实际施工中这样规定没有必要。所以总的来说，松铺厚度既决定压路机的功率，又要与之相适应。因此，结合相关调研资料建议可以根据振动压路机的最大激振力来初步确定填石路基的松铺厚度：① 振动压路机激振力为 300～400 kN 时，分层压实厚度可达 40～60 cm；② 振动压路机激振力为 400～500 kN 时，分层压实厚度可达 60～90 cm。

4. 大粒径料破碎、人工局部找平、局部补充细料

运输到工地的填石料不可避免地存在局部大粒径料超标或摊铺过程中大粒径料有明显空洞、孔隙的问题，这时，应有专门的人工配合进行大粒径料的破碎和整平。一般，一台推土机挖掘机或应配备 3～5 名工人进行该项工作。工人在进行该工序时，对超粒径部分填料应破碎，对于高出初平层表面的大粒径料应搬走或就地挖坑摆放（在摆放过程中，注意应大面朝下）。在人工局部找平过程中，应注意对路基两边推土机不好工作的地方进行整平。对于摊铺后表面明显缺乏细料的地方应补充细料。

这几道工序都是由工人配合施工，它对于填石路堤的压实有很重要的作用，对于功率较小的压路机具，更应加强这几道工序，从而保证填石路堤有较好的压实质量。在以上工作完成后，填石路堤应表面平整（根据水利部门经验，表面高差应不大于层厚的 10%），无明显大石露头，表面无明显的孔洞和孔隙。压实工作面上无多余填石料堆放，如此方可进行下一步工作。

5. 碾压

在碾压时，第 1 遍为静压，然后振动碾压，从现场试验来看，只要层层碾压，压路机可以振动碾压到距边坡 1.0 m 的地方，这已经达到了人工码砌边坡范围。从实测结果看，一般碾压 6 遍左右却可达到规定的密实度。在现场试验中，用 25 t 振动压路机进行振动碾压时，压路机有一定的抖动现象（特别是在大石露头时更明显），这表明压路机吨位偏轻。在有条件时，应选用功率更大的压路机进行填石路堤施工。

6. 填石路堤的压实

1）压实机具的选择

由于石块粒径较大，质量较大，必须用 60 t 拖碾压或重锤夯击或 25 t 以上（对高速公路和一级公路应采用 35~50 t）轮胎压路机碾压才能压实到理想的紧密状态。用振动压路机碾压压实能在压实时产生振动力或冲击力，使石块产生瞬时振动而向紧密咬合状态移位，静载光轮压路机很难产生这种功效。不管使用哪种机具，在正式压实施工前，必须先做试验路段，确定适宜的虚铺厚度、碾压遍数及机械组合方式，以指导施工。

2）填石路堤的碾压

（1）填石路堤压实前应使石料摊铺表面的平整度达到要求，即不大于层厚的 10%，无明显凸出点，否则对压实效果影响很大。未达到平整度要求的填石路堤，应在表面局部填充细料并加强人工整平，使石块之间无明显高差，压路机碾压时机轮无明显架空、扭曲现象，否则应继续整平直到达到平整度要求后，方可进行下一步工序施工。

（2）压路机的碾压行驶速度开始时宜用慢速，最大速度不宜超过 4 km/h，采用振动压路机时，第一遍应不振动静压，然后先慢后快，由弱振动至强振。

（3）压实时应先压两侧（即先靠路肩部分）后压中间，小半径曲线段由内侧向外侧，纵向互相平行，反复碾压。行与行之间应重叠 40~50 cm，前后相邻区段应重叠 100~150 cm。碾压遍数不得少于试验路段确定的遍数，一般不少于 10 遍。

（4）当路堤高度低于 4 m 时，压路机应碾压到路基边缘 0.5 m 的位置，当路堤高度大于 4 m 时，压路机应碾压到路基边缘 1 m 的位置。压路机在路基边缘 2 m 范围内压实时，可适当减低振幅或用弱振档进行压实。

（5）压实时要继续不断地用小石块或石屑填隙，直到石料空隙被小料填满、密实，石料稳定、无下沉、无水平移动、表面平整为止。

（6）填石路堤顶面至路床顶面下 30~50 cm（高速公路及一级公路为 50 cm，其他公路 30 cm）范围内的压实应遵照填土路堤的有关规定予以压实。

4.4 哨关路高填石路基的施工技术

4.4.1 哨关路填石路基工程概况

1. 地形地貌

路线区域位于滇池盆地中部地段，属滇东高原盆地区昆明岩溶高原湖盆亚区。沿线总体地势较为平坦、开阔，局部起伏较大，局部地段基岩裸露。路线展布区内一般多在海拔 1 900 ~ 2 300 m。路线所经区域可划分为山间盆地、岩溶地貌，局部段落为果园区，植被茂盛。

项目起点位置有山体，最高海拔 2 150 m；中部地势较为平坦，海拔在 1 995 m 左右；终点在老昆曲高速之后海拔逐级攀升，终点海拔在 2 230 m 左右。

2. 地质概况

路线区分布地层主要为灰岩、白云质灰岩，其可溶性好，厚度大，表层主要为第四系松散层覆盖，第四系松散层以红黏土及次生红黏土层为主。

根据地勘资料显示，30 m 以上浅基岩中局部见厅堂式溶洞发育。路线区内岩溶形态地表主要表现为地下隐伏性岩溶，主要类型为溶洞、溶隙、溶孔等，局部地段地表有岩溶洼地。本路线基岩为可溶性碳酸盐岩，由于岩溶的长期作用，路线区土层下部溶隙、溶沟、石芽等相对发育，造成基岩面起伏较大。上部土层的厚度变化较大，地基存在不均匀性。

3. 填方材料及高度

哨关路多处填方高度大于 8 m，填方最高处高度约 16 m，由于地势低洼长时间受到地表水浸泡，该处路基基底均为含水率较高的高液限黏土，按照该段的现场变更处理卡的处理要求，拟采用填石路堤，片块石利用相邻综合管廊的挖石方和外购片块石，嵌缝料采用外购经实验合格的碎石土。由于本工区现有工作面内石方利用较少，无法满足试验段全部的填石路基需求，故在路基底层 3 层采用填石路基，其上采用外购合格填料填筑形成土石路基。

4. 填石路基施工方案

采用分层填筑与强夯加固相结合的方式进行综合处理：由于哨关路部分路基填筑高度较高，根据常规路基填筑施工经验，路基填筑后至少需经历一个雨季，工后沉降才趋于稳定。哨关路前期受各种因素影响，路基填筑施工仅局部地段具备施工条件。考虑到路基填筑不均匀沉降对道路质量的影响，可能导致后期路面各种病害，且后期处理难度大、成本高。为此，结合项目实际情况，根据专家咨询意见，参照各方确定对于路基填筑高度 $H \geqslant 8$ m 的地段，按照常规填筑方式进行分层填筑碾压，每填筑 4 m 即对路基采用满夯进行补强处理。满夯夯击能 1 500 kN·m，夯击遍数 1 遍，单点夯击 3 击，锤印搭接 1/4。

4.4.2 路基分层填筑施工

1. 总体施工方法

采用履带式挖掘机开挖路堑，履带式挖掘机挖装石方，自卸汽车运输至路基，采用推土机摊铺初平、逐层水平填筑石块，摆放平整，码砌边部。

分层填筑前，边坡的坡脚应用粒径大于 30 cm 的硬质石料码砌，石料强度应大于 30 MPa，当填高小于 5 m 时，码砌厚度不应小于 1 m，当填高大于等于 5 m 时，码砌厚度应不小于 2 m。

填石空隙用石碴、石屑嵌压稳定。上下路床填料和石料最大尺寸符合规范规定。采用振动压路机分层碾压，压至填筑层顶面石块稳定，振压两遍无明显标高差异。

路基填料最小强度和最大粒径及压实度要求见表 4-2、表 4-3。

表 4-2　路基填料最小强度和最大粒径要求

路面底面以下深度/cm		CBR		填料最大粒径/cm
		快速系统、辅道	慢行系统	
填方	0～30	8	6	10
	30～80	5	4	10
	80～150	4	3	15
	>150	3	2	15

表 4-3　压实度（%）

路面底面以下深度/cm		快速系统、辅道	慢行系统
填方	0～30	≥96	路床40 cm,压实度≥93
	30～80	≥96	
	80～150	≥94	≥90
	>150	≥93	≥90

2．总体施工工艺流程

测量放线→石料的开采与运输→边坡码砌→堆料摊铺→破碎→嵌缝找平→压实→（检测验收）试验段施工总结报告。如图 4-2 所示。

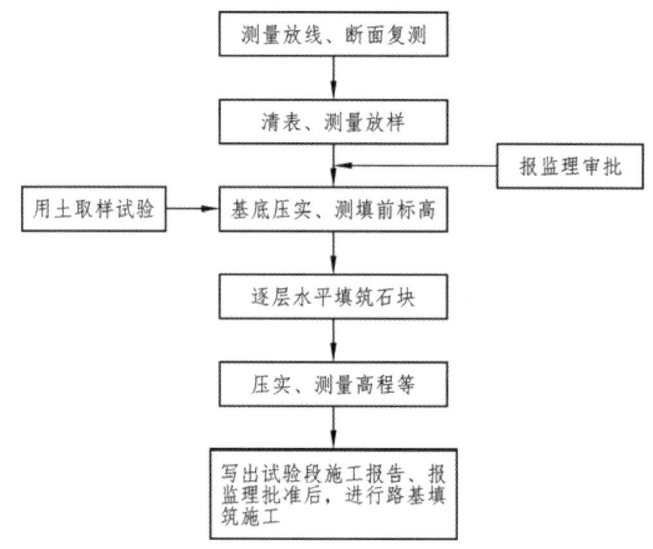

图 4-2　施工工艺流程

3．准备下承层

路基填方施工前先做好软基换填工作，并碾压密实（松铺不大于 30 cm），压实度达到规范和设计要求。

4．测量放线

（1）路基换填完成后，根据坐标法和填挖宽度计算法，放样出路基填方的坡脚线，直线段每10 m一个桩，并注明填方高度。

（2）施工过程中，每填筑一层，根据坐标法和填方宽度计算法，放样出路基填方的实际需要宽度，并在桩上标明填方深度。

（3）每填筑到一定的高度，根据坐标法和填挖宽度计算法，放样出路基填方的实际需要宽度，根据此宽度再修整坡面。

5. 打方格网

填筑时用石灰撒出路基边线，立出施工标尺，根据运输车的斗容计算每车的摊铺面积，在填筑面上用石灰打出 10 m×5 m 的方格网，由专人指挥卸料。

6. 取料装车与卸料

挖掘机在挖石装车的过程中，机控手尽量保持每斗填料的数量相同，每车装几斗不变。

运输车辆型号尽量统一，保证每辆车所装填料基本相等，运输过程中注意行车安全，沿途不得抛撒。石料运抵现场后听从指挥人员调度，按网格卸料。汽车运料立方体换算系数为1.3左右，待摊铺完成松铺厚度后重新核实换算系数。

7. 边坡码砌

填石路堤的边坡码砌应采用强度不小于 30 MPa 的不易风化石料，码砌石块最小粒径不应小于 300 mm，石块应规则。边坡码砌是填石路堤的难点，施工时须认真对待，具体作法如下：

（1）制作边坡模板或挂控制线。

（2）坡率以边坡设计坡度为准。

（3）细料用作嵌缝填料。

（4）边坡码砌与填筑层铺设同时进行，以保证靠近边坡的填料碾压密实。

（5）在填筑第二层时，进度应超前，每层边坡码砌要在碾压前完成，码砌后的边坡坡率符合设计要求，每层码砌宽度为 2 m，坡面大致平整。

8. 填铺石料

（1）安排好石料运输路线，专人指挥，按水平填筑，先低后高，先两侧后中央，用挖掘机摊平，应配合细石块、石屑嵌缝找平。

（2）现场施工人员以车数来控制每个小方格内的填石厚度，厚度不得超过 66 cm，施工负责人确认方格内车数准确后指挥推土机将石料推平（必要时装载机配合），单幅沿线路纵向方向保持右高左低，两边低，路基横向做成 1.5% 的横坡。

挖掘机平整过程中，施工负责人带领施工设备及人员将直径大的石块击碎，少量无法击碎的用装载机远运至场外，整平结束后进行碾压。

9. 机械整平、碾压

试验段碾压采用 22 t 振动压路机，碾压时，振动压路机遵循由低到高碾压，超高段的路基由内侧向外侧依次错轮碾压，每次重叠 1/3 轮宽，碾压速度为 1.5～3.5 km/h，开始时宜用低速，顺路基纵向方向碾压，先静压 1 遍，碾压速度控制在 1.5～1.7 km/h 内（往返一次为一遍），中间碾压速度控制在 2.0～3.5 km/h。注意在碾压过程中，严禁压路机在已完成的或正在碾压的路段上"调头"和急刹车。用以上碾压方法碾压,从5遍开始测量,然后依次测出6、7、8遍碾压后各遍数的测点标高,并计算各碾压遍数的沉降差。

碾压时,按照"先压边缘、后压中间,先慢后快,先静压、后振动"的操作进行,第一遍静压,然后先慢、后快,先外、后内,由弱振至强振,由外向内、纵向进退式进行。横向接头重叠0.4~0.5 m,前后相邻两区段间纵向重叠0.8~1.0 m。

(1)根据现场的平整度先进行稳压,稳压结束开始振压,振动压路机作到先弱后强,先慢后快(最大时速不得超过4 km),振压4~6遍后看路基表面是否有轮迹,现场施工负责人跟随压路机随时检查,并做好记录,确保无漏压,无死角,压实的表面做到嵌挤无松动,密实无空洞,平整无起伏。

(2)质量控制。

填石路基较为合适的质量控制方法是施工参数(压实功率、碾压速度、压实遍数、铺筑层厚等)与压实质量检测同时控制的双控方法,填石路基的压实质量检测可采用压实沉降差辅以孔隙率的双控方法。具体检测方法如下:

①压实沉降差检测:摊铺整平后,测量人员在线外架设测量仪器,在每个断面布设5~7个点,并用全站仪定位及水准仪测量,准确找出检测点的所在位置,测其高程,并记录到测量簿上,用重型振动压路机(21 t以上)按规定碾压参数(强振,4 km/h以下速度)碾压两遍后测其高程差,压实沉降差平均值≤5 mm,标准差≤3 mm。如此类推,各点在振动前后最终沉降量在规范范围以内即为合格。各压实遍数、沉降量的原始记录见表4-4。

表4-4 各压实遍数、沉降量的原始记录

桩号		重振第二遍		重振第三遍		重振第四遍		重振第五遍		……
		压实遍数	沉降量	压实遍数	沉降量	压实遍数	沉降量	压实遍数	沉降量	……
MZK5+180	左1									
	左2									
	右1									
	右2									
MZK5+200	左1									
	左2									
	右1									
	右2									

②孔隙率检测:采用挖坑水袋法检测。在压实层面上开挖试坑,试坑尺寸为(80 cm×80 cm或100 cm×100 cm),深度贯穿整个压实层厚。取试坑内所有材料称取质量并记录,取代表性试样做含水率试验和表观密度试验;在试坑内铺上水袋并加水(试坑表面横一直尺),直至水面与直尺底面底面接触为止,水的质量可在加入试坑前提前称重并记录,由此计算试坑体积,实测湿密度、干密度,用孔隙率公式计算实测孔隙率。

$$V_c = \left(1 - \frac{\rho_d}{\rho_a}\right) \times 100$$

孔隙率计算公式为：

③ 实际检测：

依据上述碾压遍数、沉降差检测方法，对应进行孔隙率验证检测，直至达到压实沉降差符合规范要求为止。

10. 施工注意事项

（1）填石路堤的填料如其岩性相差较大，则应将不同岩性的填料分层或分段填筑，禁止使用石质填料中夹杂5%以上黏土或其他有机类土。

（2）填石路堤选用工作质量20 t以上的重型振动压路机，为加强工作质量可采用减少每层填筑厚度和减小石料粒径方法，其适宜的压实厚度应根据试验确定。

（3）石料饱水极限抗压强度小于15 MPa或易风化、水解的软岩（泥岩、黏土岩、泥砾岩、泥质砂岩、泥质页岩、黏土页岩、云母片岩、千枚岩等）或强风化的软岩。

11. 施工控制要点

（1）石料粒径。

（2）控制点布设。保证填石前与填石后同一个点在同一个位置。

（3）过程控制。严格控制碾压设备的碾压顺序与碾压速度按批准的方案执行。

（4）数据搜集。施工过程中发生的一切数据都要有专人负责记录。

（5）收集数据：摊铺设备：设备性能是否良好，操作是否规范，操作人员是否持证上岗。碾压设备与碾压速度：设备性能是否良好，碾压速度原始记录表。

12. 质量检测

（1）检测频率：《公路路基施工技术规范》表4.2.3-2"填石路堤施工质量标准"中的要求进行，即采用水准仪：每40 m检测一个断面，每个断面检测5~9点，试验段检测5个断面，每个断面各测5点进行控制。

（2）压实质量检测方法：采用工艺法检测。在对松铺层静压后，在同一横断面上选5点测量初始标高，终压完成后，在对应初始标高的测量点上测量终压标高，将终压标高减去初压标高即为该断面的沉降差。

（3）判断依据：填石路堤压至填筑层顶面石块稳定和使用22 t压路机振压两遍无明显标高差异，设计规定用振压两遍沉降差不大于5 mm控制。

4.4.3 填石路基强夯补强施工

1. 强夯分层原则

按照常规填筑方式进行分层填筑碾压，从路床底部往下推算每4 m为一层；以此类推，推算至基底填方最大厚度H在4 m<H≤6 m范围内时，基底最后一层为一层强夯；当推算至基底填方最大厚度H>6 m时，基底填方厚度范围内分两层强夯，4 m一层，其余为一层。

2. 强夯施工参数

满夯夯击能 1 500 kN·m，夯击遍数 1 遍，单点夯击 3 击，锤印搭接 1/4，锤底面采用圆形，直径 2.4 m，重量为 18 t，落距 9 m。

3. 填筑材料的要求

对填筑的材料进行土工试验，确定填料的最佳含水量及最大干密度，根据设计要求严格控制填料的粒径和强度。

4. 强夯施工

按照设计及规范要求填筑至相应的高程并验收合格后，即可进行强夯满夯处理。

1）强夯布点

标出第夯点位置，并测量场地高程，锤印搭接 1/4，布点间距即 1.8 m 如图 4-3 所示。

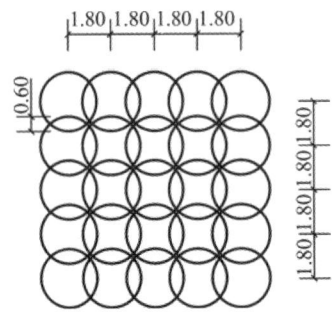

图 4-3 强夯布点

2）满夯施工

（1）夯击机械就位，提起夯锤离开地面，调整吊机，使夯锤中心与夯击点中心一致，固定起吊机械，检查机械工作情况和安全防护措施，检查夯锤的通气孔是否畅通，使夯锤对准夯点位置。

（2）将夯锤起吊到预定高度，待夯锤脱钩自由下落后，放下吊钩，完成一次夯击。

（3）将夯机移到下一点位，重复以上动作，完成满夯夯击。

5. 施工方案

1）施工工艺流程

一遍点夯点布置→一遍点强夯→补料找平压实→二遍点夯点布置→二遍点强夯→补料找平压实→满夯→验收→下一层强夯施工。

2）夯点布置

夯点间距采用 4.5 m×4.5 m 正方形布置，第一遍夯点和第二遍夯点整体呈梅花形布置，第二遍点夯夯点布置在第一遍点夯相邻四个夯点的中心处，如图 4-4 所示。

布点完成后，按照相关要求将夯点位置和高程报请监理工程师验收，验收合格后方可进行下道工序施工。

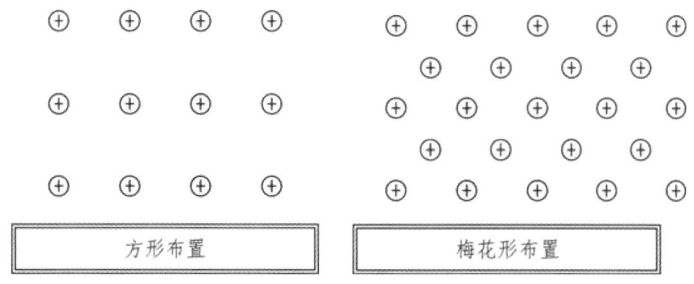

图 4-4 夯点布置

3）点夯施工

（1）施工方法。

第一遍、第二遍为点夯，单击夯击能采用 3 000 kN·m，每遍单点夯击数 8～10 击。

落锤应保持平稳，夯位应准确，夯击点中心位移偏差应小于 150 mm，夯击坑内积水应及时排除。若错位或坑底倾斜过大，宜用坑边石料将坑底整平；坑底含水量过大时，可铺砂石后再进行夯击。在每一遍夯击之后，用周围的石料将夯击坑填平压实后，布置下一遍夯点，并将夯点的位置和高程报请监理工程师验收。验收合格后方可进行下道工序施工。

（2）3 000 kN·m 能级施工参数。

有效加固深度：≥5m；夯锤及落距：夯锤直径 2.4 m，圆柱形铸钢夯锤，夯锤重量 18 t，落距 17 m；单击夯击能：3 000 kN·m；夯击遍次：2 遍；停夯标准：夯坑周围发生较大隆起或最后两击平均夯沉量小于 50 mm 时停夯，当夯坑深度较大时，应采取回填石料处理后进行再次夯击。

（3）其他要求。

对施工时挤出的软黏土应及时清理。点夯施工时，按布点图由外向内顺序施工，对每一夯点的夯击能、夯击数、单击夯沉量及累计夯沉量、填料次数及填料量等施工参数做好详实施工记录。每遍点夯施工前后均按夯点记录高程，以便计算每遍强夯夯沉量。

4）满夯施工

（1）施工方法。

在第二遍点夯完成并整平压实后，第三遍采用满夯，满夯单点夯击能采用 1 200 kN·m，夯印搭接 1/4 布点，夯点击数 3 击。

（2）1 200 kN·m 能级满夯施工参数：

有效加固深度：≥2.5 m；夯锤及落距：夯锤直径 2.4 m，圆柱形铸钢夯锤，夯锤重量 18 t，落距 7 m；单击夯击能：1 200 kN·m；夯击击数及遍数：单点夯击数 3 击，同时应满足最后两击平均夯沉量小于 50 mm 时停夯，夯击遍数一遍；布点及间距：锤印搭接 1/4。

（3）其他注意事项。

满夯最后两击平均夯沉量小于 5 cm 方可停夯。满夯完成后需要对强夯前后的夯点进行高程记录，以计算满夯夯沉量和总体强夯夯沉量。

5）强夯检测

（1）检测标准。

强夯处理后的复合地基承载力特征值 f_{sak}≥180 kPa；强夯处理有效加固深度不小于 5 m。

（2）检测方法。

①静载荷试验。

荷载板面积为 1.5 m×1.5 m，加载等级宜分为 10 级，预压 2 级荷载，预压时间半小时，加载至地基破坏再卸载。

②多道瞬态面波检测。

瑞利波面波法检测，夯完孔压消散 80%后进行。通过与夯前的波速曲线及静载试验结果的对比，大面积测控地基的加固效果，并得到地基承载力和变形模量在深度方向上的变化曲线。

建议的瑞雷波采集参数如下：

道数：24 道；道距：1 m；偏移距：20 m；采样点数：1 024；采样率：1 ms。

第5章 溶洞地区桥梁桩基施工技术

岩溶是含二氧化碳等的弱酸性水溶蚀可溶性岩而形成的一种地质现象，在我国的西部地区较为普遍。岩溶引起的各种地质灾害已经引起了我国甚至国际范围的广泛关注。岩溶区的溶洞和其他地质异常体，不仅在工程建设中影响着工程地基的稳定，在工程完工后的使用中也影响着建筑物的使用安全性。成为工程隐患的主要原因。通常由于岩溶地区的地基是由岩溶等不良地质构成的，常常会导致地基承载力不足、地基沉降不均匀、地基滑动和地下塌陷等地基变形破坏。随着越来越多的工程兴建在岩溶地区，岩溶地基的安全性问题就成为工程建设中的必须重视的问题。

5.1 溶洞对桩基稳定性的影响及探测方法

5.1.1 岩溶地区地质特性

岩溶地区的形态按发育方向一般分为竖直向和水平向两大类：

（1）竖直岩溶形态主要是具有侵蚀性的水在沿可溶性碳酸盐类岩石的孔隙、裂隙和层面竖直下渗透过程中，不断溶蚀扩大而形成的，如溶沟、溶槽、石芽、落水洞、竖井及漏斗等形态。

（2）水平岩溶形态主要是具有侵蚀性的水在沿可溶性碳酸盐类岩石的孔隙、裂隙和层面由高水头向低水头水平渗流过程中，不断溶蚀扩大而形成的，如溶洞、暗河地下湖、天生桥等形态。

5.1.2 溶洞对桩基稳定性的影响因素

在岩溶地区桩基施工工作中，桩基入岩的深度的最关键因素是溶洞的顶板的稳定性。岩体的强度、溶洞的形态、位置、大小、建筑物自身基础及其上部荷载等因素都很大程度影响着溶洞顶板的稳定性。地基中由于溶洞的形成使应力的传递形成了不同的边界，从而使岩体的力学性质与半无限介质情况的有一定的差别。同时溶洞的大小、形状同时还影响了岩体的力学性质，因而对溶洞的应力分布、变形特性和稳定性评价等有很大的必要性。溶洞顶板的稳定性不是单独而言的，而是相对于建筑物基础或整个上部结构而言的，不同的荷载，也会导致基岩的破坏及其变形产生不同的影响，因此，建筑基础和荷载决定着溶洞是否稳定。

1. 溶洞形态的影响

溶洞的大小、形态是决定溶洞顶板稳定性的内在因素，因为它是岩体固有特征。但是，溶洞的大小、形态对溶洞顶板和上部基础的稳定性有很大的影响。一般情况下，当溶洞跨度不变时，溶洞越宽越不稳定，而当溶洞宽度不变时，溶洞的跨度越大越不稳定。当溶洞大小不变的情况下，跨度和宽度相当时溶洞就比较稳定。

2. 洞内充填物对溶洞稳定性的影响

洞内有充填物（黏土），对溶洞地基的稳定性有一定的作用，但作用并不显著。有填充物的溶洞我们视为对溶洞稳定性是有利的。

3. 桩基直径的影响

岩石强度和溶洞形态是决定溶洞稳定性的内在因素，都是不可改变的，而且溶洞的几何形态要通过靠勘察然后推断进行确定，存在着很大的不确定性。而我们能容易的认识了解溶影响洞稳定的外在因素，如建筑物基础、荷载等，并且应用，对工程的施工有很重要的意义。桩基直径大小也对溶洞的稳定性有影响。桩径大小不仅对影响着基础的承载能力，还会对桩底溶洞的稳定性产生影响。桩径大小变化洞顶所承受的荷载也随之变化，同时对溶洞的稳定性产生影响。简单说来，上部的桩径越大为了使桩基稳定所需的溶洞顶板厚度也随之变大。

4. 上部荷载的影响

影响溶洞稳定性的重要因素之一是基础的上部荷载，其对溶洞的稳定性起着关键性的作用。荷载影响溶洞稳定性包括两个方面来说：一方面是荷载的大小；另一方面是荷载的作用形式，即静态加载或者动态加载。溶洞顶板的安全厚度随着荷载的增大而增大。而且是呈线性关系。

5. 溶洞顶板厚度的影响

溶洞顶板厚度（桩底与溶洞的距离）当溶洞大小一定，无偏心的情况下：溶洞的顶板厚度在 2 倍桩基直径（D）以上时对桩基承载力影响比较小；当溶洞顶板厚小于 1 倍桩基直径时，此时对桩基承载力的影响非常大，必须进行加固。若顶板厚度足够厚，溶洞的位置和大小对桩基的承载力影响很小。表 5-1 是不同溶洞顶板距离的稳定建议。

表 5-1 不同溶洞顶板距离的稳定建议

	溶洞顶板到桩底距离小于 D 时			
溶洞顶板厚度	0	$0.125D$	$0.25D$	$0.375D$
垂直方向位移的影响/%	+77	+55	+5	17
承载力折减百分比/%	96	55	40	27
承载力设计安全系数	必须实施地基加固技术	必须实施地基加固技术	必须实施地基加固技术	5

5.1.3 桩底溶洞的探测方法选取

钻孔灌注桩桩底溶洞探测分为 3 个阶段：第一阶段：钻孔桩在施工前（即机械钻孔、钢管挤土或人力挖掘施工期前）对浅部 30~70 m（钻孔桩底部 10~30 m）的溶洞位置探测；第二阶段：钻孔桩在机械钻孔、钢管挤土或人力挖掘施工之后，没有放置钢筋笼、灌注混凝土之前，对钻孔底部（10~30 m）溶洞探测；第三阶段：钻孔桩形成之后，对浅部 30~70 m（钻孔桩底部 10~30 m)的溶洞位置探测；根据现场实际地质条件，在不同的施工阶段，探测方法的选取各有不同。

1. 钻孔灌注桩施工前浅部溶洞探测

钻孔桩在施工前对浅部 30~70 m 的溶洞位置探测可采用小排列的浅层地震勘探和大定源瞬变电磁法：小排列多尺度浅层地震勘探对浅部溶洞的界面有较准确的识别定位能力，而瞬变电磁法对浅部异常区域也有很好的圈定效果，尤其是溶洞富水的低阻异常。浅层地震就是利用人工锤击激发的地震波在弹性不同的地层内传播规律来勘探地下的地质情况。在地面按一定的排列激发的地震波向地下传播时，遇到波阻抗分界面就会产生反射波或折射波，记录这些波，分析地震记录的特点，通过水平叠加、偏移等数据处理，能较准确地测定这些界面的深度和形态，判断地层的岩性。浅层地震主要采用的方法有折射波法、反射波法、瑞雷波法和地震映像法。这里推荐使用反射波法进行勘探。

浅层反射波法可以对浅层分层、确定几十米以内的较小的地质构造以及寻找局部地质体等。国内工程地震主要采用的就是发射法，而且现在很多石油和煤田地震处理方法逐渐应用到了工程地震资料处理中，并得到了不错的效果，此类文献很多。浅层反射波法其特点是要求很高的分辨率，即工作频率要比中、深层地震反射波的频率高一个数量级，一般为几百赫兹。不同尺度的地震方法技术，可探测不同深度的地质构造或结构，能较为清楚反映出地下十几米到几百米的地质结构和构造，采用不同的探测参数所得数据的分辨率差别也较大，道间距 10 m 的中浅层地震剖面可分辨的断层上断点埋深为 120~130 m，道间距 5 m 的浅层地震剖面能可靠分辨的断层上断点埋深 42~45 m，道间距 1 m 的超浅层地震剖面可分辨出 12~15 m 的断层多的断点。因此，针对溶洞的范围、位置等基本地质属性，基本上选择小排列多次覆盖浅层地震勘探技术。近年来，在高频地震脉冲的激发和接收、数据处理、仪器的分辨率等方面都有了很大的提高和发展。缺点是较强的面波、折射波干扰引起的麻烦等。

折射波法中容易观测和识别，但必须在盲区以外接收它。它是通过波的动力学特点可以求得界面速度，主要运用在反射波成像质量较差地区的追踪地质构造或用于追踪深层基底形态及研究基岩面。但此方法局限性较大，折射波相互干涉、波置换严重，它不能独立求得覆盖层的波速，难以研究受屏蔽现象影响的地层；最为重要的是隐伏低速层、空洞以及其他异常物体效果不是很明显。

地震映像，又称高密度地震勘探和地震多波勘探，是基于反射波法中的最佳偏移距技术发展起来的一种常用浅地层勘探方法。这种方法可以利用多种波作为有效波来进行探测，也可以根据探测目的要求仅采用一种特定的波作为有效波。除常见的折射波、反射波、绕射波外，还可以利用有一定规律的面波、横波和转换波。在这种方法中，每一测点的波形记录都采用相同的偏移距激发和接收。在该偏移距处接收到的有效波具有较好的信噪比和分辨率，能够反映出地质体沿垂直方向和水平方向的变化。但其特点探测目的较单一、横向地质情况变化的情况下，效果较好，而探测目的层较多时，不易确定最佳偏移距；由于每个记录都采用了相同的偏移距，地震记录上的时间变化主要为地下地质异常体的反映，这虽给资料解释带来极大的方便，但是对异常的定量解释却明显不足。

目前浅层地震勘探中的面波勘探在工程中的应用也是非常广泛，面波勘探一般情况下可靠的测量深度为 20~30 m。当测试深度加大时，震源信号就必须具有足够的低频信号。实际工作中也存在不少问题，比如：关于实测面波频散曲线的之字形现象，采用半波长作为 R 波的勘探深度是一经验公式。此外当探测深度超过 50~60 m 后，由于低频时的 R 波数据很少，下部频散曲线的点相对稀少，对解释精度影响较大等。

此外，还可以运用小线圈瞬变电磁。目前瞬变电磁法在工程勘察中的应用较多，特别是针对矿井采空区的探查，瞬变电磁是一个非常重要的方法。瞬变电磁法主要是利用不接地或接地线源向地下发送一次场，在一次场的间歇期间，测量由地质体产生的感应电磁场随时间的变化。根据二次场衰减曲线特征，就可以判断地下不同深度地质体的电性、规模等。目前地面瞬变电磁勘探装置很多，这里推荐使用大定源回线装置一次布线，可以在多点进行测量，克服了地形条件差因素，由于发、收位于同一点，在近场测量，体积效应较小，分辨率高，特别是横向分辨率更高，可分辨出地下规模较小的不均匀体；而且工作效率；解释采用电阻率结合多道电位（感应电动势）剖面进行定性及半定量解释。另外，现在其数据处理也趋于成熟，抗干扰、去噪等功能也越来越完善，大大提高了勘探的精确度。

2. 钻孔灌注桩在施工中期对钻孔底部溶洞探测

钻孔桩在机械钻孔、钢管挤土或人力挖掘施工之后，没有放置钢筋笼、灌注混凝土之前，对钻孔底部（10~30 m）溶洞探测，可以借鉴矿井巷道超前探技术或隧道超前探技术，利用钻孔对底部异常进行类似超前探测解决方法；如 MSP（矿井地震反射波探测技术）、TSP（地质超前预报探测系统）、矿井瞬变电磁勘探和直流电法超前探技术。这些方法技术在矿井巷道和隧道运用已经基本成熟，能预测距离隧道或巷道前方 100 m 范围的地质异常；对探测范围内的地质异常进行定性、定量解释，位置误差小于 10%、可靠性大于 80%；而且对水体、瓦斯等流体异常做出定性评价。但是运用到钻孔桩底部溶洞探测现还未见。在仪器方面目前的各方法的采集设备运用到钻孔桩底部溶洞探测数据采集都能满足要求，所以只需在传感器安装方面要做一些研究和方法上进行一些验证。具体如下：

（1）MSP 和 TSP 技术，主要是针对迎头前方构造界面即波阻抗异常界面探测，具有常规地震勘探的优点，所以对溶洞的探测应该具有较高的准确率。目前如果运用到钻孔桩进行超前探测，那么需要考虑的是传感器的耦合问题，而震源的激发相对简单。

（2）直流电法超前探测主要是直流电阻率法，目前应用于煤矿巷道超前探测，现在国外对此研究较少。现有的技术基本上是在原"三极测深"的基础上改进、发展，提出的三极超前探测。在仪器方面，目前的高密度电法也能进行数据采集，可以部分解决巷道掘进前方 100 m 内的小断层、含水构造、导水构造、破碎带、岩溶、积水老空区，特别是在识别灾害性地质构造及其位置有很好的效果，其距离误差小于 5%，准确率 80%以上；根据理论，选择小排列距，解决前方 30 m 内的异常探测效果是很明显的。如果应用该方法到钻孔桩中可解决浅层溶洞探测，尤其是含水或富水量大的溶洞，而且在钻孔桩施工完成之后可以进行多下部溶洞和钻孔桩周围围岩进行动态监测，但所面临的问题仍是电极耦合问题。

（3）矿井瞬变电磁超前探，矿井瞬变电磁不同于地面瞬变电磁，矿井巷道空间有限，它主要采用的是激发线圈和接受线圈重叠或激发接受同一线圈的小线圈模型，一般为 2 m×2 m，其探测距离 100 m 左右。该方法虽然在理论上面仍为解释清楚时程转换和全空间的问题，但是在工程上却是取得了良好的效果。因此运用到钻孔桩下部溶洞探测对耦合问题要求也无需MSP和直流电法那么严格，只需解决线框如何放入钻孔中即可。

3. 钻孔灌注桩形成之后对桩底溶洞的探测

钻孔桩形成之后，对浅部 30~70 m（钻孔桩底部 10~30 m）的溶洞位置探测；因为钻孔桩深度较长，而且与探测目标体（溶洞）位置接近，所以，一般的浅层地震、高密度电法和瞬变电磁解决类似问题难度较大。如因钻孔桩和围岩分界面波阻抗大，反射波干扰严重；高密度电法因目标体深度增加加大了体积效应；瞬变电磁因钢筋笼等低阻异常影响了深部溶洞所产生的二次场衰减特征。因此，常规的地面物探技术基本上很难有效解决该问题。因此可以使用：

（1）选择地震 CT（井地地震或井间地震）技术，该方法的缺点是需要一个或者两个超过溶洞深度的钻孔。井地地震 CT 是在井间地震方法基础上提出，地面激发能量强、频率高震源，钻孔中安放灵敏度高、抗噪声能力强的检波器接受激发信号，拾取初至并通过建立正演模型反演层析成像。

（2）可以通过在钻孔桩灌注混凝土之时安装震波传感器，钻孔桩形成后，在地面有规则的小排列激发震源，钻孔内传感器接收信号，进行地震波散射或绕射成像，此方法类似于矿井地震勘探常规反射波理论，能对尺度小、倾角陡、构造复杂的地质体得到较精确的成像，此类方法也是当前的矿井地震勘探中研究的主流方向，此类文献也比较丰富。优点是避免了全空间波场效应，地震波散射波特征、等效偏移距偏移（EOM）和基于等效偏移距干涉叠加偏移的散射成像方法等比较成熟。缺点是目前此类研究在真正的现场应用较少。

5.2 钻孔灌注桩遇溶洞钻孔施工技术

5.2.1 遇溶洞地段钻孔灌注桩工程施工特点

1. 成孔工艺比较

水中钻孔桩遇溶洞地段施工多采用冲击钻和正反循环回转成孔两种方式，施工工艺各有其特点。冲击钻成孔系用卷扬机悬吊冲击锤连续上下冲的冲击力，破碎岩石来成孔，用掏渣筒把大部分石渣、泥浆掏出，少量被挤进孔壁。但因岩石坚硬、表面不平整，钻头冲进岩面时极易被卡住，造成斜孔。大都采用高频低振短冲程的吊打冲孔工艺，这样既不会卡钻又不易出现斜孔。发生斜孔时，须用石块或素混凝土填充至孔内，进行修孔，过程繁杂、费用较大。正反循环回转成孔系在泥浆护壁条件下，用普通地质钻机慢速钻进，利用泥浆排渣成孔。钻头、岩石间不会剧烈冲撞，不会造成卡钻。回转钻成孔也可能产生斜孔，但多次重复提升钻杆钻进就可修复，工艺相对简单。

2. 混凝土灌注特点

（1）混凝土超方严重。水下混凝土穿过无填充或半填充的溶洞时，会流入溶洞内，相对于正常成孔计算方量造成严重超方。扩散系数按照溶洞大小可达 6~7。

（2）容易引起缩颈或断桩。水下混凝土灌注过程中，因混凝土流入溶洞，混凝土面提高速度要慢于正常情况。如若不按时测量钻孔桩内混凝土面的高度，极易因提升导管过高过快而使导管离开混凝土面，造成缩颈或断桩。

3. 施工中的特殊措施

（1）浆面变化情况：浆面正常情况一般保持在特定高度。若浆面变化异常（如下降剧烈）须迅速补浆，且旋即停止施工，填入黏土块，一直达到填满为止。

（2）泥浆颜色变化：钻孔桩入岩后，泥浆一般为黄色，若渐渐变为黑色，判断可能遇到了有淤泥填充的溶洞，为保证成桩质量，需补充高密度泥浆。

（3）钻进速度变化：同一地层内，钻进速度一般比较稳定。若突然加快，且钻头不加压就能钻进，肯定遇到溶洞，应及时停钻，观察浆面变化，采取措施。

5.2.2 正常钻孔灌注桩工程施工工艺

1. 场地准备

本标段有主线桥一座，匝道桥四座。各桩基部分在水塘里，部分为旱地桩基，清理表植土后，推土机、压路机平整场地，并做好地表水排水设施。

2. 测量放样

为更好地控制桥梁的平面位置和高程，在结构物附近加密增设导线点和水准点，其平面控制拟采用闭合导线三角网，以确保桥位、跨径、高程等符合设计和规范要求。桥梁的墩台中心点，采用索佳 SET2110 全站仪极坐标法直接测量放样。全桥桩位坐标经监理工程师复核签认，方可施工。

3. 护筒设置

护筒的设置，是确保桩位准确和施工安全的有效措施。旱地筑岛处护筒采用挖坑埋设法，挖坑护筒定位后，护筒底部和四周用黏土分层夯实填筑。护筒采用 6 mm 厚 A3 钢板制作，内径比桩径大 20 cm，埋设深度，根据地质情况而定，一般采用 2~6 m 护筒顶面高出地面 0.3 m，并满足高于孔内稳定水压水面 2 m 以上。护筒顶开有溢浆口。护筒中心竖直线应与桩中心线重合，平面允许误差 5 cm，竖直线倾斜度不大于1%。为保证桩位的准确性，护筒埋设时开钻前应对护筒的平面位置和高程认真检测，施工中应经常检查，发现偏位时应及时纠正。图 5-1 为桩基施工工艺。

4. 泥浆的调解和泥浆池设置

钻孔泥浆是为了起到护壁和浮悬钻渣的作用，对泥浆的主要性能要严格控制。泥浆一般由水、黏土（或膨润土）和添加剂适当配合比配制而成，其性能指标，见表 5-2。

泥浆池设置储浆池和沉淀池两个，为确保泥浆供应，配制的泥浆不得少于该桩孔用浆的 2 倍，并备有一定制浆原料，随时准备制浆而用。钻孔内流出的混有钻渣的泥浆，经过沉淀槽沉淀池沉淀过滤钻渣。专人及时清理钻渣，经沉淀过滤后的泥浆可流入储浆池重复使用。泥浆循环图如图 5-2 所示。

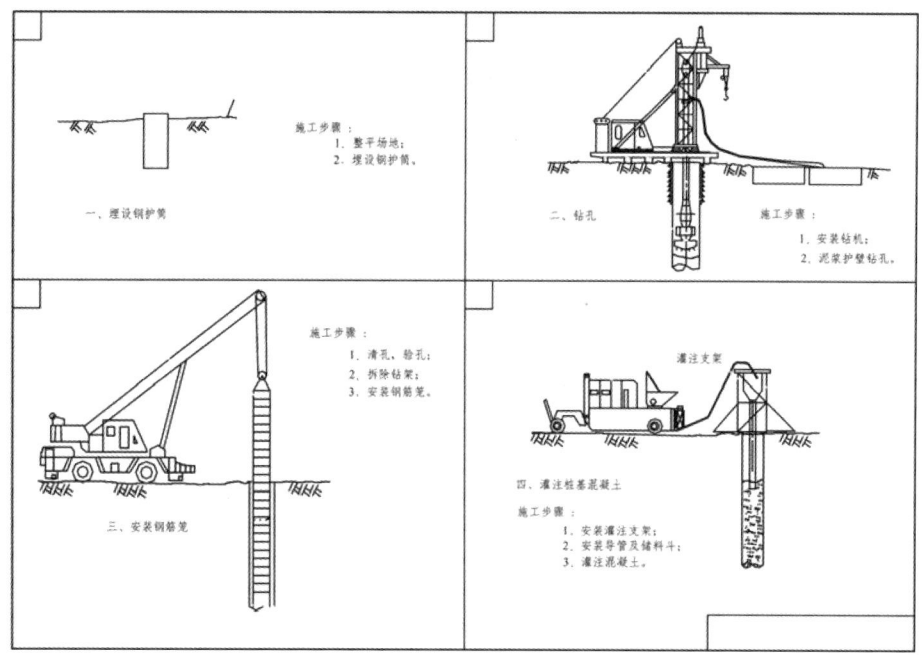

图 5-1 桩基施工工艺

表 5-2 泥浆指标

钻孔方法	地层情况	相对密度	黏度/Pa·s	含砂率/%	胶体率/%	失水率/(mL/30min)	泥皮厚/(mm/30min)	静切力/Pa	酸碱度(pH)
正循环	一般地层	1.05~1.2	16~22	8~4	≥96	≤25	≤2	1~2.5	8~10
	易坍地层	1.2~1.45	19~28	8~4	≥96	≤1	≤2	3~5	8~10
冲击	一般地层	1.1~1.2	18~24	≤4	≥95	≤20	≤3	1~2.5	8~11
	易坍地层	1.2~1.4	22~30	≤4	≥95	≤20	≤3	3~5	8~11

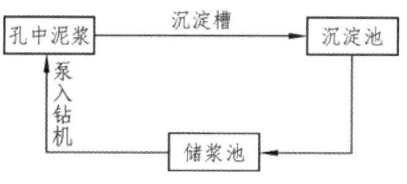

图 5-2 泥浆循环

5. 钻机安装

钻机就位前，应对钻孔钻机各项准备工作进行检查。钻机安装要使锤心与孔心在一条垂直线上，钻机安装后的底座和顶端应平稳，在钻进中不应产生位移或沉陷，否则应及时处理。

6. 钻孔施工

各准备工作经检查符合要求后，可钻孔施工，无论采用何种方法钻孔，开孔的孔位必须准确。开钻时均应慢速钻进，等导向部位或钻头全部进入地层后，方可加速钻进。钻头直径要求不小于孔径，施工过程中，应经常检查钻头磨损情况，及时进行焊补，避免出现孔径缩小或"十"字孔，甚至出现卡钻现象。钻孔过程中，根据不同地质情况，采用不同的冲程，不同的进尺速度选用适当的泥浆，是保证成孔质量，防止钻井时缩孔、坍孔、埋钻的故障。钻孔作业应分班连续进行，施工中，应经常对钻孔泥浆进行检测和试验，不合要求时应随时改正。应经常注意地层变化，在地层变化处均应捞取渣样，判明后记入钻孔施工记浆，编制地质剖面图与设计地质剖面图相核对。交接班时应交待钻进情况及注意事项，钻孔到设计标高或满足嵌岩要求时，保存渣样，及时通知有关人员进行终孔检验。

7. 钻孔桩钻进的注意事项和故障处理

采用正反循环钻孔，均应采用减压钻进，即钻机的主吊钩始终要承受部分钻头的重力。减压钻进可使钻杆在整个钻进过程中，维持竖直状态，避免或减少斜孔、弯孔和扩孔现象。

在钻孔排渣提钻头除土或因故停钻时，应保持孔内具有规定的水位和要求的泥浆相对密度和黏度。处理孔内事故或因故停钻，必须将钻头提出孔外。应经常检查钢丝绳、卡环、钻杆接头，发现不良现象及时处理，避免锤头或钻头脱落。发现溶洞时，循环钻机应慢速钻进，冲击钻机应减低冲程，避免卡钻或锤头突然垂落。发现孔底岩层倾斜，硬软不均时，应查明位置，在软基方向抛填一定的片石，冲严实后再正常冲钻，并经常检查钻孔有无偏孔现象，一旦发现应尽早纠正。发现坍孔应及时将钻头提出孔外，查明坍孔位置，尽快回填，防止更大的坍孔，并认真分析坍孔原因，制定有效措施。回填位置，一般高于坍孔位置2 m，待稳定后再行钻进。

8. 清孔

钻孔深度达到设计标高，应对孔深、孔径进行检查，符合成孔质量标准的要求后方可清孔。停钻采用换浆清孔法清孔，将孔内泥浆转换至泥浆相对密度在1.03~1.1，黏度17~20 Pa·s，含砂率小于2%，以上指标在钻孔顶、中、底分别取样检验，以其平均值为准。在吊入钢筋笼后，灌注水下混凝土之前，应再次检查孔内泥浆性能指标和孔底沉淀厚度，如超过规定，应第二次清孔，符合要求后方可灌注水下混凝土。在清孔排渣时，必须注意保持孔内水头，防止坍孔。不得用加深钻孔深度的方式代替清孔。

9. 钢筋笼制作与安装

进场钢筋应具有出厂质量证明书和试验报告单，桥涵所用钢筋应抽取试样做力学性能试验，合格后方可使用。钢筋使用前应将表面油渍、漆皮、鳞锈等清除干净，成盘钢筋和弯曲的钢筋均应调直。钢筋的弯制和末端的弯钩应符合设计和规范要求。钢筋接头采用搭接电弧灯。两钢筋搭接端部应预先折向一侧，使两接合钢筋轴线一致。接头双面焊缝的长度不应小于$5d$，单面焊缝的长度，不应小于$10d$（d为钢筋直径）。钢筋焊接前，必须先焊试件，检验合格后方可施焊，焊工必须持考试合格上岗证。钢筋笼主筋和箍筋外形尺寸间距，必须符合设计和规范。钢筋笼吊装为防止弯拆变形必须采用加劲木，吊立后，再拆除加劲木。为确保保护层厚度，应焊设定位钢筋和绑扎保护层垫块，钢筋笼就位后，应检查钢筋笼中心高度是否符合设计和规范要求。并采取有效措施定位，确保位置正确和防止上浮。

10. 灌注水下混凝土

水下混凝土配合比经试验选配确定，水泥的初凝时间不宜少于 2.5 h，水泥强度等级不宜低于 42.5，每立方米水下混凝土的水泥用量不宜小于 350 kg，当掺有适当数量的减水缓凝剂或粉煤灰时，可不少于 300 kg。灌注水下混凝土的搅拌能力、运输能力，必须满足桩孔在规定时间内灌注完毕。灌注时间不得长于首批混凝土初凝时间，若估计灌注时间长于首批混凝土初凝时间，则应掺入缓凝剂。水下灌注混凝土，首批混凝土拌和物下落后，混凝土应连续灌注，混凝土拌合物应有良好的和易性，在运输和灌注过程中，应无明显离析、泌水现象。灌注时应保持流动性，其坍落度宜为 180~220 mm。水下混凝土一般采用钢导管灌注，导管内径为 200~350 mm，导管使用前应进行水密承压和接头抗拉试验，严禁用压气试验。进行水密试验的水压，不应小于孔内水深 1.3 倍的压力。首批灌注混凝土的数量，应能满足导管首次埋置深度≥1 m 和填充导管底部的需要，所需数量参照"施工规范"相关公式计算，灌注过程中，导管的埋置深度控制在 2~6 m。混凝土拌合物运至施工现场时，应检查其均匀性和坍落度等，如不符合要求，应进行第二次拌和，二次拌合仍不符合要求，不得使用。在灌注过程中，应经常测探井孔内混凝土面的位置，及时调整导管埋深，当灌注的混凝土面距钢筋笼底部 1 m 左右时，应降低混凝土灌注速度，防止钢筋笼上浮。当混凝土面高于钢筋笼底部 4 m 以上时，即可恢复正常灌注速度，灌注的桩顶标高应比设计高出 0.5~1 m，以保证混凝土强度，多余部分接桩前必须凿除，凿除桩头时，严防损伤桩身混凝土。灌注过程中，应将孔内溢出的水或泥浆，引流到适当地点处理，不得随意排放，污染环境及河流。

5.2.3 遇到封闭且体积较小的溶洞地段桩基施工

按照正常成桩方法施工，当击穿溶洞发生漏浆时，反复投入片石和黄土，用钻锥冲击，将片石和黄土挤入岩溶裂隙和溶洞中，还可掺加水泥等，以加大孔壁的自我稳定能力。

1. 工艺程序

施工准备→护筒埋设→钻机移动、定位→向护筒内投片石、黄土、水→钻孔→抽渣→吸泥清渣

2. 施工要点

（1）开钻时用低冲程钻孔冲击，要打得稳、打得准、少抽渣，间歇冲击，以使开口圆顺。对于不同岩层，采用的低、中、高不同的冲程。

（2）加入小于 15 cm 片石，反复冲击 2~4 次，以使护筒底部周围土层挤密。

（3）仔细观察护筒内水位变化、周围地表沉降、钻机工作状况，以防不正常情况发生。

（4）依照柱状地质图，在临近溶洞时常检查、常观察，凭借抽出来的岩样、钻锥冲击岩面的声音和用手握裹钢丝绳的感觉来判断是否接近溶洞。

（5）临近溶洞时钢丝主绳须有 1~2 cm 松绳量，以防止打穿岩层时卡住钻头。

（6）击穿溶洞顶板时，万一发生漏浆，须立即投放片石、黏土块和加水，以保持钻孔内水头高度。溶洞抛填片石处理示意图如图 5-3 所示。

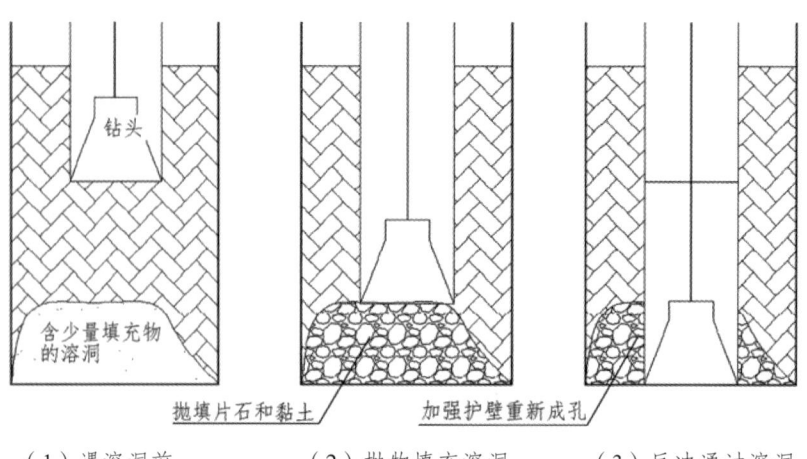

（1）遇溶洞前　　　（2）抛物填充溶洞　　　（3）反冲通过溶洞

图 5-3　溶洞抛填片石处理示意图

5.2.4　单层溶洞（较大空洞）地段桩基施工

利用液压振动锤把钢护筒下沉至岩层，再用冲击钻钻锥击穿溶洞上壳后，开始灌注低标号混凝土，使混凝土面高于溶洞顶面，间歇式灌注混凝土。等混凝土取得一定强度后再继续冲钻，通过低标号混凝土以后成孔。

（1）工艺流程。单层溶洞地段钻孔桩工艺施工流程图如图 5-4 所示。

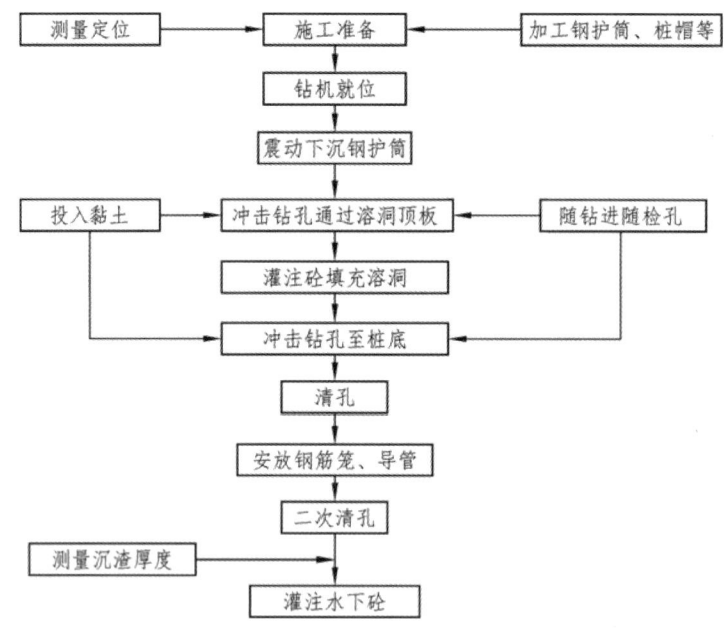

图 5-4　单层溶洞地段桩基施工流程

（2）施工要点。

反循环冲击钻进：须等相邻孔混凝土灌注完 24 h 后才能冲钻，以防影响相邻孔刚灌注混凝土的凝固或振动冲击致使相邻孔壁坍塌。护筒下到基岩表面后，就开始冲钻顶板和覆盖层。

与常规冲击钻孔方式相同，按照正反循环钻进方式钻进覆盖层；岩层中采用十字形钻锥冲击基岩成孔，主要以泵吸反循环钻进方式为主。钻进时，控制 1.15~1.20 的泥浆浓度。当击穿溶洞上壳时，可暂时停止施工，移开钻锥，灌注溶洞地段水下混凝土，混凝土采用的是低强度等级，由现场试验确定其配合比，每批混凝土坍落保证在 180~220 mm。为防止混凝土流失太远造成浪费，混凝土采取间歇式方法灌注，直到灌注到岩溶顶端 1.0 m 以上。待混凝土达到一定强度后再继续冲钻，通过低等级混凝土后成孔。

5.2.5 多层溶洞（串珠式溶洞）地段桩基施工

冲击成孔采用内外护筒跟进的方式。

1. 工艺流程

多层溶洞地段钻孔桩工艺施工流程图如图 5-5 所示。

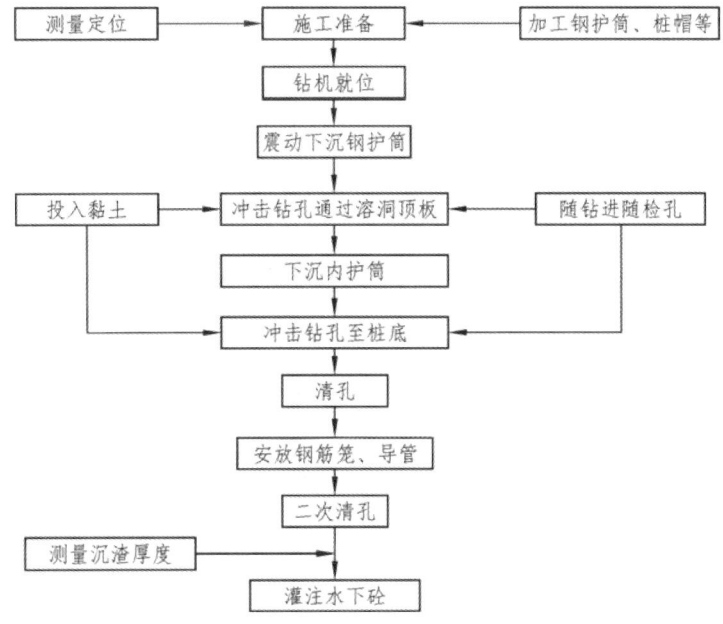

图 5-5 多层溶洞地段钻孔桩工艺施工流程

2. 施工要点

（1）内护筒直径须比设计桩径大 5 cm，外护筒直径须比设计桩径大 20 cm。

（2）施工程序：按照设计勘探地质资料岩溶分布及长短，难易程度，内外有别的情况分析，来确立各个桩基施工顺序。

（3）外护筒下至基岩表面后，就开始冲钻顶板和覆盖层。钻孔方式同常规的冲击钻孔的方式一样，但为使内护筒顺利穿过顶板，成孔的桩径须较设计桩径大 7 cm 以上。钢护筒跟进示意图详如图 5-6 所示。

（4）为对继续钻孔起导向作用和使开孔竖直、坚实、圆顺，当钢护筒打到第一层岩层或击穿溶洞进入下一层岩层时，须在钻孔前抛入适量黏土和 0.5~1.0 m³ 的小片石，依靠钻锥的冲力把石块、泥浆挤进孔壁，起到加固护筒刃脚的作用。

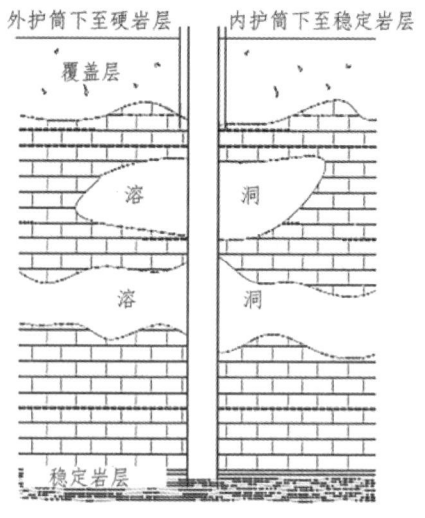

图 5-6 钢护筒跟进示意图

（5）内护筒下沉就位后，为提高护筒的整体刚度，需在内护筒、外护筒之间进行抛石压浆处理，然后再进行稳固岩面的钻孔、内护筒的排泥工作。

（6）采用吸泥法清孔进行双护筒冲击钻孔。水下混凝土灌注前用高压水枪冲射、排除残渣，以使孔底岩体同钻孔桩混凝土良好粘接。

3. 内护筒刃脚固结处理

当钢护筒打到第一层岩层或击穿溶洞至下一层岩层时，由于岩面通常较为倾斜，护筒四周与岩面不可能完全接触，在内护筒和岩面间常常会产生较大间隙。若不进行固结处理，在入岩冲钻过程中会成为桩孔内外的通道，容易斜孔或过护筒脚时发生偏孔和埋钻，造成质量隐患。采取的处理方法如图 5-7 所示。充分利用孔壁会在冲击成孔时受到挤压的特点，抛填块石、黏土在钢护筒刃脚周围，并按 2~4 m 冲程冲压，反复多次致使其密实，直到孔底平整，方可向下冲钻，处理同时可以冲钻凹凸不平的岩面。

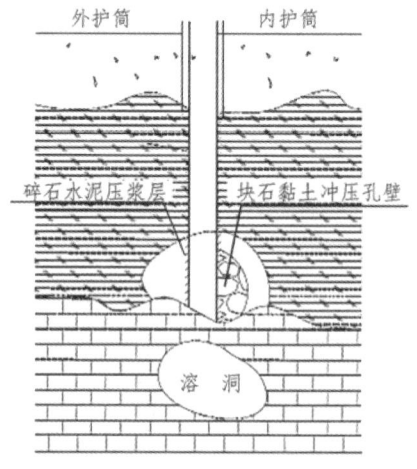

图 5-7 内护筒刃脚处理示意图

5.3 溶洞处理技术

5.3.1 溶洞施工的常规处理方法

针对本工程溶洞分布广，施工技术难度大等特点，本项目根据本工程地质环境特点及溶洞分布的情况，制定以下处理溶洞的施工技术方案。

1. 常规成孔法

当溶洞内全部填充硬塑或软塑亚黏土时，而且溶洞不漏水，都可以不考虑溶洞的大小、数量，按照常规的冲击钻钻孔桩施工工艺进行施工。

2. 填充黏土和片石法

溶洞内全填充、半充填或无充填时，溶洞高度不太大，一般在 3 m 以内，这时可采用片石加黏土（按 1∶1 体积比）回填。当溶洞（特别是半充填或无充填溶洞）出现时，泥浆面突然下降，泥浆流失，为保证孔壁稳定，必须不停地采用膨润土造浆，及时补浆、补水，以保证泥浆面的高度，并立即用装载机向洞内回填片石和黏土，回填高度须满足不塌孔的原则。溶洞回填完成后，采用小冲程冲击，使溶洞内挤进片石和黏土，造成泥石护壁。若发现溶洞内泥石护壁漏浆时，须再次回填，再次冲击，重复几次，直到漏浆不再发生且穿过溶洞为止。

3. 填充黏土、片石及水泥法

溶洞内为全充填，一般在 3~5 m 以内，可采用抛填片石、黏土的方法进行处理，若处理效果不明显时，可采取在抛填片石及黏土的基础上增加抛填整包水泥回填冲击的方法进行处理（按 3 m³∶1 m³∶0.75 t 比例），依次是袋装水泥→黏土→片石。洞高大于 10 m 的全填充或半填充的溶洞，优先采用填充黏土、片石、袋装水泥法。

处理时用 0.5~0.8 m 低冲程，先干打几分钟不利用循环泥浆，使抛填物冲砸密实后，再加入泥浆，保持到正常水头高度，等水泥达到一定强度要求，堵漏后再使用低冲程继续冲钻，形成水泥石护壁。回填片石、黏土和整包水泥反复多次，反复冲击直至形成泥石护壁。如果发现泥石护壁在溶洞内漏浆时，须再次回填，再次冲击，重复几次，直到漏浆不再发生且穿过溶洞为止。

4. 灌注混凝土填充法

溶洞的高度在 3~5 m 时，特别是溶洞为无填充或半填充的，在采用抛填片石和黏土的方法和抛填片石、黏土和水泥处理后效果仍不明显，则可考虑采取导管灌注适量的低标号 C20 混凝土的方法处理。采用下导管的方式回填混凝土，为使混凝土有效的填充溶洞，混凝土浇筑完后，要停机一段时间，等混凝土强度达到 70%以后，重新移机定位，继续钻孔，直至穿过溶洞。

5. 注浆加固法

注浆加固方法处理溶洞，是按照设计提供的地质勘探资料填充和加固钻孔桩穿过的溶洞。在大溶洞的处理中该方法有很好的处理效果。

(1)依据设计地质勘探资料找出最大的溶洞并对其进行注浆加固。采用 100 mm 的钻孔孔径，用注浆泵注浆。注浆压力不应太大，要控制在 0.5 MPa 左右，由现场试验来确定具体的压力值。

(2)为使浆液渗透到石灰岩裂隙内，将溶洞内填充物反浆出来，并固结细小砂砾或碎石，注浆速度控制在 15~20 L/min。

(3)在进行注浆时，注浆管要插入溶洞的底部，保持恒压，一边注浆，一边缓缓地提升，保证提管的速度不致太快。

(4)浆液选用 42.5 级水泥，配合比为水：水泥=0.4：1.0，如果需要水泥砂浆，可采用 M10 水泥砂浆，配合比由试验确定。当需要使用双浆液时，根据现场的实验来进行确定水玻璃的用量。

(5)为防止浆液流失太远所造成的浪费，采用间歇法注浆。注浆在注入的拌合物胶结之后进行，并且反复注浆几次，达到注浆压力控制值和规定最小注浆量之时结束。

(6)注浆加固法液浆配制时，需要反复试验以控制浆液比例，从而获得最佳的浆液凝结时间。凝结时间太快，不方便注浆施工；凝结时间太慢，浆液和易性强，流动大造成浪费。

6. 钢护筒跟进法

在洞内无填充物、有流塑充填物、严重漏水或连通暗河的较大溶洞里，采取以上五种方法不行时，可采用钢护筒跟进法施工。该法就是一边冲孔、一边接长钢护筒，并用振动锤将其振动下沉到成孔或溶洞内，以截断溶洞内填充物或水的流动，方便冲击钻钻孔施工。

钢护筒采用厚度为 12 mm 钢板制成，护筒直径为 190 cm（钻孔桩径为 180 cm）。钢护筒按 2 m、4 m 两种长度分节段按圆柱形制作。焊接质量满足规范要求。钢护筒顶用槽钢十字固定作为导向，采用液压振动锤夹住钢护筒振动锤入，锤击时需仔细控制垂直度及中心位置。当钢护筒穿过溶洞底板以后，在护筒内回填适量的黏土（1 m 左右），用冲击钻冲砸，以防护筒底部漏浆。此后减小钻头直径使成孔直径不小于 180 cm，继续钻进至桩底设计标高。

5.3.2 不同形式溶洞的处理

1. 小型溶洞的处理

小型溶洞的危害性相对较轻，其洞高一般小于 3 m。主要是岩溶裂隙发育比较集中，造成的施工危害是漏浆。在钻进到该地段时，需采用加大护筒的埋置深度，增加入土量等处理措施，准备好足够的片石、黏土抛入孔内，并不断地注入 1.4~1.5 的泥浆，以保证孔内水头高度。抛填高度需高出溶洞顶板 1 m 以上，并以低冲程钻孔，使片石黏土挤入溶洞，形成泥石护壁。钻进中，随时观察护筒内泥浆面的变化。发现下降迅速时，可能发生漏浆，抓紧停钻，及时补水，并按大约 1:1 的比例将黏土和片石抛投入孔内再重新冲钻。填充黏土和片石法施工，逐步解决漏浆问题的发生。

2. 一般溶洞处理

一般溶洞的洞高 3~5 m，其贯通性比较差。一般溶洞施工须做到事前控制，冲击钻孔前备好备足一定数量的片（碎）石、黏土和袋装水泥，施工钻孔过程中，配备 2~3 台水泵和充足的水源，万一发生漏浆，可以立即进行补水补浆。对于填充或半填充的溶洞，无论是否漏浆，均须在孔内抛入一定数量的片石、黏土（比例按 1:1 计），然后对投下的片石、黏土混合物用低冲程进行冲击，使其挤压到溶洞边形成泥浆碎石护壁，如此反复操作。在冲击钻进中，为提高泥浆重度，需适时加大黏土用量。若混合物充满溶洞后，孔内发现漏浆，可以投入袋装水泥、黏土，并用低冲程冲挤，使漏浆的缝隙内充满水泥和泥浆混合物，待水泥与泥浆混合物凝结达到 2.5 MPa 后，再重新进行冲进。对于填充物较少或无填充物的溶洞，则需向溶洞内填充水下混凝土，待混凝土达到 2.5 MPa 后，再进行冲孔施工。

3．大型溶洞处理

大型溶洞指洞高大于 5 m 的溶洞。

1）回填封堵漏浆

对于溶洞底端本来就有漏浆源的半充填大型溶洞，漏浆源在溶洞发育的过程中已被卵石、粉土等填充堵住，在冲钻过程中被重新揭开或填充物滑落，重新发生漏浆。须及时用水泵集中向孔中补水，来保持孔内水头，随即向孔中按一定比例投入黏土、片石，同时抛入袋装水泥，等到漏浆停止后再冲孔。掌握好施工漏浆部位的时间控制，在水泥终凝时间以前，停止 10 h，反复操作，直到漏浆源被凝固后的水泥黏土浆堵死为止。

2）钢护筒跟进法

遇到特大型空溶洞或半充填的溶洞时，预先钻孔，然后采用振动锤把钢护筒穿过覆盖层的方式，以防漏浆，造成孔壁坍塌。首先利用大直径的冲击钻锥击穿溶洞顶 1.0 m 以后，下内护筒到孔底，再换小直径钻锥钻进，击穿至溶洞底，然后再抛填黏土、片石等，反复冲击、反复回填，冲砸密实，最后进行正常钻进。

3）灌注混凝土护壁二次成孔钻进法

对于桩基穿越洞高较大且填充物为流塑状溶洞时，泥浆的稳定性差、侧压力大，若单采用回填黏土和片石法或片石回填后钢护筒跟进方法，填充物随流塑状填充物流入孔内，回填数量巨大，而且清孔费事费力，造成混凝土大量流失或泥浆涌入桩孔，引起断桩事故。因此，在穿越该形式溶洞时，可以采用以下方法，即钻到溶洞底板后，不用清孔，灌注水下混凝土至溶洞顶上半米左右，待混凝土达到 7 d 龄期后，重新施工。灌注的混凝土具有一定的强度，在桩孔周围形成护壁围护，可有效防止溶洞内混凝土的流失或流塑状填充物涌入桩孔内而造成断桩事故。

4）多层溶洞处理

多层溶洞若是由小型溶洞和一般溶洞构成时，存在风化裂隙、溶沟、溶槽等不良岩体，容易发生斜孔、漏浆等，施工通常采用充填片石混凝土来解决。实际设计勘探不能对所有桩基穿过的溶洞进行勘查钻探，取得的钻探资料代表性不强，因而不能真实揭示钻孔桩通过岩溶地段实际发育状况，一些深埋小型溶洞往往只有在施工时才被发现，经常出现设计桩底高程达不到终孔要求的情况。多层溶洞若是由大型溶洞构成时，处理可综合采用灌浆法和护筒跟进法。先用冲击锤冲击岩面扩孔，然后用振动锤将钢护筒下沉至溶洞底部，每隔 2 m 设置加强钢板箍以提高钢护筒的刚度和强度。接着再重新在护筒内钻孔，如果还是漏浆，则具体按照内护筒跟进法和注浆加固法施工。

当多层溶洞按照内护筒跟进法施工时，护筒长度 $L=h+2$ m（h 为多层溶洞高度）。护筒孔径按照其埋设数量确定，内护筒内径须比设计桩径大 15 cm 左右，外径应比外层护筒内径 5 cm，如果遇到第二层溶洞，穿过第二层溶洞的内护筒外径比第一层的内径小 5 cm。处理溶洞前，外层护筒应穿过砂层，以防塌孔。应根据不同护筒直径选用不同的冲锤。

5.3.3 溶洞处理时常见问题处理

1. 卡钻

卡钻的主要原因是操作手不了解溶洞地质分部情况，用大落程冲击溶洞顶板后，由于冲击钻为柔性构造，钻头重，冲过顶板后倾斜并卡在溶洞顶板岩石内不同部位。具体预防措施：在冲击钻钻进施工中密切关注，根据不同的地质情况严格控制和掌握好冲程。如在基岩中采用 3～5 m 的冲程，在靠近溶洞顶 1 m 处采用快击的方法逐渐将溶洞顶板击穿，以防冲程过长导致卡钻。及时了解钻机运转状况，要及早发现故障，及时处理隐患。发生卡钻，不能强行拽拉提升，野蛮操作，以防塌孔、埋钻。施工时由于工人没有经验、操作不熟练，卡钻时强行提拉，容易造成钻机的倾覆发生事故。遇到卡钻时具体分析原因，找到卡钻具体部位。如果卡在溶洞顶板中间部位，可以慢慢上下左右松动钻锥，然后再缓缓提起；如果倾斜在溶洞顶板内，把钻头用正绳器摆正后，慢慢提出；如果斜卡在溶洞顶板下部，把大钻锥上下左右抖动，自下向上顶撞，轻打卡点的石头将溶洞顶板撞碎后提起，也可以用钢丝绳牵引小钻头放入溶洞内将顶板冲碎，再把大钻头提出。

若卡钻厉害，用钻机自重提钻时，其尾部容易翘起造成钻机倾覆。因而须给钻锥施加外力，再轻敲卡点石，或采用振动爆破法处理，即将经过周密计算和经验总结的一定药量的防水炸药用垂陀放入孔内，顺着滑槽放至锤底部，然后起爆。震送卡锤，再用卷扬机和千斤顶同时提拉。卡钻钻头取出后应停止向下继续钻孔，回填片石和黏土块，一般回填高度为 1.5 m，调整钻机冲程后反复冲砸，在顶板上部形成坚硬柱体以传递冲力，将容易卡钻的岩溶表面冲击平整，以防重复发生卡钻事故。

2. 掉钻

掉钻事故主要是主绳和钻头转向装置断裂引起的，需要时刻观察这两个部位的变化，碰到钻头不好提时，不要随意猛提猛拉。钻头脱落后要随时了解情况，并在钻头捞上来之前装好牢固、可靠的保险绳。如果钻渣过厚或泥浆过浓，致使沉淀物或塌孔土石将钻锥埋住，须先吸泥清孔，能够用打捞工具钩到钻锥。用测锤探到钻锥在孔内位置，放打捞钩至钻孔底部，钩住钻锤保险绳后提升。在钻锥倾倒时，派潜水员潜至孔底，用钢丝绳系住钻锥顶部，再把钻头提出。钻锥头向下时，把钢丝绳捆住钻锥的爪上，再将钻锥提起。在施工过程中掉钻要以预防为主，机械设备需经常检查维修，损坏的部件及时更换或修理。冲钻时禁止在溶洞内大冲程冲击，时刻注意绷紧钢丝绳，采用小冲程进行低打紧击。万一发现漏浆等现象，立即提锤，采取相应补救方法。如果掉钻时，孔深已达设计高程，打捞艰难时，钻头废弃。将冲锤弃于孔底，进行清孔，放置注浆管到孔口底，填入碎石使其顶面埋过冲锥后，按正常水下混凝土灌注成桩，再对封住的钻锥段高压注浆，致使其固结成整体桩。

3. 埋钻

埋钻通常有两种情况：一是沉渣埋钻，二是塌孔埋钻。要避免沉渣埋钻，钻锥不能停钻，在孔底滞留时间过长，要经常上下活动，形成泥浆循环不间断，以防沉渣埋钻事故的发生。为避免发生塌孔埋钻，先把主绳留住，再用回转钻机扫孔和"反冲法"将钻头提出。

4. 钻孔偏斜处理

冲击施工遇到孤石、漂石，钻头受力不均或穿过基岩坡度大倾斜，表面不平整、软硬不均、厚度不一的溶洞，容易造成钻孔偏斜。穿越溶洞施工时随时观察大绳的变化，及时掌握钻孔是否偏位。

当发现钻机大绳晃动幅度比较大、进尺猛然加大时可能已发生偏孔，须立刻停钻，回填重钻。通常回填强度高于岩层强度的 15~25 cm 大小的片石和黏土，处理时应提起钻头，抛入片石的高度应比偏孔位置高出 1 m 左右，再重新冲钻施工。如果偏斜特别严重，抛入的片石难以纠偏，可在偏斜位置灌注水下 C30 混凝土，等到混凝土达到一定强度要求后（通常为 7 d 以后）再继续冲孔。进入软硬不均地层，采取低锤密击，孔底保持平整，穿过该层后再正常钻进。一次纠偏达不到要求，可多次回填，反复进行，直至进入稳定均匀的后再正常施工。同时要及时更换钻头。

5. 塌孔和漏浆

岩溶地段溶洞分布广泛，因为覆盖层和溶洞间相互穿通，地下水作用下产生动压力，致使孔内不能维持正常的水头高度，泥浆流失严重，孔壁不能稳定，从而导致失稳坍塌，并且极易引起孔口部位的坍塌，即塌孔。采取的应对措施：因为孔壁坍塌常常都有先兆，施工过程中密切观察孔泥浆的变化。当发现护筒内的水位骤然下降或排出的泥浆内不断冒气泡，说明可能发生塌孔，这时须马上停止冲钻，采取相应措施后，方可进行后续施工。

（1）在钻进施工可适时加大泥浆浓度，泥浆密度宜提高到 1.25~1.30 kg/L，黏度 25 s。并且备足备齐适量泥浆，在发生漏浆时以便及时补浆，通常储存泥浆量为桩基计算体积的 2~3 倍。每个承台的附近配备一个储浆罐，用铁箱制作，集中存浆，以便于漏浆时及时补浆和集中外运。如果漏浆量过大，补浆达不到堵漏的话，可抛入一定数量的黏土和片石（砂砾和黏土）混合物回填到塌孔位置以上 1~2 m 后，沉积密实后再放入钻头，低锤密击，冲穿空洞后，再用冲击钻低冲程钻进。地层变化时要随时调整泥浆相对重度，并及时补充泥浆。

（2）把将护筒孔口加高至高出地面 30 cm，护筒内浆面高出地下水位不少于 1.5 m。以护筒底口处在地下水位 1.0 m 以上来控制护筒在土中的埋入深度，护筒四周用黏土填实，避免漏浆，这样可使孔内泥浆面保持在护筒以内。

（3）如果溶洞混凝土漏失严重，则采用内外钢护筒跟进法方式施工，即外护筒保持孔口稳定，内护筒跟进至溶洞底部。

6. 护筒下沉或偏位

当钻孔桩施工过程中遇到溶洞后，造成泥浆面瞬间下降导致孔内塌孔而引起的钢护筒突然下沉、倾斜等现象，护筒下沉、倾斜后需先将护筒拔出一部分进行修正后，然后再进行钢护筒接长打入，由于钢护筒自身的重量及四周泥土的摩阻力过大，需利用钻机配合滑轮组挂住钢护筒的一边，然后利用浮吊吊住震动锤夹住钢护筒另一边，边震动边将钢护筒拔出，修正完成后再接长钢护筒打入。在钢护筒的上口焊接牛腿支撑在作业平台的工字钢上，防止再次塌孔引发护筒再次下沉或偏位。

7. 混凝土流失

钻孔桩穿过溶洞施工时，由于片石黏土混合物形成的泥石护壁临时封闭了一些小溶洞，钻进时可能不发生漏浆，但灌注水下混凝土时，由于混凝土坍落度较大，并且产生自由下落，泥石护壁受到冲击而受损，致使混凝土大量流失，有时在灌注混凝土时没有发现异常，但在桩基全部灌完后，混凝土面会在一个时间段内发生整体下降，这是由于之前临时封闭的孔壁不能承受混凝土的重量而逐渐裂开，导致混凝土流失。在本工程桩基施工中就出现了几次已灌注混凝土的桩混凝土面突然下降的情形，幸亏发现及时，采取补救措施，才避免了混凝土流失过多而造成的浪费。

在灌注水下混凝土过程中，为避免导管埋深较浅，突然发生混凝土流失，造成断桩事故的发生，须采取相应的技术应对措施，包括以下几项：

（1）为防止混凝土离析、灌注不畅，须对混凝土的和易性、坍落度等性能指标进行控制。

（2）为防止在首灌时桩底被混凝土击穿，造成混凝土流失严重，发生断桩事故，需加大混凝土的首灌量，保证首灌后导管埋入混凝土深度必须大于1 m。

（3）灌注过程中，适当加大导管埋深，以埋管深度保持在6～9 m左右较为适宜。混凝土如果能够连续供应，为减少拆管次数，可适当加大埋管深度。特别在溶洞分布地段，不要盲目拆卸导管。混凝土如果供应滞后，为防止导管与混凝土凝结，需掺加缓凝剂，保持混凝土初凝时间比供应间隔时间多1 h，控制混凝土埋管深度在4～8 m。

（4）准确判别不同桩混凝土埋管深度和超灌数量，加密其土表面上升的测量。

（5）为保证混凝土自密性，应慢慢起拔导管，不能快速拔起。

（6）为避免断桩事故，混凝土灌注到设计标高后，导管不要立即拔出，埋管保持2～4 m，观察混凝土表面沉降情况，发现混凝土面下降，需及时补充混凝土。

8. 缩颈和扩径

岩溶地区由于发育的溶洞，充填物松散软弱，桩孔容易产生缩颈与扩径问题，其中扩径现象尤为突出。在软塑或流塑的黏土或粉质黏土层钻孔时较易发生缩颈；扩径是由于溶洞没有被片石、黏土混合物等充填满，混凝土流失致使该地段桩身直径大于正常成孔桩径。虽然扩径不影响基桩自身承载力，但导致混凝土严重超方，不经济；而且由于桩身直径的变化，基桩低应变的检测结果不能真实反映桩身情况，容易出现较多的Ⅱ类甚至Ⅲ类桩现象。防止扩径的办法就是将溶洞内抛入片石、黏土混合物，冲击钻充填击实，造成新的泥石孔壁。

9. 水下混凝土灌注质量通病

1）导管进水

其主要原因如下：

（1）导管至桩孔底口距离过大或首批封底混凝土储存方量不够，混凝土下落后，不能埋没导管底端，泥水从底口进入导管内。

（2）导管试压不好，接头不严，管内气囊将管节接头处橡皮垫挤出，水从接头流入。

（3）提升管太快或测量错误，导管提漏，超过原混凝土面，泥水进入导管内。具体应对处置措施：查明事故原因，制定应对策略。

若是第一个原因造成，应立即提出导管，利用抓斗抓出桩底混凝土，储存足量的首灌混凝土，进行二次灌注。如果发生二、三类情况，具体问题具体对待，重新组拼导管，或插入导管继续进行灌注。但是须清理干净导管内的泥浆或水泥清理。

2）埋管

造成无法拔出导管，即埋管主要的原因是：导管在混凝土内埋置深度过大，或混凝土灌注时间长已经初凝，使导管与混凝土间摩阻力过大。预防方法：应严格控制导管埋深，使其不超过 6 m。待料期间，每隔 10 min 上下缓缓拽拉提升导管，使导管周围的混凝土不致过早初凝。灌桩前应检查导管接头螺栓是否紧固，不可提拔导管过快。如果已发生埋管，用吊车拔出，拔时详细测算桩底的埋置深度，以防超拔。

3）钢筋笼上浮

造成钢筋笼上浮的主要原因是混凝土表面接近钢筋笼底口，混凝土灌注速度太快，致使混凝土自由下落、冲出导管底口，形成向上的反冲力（提升导管钩挂钢筋笼所致除外）。当该力大于钢筋笼的自重时，就会使钢筋笼上浮。解决的方法一是必须放慢混凝土灌注速度，最大速度 0.4 m^3/min；二是在钢筋笼底端焊接混凝土块（直径 70 cm，厚度 10 cm），增加钢筋笼自重；三是采用把钢筋笼用型钢固定在钻机平台上，防止其下沉。

5.4 哨关路上跨沪昆铁路桥桩基础溶洞处理技术

5.4.1 地质情况

1. 详勘地质状况

1）地形、地貌

桥址区属溶蚀低山丘陵工程地质区。桥梁地势起伏较小，植被较茂盛，桥址区一般地面高程 1 996.6 ~ 2 023.2 m。

2）区域地层

根据钻探资料显示，桥址区地层由第四系上更新统残坡积土层、泥盆系中统海口组白云质灰岩（D_2h）组成。第四系上更新统残坡积红黏土：成分主要为红黏土、次生红黏土，褐红色，可塑—硬塑状态，中等压缩性，夹有较多圆砾碎石，具有高塑性、高液限、高孔隙比，渗透性差，物理指标变化幅度大，垂直裂隙发育，遇水膨胀，失水收缩干裂。桥址区均有分布。泥盆系中统海口组白云质灰岩（D_2h）：浅灰—灰色，岩芯呈长柱及短柱状，局部碎块状，溶洞、溶孔和溶隙较发育。

3）水文地理

桥址区附近主要地表水体为八家村水库，水库狭长形状，该水库目前无人饲养，蓄水主要是周边农民灌溉用水和部分村庄的饮用水源，水质清澈无污染，最深处近 20 m。桥址区地下水主要为孔隙型潜水及基岩裂隙水。孔隙潜水主要赋存于第四系残坡积黏性土层，该层透水性一般,主要接受大气降水及地表径流侧向补给。基岩裂隙水主要赋存于强风化岩中、岩溶水主要赋存于灰岩溶洞中,流通性一般较差。没有地下水位。

2. 施工勘察

施工勘察要求灰岩作为持力层时,逐桩进行勘察,对溶洞填充状况、填充物状态及钻进漏浆情况进行详细描述,岩面覆盖土层如有异常也应进行描述,为桩基施工提供依据。根据钻探、原位测试及土工试验成果,勘探深度范围内地层自上而下,由新到老分别描述如下:

1)全新统人工填土层:1a层填土:褐色—褐红色,主要以黏性土为主,土质松散,分布于表层,一般厚度 1.0~12.3 m。

2)上更新统残坡积层:3-1层黏土:褐红色,可塑为主,局部硬塑,土质不均,局部含少量碎石,具中等压缩性,一般厚度 0.5~23.2 m,土石工程等级Ⅱ级。3-2层黏土:褐红色,软塑,土质不均,局部含少量碎石,具中等压缩性。一般厚度 2.9~8.5 m,土石工程等级Ⅱ级。

3)下更新统冲洪积层:4-2层黏土夹碎石、圆砾土:青灰色、褐灰色,硬塑,土质不均,夹大量角砾、圆砾,含量 40%~70%。该层为冲洪积堆积物,层厚 1.0~11.1 m,土石工程等级Ⅲ级。

4)泥盆系中统海口组白云质灰岩:6-1层全风化白云质灰岩:灰色—灰白色,风化强烈,岩芯已成砂土状,手捏易碎,夹强风化灰岩碎块;一般厚度 0.8~10.0 m,土石工程等级Ⅲ级。6-3层中风化白云质灰岩:灰色—灰白色,节理裂隙较发育,岩芯较完整,呈短柱状、柱状及长柱状,局部较为破碎,呈碎块状,锤击声脆不易碎;厚度一般 0.5~23.4 m,土石工程等级Ⅵ级。6-3a层破碎中风化白云质灰岩:灰色—灰白色,节理裂隙较发育,岩芯较完整,呈短柱状、柱状及长柱状,局部较为破碎,呈碎块状,锤击声脆不易碎;厚度一般 0.5~18.0 m,土石工程等级Ⅴ级。6a层溶洞:溶高一般 0.2~12.0 m。部分为空洞,部分全充填,充填物主要为黏性土夹碎石,黏性土一般呈软可塑状。

5.4.2 岩溶情况

根据工程地质勘察报告所述,本工程桥址区没有较大厅堂式溶洞,岩溶形态地表主要表现为地下隐伏性岩溶,主要类型为溶洞、溶隙、溶孔等。局部地段地表发育有较少岩溶洼地、漏斗,岩溶较多,部分溶洞埋深较大,部分桩基位置溶洞相连,桥址区内共有大小溶洞 167 处,岩溶统计情况见表 5-3~表 5-6。

表 5-3 桩基岩溶情况统计表(MZ)

桩号	桩长/m	溶洞位置/m	溶腔深度/m	溶洞内充填物	其他
MZ00-1#	30	24.3~24.9	0.6	全充填,黏土充填,软塑	
MZ00-3#	30	17.4~18	0.6	全充填,黏土夹碎石充填,软塑	
MZ00-4#	30	10.4~14.8	4.4	全充填,褐红色年土夹碎石充填,可塑	
MZ00-5#	30	24.5~25	0.5	无	
MZ00-6#	30	12.3~13	0.7	半充填型,少量黏土充填,软塑	
		25.3~26	0.7	无	

续表

桩号	桩长/m	溶洞位置/m	溶腔深度/m	溶洞内充填物	其他
MZ03-1#	30	23.8~24.3	0.5	全充填,灰黄色黏土夹碎石充填,软塑	
MZ03-2#	30	13.4~17.7	4.3	半充填型,少量黏土充填,软塑	
		24~25.5	1.5	全充填型,黏土充填,软塑	
		39~39.5	0.5	全充填型,黏土充填,软塑	
MZ03-4#	30	15.5~17.3	1.8	无	
MZ04-1#	40	18.5~20.8	2.3	褐红色土充填,软塑	
MZ04-2#	40	17~19.4	2.4	全充填,褐黄色细砂夹角砾充填	
		20.7~22.3	1.6	全充填,褐色黏土充填	
		23.7~25.3	1.6	全充填,褐色黏土充填	
MZ04-3#	40	21.5~25.2	3.7	全充填,褐色黏土充填	
		25.8~28.8	3	半充填型,少量黏土充填,软塑	
		31.6~32.6	1	半充填型,少量褐色黏土充填,软塑	
MZ04-4#	40	12~14.3	2.3	全充填,少量褐色黏土夹碎石充填,软塑	
MZ05-1#	40	29.7~29.9	0.2	全充填,黏土充填	
MZ05-2#	40	12.9~16	3.1	半充填型,少量黏土充填,软塑	
MZ06-1#	30	11.3~14.1	2.8	全充填,褐红色黏土夹碎石充填,可塑	
		17~18.3	1.3	半充填型,少量褐红色黏土充填,软塑	
MZ06-2#	30	13~17.8	4.2	全充填,褐红色黏土夹碎石充填,可塑	
		23.2~23.7	0.5	全充填,少量黏土充填,软塑	
MZ07-1#	26	18~20	2	全充填,黏土夹碎石充填,软塑	
MZ07-2#	26	22.3~23	0.7	全充填,黏土充填	
MZ08-1#	37	14~17.4	3.4	全充填,褐红色黏土夹碎石充填	
		18.1~19.2	1.1	全充填,褐红色黏土夹碎石、风化碎屑充填	
		21.9~23.5	1.6	半全充填型,褐红色黏土夹碎石充填	
		28.4~29	0.6	全充填,褐色黏土夹碎石充填	
MZ08-2#	37	21.7~23	1.3	无	
MZ09-1#	29	22.7~23.2	0.5	全充填,黏土充填,软塑	
MZ09-2#	29	25.6~26.1	0.5	全充填,黏土充填,软塑	
MZ10-1#	22	8.7~10.2	1.5	全充填,黏土充填,软塑	
MZ10-2#	22	7.1~8.6	1.5	全充填,褐红色黏土充填,软塑	
		9.5~10.4	0.9	全充填,黏土充填,软塑	

续表

桩号	桩长/m	溶洞位置/m	溶腔深度/m	溶洞内充填物	其他
MZ10-2#	22	11.6～12.6	1	全充填，黏土充填，软塑	
		14.4～15.3	0.9	全充填，黏土充填，软塑	
MZ12-1#	26	13～13.2	0.2	全充填，褐色黏土充填，软塑	
		14～14.6	0.6	全充填，褐色黏土充填，软塑	
MZ12-2#	26	22～23.2	1.2	全充填，黏土夹碎石充填，软塑	
MZ13-3#	25	10～11	1	全充填，黏土充填，软塑	
		14.5～17.5	3	半充填型，少量黏土充填，掉钻	

表 5-4 桩基岩溶情况统计表（FZ）

桩号	桩长/m	溶洞位置/m	溶腔深度/m	溶洞内充填物	其他
FZ00-1#	40	12.5～13.9	1.4	全充填，黏土充填，可塑	
FZ00-2#	40	17～17.5	0.5	无	
FZ00-3#	40	8.2～8.8	0.6	全充填，黏土夹碎石充填	
FZ00-4#	40	13.6～17.6	4	全充填，黏土夹细砂充填	
		19～19.8	0.8	全充填，黏土充填，软塑	
FZ00-5#	40	25.1～25.5	0.4	全充填，黏土充填，软塑	
FZ00-6#	40	9～9.4	0.4	全充填，褐色黏土充填，软塑	
		30～32.4	2.4	全充填，褐色黏土充填，软塑	
FZ01-2#	35	27.2～30	2.8	半充填型，褐黄色黏土夹碎石充填，软塑	
FZ02-1#	25	9.3～9.8	0.5	全充填，褐红色黏土充填，软塑	
FZ02-4#	25	6.3～6.8	0.5	全充填，褐色黏土充填，软塑	
FZ03-2#	35	37.8～38.8	1	无	
		45～50.3	5.3	全充填，褐红色沙土夹碎石充填，碎石少量呈亚圆形，多为棱角形	
FZ03-3#	35	22～23	1	半充填型，少量黏土充填，软塑	
		23.5～26.4	2.9	全充填，褐红色沙土夹碎石充填，碎石少量呈亚圆形，多为棱角形，路基0.5～30 mm	
		27～28	1	全充填，褐红色沙土夹碎石充填，多呈棱角形	
FZ03-4#	35	12.5～13.2	0.7	全充填，褐黄色黏土充填，软塑	
		15.4～16.7	1.3	全充填，褐黄色黏土充填，软塑	
		17.2～18.9	1.7	全充填，黏土充填，软塑	
		19.5～20.6	1.1	全充填，黏土充填，软-流塑状	

续表

桩号	桩长/m	溶洞位置/m	溶腔深度/m	溶洞内充填物	其他
FZ03-4#	35	25.4~26	0.6	全充填，黏土充填，软塑	
		37.2~41	3.8	半充填型，少量黏土充填，37.2~40.2 m 掉钻	
		46~49	3	全充填，褐红色沙土夹碎石充填，碎石多呈棱角型，少量亚圆形，磨圆度一般	
		50.2~51.3	1.1	全充填，褐红色沙土夹碎石充填，碎石多呈棱角型，少量亚圆形，磨圆度一般	
FZ04-1#	35	25.5~25.7	0.2	全充填，褐黄色黏土充填，软塑	
FZ04-2#	35	16.2~17.5	1.3	半充填型，少量黏土充填，软塑	
		33.5~33.7	0.2	全充填，褐红色黏土充填，软塑	
FZ04-3#	35	13~14.8	1.8	全充填，褐色黏土充填，软塑	
		14.8~15	0.2	全充填，褐灰色黏土充填	
FZ04-4#	35	18.9~20.1	1.2	全充填，褐色黏土充填，软塑	
		23.3~27.8	4.5	半充填型，少量褐色黏土充填，掉钻，软塑	
FZ05-2#	35	18.8~20.7	1.9	半充填型，少量黏土充填	
FZ05-4#	35	19.5~22.5	3	全充填，褐色黏土充填，软塑	
FZ06-1#	24	11~12.5	1.5	半充填型，少量褐色黏土充填	
FZ06-2#	24	12~13	1	半充填型，黏土充填，软塑	
FZ08-1#	39	10.7~11.5	0.8	全充填，黏土充填，软塑	
FZ08-2#	39	11~13	2	半充填型，少量黏上充填，软塑，其中 11.3~11.5 m 夹碎块	
		15~16	1	无	
FZ08-3#	39	15~16	1	半充填型，细砂夹碎石充填	
FZ08-4#	39	9.5~11.4	1.9	半充填型，少量黏土充填软塑	

表 5-5 桩基岩溶情况统计表（MY）

桩号	桩长/m	溶洞位置/m	溶腔深度/m	溶洞内充填物	其他
MY00-5#	20.5	9~9.8	0.8	半充填型，褐红色黏性土夹碎石充填	
		15.9~17.1	1.2	全充填型，褐黄色黏性土夹碎石充填，可塑	
MY00-6#	20.5	13.6~14.2	0.6	全充填型，褐黄色黏性土夹碎石充填，可塑	
		15.6~17.5	1.9	全充填型，褐红色黏性土夹碎石充填	
MY01-1#	19	7.3~8.3	1.0	半充填型，少量暗灰色黏性土充填	
MY02-2#	13	2.5~3	0.5	全充填型，可塑褐红色黏性土充填	

续表

桩号	桩长/m	溶洞位置/m	溶腔深度/m	溶洞内充填物	其他
MY03-2#	21	11.5~12	0.5	无	
		15.7~17	1.3	无	
		20.2~21.2	1	半充填型，少量褐色黏性土夹碎石充填	
MY04-2#	30	8.8~11.5	2.7	半充填型，少量黏性土夹碎石充填	
		21.5~23	1.5	无	
		23.5~24.9	1.4	半充填型，少量黏性土夹碎石充填	
MY04-3#	30	12.2~12.7	0.5	半充填型，黏性土夹碎石充填	
		16.8~17.7	0.9	无	
MY04-4#	30	7~7.8	0.8	无	
MY05-1#	35	11~11.7	0.7	无	
		16.4~17	0.6	无	
		18~23.4	5.4	无	
MY05-2#	35	6.2~9.1	2.9	半充填型，少量褐黄色黏性土充填，软塑	
MY05-3#	35	16~16.8	0.8	无	
MY05-4#	35	11.1~14.5	3.4	半充填型，少量褐黄色黏性土夹石充填，软塑，12.5~13.5 m掉钻	
MY06-1#	35	13.8~14.4	0.6	无	
		15.5~15.9	0.4	无	
		18.3~18.8	0.5	无	
MY06-2#	35	7.4~9	1.6	半充填型，少量黏性土夹碎石充充填	
		18.1~18.8	0.7	无	
MY06-3#	35	25.1~25.6	0.5	全充填型，褐红色黏性土充填，软塑	
		26.7~27.3	0.6	无	
MY06-4#	35	6.4~9.8	3.4	全充填型，褐红色黏性土充填，可塑	
MY07-1#	30	16.3~17.8	1.5	无	
		20.1~20.8	0.7	无	
MY07-2#	30	13.3~14.6	1.3	半充填型，黏性土夹碎石充填，可塑	
		20.7~23.5	2.8	无	
MY07-4#	30	11.7~13.2	1.5	暗褐色黏性土夹灰白色小碎石充填，全充填型，可塑	
MY08-2#	27	9.4~11	1.6	全充填型，褐红色黏性土充填，可塑	

续表

桩号	桩长/m	溶洞位置/m	溶腔深度/m	溶洞内充填物	其他
MY09-1#	25	15.5~16.3	0.8	无	
MY12-1#	23	10.6~14	3.4	半充填型，少量暗褐色黏性土充填，软塑	
MY12-2#	21	12.1~13	0.9	全充填型，少量暗褐红色黏性土充填，可塑	
		14.1~15.2	1.1	半充填型，少量褐红色黏性土充填，可塑	
MY13-1#	18	10.1~11	0.9	无	
MY14-1#	22.5	20~21.3	1.3	无	
MY14-3#	22.5	11~12.5	1.5	无	
		14.3~15.6	1.3	无	
MY14-4#	22.5	8.3~8.8	0.5	无	
		15~16	1	无	
		17.5~19	1.5	无	
MY14-5#	22.5	7~7.6	0.6	无	
MY14-6#	22.5	8.5~9.3	0.8	无	

表5-6 桩基岩溶情况统计表（FY）

桩号	桩长/m	溶洞位置/m	溶腔深度/m	溶洞内充填物	其他
FY01-1#	24	11.6~20.2	8.6	无	
FY01-2#	24	19.2~19.5	0.3	无	
		22.4~22.7	0.3	无	
FY02-1#	19	9~11.3	2.3	全充填型，褐红色黏性土充填，软塑	
FY02-2#	19	12.9~17.6	4.7	无	
FY03-1#	14	9~9.5	0.5	全充填型，少量暗褐色黏性土充填，软塑	
FY04-1#	25	20~20.9	0.9	半充填型，少量黏性土充填，软塑	
FY04-2#	25	6.7~7.2	0.5	无	
		9~14	5	全充填型，暗褐色黏性土夹碎石充填，软塑	
FY04-4#	25	19.1~18.7	0.6	全充填型，黏性土充填，软塑	
		23.2~23.8	0.6	全充填型，暗褐色黏性土充填，软塑	
FY05-1#	32	13.4~15	1.6	全充填型，褐红色黏性土充填，软塑	
FY05-2#	32	13.2~19.7	6.5	半充填型，褐色黏性土充填，软塑	
FY05-3#	32	12.5~13.5	1	全充填型，褐红色黏性土充填，软塑	
FY06-3#	30	9.2~10	0.8	半充填型，黏性土充填，软塑	
FY06-4#	30	8.4~10.2	1.8	半充填型，少量褐红色黏性土夹碎石充填	
FY07-4#	25	8.4~11.6	3.2	全充填型，褐红色黏性土充填，可塑	
		15.2~16	0.8	半充填型，少量褐红色黏性土充填，可塑	
		17~17.7	0.7	半充填型，少量黏性土充填，可塑	

续表

桩号	桩长/m	溶洞位置/m	溶腔深度/m	溶洞内充填物	其他
FY08-1#	28	29.4~31.7	2.3	无	
		3.5~7.5	4	全充填型，褐红色黏性土夹少量碎石充填，可塑	
FY10-1#	31	10~12.3	2.3	褐红色黏性土充填，半充填型，可塑	
FY10-2#	34	22.3~26	3.7	半充填型，褐红色黏性土夹碎石充填	
		20.2~22.3	2.1	全充填型，暗褐色黏性土夹碎石充填	
FY12-2#	24	16.5~19	2.5	少量褐红色黏性土充填，软塑，半充填型	
		26~27	1	无	
FY13-2#	23	17.5~20	2.5	半充填型，少量黏性土夹碎石充填	
FY14-1#	25.5	14.3~15	0.7	无	
FY14-2#	25.5	12~14	2	全充填型，褐红色黏性土充填，软塑	
FY14-3#	25.5	14.5~19.5	5	全充填型，暗褐色黏性土夹少量碎石充填，软塑	
FY14-4#	25.5	11.5~12.5	1	半充填型，少量黏性土充填，软塑	
FY14-5#	25.5	11.5~13	1.5	无	
		15~15.7	0.7	半充填型，少量黏性土充填	
FY14-6#	25.5	19~20.2	1.2	无	
		21.8~22.5	0.7	无	

5.4.3 溶洞处理方案

根据溶洞的洞高和洞内的填充物情况，溶洞处理主要采用以下几种方法：回填造壁法、注浆处理法、混凝土灌注法等。

1. 裂隙的处理方法

裂隙会导致桩孔的漏浆、掉石块，甚至卡钻、掉钻、塌孔等事故。现场施工人员应事先熟悉该桩位钻探资料，当进尺达到不良区段时，严密监控孔内水头，当发现水头出现下降时，判断是裂隙还是溶洞。当为裂隙时，水头下降较缓，这时提钻2~3 m，同时向孔内投入片石、黏土块和少量水泥，调整泥浆稠度。当水头下降较大时，可补入泥浆保证孔内水头压力。待孔内水头稳定后，继续钻进。

此种方法主要针对微型溶洞或者小型裂隙，漏浆不严重的情况，可采取此方法处理。例如FZ04-3#、桩位0.2 m微型溶洞，以及灰岩中普遍存在的漏浆现象，拟采取此种方案。

2. 回填造壁法

采用正常成孔方法施工，当钻穿溶洞漏浆时，反复投入黏土和片石，利用钻头冲击将黏土和片石挤入溶洞和岩溶裂隙中，还可掺入水泥、烧碱和锯末，以增大孔壁的自稳能力。如

图 5-8 所示。

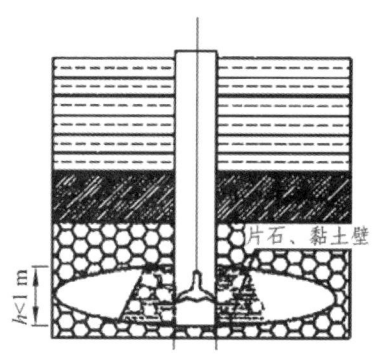

图 5-8　回填造壁法

（1）掺加比例：为有效利用片石，片石与黏土的比例为 1∶1，参加水泥时，掺加比例为每米 2 包，掺加锯末时，掺加比例为黏土的 10%。

（2）掺加方法：采用强度≥30 MPa 的片石，石块粒径以 15～50 cm 为宜。掺加黏土是采用水泥袋包装后投放效果更佳。水泥投放方法为以整袋投放为佳。掺加方法为：片石、黏土袋（可选择添加水泥、锯末）分层间隔掺加，回填高度为溶洞顶板以上 1 m 处。

（3）施工注意事项：密切注意观察钻机工作情况、周围地表沉降和护筒内水位变化，防止不正常情况发生，发生漏浆现象，立即处理。根据地质柱状图，在接近溶洞时勤观察、勤检查，凭手握冲击主绳的手感，冲击岩层的响声，抽取的岩样来判断是否接近岩溶地层。接近岩溶时主绳松绳量应为 1～2 cm，防止穿岩壳时卡钻。钻穿岩溶地层上壳时，一旦漏浆，要及时投放黏土块、片石并补水，以保持孔内水位高度。

（4）主要适用范围：适用于较小溶洞（溶洞高度小于 3 m），无填充物或半填充，施工方法简单，造价较低。本方法适用于目前施工勘察范围内大部分墩位的桩基础施工，例如 MY03-2#、MY06-1#、FY04-1# 等小型溶洞，存在局部漏浆的情况。

3．注浆处理法

当溶洞内有填充物填满或有流砂的，填充物不满（水洞）且深度在 1～3 m 的，或为多层溶洞的，在钻孔桩施工前先进行预处理，采用注浆处理法固结填充物，或用此法填满溶洞，在固结体达到一定强度以后再钻孔施工，例如 FY02-1# 桩基。

在钻孔桩施工前先进行预处理，采用注浆处理法填满溶洞，在固结体达到一定强度后再钻孔施工，注浆法可用喷射灌浆法，促进填充物强度的加强。

注浆处理法的加固特点是浆材可控制浆液灌注在一定范围内且不流失，材料的利用率高，比较经济。浆材的结石率为 100%，即 1 m³ 体积浆材可得 1 m³ 结石体。对溶洞中的砂、砾等土体，浆液是通过渗透作用板结砂和砾的；对于溶洞中的稀土、亚黏土等土体，浆液是通过劈裂、挤密作用加固土体的；对于无填充物和半填充溶洞的空间，浆液是通过充填作用填满溶洞的。浆液在土体中的渗透扩散方向是往小主应力面方向，浆液固化后，小主应力面得到加固，而原次小主应力面变成小主应力面。这样，通过对小主应力面反复不断的加固，一方面，渗透、挤密溶洞中的土体的空隙，充填溶洞的空间，在桩体周围形成防水帷幕，防止流砂和保证护壁泥浆不流失；另一方面，提高溶洞中土体的承载力和抗剪力，形成挡土墙，防止坍孔。如仅采用水泥浆效果不明显，可掺入一定量的水玻璃，再继续压浆。如图 5-9 所示。

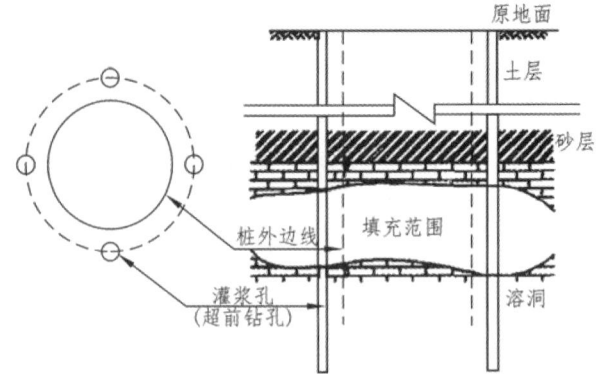

图 5-9 注浆处理法

注浆处理法的关键在于浆材的配方和工艺。

布孔：在超前钻有溶洞的桩位四周 1 m 均匀布置 4 个灌浆孔。

钻孔：孔径 80 mm，孔深要求达到最深溶洞的底部。

材料：普硅 425#水泥（新标准为普硅 32.5 MPa 水泥）。配合比控制在 0.8∶1～1∶1。添加水玻璃时比例为水泥∶水玻璃∶水=5∶9∶10。

工艺：采用双液灌浆系统进行全孔灌浆，要求少量多次、反复灌浆。

注浆处理法主要施工机械设备有：

泥浆泵，地质钻机，水泥浆搅拌机和储浆槽，压浆泵，高压灌浆管及其配件。

4．灌注砼法

采取正常成孔方法施工，当钻穿溶洞漏浆时或遇到倾斜颜面时填入低标号混凝土，间隔一定时间后采用冲击钻成孔，如图 5-10 所示。

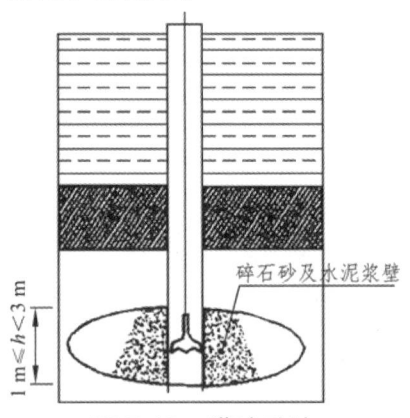

图 5-10 灌注砼法

（1）混凝土标号及配合比：混凝土采用 C15，为尽快提高混凝土强度，节约施工时间，应在混凝土中掺加一定早强剂，提高混凝土的早期强度。

（2）掺加方法：对于倾斜岩面，为校正孔位，回填混凝土应与斜岩面顶面平齐；对于溶洞处，回填顶面高于溶洞顶板 50 cm。

（3）施工注意事项：回填 48 h 后回填混凝土强度达到 70%后，且应在桩基范围取芯检验填充效果，待溶洞完全填充且强度达到后方可进行桩基施工。

（4）主要适用范围及优势：适用于中、小溶洞，有无填充物均可采用此方案。施工方法简单，造价相对较高。此方法的优势在于对于无填充物的状况处理比较简单，也可以用于漏浆比较严重的桩位，能快速封堵裂隙或者溶洞。对于大型溶洞，或者串联式溶洞时，灌注方量较大，但节约溶洞处理时间，减少对工期上的延误。根据本工程地质勘察报告，桥址桩位处普遍为中、小溶洞。

5. 钢护筒跟进法

（1）溶洞高在 3.0 m <h<5.0 m，对于多层溶洞间距较小的采用钢护筒穿越处理（图 5-11）。先用冲击锤进行冲孔、扩孔处理，然后采用振动锤将钢护筒振动下沉至溶洞底部，为保证钢护筒的强度和刚度，每隔 2 m，设置加强钢板箍。

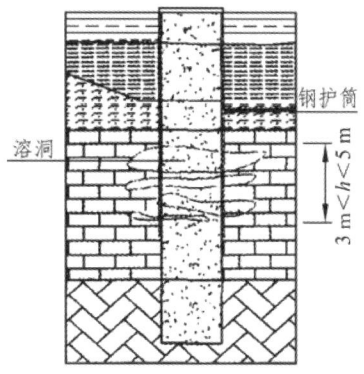

图 5-11 钢护筒穿越处理方法

2）溶洞高大于 5.0 m（多层），且溶洞间距较大时，拟采用套内护筒法施工，即用内护筒穿过溶洞的方法进行施工。内护筒长度 $L=h+2$ m（h 为地质超前钻确定的多层溶洞高） 内护筒内径应比设计桩径大 20 cm 左右，外径应小于外护筒内径 5 cm 左右，若遇第二层溶洞，第二层溶洞的内护筒外径比上层内护筒内径小 3~5 cm，具体如图 5-12 所示。

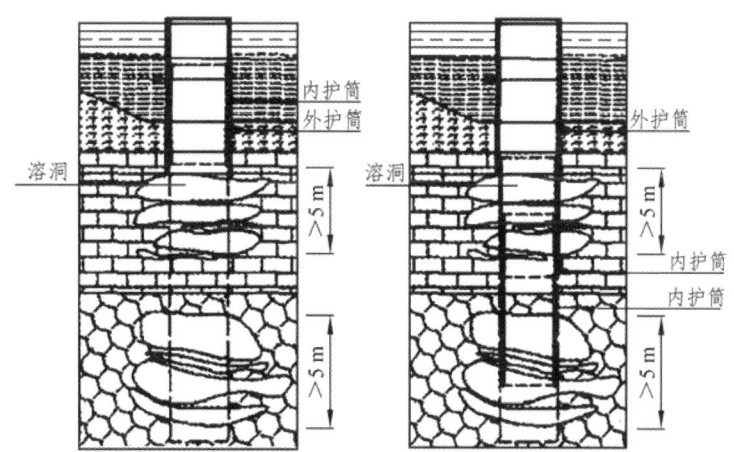

图 5-12 套内护筒法

① 内护筒长度的确定：护筒长度 $L = h + 2$（m）（h 为多层溶洞高度）。

② 内护筒内径的确定。

内护筒内径应大于 $\phi 180$ cm，同时外径应小于外护筒内径 5 cm 左右，如果只下一次内护筒（一层溶洞），内护筒内径选用 193 cm，壁厚为 1 cm，则外径为 195 cm（主桥外护筒内径为 205 cm）。当遇到第二层溶洞时，第二层溶洞的内护筒（即第三次护筒）选用 180 cm 内径。

（3）溶洞顶部冲孔。

根据施工勘察的资料，当钻孔施工接近溶洞顶部时，冲击冲孔时，要求轻捶慢打，使孔壁圆滑坚固，提升高度一般不超过 50 cm，一般进程控制在 60~80 cm/h。所有卡扣及钢丝绳必须先经过测试检查，其他施工工艺及注意事项与常规相同。

（4）外护筒的制作及沉放方法。

① 外护筒的制作。

外钢护筒制作时，先勘察地质质料，根据溶洞的层数确定外钢护筒的直径和长度，外护筒宜落在稳定的岩层上。钢护筒分节制造，工地拼接。先采用桩锤进行扩孔，钢护筒采用振动下沉。振动下沉采用振动打拔锤，其振动动力为 1 600 kN 以上。钢护筒下沉时，用两台经纬仪在两个垂直的平面内监测倾斜度，以便随时调整。护筒下沉至硬土层或岩面后，其倾斜度小于 1%。

② 内护筒的沉放。

a. 当冲击穿过溶洞顶部时要反复提升冲锤，在顶部厚度范围上下慢放轻提，冲锤不明显受阻碍，说明顶部已成孔并且是圆滑垂直的，此时用钢丝绳活扣绑住内护管，用吊机（或冲机自吊）把内护筒放入外护筒内至孔底。到孔底后，内护筒不会靠自重沉到溶洞底部（因溶洞底有沉渣、沉淀物等）。

b. 护筒沉设利用钻机进行，在钻机的钻杆上附加压架，利用钻机的钻进压力和钻杆、钻头的重量，使内护筒随钻头的钻进而下沉，直到溶洞的底部。

③ 内、外护筒间空隙及内护筒与溶洞底部间空隙的处理。

a. 在内护筒底部及顶部 100 cm 范围内回填砂、碎石，中部回填中砂。

b. 用高压喷射灌浆法（施喷法）对回填体进行灌浆处理。灌浆后，内护筒上下两端空隙被砂、碎石及浆液充填固结，固结强度要求达到 30 MPa，其抗渗系数可达 7~10 m/s。灌浆处理后，即可重新冲孔。

c. 在内护筒顶部及底部 100 cm 范围内回填小碎石或素水泥混凝土，内护筒中部回填砂，同样能起到堵塞空隙的目的。

d. 对于需要处理多层溶洞的桩基，一般仍采用上述灌浆法填充固结空隙进行施工。目的是为了增加溶洞底部（同时有可能是下层溶洞的顶部）附近填充物的密度和强度，并且增加内、外护筒间的胶合力。

e. 重新冲钻，直至嵌入完整基岩。当符合设计及规范要求时，经监理工程师同意即可终孔，此桩即成孔。成孔后的工序工艺与常规相同。

（4）此方法适用于溶洞较大或多层溶洞以及漏浆严重等情况，且地质状况很差，容易塌孔的墩位，如 FY08-1#，但是造价相对较高且耗时很长。

根据目前的施工勘察状况、地质勘察报告，结合施工现场的实际情况及工期要求，桥址桩基溶洞处理方法拟为混凝土灌注法，表 5-7 为桩基成孔、浇筑记录表。

表 5-7 哨关路上跨沪昆铁路立交桥工程桩基成孔、浇筑记录

桩号信息		冲孔信息						浇筑信息				
桩号	桩长	设计方量	起	止	用时/d	成孔类型	漏浆次数	浇筑时间	浇筑方量	回填土夹石	回填C15	充盈系数
MZ07-1	26	81.7	2016-6-18	2016-7-4	17	冲击		2016-7-9	86			1.05
MY13-1	18	56.5	2016-7-9	2016-7-10	2	旋挖		2016-7-10	64			1.13
MY13-2	18	56.5	2016-7-12	2016-7-12	1	旋挖		2016-7-13	77			1.36
MY12-1	23	72.3	2016-7-13	2016-7-14	2	旋挖		2016-7-14	93			1.29
MY11-2	18	56.5	2016-7-14	2016-7-15	2	旋挖		2016-7-15	72			1.27
MY12-2	21	66.0	2016-7-10	2016-7-16	7	旋挖		2016-7-17	133			2.02
MY08-2	27	84.8	2016-6-18	2016-7-14	27	冲击	9	2016-7-17	100	174.9		1.18
FY08-2	22	56.0	2016-6-18	2016-7-14	27	冲击	8	2016-7-18	60	204.1		1.07
MY11-1	24	75.4	2016-7-16	2016-7-18	3	旋挖		2016-7-18	120			1.59
MZ07-2	26	81.7	2016-7-9	2016-7-18	10	冲击	3	2016-7-20	93	166.4		1.14
MY10-2	24	75.4	2016-7-20	2016-7-21	2	旋挖		2016-7-22	109			1.45
MY10-1	26	81.7	2016-7-21	2016-7-23	3	旋挖		2016-7-23	85			1.04
MZ12-1	26	81.7	2016-7-22	2016-7-25	4	旋挖		2016-7-25	100			1.22
MZ11-1	24	75.4	2016-7-25	2016-7-26	2	旋挖		2016-7-27	97			1.29
MZ11-2	24	75.4	2016-7-26	2016-7-27	2	旋挖		2016-7-27	73			0.97
MY08-1	27	84.8	2016-7-18	2016-7-28	11	冲击	5	2016-8-1	102	174.8		1.20
FZ06-1	24	61.1	2016-7-23	2016-7-29	7	冲击	5	2016-8-2	75	96.5		1.23
MZ12-2	26	81.7	2016-7-27	2016-8-3	8	旋挖		2016-8-4	97			1.19
MZ10-2	22	69.1	2016-8-4	2016-8-5	2	旋挖		2016-8-6	94			1.36
MZ09-1	29	91.1	2016-8-6	2016-8-7	2	旋挖		2016-8-8	132			1.45
FY08-1	28	71.3	2016-7-21	2016-8-4	15	冲击	8	2016-8-8	100	222.0		1.40
MZ10-1	22	69.1	2016-8-7	2016-8-9	3	旋挖		2016-8-9	75			1.09
MY09-2	22	69.1	2016-8-3	2016-8-9	7	旋挖		2016-8-9	88			1.27
FZ06-2	24	61.1	2016-8-3	2016-8-11	9	冲击		2016-8-13	74			1.21
MY09-1	25	78.5	2016-8-11	2016-8-15	5	旋挖		2016-8-15	98		65	1.25
FY02-2	19	48.3	2016-7-28	2016-8-17	21	冲击	9	2016-8-17	66	104.2	20	1.37
FZ07-2	27	68.7						2016-8-17	80		55	1.16
MZ09-2	29	91.1						2016-8-18	103		80	1.13
FY09-1	21	53.4	2016-8-11	2016-8-15		冲击		2016-8-19	76			1.42

续表

桩号信息			冲孔信息						浇筑信息				充盈系数
桩号	桩长	设计方量	起	止	用时/d	成孔类型	漏浆次数	浇筑时间	浇筑方量	回填土夹石	回填C15		
FZ07-1	27	68.7				冲击		2016-8-20	84			1.22
MY02-1	13	40.8	2016-7-26	2016-8-20	26	冲击	11	2016-8-21	54	142.9		1.32
FY07-4	25	45.9	2016-8-20	2016-8-22	3	旋挖		2016-8-22	90			1.96
MY07-2	30	54.8	2016-8-18	2016-8-23	6	旋挖		2016-8-23	95			1.73
FY06-3	30	54.8	2016-8-22	2016-8-24	3	冲击		2016-8-25	70			1.28
FY09-2	21	53.4	2016-8-20	2016-8-25	6	旋挖		2016-8-26	70			1.31
MZ06-3	30	54.8	2016-8-20	2016-8-26	7	冲击		2016-8-27	89		60	1.62
MY01-1	19	59.7	2016-7-26	2016-8-28	34	冲击	11	2016-8-30	120	219.8	30	2.01
MZ08-2	37	116.2	2016-8-15	2016-8-28	14	冲击	5	2016-8-30	150	169.6		1.29
FY07-3	25	45.9	2016-8-25	2016-8-31	7	旋挖		2016-8-31	87			1.90
MY07-1	30	54.8				冲击		2016-9-2	80			1.46
MY02-2	13	40.8	2016-8-25	2016-9-1	8	冲击	1	2016-9-2	50	6.3		1.23
MY05-4	35	63.6						2016-9-3	100			1.57
FY10-1	31	78.9	2016-8-9	2016-9-2	25	冲击	7	2016-9-4	130	139.7		1.65
FY07-2	25	45.9						2016-9-6	70			1.53
MY07-4	30	54.8						2016-9-7	94			1.72
MY01-2	19	59.7	2016-8-31	2016-9-6	7	冲击		2016-9-8	70			1.17
MY05-2	35	63.6						2016-9-9	74			1.16
FY07-1	25	45.9						2016-9-10	83			1.81
MY07-3	30	54.8						2016-9-11	120			2.19
FY06-4	30	54.8						2016-9-12	72			1.31
FY13-2	23	58.5	2016-8-27	2016-9-7	12	冲击	4	2016-9-12	83	43.2		1.42
MY04-4	30	54.8						2016-9-13	385			7.03
FY04-4	25	45.9						2016-9-15	280			6.10
FY01-2	24	61.1	2016-7-28	2016-8-14 冲至18.8 m时漏浆，回填满		冲击	9				40	
FY01-1	24	61.1	2016-8-18	2016-8-31 冲至13 m时漏浆，回填满，等待压浆		冲击	8					
FY02-1	19	48.3	2016-8-18	2016-9-5 冲至10 m时漏浆，回填满，等待压浆		冲击	12					

由表 5.7 统计情况来看，桩基采用冲击钻施工，由于桥址位置溶洞较多较发育，冲击成孔时间过长，出现反复漏浆，采用回填造壁法充填，重复填充次数多，回填土夹石方量大，而且效果也不佳，如 FY01-2#、FY01-1#、FY02-1#桩基，多次漏浆并回填都一直在漏浆，现场已经全部回填至孔顶，等待注浆施工，其中 FY01-1#、FY02-1#桩到现在已经 1 个月都不能成孔，现场临时用电为发电机供电，施工用水为装水车施工现场以外拉入，反复漏浆用电、用水量大，不仅增加成本，而且严重拖工期。采用旋挖钻施工，噪声低、振动小、钻孔-成孔-混凝土浇筑周期短、无泥浆循环及发电机发电等优点，能更有效的提高工程质量、节约工期、降低工程成本。

5.4.4 施工步骤

1. 全面了解桩位地质情况

除了原设计提供的地质勘探报告外，施工前还要根据施工超前钻的地质报告，来分析每个桩位地质情况，另外还应结合相邻桩基的地质钻探情况，综合分析以了解这一片小范围内的地质变化情况，并将相关地质情况进行详细交底。

2. 旋挖钻干法成孔施工

桩基成孔机具为旋挖钻机，采用旋挖钻干法成孔，用旋挖机取土而不需要静浆护壁或全护筒护壁的成孔施工工法。施工具有低噪声、低振动、扭矩大、成孔速度快、无泥浆循环等优点，在提高工程质量、节约工期、降低工程成本、消除人工作业存在的安全隐患、环境保护等方面有着突出的优势。

1）旋挖钻干法成孔施工工艺流程

放线定位→引出控制桩→旋挖钻机就位→埋设护筒→校正桩位→旋挖钻机就位→旋挖取土成孔→清孔及成孔检查→安放钢筋笼→安放导管→砼灌注→拔出护筒→移机→旋挖钻机就位→旋挖取土成孔。如图 5-13 所示。

2）旋挖钻干法成孔灌注桩施工质量控制要点

（1）放线定位。

确定桩的中心点（桩位）：采用全站仪进行测量，桩位放样允许偏差值：单桩 10 mm。

（2）引出控制桩。

为了复核桩位中心点方便，在桩外设四点，相对两点的连接线交点与桩位中心点重合，用这种方法来检查桩位是否发生偏移比较方便，为保证护桩桩位稳固，护桩打入地面下不小于 30 cm，四周采用混凝土包裹防护。当护桩被破坏后，应采用全站仪重新复核桩位中心，并重新设置护桩。

（3）旋挖机就位。

旋挖机自重较大，要求地面承载力不小于 150 kPa，桩位附近应平整，坡度不应大于 2°，钻机回转中心距桩位 4~4.2 m，在回转半径内不应有障碍物。钻机开至桩位附近时，尽量使车体保持水平，如倾斜坡度过大，可在履带下垫砂石调整，位置确定后锁紧履带。调整钻机的桅杆，使钻机在钻孔作业过程中桅杆始终保持在竖直方向，不倾斜，桅杆竖直与否可采用两台经纬仪从不同方向进行测量。根据不同的地质情况，选择不同的钻头。旋挖机就位时应注意保护护桩，不应破坏护桩，如有护桩破坏，应采用全站仪重新复核桩位中心，并重新设置护桩。

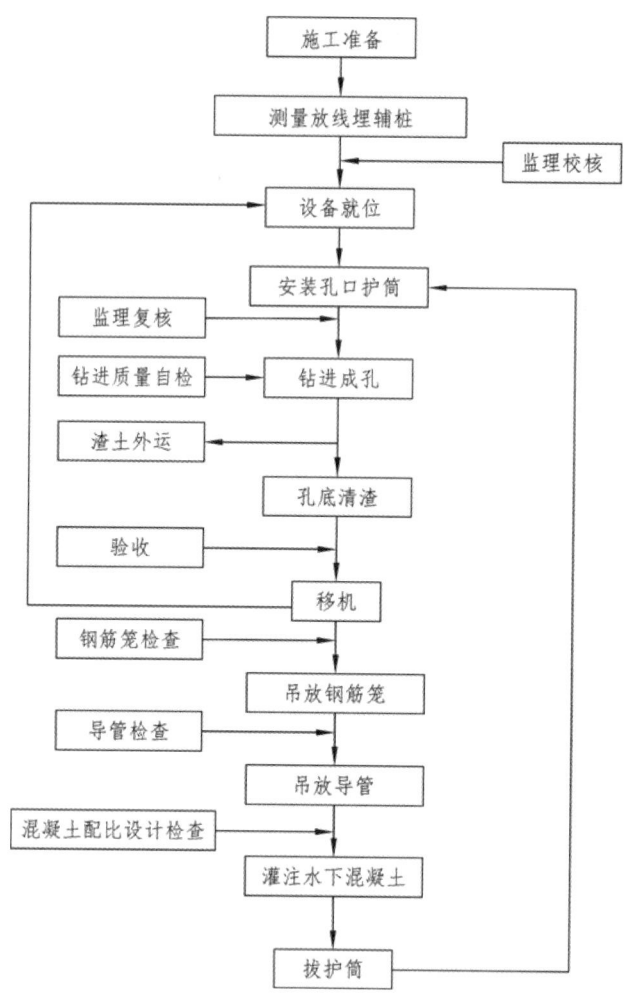

图 5-13 旋挖桩施工工艺

（4）埋设护筒。

钢护筒一般选用厚度为 10 mm 的钢板制作，护筒内径宜大于钻头直径 200 mm。钢护筒埋设方法：首先调整旋挖机桅杆，使之处于铅垂状态，让钻头中心对准孔位，然后进行开挖。应采用稍大口径的钻头钻至预定位置，提出钻头，用吊装设备将钢护筒放置在该孔内，再用钻头将护筒压入预定深度。护筒顶端应高出地面不小于 0.3 m，护筒的埋置深度应根据地质情况确定，一般为 2 m，用水准仪将高程引到护筒顶部，检查其平面位置，用设有十字控制点验护筒的偏斜程度（垂直度），若超过规范要求应重新埋设。护筒就位后，应在四周对称、均匀地回填土，并分层夯实，夯填时应防止护筒偏斜移位。护筒的中心与桩位中心偏差不得大于 50 mm，护筒倾斜度不得大于 1%。

钢护筒的作用：① 确保施工人员的安全；② 固定桩位，并作钻孔导向；③ 保护孔口，防止孔口上层坍塌；④隔离地表水；⑤防止施工在操作工程中将泥土及石块落入孔内；⑥便于施工操作。

（5）校正桩位。

护筒埋设经检查合格后，重新对钻机对中情况进行检查，使钻头中心对准十字控制桩相对两点的连接线交点，从而确保桩位准确。

（6）钻进施工。

钻机动力足够的情况下，应该根据不同的地质条件选用合适的钻头，钻头直径与桩径大小相适应。旋挖机钻进成孔应采用跳挖方式，倒出的渣土应尽量远离孔口，并应及时清除外运。钻孔过程中应认真分析地质钻探资料，对桩基础施工具有指导和参考作用。若实际钻孔情况与地勘资料存在差异，请设计单位及业主单位工程技术人员现场复核确认，方可终止钻孔。开孔过程中，用筒钻环型切割，把钻进面分成工作面和非工作面两个部分，减少钻进过程对孔壁（非工作面）的影响，减少塌孔。在钻进过程中慢放慢提钻杆，轻加压，低速钻进，减少钻进过程中的振动，减少塌孔。钻孔时应根据试成孔确定的参数控制进尺速度，深度常用专用测绳进行测量，深度必须达到设计要求，由技术人员记录成孔过程的各项参数，记录应及时、准确、完整、真实。

钻头必须要定制原装直径大小钻头，且要有明显的竖向导向装置；卷扬机的吨位级别要比平常选择时大一个级别；钢丝绳的直径也要比常规地质钻孔的安全系数高一级别，安全系数≥ 12。准备钢网架（槽钢或工字钢纵横制作而成）。钢网架用于冲击成孔作业时，垫设在钻机下，以防止因钻至地下大型溶洞而导致坍塌孔对钻机及施工人员造成损伤。

增加机械设备及人员：旋挖钻干法成孔施工，需要增加相应机械设备，当钻机深度接近溶洞顶部时，为了及时快速回填处理溶洞，现场还要安排机械、人员进行现场值班，直到溶洞处理成功为止。表5-8为溶洞处理额外增加机械使用表。

表5-8 溶洞处理额外增加机械使用表

序号	机械名称表	机械型号	数量	备注
1	挖掘机	斗容积1方	1台	平整场地
2	装载机	50	2台	装载渣土
3	汽车吊机	25 t	1台	安装钢筋笼
4	发电机	250 kW	1台	供电
5	工程钻机	XR360	2台	钻孔
6	潜水泵		4台	排水
7	导管	$\phi 300$	2套	浇筑混凝土
8	大料斗	3 m³	2套	浇筑混凝土
9	电焊机		2台	加工钢筋笼
10	运渣车		2台	运出渣土
11	电焊设备		2台	加工钢筋笼

当现场钻机接近溶洞顶部时，为加强协调现场施工，现场除了派遣机械操作人员值班外，

还要增派技术人员和主要管理人员现场值班,确保现场施工的协调一致。

5.4.5 事故处理及应急预案

1. 部分地质钻孔情况与实际有出入

由于地下溶洞形状千奇百态,根据地质钻孔只能宏观判断溶洞的大概情况,往往施工过程中会出现提早击穿溶洞现象。为避免这种情况发生,要求钻孔施工人员不但熟悉地质钻探报告,还要在施工过程中全面掌握现场动态,特别是出现钻孔声变化时要减小冲程,慢速钻进,同时其他准备工作要准备充分。

2. 卡钻事故

卡钻的主要原因是对溶洞分布情况不明确,在钻到离溶洞顶板很近时钻头冲破溶洞顶板岩石,钻头倾斜,卡在溶洞顶板岩石不同部位。

1)防止卡钻措施

(1)根据地勘资料,观测好钻孔深度,在施工过程中细心观察,根据溶洞所在位置,控制好钻孔深度。在基岩中采用相应钻头,在靠近溶洞顶板 1 m 处采用小钻头进行钻进,轻压慢钻将洞顶击穿,防止卡钻。

(2)经常检查钻机运转性能,对于故障隐患早发现早解决。

(3)遇到卡钻时不可强行提拉,以防塌孔、埋钻,甚至钻机翻倒。

2)卡钻的处理

(1)避免沉渣埋钻,钻头不能长时间停留在孔底不动,要经常上下活动,防止沉渣埋钻的现象发生。

(2)如发生塌孔埋钻,切勿强拉硬提,以免主绳断裂造成埋钻。

(3)利用钻机,缓慢回旋主绳,使钻头旋转,松散卡钻处土石,尝试性提升钻头,若钻头可以提升,则继续使用此方法慢慢将钻头提出。

3. 埋钻及掉钻事故

在施工过程中掉钻要以预防为主,经常检查机具设备,及时检修,遇到损坏的部分立即维修或更换,消除隐患。施工时严禁在溶洞内空钻;若不慎发生掉钻,应及时摸清情况,若溶洞底板平整坚硬,可在地面使用打捞工具慢慢摸索打捞,若钻锤被沉淀物或塌孔土石覆盖,应首先清孔吸泥,使打捞工具能接触钻锤。先用侧锤探测钻锤在孔底的情况,用打捞钩放入孔底,钩住钻锤保险绳再提起。如果钻锤倾倒,可派专业人员带钢丝绳潜到孔底,将钢丝绳拴在钻锤顶上,再将钻锤提起。如果钻锤顶朝下,将钢丝绳捆绑在钻锤的几个爪山,再将钻锤提起。

4. 钻孔偏位处理

钻孔偏位主要原因是穿越溶洞时,洞顶和洞底岩层倾斜、岩层厚度不均、基岩面陡倾不平整。钻头穿越溶洞时要密切注意钻杆的情况,以便判断是否偏孔。当出现钻杆偏移较大、进尺突然加大时,则预示发生偏孔,应及时停钻。处理偏孔采用回填片石,片石的强度要强于岩层的强度,处理时应提起钻头,向孔内抛填粒径 15~25 cm 大小的片石、碎石,回填到斜面顶或偏孔处 0.5 m 以上后再重新冲击钻进。采取慢钻、低频率的方式钻进，使钻头保持水平，钻杆保持竖直，浅程缓进。若一次纠偏效果不理想，则进行多次回填。并反复进行，直至进入均匀、稳定完整的基岩内 1.0 m，然后按正常施工。

5. 塌孔处理

塌孔主要是由于孔壁结构不稳定坍塌，溶洞塌落造成，主要预防措施是钻机安放稳定可靠、探明溶洞位置，钻机在钻进和提升时符合相关操作要求。当出现小面积塌孔时，探明塌孔位置，可及时投入片石和黏土块（或砂砾和黄土等）混合物回填到塌孔位置以上 1~2 m，等回填物沉积密实后，然后采用慢钻重新钻进。当出现严重塌孔时，及时用片石、黏土回填，待孔壁稳定后，采取低速重新钻进。成孔后应及时灌注混凝土，下钢筋笼保持垂直，不得撞击孔壁。

6. 斜孔

多数情况是溶洞底板面不平，导致钻头斜钻。解决这种斜孔的方法是回填片石，也可以用水下混凝土进行封底浇注，待强度达 80%后再用小冲程钻进，再次钻进过程中要加强观测，确保施工成功。

7. 机械准备

现场挖掘机与装载机随时待命，除了关注超前钻暴露出来的溶洞外，还应关注未勘探出溶洞的其他桩位。

8. 重大危险源分析及防止地陷的应急预案

（1）重大危险源分析：地面沉降、钻机倾倒、钻机钢丝绳折断，锤头伤人、触电等。
（2）防止地陷的应急预案。
① 对有溶洞的桩位进行钻孔时，应随时量测探明溶洞位置。
② 在场区内和附近房屋旁设置沉降观测点。
③ 在存有溶洞处储备好钻进过程中需要处理的材料。
④ 对每一个施工技术工人进行安全技术书面交底。
⑤ 专职安全员每天对施工现场进行巡视，发现事故隐患及时处理。

9. 溶洞处混凝土灌注要求

混凝土采用垂直导管法进行灌注，采用商品混凝土进行质量控制，根据灌注情况随时调节混凝土性能，随时满足施工需要。现场出专业工程师控制灌注进度并根据地质情况控制埋管深度，保证成桩质量。当灌注到溶洞位置时保持较大的埋管深度，防止混凝土由于挤破护壁后突然下沉，造成断桩。施工过程中保持埋管深度不小于 6 m。当灌注到溶洞位置时，混凝土面上升缓慢，此时应对混凝土桩进行测量，掌握混凝土上升的情况，现场施工人员与旁站监理如实认真计量混凝土用量作为签证依据。

第6章 桥梁旋挖桩基础施工技术

旋挖桩历史短于冲孔桩和旋挖桩。旋挖机开始生产是在第二次世界大战前，美国最早，其次意大利、德国等欧洲国家开始研制，并逐步发展。20世纪70年代传到了日本，得以继续发展。20世纪80年代初，该设备传到了中国，刚开始下部配备为常用的履带起重机，后年天津探矿机械厂从美国引进了新技术，1992年北京设立了宝峨的办事处，旋挖机技术在国内得到进一步发展。到21世纪后，三一重机、金泰、北京经纬巨力、山河智能等一批国产设备龙头企业开始自主生产。旋挖机在国内下线使用是近十年的事，使用旋挖桩法的工程在最近三年越来越多，主要应用在铁路、公路、桥梁和建筑的工程桩基础上，随着经济发展，社会进步，科学研究的深入，用旋挖桩法代替传统的人工挖孔桩、冲孔桩等工艺成为了工程技术发展的必然趋势。

6.1 桩基旋挖施工技术的特点

6.1.1 旋挖成孔工艺特点

（1）由于采取了非水介质取土，只需要少量泥浆护壁和清孔，大大减少了泥浆的需求和排放，减少了环境污染，降低了施工成本。

（2）成孔速度快：与传统的循环钻机相比优势明显，这样就有效地保证了工程的进度。旋挖钻机的履带机构可将钻机方便地移动到所要到达的位置，而不像传统循环钻机移位那么烦琐。由于钻头的拆卸方便，可以根据土层的变化和钻进的需要随时更换钻头，加快了钻进速度，扩大了工艺的适用范围。

（3）桩孔对位方便准确：这是传统循环钻机根本达不到的，在对位过程中操作手在驾驶室内利用先进的电子设备就可以精确地实现对位，使钻机达到最佳钻进状态，有效地保证了成孔的各项指标。

（4）伸缩式钻杆的使用，避免了钻杆的频繁装配，减轻了劳动强度，加快了工程进度。

（5）钻机的安装比较简单，在施工场地移动比较快捷方便。

（6）噪声低、振动小、污染小。

6.1.2 旋挖机械简况

旋挖机采用了先进的液压新技术和新工艺，设备主要部件包括发动机、马达、液压系统、控制系统、底盘等，是一种新兴的钻孔灌注桩的施工设备。其能适用于黏土、淤泥质土的土层，也能适用于部分中微风化岩层。如图6-1所示。

图 6-1　旋挖钻机

1. 底盘和卷扬

旋挖机底盘设计为可伸缩型，整体厚重，采用履带式液压底盘的重心低，履带作用面宽，因此机械整体稳定，不易倾翻。卷扬采用能确保钢丝绳寿命的大滚筒卷扬平台，其能将主卷扬和副卷扬在回转系统上安装，减小了倾翻的作用力，降低了倾翻的风险。如图 6-2 所示。

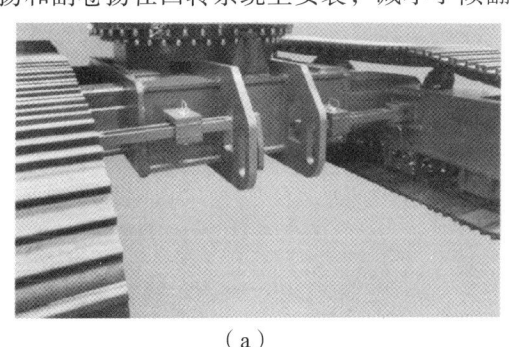
（a）

（b）

图 6-2　地盘和卷扬机

2. 辅助支腿

普通钻孔设备不配备辅助支腿，但国内多种类型的旋挖机已经开始设计支腿系统。支腿为液压系统，采用变形结构，可以自动伸缩，当收缩时，正常作业将看不见。适用该设备，能确保维修保养时设备的稳定。如图 6-3 所示。

图 6-3 钻机辅助支腿

3. 运输和拆装

旋挖机需从工厂运输到工地，其长度大，重量重。若每次完全卸掉，然后重新安装，必然浪费大量的时间、人力和物力。因此部分旋挖机设计的桅杆能伸展和收缩，甚至可以折叠，这使得不用大量的拆卸就可以实现用平板车运输的功能。图 6-4 为设备的运输方式。

图 6-4 设备的运输方式

4. 液压系统

液压系统，安全节能。整机操纵采用专用的组合式先导控制，配合电控系统实现钻孔与移位变幅功能动作互锁，操作灵活，控制精确，施工安全。钻桅起落，动力头加压等动作采用独特的小流量 LS 控制和电比例控制；操作平顺性好；微动性能和自动控制功能强。动力头采用自动变量马达，能自动根据负载改变输出扭矩与速度，自适应性强。如图 6-5 所示。

图 6-5 液压系统

5. 控制系统

采用嵌入式工程机械电控系统，功能齐全，先进可靠，维护方便。针对旋挖钻机施工工艺，应用 863 科技成果，采用高可靠性的嵌入式工程机械控制器和真彩 LCD 显示屏，融合虚拟仪表技术的电子控制系统，控制平稳、快速、精确，系统升级自主，维护便捷。全中英文人机界面友好、操作简便、使用可靠。如图 6-6 所示。

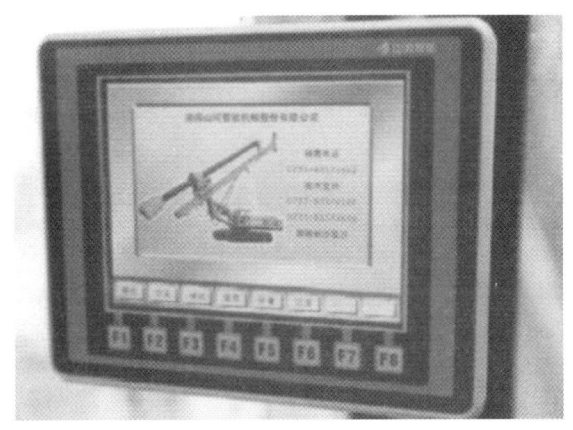

图 6-6 液晶显示系统

6. 动力系统

动力系统动力十足，环保节能。采用高压共轨、电控直喷、涡轮增压、空中冷技术的发动机，油耗低、排放低、噪声低、振动小。如图 6-7 所示。

图 6-7 钻机发动机

7. 动力头系统

动力头设计润滑可靠，动力强劲。其具有超强的钻进扭矩，配备国际知名品牌的减速机和马达。其强化迅速散热和高度润滑，因此配备了循环的润滑系统和冷却装置；其对易损件材料用料考究，合理设计易损件的结构，确保动力头的易损件不会破坏，从而保证工作可靠。控制系统采用变量泵，根据不同地质，自动改变其扭矩和钻进速度。采用高速抛土功能的动力头，对于钻黏土层、钻小孔、长螺旋钻进，抛土效果更为明显。图 6-8 为旋挖钻头。

图 6-8　旋挖钻头

6.1.3　旋挖钻机的适应条件

旋挖钻机主要适宜砂土、黏性土、粉质土等土层施工，在灌注桩、连续墙、基础加固等地基基础施工中应用。综合国内外成功的案例可以得出，旋挖机能成孔的孔径有：0.7、0.9 m、1 m、1.2 m、1.25 m、1.5 m、1.8 m、2.2 m、2.5 m；孔深最大可达 60 m 以上，入岩能力超过 100 MPa。

1. 破土能力

以佛山禅城区某项目的旋挖桩破土强度为例，以下是该项目工程桩岩层上部土体的标贯击数。基于该案例的数据可知，土体最大标贯锤为 32.3 击。根据之前的案例数据，旋挖机具备破岩能力，可以高达 100 MPa 以上，因此对抗土体，旋挖是非常容易的，关键是分析旋挖机的破岩能力。

2. 破岩能力

一般来讲，旋挖钻机的额定功率为 125～450 kW，动力输出扭矩为 120～400 kN·m，最大成孔直径可达 1.0～4 m，最大成孔深度为 60～90 m。从上面部分工程案例看出，旋挖钻机的工效与其型号相对应。

以佛山禅城区某工程的旋挖桩岩层为例，微风化带的天然湿度单轴抗压强度试验值 f_r=8 400～19 000 kPa，统计平均值 f_{rm}=12 329 kPa，即 12.3 MPa。该案例中最大的岩石抗压强度为 14.18 MPa，而从国内外工程案例分析得出，一般的旋挖机械都具备 30～40 MPa 入岩能力。

3. 旋挖钻施工特点

旋挖钻成孔是通过底部带有活门的桶式回转破碎岩土，并直接将其装入钻斗内，然后再由钻机提升装置和伸缩钻杆将钻头提出孔外卸土，这样循环往复，不断地取土卸土，直至钻至设计孔底标高。

成孔速度快：与传统的循环钻机相比优势明显，这样就有效地保证了工程的进度。

环保特点突出：与传统的循环钻机相比，旋挖钻机更可适用于干成孔作业，不需使用泥浆护壁。

行走移位方便：旋挖钻机的履带机构可将钻机方便地移动到所要到达的位置，而不像传统循环钻机移位那么烦琐。

桩孔对位方便准确：这是传统循环钻机根本达不到的，在对位过程中操作手在驾驶室内利用先进的电子设备就可以精确地实现对位，使钻机达到最佳钻进状态，有效地保证了成孔的各项指标。基于旋挖钻机施工效率高、速度快、施工精度高（全电脑控制）、履带式行走移位方便的特点。

6.1.4 旋挖钻机选型

根据旋挖机输出功率的大小，可将其分为小型机、中型机、大型机三类。三类设备的发动机功率、钻孔的直径、钻孔的深度及机身质量等方面都不同。

1. 小型旋挖机

从市场上厂家了解，小型旋挖机现在市场上已很少使用，因为其能成孔的孔径受限，基本在0.6~1 m，常用的是0.6 m，深度最大不超过30 m，常用的是25 m，因此不太适应于当今市场上广泛采用的桩型，小型旋挖机的市场占有率仅为10%。

2. 中型旋挖机

中型旋挖机现在市场上使用很多，主流规格是20-30机，孔径基本在1~2 m，常用的是1 m，深度最大不超过60 m，常用的是48 m，当前在公路、铁路、港口、码头、建筑工程等地方使用，中型旋挖机的市场占有率达到70%以上。

3. 大型旋挖机

大型旋挖机现在市场上使用也不多，因为其主流规格是30-46机，孔径基本在2~3 m，常用的是2 m，深度最大不超过90 m，常用的是75 m，当前仅在大型桥梁、大型建筑等地方采用，大型旋挖机的市场占有率20%左右。

6.2 桩基旋挖施工工艺

6.2.1 施工工艺流程

施工工艺流程如图6-9所示，具体如下：

1. 测量放线

根据业主、总包提供的控制点，进行钢构柱桩位坐标放样，放样完成后应立即采取保护措施，避免对其形成扰动或破坏，并及时报总包、监理进行复核。桩位放样允许偏差：≤10 mm。

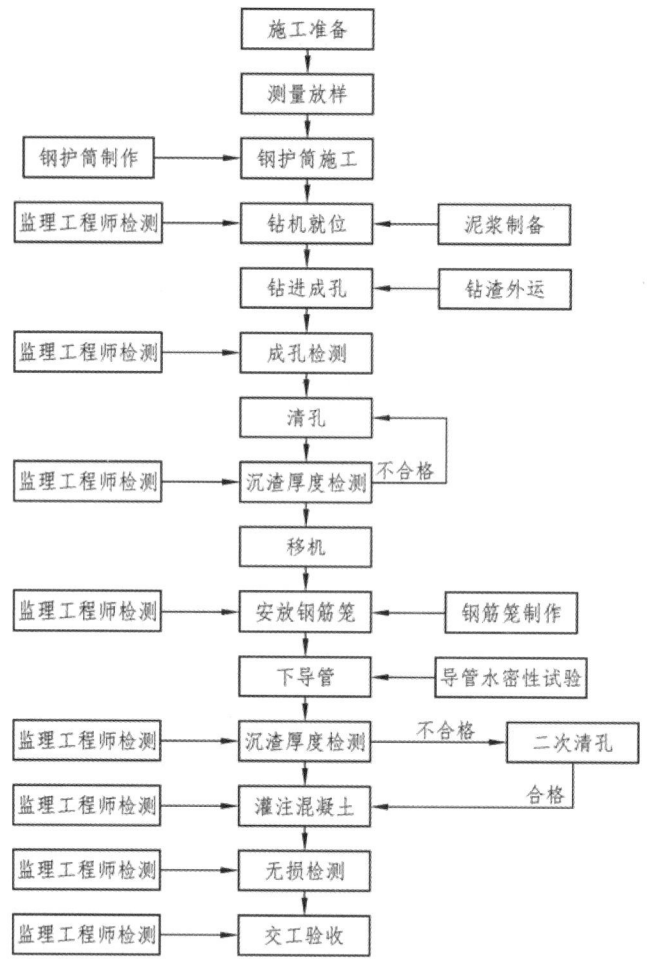

图 6-9 旋挖桩施工工艺流程

2. 埋设护筒

护筒采用 4~8 mm 厚的钢板卷制而成的钢护筒,护筒内径应比设计孔径大 100 mm,在护筒上部设溢流孔,一般为 2 个。护筒的埋深不宜小于 1.5 m,护筒顶面宜高出地面 300 mm,护筒底部和四周回填黏性土并分层夯实。护筒埋完后,护筒的中心竖直线必须和桩的中心位置重合,允许误差平面为 50 mm,竖直线的倾斜应小于 1%。

3. 泥浆搅拌使用

施工用的泥浆组成包括黏土(或膨润土)、添加剂和水,按特定的比例混合,通过搅拌叶在泥浆筒或泥浆池里,匀速地进行搅拌,经过 24 h 发酵后投入使用。装泥浆的筒或池包括沉淀、循环等步骤,另需专门设置废浆池。当泥浆从孔中流出时,先进入沉淀次,再到循环池。对不符合要求的泥浆排入废浆池。在现场设置泥浆池,灌注混凝土时,桩孔内的泥浆直接排放到废浆池,以防止污染沉淀池、循环池的泥浆。

4. 钻孔施工

旋挖钻孔时,应连续作业,为防止塌孔,原则上不得停钻。钻进施工后认真填写施工记录,在早晚的交接班过程中应把关键事宜交待清楚。在钻进过程中定期取土,判断地层的变化情况。开始钻孔时,应慢速钻进,只有等到导向系统全部进入护筒后,才能按正常速度钻进。待钻至岩层,应及时捞出泥浆中的沉渣,提升排渣速度,减少重复破碎,加快进尺速度。在钻孔、排渣或因故障停钻时,应始终保持孔内泥浆液面不低于护筒出浆口,达到要求的泥浆密度和黏度。钻孔作业进入岩面时,应及时做好记录,以便确定终孔深度。

5. 第一次清孔

由于旋挖机在成孔过程中泥浆处于静止状态,在达到设计深度后,需要换浆清孔,待泥浆质量、桩底沉渣厚度达标后,方可进行钢筋笼和钢构柱安装。第一次清孔可以采用换浆、抽浆、掏渣等方法进行。对孔清渣时,应保持孔内水平面,杜绝塌孔。

6. 钢筋笼的制作及吊装

按要求采购的钢管必须有出厂质量保证书,钢筋平直,无损伤、无油渍等污物。制作场地选用砼硬化地坪,严格按设计长度下料,钢筋长度允许偏差为±5 mm,局部变形允许偏差为±2 mm。

7. 安放导管

灌注水下混凝土采用钢制导管施工,导管内径为 250 mm,壁厚不小于 3 mm。导管采用法兰来连接,在接口部位加垫橡胶圈或者密封圈,用螺栓上紧。使用导管前,用接头抗拉试验,检查接口是否密封。若密封差,必须对差的地方更换接头材料,以确保混凝土灌注时不漏浆。导管节数应提前计算,导管安装时应放在桩中心,以避免拔管时碰撞钢筋笼。

8. 二次清孔和验收

钢筋笼安装完,下完导管后,应立即二次清孔,第二次清孔采用正循环方法进行,用泵将泥浆压入导管,泥浆冲刷孔底并将沉渣从孔口排出。第二次清孔后的沉渣厚度和泥浆性能指标应满足表 6-1 的要求。

表 6-1 清孔后泥浆性能指标

泥浆指标类	孔底 500 mm 以内			沉渣厚度/mm
	密度/Pa·s	黏土/ s	含砂率/%	
数值	≤1.25	≤28	≤8	≤50

二次清孔后应检测孔底沉渣,报质检员验收,只有验收合格,才能灌注混凝土,原则上控制好间隔时间小于 30 min;如果不合格,必须进行再次清孔。

9. 灌注混凝土

灌注混凝土前先要检查混凝土质量是否满足要求,因此现场应测试混凝土的坍落度。坍落度一般应满足 18~22 cm。同时现场检查混凝土的均匀性,检查粗细骨料是否满足要求,混凝土的和易性也是相当关键。混凝土一旦开始浇筑,原则上不得中断,应连续作业。在浇筑过程中,要及时探明混凝土面的位置,控制好终孔时混凝土的标高,原则上终孔灌注标高应高出设计值 80 cm。

10. 灌注的质量

在灌注工作快结束的时候，需核查浇筑的混凝土总方量，同时应测出混凝土浇筑面的顶部标高。混凝土试块留置。根据《建筑桩基技术规范》规定，直径大于 1 m 或单桩混凝土量超过 25 m³ 的桩，每根桩桩身混凝土应留有 1 组试件；直径不大于 1 m 的桩或单桩混凝土量不超过 25 m³ 的桩，每个灌注台班不得少于 1 组。

6.2.2 质量控制要点

1. 坍孔

由于泥浆质量不好，泥浆浓度不够，护筒埋得过浅，钻孔速度快，水位低，地质差的情况下，不及时处理则出现塌孔。在灌注过程中如发现井孔护筒浆内泥浆位忽然上升溢出护筒，随即骤降并冒出气泡，应怀疑是坍孔征象。在松土或砂土钻孔过程中，需控制钻孔速度，优先选用质量好的泥浆，重点控制好泥浆密度、黏度等指标。钻孔时控制好护筒内的水位，严格的应在 1 m 以上。

2. 孔位偏斜

当钻头遇到不明障碍物或地面坍塌，不能通过及时校正时，说明出现了孔位偏斜。在旋挖机钻孔过程中，严格控制好钻进速度，每次开钻时，用测斜仪对钻杆垂直度校正。

3. 沉渣多

当泥浆指标差，不满足要求，各指标超标，含砂率大等容易造成沉渣多。当孔壁塌方时也容易出现。控制沉渣，应严格做好清孔工作，严格控制好泥浆的指标。下钢筋笼时间应尽量缩短，徐徐下放，若首次孔内沉渣还不满足要求，则必须二次清孔，直到符合要求。

4. 钢筋上浮

在灌注混凝土的时候，导管埋得深，或供应混凝土不及时，混凝土初凝快，导管被混凝土抱死。浇筑时，经常性上下提拔导管，埋管深度应在 2~4 m，供应砼不能中断。

5. 桩身断

当混凝土的坍落度过低，骨料不满足要求时容易断桩。当灌注混凝土过程中提管不及时，也容易造成堵塞导管，从而断桩。进场严格测定混凝土坍落度，认真检查粗细骨料；一边浇灌混凝土一边提升导管；混凝土连续供应等方法都可以有效避免断桩。

6.3 哨关路花庄河大桥旋挖桩施工技术

6.3.1 工程概况

1. 工程简况

哨关路和花庄河正交以花庄河大桥跨越，花庄河大桥左幅主线全长 498 m；右幅全长 468 m。主桥跨径组合为（42+75+42）m，其上部结构为钢箱梁桥；引桥上部结构采用先简支后连续的 30 m 预制 T 梁。主桥主墩采用薄壁空心墩，主墩顺桥向宽 2.5 m，主线桥主墩横桥向宽 10.25 m，辅道桥主墩横桥向宽 6.75 m，壁厚横桥向均为 80 cm，顺桥向均为 60 cm；墩顶设 1.5 米厚实心段，墩底设 2 m 厚实心段。主桥桩基采用 $\phi 2$ m 冲孔灌注桩，辅桥墩桩基采用 $\phi 1.8$ m 冲孔灌注桩，桥台桩基采用 $\phi 1.2$ m、$\phi 1.5$ m 的灌注桩。每根桩基均预埋声测管，2 m、1.8 m 桩径每桩设 4 根，1.5 m、1.2 m 桩径每桩设 3 根。桩基础为嵌岩端承钻孔灌注桩基础。桩基工程数量：$\phi 1.2$ m 桩基 42 棵；$\phi 1.5$ m 桩基 35 棵，$\phi 1.8$ m 桩基 34 棵，$\phi 2$ m 桩基 90 棵，合计 201 棵。

2．工程地质及水文条件

1）地形、地貌

路线区域位于滇池盆地中部地段，属滇东高原盆地区昆明岩溶高原湖盆亚区。沿线总体地势较为平坦、开阔，局部起伏较大。局部地段基岩裸露。

桥址区属溶蚀低山丘陵工程地质区。桥梁地势起伏较大，桥址地区一般地面高程在 1 963～2 000.8 m。

2）地层岩性

根据钻探资料显示，桥址区地层由第四系上更新统残坡积层、泥盆系中统海口组白云质灰岩（D_2h）组成。

3）水文地理

桥址区地表水主要为八家村水库，地下水主要为孔隙型潜水及基岩裂隙水、岩溶水。孔隙潜水主要赋存于第四系残坡积黏性土层，该层透水性一般，主要接受大气降水及地表径流侧向补给。基岩裂隙水主要赋存于强风化岩中、岩溶水主要赋存于灰岩溶洞中，流通性一般较差。

3．桩基施工方案选择

因旋挖工艺成孔速度较快，所以选择旋挖成孔。若遇较硬岩石，旋挖无法成孔时采用冲击钻配合。

6.3.2 施工准备

1．施工设备、人员配备

投入 3 套冲孔机械设备，1 台旋挖机，并配备 2 台 400 千瓦发电机在外接电源未接通时使用，在外接电源接通时留一台以备突然停电时临时使用。主要机械设备及人员数量见表 6-2、表 6-3。

表 6-2 主要机械设备一览表

序号	机械设备	数量	备注
1	CZ—22 型冲孔机	3 台	钻孔
2	360 旋挖机	1 台	挖孔
3	320 型挖机	2 台	平整场地
4	25T 吊车	2 台	安装钢筋笼

续表

序号	机械设备	数量	备注
5	潜水泵	4台	抽水
6	内径φ260导管	3套	浇筑混凝土
7	大料斗（3 m³）	3套	浇筑混凝土
8	电焊机	6台	加工钢筋笼
9	切断机	2	切断钢筋
10	装载机	2台	装载渣土
11	运渣车	2台	运出渣土
12	直螺纹滚丝机	2台	加工钢筋笼
13	钢筋调直机	2台	加工钢筋笼
14	钢筋弯曲机	2台	加工钢筋笼
15	泥浆泵	3	循环泥浆
16	照明设备	9	施工照明
17	400 kW发电机	2台	供电

表6-3 主要操作人员数量

序号	种类	数量（人）
1	钻机机长	5
2	钢筋加工工人	20
3	灌注工	10
4	钻工	15
5	电工	2
6	维修工	4

2．场地、材料及机械准备

（1）组织桩基施工机械、材料进场；铺设现场施工用水、用电线路、硬化现场临时运输道路等。

（2）对桩基施工作业场地进行平整，钢筋笼加工场地进行硬化。施工场地内的临时房屋、内外地坪、道路、加工厂、材料及淤泥堆场、基坑四周进行硬化。

（3）在场地四周按照已放出桩基位置设置临时排水沟、集水井、沉淀池和泥浆池。桩基施工时产生的污水经临时排水沟排到集水井，经沉淀池沉淀后再排入工地外。

（4）施工前对不利于施工机械运行的松散场地，采取有效的措施进行处理。

3．技术准备

（1）审核图纸，做好泥浆制作、旋挖成孔、钢筋笼加工与吊装、水下混凝土灌注等工序的技术交底。

（2）建立场内的测量控制网；组织施工队人员熟悉施工图纸，进行技术交底；编制施工方案，材料抽样送检。

（3）对入场工人进行三级安全教育和安全培训工作，办理进场人员平安卡登记手续。讲解各种工序的操作规程，牢固树立"安全为了生产，生产必须安全"的思想意识，做到人人事事讲安全，自觉遵守各项规章制度和操作规程。

（4）按照施工图纸及场内测量控制点，定出桩基桩位，用水泥砂浆固定标桩，并认真进行技术复核，经有关部门办理签证手续，才能进行施工。

（5）开工前，施工现场技术负责人和施工员应逐项检查施工准备，逐级进行技术安全交底和安全教育，保证安全、技术管理在思想、组织、措施都得到落实。

6.3.3 花庄河大桥旋挖桩施工方法

1. 测量放样

根据业主和设计院所移交的控制网点，使用全站仪进行轴线引测，施测旋挖桩的中心及高程，确保桩位坐标、高程的准确。施测完成后，及时上报监理单位，由监理单位复核并同意后，对测定的桩位进行标识后方可使用，施工过程注意保护测量控制点。

2. 护筒制作及安装

1）护筒制作

护筒内径宜比孔径大 200 mm，当地下水位较深时，护筒长度 1.5 m 为宜。护筒采用 8 mm 厚的钢板制作，在护筒的上、中、下各加一道加劲筋，顶端焊两个吊环，一为起吊用，二为绑扎钢筋笼吊杆，压制钢筋笼的上浮，护筒顶端同时正交刻四道槽，以便挂十字线，以备验孔之用。在其上部开设 2 个溢浆孔，便于泥浆溢出，进行回收和循环利用。

2）护筒埋设

护筒具有导正钻具、控制桩位、隔离地面水渗漏、防止孔口坍塌、抬高孔内静压水头和固定钢筋笼等作用，应认真埋设。埋设时，先放出桩位中心点，在护筒外 80~100 cm 的过中心点的正交十字线上埋设控制桩，然后在桩位外挖出比护筒大 60 cm 的圆坑，深度 2.0 m，在坑底填筑 20 cm 厚的黏土，夯实，然后将护筒用钢丝绳对称吊放进孔内，在护筒上找出护筒的圆心（可拉正交十字线），然后通过控制桩放样，找出桩位中心，移动护筒，使护筒的中心与桩位中心重合，同时用水平尺（或吊线坠）校验护筒竖直后，在护筒周围回填含水量适合的黏土，分层夯实，夯填时要防止护筒的偏斜，护筒埋设后，质量员和监理工程师验收护筒中心偏差和孔口标高。当中心偏差符合要求后，可钻机就位开钻。

护筒埋设准确、稳定，护筒中心与桩位中心的偏差不得大于 5 mm。校准后，护筒固定在正确位置，筒口应高出地面 100 mm。底部用黏土沿护筒外侧四周分层回填夯实，为减少回填对护筒的扰动，地面以下 20 cm 采用直接灌浆。

3. 泥浆制拌

在旋挖桩周围方便操作的地方设置泥浆池（存浆量 30 m³），采用人工配合挖掘机开挖，加入清水、膨胀土等制备泥浆，泥浆比重控制在 1.10~1.15，泥浆黏度控制在 18~24 Pa·s 左右，在钻进过程中根据地层情况调整护壁液浓度。护壁液使用后回收重复使用，用完后经沉淀抽去表面的水后运到指定地点堆放并掩埋。

泥浆制备及测试技术要求：

（1）及时采集泥浆样品，测定性能指标，对新制备的泥浆进行第一次测试，使用前再进行一次测试，钻孔过程中经常进行检测，保证泥浆质量。

（2）储存泥浆每8h搅拌一次，每次搅拌泥浆或测试结果作为原始记录。

（3）新鲜泥浆制作好后搁置24h，必须经各项指标测试合格方可使用，回收泥浆经过筛处理，性能指标达到要求后再循环利用。

（4）设置拌浆池、储浆池、循环池、沉淀池和泥浆泵形成循环系统供浆，泥浆池容积满足钻孔桩施工进度要求。

4. 钻机就位

首先做好场地的平整及压实，使主机左右履带板处于同一水平面上，动力头施工方向应和履带板方向平行，切不可垂直，开钻前调整好机身前后左右的水平。安装完成经测量校验合格后，方能开始下步工序施工。

5. 钻机成孔

本次主要采用旋挖钻成孔，局部困难部位采用冲击钻成孔。旋挖钻进是利用旋挖钻杆上的液压马达往下压，并利用扭矩旋转，使旋挖钻头挤压并旋转切入土体，使土体直接装入钻头内，然后再由钻机提升装置和伸缩式钻杆提出孔外卸土，循环往复，不断地取土卸土，直至钻至设计深度。提至孔外的钻渣，由自卸汽车运至弃土场。

（1）钻孔前，调平钻机，保持钻机垂直稳固。开钻前将钻头着地，进尺深度调整为零；

（2）钻进时原地顺时针旋转开孔，然后以钻斗自重、钻杆自重加以液压力作为钻进压力，初钻压力控制在90 kPa左右，钻速先慢后快。

（3）不同地质条件采取不同类别的旋挖钻机钻头进行施工，本次采用筒式钻头。

（4）当钻杆充满钻渣后，停止下压及回旋，逆时针方向转动动力头，稍向下送行，关闭钻头回转底盖。缓慢上提钻斗，避免钻头碰撞孔壁。提离孔口后，钻机自身旋转至自卸车处，用动力头顶压顶杆，将底盖打开，倾卸钻渣。然后关闭底盖，旋回孔位，对准孔位慢慢将钻斗放至孔底钻孔，重复进行。当出现钻杆跳动，钻机摇晃，钻不进尺等异常情况时，立即停机提钻检查，查明原因妥善处理后再钻，直至钻至设计深度。

（5）钻进过程中要随时不断补充泥浆，使孔内始终保持高于地下水位1~1.5 m的水头高度，同时应根据土质情况调整泥浆配方和比重。钻至设计标高时用带有活门的筒形钻清理沉渣，即一次清孔。当孔壁泥浆皮沉淀较厚时，可用扫孔钻头上下往复，扫刷孔壁。

（6）清孔后提出钻头，由质量员和工程监理进行孔径、孔深、垂直度检测，验收合格后，移走钻机，盖好盖板，进行下道工序施工。

6. 成孔质量和沉渣检查方法

桩成孔质量检测方法采用声波孔壁测定仪法，在每根成孔完毕后，利用圆环测孔法进行测试成孔质量，为了进一步保证工程质量，拟对本工程抽取一定比例的成孔进行井径仪（或声波孔壁测定仪）检测。

1）声波孔壁测定仪

声波孔壁测定仪测定的原理是：由发射探头发出声波，声波穿过泥浆到达孔壁，泥浆的声阻远小于孔壁的土层介质的声阻抗，声波可以从孔壁产生反射，利用发射和接收的时间差和已知声波在泥浆中的传播速度，计算出探头到孔壁的距离，通过探头的上下移动，便以可通过记录仪绘出孔壁的形状。声波孔壁测定仪可以用来检测钻孔形状和垂直度。测定仪由声波发生器、发射和接收控头、放大器、记录仪和提升机构组成。声波发生器主要部件是振荡器，振荡器产生一定频率的电脉冲经放大后由发射探头转换为声波，多数仪器振荡频率是可调的，取得各种频率的声波以满足不同检测要求。放大器把接收探头传来的电信号进行放大、整形和显示，显示用进标记时或数字显示，人们可以根据波的初至点和起始信号之间光标长度，确定波在介质中传播时间。计算机接口可以把数字信息化，然后计算机进行频谱分析或进一步处理，或者波形通过记录仪绘图。在钢制底盘上安装八个探头（四个发射探头，四个接收探头），可以同时测定正交两个方向孔壁形状。探头由无级变速的电动卷扬机提升或下降，它和热敏刻痕记录仪的走纸速度是同步的，或者是成比例调节，因此探头每提升或下降一次，可以自动记录上连续绘出孔壁形状和垂直度。在探头上升到孔口或下降到孔底设有停机装置。

2）沉渣检查方法

采用泥浆护壁成孔工艺的灌注桩，浇灌砼之前，孔底沉渣应满足以下要求：端承桩≤50 mm；假如清孔不良，孔底沉渣太厚，将影响桩端承力的发挥，从而大大降低桩的承载力。常用的测试方法为垂球法进行测试。垂球法是利用质量约 1 kg 的铜球锥体作为垂球，顶端系上测绳，把垂球慢慢沉入孔内，施工孔深与测量孔深即为沉渣厚度。

7. 清孔

1）两次清孔

第一次清孔：钻至设计标高时用带有活门的筒形钻清理沉渣，即一次清孔。当孔壁泥浆皮沉淀较厚时，可用扫孔钻头上下往复，扫刷孔壁。

第二次清孔：在灌注砼导管安放完成后，对孔深、空底沉渣、泥浆比重等进行复测。如果孔底沉渣厚度及泥浆比重超出规定时，利用灌注导管采用反循环清孔，在钢筋笼、导管下好后进行，第二次清孔时间不少于 30 min，测定孔底沉渣≤100 mm，方可停止清孔。测定孔底沉渣，用锤球法测试，测绳读数一定要准确，用 3~5 个孔必须校正一次。

2）清孔标准

第二次清孔注入泥浆相对密度为 1.05 左右，漏斗黏度 18~22 Pa·s，第二次清孔后，孔底 50 cm 处泥浆的相对密度应控制在 1.15 左右，不超过 1.20。清孔结束后，要尽快灌注混凝土，其间隔时间不能大于 30 min。

8. 钢筋笼的制作与安装

为保证成孔后及时进行钢筋笼安装，钢筋笼采取在现场提前加工制作，用吊车吊入桩孔进行下放。

1）钢筋笼的制作

（1）钢筋的验收及管理。

钢筋应具有出厂质量证明书。进场后按有关规定、批量、规格进行抽样送检，并由实验室出具试验报告。对于需要焊接的材料还应有焊接试验报告。确认该批材料满足设计、施工要求后，物资设备部方可将该材料入库、登记、造册，不合格的材料应运出施工现场。

钢筋进库后须按不同钢种、等级、牌号、规格批号及生产厂家分别堆存，不得混杂，且应挂牌以资识别。钢筋在运输、储存过程中，应避免锈蚀和污染。钢筋宜堆置在仓库内，露天存放时，应垫高并加遮盖。

（2）钢筋笼制作。

① 钢筋笼制作外形尺寸要符合设计要求，其允许偏差应符合表6-4规定（单位：mm）。

表6-4 钢筋笼质量标准

项目	主筋间距	箍筋间距	钢笼直径	钢笼总长	保护层厚度
允许偏差	±10	±20	±10	±100	±10

② 钢筋笼的结构尺寸、材质、偏差等必须满足设计要求和有关规范要求，现场每批进场使用的钢筋，供料方必须提供出厂质量证明书与检验报告单等资料。

③ 焊接用的钢材，应作原材和焊接件质量试验。对生锈的钢筋，在使用前应认真除锈。

④ 主筋在制作前，对弯曲主筋进行基本调直，清除钢筋表面的污垢、锈蚀等，按钢筋笼翻样图长度下料。调直后的主筋弯曲度应不大于长度的1%，并不得有局部弯折。另根据骨架长度，按尽量减少断头废料的原则下料。

⑤ 为了便于钢筋笼的运输和吊放入孔就位并防止变形的实际情况，一方面应采取措施临时加强钢筋笼的刚度；另一方面钢筋笼的长度不宜过长。钢筋笼主筋接头应互相错开，错开距离≥55d。保证55d范围内的接头数目不多于主筋总根数的50%。

（3）钢筋笼制作方法。

① 钢筋笼制作场地布置：平整、不积水、应有足够宽度。

② 钢筋笼制作时，相邻主筋端部按要求错开相应距离，并保证同一截面内的接头数目符合规定要求。

③ 再把加强筋按每道2 m放置在放置好的主筋上，并控制好加强筋的位置和垂直度。

④ 将余下的主筋均匀布设在加强筋上，并与加强筋绑焊牢固。

⑤ 将螺旋筋按设计要求间距缠绕在钢筋笼上，采取绑扎或点焊与主筋结合牢固。

（4）钢筋笼连接工艺。

为了确保钢筋笼成型后有足够的强度和刚度，对钢筋笼的焊接质量要求严格控制，对焊条的选择、焊接尺寸、焊接方法等应满足设计与规范的要求。

① 焊接形式和焊接尺寸：要求钻孔桩钢筋笼主筋采用搭接焊，主筋与加强筋采用点焊。搭接焊时先用两点固定两端，然后再施焊。钢双面焊接要求（d为钢筋直径）见表6-5。

表6-5 钢筋焊接要求

焊缝长度	焊缝厚度	焊缝宽度
10d	0.3d	0.7d

② 每焊完一层之后，应检查焊缝结合情况；焊缝平面平顺整齐，无明显气孔、夹渣、咬边、无裂缝、主筋没有深度烧伤现象。

（5）钢筋笼定位筋设置。

钢筋笼成型后，为了使钢筋笼主筋有一定的保护层，按设计图纸通过在钢筋笼外侧设置定位筋，保证钢筋笼与钻孔的同心度和砼保护层厚度。

2）钢筋笼的运输及安装

整根钢筋笼制作完成并经自检合格后报监理工程师检查认可，然后在钢筋加工场内用25 t吊车吊至平板式运输车上，运送至工地。钢筋笼安装前应清除粘附的泥土和油渍，保证钢筋与混凝土紧密黏结。

（1）钢筋笼的下放。

现场钢筋笼的起吊直接利用25 t吊机先进行钢筋笼下截吊装，吊点设置在每节钢筋笼最上一层加劲箍处，对称布置，共计四个，吊耳采用圆钢制作并与相应主筋焊接，下截钢筋吊装完成后，使用两根I18工字钢作为扁担梁横穿钢筋笼顶部加强筋下，将整个下截钢筋笼悬挂在钢护筒上，再用吊车将上截钢筋笼吊装就位，与下截钢筋笼进行主筋的连接以及加强筋、箍筋的焊接作业，整体焊接成型后再提起连接好的钢筋笼，抽出扁担梁，缓慢下放钢筋笼。

（2）钢筋笼下放到位后将吊筋与护筒焊接固定，防止浇注混凝土时钢筋笼的上浮和下沉。固定时，要根据钢护筒的偏位情况将钢筋笼中心反方向调整，以使钢筋笼中与桩中心重合。

3）声测管安装

根据设计要求，所有桩基均预埋声测管。

（1）根据所加工钢筋笼的分节长度和购进的声测管尺寸，合理进行下料，声测管截断不可用气焊割也不可用一般切断工具，要用切管器或砂轮切割机，切割后要进行割丝。

（2）声测管接长采用丝扣连接，连接时首先检查声测管是否有杂物，如有杂物要清除干净再连接，连接时两声测管要对正，且要保持顺直，每节声测管连接都要缠生胶带，确保其密封性能良好。

（3）声测管采用绑扎方式固定在钢筋笼内侧，均匀布置，管间相互平行，不平行度控制在0.1%以下。声测管埋置深度应满足设计及规范要求。

9. 导管下放

1）导管选择

（1）导管采用专用的螺旋丝扣导管，导管采用260 mm内径导管，中间节长2 m，最下节长4 m，配备0.5 m、1 m、1.5 m非标准节。导管制作要坚固、内壁光滑、顺直、无局部凹凸，对于旧导管在试压前应通过称重的方式判定导管壁厚是否满足使用要求。

（2）导管在使用前，除应对其规格、质量和拼接构造进行认真检查外，应进行试拼和试压，试压导管的长度应满足最长桩浇筑需要，导管自下而上顺序编号并标明节段长度，且严格保持导管的组合顺序。导管组拼后轴线差，不宜超过钻孔深的0.5%且不大于10 cm。试压压力为孔底静水压力的1.5倍。检查合格后方可使用。

（3）导管长度应按孔深和工作平台高度决定。漏斗底至钻孔上口段，宜使用非标准节导管。

（4）导管下放应竖直、轻放，以免碰撞钢筋笼。下放时要记录下放的节数，下放到孔底后，理论长度与实际长度进行比较，是否吻合。

（5）下放导管到孔底，经检查无误后，轻轻提起导管，控制底口距离孔底0.3 m，并位于钻孔中央。

2）导管密水性试验

导管须经密水试验不漏水。密水性试验方法是把拼装好的导管先灌入 70%的水，两端封闭，一端焊接出水管接头，另一端焊接进水管接头，并与压水泵出水管相接，启动压水泵给导管注入压力水，当压水泵的压力表压力达到导管须承受的计算压力时，稳压 10 min 后接头及接缝处不渗漏即为合格。图 6-10 为导管安装示意图。

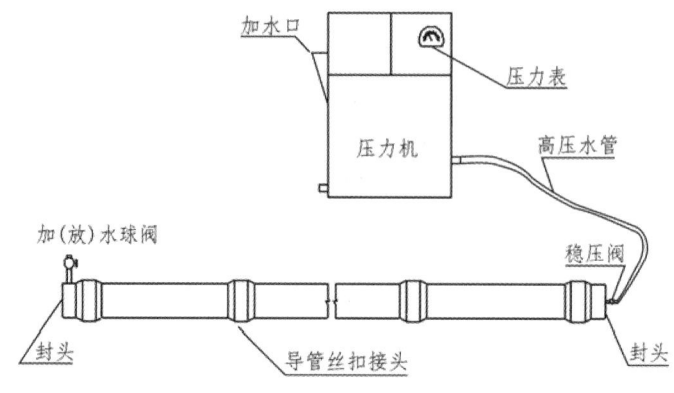

图 6-10 导管安装示意图

3）导管安装

导管安装时应逐节量取导管实际长度并按序编号，做好记录以便砼灌注过程中控制埋管深度。并应检查橡皮圈是否安置和每个导管两头丝扣有无破丝等现象，以免灌注过程中出现导管进水等现象。

10. 灌注混凝土相关指标

灌注混凝土基本原理：采用导管灌注法，即利用封闭的连接钢管作为混凝土的输送通道，管的下部埋入混凝土大于 2 m，使从下而上连续不断灌入的混凝土与桩孔内的水或泥浆隔离并逐步形成桩身，孔底沉渣及污水浮出混凝土表面。

（1）水下 C30 混凝土。

本工程混凝土设计为 C30 混凝土，坍落度控制在 180～220 mm，应添加高效减水剂、缓凝剂，混凝土应具有良好的和易性、流动性。混凝土直接在商品砼搅拌站生产，直接使用罐车由施工便道运至施工现场进行浇筑，严格控制水泥用量及其水化热。

（2）漏斗和储料斗：漏斗用 6 mm 钢板制作，要求不漏浆、不挂浆，漏泄顺畅彻底。储料斗应有足够的容量以保证首次灌入的混凝土（初灌量）能达到要求的最低埋管深度。

（3）首批混凝土填充漏斗所用的堵住漏斗底部的封口板，采用钢板制作。

按《桥规》规定，首批灌注混凝土所需数量应满足导管首次埋深（≥1.0 m）和填充导管底部的需要，其混凝土数量可参考下式计算：

$$V \geqslant \frac{\pi D^2}{4}(H_1 + H_2) + \frac{\pi d^2}{4} h_1$$

式中　V——混凝土方量（m³）。

H_1——导管地段至孔底间距,一般为 0.3~0.4 m。

H_2——导管初次埋置深度,≥1.0 m。

d——导管内径(m)。

D——钻孔桩孔径(m)。

h_1——桩孔内混凝土达到埋置深度时,导管内混凝土柱平衡导管(或泥浆)压力所需高度(m),即:

$$h_1 \geqslant \gamma_w H_w / \gamma_c$$

其中　H_w——井孔内混凝土面以上水或泥浆深度(m);

　　　γ_w——井孔内水或泥浆的容重(kN/m³);

　　　γ_c——混凝土拌合物的容重(kN/m³)。

根据计算求得 $V \geqslant 2.9$ m³,储料斗选择 3 m³ 斗。

(4)升降安装导管、漏斗的设备(现场可使用吊车、挖机或桩架等)。

11. 灌注混凝土施工流程

(1)下放钢筋笼。

(2)安放导管:在导管底部开放的状态下将导管缓慢的沉到距孔底 30cm~50cm 的深度处。

(3)将封口板放在漏斗底部,封口板用细钢丝绳引出。

(4)灌入首批混凝土,加满整个料斗。

(5)将封口板向上拔出,初灌混凝土,导管埋入混凝土内 1 m 以上。

(6)连续灌注混凝土,上提导管,导管下口要始终埋在混凝土内下 2 m 以上,严禁提出。

(7)混凝土灌注完毕,拔出护筒。

12. 混凝土灌注施工要点

(1)灌注首批混凝土时,导管埋入混凝土内的深度不小于 1 m。

(2)连续灌注混凝土:首批混凝土灌注正常后,应连续不断灌注混凝土,严禁中途停工(两次混凝土灌注间隔不能大于 30 min)。在灌注过程中,应经常用测锤探测混凝土面的上升高度,并适时提升、逐级拆卸导管,保持导管的合理深度。探测次数一般不少于所使用的导管节数,并应在每次起升导管前探测 1 次管内外混凝土面高度。遇特别情况(局部严重超径、漏失层位和灌注量特别大的桩孔等)应增加探测次数,同时观察返水情况,以正确分析和判定孔内情况。

(3)导管的埋深:导管的埋深大小对灌注质量影响很大。埋深过小,往往会使管外混凝土面上的浮浆沉渣夹裹卷入管内形成夹层;埋深过大,导管底口的起压力减小,管内混凝土不易流出,容易堵管。最大埋深不宜超过最下端导管长度或 6 m。

(4)混凝土灌注时间:混凝土灌注的上升速度不得小于 2 m/h。灌注时间必须控制在埋入导管中的混凝土不丧失流动性的时间内,必要时可掺入适量缓凝剂。

(5)桩顶的灌注标高及桩顶处理:桩顶的灌注标高至少比设计标高高出 0.5 m,以便清除桩顶部的浮浆渣层。

(6)在灌注过程中,后续的混凝土宜徐徐灌入漏斗和导管,不得将混凝土整斗从上面导入管内,以免在导管内形成高压气囊,挤出管节间的橡胶垫而使导管漏水。

(7)当混凝土面上升带到钢筋笼下端时,为防止钢筋笼被混凝土顶起,应采取以下措施:

① 在孔口固定钢筋笼上端。

② 灌注混凝土时间尽早完成,以防止混凝土进入钢筋笼时,流动性过小。

③ 孔内混凝土接近钢筋笼时,应保持埋管深度,放慢灌注速度。

④ 孔内混凝土面进入钢筋笼1~2m后,应适当提升导管,减小导管埋深,增大钢筋笼在下层混凝土中的埋置深度。

13. 易出现的问题及应急措施

1)偏斜孔

钻机安装时,因支撑不好、桩孔地质构造不均匀等因素引起钻机整体或钻头在钻孔过程中发生偏斜,导致出现偏孔。

(1)因钻机倾斜造成的应先移开钻机,检查钻孔壁情况,如果钻孔壁比较稳定,则应加固施工范围内的地基或加大钻机的支撑面积,而后重新安装钻机恢复施工;钻孔壁随时有坍塌可能的,应将钻孔回填至原地面,待地层静置稳定后重新开始钻孔。

(2)地质构造不均匀引起的,先分析清楚地层的走向,然后采用适当的回填材料(回填材料一般为片石加黏土、纯碱、锯末等组成的混合物)将钻孔回填至计算确定的高程处,静置一段时间后恢复施工。孔中心偏差小于20cm的,静置1~2h后可以继续钻孔。孔中心偏差大于20cm的,应根据情况静置2h甚至更长的时间待地层沉积稳定后恢复钻孔施工。

2)卡钻

钻孔经过地层分界面时相邻地层强度差别较大、操作中未及时根据地质情况调整钻头的行程等原因引起"卡钻"现象。针对发生"卡钻"的原因采取相应的方法处理:

(1)由于孔底土层粘附钻桶,造成卡钻现象,可以在钻桶提升前回转3~5周,从而顺利提起钻头。

(2)由于机械故障导致钻头在浓泥浆中滞留时间过长造成的钻头无法提升现象,应采取插入高压水管置换泥浆的方法进行处理。

3)坍孔处理

钻孔过程中发生坍孔后,要查明原因进行分析处理,可采用加深埋护筒等措施后继续钻孔,根据现场情况也可在泥浆中加入大量的干锯末,同时增大泥浆比重(控制在1.15~1.4),改善其孔壁结构。钻头每次进入液面时,速度要非常缓慢,等钻头完全进入浆液后,再匀速下到孔底,每次提钻速度控制在0.3~0.5m/s。坍孔严重时,应回填重新钻孔。

4)灌注混凝土封底失败

由于首批混凝土数量过小、孔底的沉渣厚度大等原因导致首批混凝土灌注入孔后,未实现水下混凝土封底的现象称为封底失败。封底失败后,应立即暂停灌注,及时对孔内已灌注的混凝土进行清理。

(1)地层稳定性较好的,应采取导管内安装高压风管进行二次清孔的方法将已灌注的混凝土清理干净,重新请示监理检查,符合规范要求后可以重新开始水下混凝土灌注。

(2)地层稳定性差或高压清孔的方法不能奏效则应及时拆除导管、拔除钢筋笼,将钻机安装到位,将未灌注混凝土部分钻孔回填,待地层沉积稳定后用冲击钻清除已灌注的混凝土,达到孔底设计标高后,请示监理检查合格后进行水下混凝土灌注。

5)卡管

因混凝土和易性差、混凝土中含有大块度骨料或受潮凝固的水泥块、灌注混凝土冲击力不足等原因导致水下混凝土灌注过程中无法继续进行的现象统称为"卡管"。

(1)由于混凝土质量造成的导管堵塞,可以少量(根据堵管前测量及计算的导管埋深结果在保证导管最小安全埋深确定)提升导管而后快速下落的方法或加大一次性灌注混凝土数量而后快速提升再迅速下放,以冲击疏通导管的方法进行处理。

(2)由于混凝土冲击力不足造成的,应及时加长上部导管的长度,而后,以一次性较大量混凝土冲击灌注达到疏通导管的目的。

(3)采取"二次砍球法"进行处理。具体操作方法:将导管插入已灌注混凝土中 0.5~0.8 m,而后按照水下封底的操作方法实施二次封底。以上几种方法处理不能奏效应立即停止,认为已断桩。

6)断桩

由于灌注中提升导管失误、混凝土供应中断(下雨、停电、机械故障等)或导管漏水等原因导致导管中已灌注的混凝土与导管的混凝土隔断,无法继续灌注的现象通称为断桩。

在灌注过程中认定发生断桩事故后,应立即停止继续灌注,提拔导管和钢筋笼,尽量将损失降低到最小。并采取以下办法处理:

(1)断桩截面位置处于设计桩全长的三分之一以下和三分之一与三分之二之间时,一般采取冲击钻清除已灌注部分,再实施原位恢复。

(2)断桩截面位置处于设计桩全长的三分之二以上且距离孔口深度不大于10m时,先进行钻孔壁加固,然后进行钻孔桩的接长。

7)钢筋笼上浮

钢筋笼上升,除了一些易见的原因是由于全套管上拔、导管提升钩挂所致外,主要原因是由于混凝土表面接近钢筋笼底口,导管底口在钢筋笼底口以下 3 m 至以上 1 m 时,砼的灌注速度(m^3/min)过快,使砼下落冲出导管底口向上反冲,其顶托力大于钢筋笼的重力时所致。

为了防止钢筋笼上升,当导管底口低于钢筋笼底部 3 m 而高于钢筋笼底 1 m 且混凝土表面在钢筋笼底部上下 1 m 之间时,应放慢砼灌注速度,允许的最大灌注速度以 0.4 m^3/min 为宜。同时,还应从钢筋笼自身的结构及定位方式上加以考虑,具体措施为:①适当减少钢筋笼下端的箍筋数量,可以减少混凝土向上的顶托力;②钢筋笼上端焊固在护筒上,可以承受部分顶托力,具有防止其上升的作用;③在孔底设置直径不小于主筋的1~2道加强环形筋,并以适当数量的牵引筋牢固地焊接于钢筋笼的底部。

8)遇溶洞

突然进尺过快,孔内的泥浆迅速流失即可判为遇溶洞,遇溶洞可能的后果是溜坍,严重时可引起地面塌陷。过程遇溶洞时必须详细记录溶洞位置。

处理方法为采用加内外钢护筒和增加抛填物的处理方式。先采用片石、黏土和整包水泥(按 3∶3∶0.7 比例,顺序为袋装水泥、袋装黏土、片石)回填,反复多次回填片石、黏土和整包水泥,反复冲击直至不再漏浆。

（1）内外护筒制作。

钢护筒采用 14 mm 厚钢板加工，每节 4 m 左右，外护筒内直径比设计桩径大 30 cm。内护筒直径比设计桩径大 20 cm。内钢护筒总长度要求 $L \geqslant (h+H)$，h 为超前勘探溶洞高度，H 为溶洞顶至地面以上。外钢护筒总长度要求 $L \geqslant H$，H 为溶洞顶至地面以上。钢护筒的加工尺寸必须严格控制，护筒上下节的连接缝除焊接外，还在接缝处焊 1 cm 宽的加强钢带，护筒水平接缝所成平面与护筒竖向垂直，使整个钢护筒的垂直度符合要求。

（2）埋设孔口钢护筒。

重新埋设孔口钢护筒，采用挖坑埋设法埋设。钢护筒拟定高度 1.5 m，护筒内径比设计桩径大 40 cm。

（3）安装钻机。

孔口钢护筒埋设完成后用汽车将钻机运输至桩位处，25 t 吊车由施工便道行驶至孔位旁，利用 25 t 吊车安装冲击钻机。

安装过程中使用全站仪测量定位，要求钻头中心对准钢护筒中心，钢护筒中心要求与桩基设计中心一致。

（4）冲锤选择。

冲孔至溶洞顶以上 3 m 时采用（桩径+0.3 m）锤，溶洞顶以上 3 m 至桩底标高时采用（桩径+0.2 m）锤。

（5）冲击成孔。

① 开孔阶段：成孔中心必须对准桩位中心，钻机必须保持平稳，不能发生位移，倾斜和沉陷。开始时用小冲程密击，锤高 0.4～0.6 m，并及时加片石，砂砾石和黏土泥浆护壁，应尽量使钻渣挤入孔壁。

② 钻进过程：孔深达孔口护筒下 3～4 m 后，加快速度，加大冲程，将锤提高至 1.5～2.0 m 以上。

（6）护筒沉放。

在确定的溶洞顶以上 3 m 按常规冲孔成孔。在达到接近溶洞顶 3 左右时，更换（桩径+0.2 m）冲锤，同时埋入外护筒，然后边打边跟进钢护筒。下放外护筒时，其位置必须准确，下放完成后，检查其高程、垂直、护筒顶面水平度。进入溶洞后，孔内的泥浆势必还会全部漏失，需再次进行溶槽的处理：孔内泥浆漏失完后，采用片石、黏土和整包水泥（按 3∶3∶0.7 比例，顺序为袋装水泥、袋装黏土、片石）回填，如此反复多次回填片石、黏土和整包水泥，反复冲击直至形成泥石护壁并不再漏浆为止，并钻至溶洞底部 300 mm 处。此时用钢丝绳活扣绑住内护筒，用吊机（或护筒自生重量）把护筒放入沉至孔底，必要时用振动锤下沉。

（7）注浆及回填砂。

由于内护筒沉放后，内外护筒之间有空隙、溶洞处理回填物与护筒壁包裹不密实，容易造成内护筒走位，将直接影响成桩中心偏位，故须对内护筒外侧进行回填砂并注浆密实。

内外护筒之间：采用回填砂填充。内护筒沉放完成后，安插注浆管，再回填砂进行充实。

溶洞处理段：由于回填砂不能完全密实溶洞处理段，故须对该段采用注水泥浆密实。水泥浆现场搅制，并通过压浆设备由注浆管压注至内护筒外侧溶洞处理段，以加强溶洞处理回填物护壁与内护筒壁紧密包裹。压注时压力控制不大于 0.4 MPa，并直到稳定 2 s 后再进行下一个孔的注浆，或相邻孔冒浆为止。

6.3.4 冲击钻配合旋挖钻孔施工

当地下有卵石、漂石地层，采用旋挖机无法施工时，采用冲击钻进行施工。

（1）桩基施工工艺框图（图6-11）。

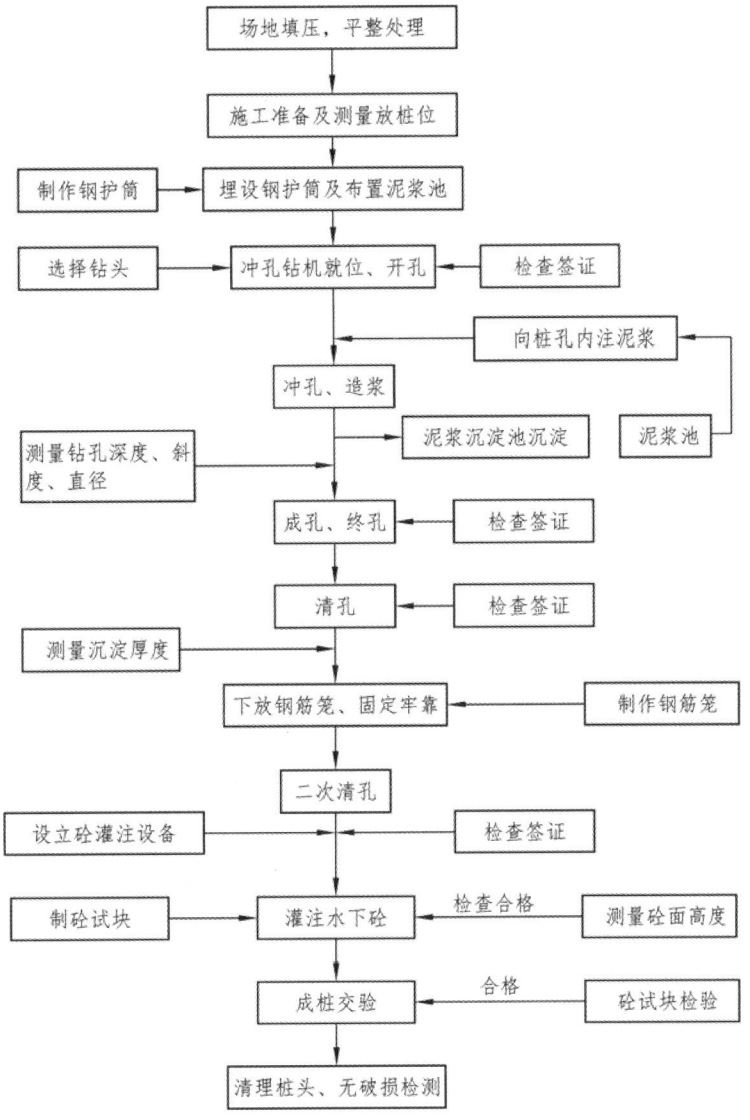

图6-11 冲击钻施工工艺

（2）成孔工艺。

①护筒用6~8 mm钢板卷制焊接而成，护筒直径比桩径大200 mm上部开一个溢浆口；护筒埋设时先开挖比护筒直径大0.2~0.3 m，深1.3 m左右的基坑，再安装护筒；按桩位中心线找正后四周倒入黏土压实；进行复测，以确保护筒中心与桩位中心相一致。护筒中心与桩

位中心偏差控制在 < 50 mm,护筒顶端应高于地面 0.2 m;护筒底部用铁钎探测有无障碍物,若遇障碍物必须及时处理,必要时加长护筒高度;护筒埋好后用钢丝绳做保险系在钢轨上。

② 挖循环泥浆池,采用泥浆循环的方法掏渣。

③ 冲桩机就位。

护筒埋设结束后将冲孔机就位,冲孔机摆放平稳,钻机底座用钢管支垫,钻机摆放就位后对机具及机座稳固性等进行全面检查,用水平尺检查钻机摆放是否水平,吊线检查钻机摆放是否正确。

④ 冲击钻成孔。

根据基桩的直径及工程地质情况,采用 5 ~ 8 t 冲击锤。在钻机驱动钻锤冲击的同时,利用泥浆泵,向孔内输送泥浆(当钻进一个时期,检查孔内泥浆性能如果不符合要求时,必须根据不符情况采取不同的方法予以净化改善)。冲洗孔底携带钻渣的冲洗液沿钢丝绳与孔壁之间的外环空间上升,从孔口回流向泥浆池,形成排渣系统。

a. 冲孔机桩就位前,应对钻孔前的各项准备工作进行检查,包括主要机具设备的检查和维修,全面检查钻机的各运转部位是否灵活可靠,润滑油是否够量,冲孔桩机安装是否平稳,钻机就位后,应水平平稳,不得产生位移和沉陷,天车、冲头和桩位中心三者应在同一铅垂线上,开孔的孔位必须准确。

b. 冲锥的钢丝绳同钢护筒中心位置偏差不大于 2 cm,升降机锥头时要平稳,不得碰撞护壁和孔壁。

c. 冲进过程中,每进 5 ~ 8 尺检查钻机直径和竖直度,注意地层变化,在地层变化处捞取渣样,判明后记入记录表中并与地质剖面图核对;根据实际地层变化采用相应的钻进方式,在冲进至中层易液化砂层时,冲进速度必须放慢,以确保成孔质量。

d. 在护筒下 1 m 范围内,宜慢速冲进。

e. 冲孔作业必须连续,并作冲孔施工记录,经常对冲孔泥浆进行检测和试验,不符合要求的随时改正,注意补充新拌的好泥浆,在整个施工过程中,泥浆的损失较小,水头始终要保证,有效地防止了孔壁坍塌,埋冲锥头的现象发生,确保了冲孔桩的成孔质量和成孔速度。

f. 冲孔应用小径冲锥冲到深度后,用大径冲锥扩孔,冲管内的泥渣和泥浆经常倒出,在冲孔排渣,提冲锥头除土或因故停冲时,应保持孔内水头和要求的泥浆指标。

⑤ 成孔要点。

a. 钻孔桩在软土中钻进,应根据泥浆补给情况控制钻进速度;在硬层或岩层中的钻进速度以钻机不发生跳动为准。

b. 冲孔桩每钻进 4 ~ 5 m 验孔一次,在更换钻头前或容易缩孔处应验孔。

c. 桩进入全风化岩后,非桩端持力层每钻进 30 ~ 50 cm,桩端持力层每钻进 10 ~ 30 cm 应清孔分段取样分析一次,确保入岩深度,并做记录。

d. 成孔中如发生斜孔、塌孔和护筒周围冒浆、失稳等情况,应停止施工,采取相应措施后再进行施工。

⑥ 冲孔桩机操作要点及注意事项。

a. 开冲时,应稍提冲头,在护筒内旋转造浆,开动泥浆进行循环,待泥浆均匀后以抵挡慢速开始冲进,使护筒脚处有牢固的泥皮护壁。冲至护筒脚下 1.0 m 后,方可按正常速度钻进。

冲进过程中必须保证冲孔的垂直。

b. 在冲进过程中，应注意地层变化。对不同的土层，采用不同的冲进方法；在黏土中冲进，中等转速，大泵量稀泥浆，进尺不得太快；在砂土或软土层中，冲进时要控制进尺，抵挡慢速大泵量，稠泥浆冲进，防止泥浆排量不足，冲渣来不及排除而造成埋冲头事故；在土夹砾（卵）石层中冲进时，宜采用抵挡、慢速、良好的泥浆，大泵量。

c. 冲进过程中，要随时观察孔内水位及进尺变化情况，冲机的负荷情况，以便判断塌孔或漏浆。

d. 冲进过程中，对于地层交界处软硬不匀，颗粒粒径大小悬殊，采用低速慢冲，上下反复扫孔，并随时注意冲孔垂直度检测；在松软土层中冲进，根据泥浆补给情况控制冲进速度。

e. 施工期间护筒内的泥浆面应高出地下水位 1 m 以上，在受水位涨落影响时，泥浆面控制在高出最高水位 1.5 m 以上，冲速不要太快，在孔深 4 m 以内不要超过 2 m/h，往后也不要超过 3 m/h。

f. 冲进过程中，经常注意泥浆指标变化情况，并掌握好孔内泥浆面高度，发现变化后及时调整。

g. 经常检查机具的运转是否正常，发现异常应立即向当班班长和技术人员报告；润滑部位每班检查一次。

h. 小工具如扳手、榔头、撬棍、垫叉等应放在离孔口较远处，防止掉入孔内。上下冲时发现阻力大的易缩径孔段，应采取上下来回反复划圆扫孔以保证孔径达到要求。操作人员要执行操作规程，按规定表格详细记录冲进中每一环节的变化。

i. 钻孔灌注桩施工泥浆循环系统由泥浆泵、护筒、连通管、泥浆池等组成。钻孔泥浆由泥浆泵从泥浆池 1 内泵送进浆，使悬浮在泥浆中的钻渣上升至孔口，用泥浆泵排入泥浆池 2 沉淀，经过沉淀后通过连通管进入泥浆池 1，再通过泥浆泵泵送进入，如此反复循环。

j. 综合泥浆池、基桩的钻孔灌注工程量及钻孔平台场地条件，钻孔施工过程，利用泥浆池对钻孔泥浆采用重力沉淀法进行净化。当满足设计要求并达到设计孔深时，经值班质检员判定并经监理认可后允许终孔。终孔后，首先进行清孔，根据泥浆质量及井内沉渣多少由质检员确定清孔时间及措施。清孔结束后，由质检员会同监理下探孔器，孔径孔深及沉渣厚度，作好记录，填写相应表格。合格后进行安装钢筋笼步骤。

其余步骤同旋挖钻机施工。

第 7 章 水源保护区跨河大桥施工关键技术

7.1 哨关路花庄河大桥工程概况

7.1.1 工程概况

哨关路路线整体呈东西走向，起点位于哨关路与新昆嵩高速相交的小哨互通，终点位于昆曲高速改线，与终点单喇叭互通收费站衔接。主要工程内容包括道路工程、桥涵工程、排水工程、综合管廊工程等。

哨关路四工区，起始桩号为 K6+200，止点桩号为 K7+100，全长约 0.898 km。主要包括：花庄河大桥桥长 498 m，路基长 400 m。

花庄河大桥主桥主墩采用薄壁空心墩，主墩顺桥向宽 2.5 m，主线桥主墩横桥向宽 10.25 m，辅道桥主墩横桥向宽 6.75 m；壁厚横桥向均 80 cm，顺桥向均 60 cm；墩顶设 1.5 m 厚实心段，墩底设 2 m 厚实心段。主辅桥主墩承台连成整体，承台厚 3.5 m，平面尺寸 34.7 m×8.2 m。主桥桩基采用 ϕ2 m 的钻孔灌注桩。引桥桥墩采用双柱式框架墩，采用桩接柱形式。主线桥墩柱尺寸采用 1.5 m×1.5 m，采用 ϕ2 m 的灌注桩，承台厚 2 m；辅道墩柱尺寸采用 1.3 m×1.5 m，采用 ϕ1.8 m 的灌注桩，承台厚 1.8 m。

主桥标准跨径组合为（42+75+42）m，上部结构为钢箱梁桥，桥梁墩高最高 29 m，采用双箱单室结构。主线主桥顶板宽 16.25 m，悬臂长度 1.825 m，箱梁宽度 2.6 m，箱梁之间距离 7.4 m，支座间距 10.0 m。辅道主桥顶板宽 13.75 m，悬臂长度 1.775 m，箱梁宽度 2.6 m，箱梁之间距离 5.0 m，支座间距 7.6 m。跨花庄河钢箱梁桥采用累积滑移方案，四座桥均从小墩号到大墩号方向下坡顶推，坡度-3.5%。钢箱梁分为 10 个节段滑移。主道滑移梁段总质量约 1 250 t，辅道滑移梁段总质量约 1 050 t。在滑移方向的前方设置 35 m 长钢导梁，主道重约 80 t，辅道重约 79 t。钢箱梁梁段放置于引桥混凝土梁上拼装并滑移，在混凝土梁上对应其腹板位置布置 2 条轨道，钢箱梁底横隔板位置处布置滑靴，配置 2 台夹轨器。在花庄河东岸过渡墩 MZ6/FZ6/MY5/FY5 一侧、中间墩靠河一侧 MZ7、MZ8/FZ7、FZ8/MY6、MY7/FY6、FY7 设置临时支架，支架上方放置滑移垫梁。

7.1.2 地质地貌

桥址区属溶蚀低山丘陵工程地质区。桥梁地势起伏较大，植被较茂盛，桥址区一般地面高程 1 963.2 ~ 2 000.8 m。路线区域位于滇池盆地中部地段，属滇东高原盆地区昆明岩溶高原湖盆亚区。沿线总体地势较为平坦、开阔，局部起伏较大，局部地段基岩裸露。

7.1.3 气象水文条件

昆明属高原性季风气候，大部分地区为北亚热带，海拔较低的坝区和河谷区为中亚热带，海拔1900 m以上的山地为南温带。高低悬殊的地区气候的垂直变化显著。

（1）气温：昆明市年平均气压810.5 kPa，年平均气温15.10 °C，最热为7月，平均温度20.2 °C，极值高温31.20 °C；冬季均温9.3 °C，最冷为1月，极值最低温度-7.8 °C，最大积雪厚度17 cm；年温差12.8 °C，无霜期240~247 d。

（2）降水：区域内年平均降水量869 mm，年最大降水量1 348 mm，日最大降水量313.9 mm，历年平均降雨日96~98 d，最长连续降水17 d。降水多集中在6—9月份，雨量占全年50%以上。

（3）霜冻：区域内最大冻深为24 cm。

（4）风向及风速：区域内年平均风速2.2 m/s，20年一遇最大风速23.7 m/s。

（5）湿度：区域内年平均相对湿度73%，年蒸发量1 940.9 mm，月蒸发量278.8 mm，3、4月为最干旱月，相对湿度仅54%~55%。

7.2 花庄河大桥墩柱、系梁、盖梁、桥台施工技术

7.2.1 主桥薄壁空心墩施工

1. 施工准备

（1）首先组织主要技术人员进行施工前的图纸会审工作，对现场实际情况、位置、角度、长度、高程核对；完成对施工作业队的主要施工技术人员、操作手及安全员的关于工程施工质量、施工进度、施工过程中安全问题的技术交底工作，提供详细的施工规范要求和设计技术指标以及相关的机械操作手册，将工程质量和施工安全责任落实到每个人，确保工程质量和施工安全。对施工人员进行技术交底。

（2）检查检验进场设备的数量及质量，保证工程施工进度及施工质量的需要。施工现场应清除表土及一切杂物、障碍物等。水泥、碎石、钢材、砂等原来料应经自检、监理工程师抽检，合格后方可使用。施工现场用电，采用临时发电机发电方式。

2. 薄壁空心墩施工工艺流程（图7-1）

3. 模板安装

立模：根据基顶中心放出立模边线，立模边线外用砂浆找平，找平层用水平尺分段抄平，待砂浆硬化后由线路中心向两侧立模。在调整首节段模板时，必须保证其顶面水平，以保证墩身的垂直度，同时方便以后各节段模板的调整。

安装：模板用塔式起重机吊装，人工辅助就位。先选择墩身一个面拼装外模，然后逐次将整个墩身第一节段外模板组拼完毕。墩柱的模板安装完后，检验其垂直度和墩顶的标高，不超过允许偏差值。

外模板安装后吊装内模板，用M12×30螺栓将模板连成整体，然后吊装围带和拉杆。模板成型后检查各部安装尺寸，符合安装标准后吊装模板固定架，为保持已安装模板的整体性，

模板固定架采用间隔安装法安装。之后安装防护栏杆和安全网，搭设内外作业平台。如图 7-2 所示。

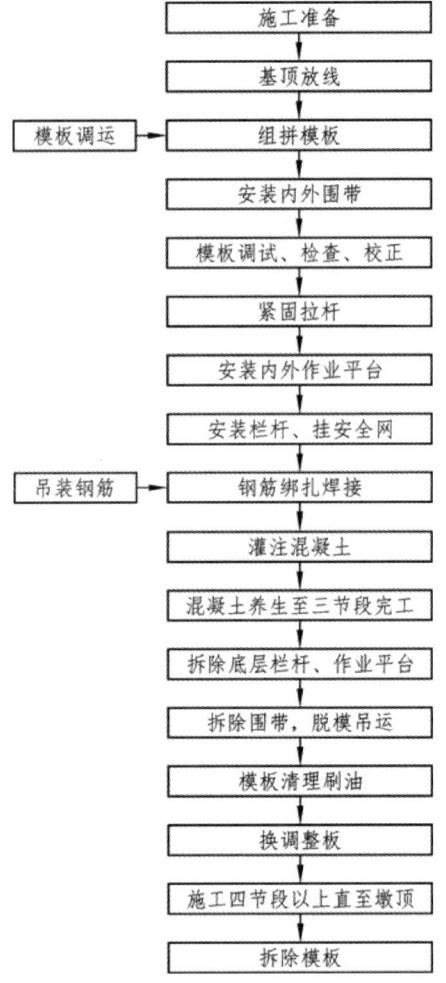

图 7-1 薄壁空心墩施工工艺流程图

立模检查：第一节段模板安装后，用水准仪和全站仪检查模板顶面标高、墩身中心及平面尺寸，符合标准后进行下道工序。

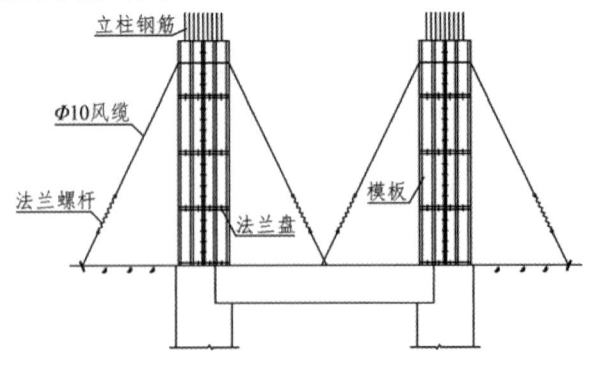

图 7-2 模板安装示意图

4. 墩身钢筋施工

墩身主筋采用直螺纹连接，钢筋和连接套筒施工前加工成型后运至现场连接。表 7-1 是丝头螺纹尺寸规格表，图 7-3 是滚压直螺纹机械连接工作流程图。直螺纹施工中注意以下几点：

表 7-1 丝头螺纹尺寸规格表（mm）

钢筋直径	$\phi 16$	$\phi 18$	$\phi 20$	$\phi 22$	$\phi 25$	$\phi 28$	$\phi 32$	$\phi 36$	$\phi 40$
剥肋光圆尺公差+0.2 −0.1	15.0	16.9	18.8	20.8	23.7	26.6	30.4	34.4	38.0
剥肋长度	18	21	23	25	28	31	35	40	44
螺纹尺寸	M16.5×2.0	M18.5×2.5	M20.5×2.5	M22.5×2.5	M25.5×3.0	M28.5×3.0	M32.5×3.0	M36.5×3.5	M40.5×3.5
螺纹长度	20	23	25	27	31	34	38	43	47

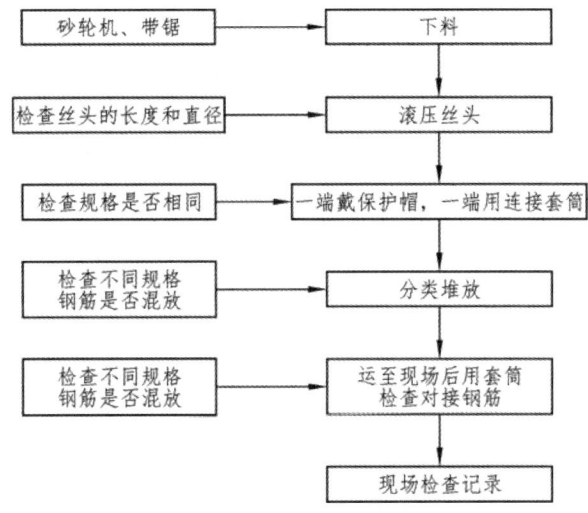

图 7-3 滚压直螺纹机械连接工作流程图

（1）钢筋加工。

① 钢筋下料时不得用热加工方法切断；钢筋端面宜平整并与钢筋轴线垂直，不能有马蹄形或扭曲；钢筋端部不能有弯曲，出现弯曲应调直。

② 钢筋丝头加工时，不能在没有切削液的情况下加工；应使用水性切削润滑液，不能使用油性切削润滑液。

③ 标准型钢筋丝头有效丝扣长度不能小于 1/2 连接套筒长度。

④ 钢筋丝头加工完毕经检验合格后，应立即带上保护帽或拧上套筒，防止装卸钢筋时损坏丝头。

（2）钢筋连接。

① 在进行连接时，钢筋规格与连接套筒规格一致。

② 钢筋连接时用工作扳手将钢筋丝头在套筒中央位置相互顶紧。

③ 钢筋连接完毕后，套筒两端外露有效丝扣，且每端外露有效丝扣不能超过 2 扣。

④ 在同一断面上接头数不超过主筋数量的 50%，前后错开 100 cm 以上。

⑤ 主筋接长时考虑其稳定性，采用在主筋连接过程中用水平筋和斜筋将整排主筋形成一整体固定。

5. 砼浇筑施工

砼标号为 C40，砼采用商品砼，砼罐车运输，汽车泵浇注砼入模，插入式振捣器捣固。

砼拌制前根据天气、气温适当的调整施工配合比，水泥、砂、碎石等原材料要符合要求，对于到场混凝土进行坍落度和外观检查，不合格的退场。砼分层浇筑，浇筑前，先在墩柱底面浇筑 1~2 cm 厚的同标号砂浆。浇注时将软式导管伸入墩柱模板内，每层浇筑高度 30~40 cm，砼捣固采用 ϕ50 插入式振捣棒，振捣时，振捣器垂直插入，快入慢出，插入下层混凝土中的深度 5~10 cm，其移动间距不大于振捣器作用半径的 1.5 倍，即 45~60 cm。振捣时插点均匀，成行或交错式前进，严格控制时间，以免过振或漏振，振捣时间为 20~30 s，每一点应振捣至砼不下沉，不冒气泡泛浆、平坦为止，振完后徐徐拔出振动棒。振捣过程中不得碰撞钢筋和模板，谨防其移位、损伤。振捣时注意不碰松模板或使钢筋移位。在砼浇筑过程中，实行"三定"，即定人、定位、定机具，并设专人对模板垂直度、平面位置、模板接缝等进行观察，发现问题及时进行处理。浇筑过程中注意防雨。浇到墩顶的时候在墩身上预留销孔施工盖梁。

砼养护：砼采用覆盖塑料膜及洒水的方法养生，养生视气温条件，一般 7 天以上。气温低于 5 ℃时，覆盖保温，不得洒水。

7.2.2 翻模施工工艺

1. 首段墩身施工

在承台顶面放样墩身四个角点，并用墨线弹出印记，找平墩身模板底部，清除墩身钢筋内杂物。安装墩身第 1 节实心段模板，在墩身四侧面搭设脚手架施工平台，并安装混凝土输送泵，绑扎墩身钢筋，加固校正模板。自检并报请监理工程师检查合格后，浇筑墩身混凝土。混凝土浇筑完毕及时进行顶面覆盖和洒水养护，准备下步墩身施工。

首节模板安装注意事项：

（1）模板安装前，通过全桥控制网测放每个墩柱中心点和墩身四个角点，并更换测量人员用全桥控制网中另外的控制点校核一次，确保无误后，在承台面用墨线弹出墩身截面轮廓线和立模控制线十字轴线。

（2）沿墩身轮廓线做 3 cm 厚砂浆找平层，以调整基顶水平，达到数点相对标高不大于 2 mm。第 3 节墩身施工完，可凿除砂浆找平层，以利用底节模板的拆出。

（3）外模安装后再次进行抄平、校正，达到模板顶相对高差小于 2 mm，对角线误差小于 5 mm 后，上紧所有螺栓和拉杆、支撑。

（4）承台混凝土施工时，在墩身轮廓线以外 70 cm 左右处埋设 ϕ16 短钢筋头，以利墩身外模的支点加固。

2. 第 2、3 节段墩身施工

墩身首段混凝土浇筑后第 1 节模板暂不拆卸，然后开始搭设墩身四周的钢管脚手支架，同时在第 1 节模板顶上安装支立好第 2、3 节内、外模板。

第 2、3 节外模板外模用 25 t 汽车吊分块吊装,支撑就位于第 1 节外模顶上,同时安装内模。利用拉杆对拉加固墩身模板。搭设内模施工平台,接长墩身脚手架施工平台,采用卷扬机提升墩身钢筋,主筋接头采用机械直螺纹套筒连接,以减少现场焊接时间,保证施工质量。然后竖立固定混凝土输送泵管。泵送浇注第 2、3 节段墩身混凝土。

施工时注意在实心段墩身顶部预留泄水孔,以利上面各节墩身施工期间养生水和雨水流出。

3. 其余节段墩身施工

第 2、3 节段墩身施工后,待第 3 节模板内的墩身混凝土达到 3 MPa,第 1 节段混凝土强度达到 10 MPa 后,先后拆除第 1 节模板,利用支撑于已浇筑的混凝土以及墩身四周的钢管脚手架上的提升吊架,以手提或电动导链(葫芦)提升模板,提升达到要求的高度后悬挂于吊架上,将第 1 节模板依次安装支立于第 3 节模板顶上,绑扎墩身钢筋,浇筑墩身混凝土。循环交替翻升模板、绑扎钢筋、浇筑混凝土,每次翻升 1 节高模板,浇筑 1 节模板高墩身,依次周而复始,直至完成整个薄壁空心墩身的施工。即等截面墩身按每 1 节 2.25 m、变截面墩身按每节 1.5 m 标准段循环施工,直至墩顶。最后墩顶高度按设计标高控制,完成墩身施工。

4. 模板翻升

每当上两节段墩身砼浇筑完成后,即可进行模板翻升,钢筋安装等。

1)模板解体

在第二节段模板内外围带或模板固定架上挂小型载人吊篮,拆除第一节段内外模板固定架,用手动葫芦挂住第一节段钢模板,松开内外模板之间拉杆、竖向联结螺栓和与上层模板联结的横向螺栓,卸下第一节段内外围带,将外模拆卸。

2)模板提升

用塔式起重机将第一节段拆下的第四节需要的模板吊运到第三节段混凝土顶面平台,清理模板并涂刷脱模剂后按放线尺寸组装为第四节段模板。然后,按第一节段的安装次序安装其余部分。提升过程中应有专人监视,防止模板与周边固定物碰撞。

3)模板安装

将上层墩身砼面凿毛清理后,用导链吊装提升,人工辅助对位,将模板安装到对应位置上,安装底口横向螺栓与下层模板联结,并以导链临时拉紧固定。内模同步安装就位后,及时与已安装好内外模板拉杆连接。模板整体安装完成后,检查安装质量,调整中线水平,安装横带 4 角螺栓固定。

4)要求

墩身各部位砼按照内实外美的要求,立模前认真清洗钢模,涂刷脱模剂,以利于拆模,保持砼外表色泽一致。模板整体拼装时要求错台<1 mm,拼缝<1 mm,模板接缝采用建筑专用双面止水胶带。安装时,利用全站仪校正钢模板两垂直方向倾斜度和四个角点位置准确性,模板安装完毕后,检查其平面位置、顶部标高、垂直度、节点联系及纵横向稳定性,并经监理工程师检查签认后,方浇注砼。模板加强清理、保养,始终保持其表面平整,形状准确,不漏浆,有足够的强度、刚度。任何翘曲、隆起或破损的模板,在重复使用之前应经过修整,直至符合要求时方可使用。模板在运输、拆卸过程中,一定要轻拆轻放,防止变形。模板提

升时应做到垂直、均衡一致，模板提升高度应为混凝土浇筑高度。墩身模板安装应稳固，设计拉杆数量不能随意减少，倒角拉杆严格按要求设置。

5）墩顶封闭

当模板翻升至墩顶封闭段底模设计起点标高时，暂停施工，在内外侧模板上安装封闭段底模板。其支架采用焊接的钢桁架，模板用刨光5 cm厚的木板，拼缝要严密，刷脱模剂后绑扎钢筋，钢筋检查后，安装外模板、围带、模板固定架、搭设外侧施工平台和安装防护栏杆，挂好安全网，灌注墩顶封闭段混凝土，养生达到规定强度。

6）拆除

施工至墩顶后，墩顶仍保留3个节段模板，墩身混凝土强度大于20 MPa时，拆除模板。拆除时按先底节段，再中节段，最后顶节段的顺序进行。每节段模板拆除按安全网、栏杆、脚手板、平台和模板固定架、围带、连接螺栓、钢拉杆、钢模板的顺序进行。为方便拆除，在墩顶预埋吊装环，利用吊装环悬挂载人小吊篮和手动葫芦进行拆除吊运作业。施工楼梯和塔式起重机由上至下进行拆除，拆除至底节段时，分别解体后同先期拆模板及模板组件一并吊运至存放场整修、存放。

7.2.3 引桥墩柱施工

1. 施工准备

墩身定位放线，经复核确认后，作为桥墩施工的基准控制线。并引测标高控制点，以备施工时标高复查。准备好模板、支承架、钢筋等材料。

2. 墩身施工工艺流程（图7-4）

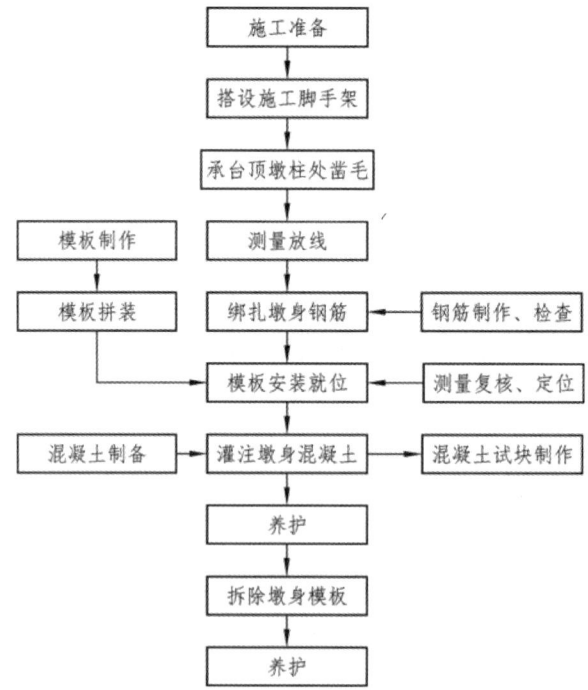

图7-4 墩身施工工艺流程图

3. 钢筋制作及安装

1) 主筋滚扎直螺纹丝头加工

（1）设计要求。

主筋净保护层不小于 4 cm，最外层钢筋净保护层不小于 3 cm。闭合箍筋采用焊接连接，焊缝长度：单面焊 10d，双面焊 5d，d 为钢筋直径；或者箍筋端头做成 135°弯钩，并伸入核心混凝土 6d（d 为纵向主筋直径）。桥墩纵向主筋在墩底 2 m 范围内不得进行连接，其他部位采用机械连接。直径大于 25 mm 的钢筋需采用机械连接。施工承台时请注意预埋墩柱钢筋；施工墩柱时注意设置支座预埋件、垫石钢筋。

（2）丝头加工基本要求：钢筋直径 $\phi 28$，根据钢筋直径购买配套的套筒，套筒长度 7 cm，相应每钢筋丝头加工成 3.5 cm，每丝 3 mm，共 13 丝，多加工一丝来保证有效丝数。

（3）主筋连接采用直螺纹套筒机械连接，钢筋拉丝后内螺纹不得有缺牙、错牙、污染、生锈、机械损伤等严重现象；钢筋下料时，要确保切口端面平整，不得有马蹄形、挠曲、缺角和与钢筋轴线不垂直的现象，发现不垂直现象及时打磨平整，确保钢筋端部顺直；加工完后丝头要用塑料保护套，不得有污染、生锈、机械损伤现象，丝口经检验合格后再进行连接。

2) 滚丝工艺流程

墩身主筋均采用滚轧直螺纹连接工艺，其基本原理是将两根待连接的钢筋端部经滚轧工艺加工成直螺纹，然后通过相应的连接套筒用管钳或扳手把两根钢筋相互连接形成钢筋接头。如图 7-5 所示。

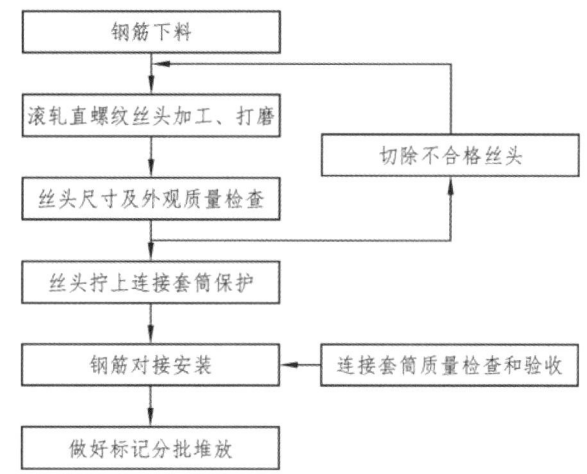

图 7-5 滚丝工艺流程图

3) 滚轧直螺纹连接工艺操作

（1）进场钢筋必须进行检验，检验合格并报总监办审批后，方可进行加工。

（2）钢筋滚压直螺纹机床经调试运转正常后，方可加工直螺纹丝头。

（3）对加工完的丝头应逐个进行自检，不合格的丝头应切去重新加工。

（4）已检验合格的丝头应立即拧上连接套筒加以保护，防止装卸时损坏，并按规格分类堆放整齐。

（5）连接钢筋时，钢筋规格应与连接套筒规格一致，并保证钢筋丝头和连接套筒内螺纹干净，完好无损。

（6）套筒连接时，应先对正两侧钢筋中线旋入套筒，使钢筋丝头同时进入套筒 1~2 丝扣，再采用扳手或管钳对套筒进行旋拧，使两根钢筋丝头在套筒中间位置顶紧。

4）墩身钢筋加工、安装与绑扎

（1）钢筋加工。

钢筋加工前应进行调直、清锈除污，下料和加工应严格按照设计要求进行。钢筋在加工棚内制作，要保证制作钢筋的精度。为验证钢筋制作的精度，可在弯制少量钢筋后，先在地面平地上进行绑扎试验，并根据实验结果调整弯制方法与尺寸。形状与尺寸已确定的钢筋可采取经常拉尺检查的办法对精度进行有效的控制。钢筋必须严格进料、出库管理，加工好的钢筋分类存放，挂牌标识。标识内容包括规格、型号、安装位置等，对检验不符合要求的材料做好标识，防止误用。钢筋加工完成后，用吊车吊运到墩身，采用现场绑扎法安装。对 $\phi 25$ mm 以上的主筋采用机械接头接长；对直径 25 mm 以下的钢筋采用电弧搭接焊接法，接焊时，Ⅰ级钢采用 T422 焊条，Ⅱ级钢筋采用 T506 以上焊条。机械接头需作破坏试验，焊接接头应做焊接工艺试验。

（2）钢筋安装。

墩身钢筋采用吊车与塔吊进行安装，安装时，必须保证钢筋骨架成型后垂直，不歪斜。同时，用垂球检查垂直度、控制定位。主筋接头竖向采用滚轧直螺纹连接，严格按规范要求控制连接质量。同一截面钢筋接头不得超过 50%，且错开位置不小于 35d。钢筋安装须保证钢筋位置和混凝土保护层厚度符合设计及规范要求。且在混凝土灌注过程中不致变形或错位。为保证保护层厚度，钢筋与模板间应设置混凝土垫块，使墩身混凝土表面颜色一致无垫块痕迹，可将垫块做成半圆形。

（3）箍筋绑扎。

箍筋拐角处与主筋的交叉点应全部绑扎，中间平直部分与主筋的交叉点可视具体情况按梅花式交错绑扎，并注意主筋与箍筋垂直。见表 7-2。

每一轮钢筋绑扎就位，自检合格、报验并签证后，方可进行下一道工序施工。

表 7-2 墩身钢筋安装质量标准

检查项目			允许偏差/mm
受力钢筋间距	两排以上排距		±5
	同排	基础、锚碇、墩台、柱	±20
箍筋、横向水平筋、螺旋筋间距			±10
钢筋骨架尺寸	长		±10
	宽、高或直径		±5
绑扎钢筋网尺寸	长、宽		±10
	网眼尺寸		±10
弯起钢筋位置			±20
保护层厚度	柱、梁、拱肋		±5

5）滚轧直螺纹连接质量控制

（1）连接套筒进场应具备产品合格证和质量证明文件，螺纹牙型应饱满，套筒表面不得有裂纹，套筒内螺纹不得有严重的锈蚀及其他肉眼可见的缺陷。连接套筒内螺纹的设计牙型、螺距及长度宜按照国家机械工业及行业标准有关规定执行。

（2）待连接钢筋的端部若有弯曲，应在下料前先进行调直；钢筋下料时应采用砂轮片切割机切断，不得用气割或冲剪下料，端头不平整的应采用角磨机进行打磨，并保证端头平面与钢筋轴线方向垂直，满足设计及规范要求方可进行下一道工序。钢筋滚压直螺纹机床应加注水溶性润滑冷却液，不得使用油性润滑液。

（3）现场加工的钢筋丝头的有效螺纹长度、丝头中径、牙型角、螺距等应符合设计规定并与相应连接套筒匹配，且经检测合格后方能进行连接工序。其中标准型接头有效螺纹长度应不小于1/2连接套筒长度。

（4）连接套筒及丝头加工时的外观质量，螺纹尺寸等的检验要求应符合《滚轧直螺纹钢筋连接接头》（JG 163—2004）及《钢筋滚轧直螺纹连接技术规程》（DBJ 13-63—2005）中的相关要求。

（5）直螺纹丝头检验合格后应拧上连接套筒，并按规格分类码放整齐；雨季或长期码放情况下，应对丝头采取防锈措施。如图7-6所示。

图7-6 钢筋直螺纹连接示意图

4. 墩柱模板施工

1）墩柱模板设计

根据设计图纸中墩柱的尺寸大小，必须由专业模板加工厂加工制作，模板设计必须符合现行国家标准《组合钢模板技术规范》和《建筑施工模板安全技术规范》中相关技术要求。最终制作成型的模板必须满足足够的承载能力、刚度和稳定性，应能可靠地承受新浇筑混凝土的自重、侧压力和施工过程中所产生的荷载和风荷载。

制作成型的模板必须经过验收才能用于现场施工。

2）模板安装及支撑

（1）模板试拼在正式安装前需在现场进行试拼工作，拼装之前要仔细检查模板的规格型号、平整度和光洁度，并涂刷脱模剂，不符合要求的模板不能使用。模板安装时节面之间设置一道双面胶条，防治浇筑施工中浆液串漏，保证模板错台小于1.0 mm。模板在现场预拼检验合格后进行整体吊装、安装，模板安装前需检验模板底口地面平整度满足要求，四周紧靠模板外侧设置4~6个固定锚栓，确保模板整体安装后垂直精度及模板移位。第一仓模板安装至系梁下口,模板的安装与拆卸均由吊车完成。墩柱模板安装时的倾斜度用经纬仪精确控制,浇筑混凝土前进行校核。模板安装完成后用 4 根风缆固定,风缆上设花蓝螺丝调节、紧固。墩柱模板支撑示意图如图 7-7 所示。

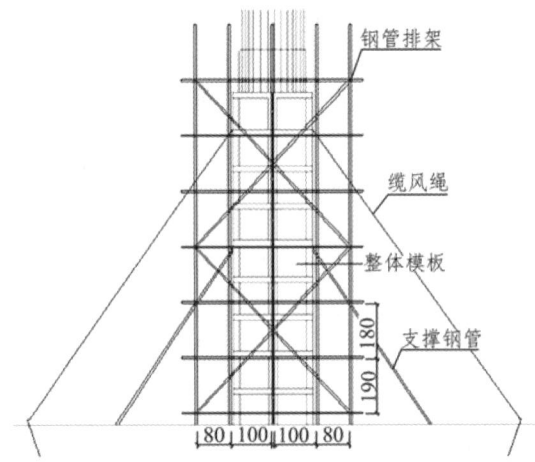

图 7-7 墩柱模板安装及支撑示意图

(2)模板校正、支撑稳固:模板拼装好后,安装 4 根钢丝绳作缆风绳,上端拉住模板,下端固定在地面上的预埋钢筋桩上,然后利用全站仪进行模板放样定位,在测量员的指挥下,调节缆风绳上的松紧螺栓使模板垂直,最后用钢管撑紧模板,以保稳定。墩柱模板安装、加固形式如图所示。

第二仓模板安装:待第一仓混凝土浇筑后并达到强度的 75%,安装第二仓墩柱模板(包括系梁模板)至系梁下口,根据现场实际墩高,从下往上逐仓浇筑至盖梁底高程。对于分仓浇筑的墩柱,拆模时注意模板不能全部拆完,必须留 1~2 m 柱模不能拆除,给下一仓墩柱施工和系梁施工预留搭接空间,模板的安装与拆卸均由吊车配合人工完成。墩柱模板安装时的倾斜度用经纬仪精确控制,浇筑混凝土前进行校核。模板用 4 根风缆固定,风缆上设花蓝螺丝调节、紧固;模板拼装好后,安装 4 根钢丝绳作缆风绳,上端拉住模板,下端固定在地面上的钢筋桩上,然后利用全站仪进行放样定位,在测量组的指挥下,调节缆风绳上的松紧螺栓使模板垂直,最后用脚手架钢管撑紧模板,以保稳定。

3)混凝土浇筑作业平台搭设

混凝土浇筑作业平台搭设采用 $\phi 4.8$ mm×3.5 mm 扣件脚手架在墩柱周边搭设施工作业平台,排架为双排,间距按纵横向 1.5 m×1.0 m 控制,步距为 1.5 m,四周设置剪刀撑结构,排架搭设高度根据墩身的高度不同而定(不得超过 38 m),以满足墩柱钢筋、混凝土灌注捣固、养护和拆模的需要。

作业平台排架搭设不得与墩柱模板连接,防治荷载影响墩柱模板变形移位,施工人员上下采用定型安全爬梯,爬梯安装见《跨花庄河桥墩柱钢管落地脚手架施工方案》,脚手架及爬梯每 6 m 与墩柱系梁抱紧。排架施工平台在两排钢管架中间满铺 5 cm×15 cm 木板及左右一块踢脚板,木板用扎丝绑扎在钢管上使之牢固。立杆基底进行夯实处理,下垫 5 cm×15 cm 木板,扫地杆不大于 35 cm,自由端高度不大于 70 cm,脚手架每 6 步(9 m)设置兜网。

4）模板检查

模板拼装完成后，利用全站仪检查调整模板的垂直度、平面尺寸、顶部标高、节点联系及纵横向稳定性，误差不大于 3 mm。模板加固及自检合格后，报监理工程师检查合格后浇筑混凝土。模板加工、安装允许偏差见表 7-3。

表 7-3 墩柱、系梁模板加工、安装允许偏差

序号	项目	允许偏差/mm
1	长和宽	0，-1
2	面板端偏斜	≤0.5
3	模板内部尺寸 墩台	+3，-6
4	轴线偏差	8
5	模板相邻两板表面高低差	2
6	模板表面平整（用 2 m 直尺检查）	3

5．墩柱混凝土浇筑

1）配合比设计

墩柱和系梁采用 C40 混凝土，混凝土采用建工商品混凝土，混凝土配合比根据中心实验室提供的配合比进行拌制，坍落度控制在 140～160 mm。

2）泵送混凝土原材料控制

（1）粗集料选用质地坚硬、级配良好、吸水率小的无风化颗粒的碎石。粗集料的最大粒径不宜超过输送管径的 1/3，含泥量不应大于 0.5%，针片状颗粒含量控制在 5% 以内。

（2）细骨料与水泥合成的水泥砂浆是增加混凝土和易性与流动性以及产生润滑作用的主要保证。对于泵送高强度混凝土配制，应选择级配良好的中砂，砂的细度模数应不小于 2.6，通过 0.3 mm 筛孔的砂不小于 15%，混凝土砂率应控制在 35%～45%。

（3）在泵送混凝土中，水泥的作用有两方面：一是胶结作用，使混凝土中骨料始终保持悬浮状况；二是润滑作用，使混凝土同泵的机械部分、输送管道及混凝土内部的摩擦阻力减少而具有良好的流动性。根据高强度混凝土配合比设计要求，水泥用量不宜大于 500 kg/m³。

（4）为保证混凝土拌和物具有良好的可泵性，在配制泵送混凝土时可以掺入一定数量的灰粉。工程实践表明，掺配灰粉不仅对混凝土的流动性和黏聚性有良好的作用，而且可降低坍落度损失和混凝土水化热，延长凝结时间，减少泌水率，增加密实度和强度，使泵送混凝土的技术性能得到进一步提高。

3）混凝土浇筑

对于到场混凝土进行坍落度和外观检查，不合格的退场。混凝土分层浇筑，浇筑前，先在墩柱底面浇筑 1～2 cm 厚 1∶1 的水泥浆。浇注时将软式导管伸入墩柱模板内,高度小于 2 m，每层浇筑高度 30～40 cm，混凝土捣固采用 $\phi 50$ 插入式振捣棒，振捣时，振捣器垂直插入，快入慢出，插入下层混凝土中的深度 5～10 cm，其移动间距不大于振捣器作用半径的 1.5 倍，即 45～60 cm。振捣时插点均匀，成行或交错式前进，严格控制时间，以免过振或漏振，振捣时间约 20～30 s，以混凝土停止下沉、不出现气泡、表面呈现浮浆为度，每一点振捣完毕后，边振动边徐徐拔出振捣器，振捣时注意不碰松模板或使钢筋移位。在混凝土浇筑过程中，实

行"三定"原则,即定人、定位、定机具,并设专人对模板垂直度、平面位置、模板接缝等进行观察,发现问题及时进行处理。

6. 模板拆除

模板的拆除期限应根据结构物的特点、模板部位和混凝土的实际强度来决定。

(1)非承重侧模应在强度能保证其表面及棱角不致因拆模而受损坏时方可拆除,一般在混凝土强度达到 2.5 MPa 时即可拆除侧模板。

(2)模板拆除不允许用猛烈敲打和强扭的方法进行,模板严禁乱扔。

(3)拆除后的模板应及时进行维修、整理,分类堆码整齐并覆盖,防止日晒雨淋。

7. 混凝土养护

(1)当混凝土终凝以后,开始洒水养护,每天由专人利用高压喷水对墩柱进行喷水养生,每天养生次数根据天气及气温情况确定,以保证墩柱处于湿润状态为准;

(2)混凝土达到设计强度的 85% 进行拆模,拆模后及时进行塑料薄膜进行包裹,以防治水分蒸发过快,提高混凝土表面养护温度,减小混凝土内外温差,并每天洒水 2 次,混凝土养护不少于 7 d。

7.2.4 系梁施工方法

1. 系梁施工工艺

系梁施工随着墩柱浇筑层的上升,与同高程范围的墩柱一起施工,其施工工艺为:墩柱顶混凝土凿毛→支撑架搭设→测量放线→底模安装→钢筋绑扎安装→钢筋验收→安装侧模→校核模板→浇筑前验收→混凝土浇筑→拆模→混凝土养护。

2. 墩柱顶混凝土凿毛

待立柱混凝土达到设计强度后,对立柱顶进行凿毛处理,凿除顶部的水泥浆浮浆,凿毛至新鲜混凝土后,并用高压水冲洗干净,放出柱顶中心线并用红色油漆标出。

3. 支撑架搭设

根据本项目系梁尺寸大小,系梁底模搭设钢管脚手架进行支撑,对断面为 1.2 m×1.4 m(宽×高)的系梁,钢管脚手架按纵距 0.9 m,横向 0.425 m,步高 1.2 m 搭设,详细模板支撑架搭设及受力计算见《系梁(1.2×1.4)模板(扣件式)组合钢模板计算书》;对断面为 1.0 m×1.2 m(宽×高)的系梁,钢管脚手架按纵距 0.9 m,横向 0.358 m,步高 1.5 m 搭设,详细模板支撑架搭设及受力计算见《系梁(1.0×1.2)模板(扣件式)组合钢模板计算书》。

4. 底模安装

模板安装顺序、先进行底模安装,底模安装完后进行系梁钢筋骨架安装,待钢筋骨架安装完后,再进行侧模安装,底模支撑采用钢管脚手架,钢管脚手架顶部横向和纵向铺 2 层 10 cm×10 cm 方木,在方木安装前先用仪器找平,然后安装方木,最后安装模板,方木采用可调顶托支撑。系梁模板安装效果见图所示。

在系梁钢筋安装完后进行侧模安装,侧模采用 $\phi 20$ 的拉杆的进行加固,在模板接口处用固体泡沫填缝剂进行填缝,防治漏浆。在模板安装前对模板认真进行打磨,对模板内侧涂刷脱模剂，便于拆模。模板表面保持平整，光洁，不变形。详细模板安装要求如下：

（1）系梁钢筋安装完成经监理检查合格后开始模板的安装工作。

（2）选择最先施工的桥墩系梁作为试验样板，对定型钢模拼装质量及成品的平整度和光洁度情况进行检验，以利于大面积混凝土施工质量的控制和提高。

（3）模板位置要按测量所给墨线支搭，模板安装要直顺、平整，接缝采用密封胶条贴实，保证接缝严密、不漏浆。模板采用钢模，且设置螺杆内拉并配合支撑方木固定，上下间距不大于 1 m。斜撑采用"U"型托架，支撑横向间距不大于 0.425 m，纵向距离不大于 0.9 m。模板与模板的接缝处，采用双面胶带堵塞，以防治漏浆。模板表面应平整，内侧线型顺直，内部尺寸符合设计要求。

（4）所支模板要与墩柱垂直，不可倾斜，以免影响系梁的尺寸。

（5）钢模板用卡子、销钉固定牢靠，模板缝塞密封胶条防治漏浆，模板一定要牢固、坚实，具有一定的稳定性，防治在施工过程中发生跑模、胀模。模板与模板的接缝处，采用海绵条或双面胶带堵塞，以防治漏浆。模板表面应平整，内侧线型顺直，内部尺寸符合设计要求。

（6）在支模板的过程中安排专人指挥。浇筑混凝土时派专人看模，及时纠正模板的变形和防治漏浆。

（7）模板的尺寸应在允许偏差内。相邻两模板表面高低差允许偏差值为≤2 mm，表面平整度允许偏差值为≤3 mm，垂直度允许偏差为 $H/500$ 且≤20 mm。模内尺寸允许偏差为（+3 mm，-6 mm），轴线位移允许偏差为≤8 mm。

（8）支完模板后及时请监理工程师验收，合格后填写预检记录，方可进行下一工序。

5. 钢筋加工及安装

（1）首先对钢筋做原材试验及焊接试件的试验。待试件符合要求后方可进行钢筋的制作与绑扎。钢筋加工统一在钢筋加工场内制作，运至现场绑扎安装，采用吊车吊运钢筋。

（2）受力钢筋间距偏差应保持在（±10 mm）范围内，保护层厚度偏差应保持在（±5 mm）范围内。保护层厚度为 40 mm。

（3）考虑到混凝土入模的冲击力，为保证系梁上层钢筋的位置正确不下挠，设置架立钢筋，使面层钢筋不下挠。

（4）钢筋在混凝土入模前，在底部和两侧均要绑扎好混凝土垫块，混凝土浇筑时不容易发生偏移，确保钢筋保护层厚度。浇筑混凝土时，派专人看管，及时纠正钢筋偏差。安装好钢筋以后，及时找质检人员验收，合格后填写隐检记录，由质检人员约请监理工程师验收。

（5）注意对已绑扎的钢筋骨架进行保护，不乱踩乱折，不粘油污，对拆乱、受撞击或倾斜的骨架要认真修复，保证钢筋骨架中各种钢筋位置正确。

6. 混凝土的浇筑

系梁采用 C40 建工商品混凝土，坍落度控制满足（160±20）mm 的要求。用混凝土罐车运输、通过汽车泵泵送入仓进行浇筑。混凝土分层进行浇筑，每层厚度不超过 40 cm。为避免形成接缝，浇筑上层时插入式振捣器伸入到下层 10 cm，插入式振捣棒的移动间距不得大于振捣棒的作用直径。

振捣棒与侧模保持 5~10 cm 的距离，防治侧模受振动器影响而发生变形或碰撞模板、钢筋等。振捣时采取快插慢拔的方式，插入和拔出必须保持振捣棒的垂直，振捣到混凝土停止下沉、不再冒出气泡、表面平坦泛浆时方可停振。混凝土浇筑完毕后将混凝土面收平，在混凝土凝固前二次收浆人工压抹 1~2 遍，以清除混凝土收缩沉降引起的沿水平钢筋走向的表面干缩裂纹。混凝土浇筑时，模板工、钢筋工应跟班作业，注意模板的稳定性和刚度，防治模板出现变形、胀模、移位；钢筋工应注意钢筋位置不受破坏、污染，保证保护层厚度控制在设计或允许偏差值内。

7. 拆模

系梁底模拆除时间，当系梁混凝土强度达到按浇注混凝土时同期制作的试件做抗压强度 85%以上才能拆除。拆除模板时吊车配合。用吊车吊放钢模时不得碰撞墩身。拆除后的模板必须及时进行清理，并分规格妥善保管，以防变形、损坏。

8. 混凝土的养护

养护必须在混凝土凝固后及时用土工布覆盖其表面，洒水养护。养护期间必须保证混凝土表面不干燥，养护时间不少于 7 d。

7.2.5 盖梁施工方法

1. 盖梁支撑平台设计及搭设

盖梁施工采用穿心棒法，利用埋设于墩柱内的钢棒做为受力支撑点安装盖梁支撑平台，支撑平台采用工字钢和槽钢搭设，详细搭设方法为：首先在盖梁下面一层墩柱混凝土浇筑过程中预埋内径ϕ100PVC 管，在每棵墩柱模板拆模后，安装ϕ90 碳素结构圆形钢棒，钢棒与墩柱接触应紧密，有空隙时应安装钢筋卡子固定。钢棒下料长度：1.8 m×1.8 m 方墩柱不小于 2.6 m，1.5 m×1.5 m 方墩柱不小于 2.3 m。钢棒安装好后就可以安装 I56C 工字钢作为主梁，工字钢与钢棒之间安装不小于 50 t 千斤顶，作为主梁调平作用，主梁上横向铺设[14 槽钢，间距 20 cm，每个槽钢下方垫木楔作为卸落装置，工字钢与工字钢之间安装ϕ24 对拉螺杆，防治工字钢倾斜。盖梁两端悬挑处的支撑立杆底铺设 14 槽钢。

盖梁支撑平台安装详如图 7-8 所示。

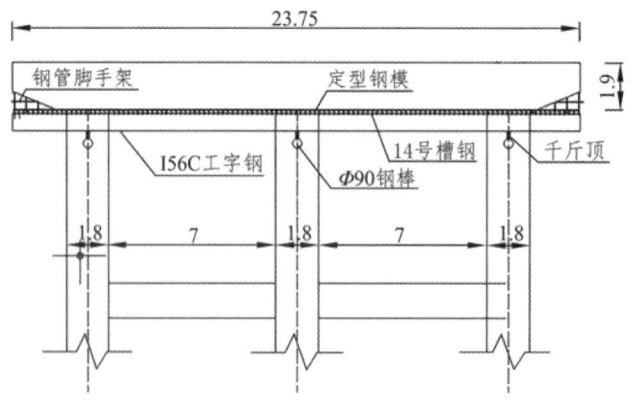

图 7-8 盖梁支撑平台搭设示意图

2. 盖梁施工工艺流程

盖梁混凝土浇筑工艺流程图详细如图 7-9 所示。

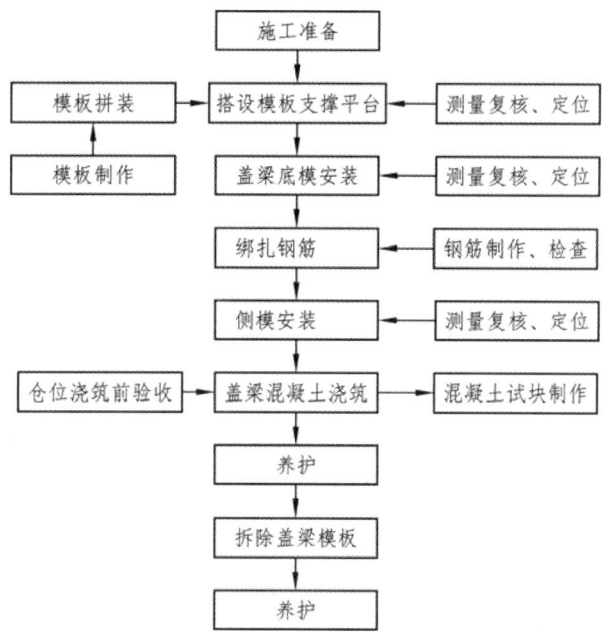

图 7-9 盖梁施工工艺流程图

3. 盖梁模板制作及安装

盖梁模板由侧模板、底模板、端模板构成，采用大块定型钢模制作，盖梁侧模、底模均采用大块整体钢模，加工完成后运至施工现场进行组拼。盖梁模板的面板采用 6 mm 钢板制作，应尽量减少焊接接缝，面板需进行刨光处理。面板加劲采用 5 mm 钢板条作为竖向、横向加劲肋。竖向加劲连接，横向加劲断开。加劲肋与面板之间采用间断焊缝，每段焊缝长度为 3 cm，焊缝厚度不小于 6 mm。竖向加劲槽钢与和横向加劲槽钢之间焊接必须牢固。模板顶口设拉杆。模板加工必须保证模板有足够的强度和刚度，并保证板面的平整度、结构尺寸满足施工技术规范要求。加工成型后的模板允许误差：面板平整度≤1.0 mm，任意对角线误差≤2.0 mm，横、竖向连接螺栓任意孔眼之间的距离误差≤1.0 mm，横、竖向连接的边缘与面板边重合，避免面板边缘不齐造成模板的对接不严密。模板加工好后主要利用汽车吊进行吊装。

盖梁支撑平台搭设后，必须经过验收合格，才能进行底模安装，验收内验收依据设计图纸及搭设方案，验收内容包括平台标高，平台架材料型号，尺寸大小，铺设及连接方式等。定型模板安装完后进行钢筋绑扎，钢筋绑扎完后进行侧模安装，侧模采用 φ20 圆对拉拉杆进行加固，端头模底部采用钢管架进行支撑。模板制作加工、安装允许偏差见表 7-4。

表 7-4 模板加工、安装允许偏差

项次	项 目	允许偏差/mm
1	长和宽	0，-1
2	面板端偏斜	≤0.5

续表

项次	项目	允许偏差/mm
3	模板内部尺寸墩台	±20
4	轴线偏差	8
5	模板相邻两板表面高低差	2
6	模板表面平整（用 2 m 直尺检查）	3

4. 盖梁钢筋加工及制作

钢筋的下料长度应符合设计要求。钢筋下料时应采用钢筋切断机或砂轮机切断，不得采用加热法切断；钢筋表面应洁净，使用前应将表面油渍、漆皮、鳞锈等清除干净。钢筋端面平整并与钢筋轴线垂直，不得扭曲；钢筋端面不得弯曲，出现弯曲时应调直。钢筋的弯制和末端的弯钩应符合设计要求。钢筋接头采用搭接电弧焊，两钢筋搭接端部应预先折向一侧，使两接合钢筋轴线一致。接头双面焊缝长度≥5d，单面焊缝的长度≥10d（d 为钢筋直径）。受力钢筋焊接接头应设置在内力较小处，并错开布置。电弧焊接接头与钢筋弯曲处的距离不应小于 10d（d 为钢筋直径）。盖梁钢筋应在钢筋加工场地按设计要求加工好后运至现场进行安装。在安装钢筋前应先将墩柱顶混凝土凿毛并清洗干净，以便新老混凝土的连接。

盖梁的骨架钢筋均在地面上放出钢筋骨架 1∶1 的大样图，将成型好的钢筋骨架在拼装场地上进行试拼装，对钢筋预弯角度有偏差的进行调整，保证盖梁主筋与主筋搭靠紧密再进行焊接，焊缝必须满足设计及相关规范要求，焊缝宽度不小于 0.7d，焊缝厚度不小于 0.3d，骨架钢筋采用吊车吊运，进行箍筋、水平筋现场安装。钢筋骨架绑扎成型后，经监理工程师检查并签认后方可进行下一道工序。

钢筋施工中的一些注意事项：

（1）放样要准确。

（2）放出钢筋骨架位置线，以及钢筋结构尺寸线。

（3）钢筋保护层利用厂家购买的同标号的混凝土垫块来保证。

5. 盖梁钢筋安装

（1）在安装盖梁钢筋前应先将墩柱头凿毛并清洗干净，以便新老混凝土连接。

（2）在盖梁底模上放出钢筋骨架的位置，若与墩柱的预埋筋有干扰，可以适当挪动盖梁钢筋。

（3）盖梁的钢筋骨架采用人工配合 25 t 吊车进行安装，安装前先在底模上垫 20 cm×20 cm 的方木，将钢筋骨架安放在方木上，安装箍筋及水平筋。

（4）钢筋绑扎要保证顶、底部保护层厚度，钢筋的下料长度及间距均按设计要求制作，钢筋绑扎前进行自检。

（5）盖梁钢筋绑扎完毕后，按设计要求测出支座的平面位置，然后标在钢筋上，根据测出的支座平面位置对支座垫石的钢筋及支座的预埋件进行预埋。对盖梁钢筋的纵横轴线进行检查合格后，报检并签证，方可浇筑混凝土。

（6）在盖梁混凝土浇筑前，钢筋安装过程中，应注意按图纸要求对 40 m T 梁固结墩墩顶现浇连续段预埋钢筋和钢板的安装，安装完毕，经验收合格，才能进行混凝土的浇筑。

6. 盖梁混凝土浇筑

盖梁采用C40建工商品混凝土，坍落度控制在（160±20）mm范围。用混凝土罐车运输、通过汽车泵泵送入仓进行浇筑。混凝土分层进行浇筑，每层厚度不超过40cm。为避免形成接缝，浇筑上层时插入式振捣器伸入到下层10cm，插入式振捣棒的移动间距不得大于振捣棒的作用直径。振捣棒与侧模保持5~10cm的距离，防治侧模受振动器影响而发生变形或碰撞模板、钢筋等。振捣时采取快插慢拔的方式，插入和拔出必须保持振捣棒的垂直，振捣到混凝土停止下沉、不再冒出气泡、表面平坦泛浆时方可停振。混凝土浇筑完毕后将混凝土面收平，在混凝土凝固前二次收浆人工压抹1~2遍，以清除混凝土收缩沉降引起的沿水平钢筋走向的表面干缩裂纹。混凝土浇筑时，模板工、钢筋工应跟班作业，注意模板的稳定性和刚度，防治模板出现变形、胀模、移位；钢筋工应注意钢筋位置不受破坏、污染，保证保护层厚度控制在设计或允许偏差值内。

7. 盖梁模板拆除

盖梁底模拆除时间，当系梁混凝土强度达到按浇注混凝土时同期制作的试件做抗压强度85%以上才能拆除。拆除模板时吊车配合。用吊车吊放钢模时不得碰撞墩身。拆除后的模板必须及时进行清理，并分规格妥善保管，以防变形、损坏。

8. 混凝土的养护

养护必须在混凝土凝固后及时用土工布覆盖其表面，洒水养护，采用洒水养护，最初三天白天应至少每隔2h浇一次水，夜间至少浇水两次。在以后的日期中，每昼夜至少浇水四次，在较干燥气候条件下或混凝土中水分较少时，浇水次数宜再适当增加，养护时间不少于7d。

9. 防震挡块和支座垫石施工

防震挡块和垫石混凝土设计强度等级C40，跨花庄河桥除FZ7#、MZ7#、FZ8#、MZ8#、MY6#、FY6#、MY7#、FY7#，桥墩为固结墩外，其他所有桥墩均设计有支座垫石，HDR支座中心处梁底预埋钢板露出梁体高度为1cm，LNR支座中心处梁底楔形调平钢板高度为2cm，JZPZ支座中心处梁底混凝土楔块高度为6cm。垫石混凝土在盖梁混凝土浇筑后2~3d进行施工，垫块模板采用木模，测量放样定出支座中心，支座位置偏差不大于5mm，模板安装时严格控制四角高程，支座四角高差不超过±1mm，根据支座设计图，垫石内有预埋钢板，在施工过程中应确保预埋钢板不移位和垫石顶面保证平整，以确保后期橡胶支座的安装精度。防震挡块与盖梁混凝土一起浇筑，模板采用普通钢模板，模板加固采用$\phi 12$对拉拉筋加固，在盖梁施工过程中，应预埋防震挡块钢筋，施工前应对盖梁与防震挡块的接缝处进行凿毛处理。

7.2.6 桥台施工方法

1. 桥台施工工艺

桥台的承台施工方法在前面介绍过，下面仅对桥台台身、台帽、耳墙及背墙施工方法进行说明。承台，桥台施工工艺详细如图7-10所示。

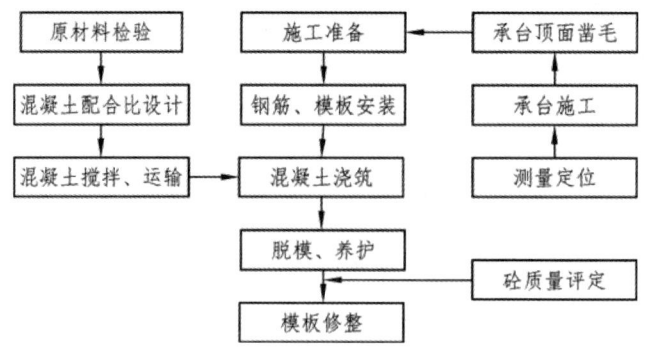

图 7-10 台身、台帽施工工艺

2．桥台施工顺序

首先施工台身混凝土，然后台帽和耳墙一起施工至台帽顶高程位置，待预制 T 梁安装完成，再施工耳墙剩余部分和台背混凝土。防震挡块与台帽一起施工，台帽顶垫石待台帽施工完成后 2～3 d 施工，在台帽施工过程中注意垫石钢筋的预埋。

3．满堂脚手架搭设

钢管脚手架按纵距 0.9 m，横向 0.625 m，步高 0.9 m 搭设，详细模板支撑架搭设及受力计算见计算书。

4．钢筋制作及安装

1）作业条件

（1）熟悉桥梁设计图纸，明确各施工工序的做法。

（2）钢筋按图纸要求悉数进场，且已检验合格。

2）钢筋加工

（1）钢筋进场后即时进行钢筋抽样试验，试验合格并报验监理工程师检验合格后方可使用。

（2）在钢筋下料过程中，应严把质量关。现场技术人员按设计图及规范要求严格监控，对制作误差大于规范要求的应重新制作。

（3）成品堆放应标明所用部位、长度、规格等。

3）钢筋绑扎

（1）进行钢筋绑扎时，箍筋应与受力钢筋垂直，箍筋搭接处承受力钢筋方向相互错开。

（2）钢筋绑扎完毕后，应在底部和钢筋外侧垫齐相同强度等级的细石混凝土垫块，以保证混凝土保护层厚度和不露筋。

（3）绑扎钢筋时应满绑，不得缺扣或漏绑。

4）质量要求

（1）高度重视半成品加工质量，下料前必须调直钢筋。下料尺寸必须经施工技术人员严格审查后执行。钢筋制作一律在工地加工房内使用机械加工弯制成半成品使用。保证弯曲角度和平直部分长度。加工好后应按照规格品种分类堆放整齐，交待工人取用时不得错拿错放，以保证成型骨架准确。

（2）钢筋骨架绑扎注意绑扎方法，宜采用十字扣绑扎法，不得采用顺扣，防止钢筋变形。

5）成品保护

（1）成品钢筋应垫平堆放，分规格和品种分别堆放，并挂标识牌。

（2）钢筋堆放时，要保持钢筋表面洁净，采用防水雨布覆盖，以防生锈。

（3）施工场地所有人员不得踩踏已绑扎好的钢筋。

5. 模板的制作及安装

1）模板质量要求

本工程模板设计及加工质量的标准按混凝土质量标准实施。混凝土外观要求应达到：表面平整光滑，线条顺直，几何尺寸准确（在允许偏差以内），色泽一致，无蜂窝、麻面、露筋、夹渣和明显的气泡。模板设计及加工应满足：接缝严密、不漏浆、构件的形状尺寸和相互位置正确、模板构造简单，支装方便、在实施过程中不变形、不破坏、不倒塌。在满足模板施工及质量要求的前提下，尽量考虑经济，施工效率等成本因素。根据本工程特点，同时考虑经济效益及现场实际情况，模板选择大块定型钢模。

2）模板检查与组拼

（1）模板安装前应对模板进行检查，要求具有刚度、强度和稳定性，满足结构尺寸要求，表面平整度不大于 5 mm，无平面翘曲等。对不符合标准的模板进行整形、磨光。

（2）模板锈蚀或表面粗糙直接影响到混凝土的外观，施工前应进行除锈处理。

（3）安装前应制定拼模方案，并对模板进行编号。

3）模板安装与固定

（1）模板加工完成，经检验合格后才能投入使用。

（2）模板安装要满足要求，加固牢固可靠。模板安装完成后，严格检查模板间的拼缝是否满足施工规范要求，不允许错台和缝隙宽度超标。

（3）台身模板采用 20 t 吊车分节吊装拼接，将模板连接成为一整体。为保证模板的整体性、刚度和稳定性，模板面板及背肋全部采用槽钢进行连接固定。

（4）台帽模板安装顺序、先进行底模安装，底模安装完后进行台帽钢筋骨架安装，待钢筋骨架安装完后，再进行侧模安装，底模支撑采用钢管脚手架，钢管脚手架顶部横向和纵向铺 2 层 8 cm×10 cm 方木，在方木安装前先用仪器找平，然后安装方木，最后安装模板，方木采用可调顶托支撑。

（5）模板在安装前，先用水对面板进行擦洗干净，表面风干以后，采用滚筒或刷子对面板涂抹脱模剂，脱模剂要均匀。如果刷脱模剂后遇到下雨天气，采用塑料薄膜或彩条布及时进行遮盖；下雨中面板未干严禁刷脱模剂；面板涂抹脱模剂后，要及时进行安装，安装完成后，进行覆盖，防止灰尘污染。

（6）模板拼装完成后，采用斜撑与上部拉筋进行固定。

（7）模板如果不在同一水平面上，利用砂浆带进行找平，模板底口采用木板进行垫平垫实。

（8）模板安装并自检合格后，报验监理工程师。经监理工程师检查合格后才能进行混凝土浇筑施工。

（9）混凝土浇筑过程中，时刻观察模板变化情况，发现反常即时进行处理。

6. 混凝土浇筑

1）混凝土拌制

混凝土采用建工商品混凝土，配合比由中心试验室提供，坍落度控制在（160±20）mm范围。

2）混凝土的运输

为使浇筑工作不间断并使混凝土到浇筑地点保持均匀性和规定的坍落度，采用混凝土罐车从拌和站运送混凝土至桥台位置。

3）混凝土浇筑

混凝土浇筑前派专人对钢筋和预埋件进行检查，浇筑前检查混凝土的均匀性和坍落度。混凝土按一定厚度、顺序和方向分层浇筑。混凝土分层浇筑厚度不超过 40 cm，浇筑连续进行，不得中断。

4）混凝土振捣

采用插入式振动器振实，振捣时，振捣棒移动间距在 35～40 cm 范围内；与侧模保持 5～10 cm 的距离；插入下层混凝土 10 cm；振捣必须密实，密实的标志是混凝土停止下沉，不再冒出气泡，表面呈现平坦、泛浆。

7. 拆模

台帽底模拆除时间，当台帽混凝土强度达到按浇注混凝土时同期制作的试件做抗压强度 85%以上才能拆除。拆除模板时吊车配合。用吊车吊放钢模时不得碰撞墩身。拆除后的模板必须及时进行清理，并分规格妥善保管，以防变形、损坏。

8. 混凝土养护

最初三天白天应至少每隔 2 h 浇一次水，夜间至少浇水两次。在以后的日期中，每昼夜至少浇水四次，在较干燥气候条件下或混凝土中水分较少时，浇水次数宜再适当增加，养护期不得少于 7 天。

7.2.7 接地施工方法

1. 接地设计

（1）本桥在过渡墩、桥台处设置接地装置。

（2）在桥面两侧防撞墙内分别设置 40×5 镀锌扁钢一根作为接地带。接地带贯穿全桥，在有接地装置的桥墩处，与接地引上线作可靠连接。

（3）将各桩基础内竖向结构钢筋并接后作为接地极，用 $\phi16$ 圆钢作为水平连接线将所有桩基的连接钢圈焊接，利用墩身内不小于 $\phi16$ 的结构钢筋作为接地连接线，将接地极引至墩帽以上，以便上引。

（4）T 梁内的接地钢筋均利用不小于 $\phi16$ 的结构钢筋，将接地极继续引上与防撞墙内的贯通接地带连通。

（5）所有接地钢筋之间及接地带之间的焊接均采用双面焊，焊缝长度不小于 100 mm。

（6）接地线在墩、梁衔接处要保证有足够的伸缩余量，以防拉断。

（7）桥梁伸缩缝处，从桥墩上引至梁面的接地线应分别引至 T 梁端头，与桥面接地带可靠连接。

（8）施工应有电工配合，全桥接地电阻阻值应小于 4 Ω。

（9）全桥灯杆，接线盒、金属栏杆等外露可导电部分均应可靠接地。

（10）利用桩基竖向结构主钢架做接地极，每根桩基至少有 1 根垂直钢筋在连接处必须采用搭接钢筋双面焊。

（11）在承台内用 $\phi 16$ 连接钢圈将每根桩的垂直主筋并焊，并设置 $\phi 16$ 水平连接钢筋，水平钢筋与钢圈间采用双面焊。

（12）所有接地引上线均利用不小于 $\phi 16$ 的结构钢筋，引至墩顶面支座边，接地引出线的长度不小于 1 m。

（13）接地钢筋之间的连接为双面焊接，焊缝长度不小于 100 mm，相互交叉连接时，采用增加"L"型钢筋过渡焊接，若墩梁衔接处相对位移较大，应采用软铜带过渡连接。

（14）接地引出线应与 T 梁内不小于 $\phi 16$ 的结构钢筋相连接，结构钢筋再与护栏内的贯通接地带相连接。贯通接地带工程量在防雷接地总布置图已经计入，本图不再计算。

（15）施工时应有电工配合，每墩处测量接地电阻值应小于 4 Ω，当电阻值不能达到要求时，增加接地角钢作为人工接地极。

（16）水平连接线及接地引上线需要有明显的标识。

2．接地工程量

跨花庄河桥接地材料数量见表 7-5。

表 7-5　跨花庄河桥接地材料数量表

序号	接地材料名称及规格	单位	数量	备注
1	扁钢 40×5	m	4 440	热镀锌
2	圆钢 $\phi 16$	kg	1 547	

3．接地施工顺序

跨花庄河桥接地施工顺序：桩基与承台接地连接施工→墩柱及盖梁接地上引施工→T 梁及桥面接地上引施工→防撞墙接地镀锌扁钢施工。

4．接地施工工艺

跨花庄河桥接地施工工艺流程如图 7-11 所示。

5．施工准备

施工前必须由测量人员放出接地线路的具体位置，并做好标记；应做好接地材料施工计划（包括接地材料，防腐材料）；接地施工设备应提前准备（包括电焊机、钢卷尺、电焊把钳、台虎钳、防腐刷等）。

6．接地施工

1）接地线路布置

跨花庄河桥采用 $\phi 16$ 圆钢作为水平连接线将所有桩基础内的竖向结构钢筋连接后作为接地极，单排桩承台过渡墩接地布置如图 7-12 所示，多排桩承台过渡墩接地布置如图 7-13 所示。

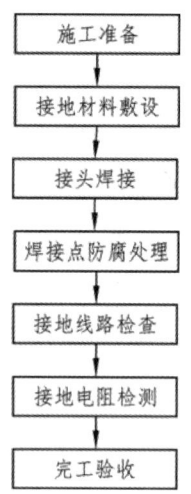

图 7-11 接地施工工艺流程图

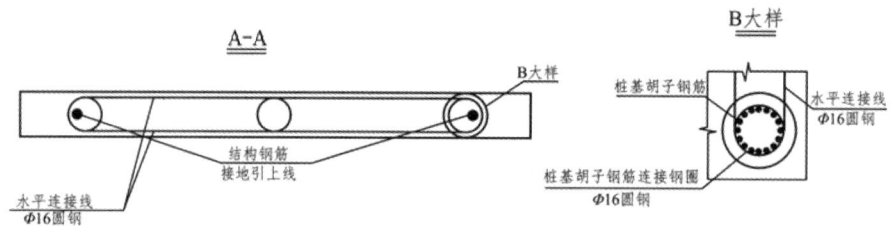

图 7-12 单排桩承台过渡墩接地布置图

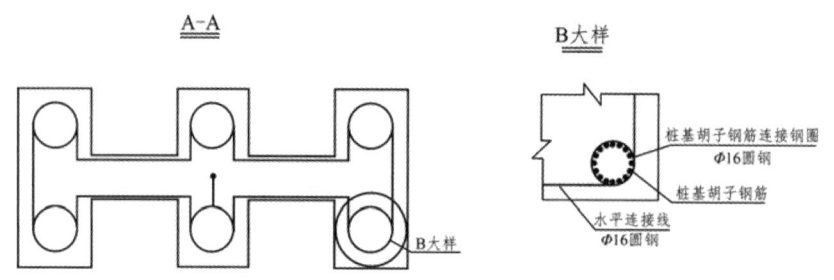

图 7-13 多排桩承台过渡墩接地布置图

2）承台与桩基接地施工

在承台内用 $\phi16$ 连接钢圈将每根桩的垂直主筋并焊，并设置 $\phi16$ 水平连接钢筋，水平钢筋与钢圈间采用双面焊。每根桩基至少有 1 根垂直钢筋在连接处必须采用搭接钢筋双面焊。所有焊口做防腐处理，刷防腐漆。施工时应有电工配合，每墩处测量接地电阻值应小于 4 欧姆为合格，当电阻值不能达到要求时，增加接地角钢作为人工接地极。水平连接线及接地引上线需要有明显的标识，在上引线处刷白色底漆。

3）墩柱及盖梁内接地施工

利用墩身内不小于 $\phi16$ 的竖向结构钢筋作为接地连接线，将接地极引至盖梁内，墩柱接地引出线采用 $\phi16$，引出线不小于 1 m，引出线与盖梁结构钢架焊接，焊缝长度不小于 100 mm，相互交叉连接时，采用增加"L"型钢筋过渡焊接。接地线在墩柱、盖梁衔接处要保证有足够的伸缩余量，以防拉断。焊口做防腐处理，刷防腐漆。墩柱接地引出线和盖梁接地引出线，每次引出均做接地电阻值检测，检测合格后，才能进行下道工序施工。接地引出线应刷白底漆做标记。桥梁伸缩缝处，从桥墩上引至梁面的接地线应分别引至 T 梁端头，与桥面接地带可靠连接。所有接地引上线均利用不小于 16 的结构钢筋，引至墩顶面支座边，接地引出线的长度不小于 1 m。

4）T 梁与防撞墙接地施工

盖梁接地引出线应与 T 梁内不小于 $\phi 16$ 的结构钢筋相连接，在 T 梁预制过程中应做好接地钢筋的引出工作，接地引出线采用 $\phi 16$ 圆钢，并做好标记。T 梁安装后其结构钢筋接地引出线再与防撞墙内的贯通接地镀锌扁钢相连接。T 梁内结构钢筋与防撞墙内镀锌扁钢采用 $\phi 16$ 圆钢连接。接头采用双面焊接，焊缝长度不小于 100 mm，所有焊缝均做防腐处理，每次接地引出线引出后均做电阻检测，并对引出接地线刷漆做好标记。

7. 接地施工质量保证措施

（1）施工过程中严格按《电气装置安装工程接地装置施工及验收规范》组织实施。

（2）做好施工技术交底工作，对施工难点、重点和注意事项进行讲解，使现场施工人员按技术交底内容进行现场施工。

（3）每道工序施工结束后，接地引出线应注意妥善保存，不得丢失、断裂。

（4）严格执行各项材料的检验制度，加强原材料进场的质检和施工过程的检查，各种材料必须接到检验合格通知后，方可使用。不合格的材料不准在工程中使用。

（5）严格执行三检制，本桥接地施工属于隐蔽工程施工，每道工序必须经监理、质监单位验收合格后，方可组织下道工序施工。

7.3 花庄河大桥支架施工技术

7.3.1 支架基本方案

花庄河钢箱梁大桥主桥标准跨径组合为（42+75+42）m，上部结构钢箱梁桥。其中钢箱梁部分主线右幅和辅线右幅 5、6、7、8 号墩及左幅主线和辅线左幅 6、7、8、9 号墩均需搭设施工操作脚手架，以便钢箱梁桥施工时在桥墩处施工人员便于操作。现场搭设脚手架搭设与混凝土承台之上，部分地基采用混凝土硬化处理。脚手架搭设立面图和布置如图 7-14 所示。

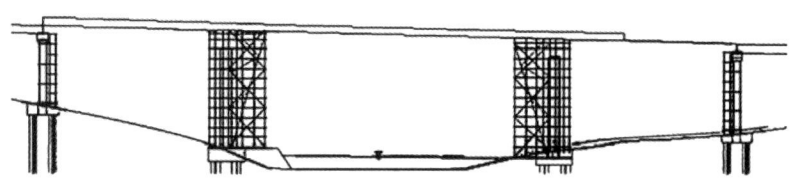

（a）立面图

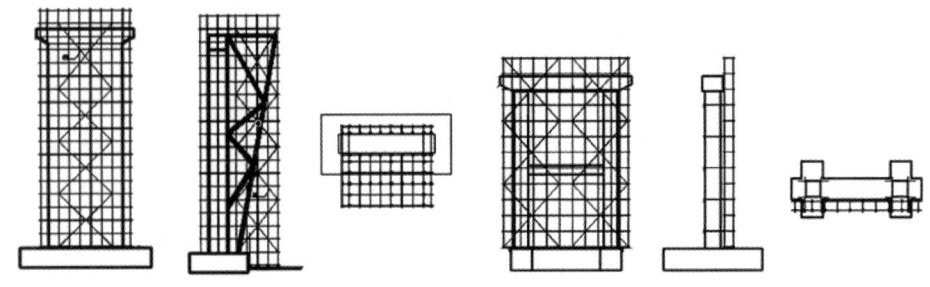

（b）布置示意图

图 7-14 脚手架搭设和布置图

7.3.2 桥墩脚手架方案选择

本工程考虑到施工工期、质量、安全和合同要求，故在选择方案时，应充分考虑以下几点：

（1）架体的结构设计，力求做到结构要安全可靠，造价经济合理。

（2）在规定的条件下和规定的使用期限内，能够充分满足预期的安全性和耐久性。

（3）选用材料时，力求做到常见通用、可周转利用，便于保养维修。

（4）结构选型时，力求做到受力明确，构造措施到位，升降搭拆方便，便于检查验收。

（5）结合以上脚手架设计原则，同时结合本工程的实际情况，综合考虑了以往的施工经验，决定采用以下脚手架方案：钢管落地式脚手架：立杆横距：1.05 m；立杆纵距：1.5 m 步距：1.8 m。之字形上人通道。

7.3.3 脚手架材料选择

（1）钢管落地脚手架，选用外径 48 mm，壁厚不小于 3 mm，钢材强度等级 Q235，钢管表面应平直光滑，不应有裂纹、分层、压痕、划道和硬弯，新用的钢管要有出厂合格证。脚手架施工前必须将入场钢管验收，满足要求后方可在施工中使用。

（2）本工程钢管脚手架的搭设使用可锻铸造扣件，应符合建设部《钢管脚手扣件标准》（JGJ22—85）的要求，由有扣件生产许可证的生产厂家提供，不得有裂纹、气孔、缩松、砂眼等锻造缺陷，扣件的规格应与钢管相匹配，贴和面应平整，活动部位灵活，夹紧钢管时开口处最小距离不小于 5 mm。钢管螺栓拧紧力矩达 65 N·m 时不得破坏。

（3）脚手板、脚手片采用符合有关要求。

（4）安全网采用密目式安全网，网目应满足 2 000 目/100 cm^2，做耐贯穿试验不穿透，1.6 m×1.8 m 的单张网重量在 3 kg 以上，颜色应满足环境效果要求，选用绿色。要求阻燃，使用的安全网必须有产品生产许可证和质量合格证，以及建筑安全监督管理部门发放的准用证。

7.3.4 脚手架搭设流程及要求

1．操作流程

（1）落地脚手架搭设的工艺流程为：场地平整、夯实→材料配备→定位设置通长脚手板、底座→纵向扫地杆→立杆→横向扫地杆→小横杆→大横杆（搁栅）→剪刀撑→铺脚手板→扎防护栏杆→扎安全网。

（2）定距定位：根据桥墩构造要求在桥墩四角用尺量出内、外立杆离墙距离，并做好标记；用钢卷尺拉直，分出立杆位置，并用小竹片点出立杆标记；垫板、底座应准确地放在定位线上，垫板必须铺放平整，不得悬空。

（3）在搭设首层脚手架过程中，沿四周每框架格内设一道斜支撑，拐角处双向增设。当脚手架操作层高出斜撑顶两步时，宜先立外排，后立内排，其余按下构造要求搭设。

2．施工步骤

1）地基处理

（1）根据现场实际情况，承台或地系梁边缘距墩身距离足够的情况下，脚手架立杆可直接立在承台上，不需要进行地基处理。若承台范围不够，则需对地基进行混凝土硬化处理之后再铺设立杆。

（2）下雨过后要对脚手架架体基础进行全面检查，严禁脚手架基底积水下沉。

2）排水措施

在距脚手架外排立杆外 0.5 m 处，设置一排水沟，排水沟坡度为 3‰～5‰。引排到花庄河内。

3）立杆设置（图 7-15）

（1）脚手架采用双排双立杆，立杆顶端与桥梁顶推轨道小口平齐，立杆接头采用对接扣件连接，立杆与横杆采用直角扣件连接。

（2）脚手架立杆纵距 1.5 m，横距 1.05 m，步距 1.8 m；内侧立杆距桥墩边缘不超过 20 cm。

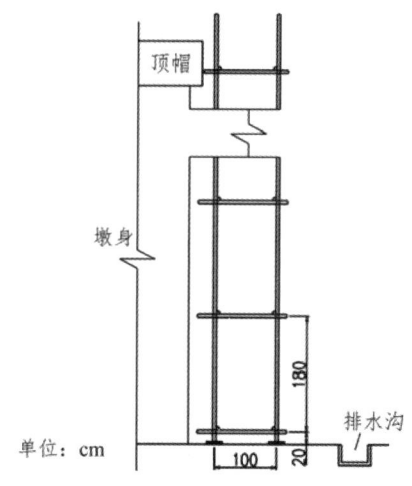

图 7-15　立杆及排水示意图

（3）脚手架的底部立杆采用不同长度的钢管参差布置，使钢管立杆的对接接头交错布置，高度方向相互错开 50 cm 以上，且要求相邻接头不应在同步同跨内，以保证脚手架的整体性。

（4）立杆应设置垫木和钢底座，并设置纵横方向扫地杆，采用直角扣件固定在距底座下皮 20 cm 处的立杆上。

（5）立杆的垂直偏差应控制在不大于架高的 1/400。

（6）同排内外侧两根立杆连线与墩身表面垂直。

4）大横杆、小横杆设置（图7-16）

（1）大横杆在脚手架高度方向的间距1.8 m，以便立网挂设，大横杆置于立杆里面，每侧外伸长度为15 cm。

（2）用直角扣件与立柱扣紧；其长度大于3跨、不小于6 m，同一步大横杆四周要交圈。大横杆采用对接扣件连接，其接头交错布置，不在同步、同跨内。相邻接头水平距离不小于50 cm，各接头距立杆的距离不大于50 cm。

（3）按立杆与大横杆交点（主节点）及大横杆跨中设置小横杆，小横杆与墩台身表面垂直，主节点处两端采用直角扣件扣紧在立柱上，跨中大横杆处扣紧在大横杆上，以形成空间结构整体受力。

（4）根据作业层脚手板搭设的需要，可在两立柱之间在等间距设置增设1~2根小横杆，保证脚手板端头距离小横杆不超过15 cm。

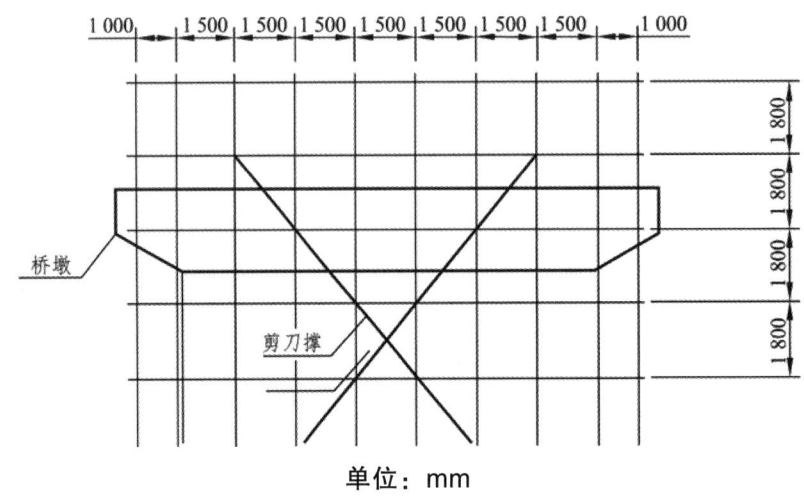

图7-16 桥墩脚手架施工正立面图

5）剪刀撑

（1）本脚手架剪刀撑随立柱、纵横向水平杆同步搭设，用通长剪刀撑沿架高连续布置。

（2）脚手架外侧立面必须设剪刀撑，剪刀撑一般每5步5跨设置一道，斜杆与地面的夹角为50.2°。斜杆相交点处于同一条直线上，并沿架高连续布置。

（3）剪刀撑的一根斜杆扣在立柱上，另一根斜杆扣在小横杆伸出的端头上，两端分别用旋转扣件固定，在其中间每个主节点处均设固定点。所有固定点距主节点距离不大于15 cm。

（4）最下部的斜杆与立杆的连接点距地面的高度控制在30 cm内。

（5）施工中应根据结构物的高度及脚手架的长度和宽度，结合现场实际情况合理设置剪刀撑和斜撑。

（6）剪刀撑的杆件连接采用搭接，其搭接长度≥100 cm，并用不少于2个旋转扣件固定，端部扣件盖板的边缘至杆端的距离≥10 cm。

6）脚手板铺设

（1）脚手板首选采用松木，厚5 cm、宽20~30 cm、长度不少于3.5 m的硬木板；也可以采用竹串片脚手板。

（2）脚手板设置在 3 根横向水平杆上，并在两端 8 cm 处用直径 1.2 mm 的镀锌铁丝箍绕 2~3 圈固定。当脚手板长度小于 2 m 时，可采用两根小横杆，各杆距接缝的距离均不大于 15 cm。

（3）里外立杆间应满铺脚手板。拐角交接处平整，避免出现探头及空档现象，铺设时要选用完好无损的脚手板，发现有破损的要及时更换。

7）防护设施

（1）在作业层下部架设一道水平兜网，脚手架最底层设置一道。

（2）脚手架外侧使用建设主管部门认证的合格绿色密目式安全网封闭，且将安全网固定在脚手架外立杆里侧。

（3）选用 18 铅丝张挂安全网，要求严密、平整。

7.3.5 脚手架的安全性计算

1. 计算荷载

计算时选取控制性工况，即考虑支架最长时单个柱上所能承受的荷载。

如图 7-17 所示，线性荷载为 67 kN/m，单个主杆受力具体计算公式如下：

$$F_1 = 67 \times (9.855 + 9.0) \times 0.5 / 16 = 39.5 \text{ (kN)}$$

依据规范，考虑 1.4 的系数，计算荷载：

$$F_2 = 39.5 \times 1.4 = 55.3 \text{ (kN)}$$

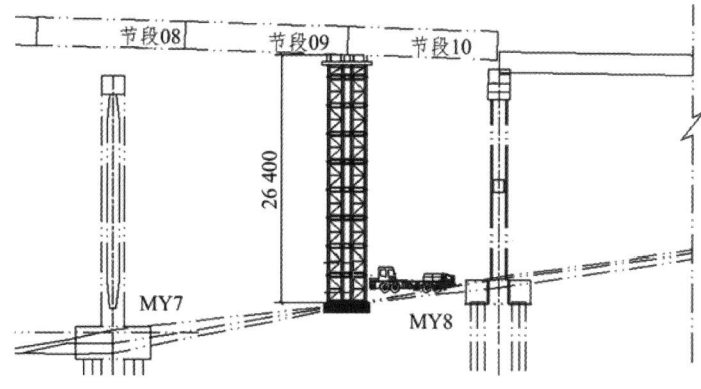

图 7-17 支架布置示意图

2. 模型选择

4 个支架独立成体系，便于制作运输，每品中间加斜杆组成结构体系。本次计算共考虑了两种模型，整体模型及局部模型，如图 7-18、图 7-19 所示，整体模型与局部模型屈曲分析见表 7-6。

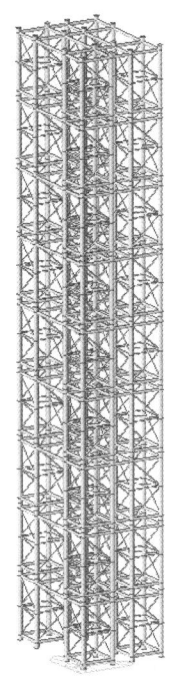
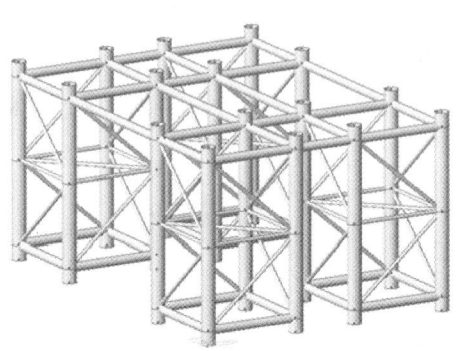

图 7-18 整体模型

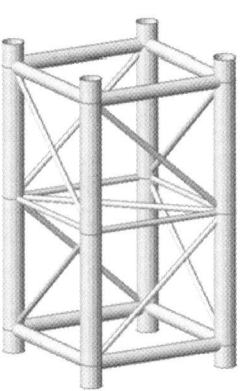

图 7-19 单榀模型

表 7-6　整体模型与局部模型屈曲分析结果比较

模态	整体模型		局部模型	
	特征值	容许误差	特征值	容许误差
1	49.180 187	0.00E+00	49.677 992	0.00E+00
2	49.183 812	0.00E+00	49.681 62	0.00E+00
3	50.904 161	0.00E+00	222.999 472	0.00E+00
4	54.273 662	0.00E+00	223.062 754	0.00E+00
5	219.815 73	1.05E−12	307.137 65	1.04E−12
6	219.879 30	2.51E−12	307.219 652	9.92E−12

由表 7-6 可见,整体模型与单榀模型两者计算结果相差不大,因此选择两种模型都是合理的,考虑计算量及效率,选取后者进行详细分析。

3. 应力计算结果

单榀模型应力结果如图 7-20、图 7-21 所示。

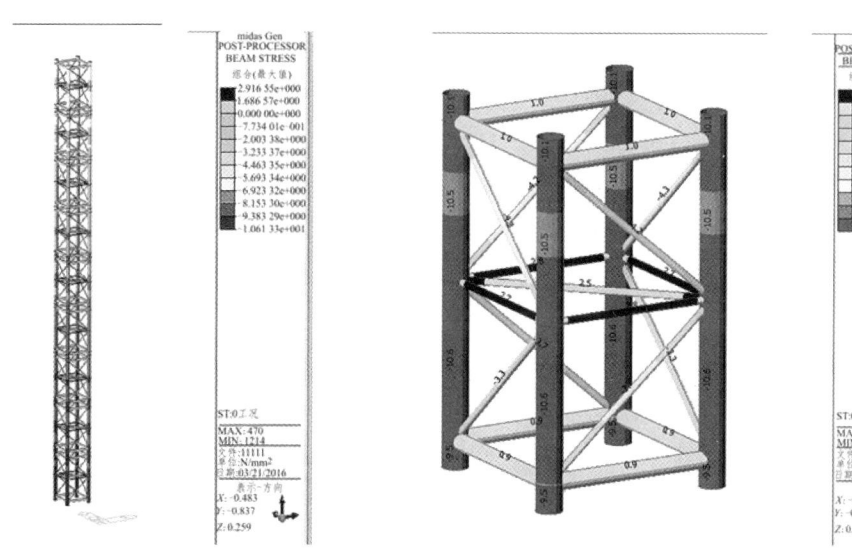

图 7-20　单榀模型整体应力图　　图 7-21　单榀模型局部应力图

由图 7-20、图 7-21 可见,其应力最大值为 10.6 MPa 左右,远小于钢材屈服强度值 205 MPa。结构的强度计算满足要求。

4. 位移计算结果

单榀模型整体位移如图 7-22 所示。

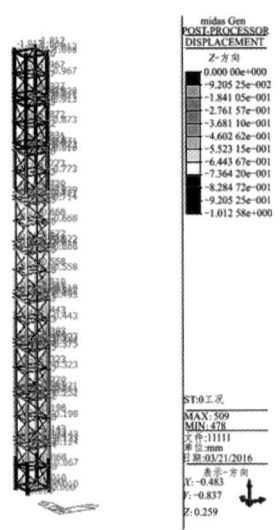

图 7-22　单榀模型整体位移图

由图 7-22 可见，其桥梁支架整体最大位移为 1.0 mm，变形较小，该计算结果可为工程提供参考。

5．稳定计算结果

桥梁支架单榀模型的屈曲因子远大于 2.0，桥梁支架整体稳定性是满足要求。

6．节点强度验算

该法兰连接总共由 $8\phi22$ 螺栓，螺栓抗拉强度：

单个螺栓承载力设计值 $P_1 = f \cdot \pi d^2 \cdot 0.25 = 151.7$ (kN)

节点承载力设计值 $P = 8 \cdot P_1 = 1\,213.6$ kN

对于主杆件 $\phi219 \times 14$，其承载力 $F = f_y \cdot A = 9016.4 \times 215 \times 0.001 = 1\,938.5$（kN）

所需螺栓数：$n = 1\,938.5/151.7 = 13$

7．基础设计

1）筏板基础计算

节点荷载 40 kN，共 8 个 320 kN，每个支架自重 12.5 t，两个共 250 kN

基地净反力：$p_j = F/A = (320+250)/5\,\text{m} \times 2.5\,\text{m} = 45.6\,\text{kN/m}^2$

（1）基础底板厚度验算：

取筏板厚度为 400 mm，$h_0 = 400-50 = 350$ mm

$$U_m = 3.14 \times (219 + 0.5 \times 350) = 1\,237\,\text{mm}$$

$$B_{hp} = 1,\ f_t = 1.43\,\text{N/mm}^2$$

$0.7 \times B_{hp} \times f_t \times u_m \times h_0 = 0.7 \times 1 \times 1.43 \times 1\,394 \times 350 = 488\,\text{kN} > 71.25\,\text{kN}$，满足要求。

（2）抗剪承载力验算：

$$V_s = 1.4 \times 45.6 = 63.84\,\text{kN},\ b_w = 2.5\,\text{m}$$

$0.7 \times B_{hp} \times f_t \times b_w \times h_0 = 0.7 \times 1 \times 1.43 \times 2\,500 \times 350 = 876\,\text{kN}$，满足要求。

X 向：

$M_x=1.4×0.125×45.6×1.5×1.5×1.5=27$ kN·m

$α_s =M/α_1×f_c×1\,000×h_0=0.015$。

$ζ=0.015$

$A_s=ζbh_0f_c/f_y=0.015×2\,500×350×14.3/360=521.4$ mm^2

实配三级钢 16@200。

2）地耐板（路基板）

对于高度低于 9 m 的支架可采用地耐板，地耐板计算模型安全冗余度较 27 m 大，因此本工程不做计算。使用地耐板时，应首先平整地基场地；地耐板安装完毕后应立即在地耐板周围采取有效的防水平滑移措施，并在首节支架顶端与地面采用拉索固定，拉索与地面夹角宜为 30°～55°。

8. 支架使用注意事项

（1）支架安装就位后在首节支架顶端采用拉索应与地面做好固定措施，每隔 3 节支架与桥墩采取可靠连接，如图所示。其中拉索易采用高强 1570 钢绞线，拉索直径不宜低于 20 mm。撑杆采用钢管 219×14。支架严格按照设计图纸要求制作，现场撑杆无法施工地方应设置缆风绳，选用直径为 14 mm，结构为 6×7+FC 的钢丝绳按角度 45°和 60°于桥墩两侧布置，且现场需在支架四周做好排水明沟。如图 7-23 所示。

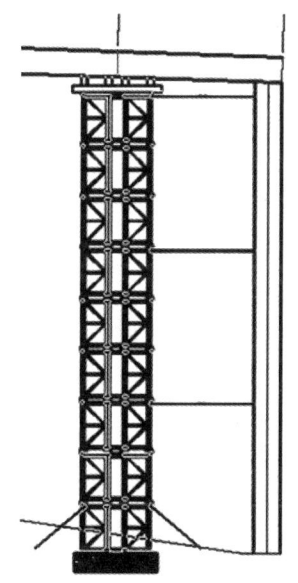

图 7-23 拉索及撑杆示意图

（2）使用过程中不等碰撞支架，当钢箱桥需要调整水平位置时，应将箱体吊起至完全脱离操作平台后进行位置调整，箱体不得直接在操作平台上调整位置，以免对支架产生水平侧推力，使支架发生侧向倾覆。

（3）支架基础应埋入持力层至少 500 mm。

（4）支架固定前应对支架的垂直度进行校核。

9. 结论

通过计算分析，该桥梁支架所受应力及变形较小，计算强度满足要求。通过稳定性分析，该桥梁支架整体稳定性满足要求。通过计算，节点强度满足计算要求。

7.3.6 脚手架搭设安全技术措施

1. 技术保障措施

（1）架子搭设完毕，用合格密目安全网铺围护于架子的外围及底部。钢管与扣件进场前应经过检查挑选所用扣件在使用前应清理加油一次，扣件一定要上紧，不得松动。每个螺栓的预紧力在 40~65 N·m。

（2）架子搭设到 10 m 高度时由架子搭设人员进行自检；架子搭设完毕后由搭设会同施工单位、对整个脚手架进行验收检查，验收合格后方可投入使用。

（3）严禁将模板支架、揽风绳、泵送混凝土和砂浆的输送管道等固定在脚手架上；脚手架严禁悬挂起重设备。

（4）脚手架的安全性是由架子的整体性和架子结构完整性来保证的，未经允许严禁他人破坏架子结构或在架子上擅自拆除与搭设脚手架各构件。其中在脚手架使用期间，下列杆件严禁拆除：主节点处横、纵向水平杆。

2. 质量保障措施

（1）操作人员作业前必须进行岗位技术培训与安全教育。

（2）技术人员在脚手架搭设、拆除前必须给作业人员下达安全技术交底，并传达至所有操作人员。

（3）脚手架必须严格依据本方案进行搭设；搭设时，技术人员必须在现场监督搭设情况，保证搭设质量达到设计要求。

（4）脚手架搭设完备，依据施工组织设计与单项作业验收表对脚手架进行验收，发现不符合要求处，必须限时或立即整改。

3. 安全保障措施

（1）架子在搭设（拆卸）过程要做到文明作业，不得从架子上掉落工具、物品；同时必须保证自身安全，高空作业需穿防滑鞋，佩戴安全帽、安全带，未佩戴安全防护用品不得上架子。

（2）在架子上施工的各工种作业人员，应注意自身安全；不得随意向下、向外抛、掉物品，不得随意拆除安全防护装置。

（3）雨、雪、雾及六级以上大风等天气，严禁进行脚手架搭设、拆除工作。

（4）应设安全员负责对脚手架进行经常检查和保修。

① 在下列情况下，必须对脚手架进行检查：在六级以上大风和大雨后必须对脚手架进行检查。

② 检查保修项目。

各主节点处各杆件的安装、构造是否符合方案的要求；扣件螺丝是否松动；安全防护措施是否符合要求。

（5）在脚手架上进行电、气焊作业时，必须有防火措施和专人看护，安全员巡视检查。脚手架必须有防止坠物伤人的防护措施。

（6）搭拆脚手架期间，地面应设置围栏和警戒标志，严禁非操作人员入内。脚手架不得搭设在架空线路的安全距离内，并做好可靠的安全接地处理。

（7）定期检查脚手架，发现问题和隐患，在施工作业前及时维修加固，以达到坚固稳定，确保施工安全。

（8）脚手架严禁钢竹、钢木混搭，禁止扣件、绳索、铁丝、竹篾、塑料篾混用。脚手架搭设人员正确使用安全帽、安全带、穿防滑鞋。保证脚手架体的整体性，不得截断架体。

（9）脚手架支搭完毕后，经项目部安全员验收合格后方可使用。任何班组长和个人，未经同意不得任意拆除脚手架部件。

（10）严格控制施工荷载，脚手板不得集中堆料施荷，施工荷载不得大于 3 kN/m^2，确保较大安全储备。

（11）各作业层之间设置可靠的防护栅栏，防止坠落物体伤人。

7.3.7 脚手架拆除安全技术措施

（1）拆架前，全面检查拟拆脚手架，根据检查结果，拟订出作业计划，有计划地进行拆除。拆架时应划分作业区，周围设绳绑围栏或竖立警戒标志，地面应设专人指挥，禁止非作业人员进入。

（2）拆架的高处作业人员应戴安全帽、系安全带、扎裹腿、穿软底防滑鞋。拆架程序应遵守"由上而下，先搭后拆"的原则，即先拆脚手板、剪刀撑，而后拆小横杆、大横杆、立杆等，并按"一步一清"原则依次进行。严禁上下同时进行拆架作业。

（3）拆立杆时，要先抱住立杆再拆开最后两个扣，拆除大横杆、剪刀撑时，应先拆除中间扣件，然后托住中间，再解端头扣。

（4）拆除时要统一指挥，上下呼应，动作协调，当解开与另一人有关的结扣时，应先通知对方，以防坠落。拆架时严禁碰撞脚手架附近电源线，以防触电事故。

（5）在拆架时，不得中途换人，如必须换人时，应将拆除情况交代清楚后方可离开。拆下的材料要徐徐下运，严禁抛掷。运至地面的材料应按指定地点随拆随运，分类堆放，"当天拆当天清"，拆下的扣件和铁丝要集中回收处理。

（6）输送至地面的杆件，应及时按类堆放，整理保养。当天离岗时，应及时加固尚未拆除部分，防止存留隐患造成复岗后的人为事故。

（7）如遇强风、大雨、雪等特殊气候，不应进行脚手架的拆除，严禁夜间拆除。翻掀垫铺竹串片脚手板应注意站立位置，并应自外向里翻起竖立，防止外翻将竹串片内未清除的残留物从高处坠落伤人。

7.4 花庄河拦砂坝施工

7.4.1 花庄河拦砂坝概况

花庄河两岸自然地形为V形谷，花庄河桥左1-7#墩、右1-6#墩侧东高西低，左8-14#墩、右7-13#墩侧西高东低，花庄河两岸雨水均由花庄河两端汇流至花庄河。花庄河路基、桥梁桩基已开始施工，红线内地表植被已全部清除，路基设计朝花庄河方向为3.5%纵坡，在雨季将有大面积雨水在此汇集形成径流，因花庄河雨水处理厂未建成，未经处理的雨水将直接进入花庄河。

花庄河为附近当地居民重要的水源区，生产、生活用水都依靠花庄河水源，花庄河两侧地势陡峭，雨季已经来临，为了防止雨季大量泥沙流入河内污染河道，污染周围水环境，影响当地生产、生活取水、用水。特施工拦砂坝增加防护措施，以解决环境污染问题。

7.4.2 拦砂坝的设计方案

根据现场实际情况，计划在MZ7、FZ7、MY6、FY6处，MZ8、FZ8处，MY7、FY7处靠花庄河方向横桥向和顺桥向处设置挡土墙，因拟设拦砂墙处地势陡峭，植被稀少，且位于河边，不便于深开挖基础，决定采用悬臂式钢筋混凝土挡土墙，混凝土强度为C25，主要拦截强降雨冲蚀被扰动的泥砂，将泥砂引入沉砂池，沉淀后雨水进入花庄河，悬臂式钢筋混凝土挡土墙断面图如图7-24所示。

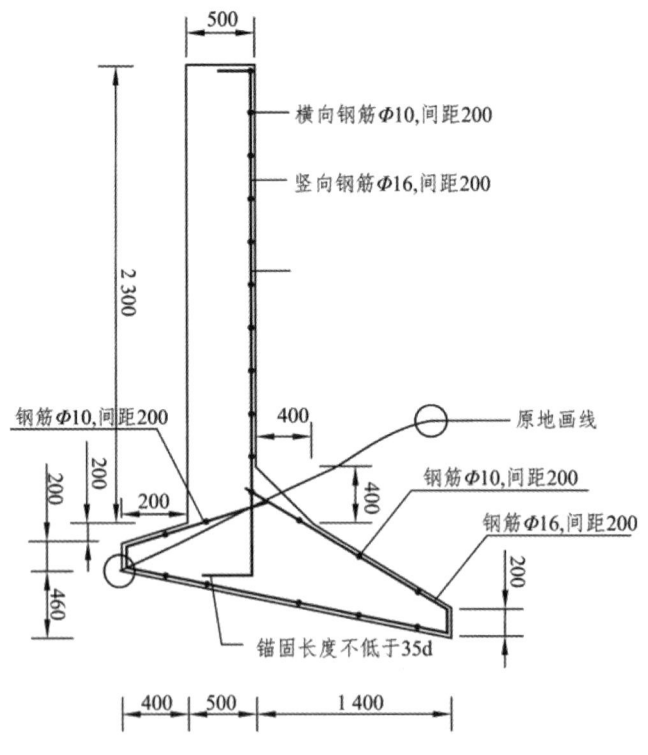

图7-24 拦砂挡墙断面图（单位 mm）

悬臂式钢筋混凝土挡土墙平面位置距离 MZ7、FZ7、MY6、FY6 处，MZ8、FZ8 处，桩基中心 5 m，挡墙顶高出施工作业面 1 m，沉砂池设在辅桥墩两侧，结构尺寸为长 4 m、宽 2 m、高 2 m 平面示意图如图 7-25 所示。

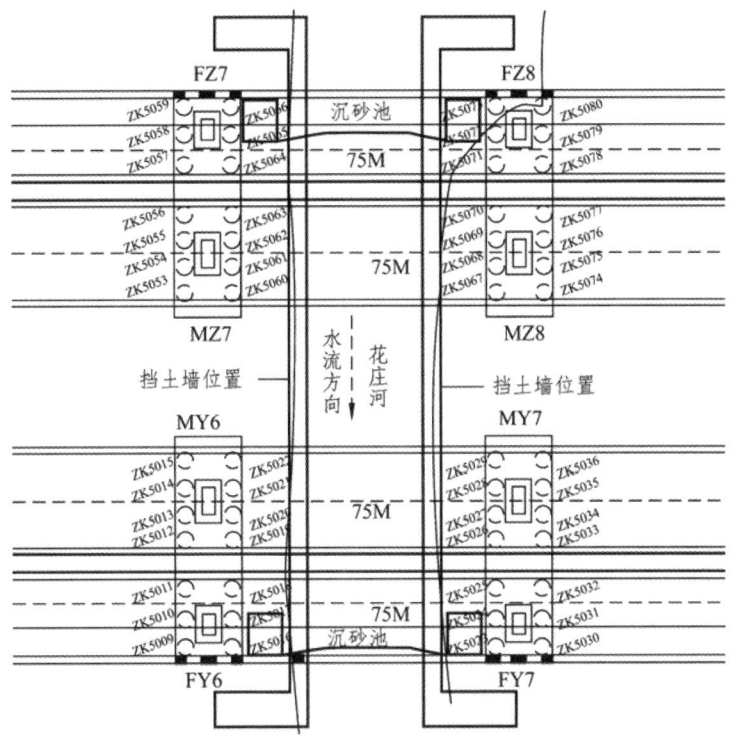

图 7-25 悬臂式钢筋混凝土挡土墙结构示意图

主要工程量：悬臂式钢筋混凝土挡土墙长 220 m、高 2.3 m。拦砂坝主要工程量见表 7-7。

表 7-7 主要工程数量表

钢筋混凝土挡土墙	长度/m	高度/m	C25 混凝土/m³	ϕ16 三级钢筋/t	ϕ10 一级钢筋/t	碎石/m³
	220	2.3	602.8	17.4	6.3	53.9
基坑挖土方/m³	1 520					

7.4.3 拦砂坝施工方法

1. 基坑开挖

① 由测量人员放线，确定挡土墙准确位置及标高，然后进行基坑开挖，开挖宽度根据基础宽度按照 1∶1 放坡确定。

② 基坑完成后，按基底纵轴线结合横断面放线复验，确认位置、标高无误并经监理确认后，方可进行碎石垫层施工，碎石垫层厚度为 0.1 m。

2. 钢筋施工

（1）钢筋的表面应洁净，使用前应将表面油渍、漆皮、鳞锈等清除干净。

（2）钢筋应平直、无局部弯折、成盘的钢筋和弯曲的钢筋均应调直。

（3）钢筋的弯制和末端的弯钩应符合规范和设计要求。

钢筋焊接采用单面电弧焊，单面电弧焊焊缝的长度不小于10倍钢筋直径。受力钢筋焊接应设在内力较小处，并错开布置。焊接接头在接头长度区段内，同一根钢筋不得有两个接头。配置在接头长度区段内的受力钢筋其接头的截面积应小于总截面积的0.5倍（受拉区），受压区不限制。电焊接头到钢筋弯曲处的距离不小于10倍钢筋直径。钢筋绑扎时钢筋的交叉点应用扎丝绑扎结实，亦可用点焊焊牢。绑扎采用满绑。

在钢筋混凝土与模板间设置垫块，垫块与钢筋扎紧，垫块应采用细石混凝土制作，保证垫块的强度与混凝土结构的强度相同。垫块的安装应该保证钢筋的保护层厚度符合设计要求，同时要保证4个/m²。在砼施工过程中要不时检查垫块的位置是否准确。

3. 模板加工

（1）模板的安装应与钢筋绑扎配合进行，先绑扎钢筋再立模板，模板的安装不得影响钢筋的检查，检查合格后才能够继续安装模板，模板不应与脚手架相连，避免引起模板变形和浇筑过程中模板的不稳定。

（2）安装侧模时应防止移位和凸出，基础侧模可在模板外设立支撑固定，墙身的侧模可设拉杆固定。

（3）模板安装完毕后，应对其平面位置、顶部标高、节点联结、纵横向稳定性进行检查。其允许偏差符合模板安装规范要求偏差尺寸。在施工过程中发现模板有移位和变形应及时纠正。

（4）模板在安装过程中必须设置防倾覆设施。

4. 浇筑混凝土

（1）混凝土浇筑前，钢筋应检验合格。模板安装牢固，缝隙平整、严密，杂物应清理干净，积水排除。

（2）混凝土配合比应符合设计强度要求。

（3）混凝土浇筑时自由落差一般不大于2 m，当大于2 m时，应用溜槽输送。

（4）混凝土应分层浇筑，分层厚度不宜超过300 mm。各层混凝土浇筑不得间断；应在前层混凝土振实尚未初凝前，将次层混凝土浇筑、捣实完毕。振捣次层混凝土时振捣棒应插入前层50~100 mm。

5. 沉降缝施工

沉降缝按设计布设于基础错台处、分段处及与结构相接处，沉降缝缝宽2 cm。墙背一侧嵌橡胶沥青防水密封膏。

6. 混凝土养护

（1）混凝土养护期间，应重点加强混凝土的湿度和温度控制，及时对混凝土暴露面进行覆盖养护，直至混凝土终凝为止。

（2）混凝土带模养护期间，应采取带模包裹、浇水。通过喷淋洒水措施进行保湿、潮湿养护，保证模板接缝处不至失水干燥。为了保证顺利拆模，可在混凝土浇筑 24～48 h 后略微松开模板，并继续浇水养护至拆模后。

7. 混凝土拆模

混凝土拆模时的强度应符合设计及规范要求。当设计未提出要求时，应符合下列规定：

（1）侧模应在混凝土强度达到 2.5 MPa 以上，且表面的棱角不因拆模而损失，方可拆除。

（2）混凝土的拆模时间除需考虑拆模时的混凝土强度应满足上一条的规定外，还应考虑拆模时混凝土的温度（由水泥水化热引起）不能过高，以免混凝土接触空气时降温过快而开裂，更不能在此时浇注凉水养护。混凝土内部开始降温以前以及混凝土内部温度最高时不得拆模。

（3）拆模宜按立模顺序逆向进行，不得损伤混凝土，并减少模板破损。当模板与混凝土脱离后，方可拆卸、调运模板。

（4）拆除模板时，不得影响或中断混凝土的养护工作。

（5）拆除后的混凝土结构应在混凝土达到 100% 的设计强度后，方可承受全部设计荷载。

7.5 花庄河主桥钢箱梁顶推滑移施工技术

7.5.1 施工方案简介

主桥标准跨径组合为（42+75+42）m，上部结构钢箱连续梁桥，桥梁墩高最高 29 m，采用双箱单室结构。主线主桥顶板宽 16.25 m，悬臂长度 1.825 m，箱梁宽度 2.6 m，箱梁之间距离 7.4 m，支座间距 10.0 m。辅道主桥顶板宽 13.75 m，悬臂长度 1.775 m，箱梁宽度 2.6 m，箱梁之间距离 5.0 m，支座间距 7.6 m。

跨花庄河钢箱梁桥采用累积滑移方案，四座桥均从小墩号到大墩号方向下坡顶推，坡度 -3.5%。钢箱梁分为 10 个节段滑移。主道滑移梁段总重约 1 250 t，辅道滑移梁段总重约 1 050 t。在滑移方向的前方设置 35 m 长钢导梁，主道重约 80 t，辅道重约 79 t。钢箱梁梁段放置于引桥混凝土梁上拼装并滑移，在混凝土梁上对应其腹板位置布置 2 条轨道，钢箱梁底横隔板位置处布置滑靴，配置 2 台夹轨器。在花庄河东岸过渡墩 MZ6/FZ6/MY5/FY5 一侧、中间墩靠河一侧 MZ7、MZ8/FZ7、FZ8/MY6、MY7/FY6、FY7 设置临时支架，支架上方放置滑移垫梁。图 7-26、图 7-27 分别为滑移平面、立面布置图。

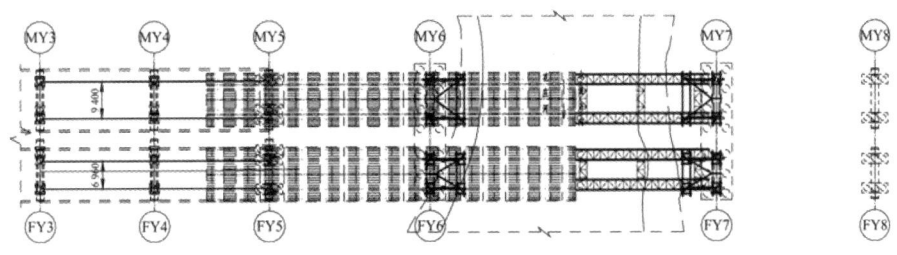

图 7-26 滑移平面布置图

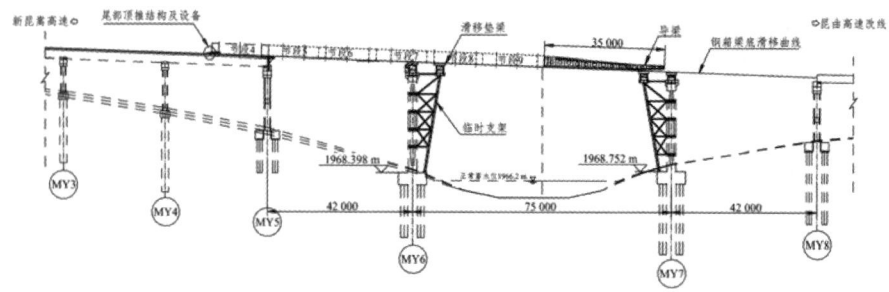

图 7-27 滑移立面布置图（右幅主线桥）

7.5.2 顶推滑移施工流程

在引桥混凝土梁顶面设置拼装平台，钢箱梁分节段拼装成形，累积滑移。

1. 右幅施工流程

步骤 1：在混凝土梁上拼装钢箱梁节段 8、节段 9，安装导梁。如图 7-28 所示。

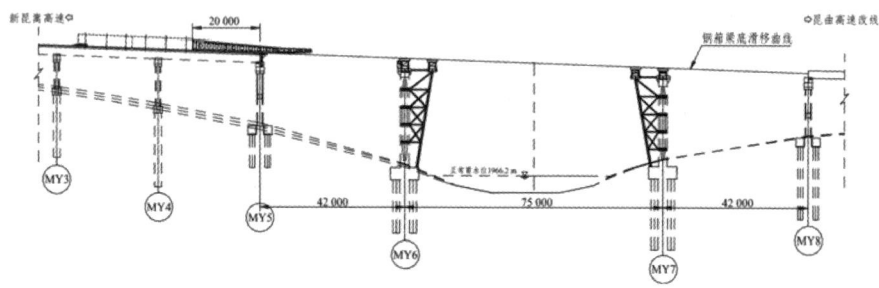

图 7-28 滑移分块布置图（1）

步骤 2：向前顶推 20 m。如图 7-29 所示。

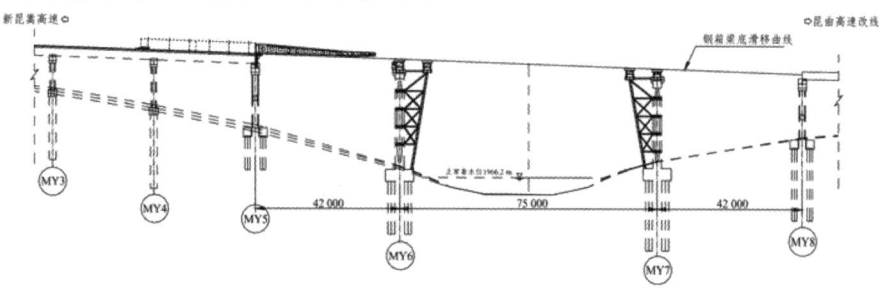

图 7-29 滑移分块布置图（2）

步骤 3：拼装第 7 节段钢箱梁。如图 7-30 所示。

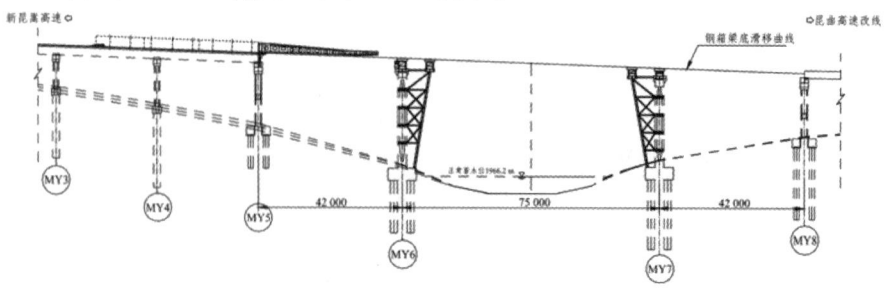

图 7-30 滑移分块布置图（3）

步骤 4：向前顶推 43 m。如图 7-31 所示。

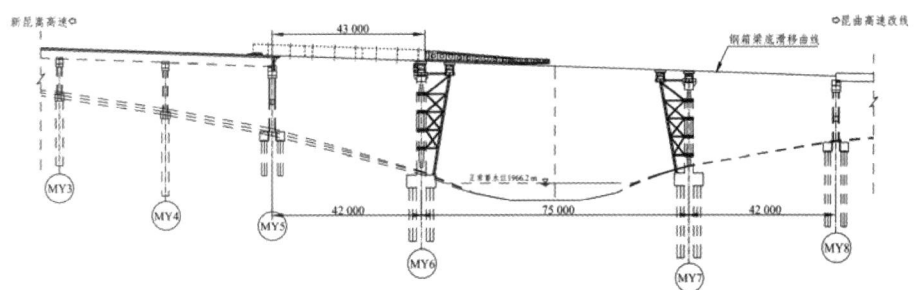

图 7-31　滑移分块布置图（4）

步骤 5：拼装 4～6 节钢箱梁。如图 7-32 所示。

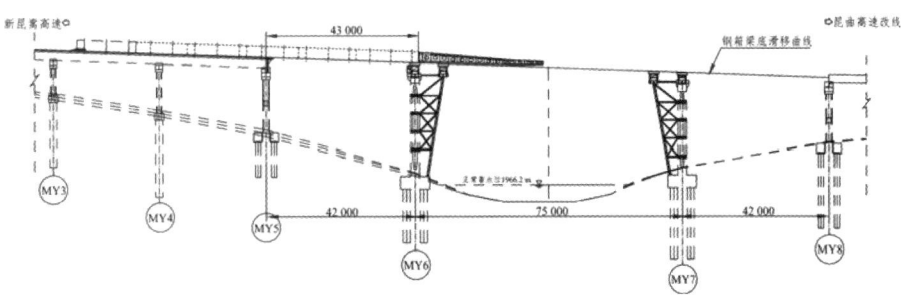

图 7-32　滑移分块布置图（5）

步骤 6：顶推 51 m。如图 7-33 所示。

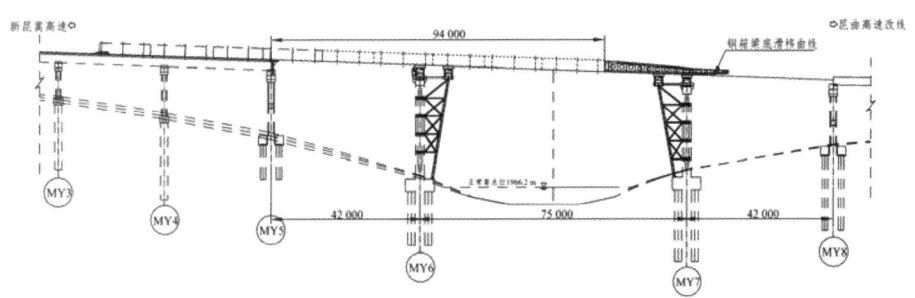

图 7-33　滑移分块布置图（6）

步骤 7：拼装 1～3 节段钢箱梁。如图 7-34 所示。

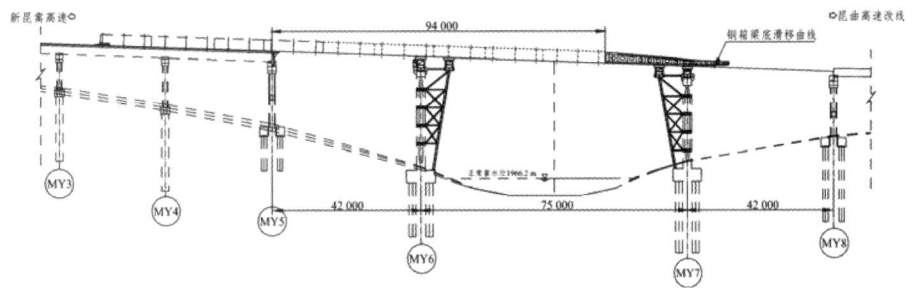

图 7-34　滑移分块布置图（7）

步骤 8：启用拖拉油缸，拖拉到位。若拖拉过程导梁与混凝土梁干涉，则提前分段拆解导梁。如图 7-35 所示。

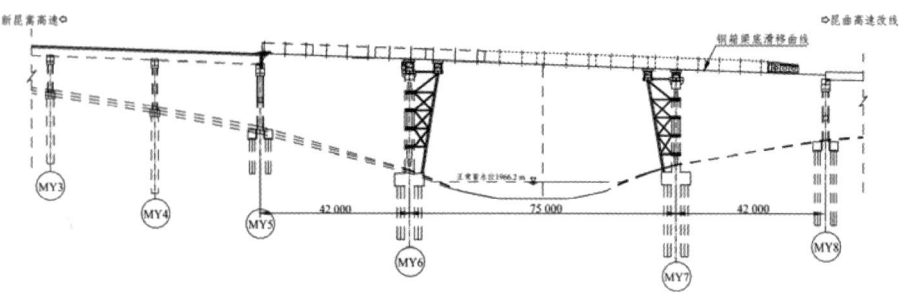

图 7-35　滑移分块布置图（8）

步骤 9：拆除导梁，安装节段 10，同时受力转换至主墩顶部卸载支架，拆除滑移支架，布置卸载块及千斤顶，受力转换至卸载块顶部，准备卸载。如图 7-36 所示。

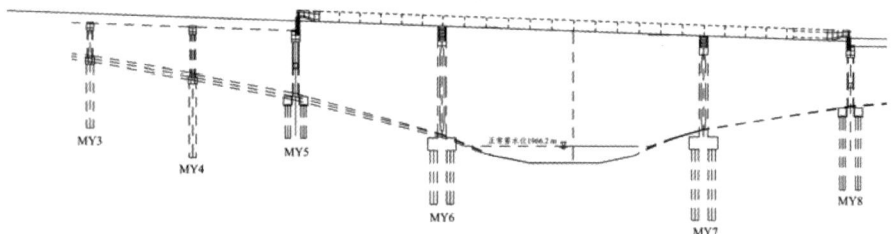

图 7-36　滑移分块布置图（9）

步骤10：卸载到位，安装完成。如图 7-37 所示。

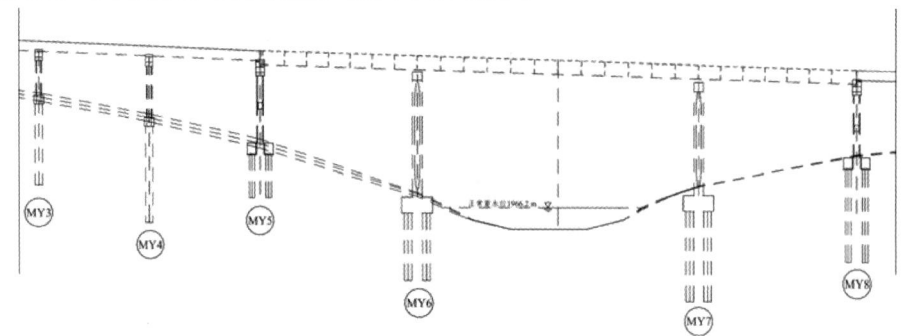

图 7-37　滑移分块布置图（10）

2. 左幅施工流程

步骤 1：在混凝土梁上拼装钢箱梁节段 9、节段 10，安装导梁。如图 7-38 所示。

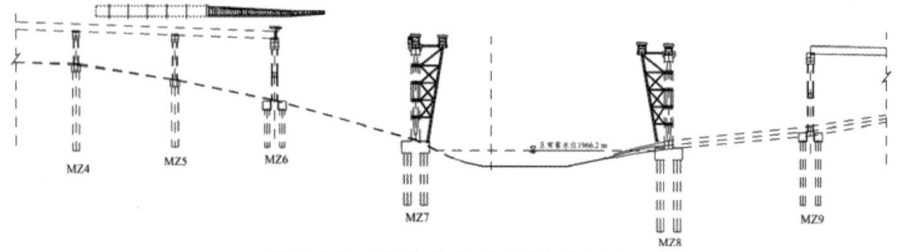

图 7-38　滑移分块布置图（11）

步骤2：向前顶推20 m。如图7-39所示。

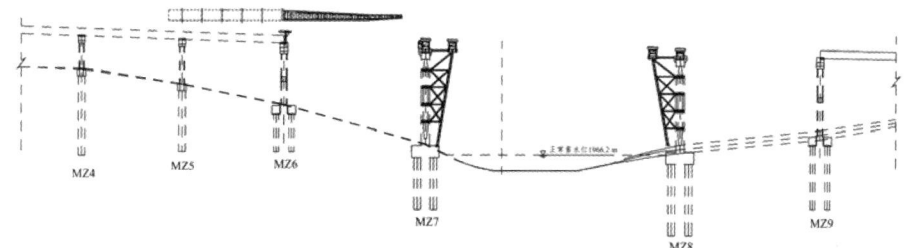

图7-39 滑移分块布置图（12）

步骤3：拼装第8节段钢箱梁。如图7-40所示。

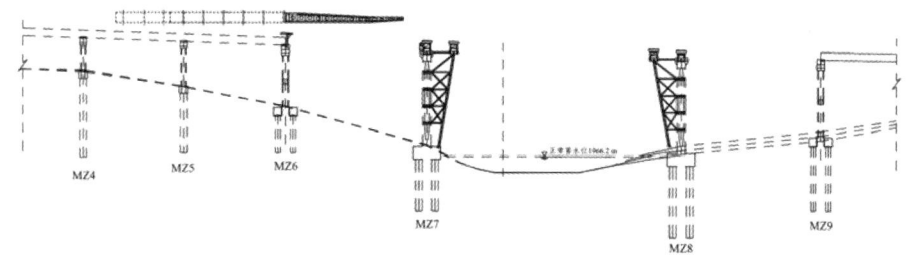

图7-40 滑移分块布置图（13）

步骤4：向前顶推43 m。如图7-41所示。

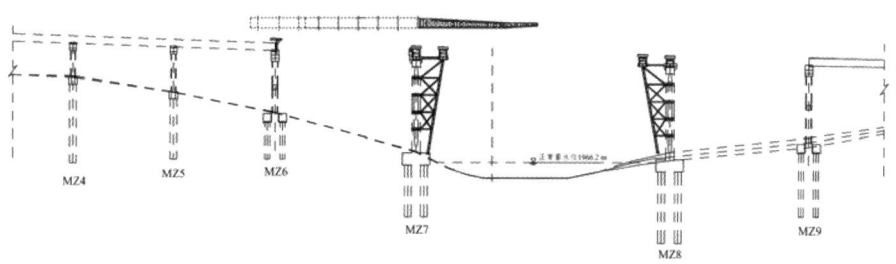

图7-41 滑移分块布置图（14）

步骤5：拼装5~7节钢箱梁。如图7-42所示。

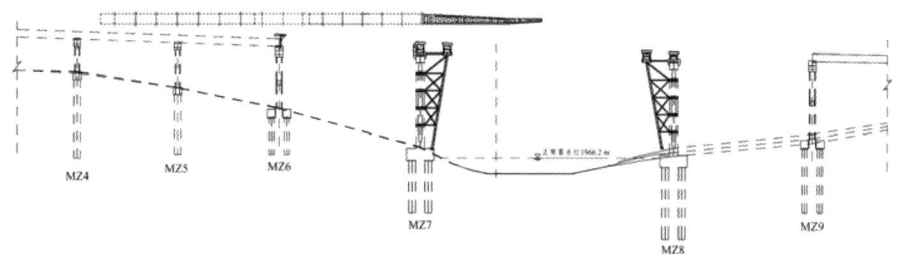

图7-42 滑移分块布置图（15）

步骤6：顶推48 m。如图7-43所示。

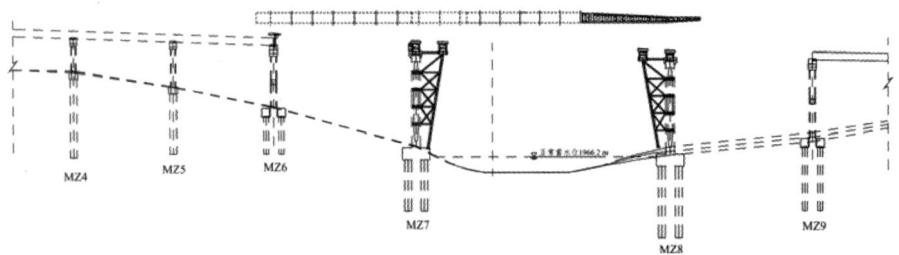

图 7-43　滑移分块布置图（16）

步骤 7：拼装 3~4 节段钢箱梁。如图 7-44 所示。

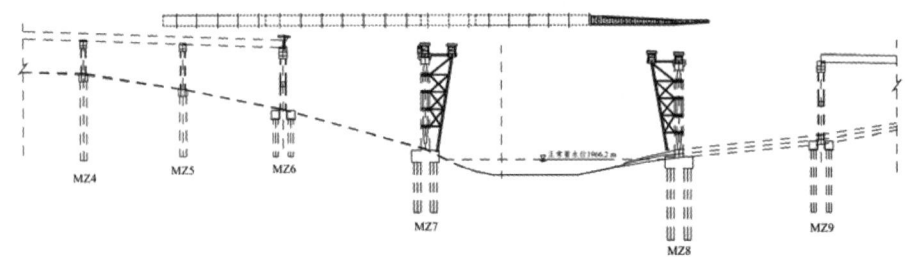

图 7-44　滑移分块布置图（17）

步骤 8：启用拖拉油缸，拖拉 30 m。如图 7-45 所示。

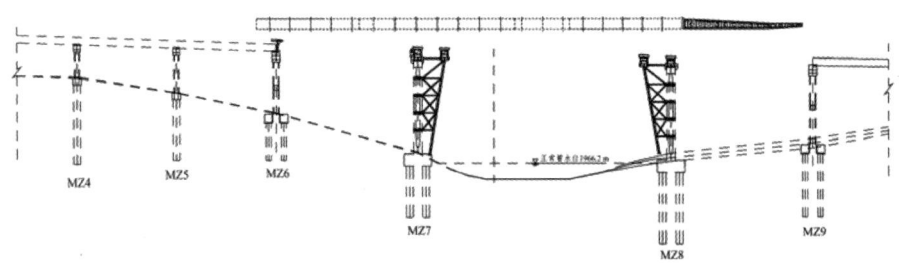

图 7-45　滑移分块布置图（18）

步骤 9：拼装 1~2 节段钢箱梁。如图 7-46 所示。

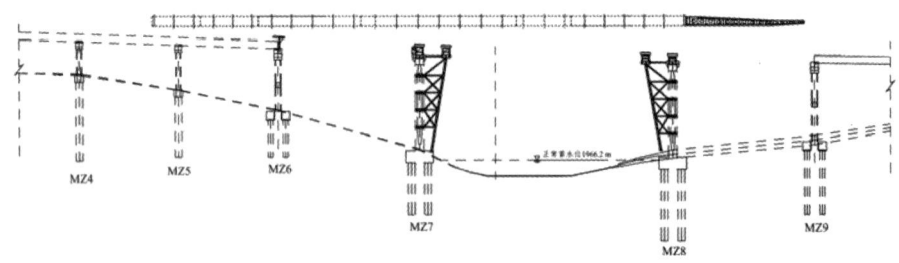

图 7-46　滑移分块布置图（19）

步骤 10：拖拉到位。若拖拉过程导梁与混凝土梁干涉，则提前分段拆解导梁。钢箱梁前端上 MZ9 卸载支架。如图 7-47 所示。

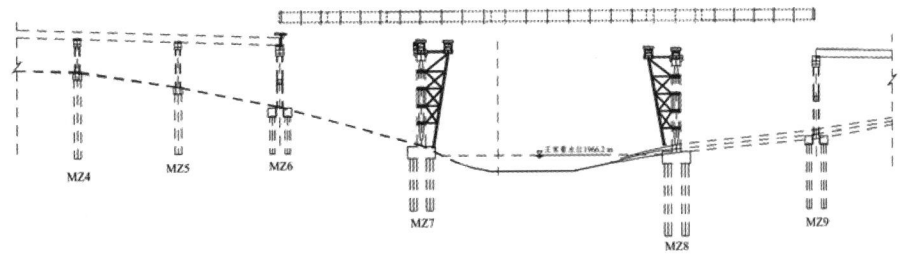

图 7-47 滑移分块布置图（20）

步骤 11：全桥受力转换至主墩顶部卸载支架，拆除滑移支架，布置卸载块及千斤顶，受力转换至卸载块顶部，准备卸载。如图 7-48 所示。

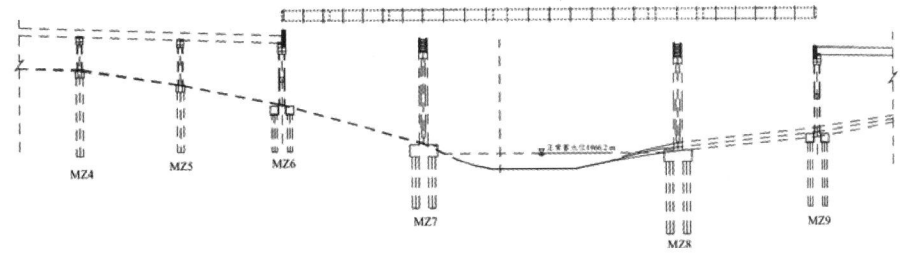

图 7-48 滑移分块布置图（21）

步骤 12：卸载到位，安装完成。如图 7-49 所示。

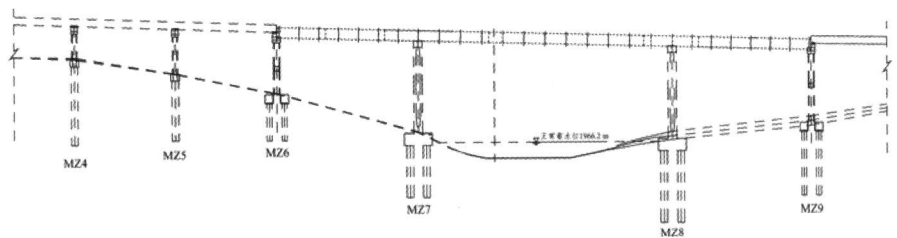

图 7-49 滑移分块布置图（22）

7.5.3 顶推桥梁具体位置及辅助措施布置

1. 拼装平台布置

花庄河桥上跨花庄河，桥长 159.0 m。桥梁平面位于直线上。采用顶推设备进行钢箱梁滑移。根据施工要求，左、右幅均从小桩号侧向大桩号侧顶推。

拼装平台设置在引桥混凝土桥面上方（图 7-50）。

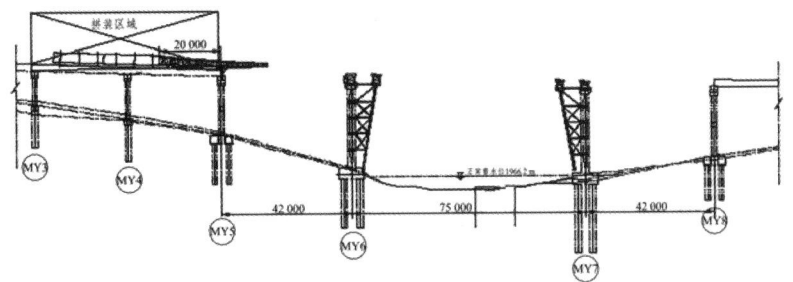

图 7-50 拼装平台示意图（23）

2. 墩身布置措施

在花庄河东岸过渡墩 MZ6/FZ6/MY5/FY5 一侧设置临时支架，支架上方放置滑移垫梁。

第一次滑移顶推重量相对较少，梁体尾部设置两台 60 t 顶推千斤顶即可满足顶推施工条件，后续继续组装钢箱梁，顶推重量增加，考虑横隔板位置下方加设轨道增加两台顶推千斤顶会对不连续的横隔板体系产生变形，故在东侧过渡墩上设置 100 t 张拉千斤顶主控顶推滑移施工工作，后置 60 t 顶推千斤顶进行辅助顶推工作。如图 7-51 所示。

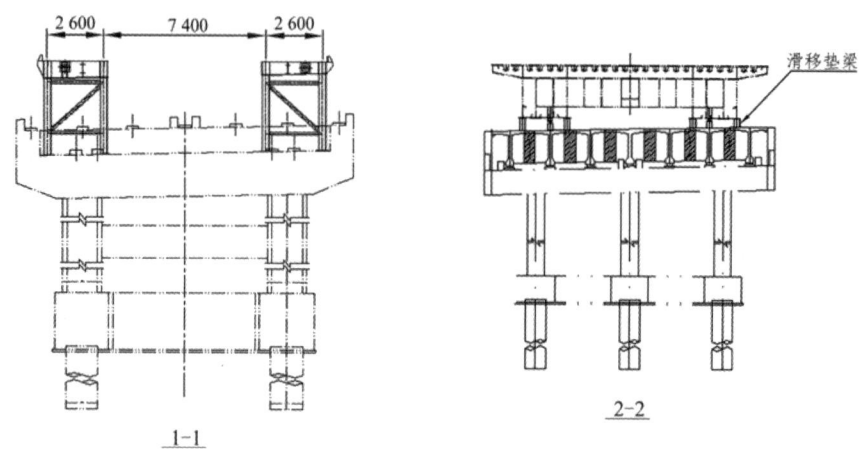

图 7-51 过渡墩临时支架布置图（24）

中间墩靠河一侧 MZ7、MZ8/ FZ7、FZ8/MY6、MY7/FY6、FY7 设置临时支架，支架上方放置滑移垫梁，支架顶部放置滑移垫梁，支架通过预埋件与墩身相连，支架底部通过化学锚栓固定于承台上。墩身埋件锚筋贯通墩身。如图 7-52～图 7-54 所示。

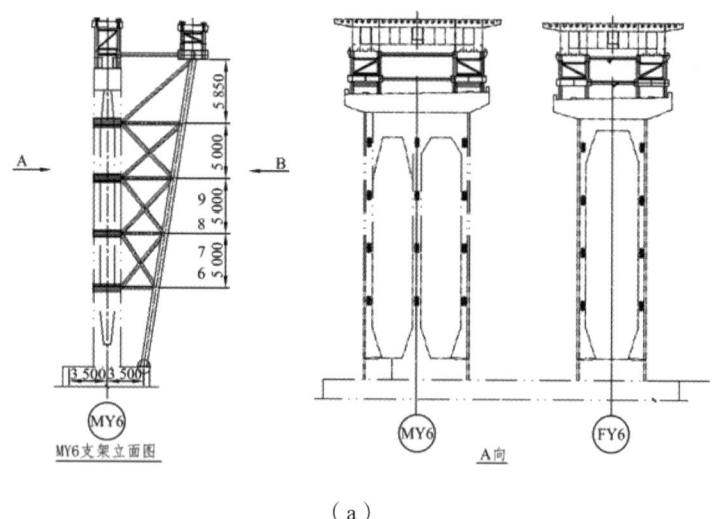

（a）

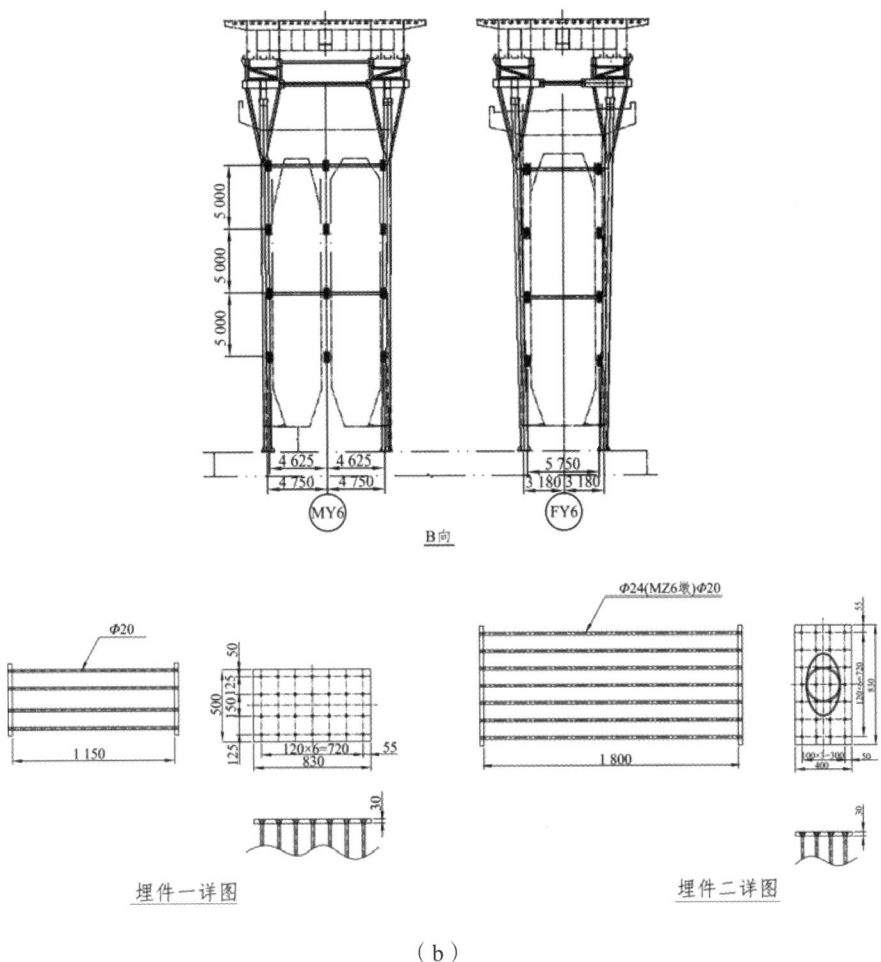

(b)

图 7-52 中间墩临时支架及预埋件布置图

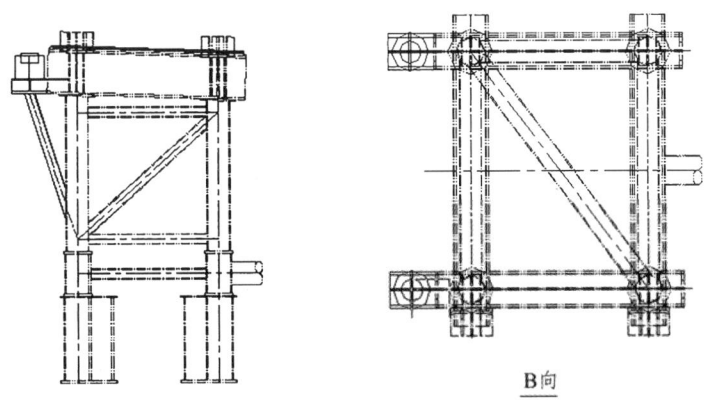

图 7-53 墩顶临时支撑架

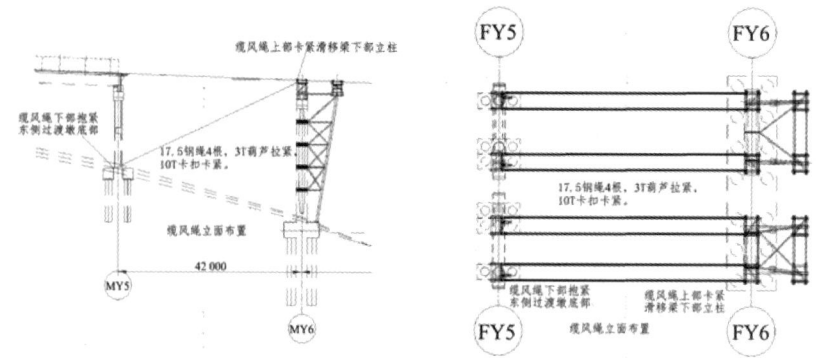

图 7-54　鹰架上部垫梁结构加固措施-缆风绳构造

3. 拖拉装置

箱体尾部设置 100 t 拖拉千斤顶拖拉锚点。拖拉锚点（等截面钢箱梁拖拉锚点）详见工艺图 7-55。

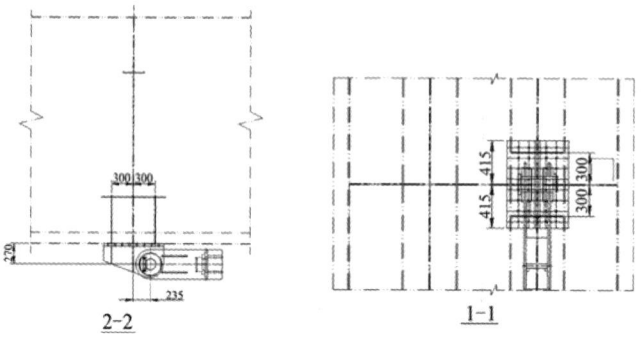

图 7-55　拖拉锚点横向断面图

4. 顶推施工辅助构件——导梁

桥梁跨度分别为 42 m 和 75 m，使用导梁连接钢箱梁顶推施工，结构的整体不倾覆性、最大悬挑钢箱梁下挠度及最大悬挑桥墩支撑安全性都可以得到保证；导梁使用桁架结构，由 2 榀焊接 H 形梁组成，两榀导梁间用系杆支撑连接，导梁腹板开洞减轻自重，总长 35 m，高 3 m，总重约 80 t，导梁分段处上翼缘板和腹板分别靠螺栓和连接板连接，下翼缘板焊接并磨平底面。导梁主肢腹板与钢箱梁腹板对接采用全熔透单边坡口焊，导梁底板与钢箱梁底板对接采用全熔透单边坡口焊缝。模型如图 7-56 所示。

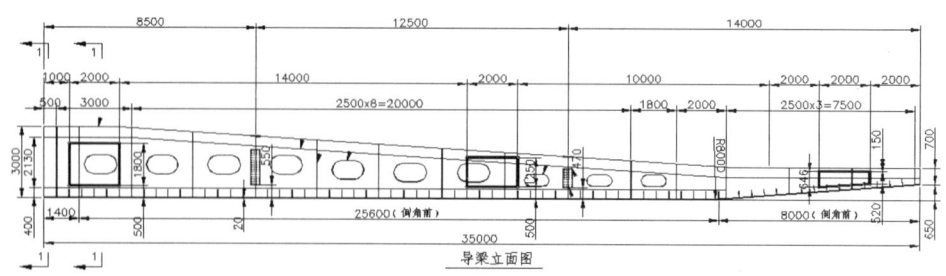

（a）立面图

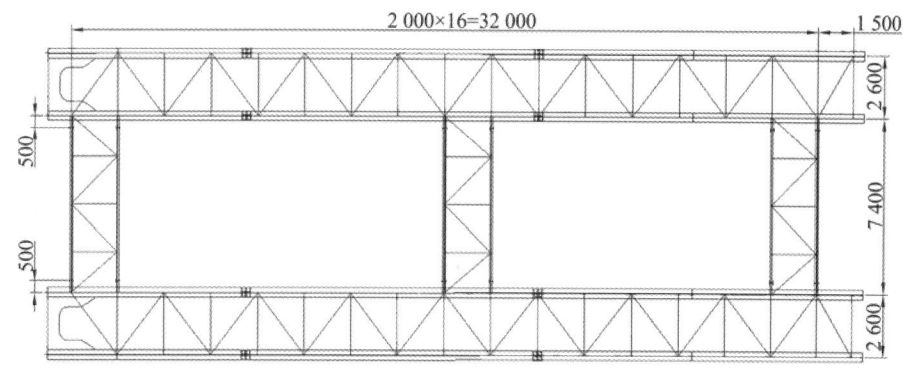

（b）平面图

图 7-56 导梁立面图和平面图

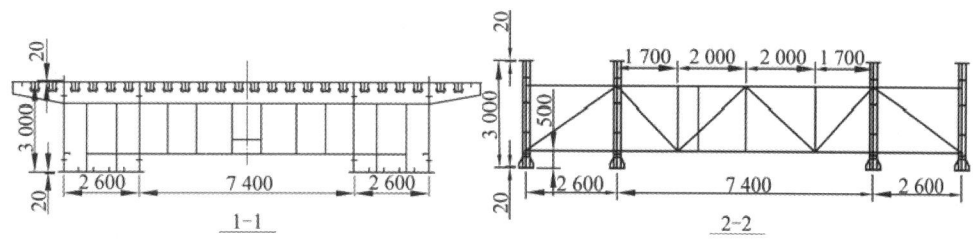

图 7-57 导梁剖面图

5．顶推防溜措施——防溜卷扬机系统

采用 10T 卷扬机，42 直径地锚钢绳，22 直径牵引钢绳，10T 卡环，50T 滑轮组组成的防溜卷扬机系统，圆钢管地锚。如图 7-58 所示。

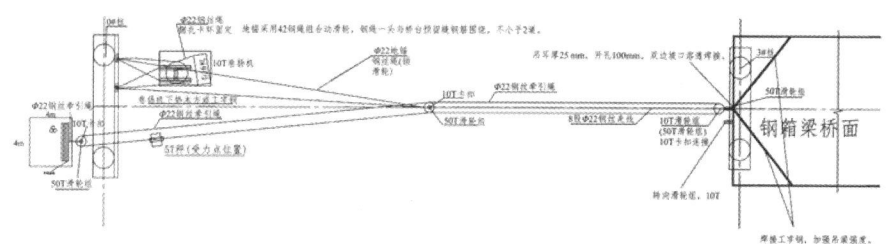

图 7-58 卷扬机系统

7.5.4 顶推构造要求

1．设置顶推单元

本工程钢箱梁采用累积顶推：

（1）右幅主线以及幅线：第 9～7 钢箱梁与导梁组装形成第一个顶推单元，第一顶推单元到位后，开始 6～4 节段钢箱梁与第一顶推单元的组装形成第二个顶推单元，第二顶推单元到位后，开始 3～1 节段钢箱梁与第二顶推单元的组装形成第三个顶推单元，最后顶推第三单元。顶推到位后，吊装右幅主道、辅道第 10 段，焊接合格后整桥一起卸载；

（2）左幅主线以及幅线：第 10~8 钢箱梁与导梁组装形成第一个顶推单元，第一顶推单元到位后，开始 7~5 节段钢箱梁与第一顶推单元的组装形成第二个顶推单元，第二顶推单元到位后，开始 4~1 节段钢箱梁与第二顶推单元的组装形成第三个顶推单元，最后顶推第三单元。

2．设置滑移轨道

滑移共铺设 2 条滑移轨道，拼装区域滑移轨道采用 P43 型钢轨，在对应混凝土梁腹板的位置设置滑移轨道，钢箱梁内部滑靴位置做加固处理。临时支架滑道梁位置对应钢箱梁腹板。图 7-59 表示主桥和辅桥轨道布置。

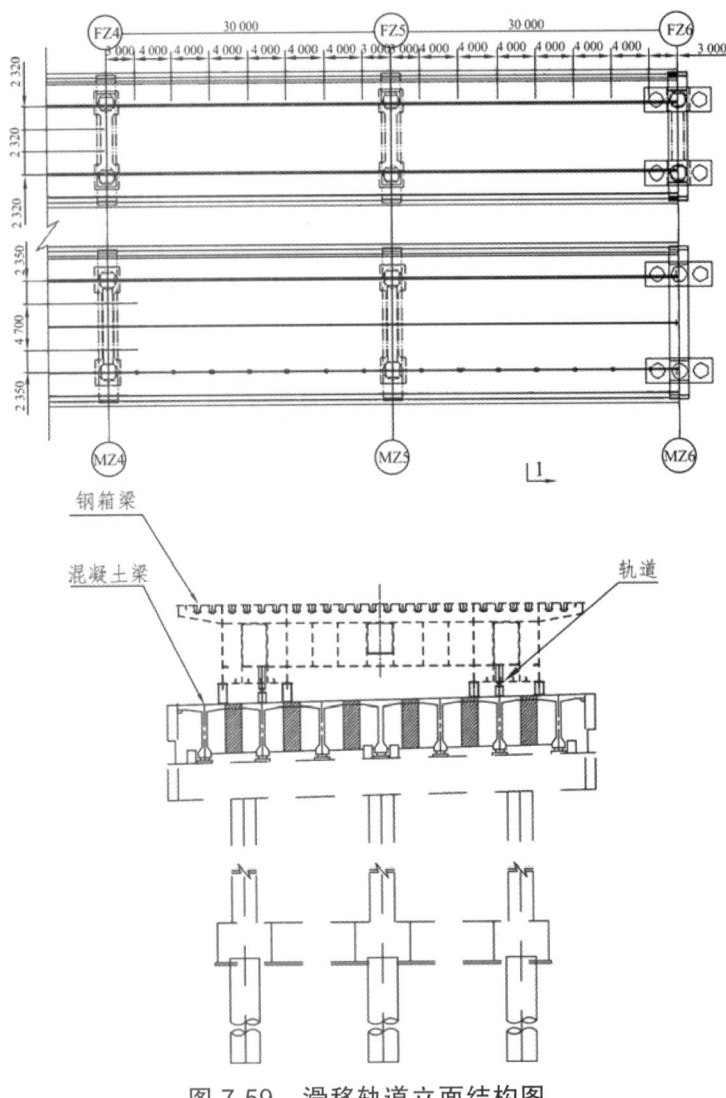

图 7-59　滑移轨道立面结构图

3．顶推点设置

主线桥滑移配置 2 台 60 t 油缸，辅桥配置 2 台 60 t 油缸，滑移参数见表 7-8~7-10，图 7-60 是液压爬行器布置图。

表 7-8 油缸性能表

型号	额定载荷/kN	缸体直径/mm	活塞杆直径/mm	行程/mm	t/MPa
TX-60-J	600	φ220	Ø120	615	2.5

表 7-9 油缸性能表

型号	额定载荷/kN	缸体直径/mm	高度/mm	钢绞线过孔径/mm	钢绞线根数	质量/kg
TX-100-J	1000	φ400	1350	155	9	500

表 7-10 滑移推力（单位 kN）

节段	滑移质量/t	摩擦系数	滑动推力/t	自然下滑力/t	最大牵引力/（t/台）
节段 8～9	260	0.15	39	9.1	15
节段 7～9	375	0.15	56	13	21.5
节段 4～9	745	0.15	112	26	43
节段 1～9	1100	0.15	165	39	63

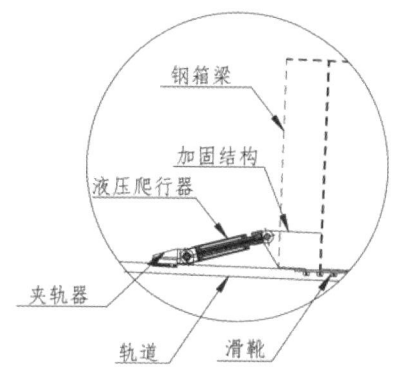

图 7-60 液压爬行器布置图

4. 滑靴结构设置

在每道横隔板处、对应轨道位置布置滑靴。在钢箱梁内部对应滑靴位置处做局部加固。滑靴分为滑移点滑靴和顶推点滑靴。以节段 3 为例介绍两种滑靴结构。结构如图 7-61 所示。

图 7-61 滑靴结构图

5. 导向结构设置

在滑移支架顶部布置导向结构,防止滑移过程钢箱梁偏位。导向结构如图 7-62 所示。

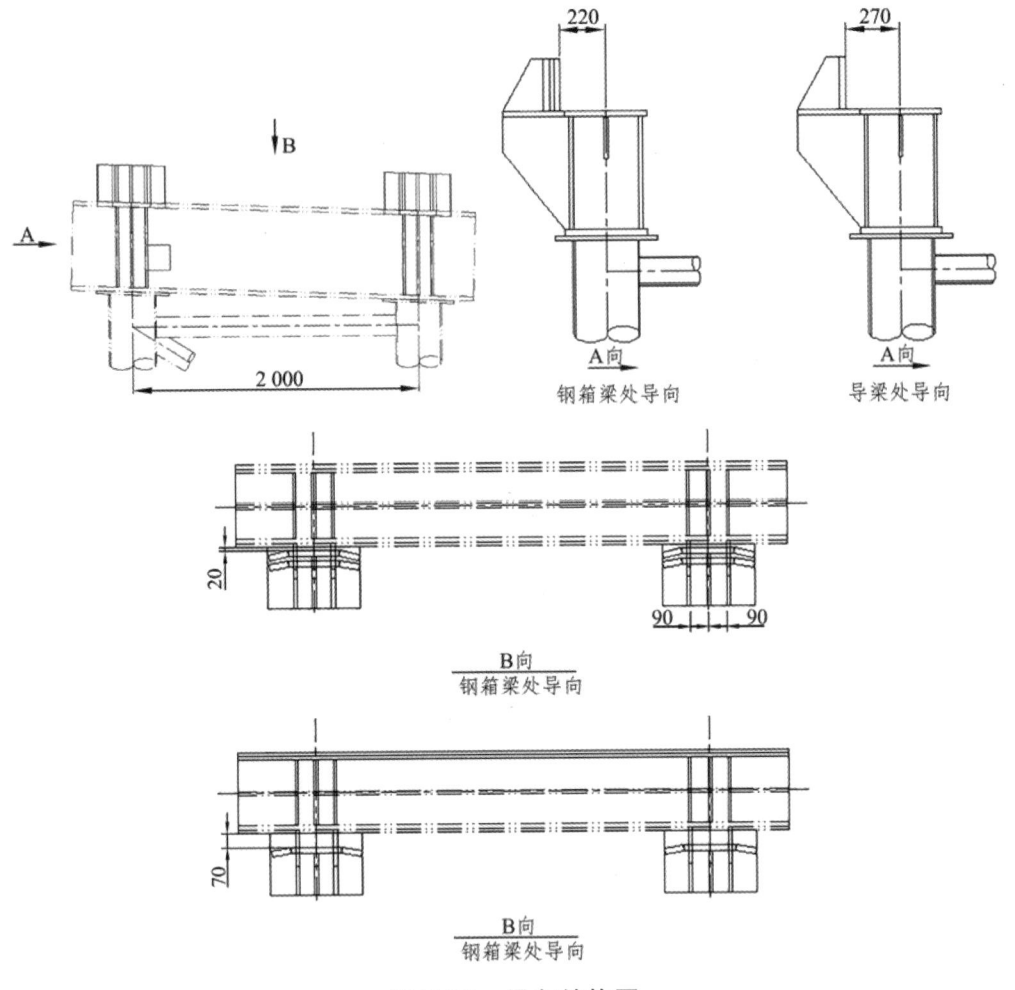

图 7-62 导向结构图

6. 同步控制要求

(1) 根据实际情况制定现场滑移速度,一般为 4~5 m/h,最大可达 10 m/h。

(2) 油缸行程为 300 mm,在单个行程内,通过同步控制系统控制其同步性(位移同步,力同步),精度可达毫米级,根据该工程实际情况,最大误差控制在 10 mm 内。

(3) 由于各种因素造成的误差通过现场测量记录,每 3 个行程测量一次,并通过单个油缸调节误差。

(4) 对全桥的顶推千斤顶进行集中控制,检测设备的完好性、安全性、准确性。

(5) 专业顶推公司提供设备,并调试、操作,保证同步、连续顶推的实现。

(6) 顶推公司在进行顶推时,必须安装拉力传感器、位移传感器,以达到更好的监控顶推过程。

(7) 由于钢箱梁刚度很大,落梁时控制每个桥墩顶部油缸的压力偏差在 10%之内。

7.5.5 施工难点与保证措施

1. 施工难点

（1）花庄河桥墩高比较高、75 m 主跨下部为河流，最大墩高 26 m，跨距比较大，最大跨距 75 m，钢箱梁安装是工程施工的重点、难点。

（2）花庄河大桥主跨下部为河流，主桥所在位置地面不平整，高差比较大，钢箱梁安装时临时支撑措施是工程顺利实施的重点、难点。

（3）由于花庄河大桥墩高比较高，高空作业多、临边防护面广，箱梁跨度大、重量大，临时支撑体系大技术安全保障难度大。因此，钢箱梁施工过程中安全保证是本工程实施控制的重点、难点。

（4）钢箱梁板厚 6~32 mm。材质为 Q345C，加劲肋与顶板、底板间焊缝采用部分熔透（80%）。顶板、底板间对接焊缝，腹板与顶、低板间焊缝采用全熔透的一级焊缝。在钢箱梁安装过程中，焊缝的数量多且焊缝的质量要求高，所以焊接质量的保证是工程质量控制重点。

（5）顶推施工之前钢箱梁、导梁、垫梁和滑道梁的焊缝、尺寸变形情况检查检测，四氟乙烯滑块的外观、尺寸，箱体底板焊缝余高打磨，轨道滑移面清理等施工前的准备是一个施工重点。

（6）顶推施工过程中钢箱梁与混凝土的应力、应变，顶推速度，顶推距离，顶推重量，顶推力，顶推摩擦力，行程、偏距等数据监控是一个施工重点。

（7）钢箱梁下坡顶推滑移，梁体防溜措施是一个施工难点。

（8）顶推过程，梁可能呈蛇行状前行，顶推过程的纠偏措施是一个施工难点。

（9）落梁时梁体会发生位移，落梁时横纵向的纠偏措施是一个施工难点。

（10）顶推滑移施工涉及多方人员以及各项工序，现场施工需做好高效，简明，严肃以及统一的组织协调工作，故现场指挥组织体系的建立与实施是一个施工重点。

以上重、难点的施工控制措施在施工工艺中详细阐述

2. 施工保证措施

1）技术保证措施

（1）对参加施工的人员进行岗前安全教育，使每一个施工人员都深刻认识到施工安全是企业生存的永恒主题，没有安全，就没有一切。

（2）组织方案交底，根据专项施工方案对项目全体人员进行交底。特别是关键部位应使项目全体人员明白设计意图与顶推工艺及要求，确保工程施工质量与进度。

（3）组织技术交底，使操作人员清楚各自岗位职责、工艺要求、技术要点、操作要领、施工步骤、注意事项。

（4）完成控制点复测，施工测量控制网点的布设工作。

（5）对脚手架上操作平台的安全性进行检查。

2）设备保证措施

（1）根据方案确定好机械设备进行配置，在顶推前三天进入施工现场进行组装、调试工作，以保证开工后各项作业顺利进行。与吊车、顶推液压设备、机具配套的吊具、吊索也应

在开工前配套准备完毕并安全检查合格。

（2）施工使用的工具，应根据施工工艺及顺序提前制作完毕并检验。

（3）施工人员使用的安全带、绳、网都应经过检查合格后在投入使用，现场用的警示牌、拉绳应提前准备好。

（4）对顶推装置进行检查，主要是对位移传感器、拉力传感、千斤顶的技术参数及工作性能进行检测、调试。

3）施工用电保证措施

本工程临时施工现场用电采用三级配电系统。三级配电是指施工现场从电源进线开始至用电设备中间应经过三级配电装置配送，即由总配电箱、经分配电箱（负荷或用电设备相对集中处），到开关箱（用电设备处）分三个层次逐级配送电力。而开关箱作为末级配电装置，与用电设备之间必须实行"一机一闸制"，即每一台用电设备必须有自己专用的控制开关箱，且动力与照明分路设置。

7.5.6 顶推施工工艺

1. 顶推施工方法

1）顶推单元划分

花庄河大桥桥长 159.0 m，分左右主线和辅道，主桥桥跨均为 42+75+42，主线桥面宽 16.25 m，辅道桥面宽 13.75 m，主桥和辅桥纵向共分 10 段，横向分 6 段，纵、横向分段图如图 7-63、图 7-64 所示。

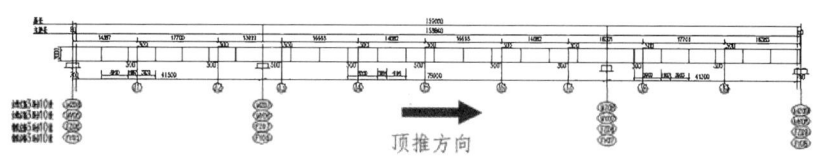

图 7-63 钢箱梁纵向分段图

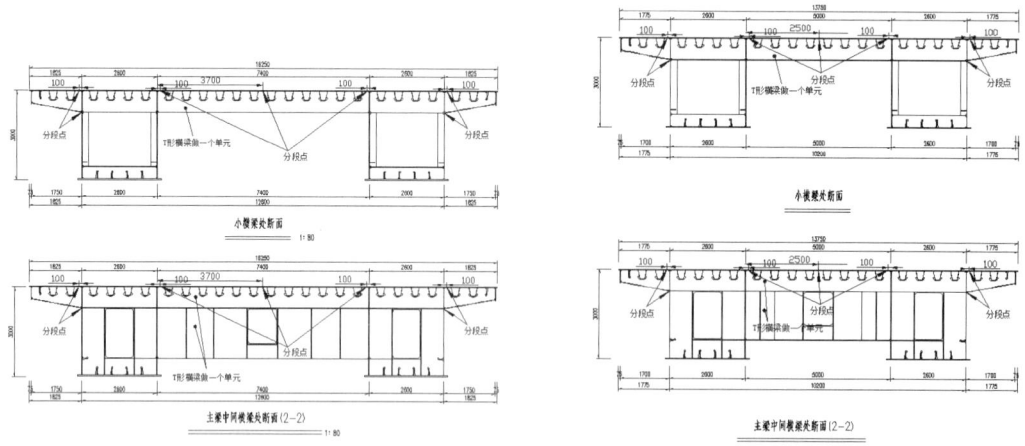

图 7-64 花庄河主线横向分段图

2. 顶推流程

首先搭设拼装平台，钢箱梁分节段拼装成形，累积顶推，顶推中按照平曲线线型要求调节横桥向位移。右幅顶推流程见表 7-11。

表 7-11 右幅顶推流程（以右幅主线为例）

流　程	模拟图
步骤 1：在混凝土梁上拼装钢箱梁节段 2、节段 3，安装导梁	
步骤 2：顶推 20 m	
步骤 3：拼装第 4 节段	

续表

流　程	模拟图
步骤4：滑移43 m	
步骤5：拼装5、6、7节段，安装张拉千斤顶	
步骤6：滑移51 m	
步骤7：拼装8、9、10节段	

续表

流　程	模拟图
步骤 8：使用张拉千斤顶，顶推到位	
步骤 9：导梁与前端混凝土梁干涉时开始拆除导梁	
步骤 10：导梁拆除完毕	
步骤 11：吊装 MY10（右幅主道、辅道第 10 段吊装、焊接后，整桥一起卸载，左幅主道、辅道全桥顶推）	

续表

流　程	模拟图
步骤12：拆除支架，做落梁准备	
步骤13：卸载到位、落梁完成	

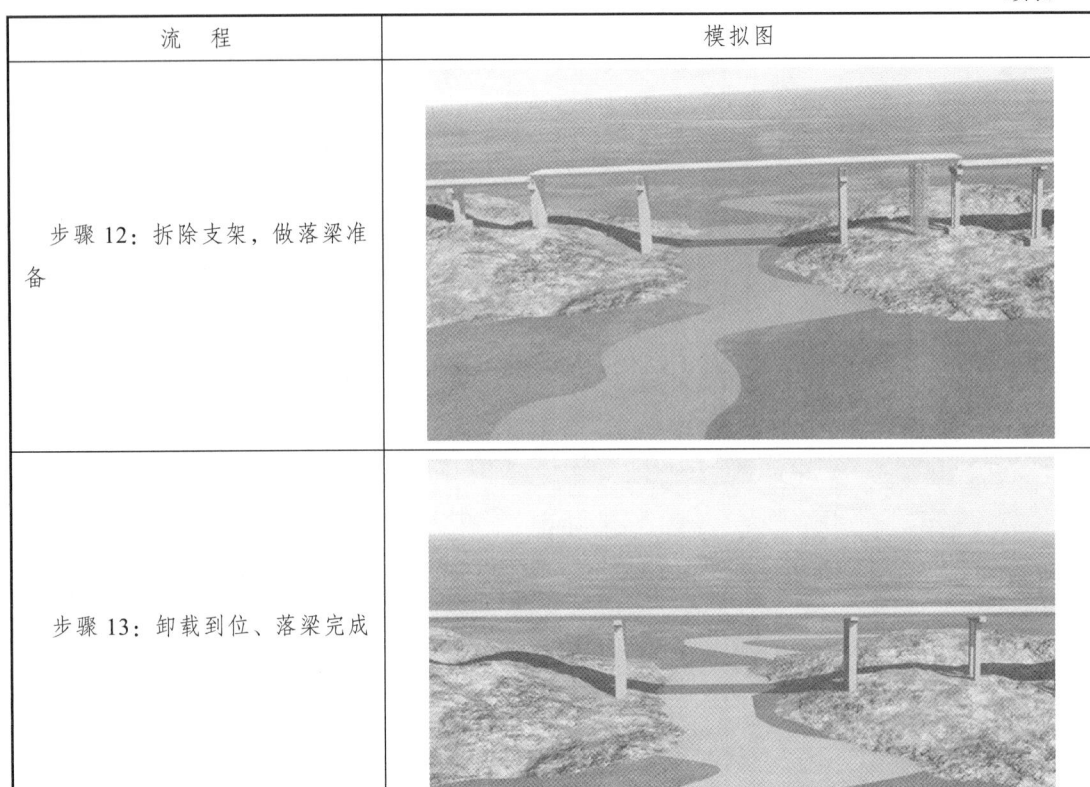

3. 右幅第10段主道、辅道分单元吊装（挑檐、面板、箱体、横隔板）

吊装前进行场地平整、夯实，做混凝土基础且布置排水措施。临时支架设计为高 1 m、3.3 m、5 m，长宽均为 1.5 m 的三种标准节。支架采用双排四个支架，支架落于混凝土基础上，根据支架高度进行组拼，支架间设置"X"形拉杆。如图 7-65 ~ 图 7-67 所示。

图 7-65　场地平整

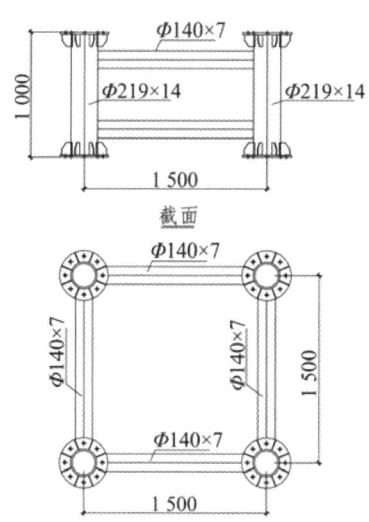
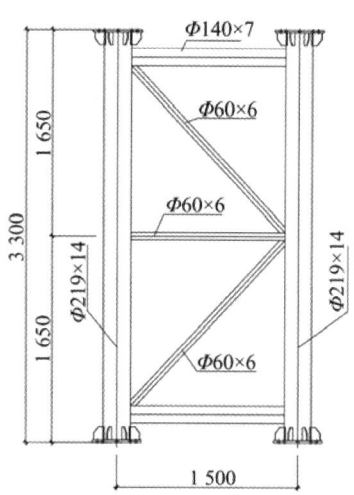

图 7-66 标准支架图

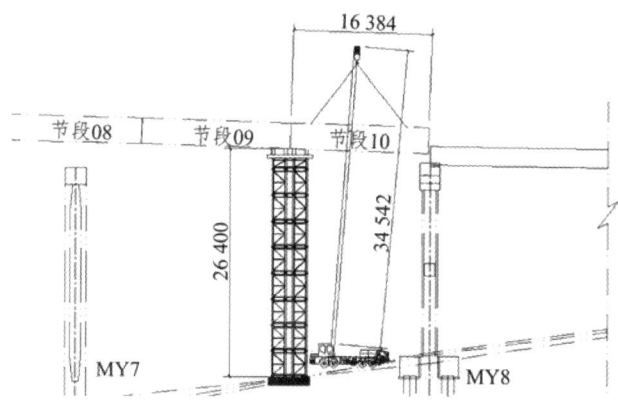

图 7-67 支架平面布置

由该放样图按照钢箱梁桥作业半径为 10 m，吊车臂长 36 m，此工况下 220 t 汽车吊起重量 52 t。按照最不利因素考虑：第 10 段钢箱梁 10E 质量：33 t。最大吊装半径以及臂长结合吊钩重量 1.2 t，钢绳及葫芦等施工用具 1.8 t，可得 220 t 汽车吊此工况下：52 t>33 t+1.2 t+1.8 t=34，即 52 t>34 t×1.2（0.2 安全系数）=41；因此选用 220 t 汽车吊满足吊装作业要求。

4. 顶推卸载（落梁）

顶推卸载流程见表 7-12。

表 7-12 顶推卸载流程

流程	模拟图
步骤 1：钢箱梁滑移到位	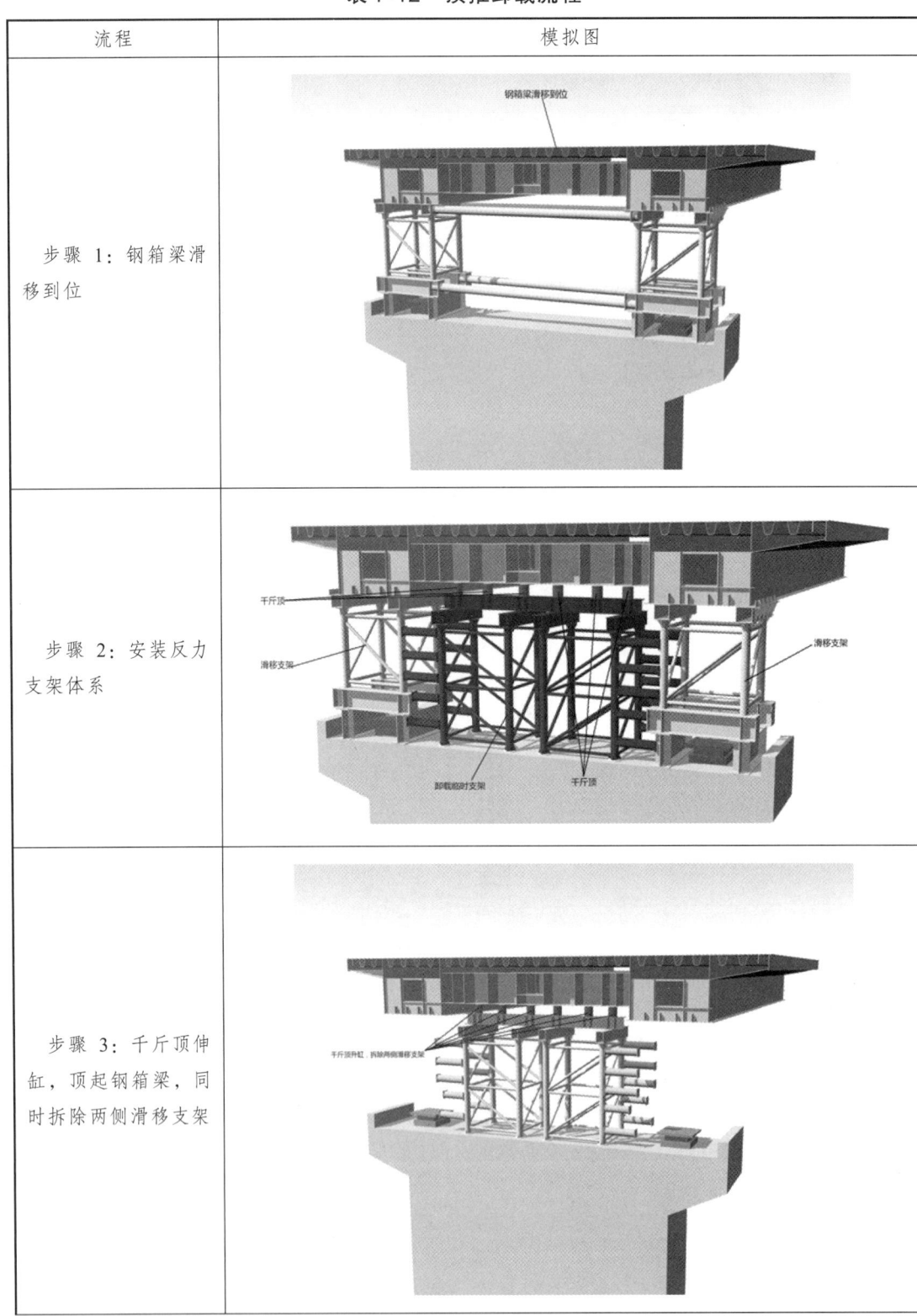
步骤 2：安装反力支架体系	
步骤 3：千斤顶伸缸，顶起钢箱梁，同时拆除两侧滑移支架	

续表

流程	模拟图
步骤4：在腹板对应位置处布置卸载垫块	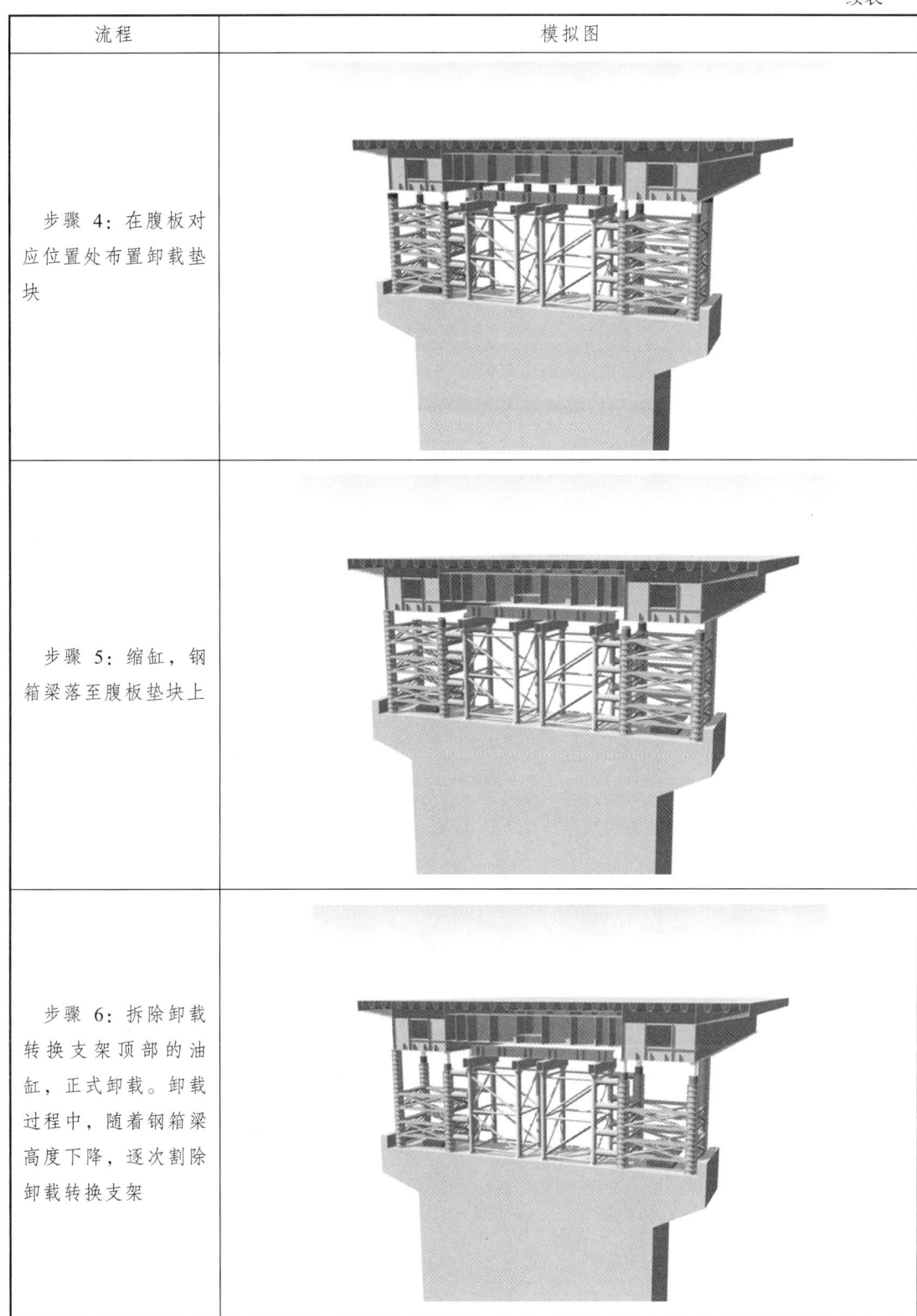
步骤5：缩缸，钢箱梁落至腹板垫块上	
步骤6：拆除卸载转换支架顶部的油缸，正式卸载。卸载过程中，随着钢箱梁高度下降，逐次割除卸载转换支架	

续表

流程	模拟图
千斤顶伸缸 90 mm,同时去掉无千斤顶侧 3 块垫板	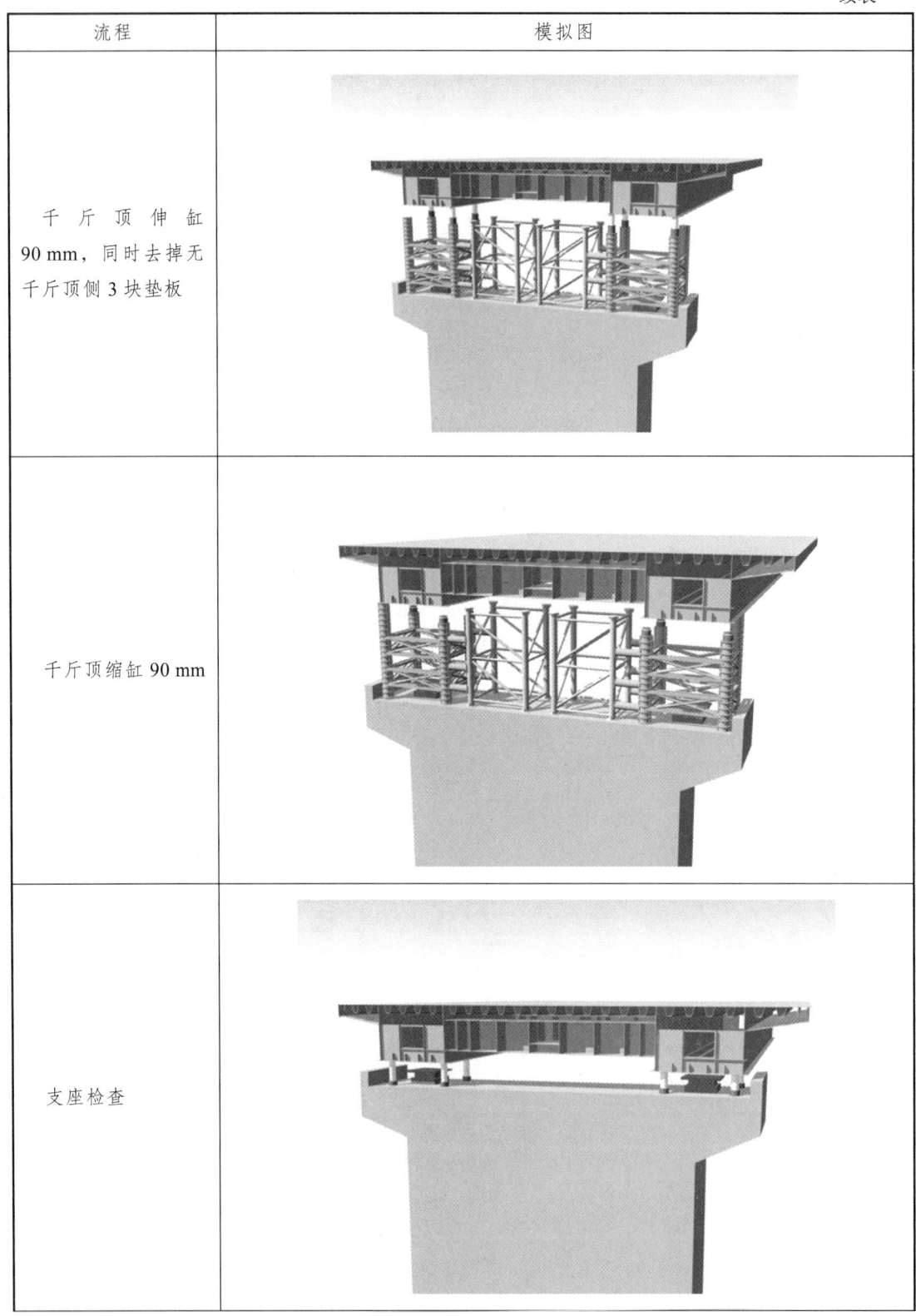
千斤顶缩缸 90 mm	
支座检查	

流程	模拟图
落梁完成	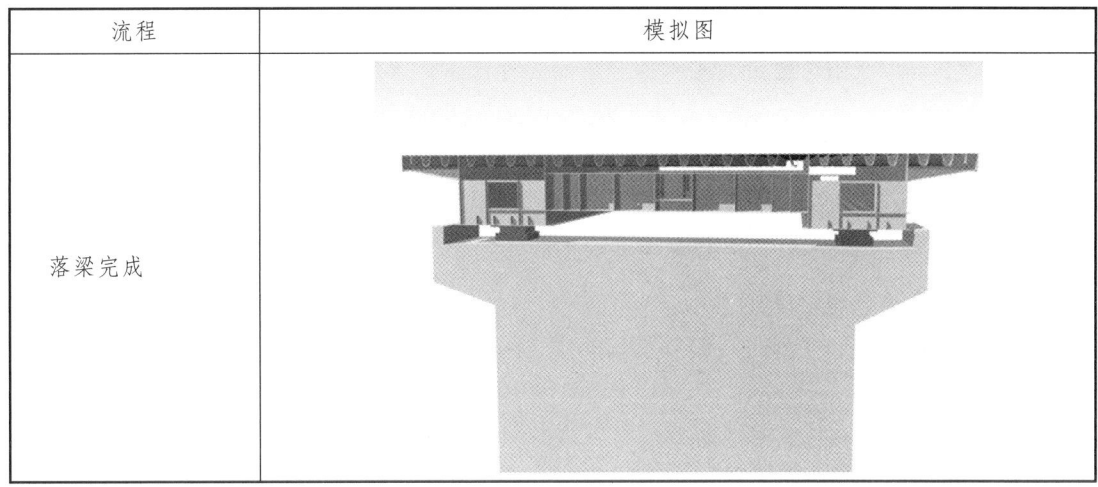

5. 落梁反力座千斤顶布置

综合落梁时的梁体重量及梁型跨距布置千斤顶，在每个墩顶支座横隔板纵向加劲板安置6台千斤顶，在保护支墩配合下分阶段进行落梁。

落梁千斤顶采用500吨双作用千斤顶，千斤顶的具体技术参数见表7-13。

表7-13 千斤顶的技术参数

名称	直径/mm	高度/mm	压力/MPa	千斤顶顶力/kN	行程/mm
双作用千斤顶	500	515	51	5 000	140

6. 落梁前准备

将梁整体顶起，通过各路千斤顶的油压计算各支点的反力。在此前提下对各支点标高统一测量，布置高度测量标尺，以便直观判断各支点的同步误差。

（1）对千斤顶及油压系统进行检查，确保完好可靠。落梁支墩准备到位。

（2）核实通讯指挥系统是否完好，统一通信信号，统一操作要领并演练熟悉。

（3）召开现场交底会，明确指挥系统、落梁步骤及计划、各墩负责人、各泵站操作员、保护支墩操作工、测量工、综合观察员、应急协助员等各岗位职责和操作要领，安全注意事项等，做到心中有数，有条不紊。

（4）落梁组织机构及岗位职责。

总指挥一名：发布行动命令，全面控制落梁全局，直接指挥各墩顶负责人，除异常情况外，每落60 mm停顿一下接受各墩负责人的情况报告，全部无误后发布降低保护60 mm和开启回油阀命令。

墩顶负责人：负责控制指挥本墩各个工位的工作，包括泵站、保护支墩、测量、综合观察、应急协助员。按总指挥的命令指挥协调本墩顶的各项工作定时汇报指令执行情况，及时汇报异常情况。

各泵站操作员：2名，各控制一个泵站，观察油压表读数波动情况，2名操作工协同工作，确保读数控制在5%波动范围内，依据压力大小调整泄压阀的流量。泄压阀开启时应缓慢加大流量直至稳定泄压流量，关闭时宜动作迅速。

各个保护支墩操作工 2 人一组，负责保护墩上的支墩及钢垫板卸除，卸除时应用弯曲板条将垫板推出一半再用手搬运，不容许手手伸入支撑面，严禁过早卸除垫板。并将钢板整齐码放在墩顶指定的位置。

综合观察员：1 名，配合墩顶指挥对本墩工作情况全面掌控。

应急协助员：1 名，接受墩顶指挥的指派，支援相应的工位。

落梁的顺序，相邻支墩交替开始落梁。

7. 落梁过程中的注意事项

（1）顶推到位后，在侧向纠偏装置和梁体之间用楔形木块塞紧，防止梁体在落梁过程中滑移。

（2）对梁体依照设计中线位移情况进行全面检查，合格后开始落梁。

（3）先安装千斤顶，将梁均匀顶推起 20 mm 拆除临时支架及滑道梁。

（4）通过控制进油压力来确保每个桥墩千斤顶受力均匀，且落梁速度一定不要太快，并要均匀下落。

（5）测试并调整梁体线性达到设计和规范要求，锚固支座。

（6）严格遵守千斤顶技术规则，起重时不超过起重能力，每次起高量不超过活塞高度的四分之三。操作时统一指挥，统一行动。

（7）落梁控制采用等比落梁进行控制。

8. 计算机控制液压同步顶推技术简介及技术特点

1）液压同步顶推技术简介

"液压同步顶推技术"采用液压爬行器作为顶推驱动设备。液压爬行器为组合式结构，一端以楔形夹块与顶推轨道连接，另一端以铰接点形式与顶推胎架或构件连接，中间利用液压油缸驱动爬行。液压爬行器的楔形夹块具有单向自锁作用。当油缸伸出时，夹块工作（夹紧），自动锁紧顶推轨道；油缸缩回时，夹块不工作（松开），与油缸同方向移动。

2）液压同步顶推施工技术特点

自锁型夹轨器是一种能自动夹紧轨道形成反力，从而实现推移的设备。此设备可抛弃反力架，省去了反力点的加固问题，省时省力，且由于与被移构件刚性连接。同步控制较易实现，就位精度高。如图 7-68 所示。

图 7-68　夹轨器

3）系统组成

计算机控制液压同步顶推系统由夹轨器（含顶推油缸）、液压泵站（驱动部件）、传感检测及计算机控制（控制部件）等几个部分组成。

4）夹轨器

顶推油缸是顶推系统的推力部件，用来克服顶推构件的顶推摩擦力。用户可以根据顶推构件产生顶推摩擦力的大小来配置顶推油缸的数量。如图7-69所示。

5）驱动部件

液压泵站是顶推系统的动力驱动部分，它的性能及可靠性对整个顶推系统稳定可靠工作影响最大。在液压系统中，采用比例同步技术，这样可以有效地提高整个顶推系统的同步调节性能。如图7-70所示。

图7-69　顶推油缸

图7-70　双比例阀系统液压泵站

6）传感检测

传感检测主要用来获得液压油缸的行程信息、载荷信息和整个被滑移构件的状态信息，并将这些信息通过现场实时网络传输给主控计算机。这样主控计算机可以根据当前网络传来的油缸位移信息决定液压油缸的下一步动作，同时，主控计算机也可以根据网络传来的载荷信息和构件姿态信息决定整个滑移系统的同步调节量。如图7-71所示。

图7-71　油缸行程传感器

7）控制部件

液压同步顶推施工技术核心设备采用计算机控制，通过数据反馈和控制指令传递，可全自动实现同步动作、负载均衡、姿态矫正、应力控制、操作闭锁、过程显示和故障报警等多种功能。如图7-72所示。

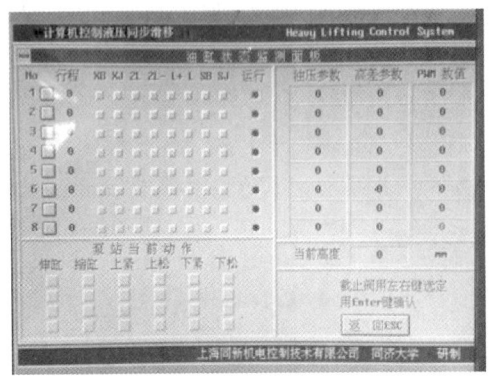 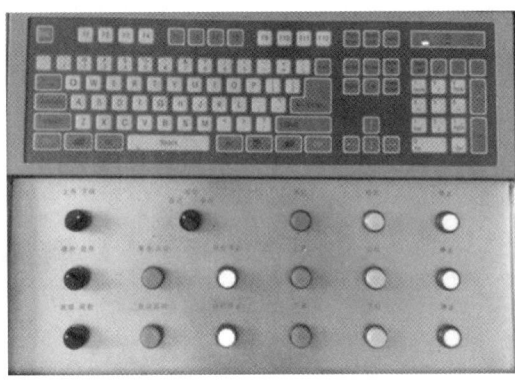

图7-72　监控界面和操作界面

9．施工工艺

1）滑移前的检查

（1）油缸检查。

油缸安装正确，复位良好。

（2）液压泵站检查。

泵站与油缸之间的油管连接必须正确、可靠；油箱液面，应达到规定高度；利用截止阀闭锁，检查泵站功能，出现任何异常现象立即纠正；泵站要有防雨措施；压力表安装正确。

（3）计算机控制系统检查。

各路电源，其接线、容量和安全性都应符合规定；控制装置接线、安装必须正确无误；应保证数据通信线路正确无误；各传感器系统，保证信号正确传输；记录传感器原始读值备查。检查总结与商定预顶推日期。

检查总结：对上述项目进行检查并记录，对上述检查情况进行总结。商定预顶推日期：成立"顶推工程现场指挥组"。现场指挥组根据工程进度、天气条件、工地准备情况，与各方商定顶推日期。

2）预滑移

（1）系统调试。

液压顶推设备系统安装完成后，按下列步骤进行调试：

检查泵站上所有阀或硬管的接头是否有松动，检查溢流阀的调压弹簧是否处于完全放松状态。检查泵站启动柜与液压爬行器之间电缆线的连接是否正确。检查泵站与液压爬行器主油缸之间的油管连接是否正确。系统送电，检查泵站控制柜操作开关处在停止状态。启动泵站，检查液压泵主轴转动方向是否正确，如果正确停止启动；如果不正确，将动力线两相对调，对调好后送电，再启动泵站，检查液压泵主轴转动方向是否正确，如果正确停止启动。在泵站不启动的情况下，手动操作控制柜中相应按钮，检查电磁阀和截止阀的动作是否正常，截止阀编号和爬行器编号是否对应。检查行程传感器。按动各台液压爬行器行程传感器测量钢丝绳，使控制柜中相应的信号灯点亮。顶推前检查：启动泵站，调节一定的压力（5 MPa左右），伸缩爬行器油缸：检查 A 腔、B 腔的油管连接是否正确；检查截止阀能否截止对应的油缸；检查比例阀在电流变化时能否加快或减慢对应油缸的伸缩速度。预加载：调节一定的压力（2~3 MPa），使楔形夹块处于基本相同的锁紧状态。加载步骤按照爬行器最初加压为所需压力的 40%、60%、80%，在一切都稳定的情况下，可加到 100%。在刚开始有位移后，暂停。全面检查各设备运行正常情况：爬行器夹紧装置、滑移轨道及桁架受力等的变化。在一切正常情况下可正式开始滑移。

（2）预滑移。

预顶推前的调整，在全部结构离地后，需要进行如下调整：

各点的位置与负载记录；比较各点的实际载荷和理论计算载荷，并根据实际载荷对各点载荷参数进行调整；长行程传感器的读数与设置；计算机控制程序中的参数设定。

预顶推：计算机进入"自动"操作程序，进行钢结构的整体顶推；在顶推预过程中，对各点的位置与负载等参数进行监控，观察系统的同步控制状况；根据同步情况，对控制参数进行必要的修改与调整。

注意以下事项：试顶距离 5 m，记录试顶时间和速度，根据实测结果与计算结果比对进行调整速度，做好三项重要数据的测试工作；每分钟前进速度，应将顶推速度控制在设计要求内；采取"点动"方式操作控制，测量每点动一次前进距离的数据，以供顶推初步到位后，进行精确定位提供操作依据，防止超顶。记录梁体启动时顶力的大小，从而了解四氟板与不锈钢板之间的摩擦系数。试顶过程中，应检查桥体结构是否平衡稳定，有无故障，关键受力部位是否产生裂纹。如有异常情况，则应停止试顶，查明原因并采取相应措施整改后方可继续试顶。试顶后采集精调数据，采用点动方式操作，按 1 s、2 s、3 s 进行点动，测量组应测量每点动一次前进距离的数据，以供顶推初步到位后，进行精确定位提供操作依据。

3）正式滑移

（1）根据设计顶推荷载预先设定好泵源压力值，由此控制爬行器最大输出推力，保证整个顶推设施的安全。在顶推过程中，测量人员应通过长距离传感器或钢卷尺配合测量各顶推点位移的准确数值。计算机控制系统通过长距离传感器反馈距离信号，控制两组爬行器误差在 10 mm 内，从而控制整个桁架的同步顶推。爬行器为液压系统，通过流量控制，爬行器的启动、停止加速度几乎为零，对轨道的冲击力很小。

（2）滑移过程观测。

观测同步位移传感器，监测顶推同步情况；支座与轨道卡位状况；爬行器夹紧装置与轨道夹紧状况；累积一次时，推进力变换值是否正常；顶推时，通过预先在各条轨道两侧所标出的刻度来随时测量复核每个支座顶推的同步性。

（3）顶推中线控制措施。

在拼梁场的前后方，设固定桥梁中线观测控制点；在梁顶面弹出中线（墨线），设观测标，便于快速、量化观测；自动连续顶推过程中对主梁的轴线进行不间断观测，指导顶推作业；如果发现主梁轴线偏离设计轴线，应通过导向、限位装置，在顶推过程中进行纠偏。

（4）顶推就位控制措施。

顶推中线的控制采用横向纠偏装置来进行左右调整；顶推里程的控制采用"点动"的方式，并配合经纬仪进行控制；就位后允许其中线偏差+10 mm。顶推速度及启、制动状态分析

（5）滑移速度。

通过每次滑移整体计算，钢箱梁分块 1~10 滑移重量最大，滑移的速度及所需的泵站压力见表 7-14。

表 7-14　滑移分块 1~10 滑移速度和泵站压力表

爬行器数量	滑移速度/（m/h）	启动时油缸压力/MPa	正常滑移时油缸压力/MPa
4	8	16	12

（6）启动状态分析。

① 根据以往滑移经验，在滑道上涂抹黄油后，静摩擦系数为 0.2，正常滑移时滑移摩擦系数为 0.15。

② 惯性加速度

正常滑移时速度为 8 m/h，考虑行程往返，实际滑移速度约 16 m/h，即 $\dfrac{16\times 10^3}{3\,600}=4.4$ mm/s，假定滑移启动时，在 0.5 s 内加速到 4.4 mm/s，则惯性加速度为 0.008 8 m/s，则起始状态爬行器附加推力最大为：365×0.008 8/2=1.6 t。

（7）制动状态分析。

正常滑移时滑移分块动量为 m_v（v=4.4 mm/s）

滑移摩擦系数为 0.15，滑移摩擦力为 $0.15mg$。

根据冲量规律：$m_v =0.15mgt$

则制动所需时间为　$t= m_v /0.15mg$=0.03 s

滑移分块制动时滑行距离　1/2×4.4 mm/s×0.03 s=0.067 mm

由此可见，滑移制动时滑行距离很短，不会窜行。

10. 顶推中的关键技术措施

1）滑道梁设置措施（图 7-73、图 7-74）

图 7-73　滑道滑板和箱梁结构图

图 7-74　滑道梁（表面焊接不锈钢板）

(1)滑道由墩顶滑道梁和 2 mm 厚不锈钢板组成,其表面粗糙度 R_a 不大于 12.5 μm。

(2)滑道梁采用 Q345B 钢板焊接制作,上部设规格为 36 cm×50 cm×3 cm 的四氟乙烯滑块,其抗压强度不低于 30 MPa。滑道梁与下部垫梁结构焊接。

(3)在不锈钢钢板和四氟乙烯滑块间不能涂抹硅脂油。

(4)顶推过程为防止四氟乙烯滑块随梁移动,从滑道后端滑出,在滑道梁四面焊接挡板,板厚 2 cm,保证挡板内能放下滑块。

(5)在垫梁支架上设置滑道梁,安装滑板,必须保证滑道梁与支架、垫梁结构牢固焊接。

(6)精确测设各个滑道梁的安装高程、坡度,在保证每个滑道梁的安装精度(高程、平整度、坡度)的条件下,整体相对偏差不超过 3 mm。

(7)滑道梁安装后,与钢箱梁拼接的焊缝,必须认真处理,避免形成任何错台、凸起。四氟乙烯滑块与梁底接触面必须光滑平整。

(8)不锈钢板必须与滑道梁表面钢板连接牢固,四周采用氩弧焊连续焊接牢固,避免顶推过程因为摩擦力过大,造成不锈钢板与钢板脱离,被搓出,造成质量事故。

2)钢导梁现场拼装

(1)导梁在桩号前进方向钢梁前端位置拼装。

(2)钢导梁拼装作业必须保证机械作业安全:吊机行走路线固定,施吊作业位置承载力符合要求,支撑脚支设稳固,防止吊机作业过程中倾倒;起吊时必须先试吊。

(3)钢导梁安装质量,必须严格控制,保证钢导梁与钢梁连接部位导梁下翼缘板与箱型梁底板在同一平面,无错台、无弯折角度;保证两侧导梁下翼缘板在同一平面,无相对扭转变形;保证两侧导梁的轴线、间距正确。

(4)钢导梁拼接完成后,整体质量的验收以导梁下翼缘板的直线度、平整度、光洁度为控制点,特别是焊接处,避免弯折角度的出现,同时将下翼缘板下表面焊缝余高磨平。

(5)导梁安装需保证:导梁中心线、箱梁腹板中心线、滑道梁中心线重合(±20 mm)。

3)钢导梁现场拆除措施

(1)在顶推到位后拆除导梁,导梁用汽车吊机拆除。

(2)在没有搭设拆除操作平台的环境下拆除,施工存在安全风险,操作人员必须拴挂安全带作业。

(3)吊机就位,拴好起吊钢绳索并适当收紧受力后,首先拆除通过法兰连接的节点,再割开焊接节点。

(4)调整吊绳受力角度、松紧程度,栓拉缆绳,避免构件松开约束后大幅度反弹,诱发安全事故。

(5)拆除的构件临时堆放于规定的限界。

4)限位装置设置

(1)在各永久墩墩顶两侧对称安装横向导向钢架,限制梁体移动过程中的横向位移。由于顶推过程中,梁体呈蛇形移动,为防止梁体卡死,在限位装置设置时,在梁体和限制装置之间各设 20 mm 的间隙,即可以防止梁体卡死,用可以让梁体在顶推过程中,梁体侧向偏差不至于过大。图 7-75 是侧向限位装置。

(2)顶推间歇,可在限位装置与箱型梁间楔入木楔块,防止箱型梁移动。

图 7-75 侧向限位装置

5）纠偏装置设置

（1）在各永久墩墩顶两侧对称安装横向导向钢架，设置了相应横向限位装置。在横向限位装置的下方设置横向纠偏千斤顶进行横向纠偏。

（2）在每幅顶推梁横向纠偏千斤顶共设置两对共四台，在梁的前后两端均设置一对纠偏千斤顶。纠偏千斤顶的位置应根据梁体的顶推距离及时进行调整。

（3）纠偏千斤顶采用 50 t 螺旋千斤顶，千斤顶技术参数见表 7-15。

表 7-15　千斤顶技术参数

名称	直径/mm	高度/mm	千斤顶顶力/kN	行程/mm	备注
50 t 千斤顶	80	425	500	200	

（4）横向纠偏千斤顶依据梁体在顶推过程中的中线偏差向相反的方向进行纠偏，中线偏差不得大于 5 cm。如图 7-76 所示。

图 7-76　侧向纠偏装置图（红色为千斤顶）

11. 顶推施工注意事项

（1）四氟滑板的质量控制：四氟滑板为改性聚四氟乙烯板制品，其使用厚度为 30 mm，要求误差为±1 mm。四氟板与不锈钢板的摩擦系数为 0.05，本桥施工中摩擦系数采用 0.04～0.07；顶推梁使用的四氟滑板块，数量多，且质量要求高，使用时需精心操作，妥善保存。要求四氟板表面清洁光滑，无刻痕，无油污，无翘曲变形等；任何情况下，各墩顶滑道上的四氟滑板不得少于 2 块；四氟板磨损过多时，应及时更换。

（2）每次顶推，必须对顶推的梁段中线和各滑道顶的标高进行测量，并控制在允许范围以内：

① 导梁中线偏差±20 mm。

② 梁体中线偏差不大于±20 mm。

③ 相邻两跨支点同侧的滑移装置顶面高差10 mm。

④ 同墩两支点滑移装置顶面高差10 mm。

（3）顶推时，相邻墩起顶高差不得大于5 mm，同墩两侧梁底顶起高差不得大于5 mm。

（4）滑道梁安装时，在不锈钢钢板与滑块之间不能涂抹任何油脂；以免减小摩擦系数；并安排专人对滑道进行清理，保证滑道的清洁。四氟滑板两面均应保持清洁。

（5）顶推施工前，必须对全桥的顶推千斤顶进行集中控制，确保同步进行。顶推时，各千斤顶应同步逐级加力顶推。

（6）顶推时，如果导梁杆件有变形、导梁与梁体联结处有变形或焊缝开裂等情况发生时，应立即停止顶推，进行处理。

（7）顶推中须在桥墩上设置导向及纠偏设施，保证梁体沿梁轴中心线方向移动，若有偏移，采用横向装于桥墩两侧的钢支架上的水平千斤顶进行纠偏。横桥向水平千斤顶为4台50 t千斤顶。

（8）顶推前，梁体两侧防撞护栏及防护屏施工完成顶推前，桥面铺装在成桥后施工。每一节段开始顶推时，先进行试顶推，然后正式顶推。

（9）进行顶、落梁操作时，千斤顶不可长时间工作，必须采取相应措施将梁体临时撑起，待落梁操作开始时，方可拆除临时支撑。

（10）顶推施工时确保相关人员到位，统一安排，保证应急程序畅通。顶推系统使用前应按照操作流程进行调试与试验。

（11）每次顶推，必须对顶推的梁段中线进行测量，并控制在允许范围以内；如出现偏差，则需要立即调整。四氟乙烯滑板应保持清洁。

（12）注意顶推过程中顶升力、平移力、下降力的变化，顶推过程中若发现顶推力骤升，应及时停止并检查原因，特别是检查四氟乙烯滑板。

（13）位移观测，主要是梁体的中线偏移和墩顶的水平、竖向位移，在顶推过程需用横向调整油缸及时调整。顶推到最后梁段时要特别注意梁段是否到达设计位置，须在日照充足的白天顶推到最终位置。

（14）最后一次顶推时应采用小行程点动，以便纠偏及纵移到位。顶推安全质量注意事项：各临时墩操作人员应严格服从中心控制台指挥，并严格按照工艺步骤及技术交底进行操作。

（15）各临时墩及主墩顶周边设栏杆，操作人员应带救生设备。钢箱梁顶推遇六级以上大风时，立即锁定主纵梁底部停止作业。每一个墩上都设置导向限位装置是为了钢箱梁在行走过程中的侧向移动，确保钢箱梁在临时墩上的在始终在正确轨道上。

12．施工过程中质量控制措施

1）监控措施

钢箱梁顶推过程，存在多次应力体系转换，应力变化幅度大。由业主指定第三方监测单位全程监控，为顶推施工提供准确的依据，保障施工安全。变形监测：监测导梁、梁体、墩身的位移挠度变化。速度监测：监测顶推速度。顶力监测：监测顶推千斤顶的顶力大小，推算摩阻系数。

2）测量措施

施工过程中使用的测量仪器、量具必须经检验合格出具鉴定文件后方可投入使用。对施工过程中使用的测量仪器、量具必须经常进行检验，维护保养，确保其使用功能准确。对现场测量网点的布置及移交必须有监理、总包及我方现场项目部等三方人员共同参加与确认。现场安装做好测量记录外业工作，测量数据记录真实、完整，经测量员签字后提交项目部工程师及资料员保存。测量工程师接到定测资料后，应组织项目测量人员复测基准点，复测时应采用两种不同的方法进行。复测控制测量成果和控制测量成果由测量工程师计算，并报项目总工程师审核。

13. 构件现场拼装及焊接方案

1）现场拼装

根据分段原则，钢箱桥都是分成了单箱单室运输到现场。到现场以后，需要起吊机械和场地进行现场组装。

桥面拼装按照最不利因素考虑：第 7 段钢箱梁 7E 重 40 t。最大吊装半径 9 m 以及臂长 13.5 m 结合吊钩重量 1.2 t，钢绳及葫芦等施工用具 1.8 t，可得 160 t 汽车吊此工况下：58 t>40 t+1.2 t+1.8 t=43，即 58 t>43t×1.2（0.2 安全系数）=52 t；因此选用 160 t 汽车吊满足拼装作业要求。现场组装需严格按照钢箱桥实际尺寸和弧度进行实地放样后，再组装成设计图纸中的分段。

2）施工工况参数（图 7-77 ~ 图 7-79）

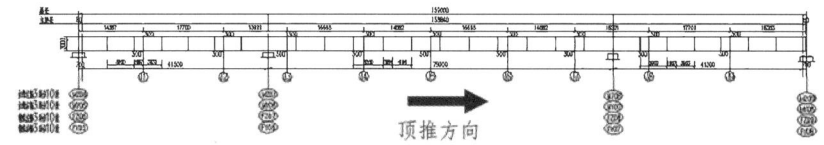

图 7-77 花庄河大桥纵向分段图

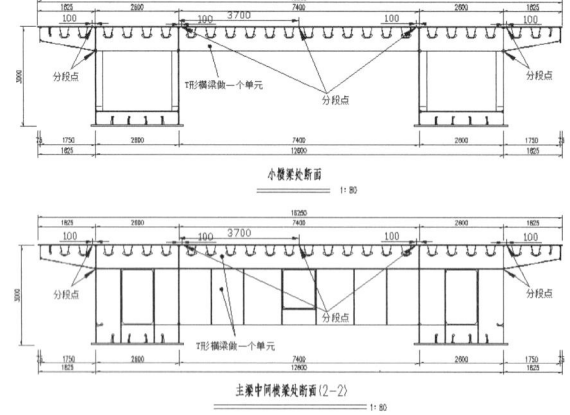

图 7-78 花庄河大桥主桥横向分段图

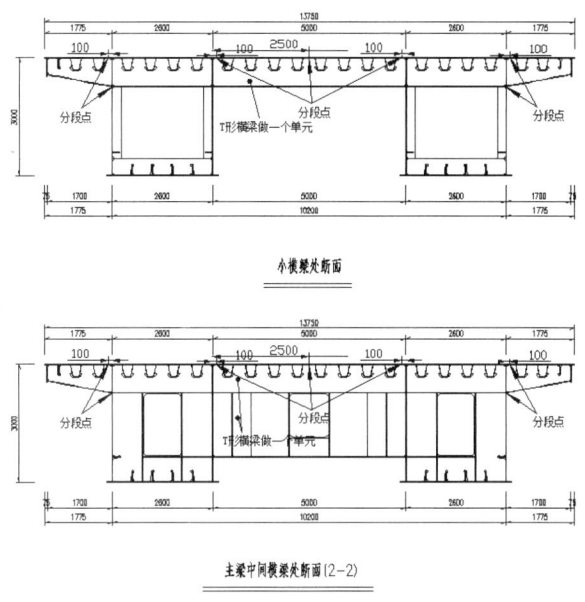

图 7-79 花庄河大桥辅道横向分段图

3）吊耳布置图：吊耳采用单箱四个吊耳对称布置于桥面板上，如图 7-80～图 7-81 所示。

4）卸扣选择：

因单个吊耳吊重为 10 t 故选择吊装卸扣为弓形卸扣型号 T-BX25。

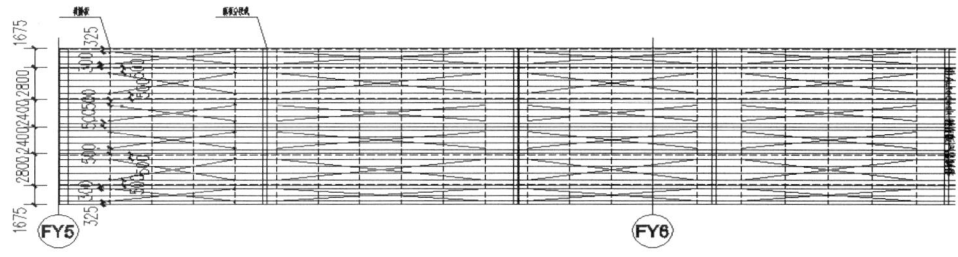

图 7-80 吊耳布置图（1/2 桥跨）

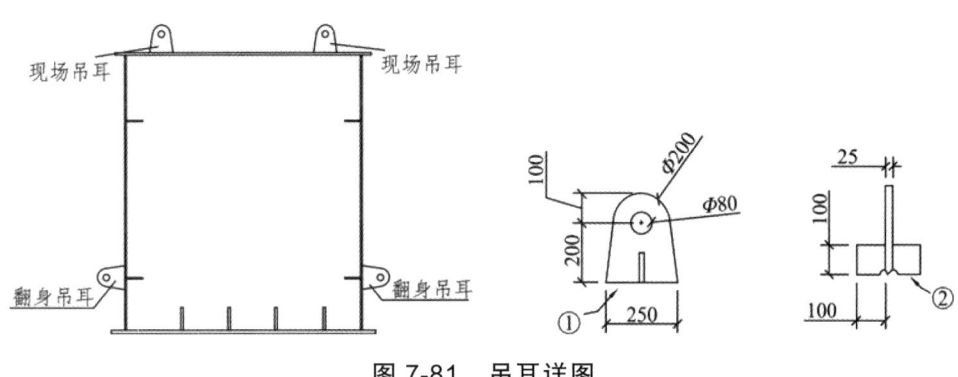

图 7-81 吊耳详图

5）现场焊接

（1）焊接方法：根据现场焊接特点，并结合工程实际，采用 CO_2 药心焊丝气体保护焊和焊条手工电弧焊相结合的焊接方法。

（2）焊接材料及设备：焊接材料选用，焊接材料采用氢含量较低的焊材。焊材的选用原则与母材强度等强。焊条选用：Q345C——E5015 或者 E5016 型；焊丝选用：TWE-711（药心焊丝 $\phi1.2$）；保护气体为 CO_2，纯度 99.98%（露点≤-40 ℃）。焊接及相关设备，所有焊接设备（包括测量、控制装置）应处于正常状态，仪表均应经过鉴定，并在有效期内。

（3）现场焊接施工流程（图 7-82）

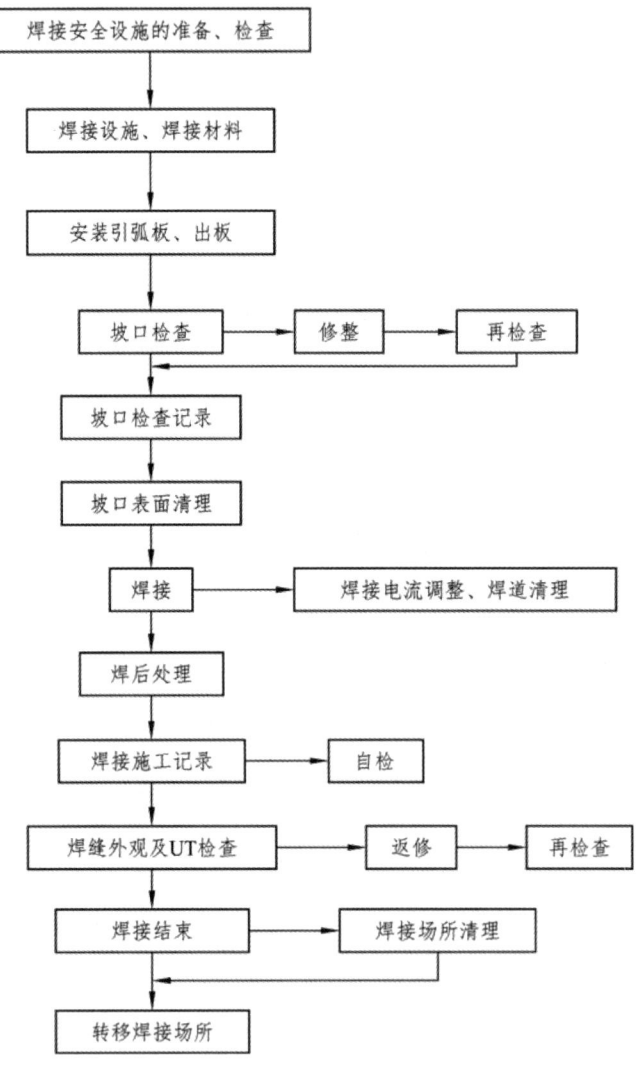

图 7-82 焊接工艺流程

第 8 章 城市道路跨越铁路桥梁施工关键技术

8.1 哨关路上跨沪昆铁路工程概况

8.1.1 工程简介

哨关路采用分幅设计跨越沪昆铁路，主线分左右两幅，每幅宽度 16.25 m，辅道分左右两幅，每幅宽度 13.75 m，与铁路交角为 83°。主线和辅道投影总宽度为 115 m。主桥、引桥采用连续钢箱梁跨越既有铁路，孔跨布置详见表 8-1。

表 8-1 上跨沪昆铁路桥孔跨布置一览表

序号	线路名称	引桥(连续T梁)	主桥（跨越铁路）	引桥（连续T梁）	备注
1	左幅主线	3 m×30 m	（30+45+30）m 连续钢箱梁	4×30 m+3×30 m	
2	右幅主线	4 m×30 m	（30+45+30）m 连续钢箱梁	4×30 m+3×30 m	
3	左幅辅道	2 m×30 m	（30+45+30）m 连续钢箱梁	3×30 m	
4	右幅辅道	4 m×30 m	（30+45+30）m 连续钢箱梁	4×30 m+3×30 m	

为了尽量减少对既有铁路的影响，主桥采用自动连续千斤顶拖拉法顶推施工就位的施工方法。新建桥梁左幅主线桥与沪昆铁路上行线交叉点铁路里程 K2578+065；右幅主线桥与沪昆铁路上行线交叉点铁路里程 K2578+035；左幅辅道桥与沪昆铁路上行线交叉点铁路里程 K2578+093；右幅辅线桥与沪昆铁路上行线交叉点铁路里程 K2578+007。

根据实际测量结果，新建桥与铁路立面净距梁底至轨面（沪昆上行线）最小净空为左幅辅道 11 m，梁底至回流线最小净空为左幅辅道 3.2 m，梁底至承力索最小净空为左幅辅道 2.5 m，梁底至灯柱顶最小净空为左幅辅道 3.9 m，梁底至 031 和 034 号接触网杆顶为 3.0 m。新建桥左右幅主线及右幅辅线梁底与线路的各位置的距离尺均大于上述数值。FZ03 和 MZ04 号墩桥墩中心线距沪昆铁路下行中心线最小距离为 18 m，FY05 和 MY05 号墩桥墩中心线距沪昆铁路下行中心线最小距离为 19 m。桥梁的布置及结构如图 8-1～8-3 所示，具体的铁路与新建桥的位置关系见表 8-2、表 8-3。

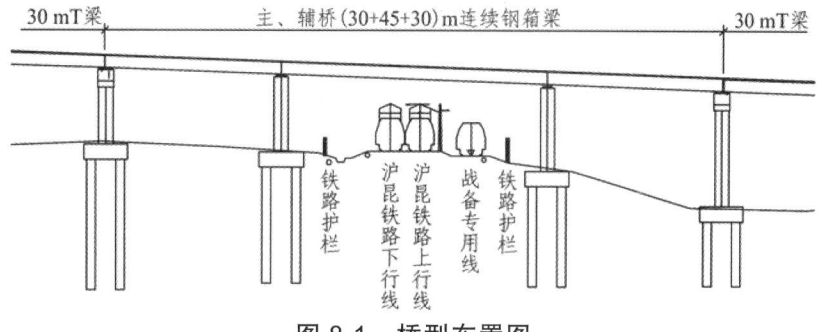

图 8-1 桥型布置图

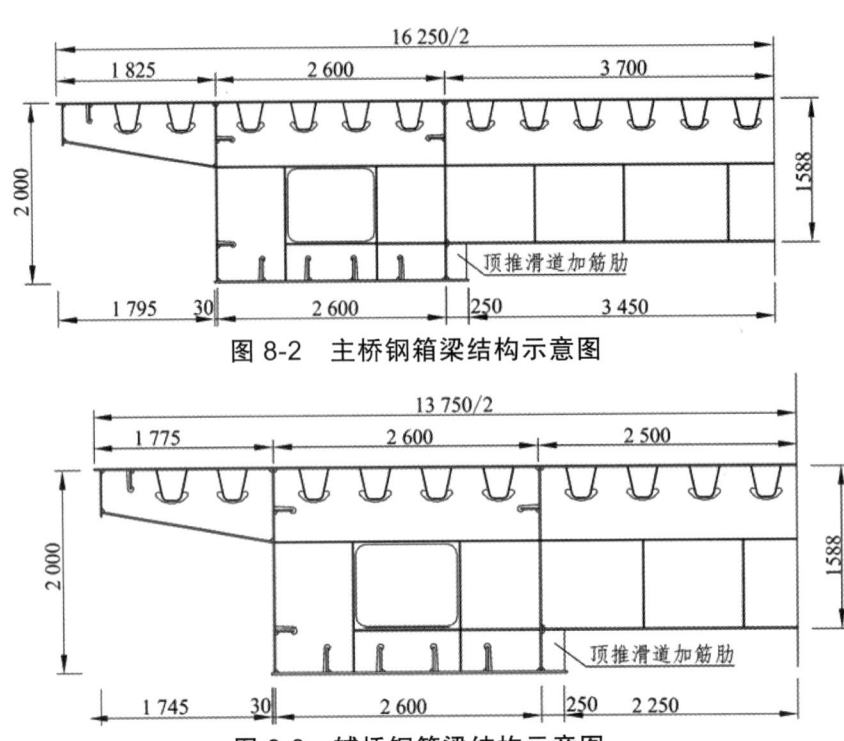

图 8-2 主桥钢箱梁结构示意图

图 8-3 辅桥钢箱梁结构示意图

表 8-2 新建桥与铁路立面净距（成桥状态最小距离）

位置		净空/m	备注
左幅辅道	梁底至轨面	11.0	沪昆上行线
	梁底至回流线	3.2	
	梁底至承力索	2.5	
	梁底至灯柱顶	4.0	信号灯
左幅主线	梁底至轨面	11.9	沪昆上行线
	梁底至回流线	4.3	
	梁底至承力索	3.5	
右幅主线	梁底至轨面	11.2	沪昆上行线
	梁底至回流线	3.5	
	梁底至承力索	2.9	
右幅辅道	梁底至轨面	11.2	沪昆上行线
	梁底至回流线	3.9	
	梁底至承力索	2.6	
	梁底至接触网杆顶	3.0	031号杆

表 8-3 桥墩与铁路平面净距（成桥状态最小距离）

位置		距离/m
辅道左幅 FZ03 号墩	墩身边缘距回流线	11.9
主线左幅 MZ04 号墩	墩身边缘距回流线	11.9
主线右幅 FY05 号墩	墩身边缘距回流线	11.9
辅道右幅 FY05 号墩	墩身边缘距回流线	12.2

8.1.2 既有铁路现状

哨关路上跨和综合管廊下穿处共有 3 条铁路线路，分别为沪昆铁路上行线、下行线和战备专用线。

既有沪昆铁路为双线电气化无缝线路（钢轨型号为 60 kg/m），钢筋混凝土枕（1 680 根/每公里），道砟厚度为 100 cm；小哨站引出的战备专用线为单线内燃铁路（钢轨型号为 50 kg/m），钢筋混凝土枕（1 520 根/km）。上跨、下穿铁路段在沪昆铁路处于直线上，战备专用线处于半径 650 m 的圆曲线上，曲线长 68.267 m。铁路路基为填土路基，最大路基高度为 7.0 m。

8.1.3 工程建设与铁路的关系

根据现场踏勘调查，在综合管廊防护涵穿越铁路位置北侧、铁路东侧路肩上有 29#接触网支柱，距离防护涵边墙 14.4 m，在防护涵南侧战备专用线与沪昆上行线间有 30#接触网支柱，距离防护涵边墙 10.3 m。铁路路基两侧路肩上敷设有信号光缆，在铁路东侧敷设有昆铁通信光缆，距离沪昆铁路下行线约 7.0 m，在铁路东侧还架设有自闭线和贯通线各一条。铁路两侧均设有护栏，西侧为钢筋混凝土护栏，东侧为旧混凝土轨枕。

1. 上跨铁路桥

根据设计图纸，哨关路采用分幅设计跨越沪昆铁路，主线分左右两幅，每幅宽度 16.25 m，辅道分左右两幅，每幅宽度 13.75 m，与铁路交角为 83°。主线和辅道投影总宽度为 115 m。主桥采用连续箱梁跨越既有铁路，引桥采用连续 T 梁。

为了尽量减少对既有铁路的影响，主桥采用满堂支架现浇箱梁，自动连续千斤顶拖拉法顶推施工就位的施工方法。新建桥梁左幅主线桥与沪昆铁路上行线交叉点铁路里程 K2578+081，公路里程 MZK5+914.1；右幅主线桥与沪昆铁路上行线交叉点铁路里程 K2578+035，公路里程 YZK5+908.6。如图 8-4、图 8-5 所示。

根据设计图纸，新建桥与铁路立面净距梁底至轨面（沪昆上行线）最小净空为左幅辅道 10.1 m，梁底至回流线最小净空为左幅辅道 2.3 m，梁底至承力索最小净空为左幅辅道 1.6 m，梁底至灯柱顶最小净空为左幅辅道 3.1 m，梁底至 031 和 034 号接触网杆顶为 2.2 m。桥墩与铁路平面净距承台边缘距沪昆铁路下行中心线最小距离为 MZ04 和 MY05 号墩 14 m，承台边缘距小哨战备线中心线最小距离为 MY06 号墩 8.6 m，墩身边缘距沪昆铁路下行中心线最小距

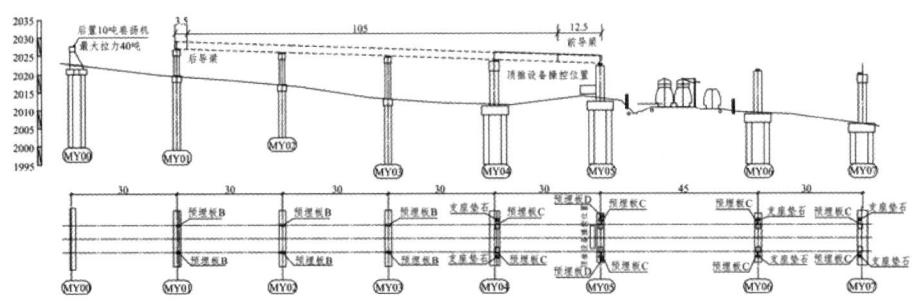

图 8-4 主桥右幅顶推施工原总体布置图

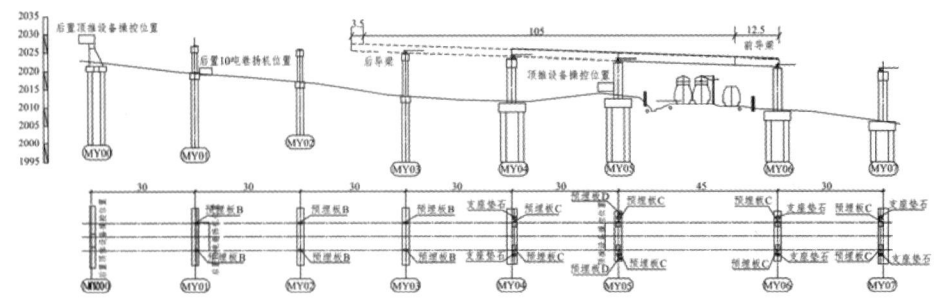

图 8-5 主桥右幅顶推施工滑移后总体布置图

离为 FZ03 号墩 16.3 m，墩身边缘距小哨战备线中心线最小距离为 MY06 号墩 11.4 m。承台边缘距昆铁通信光缆最小距离为 FZ03 号墩 1.9 m，该处通信光缆应做迁改。承台边缘距信号电缆最小距离为 MY06 号墩 6 m。MY05 和 FZ03 号墩承台边缘侵入铁路护栏。如图 8-6 所示。

图 8-6 主桥右幅钢箱梁现场图

2. 下穿铁路涵

本工程为哨关路综合管廊过沪昆铁路防护工程，采用 2~3.0 m 框架涵作为综合管廊防护涵，设于哨关路上跨沪昆铁路桥北侧。穿越铁路部分结构长度为 30 m，两侧接 20 m 长的现浇框架。与沪昆铁路交叉处铁路里程为 K2577+975，交角 83°。框架涵采用顶推法施工，线路加固采用 D24 型施工便梁及矩形支墩组成的线路加固系统。

下穿框架涵顶板顶距离沪昆下行线轨底 1.8 m，同时顶板顶位于铁路排水沟底下 5 cm，D 便梁到接触网杆最小距离为 3 m。

8.1.4 工程特点

1. 主要设计特点

本桥梁主桥采用顶推法施工跨越既有铁路，由于沪昆铁路运输繁忙，除箱梁顶推纳入封锁计划施工外，主桥的其余工作内容均纳入安监计划施工。在施工过程中重点卡控顶推系统的安装及箱梁的顶推就位，同时安排专业人员全过程对影响铁路的施工工序进行卡控，保证铁路行车安全。综合管廊下穿沪昆铁路和战备专用线，主要工作内容为无缝线路应力放散、锁定轨温、线路枕木抽换、吊轨，D 便梁支墩施工，D 梁吊装与拆除，工作坑开挖及框架防护涵主体现浇、顶推施工，基坑回填及附属工程施工。综合管廊的每一个施工环节都影响着铁路的行车安全，采取有效的管理措施和技术措施保证施工安全尤为重要。

2．施工条件及场地布置

根据现场实际情况，现场平面布置本着经济合理的原则，施工用水从施工场地附近水库引入，在工地现场设置蓄水池；施工用电就近搭接至施工现场，并在现场配置 2 台 250 kW、2 台 100 kW 的发电机组作为备用。在施工场地的起点和终点，利用既有道路修建临时便道到达施工现场。

施工场地建设严格按照《云南省高速公路施工标准化实施要点》执行，本着永临结合的原则，项目部管理人员及施工人员办公及生活就近租赁场地盖建房屋，钢筋加工棚及原材料、设备存储房屋在施工场地附近搭建。

8.2 上跨沪昆铁路桥梁顶推施工技术

8.2.1 施工重难点分析

1．钢箱梁、导梁和滑道梁的焊缝、尺寸变形情况检查检测

如果钢箱梁在顶推过程中发生滑移，可能会对钢箱梁焊缝、导梁与钢箱梁连接焊缝及滑道梁焊缝产生不利影响，因此顶推施工之前钢箱梁、导梁和滑道梁的焊缝、尺寸变形情况检查检测是一个施工重点。为解决这一施工重点，顶推施工之前对钢箱梁的主要焊缝及滑道梁焊缝进行抽检，同时对导梁与钢箱梁连接主受力焊缝检测。

2．钢箱梁顶推过程中止滑措施

主线钢箱梁顶推重量 900 t，主线右幅顶推距离 42.5 m，主线左幅顶推距离 87.5 m，顶推坡度 3.5%，下坡顶推，顶推坡度相对比较大，顶推过程中有可能下滑；钢箱梁在顶推时钢箱梁与滑道梁之间填充四氟乙烯滑块，顶推过程中钢箱梁有可能下滑。因此钢箱梁顶推过程中的止滑措施是顶推施工中的一个重点。为解决这一重点问题，在钢箱梁尾部设置一台反力千斤顶和一台卷扬机进行拖拉。施工过程中的防护措施。

3．MY06 号墩上的滑道梁预埋件布设

顶推施工前需要对 MY06 号墩上的滑道梁预埋件布设。在预埋件布设时应结合滑道安装进行，先安装完左侧（顺顶推方向）滑道梁把左侧导梁和左侧（顺顶推方向）滑道梁临时固定在一起，同时在卷扬机和后端反力千斤顶能正常工作之后，再安装右侧滑道梁预埋板和滑道梁。处理如图 8-7、图 8-8 所示。

4．滑块安装

顶推施工前应安装现有滑道梁上的滑块。滑块安装从大桩号向小桩号依次进行，每个点在更换时用 250 t 千斤顶把钢箱梁顶起 10 mm，再塞进滑块。滑块安装完毕后，对滑轨顶面做平整处理，如图 8-9 所示。

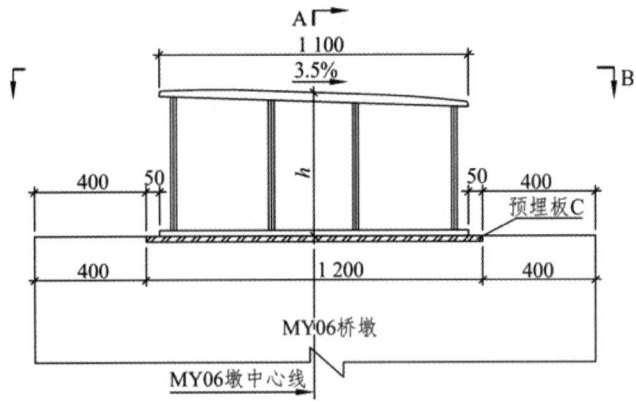

图 8-7 立面示意图

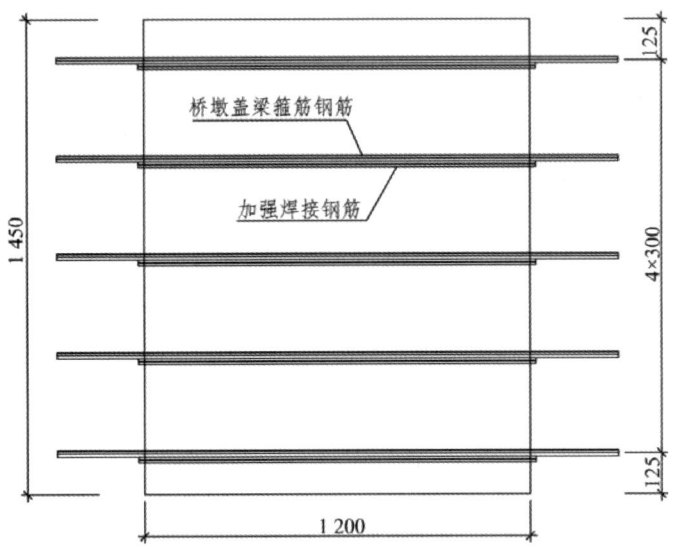

图 8-8 平面示意图

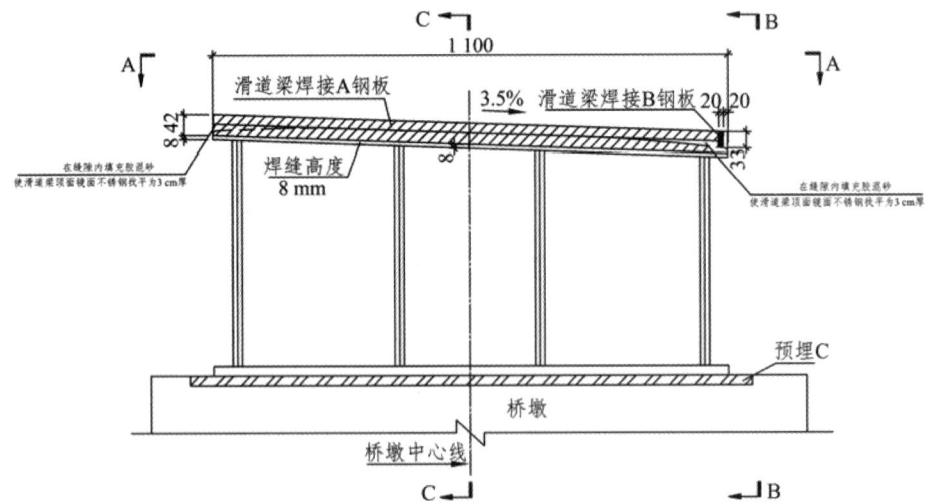

图 8-9 墩顶滑到预埋布置

8.2.2 连续梁顶推总体施工方案

1. 总体施工方案

由于沪昆铁路线运输繁忙,为了确保铁路运输安全,准备对主线两幅钢箱梁同时进行顶推。在完成主桥下部结构施工后,采用支架法架设上部钢梁,梁体分段吊装,整桥拼装完成后,经验收合格,具备顶推条件后,顶推法进行施工。顶推跨越铁路时,需对沪昆铁路进行铁路要点施工,间断性封闭沪昆铁路。其具体的施工工艺流程如图8-10所示。

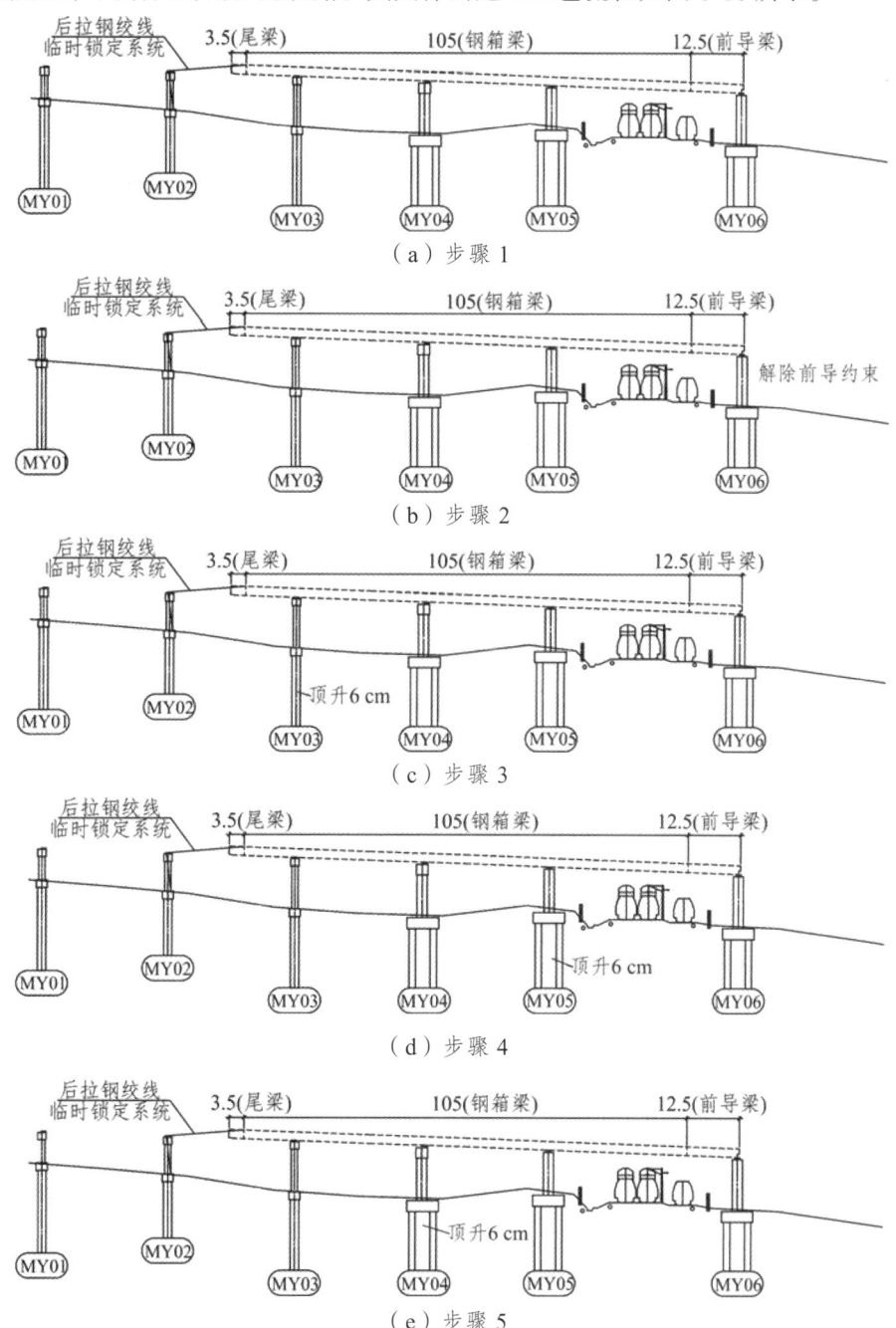

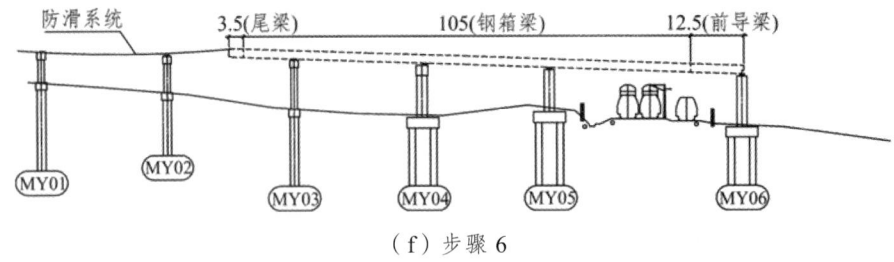

（f）步骤6

图 8-10　连续梁施工工艺流程

步骤 1：将钢箱梁通过钢绞线连接于 MY02 号墩，对钢箱梁进行锁定。钢绞线承载力值不小于 350 kN。后拉钢绞线施工时，要注意保证钢绞线承载力不小于 350 kN。

步骤 2：解除前导梁约束。

步骤 3：在 MY03 号墩，利用 200 t 千斤顶将钢箱梁梁体顶升 6 cm，对滑块固定装置进行施工，安装滑块，施工完毕后，梁体下落至原高度。

步骤 4：在 MY05 号墩，利用 500 t 千斤顶将钢箱梁梁体顶升 6 cm，对滑块固定装置进行施工，安装滑块，施工完毕后，梁体下落至原高度。

步骤 5：在 MY04 号墩，解除梁体与滑道梁焊接锁定。在 MY04 号墩，利用 200 t 千斤顶将钢箱梁梁体顶升 6 cm，对滑块固定装置进行施工，安装滑块，施工完毕后，梁体下落至原高度。

步骤 6：待桥台位置千斤顶反力座强度形成以后，安装千斤顶防滑系统和卷扬机备用防滑系统，待防滑系统正常工作后，解除梁体临时锁定系统。待满足顶推条件后，再次开始梁体顶推。

2．顶推施工参数

（1）顶推重量：主桥 1 000 t。

（2）顶推距离：87.5 m。

（3）顶推速度 10~12 m/h（计算速度按 15 m/h 计）。

（4）顶推动力储备系数：

启动时：7.15（2 台 250 t 千斤顶同时作用，摩阻系数按 0.07 考虑）。

顶推时：16.6（2 台 250 t 千斤顶同时作用，理论计算按摩阻系数按 0.04 考虑，以第三方实测数据为准）。

（5）顶推牵引索安全系数：2.25（采用 $6\text{-}\phi_s15.2$ 钢绞线）

（6）顶推就位轴向误差：±10 mm。

（7）顶推滑块应力安全储备系数：6.5（四氟乙烯滑块，厚度 3 cm，抗压强度不小于 30 MPa）。

（8）滑道安装精度：顶面相对高差不大于 2 mm。

3．箱型梁预制场的设置

1）顶推梁段拼装场的设置

主桥顶推段拼梁场地设在 MZ0~MZ4、MY1~MY5 桥墩，制梁场地长度按照 120 m 设计。各永久墩之间设拼梁用临时墩。MZ4、MY5 号永久墩上放置顶推千斤顶，顶推千斤顶采用 2 台 250 t 连续千斤顶。

辅桥顶推段制梁场地设在 FZ0~FZ3、FY2~FY5 桥墩，制梁场地长度按照 90 m 设计。各永久墩之间设拼梁用临时墩。FZ3、FY5 号永久墩上放置顶推千斤顶，顶推千斤顶采用 2 台

250 t 连续千斤顶。

2）拼装支架设置

钢箱梁拼装支架采用公司自有的 3.3 m 标准支架和 1.0 m 标准支架，根据支架高度进行组拼，支架间设置"X"形拉杆。如图 8-11 所示。

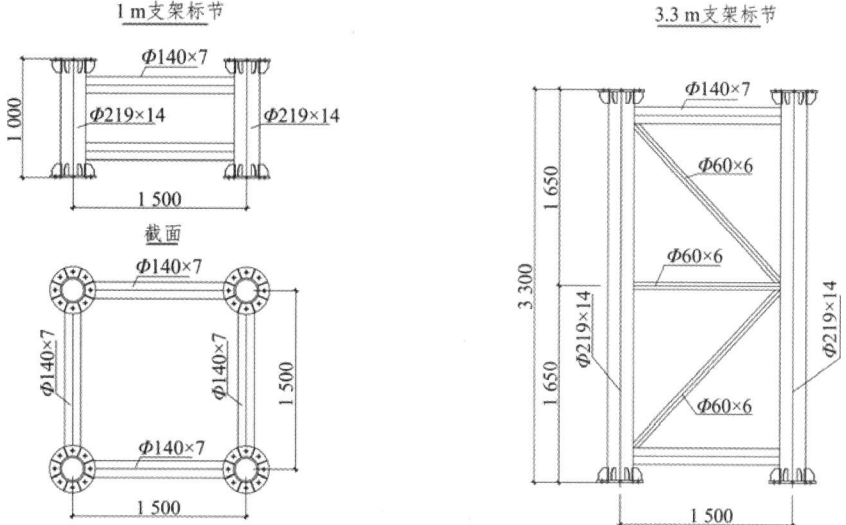

支架基础采用扩大基础（附支架验算）

图 8-11 支架示意图

4. 顶推前的牵引保护措施

（1）在顶推准备工作前做牵引保护措施如图 8-12 所示。

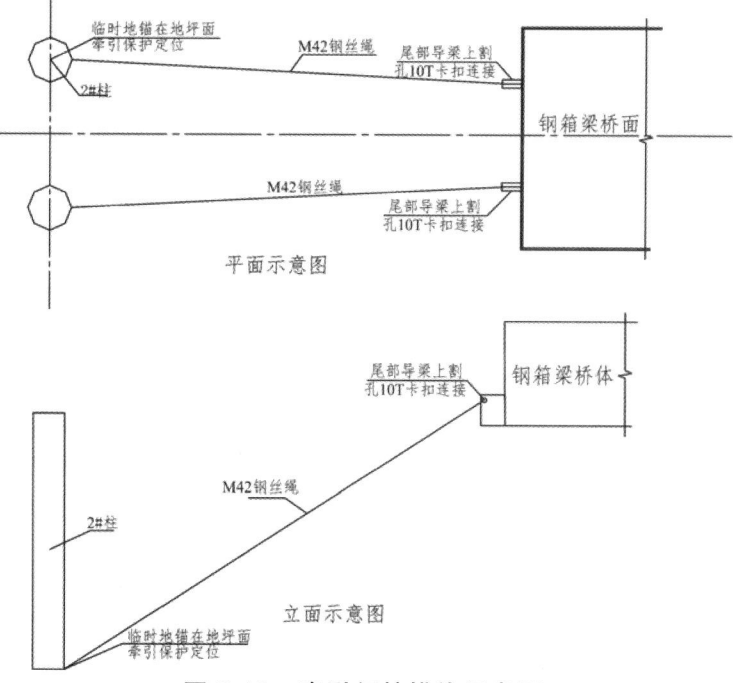

图 8-12 牵引保护措施示意图

（2）现场卷扬机设置，如图8-13、图8-14所示。

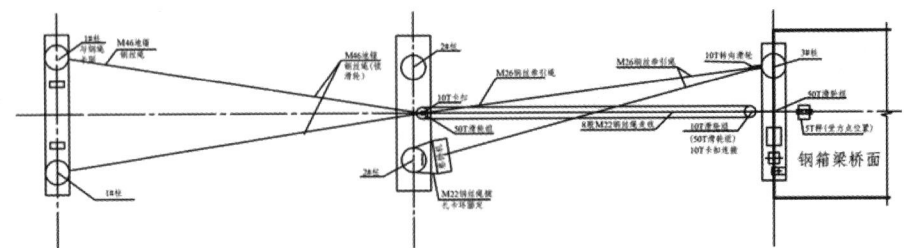

图 8-13　卷扬机布置示意图

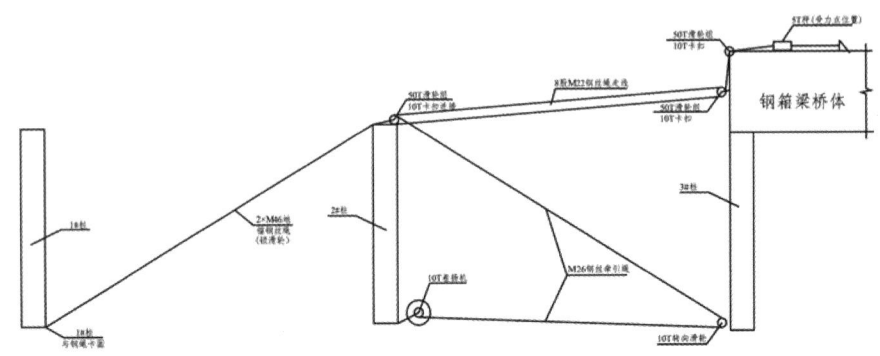

图 8-14　卷扬机平面示意图

（3）卷扬机设置工序（图8-15、图8-16）

① 现场设置10 t卷扬机一台位于2#柱（南边）前约1 m处地坪位置，与1#柱（南边）采用⌀22钢丝绳捆扎并用10 t卡环固定，如图8-15（a）所示。

② 在卷扬机上引出1根⌀26牵引钢丝绳至3#柱（北边）位置处，高度与牵引绳水平，采用10 t转向滑轮与3#柱（北边）处牵引至2#柱中位置，如图8-15（b）所示。

③ 在两根1#地坪高度主，分别设一根⌀46钢丝绳，一头与柱用卡扣抱死，一头引至2#柱中间位置，如图8-15（c）所示：

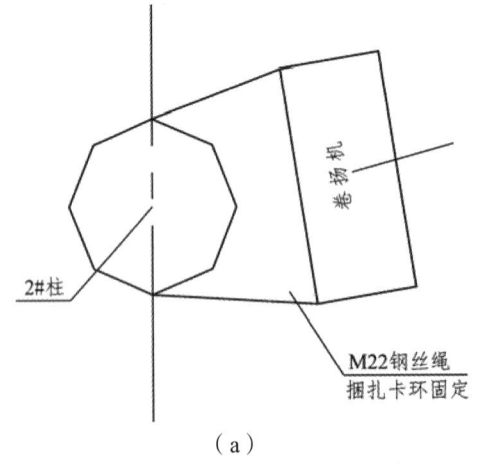

（a）

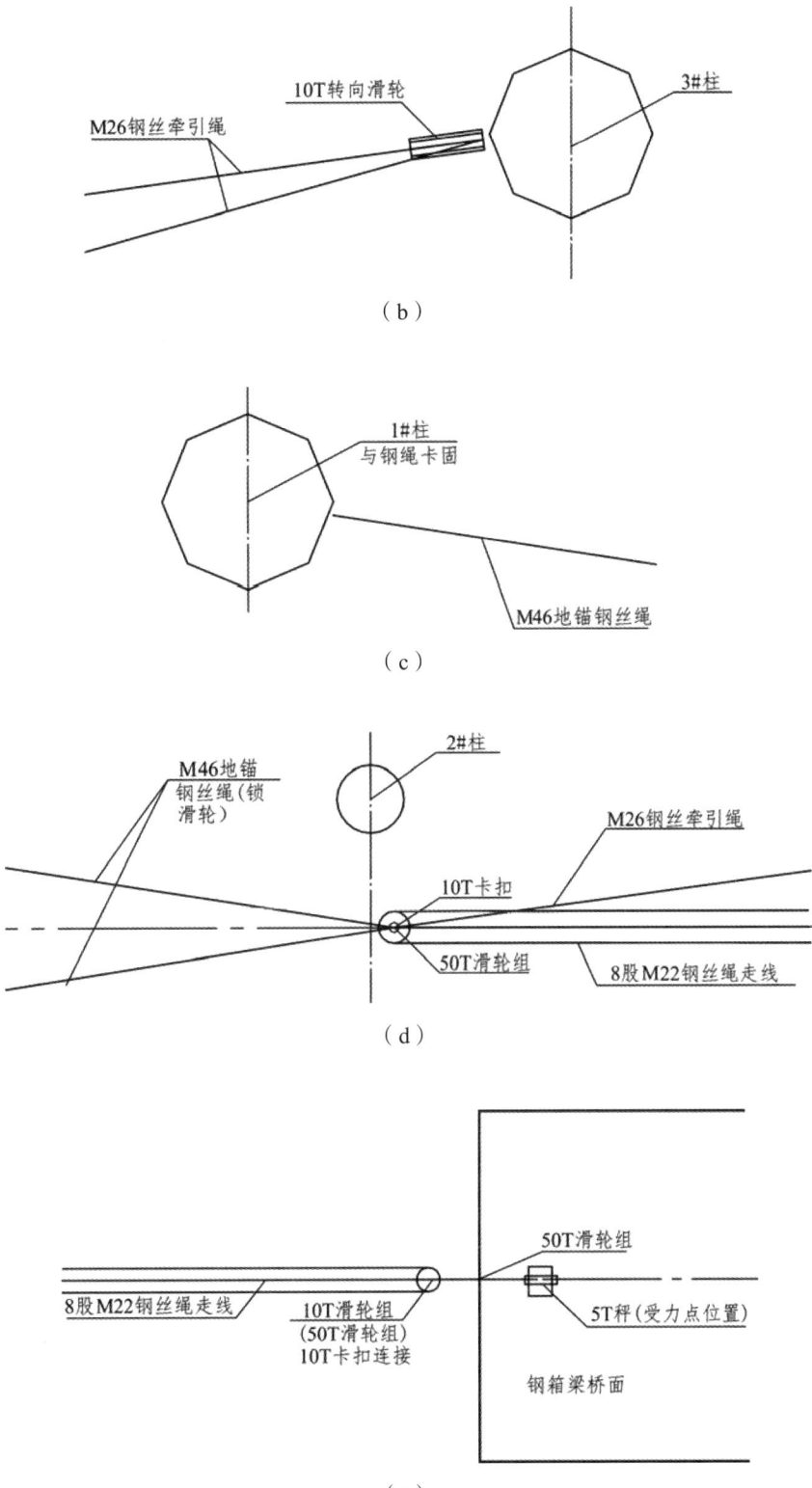

图 8-15 滑轮组布置平面图

④ 两根 $\phi 46$ 钢丝绳与一根 $\phi 26$ 牵引钢丝绳在 2#柱中间位置处用 10 t 卡扣与一部 32 t 滑轮组连接,并在 50 t 滑轮组引出 8 股 $\phi 22$ 钢丝走绳至钢箱梁桥面牵引处,如图 8-15（d）所示。

⑤ 8 股 $\phi 22$ 钢丝走绳至钢箱梁桥面牵引处通过 10 t 滑轮组、50 t 滑轮组各一组及一台 5 t 电子秤,与桥面受力牵引处用 10 t 卡扣连接。如图 8-15（e）所示:

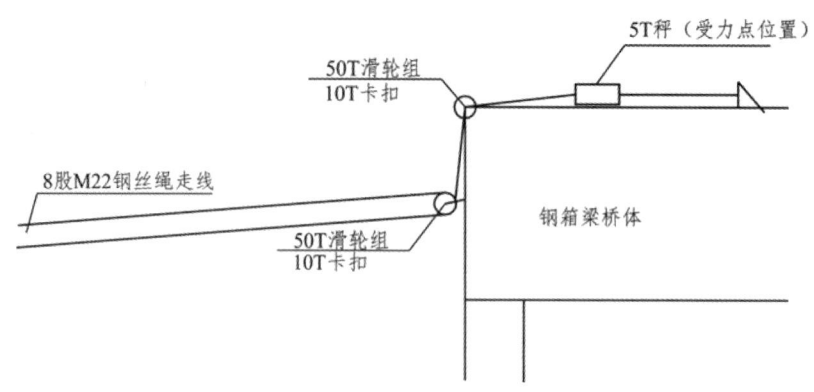

图 8-16 滑轮组布置立面图

5. 顶推施工流程

本次顶推采用单点连续顶推就位,向小哨侧下坡顶推,主桥在 MZ04、MY05 墩顶,辅桥在 FZ03、FY05 墩顶各放置 2 台 250 t 千斤顶,采用单点顶推,两台千斤顶共同作用牵引梁体就位（连续梁顶推的速度为每小时 8~12 m）。

顶推施工工艺流程:

（1）施工桥墩及临时墩,搭设拼装支架。

（2）在各永久墩墩顶安装滑道、滑块。

（3）安装前导梁和后尾梁,拼装梁段。

（4）主桥在 M4 墩顶,辅桥在 F3 墩顶各放置 2 台 250 t 千斤顶。

（5）在各永久墩顶安装横向限位装置。

（6）导梁反顶试验。

（7）试顶推 15 m,此过程严格测量并记录顶推过程中各项参数,为上跨铁路做好顶推准备。

（8）封锁点内,继续顶推至设计位置,顶推距离主桥 117.5 m,辅桥 91.5 m。

（9）拆除导梁,落梁至设计位置后,固定支座。

6. 对右幅主线桥顶推处理方案

本次顶推采用单点连续顶推就位,顶推梁段在 MZ00 至 MZ04、MY01 至 MY05 间进行拼装成桥,下坡顶推,主桥在 MZ04、MY05 墩顶各放置 2 台 250 t 千斤顶,采用单点顶,两台千斤顶共同作用牵引梁体就位。

8.2.3 钢箱梁顶推施工工艺

1. 顶推工艺流程（图 8-17）

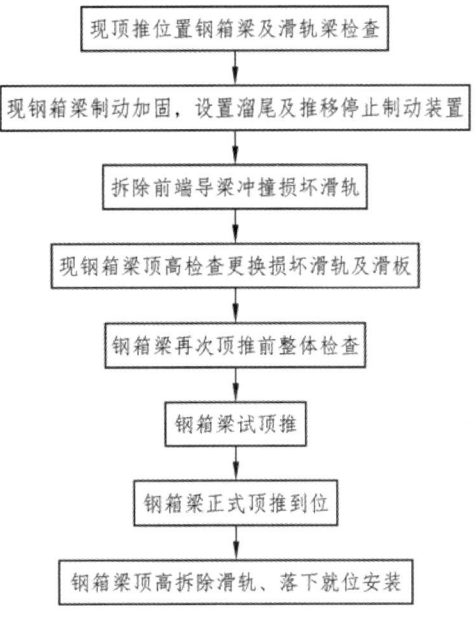

图 8-17 顶推施工流程

2. 现顶推位置钢箱梁及滑轨梁检查

（1）使用水管连通管检查目前状态下布置在各桥段上左右侧顶推滑移导梁的外观是否存在变形、焊缝是否存在裂纹等损坏、损伤现象，存在以上影响顶推滑移的问题应在下一步的滑块更换前进行更换。

（2）使用水平连通管检查每座桥段上左右顶推滑移导梁前后水平度，左右滑移导梁同一截面横向高差 a 不得超过 3 mm，如超过 3 mm 应进行调整。见图 8-18 所示。

（3）检查设置在顶推滑移导梁上的导向轮及纠偏座是否变形、损坏，焊缝是否存在裂纹。如存在以上现象应更换及加固，其中，纠偏座改为 20#工字钢。

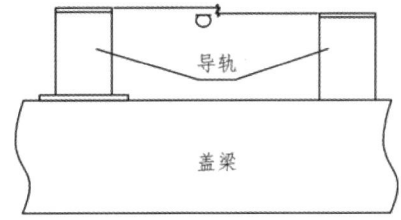

图 8-18 左右滑移导梁同一截面横向高差 a 测量示意图

3. 现钢箱梁制动加固，设置溜尾及推移停止制动装置

为确保钢箱梁在随后的前端滑轨拆除更换处理、箱梁顶高更换各滑轨上滑块过程安全可靠及溜尾保险，以及在随后的钢箱梁顶推滑移过程停止、发生不可控的向前滑移时可靠制动。

4. 钢箱梁顶推前的分段施工

1）钢桥横向分段概述

本工程钢箱梁桥横向分段原则：两挑檐外加防撞护栏分别加工制作，两梁箱体分开制作，桥面板分为两段，横隔梁单个制作。分段如图8-19所示。

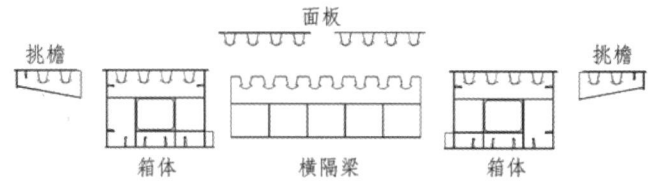

图8-19 钢桥横向分段示意图

2）钢桥纵向分段概述

本工程钢箱梁桥总向分段原则：本工程钢箱梁桥为对称结构按照设计要求依次按照13 m+13 m+8 m+14 m+9 m+14 m+8 m+13 m+13 m。分段如图8-20所示。

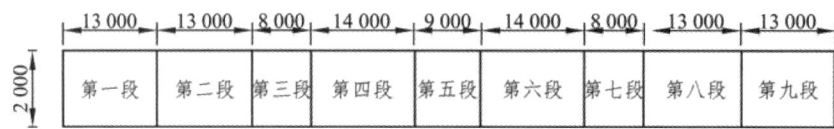

图8-20 钢桥纵向分段示意图

8.2.4 顶推中的关键技术措施

1. 顶推节段长度、顶推距离的确定

（1）考虑沪昆铁路上方对空间及安全施工的要求，认真对比分析顶推布置方案，以确定相关技术参数。

（2）前导梁长度确定为12.5 m；后导梁长3.5 m。

（3）顶推段长度确定为：主桥桥顶推梁段为（30+45+30）m，顶推段梁长主线右幅42.5 m，主线左幅87.5 m。

（4）确定梁段顶推坡度为3.5%，下坡顶推。

（5）顶推过程中，顶推段前端最大悬臂45 m，尾端最大悬臂30 m。

2. 滑道设置措施

（1）滑道由墩顶滑道梁和2 mm厚不锈钢板组成，其表面粗糙度 R_a 不大于12.5 μm。

（2）滑道梁采用Q345钢板焊接制作，上部设规格为40 cm×30 cm×3 cm的四氟乙烯滑块，其抗压强度不低于30 MPa。滑道梁与混凝土桥墩顶预埋件焊接。

（3）在不锈钢钢板和四氟乙烯滑块间不能涂抹硅脂油。

（4）顶推过程为防止四氟乙烯滑块随梁移动，从滑道后端滑出，在滑道梁两三面焊接挡板，板厚2 cm，保证挡板内能放下滑块。

（5）在永久墩顶部设置滑道梁，安装滑板，必须保证滑道梁与永久墩墩顶预埋件牢固焊接，同时必须保证滑道梁与临时钢结构支墩焊接牢固。

(6)精确测设各个滑道梁的安装高程、坡度,在保证每个滑道梁的安装精度(高程、平整度、坡度)的条件下,整体相对偏差不超过 3 mm。

(7)滑道梁安装后,与钢箱梁拼接的焊缝,必须认真处理,避免形成任何错台、凸起。四氟乙烯滑块与梁底接触面必须光滑平整。

(8)不锈钢板必须与滑道梁表面钢板连接牢固,四周采用氩弧焊连续焊接牢固,避免顶推过程因为摩擦力过大,造成不锈钢板与钢板脱离,被搓出,造成质量事故。

图 8-21 为滑道滑板和箱结构图,图 8-22 为滑道梁。

图 8-21 滑道滑板和箱梁结构图(黑色部分为滑板) 　　图 8-22 滑道梁(表面焊接不锈钢板)

3. MY06 墩顶滑道梁预埋板、滑道梁恢复措施

采用加强焊接钢筋与桥墩盖梁箍筋焊接,然后再将加强焊接钢筋与滑道梁预埋板进行焊接,预埋板与钢筋的连接采用 8 mm 高的贴角焊。

右幅主线滑道梁上滑块更换:每个点在更换时用 250 t 千斤顶顶起 10 mm,滑块更换从大桩号向小桩号依次更换,每个点在更换时用 250 t 千斤顶把钢箱梁顶起 10 mm,再把原有的滑块抽出来,同时塞进新滑块。

4. 导梁设置

1)钢导梁的构造

主桥、辅桥钢箱梁均设前导梁和尾梁。前导梁长为 12.5 m,尾梁长为 3.5 m。

(1)前导梁。

前导梁长为 12.5 m,导梁采用钢板焊接制作,然后平联组合。前导梁前端 0.5 m 范围作 80 cm 错台,以便导梁前端到达前支撑点时通过千斤顶等设备顶升前导梁前端使导梁顺利到达墩顶滑道。导梁与钢箱梁连接采用工地现场熔透焊。图 8-23 为前导梁结构。

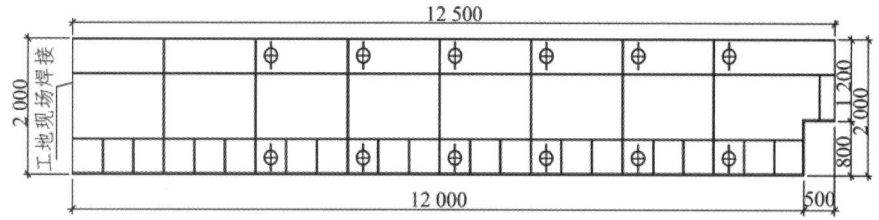

图 8-23 前导梁结构

（2）尾梁。

尾梁长为 3.5 m，采用钢板焊接制作。尾梁尾端 100 cm 范围采用圆弧设计，根据尾端导梁位移设圆弧过渡段，以减少尾梁脱墩时产生的剧烈抖动。尾梁与钢箱梁连接采用工地现场溶透焊。如图 8-24~图 8-26 所示。

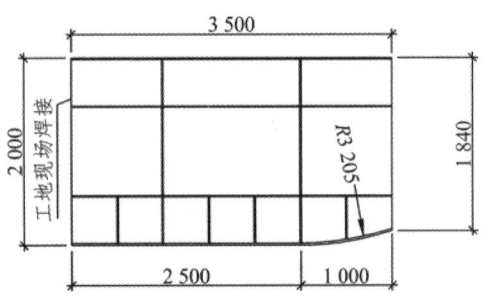

图 8-24　尾梁截面尺寸

图 8-25　导梁过墩提升上滑道方式

图 8-26　顶推中导梁接近下一滑道图

2）钢导梁现场拼装

（1）前钢导梁在钢梁前端位置拼装。后导梁在梁尾进行拼装。

（2）钢导梁拼装作业，吊机铁路作业，必须保证机械作业安全。吊机行走路线固定，施吊作业位置地基承载力符合要求，支撑脚支设稳固，防止吊机作业过程中倾倒；起吊时必须先试吊；吊机臂严禁向铁路侧旋转作业。

（3）钢导梁安装质量，必须严格控制，保证钢导梁与钢梁连接部位导梁下翼缘板与箱型梁底板在同一平面，无错台、无弯折角度；保证两侧导梁下翼缘板在同一平面，无相对扭转变形；保证两侧导梁的轴线、间距正确。

（4）钢导梁拼接完成后，整体质量的验收以导梁下翼缘板的直线度、平整度、光洁度为控制点，特别是焊接处，避免弯折角度的出现，同时将下翼缘板下表面焊缝余高磨平。

（5）前钢导梁拼装完成，外观验收合格后，在前端桥墩顶，安放千斤顶（200 t、2 台），两侧同步向上顶升钢导梁，进行钢导梁预顶试验。导梁预顶合格，方可投入使用。

3）钢导梁现场拆除措施

（1）在顶推到位后拆除导梁，导梁用汽车吊机拆除。

（2）在没有搭设拆除操作平台的环境下拆除，施工存在安全风险，操作人员必须拴挂安全带作业。

（3）吊机就位，拴好起吊钢绳索并适当收紧受力后，首先拆除通过法兰连接的节点，再割开焊接节点。

（4）调整吊绳受力角度、松紧程度，栓拉缆绳，避免构件松开约束后大幅度反弹，诱发安全事故。

（5）拆除的构件临时堆放，不得侵入铁路限界。

5．顶推动力牵引装置及同步控制措施

（1）本工程选用250 t连续顶推系统，全套系统包括：5台250 t连续顶推千斤顶、5台顶推泵站、2台主控台及连接系统的高压油管，如图8-27、图8-28所示。表8-4是顶推系统技术参数表。

表8-4 顶推系统技术参数表

序号	设备名称	公称压力/MPa	顶推力/kN	油泵流量/（mL/r）	设备功率/kW	数量
1	顶推千斤顶	31.5	2 500			4用1备
2	顶推泵站	31.5		40	22	4用1备
3	计算机集中控制主控台					2台

图8-27 连续顶推千斤顶

图8-28 顶推泵站

（2）牵引反力座设置在主桥在MZ04、MY05墩顶各放置2台250 t千斤顶，采用单点顶推。顶推泵站、主控台设置在MZ04、MY05墩处。

（3）同步顶推的实现：在顶推过程中虽然不能保证摩擦力达到一致，但可通过保证顶推力的一致来减小结构偏转的不利情况的发生。因此通过以下几点来保证同步顶推的进行：

①由于调速阀具有自动稳定输出流量不受负载变化影响的功能，因此设备调试时只需通过调整各台泵站的调速阀来调整进入千斤顶的流量，从而达到调整各顶运动速度一致的目的。

②通过同步调整各泵站溢流阀来实现输出油压的同步加载。

③通过各千斤顶的位移同步传感器控制千斤顶的位移量输出，使各台顶推千斤顶的位移精度控制在3 mm之内。

（4）对全桥的顶推千斤顶进行集中控制，检测设备的完好性、安全性、准确性。

（5）专业顶推公司提供设备，并调试、操作，保证同步、连续顶推的实现。

（6）顶推公司在进行顶推时，必须安装拉力传感器、位移传感器，以达到更好的监控顶推过程。

（7）顶推作业平台采用钢管脚手架从地面起进行搭设，上面满铺 5 cm 的木跳板，作业平台顶面距顶推千斤顶的距离为 1.2 m，四周用脚手架设围栏。

6. 顶推限位装置设置措施

1）在各永久墩墩顶两侧对称安装横向导向钢架，限制梁体移动过程中的横向位移。由于顶推过程中，梁体呈蛇形移动，为防止梁体卡死，在限位装置设置时，在梁体和限制装置之间各设 20 mm 的间隙，即可以防止梁体卡死，用可以让梁体在顶推过程中，梁体侧向偏差不至于过大。图 8-29 是侧向限位装置结构图。

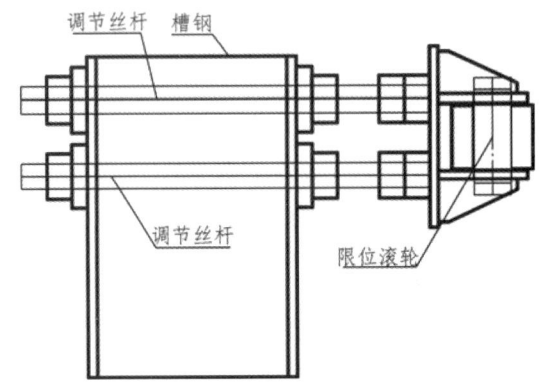

图 8-29　侧向限位装置结构图

（2）限位装置由连接钢板、导向轮及支撑后背组成。支撑后背通过焊接和永久墩身外伸钢梁相连接，导向轮通过螺栓与支撑后背固定。

（3）在顶推过程中，可以调节导向轮后螺栓之间的距离来调整导向轮与箱型梁之间空隙，滚轴边距离箱型梁腹板边 2 cm，轴心距离梁底 40 cm。因顶推必然存在不平衡受力，故梁体成蛇形前进，此时限位空隙小，方便及时纠偏。

（4）顶推间歇，可在限位装置与箱型梁间楔入木楔块，防止箱型梁移动。如图 8-30 所示。

图 8-30　侧向限位装置

7. 顶推操作系统

顶推操作系统是由计算机集中进行控制，计算机通过顶推控制系统，驱动泵站和顶推千斤顶进行作业，顶推操作系统可对位移计顶推力进行设置，并能对顶推过程中的参数进行实时显视和记录，顶推同步通过位移同步的方式来实现。运行界面如图 8-31 所示。

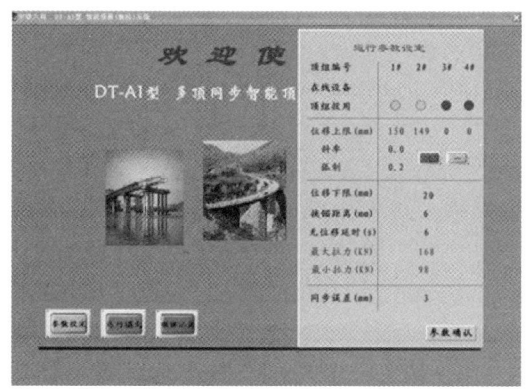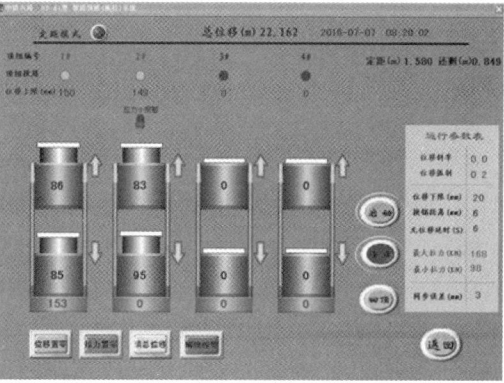

图 8-31　顶推操作系统

8. 侧向纠偏装置设置及工艺措施

（1）在各永久墩墩顶两侧对称安装横向导向钢架，设置了相应横向限位装置。在横向限位装置的下方设置横向纠偏千斤顶进行横向纠偏。

（2）在每幅顶推梁横向纠偏千斤顶共设置两对共四台，在梁的前后两端均设置一对纠偏千斤顶。纠偏千斤顶的位置应根据梁体的顶推距离及时进行调整。

（3）纠偏千斤顶采用 20 t 螺旋千斤顶，千斤顶技术参数见表 8-5。

表 8-5　千斤顶参数

名称	直径/mm	高度/mm	千斤顶顶力/kN	行程/mm	备注
20 t 千斤顶	80	425	200	200	

（4）横向纠偏千斤顶依据梁体在顶推过程中的中线偏差进行纠偏向相反的方向进行纠偏，中线偏差不得大于 5 cm。如图 8-32 所示。

图 8-32　侧向纠偏装置图（红色为千斤顶）

9. 牵引钢绞线束穿放措施

（1）牵引钢绞线束采用 2 束 4-ϕ15.2 的钢绞线，分别通过梁底板后部的后锚点与顶推千斤顶进行锚固，后锚点位置在梁的尾部。

（2）后锚点直接用螺栓安装在梁的尾部，顶推完成后进行拆除即可。

（3）钢绞线安装完成后，在后锚点处单根预紧，预紧力 $F=1\,860×140×0.7×0.1=1.82$ t，预紧后使钢绞线在顶推箱型梁时受力均匀，达到同步顶推，并检验钢绞线与千斤顶锚具之间是否夹紧。

10. 顶推过程中的防接触网感应电措施

在顶推过程中，由于接触网不停电，且钢梁是电的良导体，顶推时钢梁本身可能产生感应电流，为确保施工安全，在顶推时从钢梁尾端设置一根 50 mm^2 的铜导线，与墩身的静电接地点相连，并对接地电阻进行测量，确保接地电阻 30 Ω。

11. 试顶推

（1）顶推系统安装完成后，首先进行试顶，打开主控台及泵站电源，启动泵站，用主控台控制 2 台千斤顶同时施力试顶。试顶距离 15 m。

（2）试顶时，记录试顶时间和速度，根据实测结果与计算结果比对进行调整速度，做好三项重要数据的测试工作：

① 每分钟前进速度，应将顶推速度控制在设计要求内。

② 采取"点动"方式操作控制，测量每点动一次前进距离的数据，以供顶推初步到位后，进行精确定位提供操作依据，防止超顶。

③ 记录梁体启动时顶力的大小，从而了解四氟板与不锈钢板之间的摩擦系数。

（3）试顶过程中，应检查桥体结构是否平衡稳定，有无故障，关键受力部位是否产生裂纹。如有异常情况，则应停止试顶，查明原因并采取相应措施整改后方可继续试顶。

（4）试顶后采集精调数据，采用点动方式操作，按 1 s、2 s、3 s 进行点动，测量组应测量每点动一次前进距离的数据，以供顶推初步到位后，进行精确定位提供操作依据。

12. 正式顶推

1）后锚点的设置

左辅桥梁上各设后锚点共有一处，均在梁尾。

2）顶推准备

顶推采用 2 台 250 t 千斤顶同步进行顶推，顶推距离右幅主线桥 42.5 m，左幅主线桥 87.5 m。

（1）顶推前，梁两侧的防撞护墙、防护网应完成施工。主桥桥重量 1 000 t，主桥桥重量 600 t。采用单点顶推，在 MZ4、MY5 墩顶设置顶推千斤顶。各千斤顶均应沿纵向同步运行。千斤顶置于墩柱前端工作平台上。梁体采用 ϕ15.2 mm 钢绞线拖拉前进，钢绞线穿过梁底板锚固于后锚装置上。

（2）手动操作顶推系统牵引钢箱梁滑移启动后，转换至自动运行模式，进行钢箱梁的自动连续顶推。

（3）自动顶推过程中，应注意记录提升过程中的油压最大、最小值。顶推过程中必须保证每个墩上的 2 台千斤顶同步作业。

（4）顶推过程中，一旦发现连续梁发生偏移、墩顶变位过大、顶力异常等，则应停止顶推作业，直至问题解决方可继续。

（5）顶推过程中，在每个墩顶安装千斤顶及滑道处设置 5 个人，一个人带班监控，负责接收和传达顶推指令，同时对顶推过程中的一些技术问题进行现场处理，另外 4 个人放置滑块和进行梁体横向纠偏，现场总指挥发出整个顶推指令。

3）正式顶推

（1）首先选择手动模式。主控台操作人员按下"前顶进"按钮，油泵操作人员调整溢流阀的工作限压，在 30%、50%、70%、80%、85%、90%、95%、100%最大经验牵引力状态下，检查各受力结构变形情况，如有异常立即报告。

（2）检查油泵，顶推千斤顶，前后夹持器，前后监控器，压力表，钢绞线是否异常。

（3）手动操作顶推系统牵引钢箱梁滑移启动后，转换至自动运行模式，进行钢箱梁的自动连续顶推。

（4）自动顶推过程中，应注意记录提升过程中的油压最大、最小值。顶推过程中必须保证 4 台千斤顶同步作业。

（5）顶推过程中，各墩顶滑道顶面及导向架侧面需不断地塞填四氟滑板，各滑板与滑道顶面或导向架侧面的接触面都须涂硅脂以减少摩阻力；墩顶滑道顶面绝对不能漏塞四氟滑板或将滑板面塞反，一旦发现连续梁发生偏移、墩顶变位过大、顶力异常等，则应停止顶推作业，直至问题解决方可继续。

（6）顶推过程中，在每个墩顶安装千斤顶及滑道处设置 5 个人，一个人带班监控，负责接收和传达顶推指令，同时对顶推过程中的一些技术问题进行现场处理，另外 4 个人放置滑块和进行梁体横向纠偏，现场总指挥发出整个顶推指令。

4）顶推中线控制措施

（1）在拼梁场的前后方，设固定桥梁中线观测控制点。

（2）在梁顶面弹出中线（墨线），设观测标，便于快速、量化观测。

（3）自动连续顶推过程中对主梁的轴线进行不间断观测，指导顶推作业。

（4）如果发现主梁轴线偏离设计轴线，应通过导向、限位装置，在顶推过程中进行纠偏。

5）顶推就位控制措施

（1）顶推中线的控制采用横向纠偏装置来进行左右调整。

（2）顶推里程的控制采用"点动"的方式，并配合经纬仪进行控制。

（3）就位后允许其中线偏差+10 mm。

13．落梁

1）各幅桥的具体落梁高度（表 8-3）

该桥纵向采用 3.5%的下坡顶推，顶推坡度与成桥坡度相同，沿纵向坡度不需调整，纵向采用等高度落梁；顶推时在同一墩顶横桥向为平坡，成桥时横桥向有横坡，在落梁时需通过同一墩顶左右侧落梁高度的不同进行横坡调整，具体各支墩的落梁高度见表 8-6。

表 8-6 落梁高度表

位置	墩号		箱梁顶推到位后的标高/m	落梁后梁底面标高/m	落梁高度/m
左幅主线	MZ03	左侧	2 025.107	2 024.913	0.194
		右侧	2 025.107	2 025.107	0
	MZ04	左侧	2 024.081	2 023.887	0.194
		右侧	2 024.081	2 024.081	0
	MZ05	左侧	2 022.506	2 022.312	0.194
		右侧	2 022.506	2 022.506	0
	MZ06	左侧	2 021.481	2 021.287	0.194
		右侧	2 021.481	2 021.481	0
右幅主线	MY04	左侧	2 023.936	2 023.936	0
		右侧	2 023.936	2 023.742	0.194
	MY05	左侧	2 022.911	2 022.911	0
		右侧	2 022.911	2 022.717	0.194
	MY06	左侧	2 021.336	2 021.336	0
		右侧	2 021.336	2 021.142	0.194
	MY07	左侧	2 020.31	2 020.31	0
		右侧	2 020.31	2 020.116	0.194

由上表可知，主桥的落梁高度为 194 mm；辅桥的落桥高度为 145 mm。均为各桥墩的单侧顶推。

2）落梁千斤顶及保护支墩的布置

综合落梁时的梁体重量及梁型跨距布置千斤顶，在每个墩顶布置 2 台 500 t 千斤顶，在保护支墩配合下分阶段进行落梁。

落梁千斤顶采用 500 t 双作用千斤顶，千斤顶的具体技术参数见表 8-7。

表 8-7 千斤顶参数

名称	直径/mm	高度/mm	压力/MPa	千斤顶顶力/kN	行程/mm
双作用千斤顶	500	515	51	5000	140

保护墩采用单层钢板叠加而成，保护墩的高度根据落梁高度进行组合，每侧的保护支墩由数个单层钢板叠加到一定高度组成，单层钢板采用 20 mm 钢板，同时备 2 mm、3 mm、5 mm、10 mm 的不同厚度钢板，从而保证支墩能与梁体底部密贴。通过不同的支墩和钢板的组合形成不同落梁阶段落梁保护支墩的高度。

3）落梁前准备

布置好千斤顶、保护支墩后，将梁整体顶起，通过各路千斤顶的油压计算各支点的反力。在此前提下对各支点标高统一测量，布置高度测量标尺，以便直观判断各支点的同步误差，并调整保护支墩与梁底间隙一致（支墩上薄钢垫板调节）。

（1）对千斤顶及油压系统进行检查，确保完好可靠。落梁支墩准备到位。

（2）核实通讯指挥系统是否完好，统一通信信号，统一操作要领并演练熟悉。

（3）召开现场交底会，明确指挥系统、落梁步骤及计划、各墩负责人、各泵站操作员、保护支墩操作工、测量工、综合观察员、应急协助员等各岗位职责和操作要领，安全注意事项等，做到心中有数，有条不紊。

（4）落梁组织机构及岗位职责

总指挥一名：发布行动命令，全面控制落梁全局，直接指挥各墩顶负责人，除异常情况外，每落 10 mm（保护支墩接近梁底）停顿一下接受各墩负责人的情况报告，全部无误后发布降低保护 10 mm 和开启回油阀命令。

墩顶负责人：负责控制指挥本墩各个工位的工作，包括泵站、保护支墩、测量、综合观察、应急协助员。按总指挥的命令指挥协调本墩顶的各项工作定时汇报指令执行情况，及时汇报异常情况。

各泵站操作员：2 名，各控制一个泵站，观察油压表读数波动情况，2 名操作工协同工作，确保读数控制在 5%波动范围内，依据压力大小调整泄压阀的流量。泄压阀开启时应缓慢加大流量直至稳定泄压流量，关闭时宜动作迅速。

各个保护支墩操作工 2 人一组，负责保护墩上的支墩及钢垫板卸除，卸除时应用弯曲板条将垫板推出一半再用手搬运，不容许手手伸入支撑面，严禁过早卸除垫板。并将钢板整齐码放在墩顶指定的位置。

综合观察员：1 名，配合墩顶指挥对本墩工作情况全面掌控。

应急协助员：1 名，接受墩顶指挥的指派，支援相应的工位。

落梁的顺序，相邻支墩交替开始落梁。

4）落梁作业流程（图 8-33）

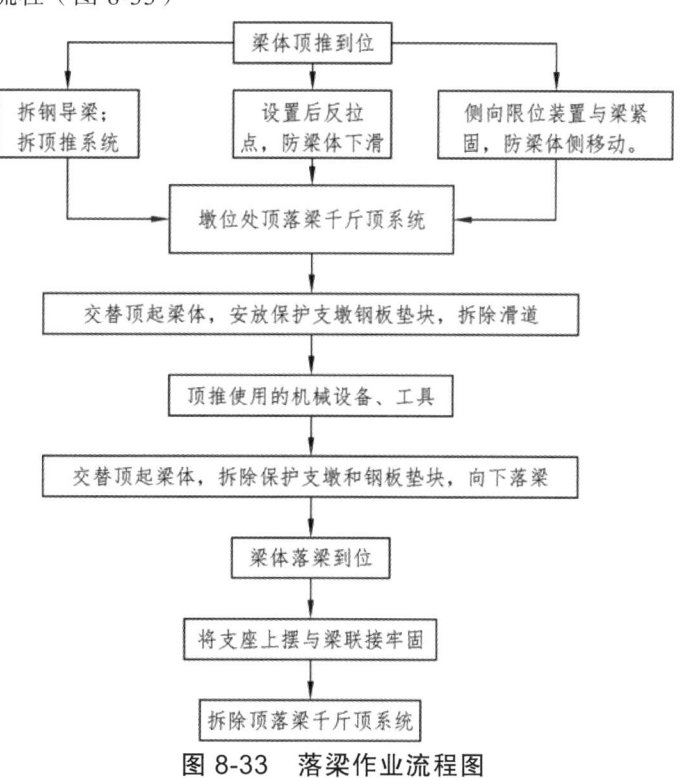

图 8-33 落梁作业流程图

5）落梁过程中的注意事项

（1）顶推到位后，在侧向纠偏装置和梁体之间用楔形木块塞紧，防止梁体在落梁过程中滑移。

（2）对梁体依照设计中线位移情况进行全面检查，合格后开始落梁。

（3）先安装千斤顶，将梁均匀顶推起10 mm，在桥墩顶，用多层钢板墩（400 mm×400 mm）进行支垫，防止千斤顶长时间工作影响油泵失效，拆除临时墩及滑道梁。

（4）落梁时从梁的一端至另一段分次同步落梁。桥墩顶支座处放置钢板垫块保证其净空小于10 mm，直到落到设计标高，支座完全受力。

（5）为保证支墩安全可靠，支墩与墩顶）支墩与支墩之间用螺栓进行紧固连接。

（6）通过控制进油压力来确保每个桥墩千斤顶受力均匀，且落梁速度一定不要太快，并要均匀下落。

（7）测试并调整梁体线性达到设计和规范要求，锚固支座。

（8）严格遵守千斤顶技术规则，起重时不超过起重能力，每次起高量不超过活塞高度的四分之三。操作时统一指挥，统一行动。

（9）在落梁过程中要使梁的脱空距离保持在10 mm内，严禁两墩同时落梁。随同千斤顶顶升、回缩和落梁垫块的拆除随时进行测量，确保梁底高差控制在设计范围之内。

（10）落梁控制采用等比落梁进行控制。

8.2.5 顶推施工中的安全管理

1．顶推施工注意事项

（1）四氟滑板的质量控制：四氟滑板为改性聚四氟乙烯板制品，其使用厚度为30 mm，要求误差为±1 mm。四氟板与不锈钢板的摩擦系数为0.05，本桥施工中摩擦系数采用0.03～0.06；顶推梁使用的四氟滑板块，数量多，且质量要求高，使用时需精心操作，妥善保存。要求四氟板表面清洁光滑，无刻痕，无油污，无翘曲变形等；四氟滑板滑动面可涂硅脂；当主梁底部与四氟板接触时，随着梁段的顶推前进，滑道上的四氟板从前面滑出后，应立即从后面插入填塞补充，补充的滑块应涂以润滑剂，并端正插入，任何情况下，各墩顶滑道上的四氟滑板不得少于2块；四氟板磨损过多时，应及时更换。

（2）每次顶推，必须对顶推的梁段中线和各滑道顶的标高进行测量，并控制在允许范围以内：导梁中线偏差±10 mm；梁体中线偏差不大于±10 mm；相邻两跨支点同侧的滑移装置顶面高差3 mm；同墩两支点滑移装置顶面高差2 mm。

（3）顶推时，滑板应及时沿指定位置送入，不得脱空而引起焊接开裂，起顶梁时需各墩顶千斤顶同时起顶，相邻墩起顶高差不得大于5 mm，同墩两侧梁底顶起高差不得大于1 mm。

（4）滑道安装时，在不锈钢钢板与滑块之间涂抹硅脂油；安排专人对滑道进行清理，保证滑道的清洁。四氟滑板两面均应保持清洁，摩擦面涂上润滑用的硅脂以减少摩擦，清理四氟板不可使用汽油或柴油。

（5）顶推过程中若滑板未及时跟进，应立即停止，顶起箱型梁腹板，放进滑板后方可继续顶推。

（6）顶推施工前，必须对全桥的顶推千斤顶进行集中控制，确保同步进行。顶推时，各千斤顶应同步逐级加力顶推。

（7）顶推时，如果导梁杆件有变形、导梁与梁体联结处有变形或焊缝开裂等情况发生时，应立即停止顶推，进行处理。

（8）顶推中须在桥墩上设置导向及纠偏设施，保证梁体沿梁轴中心线方向移动，若有偏移，采用横向装置于桥墩两侧的钢支架上的水平千斤顶进行纠偏。横桥向水平千斤顶为4台20 t千斤顶。

（9）箱梁前进方向墩顶设置竖向千斤顶，前导梁行进至该墩时，通过竖向千斤顶顶升，使导梁前端落在墩顶滑道上。导梁上墩前需做好提升导梁的准备工作，严防导梁对墩身造成撞击。

（10）顶推前，梁体两侧防撞护栏及防护屏施工完成顶推前，桥面铺装在成桥后施工。

（11）施工中，必要时沪昆铁路需要进行要点施工。

（12）根据顶推梁施工平台要求，制梁支架拆除约1.7 m高，拆除后利用制梁底模搭设顶推梁作业平台。

（13）每节段开始顶推时，先进行试顶推，然后正式顶推。

（14）进行顶、落梁操作时，千斤顶不可长时间工作，必须采取相应措施将梁体临时撑起，待落梁操作开始时，方可拆除临时支撑。

（15）顶推施工时确保相关人员到位，统一安排，保证应急程序畅通。

（16）顶推系统使用前应按照操作流程进行调试与试验。

（17）每次顶推，必须对顶推的梁段中线进行测量，并控制在允许范围以内；如出现偏差，则需要立即调整。

（18）四氟乙烯滑板应保持清洁。

（19）注意顶推过程中顶升力、平移力、下降力的变化，顶推过程中若发现顶推力骤升，应及时停止并检查原因，特别是检查四氟乙烯滑板。

（20）位移观测，主要是梁体的中线偏移和墩顶的水平、竖向位移，在顶推过程需用横向调整油缸及时调整。

（21）顶推到最后梁段时要特别注意梁段是否到达设计位置，须在日照充足的白天顶推到最终位置。

（22）最后一次顶推时应采用小行程点动，以便纠偏及纵移到位。

（23）顶推安全质量注意事项：各临时墩操作人员应严格服从中心控制台指挥，并严格按照工艺步骤及技术交底进行操作。

（24）各临时墩及主墩顶周边设栏杆，操作人员应带救生设备。

（25）钢箱梁顶推遇六级以上大风时，立即锁定主纵梁底部停止作业。每一个墩上都设置导向限位装置是为了钢箱梁在行走过程中的侧向移动，确保钢箱梁在临时墩上的在始终在正确轨道上。

2. 顶推施工的危险源辨识及应对措施

（1）梁顶推过程中可能会发生倾覆，对行驶车辆产生隐患。

应对措施：确保连续梁顶推过程中每个位置连续梁的倾覆稳定系数均大于 2 并确保导向纠偏装置工作正常，保证连续梁在顶推的过程中按设计线路行走，一旦监测到连续梁行走出现超过充需偏差的情况，立即停止顶推，并调整连续梁在正确的设计线路后，继续顶推。

（2）梁顶推过程中钢导梁下挠可能会侵入沪昆铁路安全距离。

应对措施：选择合理的钢导梁的长度和刚度，在满足顶推施工的条件下，尽量加大钢导梁的刚度，并设置预拱和抬高梁体，保持足够的高度，使钢导梁的下挠不会侵入铁路安全距离范围内。

（3）梁顶推过程中可能有坠物对行驶火车产生安全隐患。

应对措施：在连续梁顶推之前，需要清除连续梁或钢导梁上的所有物件，并多次检查，保证连续梁顶推过程中没有坠落物。

（4）梁顶推过程中连续梁可能会对安全行车有影响。

应对措施：选择合理顶推工作时间，连续梁顶推施工导梁过铁路时，要按批准时间点进行施工。

（5）梁落梁过程中可能对高速铁路产生影响。

应对措施：千斤顶和油泵进场前必须要效验合格，在落梁前需要试起顶 2~3 次，并在千斤顶处设保险墩，以防在千斤顶失效的情况下，由保险墩支撑钢梁。

3．施工中的故障处理

1）第一种情况：顶梁不动

（1）顶推前仔细检查梁底，有不平的地方打磨平整。

（2）顶推采用的 2 台 250 t 千斤顶，大于启动时梁体的静摩阻力（静摩阻系数按 0.07 考虑）有足够的安全储备。

（3）若滑块摩阻系数太大、滑块损坏、滑块与梁底板黏结等，在墩顶设置刚性支承，采用顶梁千斤顶将梁顶起，更换符合要求的滑块。

2）第二种情况：梁体纵向滑移，止滑措施

由该桥为下坡顶推，为防止出现摩阻力小于重力的下滑力的情况出现，在各墩顶设置均设置两个止推装置，当出现自动下滑时，采用止推装置主动止推。

（1）在钢箱梁顶面尾部布置防滑拉锚器，并用反力千斤顶拉住防滑拉锚器。

（2）在钢箱梁尾部用一台卷扬机拉住钢箱梁，以防钢箱梁产生纵向滑移，卷扬机。

（3）根据测量数据，采用"点动"方式操作千斤顶，准确定位。

3）第三种情况：梁体顶推过程偏移过大

（1）顶推前，牵引钢绞线必须按统一值预紧，使每束钢绞线同时受力。

（2）发现偏移，必须及时纠偏，防止产生大偏位难于纠正。

（3）顶推过程，梁可能呈蛇行状前行，即将到位阶段，放慢顶推速度，让梁准确就位。

（4）必须建立在梁体移动过程中完成箱型梁的纠偏的观念，禁止在梁处以静止状态下强行拉拽纠偏。

（5）考虑设置侧向辅助千斤顶纠偏。

4）第四种情况：落梁时梁体位移

（1）交替落梁，梁体会发生位移。

（2）考虑落梁时设置纵向千斤顶，用于调整梁体纵向位移；横向位移采用墩两侧横向纠偏装置，设置水平千斤顶进行调整。

（3）控制每次落梁高程，及时设置钢板垫块，避免千斤顶长期受力失效。

（4）顶推施工作业中的应急预案。

① 有人从施工现场高处掉落的应急措施预案

当施工现场有工人从高处跌落，现场安全防护员、作业人员立即采取措施，并立即向施工现场负责人汇报，施工现场负责人立即向项目负责人汇报，并立即通知现场采取有效措施，防止事态扩大，安全防护员保护好事故现场，防止事故场地破坏，同时立即启动应急预案。当发生高处坠落事故时，第一时间看见的人应立即赶到事故现场，首先辨别受伤人员是否清醒，是否有骨折、外伤出血等，对于伤者现场人员应先简单进行包扎、止血，无论有无外伤，切记不能盲目搬到伤者。

a. 当发生高处坠落安全事故时，应急救援小组要通过事前计划和制定的应急救援措施，利用一切力量防止事故规模扩大并尽可能排除事故；抢救受伤人员、疏散现场施工人员，力争降低事故对人员、财产和环境造成的损失。

b. 受到预警信息后应急救援队伍的基本任务：

- 动用需要的设备、物资组织救护受害人员。
- 引导现场施工人员撤离。
- 迅速对危险源采取加固、隔离、拆除等控制措施，防止造成二次伤害；评估收集事故信息，上报应急救援总指挥，以便判定启动应急级别是否做出调整。
- 联系外部救援力量（急救中心等），人员营救成功进行生命特征判定和伤势评估，对明显外伤做初步止血处理，向急救中心提供伤者有关信息，并送往医院进一步检查治疗。
- 做好现场保护取证，以便分析事故原因和责任鉴定。
- 向公司及政府部门报告详实情况。
- 配合事故调查组作好调查取证工作。
- 对事故责任人进行处理，使职工受到教育并落实防范措施。
- 提请相关部门，申请恢复生产。

② 有工人触电的应急救援预案

当施工现场有工人触电，现场安全防护员、作业人员立即采取停电措施，并立即向施工现场负责人汇报，施工现场负责人立即向项目负责人汇报，并立即通知现场采取有效措施，防止事态扩大，安全防护员保护好事故现场，防止事故场地破坏，同时立即启动应急预案。过程中切记不能盲目搬动伤者。

a. 当发生触电安全事故时，应急救援小组要通过事前计划和制定的应急救援措施，利用一切力量防止事故规模扩大并尽可能排除事故；抢救受伤人员、疏散现场施工人员，力争降低事故对人员、财产和环境造成的损失。

b. 受到预警信息后应急救援队伍的基本任务：

- 动用需要的设备、物资组织救护受害人员。
- 引导现场施工人员撤离。

- 迅速对危险源采取加固、隔离、拆除等控制措施，防止造成二次伤害；评估收集事故信息，上报应急救援总指挥，以便判定启动应急级别是否做出调整。
- 联系外部救援力量（急救中心等），人员营救成功进行生命特征判定和伤势评估，对明显外伤做初步止血处理，向急救中心提供伤者有关信息，并送往医院进一步检查治疗。
- 做好现场保护取证，以便分析事故原因和责任鉴定。
- 向公司及政府部门报告翔实情况。
- 配合事故调查组作好调查取证工作。
- 对事故责任人进行处理，使职工受到教育并落实防范措施。
- 提请相关部门，申请恢复生产。

③ 发生火灾的应急救援预案。

当施工现场发生火灾，现场安全防护员、作业人员立即组织人员采取灭火措施，并立即向施工现场负责人汇报，施工现场负责人立即向项目负责人汇报，并立即通知现场采取有效措施，防止事态扩大，安全防护员保护好事故现场，防止事故场地破坏，同时立即启动应急预案。现场发生火灾后，现场防护员、安全员首先初步判断火灾发生原因，不能盲目采取灭火，因电线路老化、短路造成火灾，应立即采取断电措施，在采用砂、水、灭火器进行灭火，不能早带点状态下用水灭火；因油、漆类着火，切记不能用水灭火。现场灭火原则，小型火源争取灭熄，大型火灾现场人员争取控制火势扩大化。

a. 应急救援队伍收到火灾安全事故时，应急救援小组要通过事前计划和制定的应急救援措施，利用一切力量防止事故规模扩大并尽可能排除事故；抢救受伤人员、疏散现场施工人员，力争降低事故对人员、财产和环境造成的损失。

b. 受到预警信息后应急救援队伍的基本任务：

- 动用需要的设备、物资组织救护受害人员。
- 引导现场施工人员撤离。
- 迅速对危险源采取加固、隔离、拆除等控制措施，防止造成二次伤害；评估收集事故信息，上报应急救援总指挥，以便判定启动应急级别是否做出调整。
- 联系外部救援力量（急救中心、消防等），人员营救成功进行生命特征判定和伤势评估，对明显外伤做初步止血处理，向急救中心提供伤者有关信息，并送往医院进一步检查治疗。
- 做好现场保护取证，以便分析事故原因和责任鉴定。
- 向公司及政府部门报告翔实情况。
- 配合事故调查组作好调查取证工作。
- 对事故责任人进行处理，使职工受到教育并落实防范措施。
- 提请相关部门，申请恢复生产。

④ 顶推施工现场出现故障的应急预案。

现场安全防护员立即向施工现场负责人汇报，施工现场负责人应立即向运营单位汇报并立即通知现场停工，负责人立即下达对连续梁固定的指令，确保梁体不再移动，带领安全防护人员回收现场的所有材料，保证无坠物掉落到高速铁路上，由于梁的顶推时间为既有线的天窗点，和其他安排计划时间。连续梁顶推过程出现故障不会影响既有线，运营单位接到汇报后根据施工现场情况采取相应措施；我项目部根据运营单位的决定组织应急预案抢险小组，进行抢修。

⑤ 夜间施工的应急救援预案。

我项目部在连续梁处配备 5 台探照灯对特殊结构物处施工进行夜间照明，同时配备 5 台备用探照灯，并在 5 台探照灯位置附近预留接线位置，如遇 5 台探照灯有出现故障不工作，立即对探照灯进行更换、或使用备用接线，保证施工现场无暗影，随即对备用探照灯进行维修、补充。

8.3 综合管廊下穿沪昆铁路桥梁施工技术

8.3.1 工程简介

1. 施工方法概述

框架涵采用 D24 便梁，租用昆明铁路局广通工电段的 D 型钢梁起重运输平车运输到现场进行吊装就位及拆除工作，轨道吊操作人员为广通工电段专业人员。

沪昆铁路上行线、下行线，采用 2 组 D24 便梁架空线路。线路的钢横梁抽换，待钢横梁抽换完成后，进行纵梁吊装，待框架涵顶进就位后，回填 C15 素混凝土，回填道砟，拆除 D24 便梁，恢复线路。封锁站专用线 7 道（280 m），拆除站专线 7 道 6#轨（顶涵位置），待顶进完成后进行涵背回填，恢复线路。

2. 施工阶段划分

沪昆上行线（锯轨、应力放散、抽换枕木 44 棵）：10 月 8 日封锁 120 分钟。

沪昆下行线（锯轨、应力放散、抽换枕木 44 棵）：10 月 9 日封锁 120 分钟。

沪昆上行线（吊轨）：10 月 10 日封锁 90 分钟。

沪昆下行线（吊轨）：10 月 11 日封锁 90 分钟。

开挖支墩及养生（开挖 7 天养生 5 天）： 10 月 12 日—10 月 24 日。

沪昆上行线（拆除吊轨、抽换枕木 10 棵）：10 月 25 日封锁 90 分钟。

沪昆下行线（拆除吊轨、抽换枕木 10 棵）：10 月 26 日封锁 90 分钟。

沪昆上行线（抽换钢横梁 37 棵）：10 月 27 日封锁 120 分钟。

沪昆下行线（抽换钢横梁 37 棵）：10 月 28 日封锁 120 分钟。

沪昆上行线（吊装纵梁）：10 月 29 日封锁 120 分钟（下行线 30 分钟）。

沪昆下行线（吊装纵梁）：10 月 30 日封锁 120 分钟（上行线 30 分钟）。

开挖基坑 7 天：11 月 1—7 日。

垫层（含养生 5 天）：11 月 8—13 日。

顶推 3 天：11 月 14—16 日。

回填 3 天：11 月 17—19 日。

回填道砟 2 天：11 月 20—21 日。

拆除 D 便梁连接 2 天：11 月 22—23 日。

沪昆上行线（拆除纵梁）：11 月 24 日封锁 120 分钟（下行线 30 分钟）。

沪昆下行线（拆除纵梁）：11月25日封锁120分钟（上行线30分钟）。
沪昆上行线（抽换混凝土枕）：11月26日封锁120分钟。
沪昆下行线（抽换混凝土枕）：11月27日封锁120分钟。
沪昆上行线（焊轨应力锁定、线路加固）：11月28日封锁120分钟。
沪昆下行线（焊轨应力锁定、线路加固）：11月29日封锁120分钟。
12月3日恢复常速。

站专线7道：封锁10月20日—11月20日在1#、2#轨中间设置临时车挡（10月20—24日在站专线7道4#～5#轨组装D便梁，10月30日拆除站专线7道6#轨，10月31日开挖，11月20日恢复线路）。

3. 施工工序

当便梁支墩施工完成后，待强度达到设计要求，开始进行D便梁的架设工作。

框架涵D便梁安装、拆除施工工序如下：

施工准备→调整轨枕间距穿入钢横梁→调整横梁间距安装扣件→纵梁吊装就位→横梁与纵梁的连接及安装→D便梁维护→框架涵顶进→回填C15混凝土→回填道碴→拆除纵梁→抽换钢横梁→恢复线路

8.3.2 D便梁施工技术

1. 架设D便梁的施工准备

（1）小横梁提前三到四天运到现场（保证零配件齐全、可用），由于路肩狭窄，不具备堆放条件，因此将横梁整齐堆放在下行线左侧水沟外和上行线与战备专用线路肩上，穿横梁当天，采用人工搬运至线路上进行作业。

（2）检查D型便梁配件数量、规格是否满足要求，对缺少的配件及时补充。

（3）检查D便梁支墩上预埋件及支承垫石的几何尺寸、标高，测设出D便梁纵梁在支撑垫石上的设计位置并标注清楚。

（4）在既有线路两根钢轨的外侧上对需安装钢横梁的位置用油漆进行标示（间距670 mm）。

（5）在两侧路肩上清空D便梁的安放位置（掏纵梁槽），线路上道床两侧采用袋装碎石围护支挡，保证道床的稳定和D便梁的安装空间。

（6）熟悉《D型便梁的使用说明书》及设计图，理解设计意图，明确D24便梁安装为丙式低位。

（7）在封锁点内将横梁穿入线路，并将所有连接零件连接好。

（8）连接用连接零件运到位，机具材料准备到位。

（9）工作量调查清楚，准备工作到位。

（10）对所有机械设备必须进行试运转，确保状态良好。

（11）横梁就位后，及时上紧扣件，尼龙挡块要求方正，横梁要求平整。钢轨扣件中的扣板定位支座是按钢轨橡胶垫板板厚20 mm设计的，该扣件直接与横梁侧筋板连接，横向调节量为50 mm，可调扣板沿钢轨方向进行微调，横向最大调节量为32 mm，安装可调扣板时必须与钢轨顶紧。

（12）纵梁装运：吊装时，使用广通工电段 2 台轨道车及两辆 D 型钢梁轨道平车进行纵梁装运，10 月 28 日从青龙寺火车站的大机段专用线装两片纵梁，在封锁施工前（29 日）一小时到达小哨站，线路封锁后进入施工点。待第一次施工结束后返回小哨站战备线装运（30 日）第二组纵梁，线路封锁后进入施工点。

（13）拆除时，使用广通工电段 2 台轨道车及两辆 D 型钢梁轨道平车进行纵梁装运，11 月 23 日在封锁施工前一小时到达小哨站，线路封锁后进入施工点拆除 D 便梁，运到小哨站战备线卸车。在第二次封锁施工前（11 月 24 日）一小时到达小哨站待命，线路封锁后进入施工点拆除 D 便梁。直接运往青龙寺火车站的大机段专用线。

2．纵梁吊装

（1）在纵梁吊装时，由吴云海任组长，对支腿进行垫平。纵梁吊装时的施工顺序为：线路封锁：双线封锁接触网不需要停电（自带限高装置）轨道车进入封锁区间—轨道车对位—轨道车架设支腿（同时撤除平车纵梁装载加固设备）—轨道平车夹轨钳安装—纵梁吊装—收支腿—轨道车返回小哨车站—检查会签—开通线路。

（2）纵梁吊装时间：2016 年 10 月 29 日、30 日计划每天封锁一次不少于 120 分钟，吊装纵梁同时邻线给 30 分钟的垂直天窗，确保行车安全。

施工人员安排：扒砟、平砟、垫平支腿：小组负责人吴云海。作业人员 30 人（具体施工前将进行细化分工）。便梁调平加垫：小组负责人王泽军，作业人员 10 人。

（3）各作业程序时间控制

确认并传达施工封锁命令（3 分），轨道车进入封锁区间（7 分），支腿及吊装纵梁（85 分）；收支腿（10 分）；轨道车返回（10 分），清理料具、确认限界、联合检查、会签（5 分）。

（4）人员、工具、材料提前 1 小时准备就位。

（5）使用机具设备、材料：

起道机 4 台，撬棍 6 根，三齿扒 10 把，九齿叉 5 把，拉铲 5 把，土箕 20 对，活动扳手 4 把（375），备用编织袋 100 条，液压千斤顶 4 台。

（6）D 便梁拆除：利用点外计划，先将纵梁与横梁连接零件拆除。再拆除纵梁，最后将横梁拆除。施工顺序为：线路封锁—设好防护（轨道车进入封锁区间端待轨道车到达施工地点后再设置停车牌）—轨道车进入封锁区间—轨道车对位—轨道车架设支腿—纵梁吊装—收支腿—轨道车返回小哨车站—检查会签—开通线路。

3．D 便梁使用过程中的注意事项

（1）严禁使用不合格配件，横梁安装必须挂线，调整间距和方向，水平及标高在纵梁安装前统一调整。

（2）牛腿及联结板上全部螺栓应同时上紧，弹簧垫圈置于螺母与平垫圈之间。

（3）使用过程中，应随时检查连接情况，上紧松动的螺栓，更换破损配件。

（4）斜杆不得漏装。

（5）钢轨垫板采用氯丁橡胶特制的斜垫板，厚度为 20 mm，不得随意代替。橡胶斜垫板具有方向性，厚边须放置在钢轨外侧。

（6）尼龙挡座与钢轨密贴，横梁与线路垂直。

（7）确保尼龙挡座、轨底大胶垫良好，防止联电。

4. D便梁吊装安全

D便梁吊装参数见表8-8。

表8-8　吊装参数

吊装半径/m	2.5	4.3	5.9	7.55
起重重量/t	16	9.3	5.8	5

现场作业半径为4.3 m，两台吊车吊装重量为18.6 t，每片纵梁重量为16 028.3 kg，完全满足吊装需要。

（1）进行D便梁安装、拆除时，首先要对吊车的钢绳、吊钩等进行检查，确保吊钩无裂痕、钢绳无断丝，支脚稳固。

（2）吊装时，由专人统一指挥，吊车作业半径内不得站人，便梁下面不得站人。

（3）为防止便梁摆动过大，在纵梁的两端拴上绳索，用人工协助吊装。

（4）临时摆放的D便梁必须支撑牢固、稳定，垫木不得使用腐朽枕木。

（5）使用安全规则。

① 操作者必须对起重机有一个清楚的了解，并且让起重机保持高效率状态。

② 只有经过操作培训并确定合格证的人员，才可以使用和操作起重机。

③ 在载荷提升或起重机运作时，不允许离开操作系统。

④ 未经操作人员允许不能进入起重机的操作和工作范围。

⑤ 吊重时，严禁两种执行元件同时动作。

⑥ 为了使荷载分布均匀，不要再沟渠或松软、塌陷的地面操作起重机。当工作在松软或塌陷地面上时，必须在支腿油缸的支脚和地面之间放一块支撑板（如木块、铁板等）以增大承载面积。

⑦ 操作人员应掌握提升载荷的重量，不能超出起重机荷载图所标定的荷载值。

⑧ 在荷载的一侧使用操作控制，以保证对荷载的最大可见度。

⑨ 禁止在起重物和吊臂下面站人。

⑩ 不准带角度（有斜度）起吊荷载。

⑪ 不准拖拉或斜拉荷载，不准起吊埋在地里或冻结在地上的重物。

⑫ 荷载在刚离开地面时，确保在荷载的行进方向没有障碍。

⑬ 在一定距离用绳子引导荷载，防止荷载旋转是确保安全的好办法。

⑭ 严禁使用起重机起吊人。

⑮ 开始起升操作前，一定要检查起升装置（绳索、吊钩、重物上吊装点等），是否经过安全设计，是否符合所升起的货物重量及安全保护的要求，为了保险与安全，应将货物固定牢固。

⑯ 在移动车辆之前，起重机必须是完全缩回和锁定状态，同时检查抱轨钳是否已经收起。

5. 检查维护

根据昆明铁路局及昆明工务段相关要求，在施工期间，安排专人对线路及 D 便梁进行检查和维修养护。养护工作实行 24 h 不间断的巡养，并制定巡养制度。

（1）每天实行两班制巡养。

每班巡养人员为 10 人：组长 1 人：负责看道、检查及质量回检；起拨道机手 2 人；改道、捣固 5 人；防护人员 4 人（小哨站驻站 1 人，现场 1 人，接车 2 人，封锁时加 2 人关门防护）。

（2）线路检查。

线路开通后 2 h 内，每过一趟车对线路全面检查一次。2 h 后每 4 h 对线路全面检查一次。发现几何尺寸超过经常保养容许偏差管理值，当天进行处理。发现设备变化较大，影响行车安全时，必须立即报施工现场负责人采取措施，并报驻站联络员，通知车站扣发列车，封锁区间，申请紧急修天窗进行处理。所有检查必须实事求是，不得弄虚作假，要有检查、有处理、有结果，处理时间、处理人均要签名，记录清楚。

（3）D 便梁检查。

D 便梁架设完毕，支墩受力后，2 h 内每过一趟车检查一次，之后每 4 h 检查一次，主要检查支墩下沉及位移情况并记录。D 便梁架设完毕，D 便梁的螺栓及位移情况同线路一起检查记录。

第 9 章 城市道路跨越既有公路桥梁施工技术

9.1 哨关路跨 G320 国道工程概况

9.1.1 哨关路跨新 G320 国道工程概况

跨新 G320 桥共两幅桥，左幅主线桥全长 134.04 m；右幅主线桥全长 134.04 m。哨关路和新 G320 桥斜交，交角为左幅 103.02°，右幅 104.226°。跨新 G320 桥主桥左右幅采用变高连续箱梁，支架现浇施工，左右幅桥长均为 134.04 m，宽 16.25 m，三跨共 1 联。G320 桥梁结构形式见表 9-1，布置图如图 9-1、图 9-2 所示。

跨新 G320 桥跨径为（35+55+35）m，箱梁采用变截面预应力连续箱梁，中支点梁高 3.3m，边支点梁高 2 m，梁宽 16.25 m 采用单箱双室结构，箱梁边腹板斜率为 1∶2，其梁高和底板厚度按圆弧线过渡。箱梁纵向预应力采用长、短束相结合的方式配置，每片腹板内设两排钢束，腹板钢束在梁端锚固。顶、底板束在箱室内设锯齿块张拉锚固。结构具体参数见表 9-2，箱梁一般构造如图 9-6 所示。

表 9-1 跨新 G320 桥梁结构形式

幅别	联号	跨径	桥宽/m	梁高/m	结构形式	施工方案	备注
左幅	1	35+55+35	16.25	2~3.3	预应力砼连续箱梁	支架现浇	跨新 G320
右幅	1	35+55+35	16.25	2~3.3	预应力砼连续箱梁	支架现浇	跨新 G320

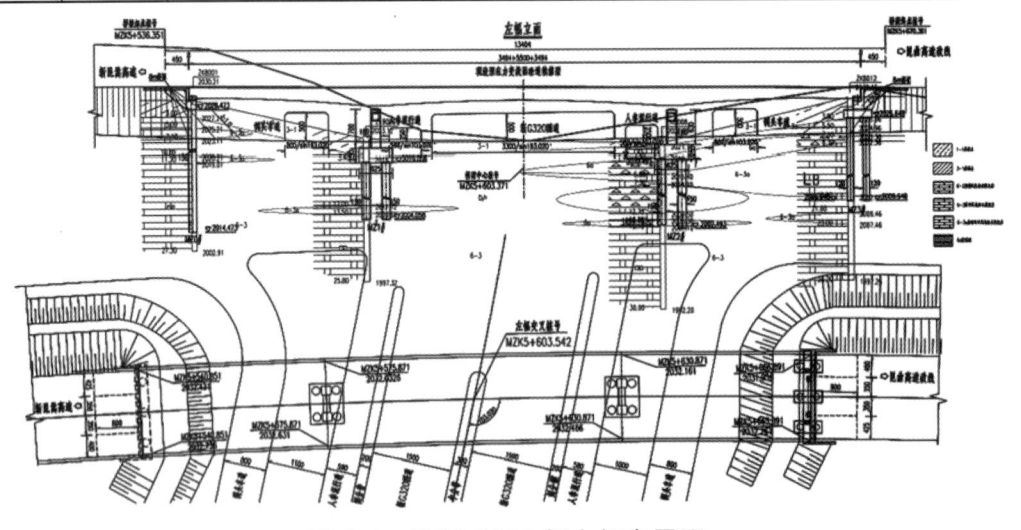

图 9-1 跨新 G320 桥左幅布置图

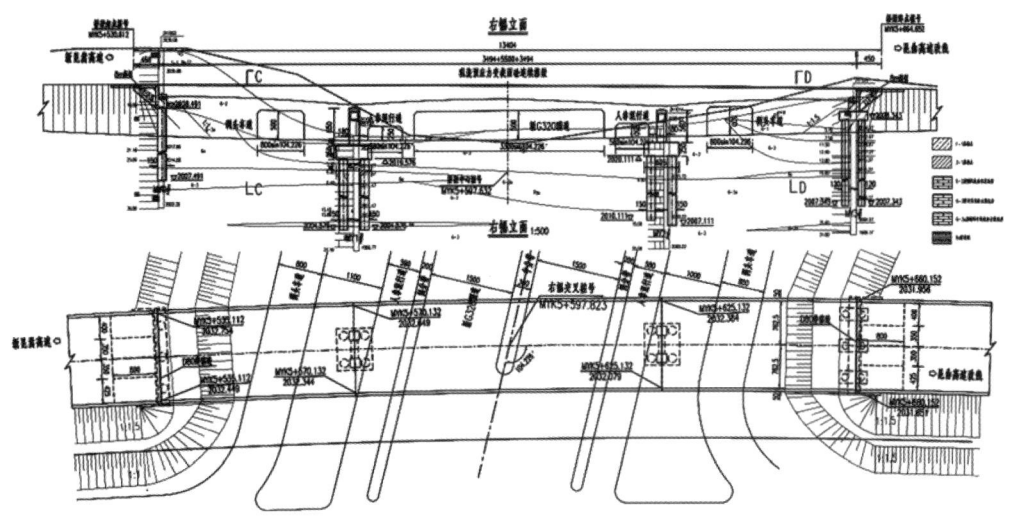

图 9-2 跨新 G320 桥右幅布置图

表 9-2 桥梁结构参数

挑臂长度/cm	顶板厚度/cm	底板厚度/cm		腹板厚度/cm		横梁宽度/cm		支座间隙/cm	
		跨中	中横梁	跨中	中横梁	端横梁	中横梁	端横梁	中横梁
300	25	25	82.8	45	75	150	240	620	500

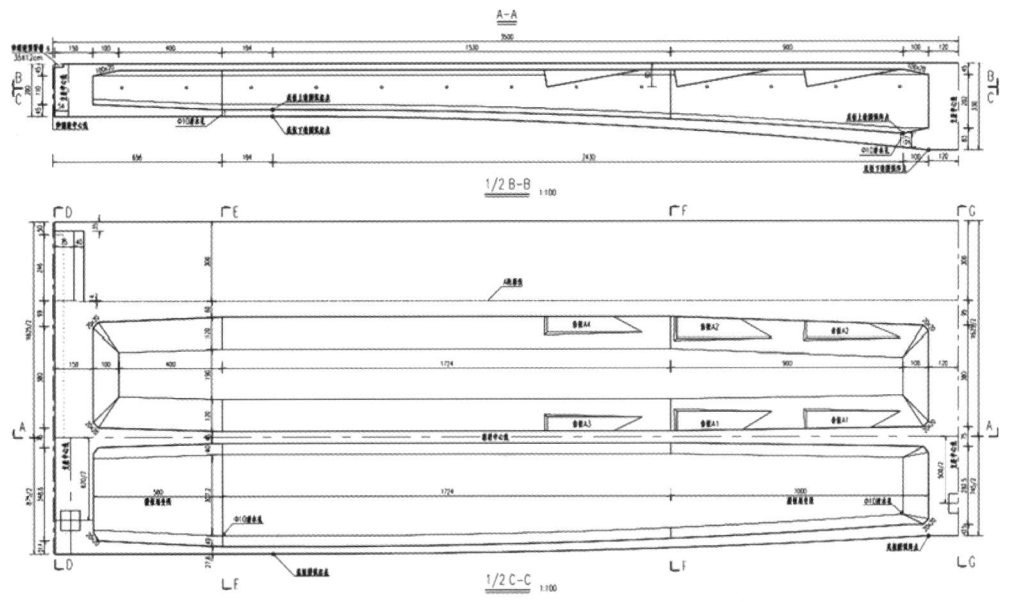

图 9-3 （35+55+35）m 箱梁一般构造图（一）

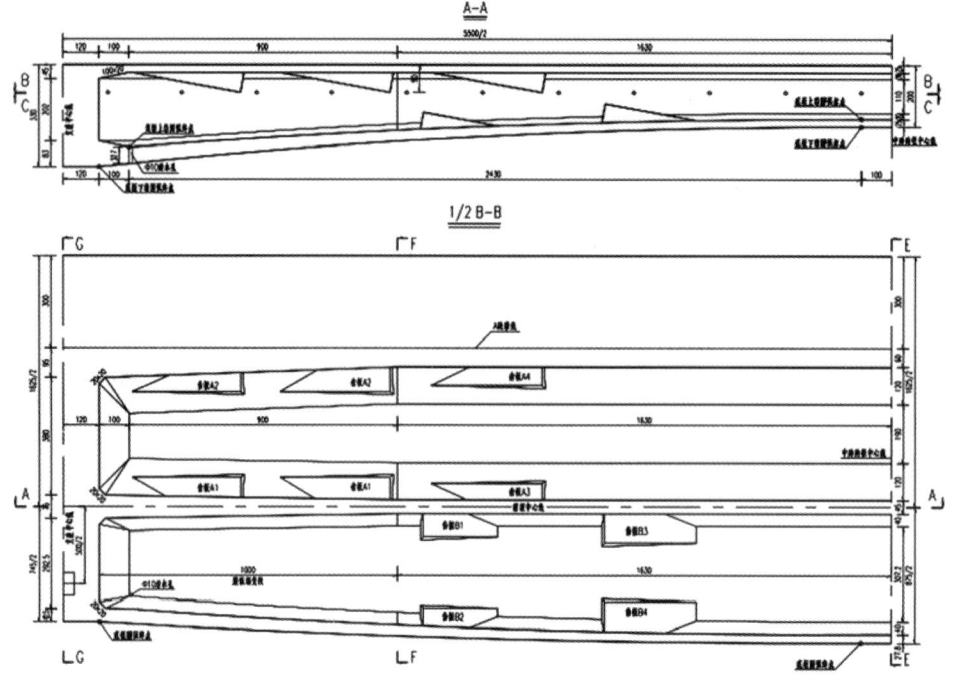

图 9-4 （35+55+35）m 箱梁一般构造图（二）

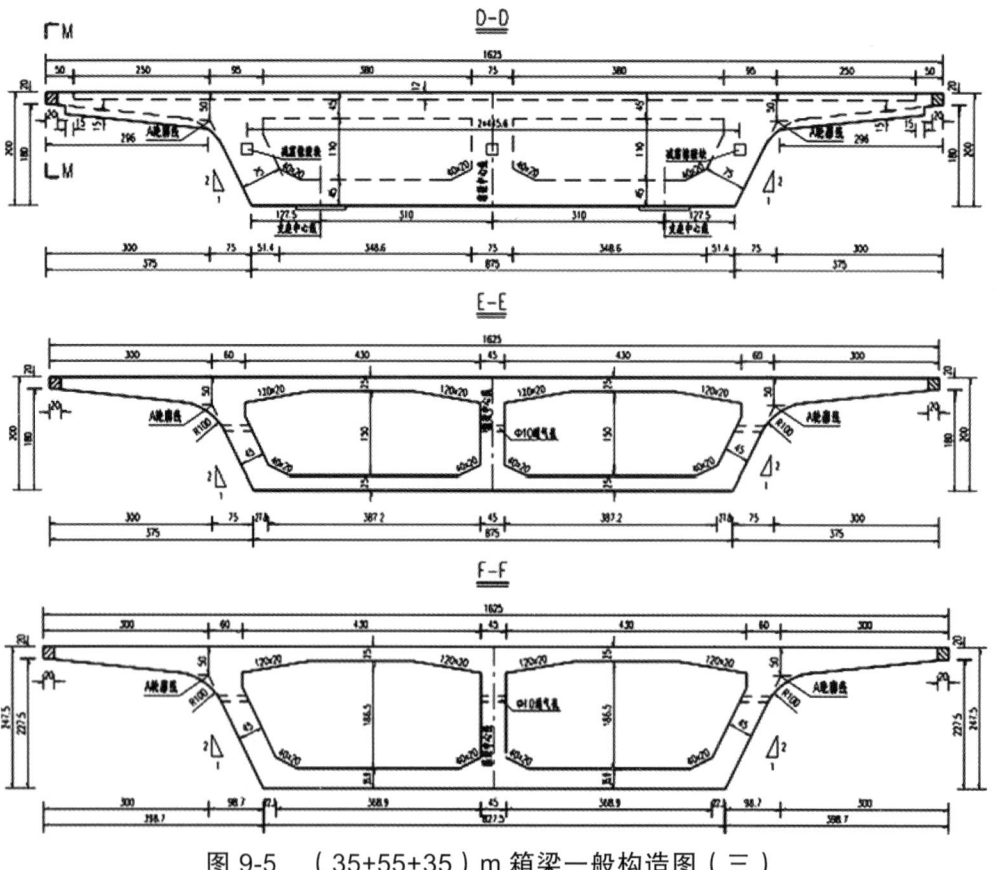

图 9-5 （35+55+35）m 箱梁一般构造图（三）

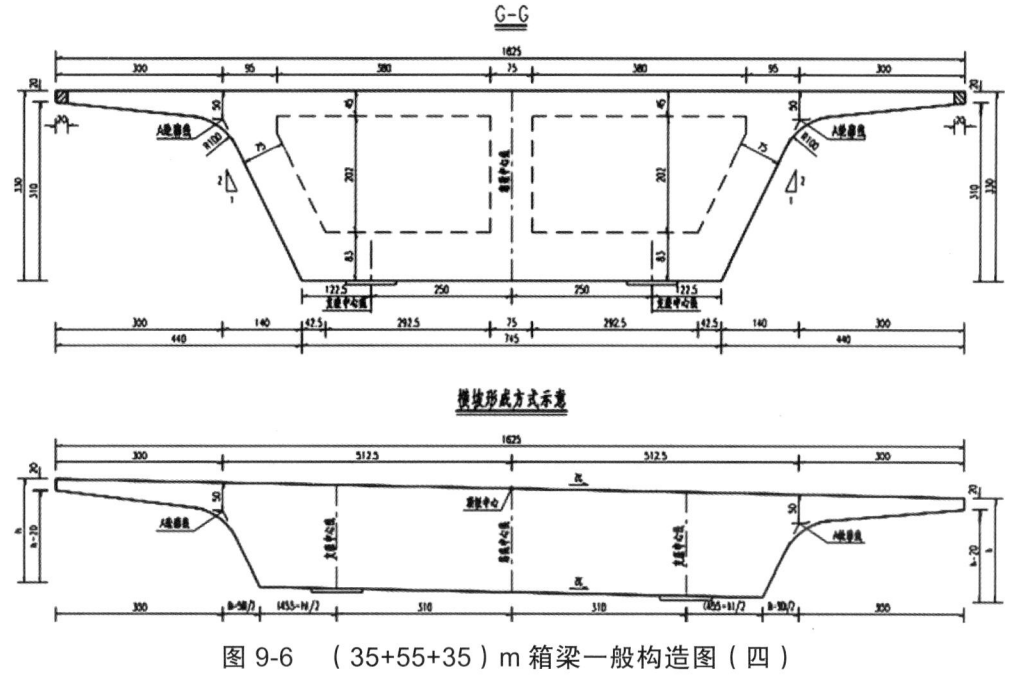

图 9-6 （35+55+35）m 箱梁一般构造图（四）

9.1.2 哨关路跨老 G320 国道工程概况

哨关路跨老 G320 桥左幅主线桥全长 769 m；右幅主线桥全长 729 m。哨关路和老 G320 桥斜交，左幅夹角为 66.318°，右幅夹角为 67.374°。桥梁上部结构采用 40 m 的预制 T 梁结构，桩基础为嵌岩端承钻孔灌注桩基础。本项目施工总平面布置如图 9-7 所示。

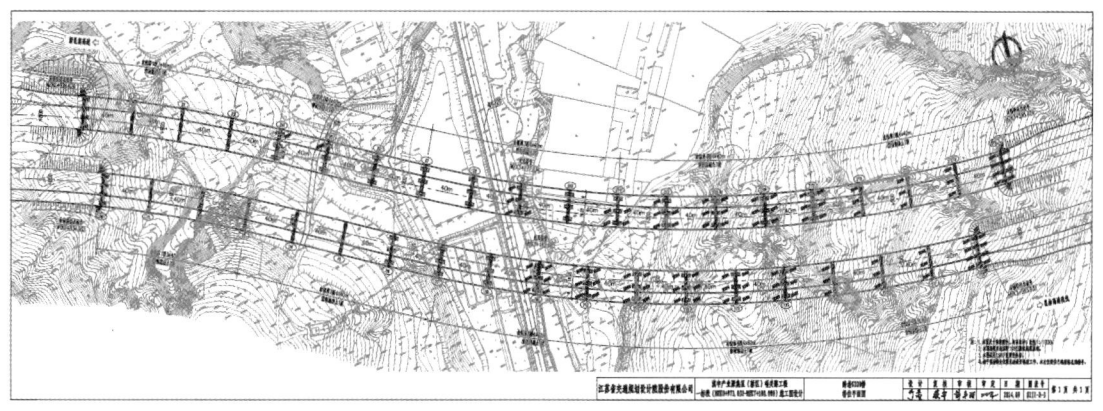

图 9-7 施工总平面布置图

9.2 现浇连续箱梁施工技术

9.2.1 现浇连续箱梁支架模板施工技术

1. 总体施工方案

支架选用承插型盘扣式钢管支撑系统，承插型盘扣式支撑架的立杆直径为 ϕ60.3，壁厚为

3.2 mm，材质为 Q 345B，单杆极限承载力为 150 kN，且全部经过热镀锌处理。构造如图 9-8 所示。

图 9-8　盘扣式脚手架构造图

承插型盘扣式脚手架具有以下特点：采用低合金高强度钢，承载能力高；配套水平剪刀撑杆和竖向剪刀撑杆使支撑架具有了很好的稳定性。材料用量少，安装快捷、简便，效率高；热镀锌防腐处理，坚固耐用，周转次数高，节约成本。

2．门洞支架设计

按照现场实际情况，跨越新 G320 公路处将搭设门洞。以施工图纸为依据，计划门洞为双向车道，单向门洞车道宽度为 4 m，净空高度 5 m，门洞布置斜交后实际长度 20.7 m。具体布置如图 9-9 所示。

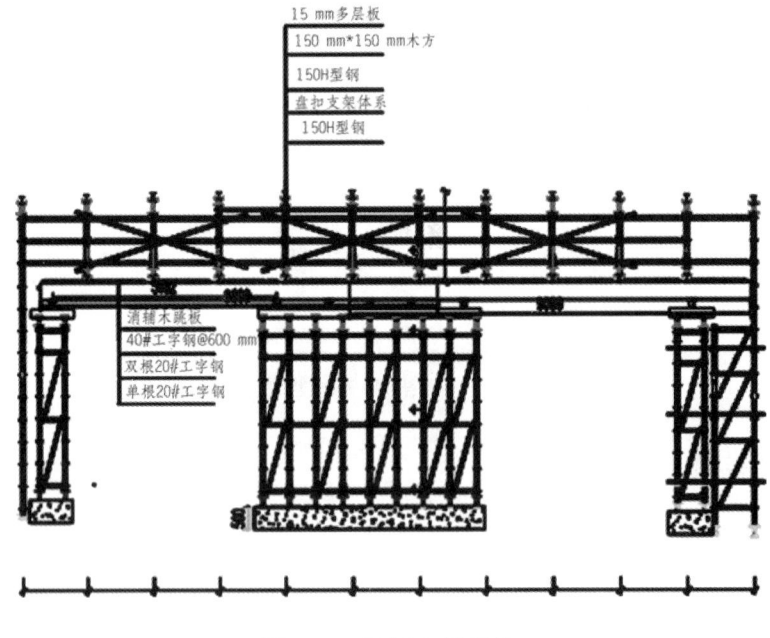

图 9-9　门洞支架结构

施工前由测量人员放出条形基础位置及尺寸，四角点醒目红油漆标注，保证条形基础位置正确，尺寸精确，基础采用 C20 混凝土。门洞支架采用盘扣式，立杆布置在条形混凝土基础上，顺桥纵向、横桥向间距均为 0.6 m。立杆撑托上顺桥向摆放单根 20 工字钢，横桥向布置 2 根 20 工字钢，顺桥向在 2 根 20 工字钢上布置 12 m 长 40 工字钢，40 工字钢布置间距 0.6 m。门洞上用 20#工字钢、40#工字钢布置方式垂直或者平行于门洞下架体，且采用点焊方式将其焊接在一起；门洞最顶层工字钢与 40#工字钢斜交，均采用点焊方式将其焊与下方工字钢焊接在一起，确保其稳定性；次龙骨顺桥铺放，采用铅丝将其与主龙骨固定。上部布置 150 型钢及可调底座、托撑、100 mm×150 mm 木坊、15 mm 竹胶板至箱梁底。竹胶板规格为 2.4 m×1.4 m×0.015 m，木板拼缝严实，防止施工中有杂物落入路面，影响交通。

3．限高杆设置

为确保现浇箱梁施工安全和新 G320 国道的交通安全，在门洞支架施工前，需增设限高杆进行防护，在新 G320 国道左右幅各设置一道限高杆，共 2 道，宽度 3.8 m，限高 4.9 m。限高杆施工流程：基础浇筑→下料→立柱焊接→除锈→油漆→运输→吊装→表面涂装。

（1）基础：混凝土基础长 180 cm×宽 80 cm×高 50 cm，采用 C20 混凝土现浇。施工时注意预埋钢板和地脚螺栓。预埋位置和高差必须严格控制在 5 mm 之内。

（2）下料：材料选用直径 200 mm 的钢管，壁厚不低于 3.2 mm，下料采用火焰切割机进行柱切割，开坡口方法为碳弧气刨切割 K 型坡口，下料完成后进行调直校正，为保证柱身拼装准确，需制备组装样板，柱身主体焊接采用电焊机手工焊接，钢管柱焊接完成后进行调直矫正。钢管柱涂装严格按标准除锈、刷油。

（3）焊接：立柱与横杆采用坡口焊焊接，焊接后边缘 30～50 mm 范围内的铁锈、毛刺污垢等必须清除干净，以减少产生焊接气孔等缺陷的因素。

（4）除锈：除锈采用专用除锈设备，经除锈后的钢材表面，用毛刷等工具清扫干净，才能进行下道工序，除锈合格后的钢材表面，如在涂底漆前已返锈，需重新除锈。

（5）油漆：表面涂完第一道底漆，一般在除锈完成后，存放在厂房内，可在 24 h 内涂完底漆。存放在厂房外，则应在当班漆完底漆。油漆应按设计要求配套使用，第一遍底漆干燥后，再进行中间漆和面漆的涂刷，保证涂层厚变达到设计要求。油漆在涂刷过程中应均匀，不流坠。

（6）运输：运输过程中注意对构件和涂层的保护，对易碰撞的部位应提供适当的保护，搬运后的构件如发生变形损坏，应及时进行修补，以确安装时构件完好无损。

（7）安装：立柱吊装前首先确定构件吊点位置，吊装时做好防护措施。钢柱起吊后，当柱脚距地脚螺栓约 30～40 cm 时扶正，使柱脚的安装孔对准螺栓，缓慢落钩就位。经过初校待垂直偏差在 20 mm 内，拧紧螺栓，临时固定即可脱钩。横杆在柱子复核完成后进行，横杆吊装时采用两点对称绑扎起吊就位安装。横杆起吊后距柱基准面 100 mm 时徐徐慢就位，待横杆吊装就位后进行对接调整校正，然后固定连接。横杆吊装时随吊随用吊线锤校正，有偏差随时纠正。安装校正，钢柱垂直度校正用经纬仪或吊线锤检验，当有偏差时采用千斤顶进行校正，标高校正用千斤顶将底座少许抬高，然后增减垫板厚度，柱脚校正无误后立即紧固地脚螺栓，待钢柱整体校正无误后在柱脚底板下浇注细石混凝土固定。

（8）表面涂装：表面涂装黑黄相间条纹作为醒目标志，条纹宽 20 cm，条纹垂直杆件轴线方向，标识板严格按交通管理部门要求设置。

4. 盘扣式支架布置（图 9-10～9-13）

1）布置原则

（1）立杆：

横桥向：中支点 3.3 m 梁，横梁下为 0.9 m，端横梁 0.9 m，空箱位为 1.5 m，腹板 3.3～2.5 m 为 0.6 m、0.9 m，2.5～2 m 为 0.9 m。纵桥向：在端横梁和中横梁处间距为 1.2 m、0.6 m，腹板位置为 0.9 m，空箱及翼缘位置立杆间距采用 1.5 m 形式。步距：在满足最顶层和最底层均需设置横杆前提下，步距为 1.5 m，部分位置步距可以为 1.0 m。纵横竖向剪刀撑为每隔一排设置一道，在纵横交叉位置设置从底到顶设置的水平剪刀撑。

（2）底模：采用 15 mm 竹胶板。

（3）配方木：采用 100 mm×150 mm 分配方木，按腹板下 200 mm 铺设间距，空箱下 200 mm、300 mm 铺设间距。

（4）（35+55+35）m 跨主龙骨采用 150H 型钢，150H 型钢模型按纵向间距 900 mm、1200 mm 间距布置。

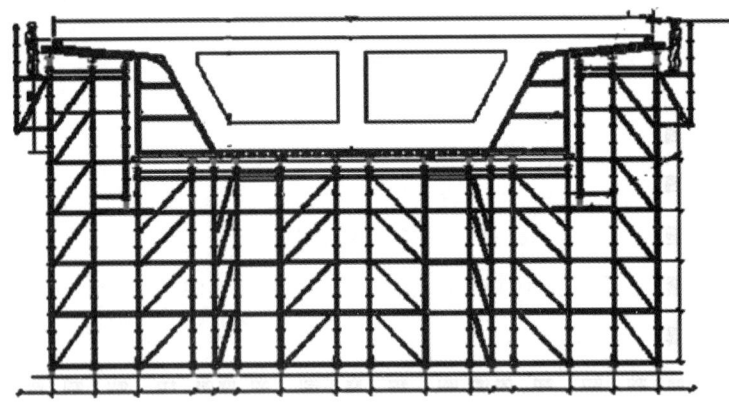

图 9-10　跨中 3.3 m 处支墩横向支架布置图

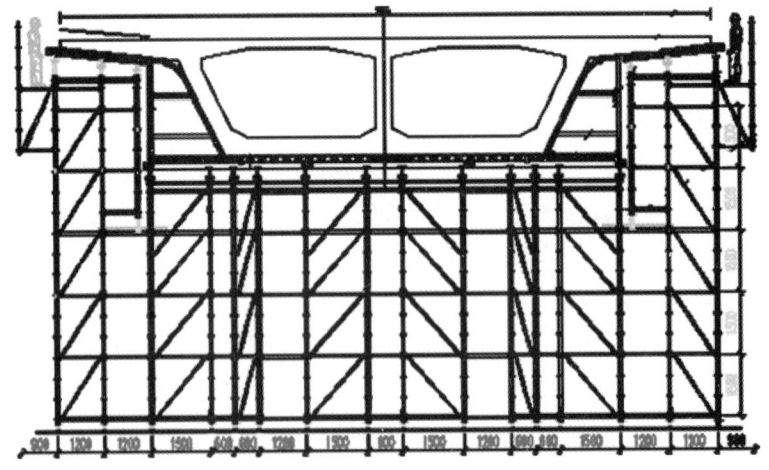

图 9-11　箱梁跨中 2.82 m 处横向支架布置图

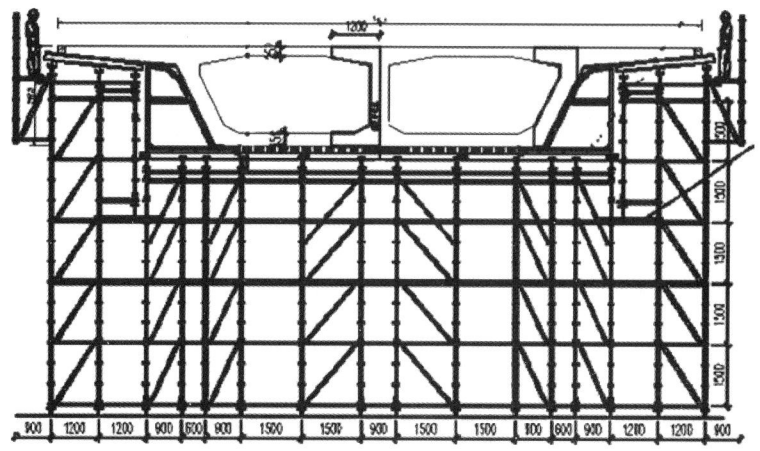

图 9-12 箱梁跨中 2.475 m 处横向支架布置图

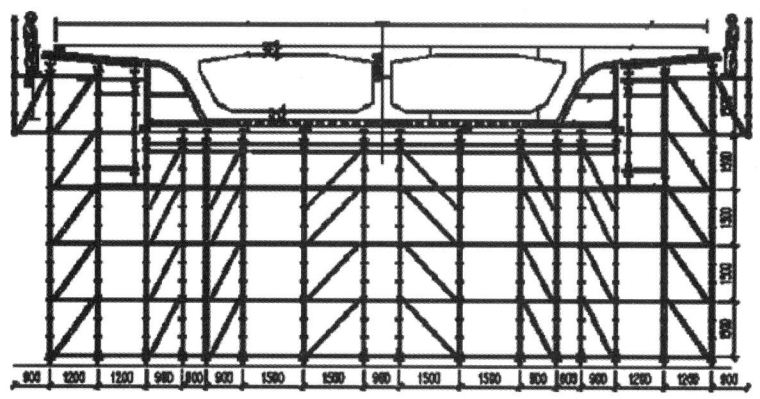

图 9-13 箱梁端承梁 2.0 m 处横向支架布置图

2）施工工艺流程（图 9-14）

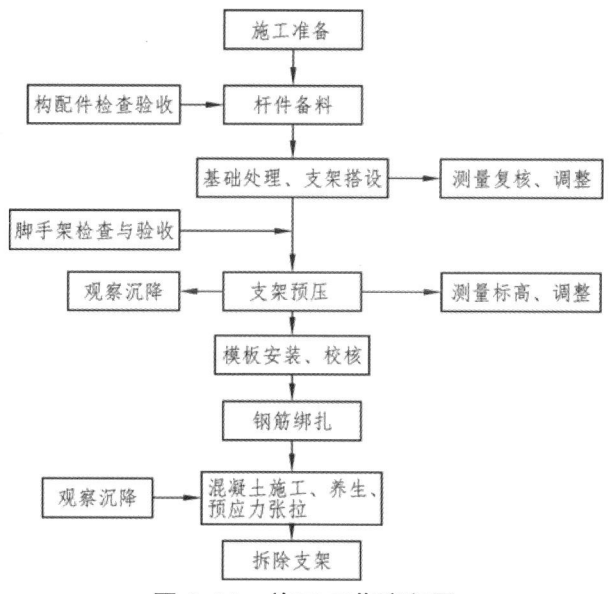

图 9-14 施工工艺流程图

5. 支架基础

1）地质概况

路线区域位于滇池盆地中部地段，属滇东高原盆地区昆明岩溶高原湖盆亚区。沿线总体地势较为平坦、开阔，局部起伏较大，局部地段基岩裸露。路线展布区内一般多在海拔 1 900～2 300 m。路线所经区域可划分为山间盆地、岩溶地貌，局部段落为果树园区，植被茂盛。项目起点位置有山体，最高海拔 2 150 m；中部地势较为平坦，海拔在 1 995 m 左右；终点在老昆曲高速之后海拔逐级攀升，终点海拔在 2 230 m 左右。

地层由新到老分别描述如下：

3-1 层黏土：褐红色，可塑为主，局部硬塑，土质不均，局部含少量碎石，具中等压缩性。一般厚度 0.5 m。地基承载力基本容许值$[f_{ao}]$=170 kPa，桩侧土摩阻力标准值 q_{ik}=45 kPa。土石工程等级Ⅲ级。

6-2 层强风化白云质灰岩：灰色—灰白色，节理裂隙发育，岩芯相对破碎，呈碎块状及少量短柱状，锤击声哑；一般厚度 0.8～6.8 m。地基承载力基本容许值$[f_{ao}]$=800 kPa，桩侧土摩阻力标准值 q_{ik}=100 kPa，土石工程等级Ⅳ级。

6-3 层中风化白云质灰岩：灰色—灰白色，节理裂隙较发育，岩芯较完整，呈短柱状、柱状及长柱状，局部较为破碎，呈碎块状，锤击声脆不易碎；岩石饱和单轴抗压强度平均值为 46.6 MPa，一般厚度 0.9～18.3 m。地基承载力基本容许值$[f_{ao}]$=2 000 kPa，桩侧土摩阻力标准值 q_{ik}=220 kPa，土石工程等级Ⅵ级。

6-3a 层破碎中风化白云质灰岩：灰色—灰白色，节理裂隙较发育，岩芯较完整，呈短柱状、柱状及长柱状，局部较为破碎，呈碎块状，锤击声脆不易碎；岩石饱和单轴抗压强度平均值为 46.5 MPa，一般厚度 0.5～15.2 m。地基承载力基本容许值$[f_{ao}]$=1 500 kPa，桩侧土摩阻力标准值 q_{ik}=180 kPa，土石工程等级Ⅴ级。

6a 层溶洞：洞高一般 0.4～12.4 m。部分为空洞，部分全充填，充填物主要为黏性土夹碎石，黏性土一般呈可塑状。

2）支架基础

根据验算结果，C20 混凝土下基层的地基承载力需要满足 100 kN/m²，若不能满足则需要回填 0.6 m 毛石+0.2 m 碎石土处理。

根据现场地形整平处理，平整范围超出支架搭设 1 m 范围，在基础周围设置排水沟。清除搭设场地耕植土、覆盖土及杂物。基础及挡墙模板采用 15 mm 厚多层板，ϕ48 mm×3.5 mm 钢管，配以 100 mm×100 mm 木枋支撑。模板几何尺寸须符合本方案图纸要求，支撑牢固，保证模板不变形。基础回填采用毛石回填，分层用压路机压实，密实度不少于 96%；同时检测地基承载力，其承载力不得低于 100 kN/m²。如图 9-15 所示。

在压实好的地面上浇厚度 200 mm 的 C20 混凝土。浇混凝土时，必须用平板振动器振捣密实，表面不得有裂缝，避免由雨水渗透浸泡地基，降低地基承载力导致支架体系产生沉降。混凝土垫层外围设置上口 500 mm，下口宽 300 mm，深 300 mm 的梯形排水沟。排水沟表面用 30 mm 厚的 1∶2 水泥砂浆密封。沟底用 50 mm 的 C20 细石混凝土找平，避免雨水浸入地基降低地基承载力。如图 9-16 所示。

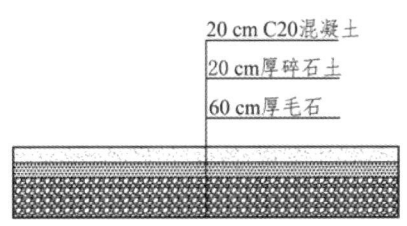

图 9-15 支架底部基础处理大样图

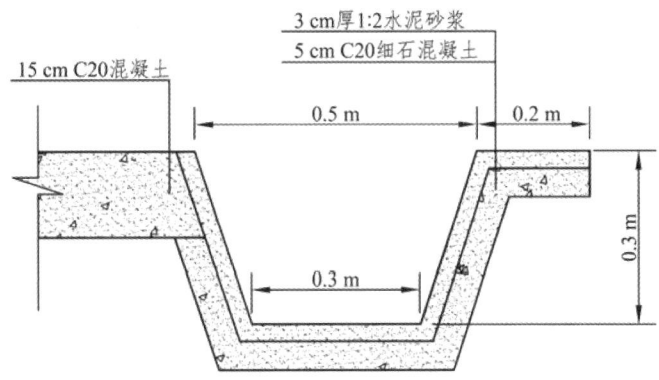

图 9-16 排水沟大样图

在分台处采用 C20 片石混凝土挡墙,挡墙顶宽 0.4 m,挡墙背面坡度为 3∶1,挡墙高度超过 1 m 时,基础高 0.5 m;小于 1 m 时,基础高为 0.3 m。如图 9-17 所示。

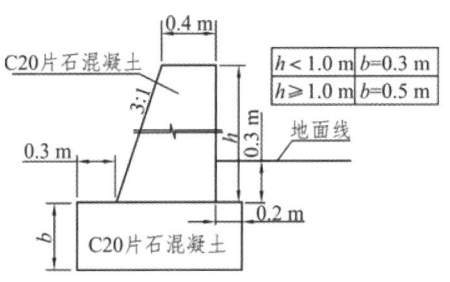

图 9-17 挡墙大样图

6. 支架搭设

根据建筑施工承插型盘扣式钢管支架安全技术规程、建筑施工扣件式钢管脚手架安全技术规范、建筑施工模板安全技术规范的要求进行模板支架的搭设。

1）支架构配件进场检查验收

本工程为现浇箱梁,支撑材料选用承插型盘扣式钢管脚手支架。支架材料运抵施工现场后,由专职质量员、材料员组织专人对进场构件进行初步验收,未经验收合格的构件不得投入使用。要求租赁的脚手架构配件承插型盘扣式钢管支架的构配件除有特殊要求外,其材质应符合现行国家标准的规定。承插型盘扣式钢管支架主要构配件材质见表 9-3。

表 9-3 主要构配件材质要求

立杆	水平杆	竖向斜杆	水平斜杆	扣接头	立杆连接套管	可调底座、可调托座	可调螺母	连接盘插销
Q345A	Q235A	Q195	Q235B	ZG230-450	ZG230-450 或 20 号无缝钢管	Q235B	ZG270-500	ZG230-450 或 Q235B

连接盘、扣接头、插销以及可调螺母的调节手柄采用碳素铸钢制造时，其材料机械性能不得低于现行国家标准的要求。

2）测量放样

支架体系安装前应对支架体系进行预排，用经纬仪根据方案中立杆纵向和横向间距进行现场定位，在地面上弹控制线或拉线进行控制，目的是为了保证架体搭设位置准确。

3）布设立杆垫板

根据立杆位置布设立杆垫板，垫板采用 4 cm 厚的通长木板，木板宽度不小于 20 cm。垫板放置平整、牢固，底部无悬空现象。

4）安放可调底座

按横向、纵向间距安放可调底座，以水准仪现场实际测设确定顶托、底座标高，调整好底座上可调螺帽位置，保证架体的统一平面。可调底座丝杆与螺母捏合长度不得少于 4~5 扣，插入立杆内的长度不得小于 150 mm。

5）纵、横向立杆安装

安装前，检查脚手架有无弯曲、接头开焊、断裂等现象，无误后可实施支架体系的拼装。搭设支架时要保证立杆的垂直偏差不大于架体高度的 1/400，待第一步架体拼装完成后，应调整所有立杆的垂直度和水平杆的平整度，待全部调整后方可拼装上一步支架。按横向、纵向间距安放可调底座，以水准仪现场实际测设确定顶托、底座标高，调整好底座上可调螺帽位置，保证架体的统一平面。可调底座丝杆与螺母捏合长度不得少于 4~5 扣，插入立杆内的长度不得小于 150 mm。支架首层纵横向扫地杆距地面最大高度不得大于 55 cm。如图 9-18 所示。

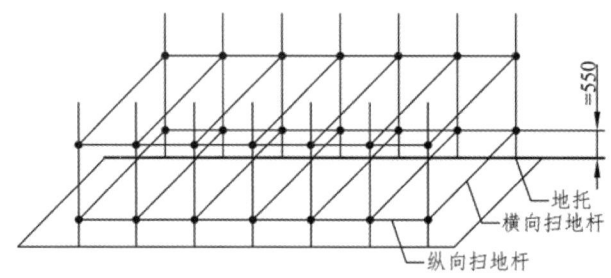

图 9-18 首层立杆布置大样图

6）安装顶层可调顶托和悬挑翼缘板定型钢架

（1）顶层可调顶托安装.

拼装到顶层立杆后，即可装上顶层可调顶托，并依据设计标高将各顶托顶面调至设计标高位置，可调顶托丝杆最大调出高度不允许大于 30 cm。

（2）定型钢架安装。

利用冷弯 150H 型钢拼接组装翼缘定型支撑钢架，根据桥梁控制点，调整顶托调整高度，保证梁底的纵横坡度满足要求，然后放置桥梁宽度边线，确定翼缘边线，安装翼缘竖向 150H 型钢，安装可调支撑杆支撑竖向 150H 型钢，根据翼缘上转角标高，确定安装翼缘悬挑支撑 150H 型钢、可调支撑杆，复测翼缘顶部标高，锁定可调支撑杆，将每列支撑主楞纵向连接为整体。

7）铺设顶层主龙骨，分配方木

顶托顶面调至设计标高位置后，铺设 150H 型钢，并利用连接件将 150H 型钢互相进行横向首尾相连，成为整体，如图 9-19 所示。

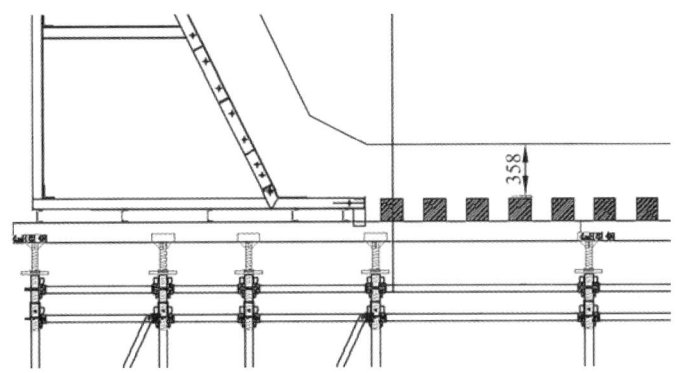

图 9-19　150 型钢横向相连示意图

顺桥向铺设方木，铺设间距要严格按照设计进行，并预留箱梁预拱度，使用水准仪检查标高，无误后可拼装底模模板。

8）剪刀撑布设

纵横竖向剪刀撑为每隔一排设置一道，在纵横交叉位置设置从底到顶设置的水平剪刀撑。如图 9-20 所示。

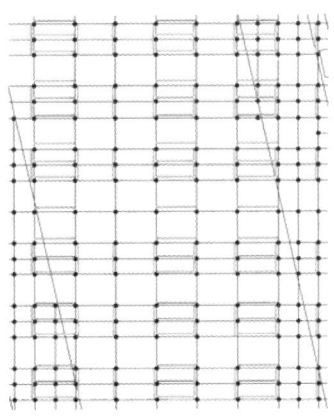

图 9-20　盘扣式支架纵横向剪刀撑布置方法（需要通高布置）

9）架体与墩柱、肋板、系梁连接

靠近墩柱、肋板、系梁的下方设置纵横杆支架与墩柱、肋板、系梁抱紧，并用可调节钢管与墩柱抵牢，连接处木模支垫保护墩柱混凝土不受损坏。如图9-21所示。

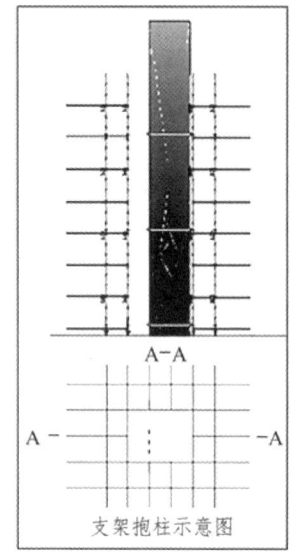

图 9-21　脚手架布置大样图

10）翼板位置支撑（图9-22）

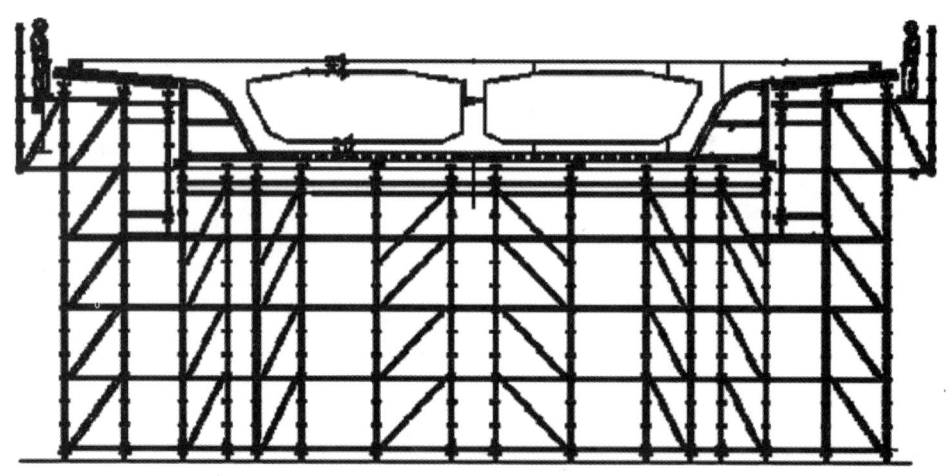

图 9-22　支架顶部大样图

11）上桥楼梯

本项目桥三跨共一联，箱梁施工时设置两处上桥楼梯，分别设置在两端。人行梯架应设置在尺寸为1.8 m×1.8 m的脚手架框架内，梯子宽度为廊道宽度的1/2，梯架可在一个框架高度内折线上升。梯架拐弯处应设置脚手板及扶手，如图9-23所示。

12）安全防护栏杆搭设

箱梁顶面作业层支架外侧必须设置安全防护栏杆及安全网。防护栏杆采用 ϕ 48 mm× 3.5 mm 钢管搭设，高度 1.2 m，设置两道纵向防护栏杆，立杆间距 90 cm，防护栏杆外满挂密目安全网。如图 9-24 所示。

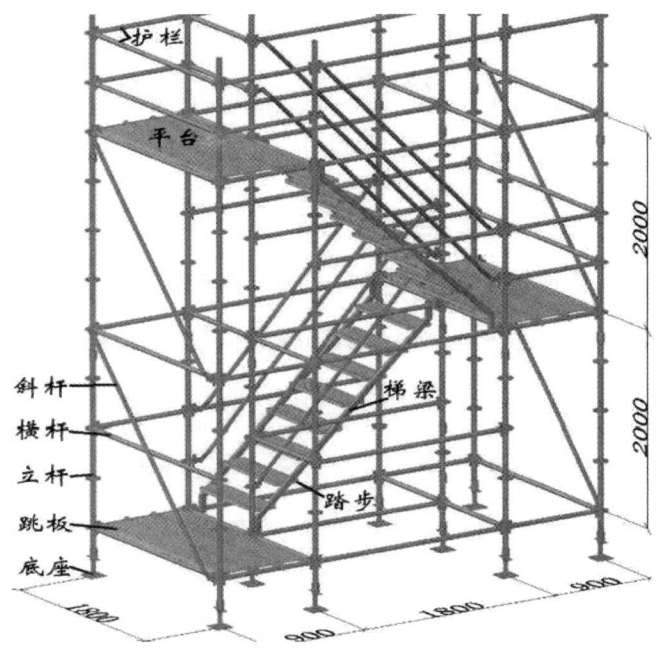

图 9-23 人行爬梯结构

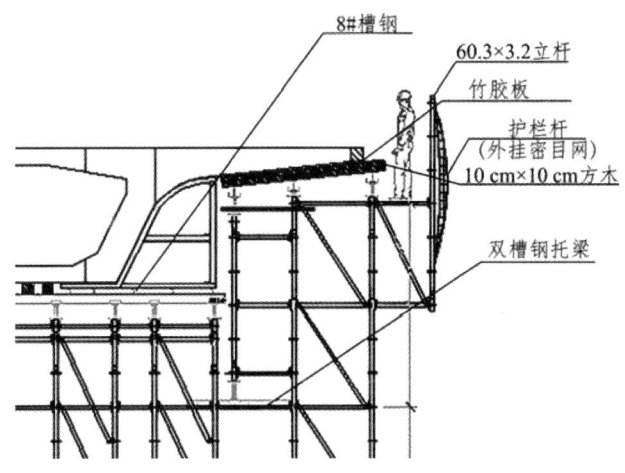

图 9-24 箱梁桥面安全防护大样图

7. 支架检查验收

在支撑架搭设完成以后应组织自检，主要检查插销锁紧情况、立杆连接销的使用安装情况，斜杆扣接点是否正确，扣件拧紧的程度，架体纵向直线度，立杆的垂直度等，自检合格后应及时报监理单位验收。

1）盘扣式支架检查与验收

首段以高度为 4.5 m 进行第一阶段的检查与验收；架体随施工进度定期进行检查，达到设计高度后进行全面的检查与验收；遇有六级大风与大雨后特殊情况的检查；停用超过一个月恢复使用前。

2）对整体支架终点检查以下内容

保证架体几何不变性的连墙件、纵、横向剪刀撑、水平剪刀撑等设置是否完善；基础是否有不均匀沉降，立杆底座与基础面的接触有无松动或悬空情况；立杆上连接点是否可靠锁紧；立杆连接销是否安装、斜杆扣接点是否符合要求、扣件拧紧程度。

3）支架使用中，应定期检查的项目

地基是否积水或悬空；扣件螺栓是否松动；安全防护是否措施是否符合要求；是否超载；杆件设置是否符合要求；盘扣是否上紧。

8．支架预压

1）预压的目的

消除基础的非弹性沉降；测量基础弹性沉降为确定底模标高提供参考资料；消除支架的非弹性压缩；测量支架的弹性压缩，为确定底模标高提供参考资料。

按分段预压法进行预压，每阶段箱梁预压前对预压荷载及其分布情况进行详细的计算，预压重量为底、腹板箱梁自重（梁跨荷载统一考虑安全系数为 1.2），并绘制出荷载分布的平面图，以保证预压可准确模拟箱梁现浇时的支架受力状态。箱梁预压荷载采用砂袋，准确加载。在支架顶、支架底设置观测点，模板顶设观测杆（位置不影响加载并要有明显标志），并对支架模板作第一次观测，作好记录。布置测量标高点并记录每点的初始标高值 H_1。加载顺序及时间：加载时按照计算预压总荷载的 60%、80%、100%、120%分级进行，中间每级加载完成后，对支架进行一次观测，最后一级加载完成后要进行 24 h 跟踪观测，每次观测都要根据观测记录计算支架在两次观测时间之间的沉降情况。对加载后各测量点标高值 H_2 进行测量。加砂布载结束后立即观测各测量点的标高值 H_2，并做好相应的记录。测量卸载前各测量点标高值 H_3。布载 24 h 后、卸载前测量各测量点标高值 H_3。卸载顺序及时间：预压持载时间根据支架观测情况确定，若沉降量或支架形变没有趋于平缓，则适当延长预压时间，直至支架形变及沉降均满足规范要求（连续两天沉降量小于 3 mm）即可卸载。卸载按预压总荷载的 60%、80%、100%、120%逐级卸载，每级卸载完成都要对支架进行观测，并计算支架的弹性变形情况。图 9-25 为预压示意图。

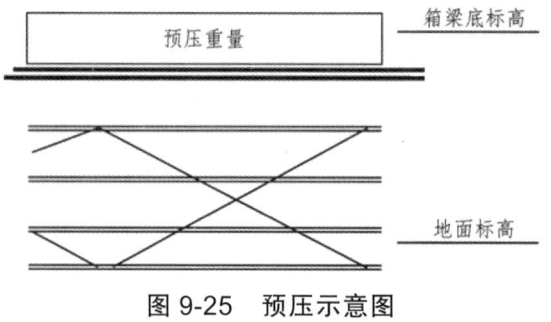

图 9-25 预压示意图

2）预压区域

预压区域为整体箱梁。为保证施工进度和预压质量，考虑采用砂袋预压。用水准仪观测加载后支架、模板、地基垂直沉降变形，用全站仪观测支架的位移变形，具体观测方法：

（1）测量人员在预压前在支架顶部选好观测点，作好标记并编号，在每跨箱梁纵向 1/4 处、1/2 处、3/4 处及两端分别设置一个观测断面，每断面取 3 个点（分别为梁底边缘及中线位置）。

（2）对靠近墩边 1 m、2 m 中心及其左右侧布 5 个点进行观测，其余采用间隔 5 m 布置一个断面 5 个观测点进行观测；在预压前对底模标高观测一次，在预压过程中每隔 2 h 观测一次，观测至沉降稳定为止，沉降稳定的标准为沉降量＜1 mm/d；将预压荷载卸载后再对底模标高观测一次，从以上的观测资料中计算出支架的弹性变形及地基的下沉。预压过程中进行精确的测量，可测出梁段荷载作用下支架将产生的弹性变形值及地基下沉值，将此弹性变形值、地基下沉值与及设计预拱度（设计未说明，以经验值 50 mm 计）叠加，计算出施工中应当采用的预拱度，按算出的预拱度调整底模标高。同时要注意在支架外侧设置临时防护设施，防止流水及雨水流入支架区引起支架下沉。预压完成移除沙袋，根据下沉量重新调整支架。如图 9-26 所示。

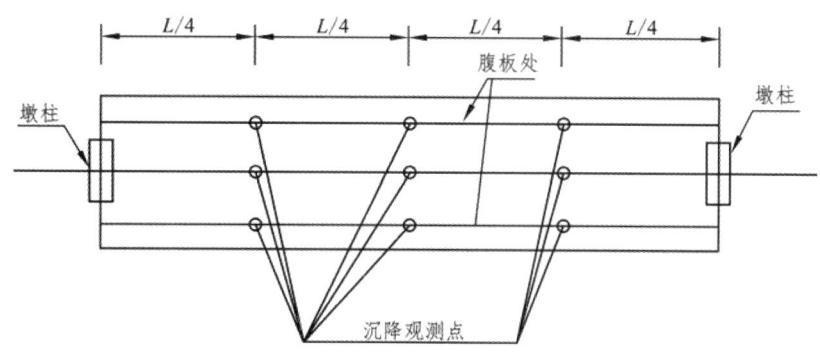

图 9-26 沉降观测点布置图

3）预压测量数据观测

观测使用水准仪和全站仪，只设一观测站，不积累误差；在场地硬化完成后对每跨场地进行观测点布设，并进行原地面观测；支架安装完成后对硬化场地及支架顶部进行观测；在每次加载完成后每间隔 12 h 进行观测，当支架测点连续 2 次沉降差平均值均小于 2 mm 时，方可继续加载，最后一次加载完毕后观测 48 h 直至沉降和变形稳定；卸载后对支架及场地进行观测；记录整理每次加荷观测的成果，以便更好地掌握控制箱梁的地基处理和支架搭设参数。

4）起拱

在支架上浇筑上部构造混凝土时，在施工过程中和卸架后，上部构造要发生一定的下沉和产生一定的挠度。因此，为使上部构造在卸架后能满意地获得设计规定的外形，须在施工时设置一定数值的预拱度。预留施工沉落值参考数据见表 9-4。

表 9-4 预留施工沉落值参考数据

项目		沉落值/mm
接头承压非弹性变形	木与木	每个接头顺纹为2，横纹为3
	木与钢	每个接头约为2
卸落设备的压缩变形	砂筒	2~4
	木楔或木马	每个接头约为1~3
	底梁置于砌石或混凝土上	约3

立模标高=设计梁底标高+弹性变形值+地基下沉值+设计预拱度 V

式中：V 按二次抛物线 $V=4FX(L-X)/L^2$ 分配，其中，F（无设计，经验为 50 mm）为跨中最大预拱度，X 为桥跨任意点至墩中心支点的距离，L 为跨长；弹性变形值及地基下沉值根据支架预压后所得。

9. 支架拆除

1) 箱梁底模板支撑架的拆除原则

（1）箱梁模板支撑架应待箱梁预应力钢绞线张拉完成并灌浆 48 小时后，强度达到 90%以上方可拆除。

（2）支撑架拆架前应对拟拆除的架体进行全面检查，并根据检查结果，编制具体的拆除方案报监理单位审批，待批准后组织实施。

（3）支撑架拆除施工应按照先拆除翼缘板支撑架、后拆除箱室支撑架的顺序进行。

（4）拆除箱室支撑架时应先拆除各跨跨中附近的支撑架，然后再由跨中向两边延伸，最后拆除墩台等支点处的支撑架，各跨支撑架均应对称拆除。

（5）非承重侧模板应在混凝土强度能保证其表面及棱角不致因拆模而受损坏时方可拆除，一般应在砼抗压强度达到 2.5 MPa 时方可拆除模板。

（6）设计要求钢筋砼结构的承重模板及支架，在箱梁混凝土强度未达到设计强度的 75%时（以同条件试块试验报告为准），不得拆除模板；模板的拆除还需在预应力张拉完成后进行。两种条件都必须满足方可拆除。

（7）芯模和预留孔道内模，应在砼强度能保证其表面不发生塌陷和裂缝现象时，方可拆除。

（8）已拆除模板及其支架的结构，在砼强度符合设计砼强度等级的要求后方可承受全部使用荷载，当施工荷载所产生的效应比使用荷载的效应更为不利时，必须经过核算，加设临时支撑。

2) 箱梁底模板支撑架拆除施工

（1）现浇筑箱梁支架何时可拆除，应按施工设计图的要求：结构物现浇砼强度达设计要求 100%；结构物灌浆强度达到 90%时；经过单位工程负责人、质量自检人员和监理工程师的检查验证，确认不再需要支架时，并由总监理工程师批准确认，方可拆除施工支架。

（2）拆架程序应遵守由上而下，先搭后拆的原则，即先松顶托，使底梁板、翼缘板底模与梁体分离。拆架时一定要先拆箱梁翼板后底板或先外伸梁后主梁，并必须从跨中对称往两边拆。支架拆除宜分两阶段进行，先从跨中对称往两端松一次支架，再对称从跨中往两端拆，而且在整个拆架过程中必须有技术人员跟班指挥与检查，以防拆架产生过大的瞬时荷载引起不应有的施工裂缝，多跨连续梁应同时从跨中对称拆架。卸落支架应按拟定的卸落程序进行，分几个循环卸完，如图9-27所示。

（3）支架拆除时，设专人用仪器观测桥梁拱度和墩台变化情况，并仔细记录，另设专人观察是否有裂缝现象。

（4）模板、支架拆除后，应维修整理，分类妥善存放。

（5）拆架时应划分作业区，周边设围栏竖立警戒标志，地面应设专人指挥，禁止非作业人员进入。

（6）拆除架体的作业人员应戴安全帽、系安全带、扎裹腿、穿软底防滑鞋。

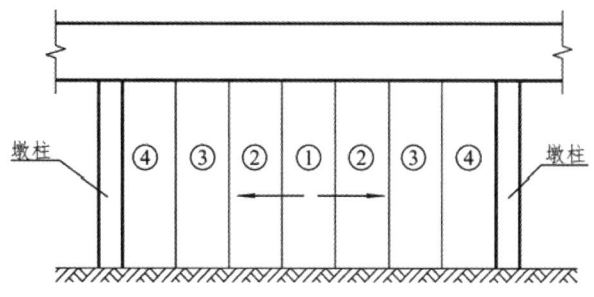

图9-27 支架拆除顺序图

（7）拆除架体应遵守先外后内、由上而下的顺序。应将内外剪刀撑、模板撑杆拆除掉后，再开始拆除悬挑翼板的支撑架，而后再拆除箱室底板的支撑架。拆除架体时应一步一清依次进行，严禁上下同时进行拆除作业。

（8）拆除立杆时，要先抱住立杆再拆开连接横杆的最后一个盘扣，防止立杆坠落。

（9）拆除架体时要统一指挥，上下呼应，动作协调，当解开与另一人有关的结扣时，应先通知对方，以防坠落。

（10）在拆架时，不得中途换人，如必须换人时，应将拆除情况交代清楚后方可离开。拆下的材料要徐徐下运，严禁抛掷。运至地面的材料应按指定地点随拆随运，分类堆放，当天拆当天清，拆下的扣件和铁丝要集中回收处理。

（11）当天离岗时，应及时加固尚未拆除部分，防止存留隐患造成复岗后的人为事故。如遇强风、雨、雪等特殊气候，应停止进行脚手架的拆除。

（12）严禁夜间进行拆除施工。翻掀垫铺竹笆应注意站立位置，并应自外向里翻起竖立，防止外翻将竹笆内未清除的残留物从高处坠落伤人。

10. 模板选型及制作

箱梁模板支架验收合格后，才能进行箱梁模板工程施工。并在施工前对全体操作人员进行专项安全技术交底，明白操作要求后方能作业。支架经加载预压，并经观测完全达到设计与规范的要求后，经监理工程师批准，即可进行模板安装，模板安装应注意以下几点：

底模采用15 mm厚的竹胶板夹双面胶，分配方木100 mm×150 mm，间距200 mm（按计算布置），主龙骨用150型钢。芯模采用厚12 mm竹胶板进行拼接，用4 cm×8 cm枋木制成方框,中间每隔 50 cm 设置枋木支撑,而后把竹胶板用铁钉固定在方框上,内模板用 4 cm×8 cm 枋木支撑,撑木间距 50 cm。在顶板底模上预留 60 cm×130 cm 工作口,以便施工人员进出箱室和拆除内模。如图 9-28 所示。

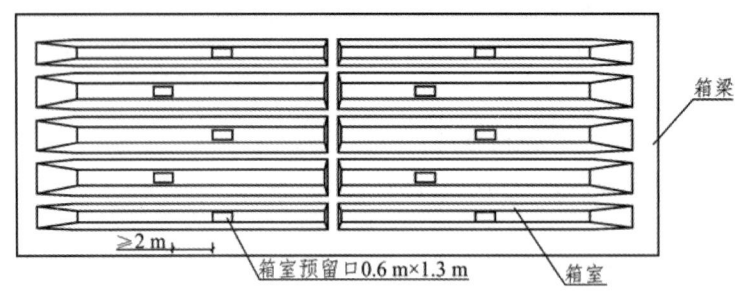

图 9-28 箱梁内模预留工作口平面布置图

外侧翼缘模板的面板采用 12 mm 厚的竹胶板,100 mm×100 mm 木枋,150 型钢及可调支撑作为支撑结构。模板做好后,应试拼检查其尺寸是否准确,接缝是否严密,拆装是否方便且不得变形,在模板显著位置编号,按顺序分节存放。

11. 箱梁底板及侧模安装

模板做好后,应试拼检查其尺寸是否准确,接缝是否严密,拆装是否方便且不得变形,在显著位置编号,按顺序分节存放。为使接缝严密,宜在接缝两边的连接件试拼合格后,再行电焊或扩孔。模板安装过程中严格控制模板间的缝隙,缝隙要求不大于 2 mm,并用胶带粘贴密封,表面刷脱模剂。

(1)施工工艺流程:安装底、侧模板→绑扎钢筋→安装内模。采用以构件中心线向两边安装,顺桥放置。模型铺设时保证底板线形接顺,每 2 m 按设计标高及轴线坐标复查一次。模板使用前要检查有无裂纹、外观质量满足要求,表面涂刷脱模剂,脱模剂应采用同一品种。安装前对接口拼缝处夹垫双面胶带,以防漏浆。

(2)模板安装时,用汽车吊机吊起模板,按定位线对位,分段连接。起吊时不得与其他设施碰撞,防止模板变形。并在浇注混凝土过程中派专人检查。模板接缝采用防水封箱带封贴。

① 底模安装。

底模安装前应将支座安装就位。首先按设计位置精确放出支座位置及中心线,按设计标高安放好支座,并安放好支座处预埋钢板。根据各断面预拱度的设置铺设底模,要求底模与支座预埋钢板接缝严密,防止漏浆。

② 侧模安装。

由人工配合汽车吊吊装,各节之间用螺栓连接,侧模与底模之间加垫海绵条,各块侧模之间用胶带密封。由于外模高度低,宽度大,稳定性较好,因此外模可以通过下部设限位块固定,防止侧模外移。

12. 箱梁内模安装

内模板采用地面自行加工(拼装式竹胶板)定型后,用吊车运送至桥面安装。内模由人工在底板、腹板、横隔板钢筋绑扎完成后安装。内模板采用厚 12 mm 竹胶板进行拼接,用

4 cm×8 cm 枋木制成方框，中间每隔 50 cm 设置枋木支撑，而后把竹胶板用铁钉固定在方框上，内模板用 4 cm×8 cm 方木支撑，撑木间距 50 cm。在顶板底模上预留 60 cm×130 cm 工作口，以便施工人员进出箱室和拆除内模。竹胶板首先从箱梁下锲角开始拼装，拼装到箱梁的梗肋位置后，安装模板内框架，然后拼装顶板位置的固定。竹胶板与竹胶板联接缝必须密实，不得出现大于 0.2 cm 错台与缝隙，板缝采用夹双面胶进行封堵。为便于内模板拆除，在内模板面层包裹一层彩条布，内模拆除时一同拆除。两箱梁内模板用 φ14 对拉螺栓固定，本次针对 1.8 m 高的箱梁，采用两道对拉螺栓固定，两道对拉螺栓间的距离小于 40 cm。如图 9-29 所示。

钢筋保护层设置：内模底板用短钢筋支顶，支顶短钢筋与底板上层主筋焊接；腹板及隔板上部用小枋木临时支顶，待混凝土浇筑到小枋木位置时，及时取出小枋木，为防止内模上浮，用 8#镀锌铁丝将内模的下拐角板与底板钢筋固定在一起，固定点的布置密度在顺桥向为 50 cm，横向 20 cm。如图 9-30 所示。

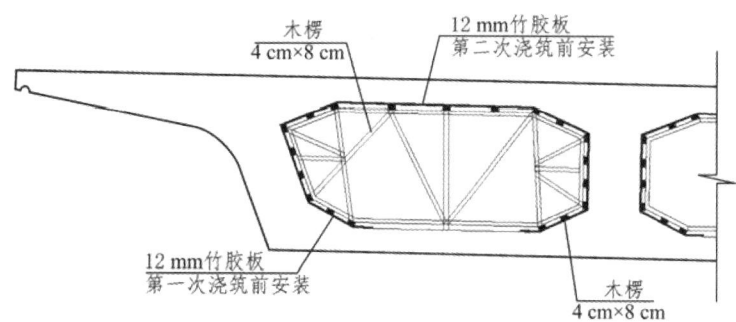

图 9-29　箱梁内模安装横断面示意图

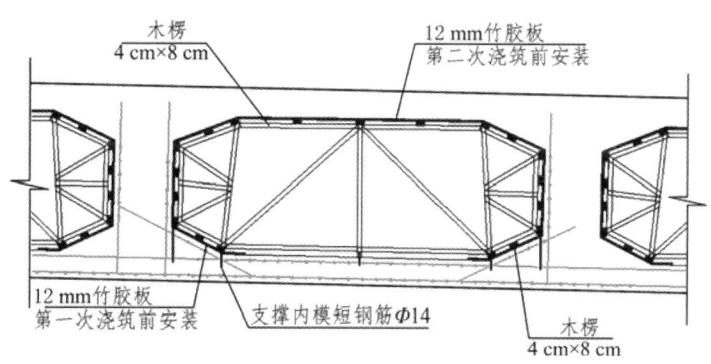

图 9-30　内模底支撑示意图 1

箱梁混凝土分两次浇灌，第一次底板和腹板，第二次顶板，每次浇混凝土须连续进行，不留施工缝。浇筑时从跨中向墩顶（桥台）方向浇筑，最后浇筑墩顶两侧（桥台朝向跨中一侧）各 3 m 左右范围内的梁段及横梁，以防止在浇筑过程中墩顶位置出现竖向裂缝。桥面宽度方向，从跨中向两端对称推进。每跨在底板浇灌完毕后，再浇腹板，不得底板腹板同时浇筑。浇灌腹板时，水平分层，斜面推进。桥台背墙在箱梁梁端腹板预应力钢束张拉锚固完成并封锚后方可进行浇筑。如图 9-31 所示。

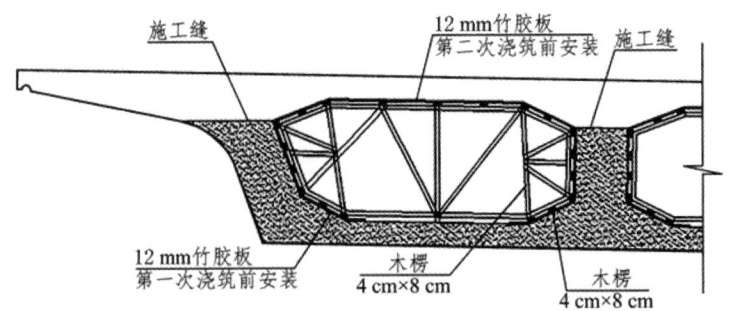

图 9-31 内模底支撑示意图 2

13．模板拆除

（1）内模在混凝土强度能达到设计强度的 70% 时（一般在浇灌七天后），才能拆除，内模由人工分块拆除，通过天窗运出梁体。

（2）外模板（翼缘板及底板）在箱梁预应力钢索张拉，孔道灌浆强度达到设计强度后（拆模前检测同条件养护试块强度），方能拆除。拆除支架模板时，应先拆除翼缘模板，再拆除底模板。底模板拆除时，可从一端依次拆除。

（3）拆模前应检查所使用的工具应有效和可靠，扳手等工具必须装入工具袋或系挂在身上，并应检查拆模场所范围内的安全措施。

（4）模板的拆除工作应设专人指挥。作业区应设围栏，其内不得有其他工种作业，并应设专人负责监护。拆下的模板、零配件严禁抛掷。

（5）拆模的顺序和方法应按先支的后拆、后支的先拆、先拆非承重模板、后拆承重模板，并应从上而下进行拆除。拆下的模板不得抛扔，应按指定地点堆放。

（6）多人同时操作时，应明确分工、统一信号或行动，应具有足够的操作面，人员应站于安全处。

（7）高处拆除模板时，应遵守有关高处作业的规定。严禁使用大锤和撬棍，操作层上临时拆下的模板堆放不能超过 3 层。

（8）拆模如遇中途停歇，应将已拆松动、悬空、浮吊的模板或支架进行临时支撑牢固或相互连接稳固。对活动部件必须一次拆除。

14．安装模板时特别注意事项

（1）箱梁底板底模必须按照施工测量控制标高严格控制平整度。

（2）底模边线和箱形梁底尺寸同宽，严格控制标高及两侧边线。在底板、腹板钢筋绑扎完成后可安装芯模，芯模应严格控制垂直度和外观线形，且固定牢固，保证腹板尺寸。

（3）箱梁模板必须满足规范要求，不合格模板严禁使用。模板应紧固牢靠，楔块必须质地坚硬，平整牢靠。

（4）在梁端与横梁位置预应力锚头位置的模板和支座处模板，应按设计要求和支座形状做成规定的角度与形状，并保证锚头位置混凝土面与该处钢绞线的切线垂直。

（5）所有排气孔、压浆孔、泄水孔的预埋管及桥面泄水管按设计图纸固定到位，预埋件的预埋无遗漏且安装牢固，位置准确。

9.2.2 连续箱梁现浇施工技术

1. 施工工艺流程（图 9-32）

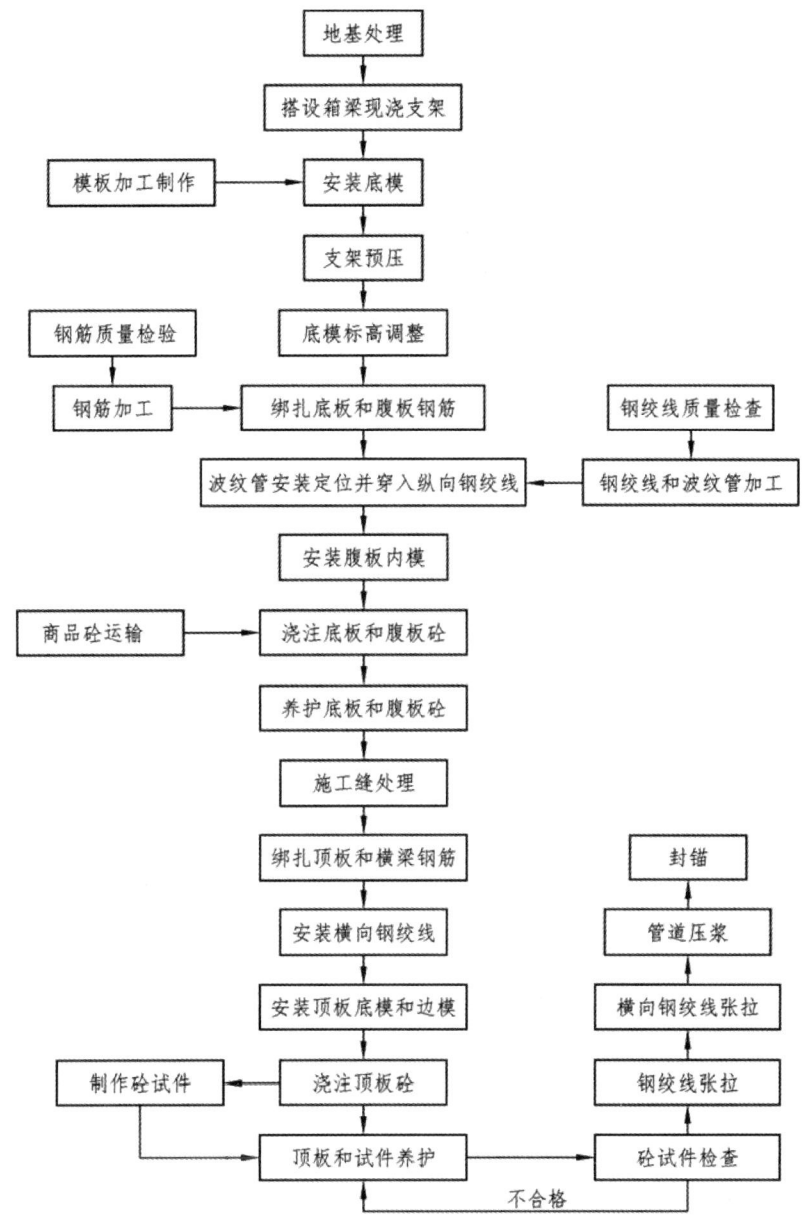

图 9-32　箱梁现浇施工工艺流程

2. 箱梁模板、支座安装

箱梁外模采用大块钢模板（或竹夹板），梁体内模采用小块钢模板（或竹夹板）现场拼装组成。拼装前严格检查各模板的外形尺寸，要求表面平整、尺寸准确，自身刚度较好。在箱梁底模安装前，在支架顶部横向设置 10 cm×10 cm 木方，调平后沿纵向铺设 10 cm×5 cm 木方，间距为 30 cm，为加强支撑能力，相邻木方之间采用 $\phi 48\times 3.5$ 普通钢管满铺。底模安装完成后，测量应再次对高程进行复核，并精确施放出桥梁侧板边线，然后依次安装箱梁侧模，绑扎底板、侧墙钢筋，安装内模。支座安装：支座安装时，须由测量人员对墩、台顶上的支座垫石标高进行复核，并根据设计要求的支座尺寸和方向进行准确放样后方能安装。

3. 钢筋施工

（1）钢筋的绑扎顺序：

横梁钢筋→底板钢筋→腹板竖向、水平钢筋→顶板钢筋

（2）钢筋加工时，应按照设计要求尺寸进行下料、成型，钢筋安装时控制好间距、位置及数量。要求绑扎的要绑扎牢固，要求焊接的钢筋，可事先焊接的应提前成批次焊接，以提高工效。焊缝长度、饱满度等方面应满足规范要求。钢筋加工及安装应注意以下事项：

① 钢筋在场内必须按不同钢种、等级、规格、牌号及生产厂家分别挂牌堆放。

② 钢筋存放采用下垫上盖的方式避免钢筋受潮生锈。

③ 钢筋在加工场内集中制作，运至现场安装。钢筋运输、吊装时都要按照操作规程操作，不能使其在吊装和运输的过程中变形，影响钢筋的对接、定位和绑扎，并应注意保护钢筋不能受油污染。

④ 钢筋保护层采用提前预制与主梁等标号的砼垫块，砼保护层的厚度要符合设计要求。

⑤ 在钢筋安装过程中，及时对设计的预留孔道及预埋件进行设置，设置位置要正确、固定牢固。

⑥ 钢筋骨架焊接采用分层调焊法，即从骨架中心向两端对称、错开焊接，先焊骨架下部，后焊骨架上部。钢筋焊接要调整好电焊机的电流量，防止电流量过大或操作不当造成咬筋现象。钢筋焊接优先采用双面焊，当双面焊不具备施工条件时，采用单面焊。钢筋焊接完毕后，将焊渣全部敲除掉。钢筋焊接完成后自检合格后，报请监理工程师检验合格后，方可进行下道工序施工。

⑦ 箱梁主筋采用直螺纹套筒，机械连接。

⑧ 钢筋加工安装完毕，经自检合格报请监理工程师抽检合格后，方可进行下道工序施工。

4. 波纹管安装

预应力管道及管道与喇叭管的连接，应确保其密封性。所有管道沿长度方向按设计针对不同区段的要求设置井字型定位及侧向、防崩钢筋，并点焊在主筋上，确保管道在浇注混凝土过程中不上浮，不变位。

波纹管要求表面无损坏、锈蚀，接扣牢固。安装过程中防止尖物锐器、重物碰撞，火花闪落，取样抗验其弯曲，集中荷载、均载、轴拉弯曲，泄漏等主要技术性能，是否符合有关标准要求。安装前，须对波纹管锚入混凝土的端头部位作密闭试验。波纹管的定位由测量配合在钢筋上作出其位置线，根据此焊井字架，再在井字架内穿波纹管。波纹管的连接，波纹管加工长度一般约 8 m，长度方向的接头用大一号的波纹管做外套，长度 30 cm，接口严密，如图 9-33 所示。

预应力管道定位是整个预应力体系质量保证的基础，必须严格按照设计指标进行施工，定位准确，管道顺适。

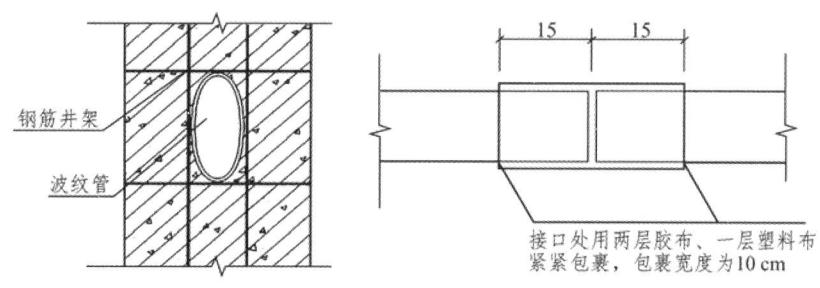

图 9-33 波纹管安装示意图

5. 预留件施工

施工时注意为下道工序预埋钢筋（护栏、伸缩缝等）和支架拆除下放的预留孔以及泄水管、通气孔防雷接地钢筋等预埋件，并确保位置准确。

6. 箱梁混凝土浇筑

箱梁混凝土采用 C50 商品混凝土，混凝土输送采用泵送。浇筑时先浇筑底板、腹板部分，后浇顶板和翼缘板，翼缘板端部 20 cm 宽度的混凝土与防撞栏杆一起浇筑。每跨箱梁浇筑砼时，应预留拆除箱梁内模的人孔，待箱梁内模拆除完毕后将人孔钢筋恢复，然后将人孔周边凿毛，清洗，浇筑人孔砼。箱梁底板腹板设置有泄水孔和通气孔，泄水孔和通气孔在箱梁钢筋安装好后安装。浇筑箱梁混凝土时，必须加强振捣。砼振捣采用 $\phi 50$ 插入式振捣器，钢筋密集处用 $\phi 30$ 振动棒振捣。砼振捣时应特别注意振捣器不得碰触钢筋、模板和预应力管道，防止钢筋、模板变位和损坏管道引起堵孔，影响张拉施工。砼浇筑过程中对底板、顶板压平收光，防止表面收缩开裂。桥面在砼收浆后人工拉毛，为桥面铺装作准备。砼浇筑完毕后，应加强养护，养护时箱梁混凝土表面应用麻袋或砂进行覆盖，如施工期间温度较低，可采用热水及时养护，以保证混凝土表面湿润，养护时间不少于 14 d。

7. 模板、支撑架的拆除

为防止混凝土裂缝和边棱破损，并满足局部强度要求，混凝土强度达到 2.5 MPa 时方可拆除侧模，混凝土强度达到 30 MPa 时方可拆除底模。

拆除支撑架时临时封闭上行或下行车道。采取人工落架吊车拆除的方法。拆除时现场配备足够的运输车，随拆随装随走，缩短占路时间。拆架前，应将所拆部位与外界隔开，不准闲人进入，派专人监护，以防重物坠落伤人。

架子的拆除应自上而下，即先搭者后拆，后搭者先拆的顺序，先拆防护挡板、安全网、剪刀撑、斜撑。然后依次一步一步拆小横杆，大横杆、抛撑、立杆。拆下的材料，应逐根传递下来，不得从高处掷下，拆下来的扣件或螺栓，应放在工具袋内，装满后吊下。

拆脚手架时，操作人员必须拴安全带，在一垂直线上禁止有两人同时作业。

8. 预应力张拉

1）预应力张拉

工艺流程采用智能张拉设备进行张拉，其施工工艺流程图如图 9-34 所示。

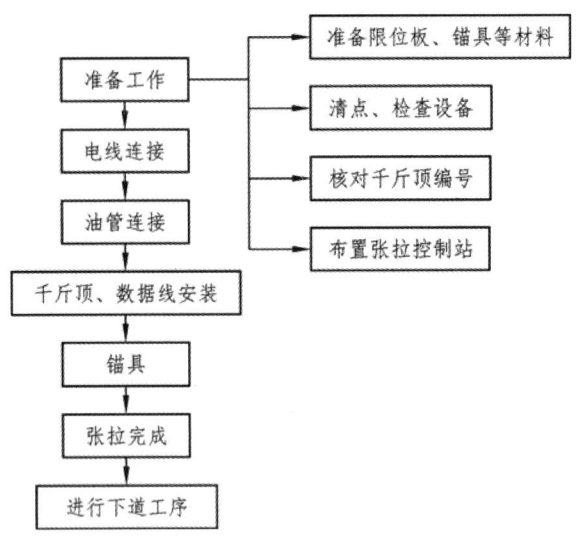

图 9-34 预应力张拉施工工艺流程

2）张拉前准备工作

（1）张拉前，对施工场地进行检查、清理，应清除施工场地内影响张拉施工的障碍物和场地中的油污、酸、碱等物质，防止污染钢绞线和锚具。

（2）检查和清除锚垫板上的混凝土残渣和水泥浆，搭设好安全操作支架，并在张拉端前 3 m 左右设置挡板，以防万一。

（3）千斤顶和压力传感器的配套标定严格按照规范要求执行。

（4）做好锚具、夹片等的送检工作，确保锚具、夹片等材料合格。锚具、夹具和连接器应符合现行国家标准《预应力筋锚具、夹具和连接器》的规定。夹具应具有良好的自锚性能、松锚性能和重复使用性能。需敲击才能松开的夹具，必须保证对其预应力束的锚固没有影响，且对操作人员的安全不造成危险。

（5）检查已穿入的钢绞线张拉工作长度是否满足施工要求，检查钢绞线是否有锈蚀、油迹等影响张拉的因素，确保钢绞线合格。

（6）清理张拉槽口及锚垫板处的砼及垃圾，检查锚垫板的压浆孔是否有堵塞，检查锚垫板后的混凝土是否有松散不密实现象，防止张拉受力后出现锚垫板陷入砼的想象出现。

（7）张拉前混凝土的养生时间及强度控制：混凝土强度和弹性模量达到设计值的 90% 且龄期达到 7 d 后方可张拉预应力束。

（8）施工前已根据实测钢绞线弹性模量、截面面积和管道摩擦系数等。

参数对钢束张拉控制应力和伸长值进行校核。

3）张拉顺序

钢束张拉顺序如下：部分横梁钢束、纵向腹板钢束（先上后下），纵向顶板钢束、纵向底板钢束、剩余横梁钢束。纵向顶板钢束的张拉原则为现长后短。

4）智能张拉

（1）准备工作：

① 准备与张拉系统能配套使用的限位板、锚具、夹片、电脑等。对照张拉系统清单，清

点设备，确定设备完好、配件齐全。

② 核对专用千斤顶的编号，使用时一定要注意对应正确的标定公式。

③ 布置张拉控制站。控制站选择在确定待张拉梁板侧面，要求不影响现场施工、控制站能安全工作、无阳光直射。

④ 油管连接 连接好油管：仔细检查油嘴及接头是否有杂质，必须将其擦拭干净，确保进油管与回油管不被混淆。

⑤ 千斤顶、天线、数据线安装。

安装好限位板以后，起吊专用千斤顶。千斤顶必须采用钢丝绳起吊以确保安全。起吊之后，安装好工具锚、工具夹片。工具夹片的安装必须符合《公路桥涵施工技术规范》相关要求。然后连接张拉仪与千斤顶的数据线，安装好仪器天线，安装完毕，计算机操作人员对以上安装步骤和部件进行检查。

（2）智能张拉施工操作要点如下：

① 控制软件回到主界面，检查软件左下角的状态栏，显示正常，右上角的"张拉梁号"正确，"第1次"张拉为准备状态。

② 再次检查确定梁板的两端千斤顶安装正确，然后启动梁板两端设备（按下绿色"油泵启动"按钮），启动设备。仪器需进行 5 min 预热；温度低于 10 ℃时，进行 15~30 min 预热。

③ 点击控制软件的"开始张拉"按键，"第1次张拉施工"启动，此时密切注意在电脑上观测压力值和位移值是否正常，有异常立即点击"暂停张拉"并进行相关检查。电脑在张拉施工过程中严禁运行其他程序，操作人员时刻关注相关数值，严禁离开控制台。

④ 在张拉过程中应密切注意梁板两端设备和千斤顶的工作情况，注意安全，如有异常情况立即单击"暂停张拉"、按下张拉仪"急停指示"按钮，停止张拉，排除异常情况后方可继续张拉。

⑤ 每一孔张拉完成后，设备自动退顶，保存数据，并自动跳到下一个张拉步骤，在下一个张拉步骤开始之前，计算机操作人员应再次检查锚具、千斤顶、限位板是否正确嵌套，数据连接线是否松动、被挤压等。

5）张拉结束

（1）张拉施工完成后依次关闭软件、电机、切断电源，拆卸千斤顶、油管。

（2）张拉系统所有设备在张拉完毕以后必须妥善保管，仪器、千斤顶都必须有良好的防晒、防水措施。

（3）定期维护。

油量不足情况下应及时加注符合要求的抗磨液压油。每三个月更换一次液压油。

9. 孔道压浆

孔道压浆采用真空辅助压浆工艺。

1）压浆准备

（1）张拉完成之后，切除外露钢绞线，清除管道并吹干积水，清理锚垫板上的灌浆孔，保证灌浆通道通畅。

（2）确定抽真空端和灌浆端，安装引出管，球阀和接头，并检查其功能，确保所安装阀门能完全开启及关闭。

（3）在安装完盖帽及设备后拧开排水口，利用高压风将管道内可能存在的水吹出。

（4）将驳接在真空泵负压容器上的三向阀的上端出口用透明喉管道接到抽真空端的切换接头上。

2）试抽真空

（1）将压浆阀、排气阀全部关闭，使整个孔道形成一个全密封系统，抽真空阀打开。

（2）启动真空泵试抽真空，检查管路、锚头、排气孔、泌水孔等处的密封情况。

（3）当真空压力表显示真空值达-0.06～-0.08 MPa 时停泵 1 min，若压力能保持不变即可认为孔道能达到并维持真空。

3）制浆

（1）管道压浆采用 C50 水泥浆，配料按实验室出据的配合比通知单执行，配料误差控制在±1%以内。

（2）搅拌水泥浆之前在搅拌筒内加水空转几分钟，再将积水倒尽，使搅拌机内壁充分湿润。搅拌好的灰浆要做到卸尽，在灰浆卸尽之前不得再投料。禁止边出料边进料。

（3）浆体水胶比不超过 0.33，水泥浆不泌水，压力下泌水率不得大于 3.5%，流动度为 18±4 s，30 min 后不大于 30 s；初凝时间大于 4 h，终凝时间不大 24 h。水泥浆 28 d 抗压强度不小于 50 MPa，抗折强度不小于 10 MPa；24 h 内最大自由膨胀率为 0～3%，压入管道内的浆体不得含未拌匀的水泥团块。

4）真空压浆

（1）启动压浆泵，当压浆泵输出的浆体无自由水并达到要求稠度时，将浆泵的输送管道连接到进浆口上，开始压浆。

（2）压浆过程中，压浆泵保持连续工作，当水泥浆从排浆（气）管顺畅排出，且稠度与灌入的浆体相当时关闭排浆（气）管，关闭排浆（气）孔管时，压浆泵继续工作直至压力达到 0.5～0.6 MPa，保压 3 min。

（3）在持压 3 min 的过程中，若浆体压力无明显下降，则关闭进浆管；若在持压 3 min 的过程中，若浆体压力有明显下降，则在查找后决定是继续持压或冲洗管道、处理问题后重新压浆。

10. 封端

（1）孔道压浆后应立即将梁端水泥浆冲洗干净，使水泥浆强度达到桥涵施工规范要求方可采用切割机切割掉，预留端不能低于 3 cm。切割后清除支撑垫板，锚具及端面的污垢，并将端面混凝土凿毛，以备浇筑封端混凝土。

（2）封端混凝土强度为 C50，浇筑时应采用 ϕ30 小型振动棒认真振捣，务必使锚具处的混凝土密实。

9.3　T 梁预制架设施工技术

9.3.1　T 梁预制技术

1. 预制场地

遵循"安全、紧凑、通畅"的原则，地基严格压实，不得有松软地基，防止不均匀下沉，保证梁体在预制和存放时不变形。场内按自然坡度设置排水沟，确保场内排水畅通，不存积水。制梁场及部分存梁区地面要硬化，先铺一层砂砾石或石粉，其上浇筑 20 cm 厚 C30 砼面层。由于路基纵坡过大，预制场分成两块布置。第一块为三排台座，分配两台龙门吊机预制浇筑和起吊作业。第二块为两排台座和存梁区，同样分配两台龙门吊机预制浇筑和起吊作业。整体台座和轨道纵坡不超 2%，运梁通道可以与路基设计纵坡相同设置。

2. 台座制作

在龙门吊跨内顺线路方向浇筑砼预制台座，两侧台座距离龙门吊行走轨道 3.6 m，中间设 6 m 行车通道。在施工台座时，40 mT 梁制 25 个台座，并按设计图提供的 40 m T 梁设置跨中最大正拱度为 29.4 mm，其余各点的反拱度按二次抛物线设置。完成路基填挖方并碾压平整后再开始台座的施工。根据预制 T 梁时台座的受力情况为两种状态，第一种状态为混凝土浇筑完成至张拉前，台座沿纵向受均布荷载；第二种状态为张拉完成至移梁前台座中部不受力，两端承受集中荷载。为确保台座在各种受力情况下不下沉、变形，保证预制梁板的质量。T 梁台座两端部采用 C25 钢筋混凝土扩大基础，台座为 30 cm 高 C30 钢筋混凝土、顶部两侧预埋[50 槽钢，内置止浆胶管，在槽钢上焊接 6 mm 厚钢板做预制 T 梁底模，沿台座长度方向每隔 60 cm 在台座内预埋一道直径 Φ50 mmPVC 管，作为 T 梁模板底部对拉螺栓杆的预留孔。

立面尺寸布置：在 T 梁两端各 2.5 m 范围内厚度为 1.0 m，顶底各一层 $\phi16$ 等间距 15 cm 的钢筋网片并设架立钢筋，采用 C25 混凝土浇筑；在 T 梁中间段厚度为 0.3 m，采用 C30 混凝土浇筑。在 T 梁张拉后，底模两端支点处将承受预制梁的全部重量，因此在台座两端采用钢筋网片加封闭式箍筋进行加强处理。

地基承载力验算：

由《路桥施工计算手册》P361 得碎石土的容许承载力为 800～500 kPa，取 650 kPa。

40 m T 梁：由《40 mT 梁一般构造图》得梁自重 $G=1\,360$ kN。

底座自重 $G_1=11\,m^3\times2.4\,t/m^3=264$ kN

底座两端受力 $P=(G+G_1)/2=(1\,360\,kN+264\,kN)/2=812$ kN

地基承载力 $\sigma=P/S=812\,kN/(1.03\times4)=197.1$ kPa <650 kPa

满足要求。

3. 钢筋加工及安装

1）钢筋初加工

对进场的钢筋进行外观检查验收，按照规范要求进行抽样试验，进行质量鉴定，装卸钢筋时，不得抛甩，以免损坏钢筋。经检验合格后的钢筋进行整直、除锈、除油污等初加工。钢筋经过整直与除去污锈后，应达到钢筋表面洁净平直，无局部曲折。如图 9-35 所示。

钢筋调直采用冷拉法，Ⅰ级钢筋的冷拉率不大于 2%，Ⅱ级钢筋的冷拉率不大于 1%。

2）钢筋的接头

钢筋的接头一般采用电弧搭接焊，焊缝长不小于 5 d。钢筋焊接前，必须按照施工条件进行试焊，合格后方可正式施焊，焊工必须经考试合格，持证上岗，轴心受拉构件中的钢筋均焊接，不得采用绑扎接头。钢筋接头在接头区段内，应错开布置，两接头间距不小于 1.3 倍的搭接长度。不管采用何种焊接，在同一根钢筋上不得集中配置焊接接头。

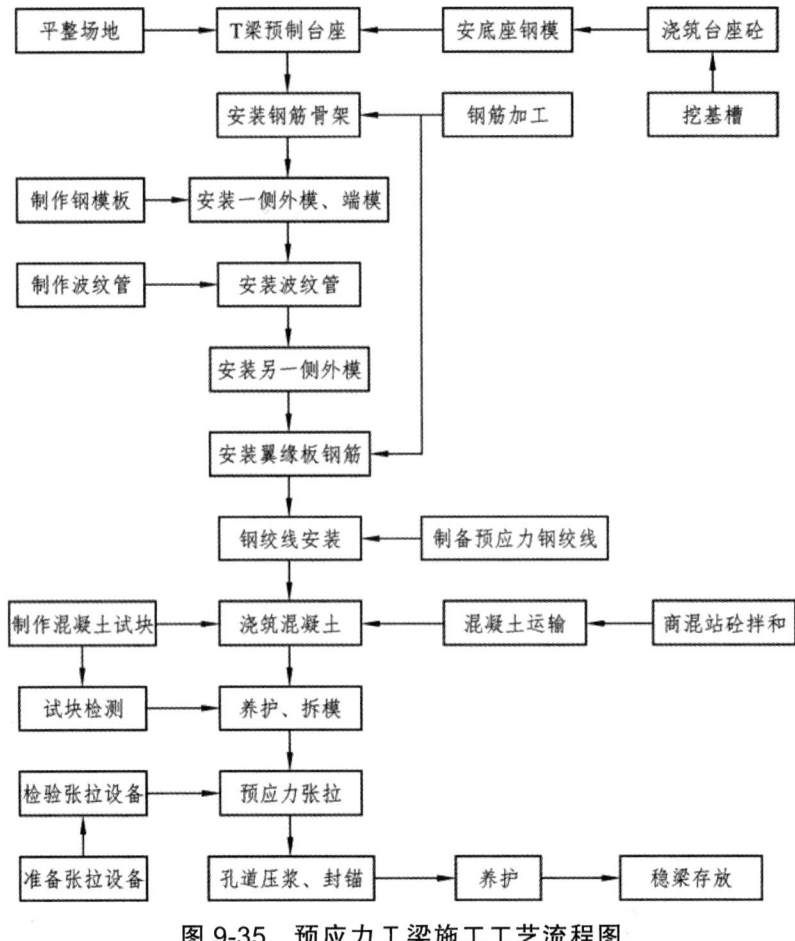

图 9-35 预应力T梁施工工艺流程图

3）钢筋下料加工

（1）钢筋必须按照设计规格、数量及尺寸加工，计算好单根钢筋长度后下料，在工作台上按设计钢筋尺寸放样，机械加工，钢筋的弯勾按图纸及规范要求设置。

（2）钢筋从一端向另一端弯扎，注意起弯点的位置，由于弯曲机套筒卡住钢筋后，会带动钢筋向弯曲方向走行，实际起弯点较设计位置提前，加工前先试弯制1~2根钢筋，找出规律后再成批加工。

（3）钢筋加工好后，按型号分类放整齐，标识其编号、使用位置、检验状况等情况。加工钢筋允许偏差见表9-5。

表 9-5 加工钢筋允许偏差

序号	项目	允许偏差/mm
1	受力钢筋顺长度方向加工后的全长	+5 -10
2	箍筋各部分尺寸	+5

4）钢筋的安装及绑扎

钢筋整体绑扎，检查其各部尺寸，保证其位置符合设计标准。梁体钢筋密集，要事先研究好绑扎安装的顺序。一般先安装箍筋，再安装下排主筋，后安装上排钢筋。T梁的底板和肋板钢筋绑扎完成后，安装模板，最后安装绑扎顶板钢筋。钢筋接头按规定要求错开布置，搭接长度区段（30d长度范围内，但不得小于50 cm）受拉钢筋每个断面接头不能大于50%。钢筋绑扎要牢固，具有足够的强度，在吊装和灌注砼时不得移位变形，钢筋的交叉点用铁丝绑扎结实，必要时焊接，使之成为整体。为保证及固定钢筋相互间的横向净距，两排钢筋之间可使用砂浆垫块隔开，或用短钢筋扎结固定。

4．模板安装及拆除

1）模板安装

模板采用昆明银桥钢模厂加工的定型组合钢模板，该模板面板采用5 mm厚钢板，另由角钢及槽钢等型钢作为支撑。模板安装前必须先进行试拼，检查模板是否符合设计结构尺寸，并进行除锈、刷脱膜剂等工作。在立模板时，除在两侧设紧线器、拉杆、支撑杆外，必须在侧模上、以确保模板稳固。模板组装后，要注意检查接缝处止浆垫的完好情况，如发现损坏应及时更换，以保证接缝紧密、不漏浆。预埋件按照设计位置准确定位，所有底楔、拉杆、支撑都要牢固，上紧螺栓，以确保砼浇筑过程中不发生跑模、漏浆、变形等现象的发生。预制梁模板每倒用一次都必须重新检查、清理、整修，符合要求后再使用。

2）模板的拆除

拆模时间及方法涉及预制梁的质量和模板的周转使用，拆模必须要保证其表面与棱角不致损坏，混凝土达到设计强度的50%时方可拆除。拆模时先松掉各种联结螺栓和扣件，撤除支撑结构，采用绳索或小型倒链套在螺栓孔内轻拉模板，小撬棍辅助撬动。严禁使用大锤锤击或沿梁体表面撬动模板。移动模板时注意安全，严禁模板与其他硬体物件碰撞，防止变形，拆除的模板要及时清除表面的水泥浆，涂刷防锈剂，整形后堆码整齐，以备下次使用。

5．波纹管安装

波纹管在安装前应在1 kN径向力的作用下不变形，同时做灌水试验，以检查有无渗漏现象，合格后方可使用。采用同型稍大的波纹管作为接头管，波纹管嵌套于接头管内。连接后用密封胶带封口，避免砼浇筑时水泥浆渗入管内造成管道堵塞。波纹管采用接头管接长。处理方法如图9-36所示。

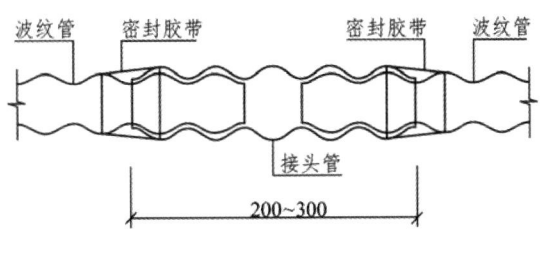

图9-36 波纹管接头处理

波纹管安装位置应准确，与梁体钢筋发生冲突时，经监理工程师同意后，适当调整钢筋位置，波纹管采用"井"字形定位钢筋固定，避免管道在浇筑混凝土过程中发生移位。波纹管安装误差见表9-6。

表 9-6　波纹管安装误差表

检查项目		允许偏差
管道坐标/mm	梁长方向	30
	梁高方向	10
管道间距/mm	同排	10
	上下层	10

波纹管套入锚具密封，不得漏浆。由于梁端钢绞线向上弯曲，锚具安装时严格控制锚垫板位置，使张拉时钢绞线垂直锚垫板。在穿钢束以前，所有管道端部均应密封并加以保护。

6. 预应力钢绞线制作与安装

1）材料检验

预应力筋及锚具进场后必须提供材料的复试报告，具体要求如下：

预应力筋应进行钢绞线的力学性能试验，每批取一组试件共三根，强度要求达到规范要求，只有在上述试验检验合格后方可进行使用。锚具要求：进行锚环和夹片、挤压锚的外观检验，要求不能有裂纹、锈蚀等缺陷；进行锚环和夹片的硬度试验，要求达到规范要求的布氏硬度和洛氏硬度的要求；在上述两项指标合格的情况下进行锚具的组装件试验（锚具的静载锚固性能试验），取三件进行，要求达到国家一类锚具的性能要求。在以上锚具的各项指标检验合格后方可进行锚具的挤压和张拉工作。波纹管在使用前应进行外观检查，不应有油污、孔洞和不规则的褶皱，咬口不应有开裂或脱扣。

2）预应力筋的下料

预应力筋下料时，用砂轮切割机逐根切割。预应力筋的下料长度=预应力筋孔道内长度+预应力筋的张拉长度

3）预应力筋的编号、堆放和运输

预应力筋下料完毕后逐根对钢绞线进行编号，按照预应力筋的长度及使用部位分类堆放、运输和使用。

4）预应力筋的放盘

有黏结预应力筋要用支架将钢绞线盘固定好，然后逐圈放松钢绞线，预应力筋下料时应认真检查每根钢绞线是否有死弯，切口处是否松散，如遇死弯应切掉，松散的钢绞线头应裹好并绑扎好。

5）预应力筋及锚具的存放、运输

在铺入预应力筋之前，将预应力筋分类堆放在干燥的地方，下面要有垫木，上面要用雨布覆盖防雨、防晒，锚具、配件存放在仓库内。按照施工进度要求有计划的运至施工现场，并采取措施防止在现场损伤。

6）预应力筋的铺放

在预应力筋铺设之前要进行预应力筋束型矢高的放线，进行预应力筋托架的焊接固定：先在梁的普通钢筋上放线，然后用直径 10 mm 的钢筋作为托架与梁的箍筋绑扎或焊在一起，托架筋的间距为 1 000 mm。在预应力筋的托架制作完成后，就可以进行预应力筋的穿设及波

纹管固定了；待波纹管布设完毕后，进行预应力筋的穿设。穿设由孔道的一端向另一端进行，一端用人工送入孔道，外露预应力筋用塑料布包扎，并做好防护，防止杂物进入。按照设计要求将相应的波纹管穿入相应的梁中，临时固定，然后再穿入钢绞线，调整波纹管的线形，最后用铁丝将波纹管和托架钢筋固定。

预应力混凝土结构的束形允许偏差和检验方法见表9-7。

表 9-7 允许偏差一览表

截面高（厚）度/mm	$h \leqslant 300$	$300 < h \leqslant 1500$	$h > 1500$
允许偏差/mm	±5	±10	±15

检查数量：在同一检验批内，检查各类型构件中预应力筋总数的5%，且对各类型构件均不少于5束，每束不应少于5处。检查方法：钢尺检查。束形控制点的竖向位置偏差合格点率应达到90%及以上，且不得超过表中数值的1.5倍的尺寸偏差。

7）安装端部垫板、螺旋筋及其附件

待波纹管穿设完毕，进行端部螺旋筋、承压板的安装，承压板必须按设计进行留设，用钢筋焊接锚垫板，防止偏位。施工时，应注意保护波纹管；螺旋筋应按规定选用，其直径要大于等于承压板的短边尺寸，螺旋筋必须采用钢筋焊接固定的方式保证其与波纹管、承压板的对中同心，这是确保质量的关键环节。预应力筋张拉端大样如图9-37所示。

8）安装压浆孔、排气孔

压浆孔与排气孔留设方法：采用塑料弧型压板，上部用型管接长，端部用胶带封严，高出混凝土面200 mm，以利孔道压浆密实。

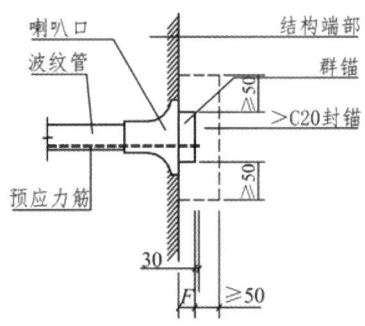

图 9-37 预应力钢筋张拉大样图

9）预应力施工中的施焊

在整体预应力筋的铺设过程中，如周围有电焊施工操作，预应力筋、波纹管应进行防护，防止焊渣飞溅损伤预应力筋和波纹管。其他工种作业应注意预应力筋和波纹管的防护。

10）隐蔽验收

混凝土浇筑前应随同钢筋的隐蔽验收检查预应力孔道标高是否符合设计要求，并查看压浆孔、排气孔是否封好，检查波纹管有无破损，若有，用胶带密封好。验收时，须做好隐蔽验收记录，提请有关部门签字。

7. 梁体砼浇注、振捣、养护

1）混凝土材料的控制

T 梁混凝土采用合格的 C50 商品混凝土，由有施工资质的商混站提供。由于梁体腹板高且厚度较薄，制孔管道及钢筋密集，为使混凝土灌注顺利，混凝土配合比设计要保证设计强度，且要有良好的和易性，使用级配良好的硬质碎石，严格计量管理，特别是控制水灰比，加强坍落度测定措施。T 梁砼的级别是 C50 级，属高强度砼，除应满足一般砼材料的要求外，尚应满足下述特殊要求：

配制高强度混凝土宜选择高强度水泥，水泥应符合现行国家标准，并附有制造厂的水泥品质试验报告等合格证明文件。水泥进场后应分批进行检查验收。配制用的细骨料，应采用级配良好、质地坚硬、颗粒洁净。配制用粗骨料，应采用质地坚硬、级配良好的碎石，骨料的抗压强度应比所配制的砼强度高 50%以上，含泥量应小于 1%，针片状颗粒含量应小于 5%，骨料的最大粒径宜小于 25 mm。配制高强度混凝土必须使用高效减水剂，并根据不同的要求辅以助剂配制，其掺量应根据试验确定，外加剂的性能必须符合现行《混凝土外加剂》（GB 8076）的规定，使用前应复验其效果。T 梁混凝土抗压强度的试件应用边长为 150 mm 的标准尺寸立方体。

2）混凝土浇筑及振捣

预制梁混凝土采用灌车运送至预制场，用龙门吊输送至预制梁处灌注入模。砼的浇筑质量主要从两方面控制，一是浇筑方法，一是良好的振捣，两个方法又互为影响。砼的浇筑方法应采用一气呵成的连续浇筑法，具体操作中采用纵向分段、水平分层浇筑，纵向分段、水平分层浇筑顺序。浇筑方法是从梁的一端循序进展至另一端。在将近另一端时，为避免梁端砼产生蜂窝等不密实现象，应改从另一端向相反方向投料，而距离该端 4~5 m 合拢。分层下料振捣，每层厚度不宜超过 30 cm，上下层浇筑时间相隔不宜超过 1 h（当气温在 30 ℃以上时）或 1.5 h（气温在 30 ℃以下时）。上层混凝土必须在下层砼振捣密实后方能浇筑，以保证砼有良好的密实度。分段长度宜取 4~6 m，分段浇筑时必须在前一段混凝土初凝前开始浇筑下段混凝土，以保证浇筑的连续性。砼浇筑中不得任意中断，因故必须间歇时，间歇最长时间一般控制在 1.5~3.0 h。段与段的接缝为斜向，上、下层砼接缝互相错开，以保证混凝土浇筑的整体性。T 梁的马蹄部分钢筋较密，为保证质量，可先浇完马蹄部分，后浇腹板。其横隔梁的砼与腹板同时浇筑。为避免腹、翼板交界处因腹板混凝土沉落而造成纵向裂纹，可在腹板混凝土浇完后略停一段时间，使腹板能充分沉落，然后再浇筑翼缘板但必须保证在腹板混凝土初凝前将翼板混凝土浇筑完毕，并及时整平、收浆。当混凝土浇筑的间歇时间超过规定时间，或前层混凝土已凝结，则要待前层混凝土具有不小于 2.45 MPa 强度时，才能浇筑次层混凝土。

中断后浇筑层砼时，还必须做到：

浇筑前，先凿除老砼表层的水泥浆和较弱层；经凿毛处理的砼表面，应用水冲洗干净，同时，不得留有积水，在浇筑新砼前，垂直缝应刷一层净水泥浆，水平缝应在全部接触面上铺一层与砼相同而水灰比略小的，厚为 10~20 mm 的水泥砂浆；接缝处于重要部位时，在浇筑时应加强钢筋，以防受力时开裂；斜面接缝应将面层砼凿成台阶。

浇筑砼除按正常操作规程办理外，还应注意以下事项：

强力振捣是提高施工质量的关键，应尽量采用底、侧模联合振捣工艺；应随时注意检查与校正支座钢板、端部锚固板、制孔器及其他预埋件的位置；为防止制孔器接头脱节，造成孔道堵塞、位移、弯曲或出现局部凹陷等事故，振动棒不得触击制孔器、钢筋和模板；后张梁孔道端头、预埋件、加固筋很多，应注意砼的密实性，必要时可使用小骨料砼浇筑；混凝土拌和料自加水起，超过 45 min 后不得使用，掺用缓凝型减水剂时，可延长至 1 h。

3）混凝土的养护

砼浇筑完成后，应在收浆后尽快予以覆盖和洒水养护，覆盖时不得损伤或污染砼的表面；砼面有模板覆盖时，应在养护期间经常使模板保持湿润。当气温低于 5 ℃ 时，应覆盖保温，不得向砼面上洒水。砼养护用水的条件与拌和用水相同。砼的洒水养护时间一般为 7 d，采用喷淋养护。可根据空气的湿度、温度和水泥品种及掺用的外加剂等情况，酌情延长或缩短。每天洒水次数以能保持砼表面经常处于湿润状态为度。顶板采用土工膜覆盖，保持湿润可不洒水。

8. 预应力张拉

1）预应力筋张拉前的准备工作

同条件养护试块强度达到设计强度90%后，才可进行张拉。完成整个结构施工质量的检查，逐个检查张拉端承压板后的混凝土施工质量。逐个清理检查张拉穴口的施工尺寸偏差，特别是检查承压板与孔道的垂直度，如有问题应采取措施，并作好记录进行处理。张拉设备在张拉之前进行标定。安装锚具，锚具安装要求锚环与孔道对中同心夹片均匀打紧，并外露一致，千斤顶上的工作锚与构件上的工作锚孔位一致，采用支架吊设千斤顶，做到千斤顶、锚具、孔道三对中。

2）预应力筋的张拉

（1）预应力张拉程序：清理承压板、钢绞线→穿锚环、安放夹片→安放千斤顶→张拉至初应力→量测千斤顶在初应力下的缸长 L_1→张拉至控制应力→量侧千斤顶在控制应力下的缸长 L_2→校核张拉伸长值→千斤顶回程→卸千斤顶

设计张拉控制应力 $\sigma_{con}=0.75\ f_{ptk}$ 即 1 395 MPa。

张拉程序为 0→初应力（0.15 σ_{con}）→1.0 σ_{con}（持荷 3 min 锚固）。

（2）预应力筋的张拉顺序见表 9-8、9-9 所示。

表 9-8 跨老 G320 桥 T 梁所需钢绞线

钢束序号	规格型号	每束长度	每束控制张拉力	锚具
1	1×5-15.2-T1	22.294 m	969.525 kN	OVM15-5
2	1×5-15.2-T2	16.294 m	969.525 kN	OVM15-5
3	1×5-15.2-T3	10.294 m	969.525 kN	OVM15-5
4	1×9-（边中 N1）	39.3 m	1745.145 kN	OVM15-9
5	1×8-（边 N2 中 N1）	39.4 m	1551.24 kN	OVM15-8
6	1×8-（边 N3、N4）	39.4 m	1551.24 kN	OVM15-8
7	1×7-（中 N2/N3/N4）	39.3 m	1357.335 kN	OVM15-7

表 9-9 主梁预应力张拉工序表

张拉顺序	钢束号	备注
第一工序	N2	张拉 50%
第二工序	N3	张拉 50%
第三工序	N1	张拉 100%
第四工序	N2	补张拉至 100%
第五工序	N3	补张拉至 100%
第六工序	N4	张拉 100%

（3）张拉伸长值的管理：

预应力筋的张拉采用张拉应力和张拉伸长值双控进行。实际张拉伸长值的量测：伸长值的测量以量测张拉千斤顶缸伸出的长度值来测定的。当张拉至初应力时量测千斤顶缸伸出的长度值 L_1，张拉至控制应力时量测千斤顶缸伸出的长度值 L_2，根据千斤顶伸出长度的差值 L_2-L_1，初应力前弹性伸长推算值 L_0，实际的预应力筋的伸长值为 $L_2-L_1+L_0$；当千斤顶的长度不足时，千斤顶需要多次倒行程，量测伸长值时，每次倒行程应量测其缸的伸出长度，然后进行累加，最后确定预应力筋的实际伸长值。预应力筋张拉时应认真将每束钢绞线的实测伸长值作好记录，然后进行系统的整理，作好交工验收资料。预应力筋的张拉应以控制应力为主，校核伸长值。如实际伸长值与理论伸长值的误差超出-6%～+6%范围，应立即停止张拉，查明原因调整后，方可进行张拉。

9. 压浆及封锚

1）有黏结孔道压浆

张拉完成验收合格后，方可进行压浆工作；灌浆机选用压力为 0.8～1.2 MPa 压力的电动压浆机；压浆前应先用水将灌浆管道冲洗干净，压浆前孔道应保持湿润、洁净；压浆前应做好水泥和外加剂（微膨胀剂）的试配工作（按设计要求在水泥浆中掺入一定数量的 UEA 微膨胀剂），水灰比应为 0.4～0.45。水泥浆的抗压强度不应低于 50 N/mm²；压浆时预应力筋两端阀门均打开，一端加压灌浆，观察另端出浆情况。每一孔道压浆应一次完成，应作好浆体的搅拌工作，及时往水泥浆槽中补充浆体，压浆应缓慢均匀地进行，防止中间停顿；设专人堵孔，灌浆时当排气孔出浆即关闭阀门。初凝后用专门准备的堵孔工具（尖木塞）将排气孔堵死；从靠压浆孔最近的排气孔堵起，直至最后一孔，不出浆不得堵孔，以保证水泥浆在全管道内通过；水泥浆压至端头出浓浆且成抛物线形流出时即可堵住最后的孔道；压浆的同时制作水泥试块（一组试件由 6 个试件组成，试件应标准养护 28 d），认真作好记录；边跨梁板所有的压浆工作完成后，当水泥浆的抗压强度达到 30 N/mm，方可切去多余的预应力筋进行简支端锚具封锚工作，支模浇筑封锚端混凝土；压浆时如遇特殊情况，一端加压灌浆，另一端出浆口未见浓浆排出，孔道中部可能因浇砼漏浆而造成部分孔道堵塞，此时可将出浆口（或排气口）改为进浆口继续压浆，用预埋排气孔（泌水孔）作为出浆口，同样可达到压浆效果。

2）封锚

张拉完 24 h 后经检查无误，即可用砂轮切割机切除多余预应力筋（保留预应力筋伸出锚具大于 30 mm），不得用电焊和炔氧焊烧割；用微膨胀细石混凝土分两次封填密实，筋头、锚具不得外露。

10. 移梁

压完浆即可移梁，直接用龙门吊吊起运至存梁区。

（1）移梁前准备工作。

在预制梁端面标定出纵轴线和横轴线，便于安装时监控。拆模后及时喷上所属桥梁名称、墩号、编号、吊装方向、和浇注日期。

（2）起吊点设置在距 T 梁端头 1~1.5 m 的位置，起吊时在梁底棱角与钢丝绳接触点处设护角铁瓦，以免损毁梁体和钢丝绳。

（3）起梁龙门吊采用两头同时起吊，达到一定高度后同步行走移梁。上下左右前进后退等操作必须分项进行，不可同时操作，以免晃动失稳。

（4）预制梁存放在堆梁场内，支点接近设计支点，防止受力不当。

9.3.2 预制 T 梁架设施工技术

1. T 梁安装工艺

工艺采用架桥机进行安装，其施工工艺如图 9-38 所示。

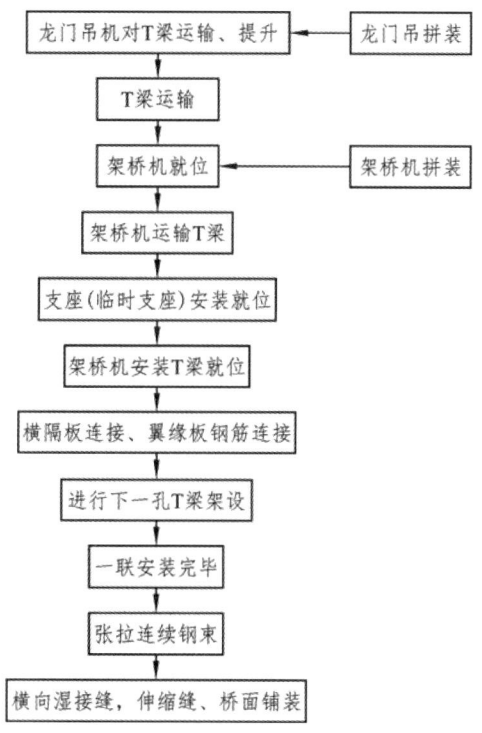

图 9-38 T 梁架设施工工艺流程

2. 架设前的准备工作

（1）编制 T 梁吊装顺序号，同时在 T 梁两端部标注正中垂直线。保证 T 梁横隔板、湿接缝及连续段梁端已经凿毛到位，过渡段梁端已经封端。

（2）构件和墩台砼强度达到设计要求，并经监理工程师检查合格后方可进行安装。安装前要检查梁体的外形尺寸，预埋件尺寸和位置，符合要求方可使用。

（3）墩台盖梁顶清理干净，并用墨线弹出支座的轴线，以及梁长和梁侧边在盖梁顶的限位线，且支座标高应严格控制在规范允许范围内。用砂浆抹平，使构件标高准确，无脱空现象，安装橡胶支座应严格检查尺寸和受力性能，合格方可使用。

（4）T梁吊装前，起重特种设备必须报当地质监局，经相关部门确认合格后，出具特种作业设备许可证，方可进行吊装作业。

3. 架桥机拼装、拆卸

架桥机拼装步骤：安放中横移轨道→安放中托轮组→拼装主梁→拼装前框架→拼装后上框架→拼装前支腿→拼装后支腿→拼装天车→电气系统安装→全面检查→设备调试。

1）步骤一：安放中横移轨道

轨道铺设对于整个架桥机移动来讲，其顺直、平行、牢固是关系到架桥机能否移动到位的保证。因此，对枕木、钢轨的规格间隙必须符合设计要求。

枕木摆放：在桥头或预制梁端头上横向摆放枕木，两根枕木间距约为半米，尽可能水平，摆成一条直线且与前桥墩平行；横移轨道摆放：用汽车吊或其他起重设备把移轨道各节摆放在枕木上。连接超平：采用螺栓把各节轨道连成一体，并用水准仪超平横移轨道；支垫：横移轨道与枕木有间隙或不太实在地方，用钢板支垫实落，特别注意横移轨道悬臂端，此步骤安全技术要求：

（1）横移吊装一定要垂直起吊，安装过程中人员不准站在吊钩下。

（2）横移轨道下枕木一定要垫实，防止轨道侧翻伤人。

轨道铺设质量要求见表9-10。

表9-10 轨道铺设质量要求

序号	项目	新铺设	使用中
1	同一截面轨顶面差	≤25 mm	≤40 mm
2	架桥机轨距差	±5 mm	±6 mm
3	钢轨纵向坡度	≤3‰	≤3.6‰
4	钢轨直线度（任意2 m内）	≤1 mm	≤1.5 mm
5	钢轨接头处高低及侧向偏差	≤1 mm	≤1 mm
6	钢轨接头处间隙（20 ℃，轨长12.5 m时）		≤2 mm

（3）用弹性垫板作钢轨下垫层，弹性垫板在规格和材质应符合工程设计的规定；拧紧螺栓前，轨道应与弹性垫板贴紧；当有间隙时，应在弹性垫板下加垫板垫实，垫板在长度和宽度均应大于弹性垫板10~20 mm。

（4）轨道经调整符合要求后，应紧固螺栓。

（5）轨道两端的车挡应在吊装起重机前安装好，同一跨端轨道上在车挡与起重机在缓冲器均应接触良好。

2）步骤二：安放中托轮组

中托下轮组摆放：让电机安装位置朝向后方，把中托下轮组摆放在横移轨道上，尽可能与运梁平车轨道相对；电机减速机总成的安装：中托下轮组有齿轮边脱离轨道，上涂抹适量的润滑脂，用螺栓把电机减速机总成安装在中托下轮组上，添加齿轮油；旋转座安装：摆放旋转座于中托下轮组上，安装旋转销轴及螺母、垫片；反托运轮组安装：摆放反托轮组于旋转脂座上，安装鞍座销轴并插上开口销；电机减速机总成的安装：轮齿上涂抹适量的润滑脂，用螺栓把电机减速机总成安装在反托轮组上；中托连杆：用销轴把中托下轮组与中托连杆连接，安装开口销，此步骤安全技术要求：

① 中托轮组易产生翻滚，一定要先在地上翻至起吊位置再垂直起吊，以免伤人。

② 旋转销轴一定要安装到位。

3）步骤三：拼装主梁

安放前端梁节：搭起和中托一样高的枕木梁，用汽车吊或其他起重设备把前端梁节摆放在中托和枕木垛上；依次组拼梁节：另搭起一组枕木垛，用销轴把梁节与前节梁连接，安装开口销，然后拆除前一组枕木垛用来搭下一组枕木垛，重复上述步骤按编号依次组拼各梁节（如果有起重量足够大的起重设备，可按编号依次组拼各梁节，再放在中托上）。此步骤安全技术要求：

（1）主梁属桥机最重要的部件，挂钢丝绳一定要两端平均分后再起吊，以防主梁侧翻。

（2）枕木垛搭建一定要水平，基座宽度大小一定超过主梁宽度，以防偏心受力后侧翻。

4）步骤四：拼装前框架梁

摆放：用汽车吊或其他起重设备吊起前框架，对正主梁前端的鞍座；连接：插上销轴，插上开口销。此步骤安全技术要求：

（1）拼接并框架，损伤人员再主衔上，一定要栓安全绳子或安全带。

（2）焊接并框架梁耳板一定要牢固。

5）步骤五：拼装后上横梁

摆放：用汽车吊或其他起重设备吊起后上横梁，摆放在末端梁节的横梁固定座上；连接：用螺栓进行了连接并紧固。此步骤安全技术要求：用吊车起吊时，吊车底座一定要垫平、垫实。

6）步骤六：拼装前支腿

泵站安装：把花纹板铺设在前支位置旁边的主梁架内作为工作平台，把油泵安放在工作平台上，用铁丝固定在工作平台上，在油泵里添加液压油；千斤顶安装：把千斤顶缸体固定端用销轴固定在主梁上的吊耳上，插上开口销，连接高压油管；电机减速机总成的安装：前支轮组有齿轮边向上，轮齿上涂抹适量的润滑脂，用螺栓把电机减速机总成安装在前支轮组上添加齿轮油；支腿安装：用螺栓把前支轮组、标准节、前支伸缩管连成一体；托架安装：把托架套在伸缩管上，插上销轴，然后用螺栓组把托架、支腿一起安装在主梁上，插上销轴与千斤顶活塞端连接，插上开口销；前支连杆：用销轴把前支轮组是支连杆连接，插上开口销。

此步骤安全技术要求：

（1）泵站安放一定要牢固，以防下部轮轴滑行。

（2）前支腿安放下部一定不能站人。

（3）千斤顶高压轴管螺栓连接一定要牢固，以防泄油伤人。

（4）前支连杆焊接人员一定要系安全带。

7）步骤七：拼装后支腿

泵站安装：把花纹板铺设在后支位置旁边的主梁架内作为工作平台，把油泵安放在工作平台上，用铁丝固定在主梁上，在油泵里加液压油；千斤顶安装：把千斤顶缸体固定端用销轴固定在主梁上的吊耳上，插上开口销，连接高压油管；电机减速机总成的安装：后支轮组有齿轮边向上，轮齿上涂抹适量的润滑脂，用螺栓把电机减速机总成安装在后支轮组上，添加齿轮油；托架安装：把托架套在后支伸缩管上，插上销轴，然后用螺栓组把托架，支腿一起安装在主梁上，伸缩管用销轴与千斤顶活塞端连接，插上开口销；后支轮组的安装：把后支轮组按照工作状态安放在铺设好的运梁轨道上，且在后支正下方，然后把后支连接梁吊放在后支轮组上，对正法兰板，用螺栓把后支轮组与后支连接梁连成一体。后支连接梁的安装：后支伸缩管下落，对正法兰盘，用螺栓把后支伸缩管与后支连接梁连接起来。

8）步骤八：拼装天车

电机减速机总成的安装：天车轮组有齿轮边向上，轮齿上涂抹适量的润滑油脂，用螺栓把电机减速机总成安装在天车左右轮组上，添齿轮油；天车轮组的安装：摆放好已装电机减速机总成的天车左右轮组，吊起天车梁安放在天车左右轮组上，用销轴和销轴把天车梁和天车左右轮组连接起来。定滑轮组、起重小车的安装：把定滑轮组、起重小车安放在天车梁上，起重小车在定滑轮组的正上方，安装板簧，用螺杆连接定滑轮组和板簧，调节螺杆，让定滑轮组脱离天车梁，且螺杆有一定的预紧力；小卷扬机的安装：把卷扬机摆放在座板上，用螺栓连接，安装天车梁另一端的导向滑轮，缠绕钢丝绳；卷扬机的安装：把卷扬机摆放在起重小车上，用螺栓固定，添加齿轮油；安放天车：把组装好的天车吊放在主梁轨道上；动滑轮、吊具的安装：卷扬机松绳，缠绕钢丝绳，用绳扣固定钢丝绳，把吊具与动滑轮连接。

此步骤安全技术要求：

（1）天车必须先在地面安装完毕后一次起吊。
（2）主梁上人员一定要系安全带。
（3）定滑轮组一定要打扫干净再穿钢丝绳，并观察滑轮片是否运行正常。
（4）动滑轮反吊具安装时，上部卷扬机卷筒处安排专人将钢丝绳排紧，扎实。

9）步骤九：电器系统安装

线架安装：在主梁侧面、天车梁两端合适位置焊上滑线架，穿上线轮，用花篮栓张紧滑线。电控柜安装：在中托位置主梁架内用花纹板铺设工作台，然后把电控柜安放在工作台上并固定；附件的安装：在前支轮组、中托下轮组、天车轮组上安装缓冲器和限位开关，在定滑轮处安装重锤开关，在卷扬机上安装电阴切除器；线路的铺设和捆扎：铺设卷扬机主线、电阻切除器信号线，铺设重锤开关信号线，铺设天车轮组主线和限位开关信号线，铺设前支轮组主经和限位开关信号线，铺设中托轮组主线和限位开关信号线，铺设前后泵站主线，铺设后支轮组主线；各机构的调试运行：调整各运行电机转向，使其和控制面板表示一致，调整各运行电机的刹车达到使用要求.

10）安装的注意事项

按拟定的工艺堆积进行安装；确定安装的指挥人员，执行人员，检查人员，各司其职，统一指挥；密切注意安装设备及极距动作情况（特别是起吊设备，钢丝绳及捆扎结头等以完好牢固固定连接情况等；选好吊装着力点及吊装辅助结构，注意起重机在吊装时其他安装载荷不能大于起重机设计的安装载荷；注意其中各部分正确连接特别是要保证连接件的牢固有效、符合安装规范要求；做好安装过程的记录和意外情况的及时处理。

11）起重机安装后的检验及试验

（1）起重机安装后的检查。

根据《起重机设备安装工程施工及验收规范》，在起重机安装后，对起重机安装情况检查，其主要检查内容：起重机金属结构拼接及组装；现场组装的小车轨道的安装；现场组装的小车进行机构和大车进行机构的安装质量；安装装置的安装质量及动作情况。

（2）起重机的试验。

在确认起重机安装无误并符合安装要求，进行上述安装后的检查都合格后，进行起重机的试运转；起重机的试运转，应符合《起重机设备安装工程施工及验收规范》规定；在试运转期间在上一步骤未合格之前不得进行下一步的试运转；起重机试运转前，应按下列要求进行检查：

电气系统安全联锁装置、制动器、控制区器、照明和信号系统等安装应符合要求，其动作灵敏和准确；各润滑点和减速箱加油脂的性能规格和数量，应符合设备技术文件的规定；转动各运行机构的制动轮均应转动系统中最后一根轴，旋转一周应有阻滞现象；

（3）起重机的空运转应符合下列要求：

操作机构的操作方向应与起重机的各机构运转方向相符；分别开动各机构的电动机，其运作应正常，大车和小车运行时不应卡轨，各制动器能准确及时的动作，各限位开关及安全装置动作应准确可靠；当吊钩下放置最低位置时，卷筒上的钢丝绳的圈数不应少于 3 圈（固定圈除外）；起重机防碰撞装置，缓冲器装置应能可靠工作；以上各项应不少于五次，且动作应准确无误。

（4）起重机的静负荷试验符合下列要求：

起重机停在桥台前的路基平稳处；应先对起升机构分别进行静负荷试验，再作起升机构起吊的静负荷试验，其起升重量应符合设备技术文件的规定；静负荷试验应按下列程序和要求进行：先开动起升机构，进行空负荷升降操作，并使小车在全行和上入返运行，此项空载运转不应少于三次，应无异常现象；将小车停在桥式起重机的跨中，逐渐加负荷起升试运转，直到加到额定符合后，使小车在桥架上全行程往返运行数次，各部分应无异常现象，卸完负荷后桥架结构应无异常现象；将小车停在桥式起重机的跨中，无冲击地起升的重量在 1.25 倍的负荷，检查起重机桥架金属结构，且应无裂纹、焊缝无裂、油漆无脱离落及其他影响安全的损坏松动等现象。

（5）起重机的动负荷试运转应符合下列要求：

各机构的动负荷试运转应分别进行；各机构的动负荷试运转在全行程上进行，起重量应为额定起重量的 1.1 倍，各机构动作应灵敏平衡、可靠，安全保护、装置合格后，应按设备技术文件的规定进行安全承载保护装置的实验，其性能应安全可靠。

12）起重机安装竣工交验

架桥机经组装后，应严格认真细致地检查各部螺栓联紧固情况。液压系统油面高度是否符合要求，液压系统管路是否有松动和泄漏。运动减速机润滑油是否符合使用要求。电气系统是否可靠、安全、操作无误。吊梁钢丝绳是否符合要求。限位开关、电铃是否正常。随车机具、工具是否齐全。电机制动部分是否可靠、正常。验收时应有市技术监督局检验部门一起进行安全许可检查,验收合格后,方可使用。

13)架桥机拆除步骤顺序

(1)同时收前支点、后支降低导梁于低位并支好。

(2)解除动力电源,撤除机上动力,控制电缆。

(3)先用吊车拆下前、后吊梁行车及横梁纵移台车。

(4)用吊机解除前辅助顶杆,注意吊点位置,防止不平衡情况出现。

(5)用风缆将前支点拉紧,拆除主导梁、引导梁横联。

(6)采用从后向前拆除方式,当拆除至中支点后,采取单元梁架设搭设枕木垛方法逐节拆除主导梁和后导梁。

(7)拆除前,后支点及走行机构。

(8)将所有构件归类码放整齐,便于运输装车。

(9)清点栓接、销接件及机电元件,不要造成损坏丢失。

4. T 梁运输

(1)运梁车在梁场停放后,利用梁场龙门吊将梁吊起移至运梁车上方;要对吊装的梁体采取保护措施,避免吊装对预制构件的损坏。

(2)运梁车装梁时,梁片重心应落在台车纵向中心线上,偏差不得超过 20 mm。

(3)梁片落在运梁车上时,梁片与台车支承间应垫放硬木板或纤维层胶皮,以保护梁片砼和防止滑动;

(4)运梁车运送梁片时,应由专人监护巡视,预防梁片支撑松动和上下坡时出现异常情况,及时放置枕木,确保运梁车稳定安全;

(5)运梁车重载速度为 5 m/min,空载 10 m/min,由专人操作主动车和从动车。

(6)运梁车行驶道路应坚实平整,满载爬坡时纵坡不大于 3%,横坡不大于 4%。

(7)运梁车在桥面行驶时,需要通过横湿接缝时,采取将横接缝预留钢筋按规定要求进行焊接,并上垫 25 mm 钢板,便于运梁车安全通过。

5. T 梁安装

在 T 梁未安装前,首先用水准仪对各支座垫石顶面标高进行复核测量,如不符合设计要求,必须进行凿平或凿除重新浇筑,直至符合设计要求为止。采用全站仪在盖梁上测放橡胶支座纵横轴线以及 T 梁的安装中心线。

(1)梁板通过运输车辆运输,如图 9-39 所示。

图 9-39 梁体运输

（2）架桥机于起吊位置停放妥当，如图9-40所示。

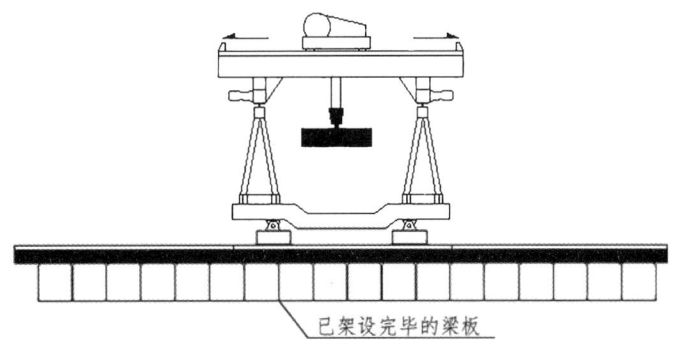

图9-40 架桥机就位

（3）梁车将T梁运输至架桥机的起吊范围点内，准备梁板的起吊，如图9-41所示。

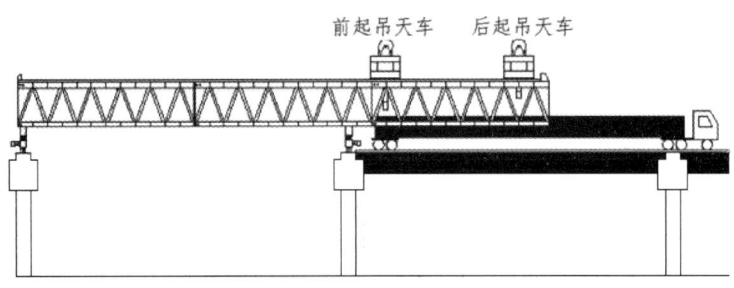

图9-41 架桥机准备起吊

（4）架桥机的前端天车将T梁前端捆绑妥当之后，将T梁的前端起吊，起吊高度以T梁的底部与运梁车后端托架不接触、不碰撞为准，如图9-42所示。

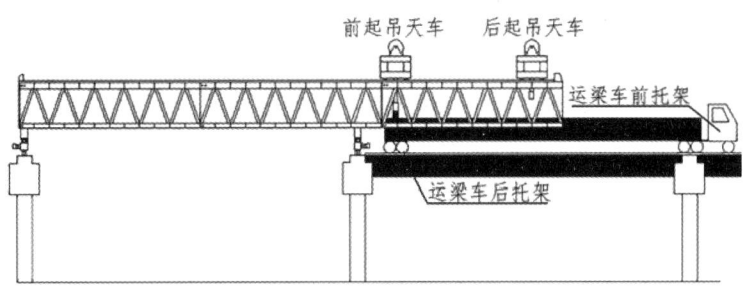

图9-42 架桥机起吊

（5）前端天车将T梁前端起吊之后，这时候，前端天车与运梁车前端（驱动端）托架配合，同步同向向前（前起吊天车向前行驶，运梁车倒车行驶）行走，直至T梁的后端吊点到达后端天车起吊点位置，如图9-43所示。

（6）后端天车将T梁后端起吊，将T梁前后端起吊至同一水平面。等前后端完全起吊之后，前后天车配合，同步同向向前行走，将T梁起吊到其就位的垂直上空，如图9-44所示。

317

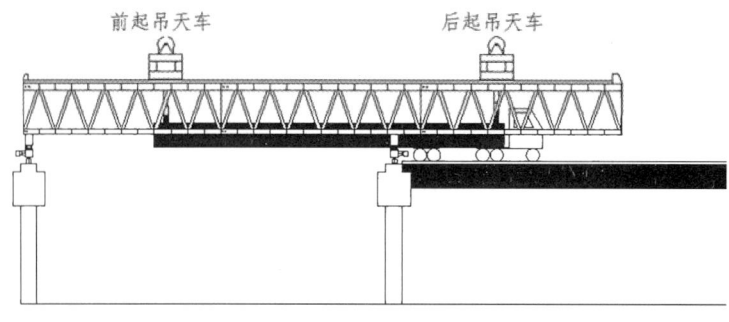

图 9-43 架桥机起吊行走

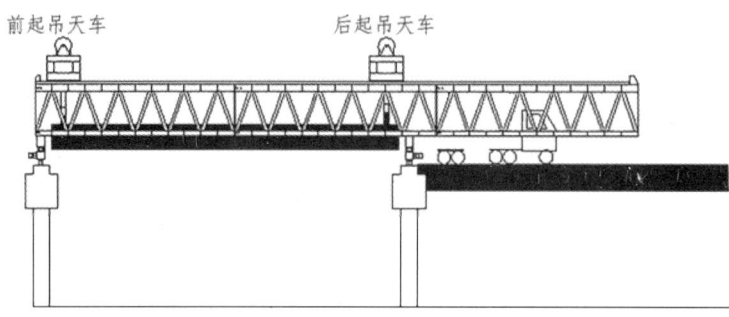

图 9-44 架桥机到达预定位置

（7）最后，通过架桥机的天车前、后纵向移动，以及架桥机的主车的横向位移系统（主车位于前、后盖梁上铺设好的专用行走轨道行走）来调整 T 梁就位位置的前后、左右位置，确定 T 梁的安装就位位置准确无误之后，方可落钩将 T 梁于其就位点上准确就位，就位完毕之后，复查就位位置准确之后方可摘钩，准备下一片梁板的安装工作，如图 9-45 所示。

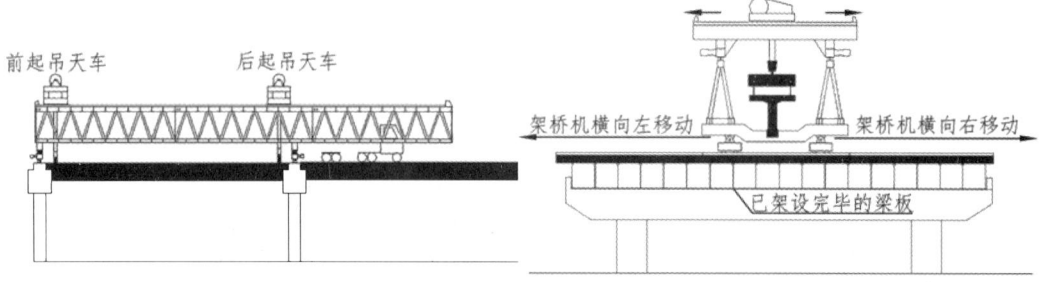

图 9-45 架桥机架梁作业

6. 架桥机过孔

（1）跨孔前准备：两台天车移至架桥机后部，运梁小车移至架桥机后部，前支腿上部与主梁下弦锚固，利用手动葫芦将前支腿与前盖梁拉紧加固。

（2）顶起前支腿千斤顶和后部千斤顶，利用前吊梁天车把中支腿移到前面，调整中支腿到预定位置。

（3）前吊梁天车返回架桥机后部，后运梁天车吊起预制梁做为配重，调整前腿千斤顶，使架桥机前端比后端高出 20 cm，拆除前支腿与主梁下弦的锚，收起后部千斤顶。

（4）利用前、中支腿走行机构及后运梁平车的动力使架桥机前导梁纵移至前盖梁预定位置。

（5）利用前支腿吊挂轮使前支腿及其横移轨道纵移到导梁前支腿处，前支腿在墩顶支撑、锚固，把前支腿与盖梁临时捆绑在一起，为二次跨孔做准备。

（6）进行二次跨孔，再次利用用前、中支腿走行机构及后运梁平车的动力再次移到架桥机工作位置。

（7）前、中支腿上部与主梁下弦锚固，后部顶镐千斤顶与桥面支撑，拆除运梁平车与主梁之间的连接。运梁车返回，架桥机跨孔完成。

7. T梁连续段施工

主梁安装就位后，尽快将横梁连接钢筋及部分桥面板湿接缝中连接钢筋焊成整体，并尽快浇筑横梁的现浇部分，以使横向尽快形成整体。

当第一联T梁安装就位后，安装支座，安装连续段钢筋及模板，浇筑混凝土，达到设计强度后，穿接头连续预应力钢束，按设计顺序张拉预应力钢束，最后解除临时支座，完成一联T梁的结构体系转换。

9.4 跨线桥施工防护技术

9.4.1 施工防护方案

为确保施工和既有高速公路交通安全，在连续梁施工到既有高速路上空前20 d左右搭设桁架式安全防护棚，左幅一道，右幅一道，每个防护棚分为2跨，每跨跨度18 m，宽23 m，纵向与既有高速公路的夹角约为55°，横向平行于既有高速公路。

1. 桁架式安全防护棚要求

安全防护棚必须具有较强的防砸、抗冲击的能力，且顶板必须防护严密，禁止工具、物体掉落到高速公路上。防护棚长度要大于道路宽度，宽度每侧比桥梁投影宽出1.5 m，且大于物体的自由坠落的防护半径。防护棚高度为道路沥青路面标高上5 m，棚顶至桥箱梁梁底高度约为1~3 m。防护棚的前1 000 m范围路段设置提示标识，设限速、限宽等交通标志。防护棚的立柱及上方设红白相间反光膜。

2. 桁架式安全防护棚做法

在道路中间绿化带及护栏两边共设置3个钢筋砼结构条形基础，高出路面60 cm，不占用有效行车道宽度，立柱采用40 cm钢管柱，立柱上贴红白相间反光膜，钢筋立柱侧面张挂安全网。立柱上设置工字钢梁形成网格，上铺设50 mm厚木板及防水板。如图9-46所示。

防护棚上沿超出防护棚顶板0.6 m形成封闭围护，以防止跨线桥梁上部物件及施工材料抛物坠落影响下方行车安全。如图9-47所示。

在通车门洞前后20 m处各搭设一座限高门架，限高4.5 m，采用组合桁架梁搭设，跨中设置车辆限高、限宽、限速等标志牌，如图9-48、图9-49所示。

图 9-46 防护棚示意图

图 9-47 防护棚顶部保护示意图

图 9-48 限高限速门架（一）

图 9-49 限高限速门架（二）

搭设防护棚架时需要对高速公路的来往车辆进行导流通行，所有导流车辆在道路前后 500～1 000 m 段进行导流。在施工分隔带临时钢管支撑基础、安装钢管支撑时及架设右侧桁架时需要临时占用道路右半幅车道，架设左侧桁架时需要临时占用道路左半幅行车道，正常施工过程中保证不压缩行车道、净空高度满足 5 m。防护棚架在高速公路两侧路肩和中央分隔带埋设 ϕ400 mm 钢管（间距 3 m）做支撑立柱，在钢管柱上用 I40a 工字钢作支撑梁，支撑梁顶设 I20a 工字钢桁架纵梁，间距 1 米，在桁架纵梁上摆设横向[10分配梁，间距 1 m，然后满铺 5 cm 厚木板和防水板材，并在两侧挂双层密目安全网与外界隔离，防护棚顶从中央分隔带处向两侧排水，防止污染路面。

在施工中做到梁部施工和高速公路完全分离，同时也不影响高速公路上的行车。施工期间每天对防护棚等设施进行安全检查，保证标志标牌齐全，保障道路交通安全。

9.4.2 防护工程施工技术

1. 施工顺序

平整场地→开挖基坑→浇注钢管基础混凝土→安装钢管柱→搭设桁架→铺设[10分配梁→铺设木板及防水板材→挂双层密目安全网→悬臂梁施工→拆除木板及桁架→拆除支撑钢管及基础→恢复原状。

2. 施工方案

1）钢管支撑的基础施工

先施工道路两侧路肩上的临时钢管支撑混凝土基础，施工时不影响交通行车。施工前拆除公路两侧约 20 m 长的防护栏杆,对两侧的行道树进行砍伐,并在公路两侧路肩上人工开挖 23 m×1 m×1 m 的条形基坑。基坑整平后对基底夯实处理。承载力达到要求后立模灌注混凝土,并在基础内预埋 600 mm×600 mm×10 mm 钢板、M30 地脚螺栓,以备将来与立柱连接。

施工位于中央分隔带的钢管支撑基础时,采用人工开挖的方法,先挖 4 个探坑,探明是否存在地下管线以及存在管线的具体位置;当人工开挖接近中央分隔带下的地下管线时,注意保护地下管线。人工开挖出的土方及时清运出路面外,撒落的泥土使用扫帚及时进行清扫,以保持路面清洁。

人工开挖条形基础基坑尺寸:13 m×1 m×1 m,开挖后及时对基坑进行夯实处理。基坑施工完后立即立模灌注混凝土,混凝土采用罐车运输,混凝土直接梭入基坑内,防止洒落路面。在进行混凝土基础施工的过程中需短时间封闭右半幅车道,采取交通导流措施,所有右行车辆导流到左半幅车道进行行车,按规定设置交通管制标志信号。

2)钢管柱的安装

钢管柱基础施工完成后,等混凝土强度达到要求后,利用 25 t 吊车安装钢管立柱、横撑及斜撑。横撑和斜撑均在场外加工,自卸车运输到现场用吊车吊装,并在每排钢管柱顶面各设置一道 I40 工字钢支撑梁,支撑梁与钢管顶面焊接牢固。

钢管柱与基础采用预埋地脚螺栓连接,吊装中央分隔带的钢管柱需要占用高速公路的右半幅车道。封闭右半幅车道、右半幅车辆禁止通行,所有右行车辆导流到左半幅车道进行行车,按规定设置交通管制标志信号。并在钢管柱涂红白相间的反光漆,施工时做好安全防护工作。

3)桁架的拼装及架设

待所有的钢管柱安装完成后进行桁架的架设,桁架分别在 MZ7#墩、MY5#墩附近选择场地进行组装,由一台 25 t 吊车配合进行左、右幅桁架架设。架设右半幅桁架时,吊车占用右半幅车道,同时封闭右半幅车道,右半幅车道所有车辆禁止通行,所有右行车辆导流到左半幅车道进行行车。架设左半幅桁架时,吊车占用左半幅车道,同时封闭左半幅车道,左半幅车道所有车辆禁止通行。所有左行车辆导流到右半幅车道进行行车。桁架架设在钢管立柱上的 I40 支撑横梁后,安装桁架限位板并与支撑横梁连接为整体。

4)安装桁架上附属结构

桁架及支撑梁搭设完毕后,立即在上面铺设[10 钢,间距 1 m,然后满铺 5 cm 厚木板以及防水板材。防水板材铺设完毕后,在桁架两侧设置 0.6 m 高栏杆并挂设双层密目安全防护网。

3.交通防护措施

1)交通标志的设置

(1 施工位于中央分隔带的钢管支撑基础、吊装中央分隔带的钢管柱时和安装右侧桁架时,需封闭右半幅车道,并将所有右行车辆在前 500~1 000 m 附近平交道口导流到左半幅车道进行行车,在平交道口将限制车辆导出,并按规定设置交通管制标志信号。施工时在前方改道处用防撞桶及水马进行围护,在导向地段前方 2 km、1.6 km、1 km 处设置前方施工、限速 80 km/h、前方封闭向左改道、施工路段事故多发、禁止超车等标志;在导向地段前方 1 km 处设置红蓝爆闪警示灯,限速 40 km/h 提示牌。在导向地段前方 600 m 开始用反光锥和施工闪灯对交通进行渠化，限速 20 km/h 提示牌、向左改道车辆慢行、电子导向灯标志。

（2）施工左侧桁架时，需封闭左半幅车道，并在所有左行车辆在前方 500～1 000 m 平交道口导流到右半幅车道进行行车，将限制车辆导出，并按规定设置交通管制标志信号。施工防护同封闭右半幅车道时相同。

（3）在两侧的施工范围外分别设置解除限速 20、40、80、解除禁止超车标志。

（4）考虑夜间行车的需要，在跨道路的前方 1 km 段设红蓝爆闪灯，以加强对车辆夜间行驶的提醒。

（5）在导向施工路段前方 500 m 设置 4.5 m 限高架对超高车辆进行限制。

（6）与路政加强联系，为了更好地保证行车安全和施工安全，在施工地段前方的情报板上及时发布有关施工及行车信息。

（7）购置并设置齐全交通标志、标牌显示正在施工的警示标志。

2）保通岗位设置

组织足够人员，24 h 负责施工现场通行的指挥工作。在安全区内设立巡视员，保证标志设置齐全完好。

3）特殊情况下的处置预案

在雨雾等恶劣气候条件下，雾天能见度不足时，在施工现场及安全区内设置交通路障警示灯，以保证施工现场的安全畅通。在有特殊警卫任务时，我单位根据高速交警大队的指令，暂停或分段组织施工，保证警卫任务的完成。

4．水沟、防护栏以及中央绿化带的拆除和恢复

在施工两侧钢管支撑基础时，首先在征得道路管理部门的同意下对道路两侧硬路肩、防护栅栏进行拆除以及中央绿化带的树木移栽，在连续梁悬灌结束后，及时对路肩和防护栅栏进行恢复。为防止雨季雨水冲刷路基，在搭设防护棚架后，及时设置临时排水沟，并派专人负责清理，保证水流畅通，防止雨季雨水冲刷路基。对拆除的防护栏的部位，为保证人员和牲畜不穿越高速公路，在拆除防护栅栏的部位设置防护网，并派专人值班。对中央绿化带的树木移栽后，派专人养护，保证移栽的树木成活，在工程结束后，及时将移栽的树木移到原位，对绿化带进行原貌恢复。

9.4.3 安全保证措施

1．安全管理重点

安全施工要坚持以防为主，防管结合，加强预防预测，做到安全生产、有序施工。根据安全防护棚施工的特点，安全防范重点有以下几个方面：

（1）防起重吊装机械设备伤害事故。

（2）防交通事故。

（3）防高处坠落事故。

（4）防坍塌事故。

（5）防触电及焊接伤害。

2. 安全管理点及安全技术措施

1）安全管理点

根据工程施工安全特点，施工安全重点防护对象为：

（1）人员高空坠落。

（2）高空落物，物体打击人员或物品。

（3）脚手架及桁架支撑体系的设计、使用、管理。

（4）立体交叉作业，隔离防护措施。

（5）起重吊装。

（6）防交通事故。

（7）场内外交通安全。

（8）设备、机械作业安全。

2）高空作业防护

高处作业必须设置防护措施，并符合《建筑施工高处作业安全技术规范》的要求。按照《高处作业分级标准》实行三级管理。

（1）2~5 m 为一级管理，由专业工班长负责。

（2）5~15 m 为二级管理，由专业施工负责人负责。

（3）15 m 以上为三级管理，由项目经理负责。

项目部由桥梁施工负责人及安全负责人对该工程的高处作业安全技术负责，安全防护设施应由项目部负责组织验收，因工作必需临时拆除或变动安全防护设施时，必须经项目部施工负责人同意，并采取相应的可行措施。各工种进行上下立体交叉作业时，不得在同一垂直方向上操作；作业时，上下层间应隔离。雨天进行高处作业时，必须采用可靠的防滑措施。遇有六级以上强风、浓雾等恶劣气候不得从事高处作业，强风暴雨后，应对高处作业设施逐一进行检查，发现有松动、变形、损坏等现象，应立即修理完善。进行高处作业时，要根据具体情况使用符合要求的脚手架、脚手板、吊架、梯子、跳板、安全带等，临空处要设置栏杆、安全网等安全设施；严禁操作人员以绳索及起重机作为梯子上下，不要在未固定的脚手架上工作，不要在不稳定的结构上通过；当梯子在高 2 m 以上竖放时，要采用安全梯。斜放时应采用踏步梯并加设扶手。悬挂的梯子要挂在牢固处，挂钩与承载结构物捆绑牢靠。安全带要有试验合格标记，一般每隔 6 个月进行一次负荷试验。静载试验可用 2.25 kN 停 5 min 进行观察，或用 1.2 kN 距离地面 2 m 高处作冲击试验；安全带应拴在操作人员垂直上方牢固处；安全网在使用前要按规定进行试验，合格后方可使用。

3）施工现场安全防护

（1）施工现场实施全封闭施工，除安全区维护人员外，任何施工车辆及人员未经允许不能进入高速公路路面进行作业。经允许进入道路路面作业的人员必须按规定着装，并只能在安全区域内作业，不得横穿道路正常通车路段。

（2）为防止杂物掉落危及车辆，防护棚架上满铺木板、防水板材，在桁架两侧设 0.6 m 高栏杆或护板，防止因施工工具、材料、杂物掉落造成人员、车辆受损。

（3）所有施工安全防护设施，包括：标志、标牌、锥形标、警示灯具、防撞桶等准备充分，以保证受损后能及时恢复。

（4）施工人员佩戴安全帽。从事高空作业人员，必须定期进行体格检查，凡不适宜高空作业人员，不得从事此项工作。

（5）进行高空作业时，严格按规定搭设脚手架、脚手板、吊架梯子，临空处设置栏杆，挂好安全网。脚手架牢固稳定，并经常清除杂物，冬季作业时设置防滑措施。严禁操作人员以绳索及起重机作为梯子上下，严禁在未固定的脚手架上工作，严禁在不稳定的结构上通过。高空作业人员必须系安全带。作业人员佩带工具袋，小型材料放入袋内，较大的工具用绳拴好，不得随便乱放，防止落下伤人、伤车。所有施工工具、设备不得伸出施工安全区域。

（6）夜间进行高空作业时，必须有足够的照明设备。

（7）在中央分隔带施工支撑基础时，施工作业区域保护好公路路面，防止施工坠物对路面的损坏。施工时由专人负责巡视，疏导交通，维护好施工秩序，保证左半幅公路畅通、通车正常进行。施工时所有施工机械均放在施工区域范围内，经常对施工车辆司机进行职业道德和安全教育，杜绝公路行车事故的发生。

（8）施工机械车辆运输时，防止污染道路，每天由专人负责清扫施工路段公路路面，并做好施工区域公路维护工作。

4）起重吊装作业注意事项

本工程安全防护棚及挂篮安装时，经常使用大型吊车进行起吊。吊装前应检查机械索具、夹具、吊环等是否符合要求并应进行试吊。在操作过程中地上、空中应有专人进行指挥，必须有统一的信号。吊车行走道路和工作地点应坚实平整，以防沉陷发生事故，特别是支脚处要求地基坚实，且应垫枕木。构件在未经校正、焊牢或固定之前，不准松绳脱钩。起重吊装所用之钢丝绳，不准触及有电线路和电焊搭铁线或与坚硬物体摩擦。起重吊装存在以下情况不准起吊：起重臂和吊起的重物下面有人停留或行走不准吊。起重指挥应由技术培训合格的专职人员担任，无指挥或信号不清不准吊。钢筋、钢管、工字钢、木材等细长和多根物件必须捆牢靠，多点起吊，单头"千斤"或捆扎不牢靠不准吊。斜拉重物或超过机械允许荷载不准吊。

3. 应急预案

项目部同交警部门一起制定应急预案，并按预案要求配足人员设备，若在发生意外安全事故，现场值班人员立即按照应急预案处置，立即通知交警并及时上报项目经理部安全领导小组。说明事发地点、初步原因及现场的其他情况并用随身配备的照相机及时拍照。事发地点前后用限速、绕行或终止通行等标志做好安全防护。项目部安全领导小组接到报告后立即赶赴现场组织抢险，由项目经理 协助交警负责事故现场的指挥工作，进行道路疏通等救援准备工作，疏导交通，严防交通阻止，影响车辆通行，在高速公路开口处封闭事故车道，按要求设置封闭标志，指示车辆绕行，防止事故的扩大。通过电话与路政部门联系，用清障车拖出高速公路。救援医护人员将受伤人员从车中救出后，先初步确认伤势情况，进行简单包扎后，派项目部越野汽车送往就近的小哨医院医治，然后会同交警进行事故分析，查找事故责任人。同时遵循"四不放过"的原则进行处理和整改。

1）预案的范围

本预案指在施工现场可能发生的火灾、撞车、爆炸或其他性质特别严重产生重大影响的等交通事故的处理方案。

2）事故报告和现场保护

（1）重大交通事故发生后，现场值班员必须以最快捷的方法，立即将所发生的事故情况通知交警并及时上报项目经理部安全领导小组。

（2）项目部安全领导小组视情况向指挥部汇报，在项目部安全领导小组的领导下，按规定启动《交通事故应急救援预案》。

事故报告应包括以下内容：事故发生的时间、地点；事故的简要经过、伤亡人数、直接经济损失的初步估计；事故原因、性质的初步判断；事故抢救处理的情况和采取的措施；需要有关部门和单位协助事故抢救和处理的有关事宜；事故的报告人和报告时间。

（3）项目经理部安全领导小组接到事故报告后，通知相关救援组立即前往事故现场，了解掌握事故情况，组织协调事故抢险救灾和调查处理等事宜，控制局势。

（4）重大事故发生后，事故发生地的有关工作人员，必须严格保护事故现场，按照"先控制，后处置，救人第一，减少损失"的原则，针对不同类型的事故，在稳妥可靠的前提下，果断处置，积极抢救，做好善后处理工作。要及时抢救受伤员，疏散现场人员和贵重物资，协助交警等部门保护好事故现场。因抢救伤人员、防止事故扩大以及疏通交通等，需要移动现场物件时，必须做出标志、拍照、详细记录和绘制事故现场图，并妥善保存现场重要痕迹、物证等。

3）事故应急救援措施

（1）一般事故处理（无人员伤亡）。

起火时：车辆冒烟、起火，现场值班员快速打开车门疏散乘客。人要站于上风处约3m范围内，使用灭火器对准火源根部喷干粉进行灭火。火源熄灭后，立即通知交警部门，将车拖走。如火势过大，立即拨打119电话。现场值班员在车辆附近监护戒备，直至车辆被拖走。

撞车时：发生撞车等交通事故，现场值班员，快速打开车门疏散乘客，关闭电源总开关，拉紧手刹制动器，保护事故现场，根据事故情况拨打120急救电话。

（2）有人员伤亡的事故处理。

事故及时报告：发生伤亡事故时，现场值班员立即将所发生的事故情况通知交警并及时上报项目经理部安全领导小组报告，同时采取有效措施抢救人员，控制局势，保护现场。项目经理部安全领导小组应立即将事故发生的具体时间、地址、类别、伤亡情况、简要经过、原因分析等报告上级有关部门。赶赴事故现场：伤亡事故发生后，项目经理分部安全领导小组负责人和现场控制人员必须及时赶赴事故现场。事故现场施救：赶赴事故现场后，项目经理部安全领导小组必须采取紧急措施、保护现场、组织抢险和施救，同时通知交警、消防、医院和工程抢险等部门及时赶赴现场实施救护和抢救。事故调查处理：项目经理部安全领导小组必须会同交警等有关部门对事故的原因、事故责任进行认定，提出对事故有关责任人的处理意见。

第10章 城市综合管廊施工技术

10.1 哨关路综合管廊概况

10.1.1 哨关路综合管廊设计概述

哨关路综合管廊沿线拟收纳给水输水、给水配水、中水、电信（多孔）、电力（多回路、多等级）等管线。该综合管廊分设电力舱和管道舱，电力舱内布置有 220 kV、110 kV、10 kV 电力电缆，舱室净尺寸为 2.6 m×2.9 m；管道舱内布置给水、中水及通信线缆，舱室净尺寸为 3.0 m×2.9 m，管廊断面布置如图 10-1 所示。

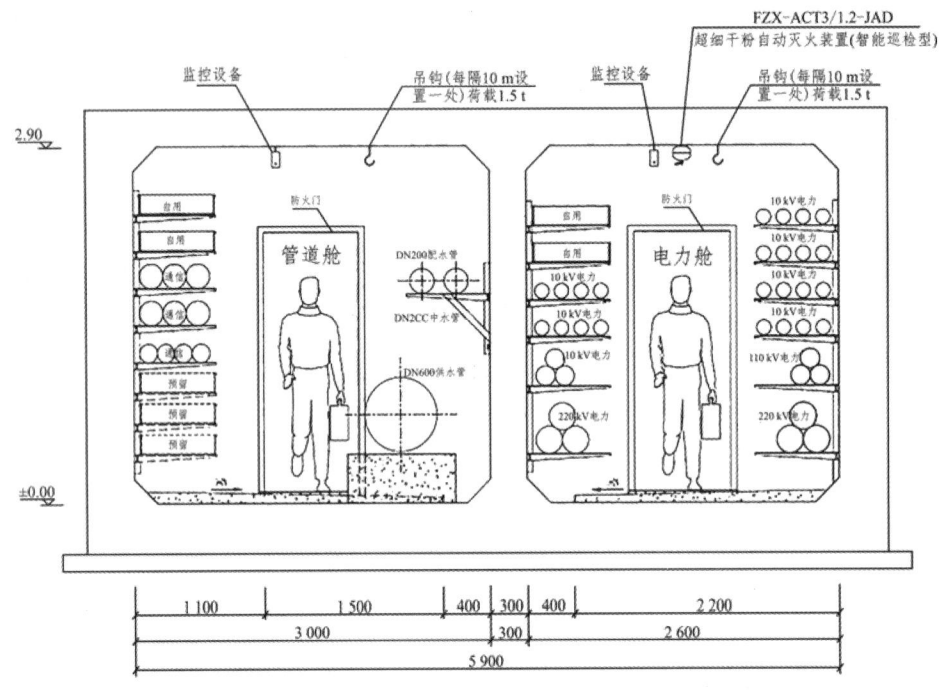

图 10-1 哨关路综合管廊标准断面

管廊标准段结构覆土 2.5 m～6.5 m，根据管线和排水要求，综合管沟设计最小纵坡 0.3%。断面尺寸 6.7 m×3.6 m，设计变形缝除标准段长按 25 m 设置外，可根据两井间的距离进行现场调整，调整长度控制在 20～27 m。附属工程包括消防系统、排水系统、通风系统、照明系统、供电系统。消防系统两舱分别设独立灭火系统，管道舱设磷酸铵盐灭火器，电力舱设水喷雾灭火系统加磷酸铵盐灭火器，每 200 m 为一个消防分区，设防火门分隔。通风系统主要是排除舱内电缆的发热量，保障各类管线正常运作，同时满足舱内空间的换气，为人员巡视、维护提供安全的环境。排水系统包含自用水及排水，自用水按两个防火分区设置一段自用给水管，均由管廊内配水管接出，起端设置截止阀，每个防火区间内设 1 座污水池，污水池设置于出线井中及支线交叉井中；本段集水井 5 座，主要收集管廊内结构渗水和冲洗地面水，同时考虑到消防排水的需求，集水池共布置 3 台排水泵，两用一备，采用流量 15 m^3/h 小泵一台排管廊内结构渗水；采用 70 m^3/h 大泵两台，一台为消防排水、一台作为备用。照明及供电系统的供电电缆采用阻燃型电缆；通信及广播电视线缆等采用光缆。

10.1.2 工程特点

本工程路线区域位于滇池盆地中部地段，属滇东高原盆地区昆明岩溶高原湖盆亚区，沿线总体地势较为平坦、开阔，局部起伏较大高原地带，本标段全线地质自上而下为高液限红黏土，土质稳定性较差，雨季天较长、降雨量大、地下水丰富，地下水主要为空隙型潜水及基岩裂隙水、溶蚀空洞水，场地地表水及地下水，故管廊、井室均采用 C35 抗渗等级 P6 混凝土、外部采用双层防水处理。设计采用明挖施工，管廊基坑开挖深度多数大于 5 m（路基挖方段先开挖至设计路槽标高，再计算开挖深度），属深基坑工程。

10.1.3 工程地质与水文地质条件

1. 工程地质

本次勘察揭示浅表层为全新统人工填土（Q_4^{mL}）及残坡积层（Q_4^{el+dl}），其下为第四系上更新统残坡积土层（Q_3^{el+dl}）、下更新统冲洪积土层（Q_3^p），下伏泥盆系中统海口组角砾状灰岩、白云质灰岩（$D_2\lambda$）。

2. 水文地质

本工程地下水类型主要为孔隙型潜水及基岩裂隙水、岩溶水。孔隙潜水主要赋存于第四系残坡积及冲洪积土层，该层透水性一般，主要接受大气降水补给及地表径流侧向补给。基岩裂隙水主要赋存于全强风化灰岩中，岩溶水主要赋存于灰岩溶洞中，流通性一般较差，部分岩溶发育区勘探孔未见地下水。

勘察期间，除老 G320 两侧沟谷地段、老 G320 至新 G320 局部地段及花桩河两侧地下水位埋深较浅外，其余地段勘探深度内均未见地下水。老 G320 两侧沟谷地段地下水位埋深 0.8～32.3 m，标高 1 976.9～2 013.6 m；老 G320 至新 G320 局部地段地下水位埋深 1.7～6.7 m，标高 2 011.9～2 028.9 m；花桩河两侧地下水位埋深 0.8～24.0 m，标高 1 959.0～1 975.1 m。

10.2 综合管廊基坑施工技术

10.2.1 综合管廊基坑支护技术

1. 施工顺序

开挖工作面修整边坡→设置土钉包括成孔植入钢筋注浆补浆→铺设固定钢筋网→喷射混

凝土面层。

2. 施工方案

1）设计基坑支护情况（图10-2）

（1）一般段采用防护形式为：采用 C20 喷射混凝土，钢筋网采用$\phi 8@200\times200$。具体段落为：ZK1+465.838～+900（防护面积约 4 924 m²），ZK1+955～ZK2+900（防护面积约 2 317 m²），ZK2+318～ZK2+585（防护面积约 2 786 m²）ZK2+790～ZK3+018.744（防护面积约 2 508 m²）；

（2）局部段护坡土钉采用 E32@1000×1000 和 E32@1500×1500，采用 C20 喷射混凝土，钢筋网采用$\phi 8@200\times200$。具体段落为：ZK2+177～ZK2+278（防护面积约 2 029 m²，L=15 m 土钉，长度 32 248 m），ZK2+790～ZK3+018.744（防护面积约 811 m²，L=11 m 土钉，长度 4 420 m）。

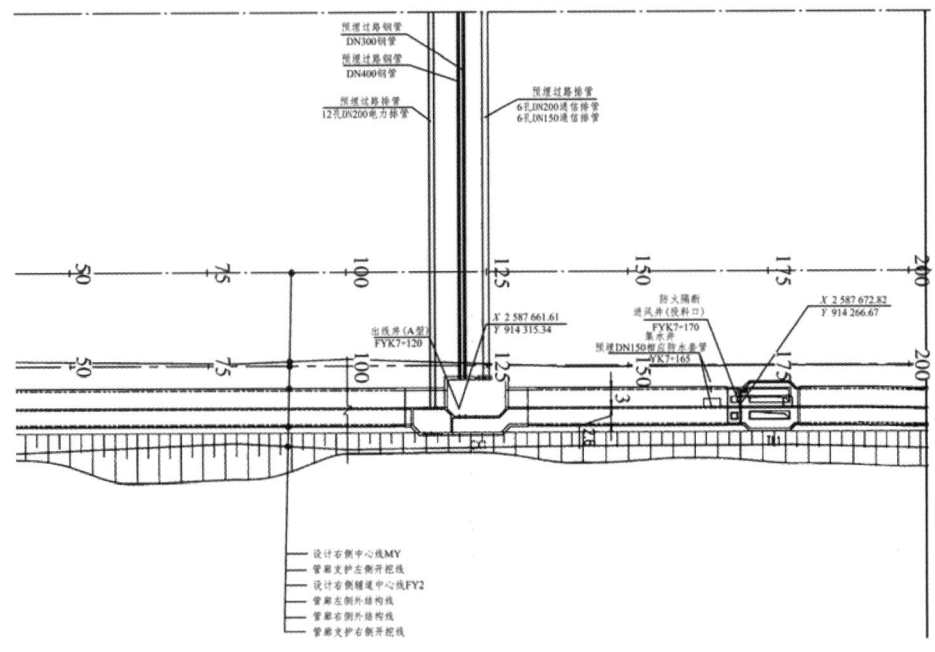

图 10-2 基坑开挖支护示意图

2）施工工艺

（1）削坡：施工削坡时应自上而下进行，机械挖土时应预留 10 cm 厚，以便人工修整。

（2）土钉定位成孔：采用潜孔钻进行干成孔法，成孔后用压缩空气将孔内残渣及扰动的废土吹干净。水平、垂直方向孔距误差不应大于 100 mm，偏斜度不大于 5%，孔应一次性成型。

（3）土钉制作及安装：土钉材料应符合相关规范的规定，制作应在专设的工作平台进行，制作好的土钉应堆码整齐，并不得粘连泥土。钻孔成型后，土钉入孔前，应检查孔内有无掉块，保证土钉的入孔的深度；将制作好的土钉缓慢送入孔内，安放土钉应防止杆体扭曲，杆体安放后,不能随意敲击、插拔、悬挂重物。土钉端头设 4ϕ20 井字形压头钢筋。长度为 400 mm。

（4）注浆：先高速低压从孔底注浆，再低速高压从孔口注浆注浆压力为 0.5～0.8 MPa。

注浆浆液应搅拌均匀，随拌随用，浆液在粗凝前用完，并防止泥块、杂物混入浆液。

（5）铺设钢筋网片：网片钢筋应顺直，按@150×150或@200×200的间距绑扎牢固。在每步工作面上的钢筋应预留与下步工作面钢筋网片的搭接长度，钢筋网片与土钉连接牢固。

（6）安放泄水管：按3 m的间距放置直径50 mmPVC的泄水管，泄水口超出喷锚表面的长度为175 mm。

（7）喷射混凝土：混凝土强度等级为C20，喷射砼粗骨料最大粒径不大于12 mm。水灰比不宜大于0.45，为使回弹率减小到最低限度，喷头与受喷面应保持垂直，喷头与作业面间距宜为0.6~1 m，喷射顺序自上而下，喷射时控制用水量，使喷射面层无干斑或移流现象。喷射终凝2h后应洒水养护，养护时间宜为3~7 d。

3. 施工要求

（1）土钉支护应在排除地下水的条件下进行施工。应采取恰当的排水措施包括地表排水、支护内部排水以及基坑排水，以避免土体处于饱和状态并减轻作用于面层上的静水压力。支护的内排水以及坡顶和基底的排水系统应按整个从上到下的施工过程穿插设置。

（2）施工开挖和成孔过程中应随时观察土质变化情况并与原设计所认定的加以对比，如发现异常应及时进行反馈设计。

（3）因详勘报告中未提供土钉与土体的界面黏结强度。施工前需通过土钉的现场抗拔试验，测试土钉与土体的界面黏结强度。土钉现场抗拔试验要求参见相关规范规定。

（4）土钉支护应按设计规定的分层开挖深度按作业顺序施工，在完成上层作业面的土钉与喷射混凝土以前不得进行下一层深度的开挖。当基坑面积较大时，允许在距离四周边坡的基坑中部自由开挖。但注意与分层作业区的开挖相协调。

（5）当用机械进行土方作业时，严禁边壁出现超挖或造成边壁土体松动。基坑的边壁宜采用小型机具或铲锹进行切削清坡，以保证边坡平整并符合设计规定的坡度。

（6）土钉钉孔直径75 mm，注浆强度等级不低于12 MPa，3 d强度等级不低于6 MPa。注浆用水泥浆水灰比不宜超过0.45~0.50，并宜加入适量的速凝剂等外加剂用以促进早凝和控制泌水。施工时当浆体工作度不能满足要求时，可以外加高效减水剂，不准任意加大用水量。浆体应搅拌均匀并立即使用，开始注浆前中途停顿或作业完毕后需用水冲洗管路。

（7）喷射混凝土配合比应通过试验确定。粗骨料最大粒径12 mm，水灰比不宜大于0.45，并应通过外加剂来调节所需工作度和早强时间。

4. 基坑监测

为保证边坡和周边路基的安全，详细掌握支护系统工作情况，综合管廊基坑支护需要进行水平位移和沉降观测。

（1）监测：以监测坡顶的位移和变形为主要目标，因为边坡的位移是反映边坡稳定性最直观的参照量。在基坑支护坡顶布置位移观测点，采用全站仪观测位移值，从而监测边坡的稳定性。

（2）沉降观测：主要监测周边的沉降值，由于边坡的变形和地下水位的下降均可能引起周边位置的附加沉降，在基坑开挖期间应该予以监测，在沉降值超过允许的限度的情况下应分析原因，采取必要的工程措施。

（3）监测频率：监测周期从土方开挖至综合管廊施工完成后并回填结束，基坑开挖期间每天观测一次，监测数据异常、在遇有暴雨或其他自然灾害的情况应加密观测次数。

5. 检验和验收

（1）土钉应按深基坑支护规范做相应数量的土钉抗拔试验。

（2）进场原材料（各类钢材、水泥、砂、石、混凝土等）应符合有关标准的要求，进场应该按有关标准进行质量检验。

10.2.2 综合管廊基坑施工专项安全方案

1. 管廊基坑安全等级

1）常规地段管廊（管廊开挖后边坡高度在 6.5 m 以内）

常规路基地段，管廊基坑深度 在 6.5 m 以内（不考虑换填）；采用一级放坡，坡面采用喷射混凝土+钢筋网护坡。

边坡坡率按以下执行：

① 土层：1∶0.75。

② 强风化：1∶0.75。

③ 中风化破碎带：1∶0.75。

④ 中风化：1∶0.5。

由于项目周边均为空地，周边环境相对简单，该地段若基坑坍塌，对周边环境影响较小，根据土层参数和周围环境对基坑支护进行设计，依据《建筑基坑支护规范》（JGJ 120—2012）规定，常规地段管廊开挖后支护高度在 6.5 m 以内，将基坑安全等级定义为三级，基坑侧壁重要性系数 0.9。

2）常规地段井（开挖不受限制段）

常规路基地段，交叉井 A、交叉井 B 开挖后边坡高度在 10 m 左右；全线共 3 处，分别位于里程 K7+815、K9+270、K10+143 处，K7+815 处缺少钻孔，K9+270、K10+143 处钻孔显示基坑主要位于③1 土层内；采用二级放坡，坡面采用喷射混凝土+钢筋网护坡。其余 7 种类型井开挖后边坡高度与管廊相同，支护方式相同。

由于项目周边均为空地，周边环境相对简单，该地段若基坑坍塌，对周边环境影响较小，根据土层参数和周围环境对基坑支护进行设计，依据《建筑基坑支护规范》（JGJ 120—2012）规定，常规地段井开挖后在 10 m，将基坑安全等级定义为二级，基坑侧壁重要性系数 1.0。

3）高边坡地段管廊

高边坡挖方段管廊施工待路基边坡防护完成后进行管廊施工，管廊开挖后整体边坡（含路基边坡）高度 6.5 ~ 27.4 m；边坡坡率为 1∶0.5；根据以上放坡条件，对基坑稳定性进行计算，大部分满足稳定性，路面以下采用坡面护坡即可，即采用 80 mm 厚 C20 混凝土、$\phi 8@200$ 钢筋网；局部路段需要增加土钉等防护措施。

该地段存在高边坡，若基坑坍塌，对周边环境影响较大，根据土层参数和周围环境对基坑支护进行设计，依据《建筑基坑支护规范》规定，高边坡地段的管廊基坑支护，将基坑安全等级定义为一级，基坑侧壁重要性系数 1.1。

2. 施工工序

1）常规地段管廊（管廊开挖后边坡高度在 6.5 m 以内）

（1）场地平整：按照道路设计要求，开挖至道路设计标高或填至管廊底标高。

（2）基坑周边放样：基坑土方开挖前，基坑按设计图纸进行各段基坑周边放样，并报监理工程师复核。

（3）土方开挖：基坑土方开挖，开挖按照分段、分层开挖，每一层开挖深度不超过 2 m，开挖过程中修整边坡。

（4）挂网喷混凝土施工：土方开挖后，坑顶边坡及基坑侧壁采用人工配合机械修坡处理，根据图纸要求挂网喷混凝土；开挖进程和挂网喷砼施工形成循环作业。坑底排水沟及集水井在土方开挖完成施工。

2）常规地段井（开挖不受限制段）

（1）场地平整：按照道路设计要求，开挖至道路设计标高或填至管廊底标高。

（2）基坑周边放样：基坑土方开挖前，基坑按设计图纸进行各段基坑周边放样，并报监理工程师复核。

（3）土方开挖：基坑土方开挖，开挖按照分段、分层开挖，每一层开挖深度不超过 2 m，开挖过程中修整边坡。

（4）挂网喷混凝土施工：土方开挖后，坑顶边坡及基坑侧壁采用人工配合机械修坡处理，根据图纸要求挂网喷混凝土；开挖进程和挂网喷混凝土施工形成循环作业。坑底排水沟及集水井在土方开挖完成施工。

3）高边坡地段管廊

基坑开挖原则为：道路边坡维持原设计，在现有道路挖方边坡情况下考虑管廊基坑开挖。

具体施工顺序如下：

（1）场地平整：按照道路设计要求，开挖至道路设计标高或填至管廊底标高。

（2）基坑周边放样：基坑土方开挖前，基坑按设计图纸进行各段基坑周边放样，并报监理工程师复核。

（3）土方开挖：基坑土方开挖，开挖按照分段、分层开挖，每一层开挖深度不超过 2 m，开挖过程中修整边坡。

（4）土钉施工：土方开挖必须与土钉施工相互配合，每层开挖标高低于土钉标高 0.5 m，不得超挖，开挖一层施工一层土钉及挂网喷混凝土。

（5）挂网喷砼施工：土方开挖后，坑顶边坡及基坑侧壁采用人工配合机械修坡处理，根据图纸要求挂网喷混凝土；开挖进程和挂网喷混凝土。施工形成循环作业。坑底排水沟及集水井在土方开挖完成施工。

（6）土钉强度达到设计强度的 75%，喷混凝土强度达到设计强度的 70%后，方可进行下一层土方开挖。

3. 主要施工技术参数

（1）常规地段：放坡+挂网喷混凝土。

① 面层钢筋网片为：$\phi 8@200\times200$，钢筋网片在基坑坑口周边翻边宽 1.0 m。

② 加强筋网片纵横间距与锚头纵横间距一致，并与锚头或锚钉焊接。
③ 钢筋制作严格按照《钢筋焊接及验收规程》进行。
④ 喷射混凝土平均厚度 80 mm（以不露筋为准），强度 C20。
⑤ 喷射混凝土初定配合比为：水泥∶砂∶瓜子石∶速凝剂=1∶2.2∶2∶0.05，施工时应根据实验室配合比进行。
⑥ 挂网面层预留泄水孔，梅花形预留，2500×2500。
（2）高边坡地段管廊：土钉+挂网喷砼。

4. 施工工艺流程

1）土钉墙工艺

（1）开挖作业面。

采用分层、分段开挖，各段面的分层次数与该断面土钉排数大致相同。挖掘机按放坡比例开挖，作业面的开挖宽度应能满足支护作业需求（约同当前层土钉长度）。开挖时考虑边坡土质的影响，对土质较复杂的地段，应适当减少开挖长度及每层高度；挖掘机在开挖作业面时，预留 30 cm 厚度的人工修坡作业；单次开挖长度应不超过 40 m；不允许擅自开挖作业面及作业面附近的土方；开挖土方应及时运走，严禁堆在边坡或基坑的上方，以保证基坑边坡安全。

（2）修坡。

机械开挖后，由人工铲除边坡上的松土及欠挖土体，填实超挖洞穴，进一步提高边坡的平整度；作业面渗水较大时，应设置临时排水孔；当开挖后发现边坡土质较差时，可先初喷底层混凝土，初喷混凝土厚度以 3～5 cm 为宜。

（3）成孔。

按支护图纸设计的土钉间距和排距布孔，定出孔位和角度，调整好钻孔机械进行成孔作业，并清理干净孔中的松土和杂物，孔径、孔深均应满足设计要求。

（4）土钉制作。

按设计图纸的直径和长度制作土钉，严格按设计图要求的焊接方式。土钉安装时，应清除土钉上的杂物，确保杆身的清洁。如采用底部注浆时，土钉前端应绑好底部注浆管，保证其在土钉送安过程中不脱落。在土钉上每隔 2 m 设土钉对中架，保证土钉送入锚孔中后能使土钉处于锚孔中央，土钉应送至锚孔底部。

（5）土钉注浆。

注浆材料选用 PS32.5 级水泥、配制成纯水泥浆液、水灰比 0.45。注浆液应随拌随用，搅拌均匀，做到在初凝之前用完。土钉的注浆采用压力注浆工艺；注浆压力应控制在 0.3～0.5 MPa 左右，同时应小于上覆土压力的 2 倍；土钉注浆采用两次注浆工艺，第一次注浆注浆压力在 0.3～0.5 MPa，注到浆液从孔口溢出。第二次注浆在第一次注浆完 4 h 后达到注浆压力 1～2 min 后即可结束注浆。上下两排土钉注浆时间间隔应大于 48 h。水泥浆液配比，水泥∶水∶外加剂 =1∶0.5∶适量；水泥强度等级 32.5；水泥注浆量平均为 50 kg/m。

2）挂钢筋网

本基坑坡面编挂 $\phi 8@200×3200$ 或 150×150 的钢筋网片，钢筋网节点选用 $\varphi 0.5$ 低碳扎丝绑扎。$\phi 8$ 钢筋网纵向拉长度≥300，横向≥200。

3）泄水管孔布设

泄水管采用ϕ50PVC硬质花管制作，梅花形布置，间距3 m×3 m，管口向外留出17.5 cm。如图10-3所示。

图10-3 施工大样图

4）喷射砼面层

钢筋网编挂完成后，应立即喷射砼面层，拟采用12 m³的电动空压机，喷射C20细石混凝土，喷射砼初定配合比为：水泥∶砂∶瓜子石∶速凝剂=1∶2.2∶2∶0.05，施工应根据实验室配合比进行；水泥采用PS32.5级。此外，在坑壁喷护过程中应注意以下几点：

（1）按喷射机的工作特性参数调好工作风压。

（2）水灰比宜为0.4~0.5，其强度高、回弹量较少。

（3）需调整好受喷面和喷射头之间的距离和角度，尽量使喷射头与受喷面垂直，以减少回弹量。

（4）坑壁若有较大渗水和集中漏水处，则先设置流管，将水引出后再喷。

（5）喷头在受喷面的移动一般经划圆圈的形式螺旋前进。如一次喷射砼厚度达不到要求后，应进行二次补喷射直至达到规定要求为止。对于喷后局部坡面不平处，应进行架筋补喷，以达到坡面平整之要求。

（6）喷射砼拟用中粗砂，含水率不大于5%，石子用粒径不大于12 mm的小碎石，喷射机筛应完好，防止大颗粒碎石进入机内发生堵塞。

5. 施工注意事项

（1）土钉支护应在排除地下水的条件下进行施工。应采取恰当的排水措施包括地表排水、支护内部排水以及基坑排水，以避免土体处于饱和状态并减轻作用于面层上的静水压力。支护的内排水以及坡顶和基底的排水系统应按整个从上到下的施工过程穿插设置。

（2）施工开挖和成孔过程中应随时观察土质变化情况并与原设计所认定的加以对比，如发现异常应及时进行反馈设计。

（3）土钉支护应按设计规定的分层开挖深度按作业顺序施工，在完成上层作业面的土钉与喷混凝土以前不得进行下一层深度的开挖。当基坑面积较大时，允许在距离四周边坡的基坑中部自由开挖，但应注意与分层作业区的开挖相协调。

（4）当用机械进行土方作业时，严禁边壁出现超挖或造成边壁土体松动。基坑的边壁宜采用小型机具或铲锹进行切削清坡，以保证边坡平整并符合设计规定的坡度。

（5）土钉钉孔直径75~150 mm,注浆强度等级不低于12 MPa,3 d强度等级不低于6 MPa。注浆用水泥浆水灰比不宜超过0.45~0.50,并宜加入适量的速凝剂等外加剂用以促进早凝和控制泌水。施工时当浆体工作度不能满足要求时，可外加高效减水剂，不准任意加大用水量。

浆体应搅拌均匀并立即使用,开始注浆前中途停顿或作业完毕后须用水冲洗管路。

(6)喷射混凝土配合比应通过试验确定。粗骨料最大粒径12 mm,水灰比不宜大于0.45,并应通过外加剂来调节所需工作度和早强时间。

(7)上层土钉注浆体及喷射混凝土面层达到设计强度的75%后方可开挖下层土方及土钉施工。基坑施工完毕做土钉抗拔试验,试验数量不少于土钉总数的1%,且不少于3根,试验结果须满足设计要求。

6. 土方开挖

1)技术准备

(1)在土方开挖前对作业人员进行技术交底,根据基坑支护施工图、主体结构施工图、地质报告等要求分层分段开挖。

(2)现状场地皆为空地,施工前应了解场地周边有无电缆等其他可能影响土方开挖的管线,现场管理人员应提前预估开挖范围,判断是否会对土方开挖造成影响,积极配合管线的移位。

2)土方开挖

支护工程分段分层开挖应严格按照施工组织设计进行开挖,纵向分段开挖竖向分层开挖的基本原则:

纵向分段开挖长度不大于40 m/次,以纵向长度每40 m为单元进行开挖,依次循环开挖;土层每层开挖深度不应大于2 m/次,每开挖一层立即进行土钉施工或挂网喷砼施工,依次循环作业;开挖断面纵向图如图10-4所示。

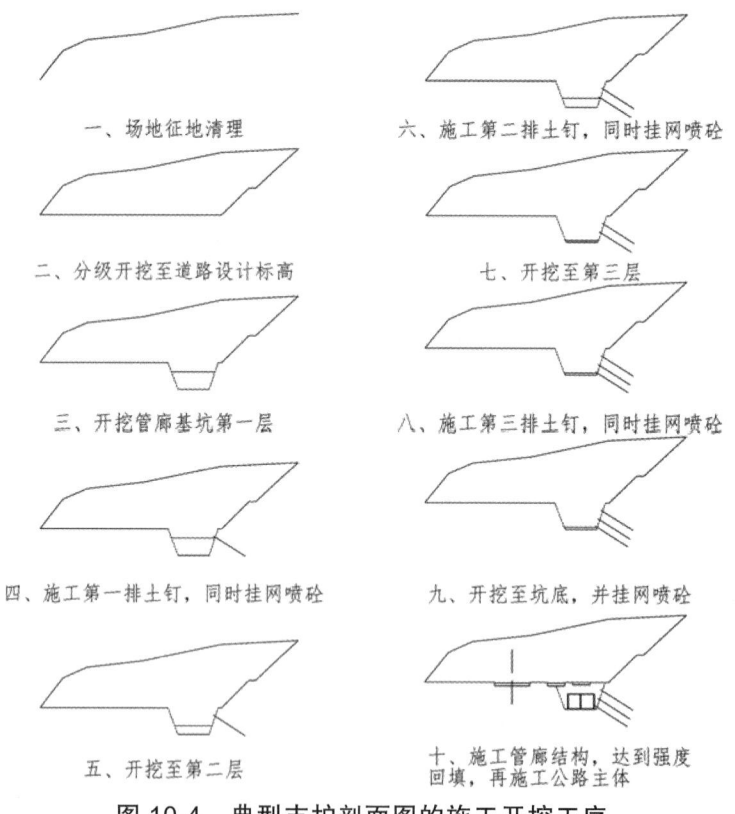

图10-4 典型支护剖面图的施工开挖工序

3）开挖监控

土方开挖应对开挖顺序、开挖范围、开挖深度等进行监控，尤其是高边坡地段的边坡坡面的沉降位移等进行监测，防止边坡滑移对基坑的影响。

4）降水、排水

土方开挖前，应提前进行坑内降水，避免造成土方开挖受阻情况，应根据开挖要求提前设置集水坑，坑底设置排水沟，坑顶设置坑顶截水沟，边坡地段设置泄水孔，进行排水处理，为土方开挖创造条件。

5）开挖特殊事项

开挖过程中如遇岩石等特殊情况，详见施工组织设计土石方开挖方案及爆破安全专项方案。

10.3 综合管廊总体施工技术

10.3.1 综合管廊过既有公路安全保通技术

1．施工围挡

施工期间为保证主要交通道路、施工区域附近居民车辆通行、人员的安全、牧民和牧群的安全、以及施工现场的管理，基坑四周采用 $\varphi 48$ mm 钢管搭设 1.2 m 高的维护，钢管架周边张拉密目式安全网封闭。

2．综合管廊过既有道路施工保通

为确保综合管廊施工和既有道路的交通安全，在施工前，需要对既有道路的来往车辆进行导流通行，所有导流车辆集中在平交道口位置进行。在进行既有道路左半幅综合管廊施工过程中需短时间封闭左半幅车道，采取交通导流措施，所有左行车辆导流到右半幅车道进行行车；同样在进行既有道路右半幅综合管廊施工过程中需短时间封闭右半幅车道，采取交通导流措施，所有右行车辆导流到左半幅车道进行行车。

1）设置交通设施

（1）施工时在前方改道处用防撞桶进行围护，在导向地段前方 1 000 m、300 m、100 m 处设置"前方施工 1 000 m""前方施工 500 m""前方施工 300 m"标志牌；在导向地段前方 300 m、100 m、50 m 处设置前方施工、前方封闭向左改道、禁止超车等标志；在导向地段前方 300 m 处设置红蓝爆闪警示灯，限速 20 km/h 提示牌；在导向地段前方 100 m 开始用反光锥和施工闪灯对交通进行渠化，限速 5 km/h 提示牌、向左改道车辆慢行，并设置一道减速带；在导向地段前方 50 m 位置再设置一道减速带。

（2）道路防护如图 10-5、10-6 所示。

（3）考虑夜间行车的需要，在综合管廊平交道口前后 300 m 位置分别设红蓝爆闪灯，以加强对车辆夜间行驶的提醒。

（4）与路政加强联系，为了更好地保证行车安全和施工安全，在施工地段前方的情报板上及时发布有关施工及行车信息。

（5）购置并设置齐全交通标志、标牌显示正在施工的警示标志。

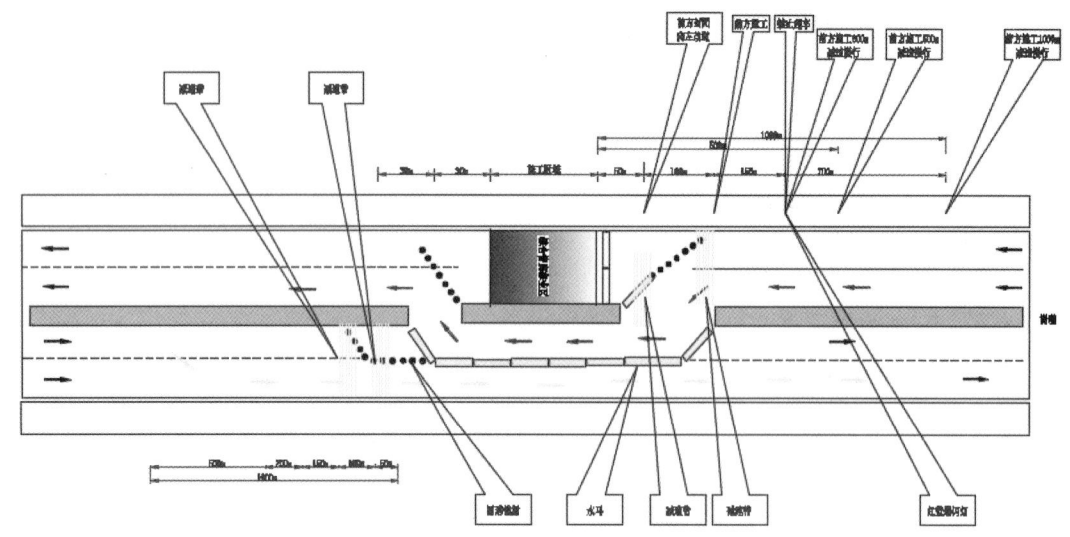

图 10-5 右幅保通示意图

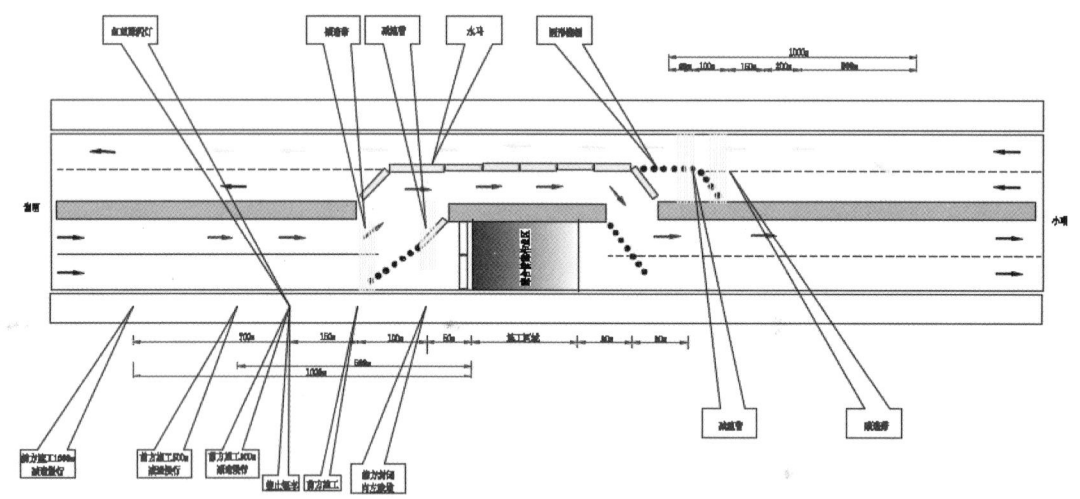

图 10-6 左幅保通示意图

2）保通岗位设置

（1）设置 12 名保通人员，三班 24 h 负责施工现场通行的指挥工作。

（2）我单位在安全区内设立巡视员，保证标志设置齐全完好。

3）特殊情况下的处置预案

（1）在雨雾等恶劣气候条件下，雾天能见度不足时，在施工现场及安全区内设置交通路障警示灯，以保证施工现场的安全畅通。

（2）在有特殊警卫任务时，我单位根据高速交警大队的指令，暂停或分段组织施工，保证警卫任务的完成。

3．施工现场安全防护

（1）施工现场实施全封闭施工，除安全区维护人员外，任何施工车辆及人员未经允许不能进入新 G320 国道路面进行作业。经允许进入道路面作业的人员必须按规定着装，并只能在安全区域内作业，不得横穿新国道正常通车路段。

（2）为防止杂物掉落危及车辆，开挖的综合管廊边坡两侧设 1.2 m 高栏杆，防止因施工工具、材料、杂物掉落造成人员、车辆受损。所有施工工具、机械设备等不得伸出施工安全区域。

（3）所有施工安全防护设施，包括：标志、标牌、锥形标、警示灯具、防撞桶等准备充分，以保证受损后能及时恢复。

（4）施工人员佩戴安全帽。从事高空作业人员，必须定期进行体格检查，凡不适宜高空作业人员，不得从事此项工作。

（5）进行高空作业时，严格按规定搭设脚手架、脚手板、吊架梯子、临空处设置栏杆，挂好安全网。脚手架牢固稳定，并经常清除杂物，冬季作业时设置防滑措施。严禁操作人员以绳索及起重机作为梯子上下，严禁在未固定的脚手架上工作，严禁在不稳定的结构上通过。高空作业人员必须系安全带。作业人员佩带工具袋，小型材料放入袋内，较大的工具用绳拴好，不得随便乱放，防止落下伤人、伤车。所有施工工具、设备不得伸出施工安全区域。

（6）夜间进行高空作业时，必须有足够的照明设备。

（7）施工时由专人负责巡视，疏导交通，维护好施工秩序，保证公路畅通。

（8）施工机械车辆运输时，防止污染道路，每天由专人负责清扫施工路段公路路面，并做好维护工作。

10.3.2 综合管廊施工工艺

1. 施工顺序

综合管廊施工长度较长，故在施工的时候按 25 m 为一施工单元，按设计图纸要求，综合管廊壁板水平施工缝设置在底板面上 50 cm 处，所以现场综合管廊施工采取分两次施工；先施工底板及壁板 50 cm，再施工剩余壁板及顶板。井室等附属工程外围壁板施工顺序同标准段，浇筑底层顶板时同时浇筑上层的壁板 50 cm（顶层除外），原则上不额外增加水平施工缝。

路基挖方段：路基开挖至设计标高后，进行综合管廊基槽开挖。当路基边坡较大时，为保证管廊边坡稳定，管廊基槽开挖需在路基边坡防护完成后进行。

路基填方段：当原地面标高低于管廊底标高时，先将路基填筑至管廊底标高后进行管廊垫层施工；当原地面标高高于管廊底标高时，清表后直接进行管廊基槽开挖。

路基挖方段及路基填方段中原地面高于管廊地标高段施工工艺为：施工前准备→测量放样→基坑支护及开挖→地基处理→垫层模板安装→浇筑垫层混凝土→管廊底面防水处理→底板及墙身 50 cm 钢筋绑扎、模板安装→浇筑底板及 50 cm 墙身混凝土→墙身、顶板钢筋绑扎及模板安装→墙身及顶板混凝土浇筑→墙身及顶板防水处理→基坑回填。

路基填方段中原地面标高低于管廊底标高段施工工艺为：

施工前准备→测量放样→垫层模板安装→浇筑垫层混凝土→管廊底面防水处理→底板及墙身 50 cm 钢筋绑扎、模板安装→浇筑底板及 50 cm 墙身混凝土→墙身、顶板钢筋绑扎及模板安装→墙身及顶板混凝土浇筑→墙身及顶板防水处理→回填。

2. 施工前准备

(1) 由总工组织技术人员熟悉图纸并进行技术交底,技术人员对各施工班组及机械操作人员进行技术交底。

(2) 现场运输便道、机械设备、材料均已到位,相关试验检验资料齐全。

(3) 对开挖深度超过 5 m 的基坑,已编制基坑支护专项安全施工方案并通过专家组论证。

(4) 对高边坡地段,路基部分边坡已进行相关防护,确保管廊坑边坡稳定。

(5) 原地面标高低于管廊底标高地段,已按设计及规范要求填筑至管廊底标高,压实度满足设计及规范要求。

3. 测量放样

测量仪器须经有资质的检测单位进行检测、校核并出具相关证书后,方可使用。采用全站仪对综合管廊平面位置进行放样,放样位置为综合管廊开挖线位置,直线段每20m一个桩,曲线段每 10 m 一个桩,每个桩标明下挖深度。

4. 基坑开挖

(1) 基坑开挖采用挖掘机挖土、自卸车运输、人工配合开挖,施工时宜采用跳槽开挖。

(2) 开挖过程中做到随挖随运,基坑两侧严禁堆土。开挖过程中要经常对边坡进行校核,保证基坑开挖过程中不超挖不欠挖。

(3) 基坑开挖至距基底 10 cm 时改用人工进行清理,禁止出现超挖现象,保证基底以下土体稳定。

(4) 基坑内每隔 10 m 设置一个集水坑,基坑积水要及时排除,保证土体稳定性。

(5) 基坑侧须设置安全爬梯,供施工人员上下基坑;人工开挖时应设专人巡查,确保基坑内作业人员安全。

5. 基坑支护

须进行基坑支护段落,施工时严格按照已批复的基坑支护安全专项施工方案进行(具体支护方式详见专项施工方案),并做到紧支护、勤量测。

6. 地基处理

基坑开挖完成后进行地基承载力试验,当地基承载力不符合设计要求时,按现场签认的处理办法进行换填处理。

7. 垫层浇筑

按设计图纸要求基坑垫层 C15 混凝土为素混凝土,垫层厚度 100 mm。

采用 12 cm 木方进行支模浇筑,采用平板振动器进行混凝土捣实,在混凝土浇筑过程中安排施工人员进行混凝土面层的找平及收面处理。

8. 钢筋加工及安装

1) 钢筋加工

综合管廊钢筋加工场统一进行加工,由专职技术员现场督促作业人员按图进行下料及制作,钢筋进场后报请监理工程师现场取样检测,检测合格后再进行加工作业。

2）钢筋安装

在浇筑好的垫层、并铺好底面防水卷材做好防护的找平层上进行标高复核，轴线测设，并经监理复核后方可进行钢筋施工。钢筋绑扎分2次进行，先安装绑扎底板及侧墙钢筋，再在顶模支设完毕后绑扎顶板钢筋。钢筋的锚固与搭接（按混凝土强度等级C35，按一级抗震等级计算）纵向受拉钢筋抗震最小锚固长度：HPB300级钢筋为32d，HRB400级钢筋为37d，当HRB400级钢筋的直径大于25 mm时为41d。受力钢筋的接头宜设置在受力较小处，同一根钢筋宜少设接头。当受拉的钢筋的直径大于25 mm及受压钢筋的直径大于28 mm时，不得采用绑扎搭接接头。同一构件中相邻纵向受力钢筋的绑扎接头相互错开，在同一连接区段内对梁、板类及墙类构件，不宜大于25%，对柱类构件不宜大于50%。钢筋焊接长度单面焊不得小于10d，双面焊不得小于5d。焊接接头应符合《混凝土结构设计规范》相关规定要求。受力钢筋接头的位置应错开，同一连接区内钢筋接头数量不应大于总数量的50%。钢筋遇到孔洞时，应尽量绕过，不得截断。若必须截断时，应与孔洞口加固筋焊接锚固。钢筋采用扎丝绑扎，节点可间隔绑扎，绑扎牢固，转角和外围处的相交点，必须道道牢扎。绑扎的铅丝不得松动，每根绑扎接头上铅丝不少于三道，纵向钢筋绑扎交错搭接，不允许偏向一边。管廊施工时，预埋好人孔、气孔等洞口预埋钢。

3）钢筋排距的控制

底板和顶板上下排钢筋，采用定制钢筋马凳，钢筋马凳采用Φ16钢筋制作，按图纸布置。

4）钢筋的保护层厚度控制

底板、侧墙及顶板采用和结构强度同级砂浆预制垫块。在钢筋安装过程中采用扎丝将垫块绑扎在钢筋上，间距不大于1 m布置、在施工中以控制保护层厚度为主进行适当的加密安装。

9. 模板工程

1）模板选择

根据结构几何尺寸及荷载，结合各工区实际情况，模板选用木模。模板体系设计完成后，首先按设计图纸在现场完成加工，满足工程要求后，对所有的模板构件分区、分单元分类作相应标记。然后转运到施工现场分类进行堆放。现场模板材料就位后，按模板编号"对号入座"分别安装。安装就位后，利用可调斜撑调整模板的垂直度、竖向可调支撑调整模板的水平标高；利用穿墙对拉螺杆及背楞保证模板体系的刚度及整体稳定性。

2）模板安装

模板安装按照先内墙、后外墙的顺序安装，安装完毕后应进行垂直及水平标高的调整。模板采用木模（或钢模等其他形式模板）。

安装内墙模板先安装内角模，也可从墙头封板开始。先沿控制线放置好模板后，用钢管进行临时支撑固定，内墙模板安装完后再进行外墙模板的安装，支撑采用可调节配套钢管，支撑间距纵横向按0.8~1.2 m控制，施工中对特殊部位采取加密支撑、加固。墙模板的加固处理。墙模板安装完毕后，在模板上预留孔穿上对拉螺杆，布置上、中、下共三道。对拉螺杆外边附三道背楞，转角处设置直角背楞，防止墙模板发生扭转、错台，保证结构的顺直光滑。墙模板安装完毕后，安装斜向支撑，对墙模板的水平标高及垂直度作初步调整。顶板面模板的安装沿墙边平行逐件安装，先用销子临时固定，最后再统一打紧销子。安装完毕后，用水平仪测定其整体的安装标高,调整达到满足平整及标高方可进行下一步的施工。防止漏浆,底部用水泥砂浆堵缝,空隙较大处用方木填堵,方木应贴在木模板的下端,平直放置,保证层间平滑过渡度,如图 10-7 所示。

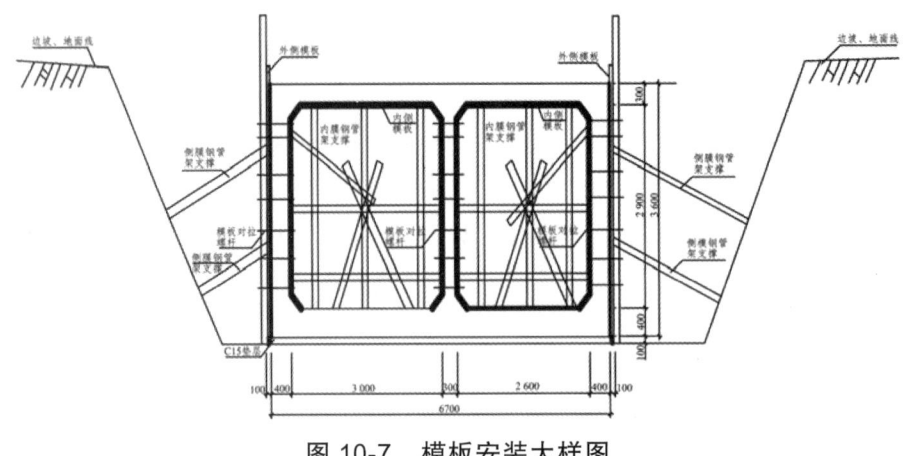

图 10-7 模板安装大样图

3)模板的拆除

(1)混凝土浇筑完毕后,在强度达到规范规定的强度后方可进行模板拆除。

(2)模板的拆除顺序按模板的设计来,遵循"先支后拆、后支先拆",先拆除非承重模板、后拆除承重模板的原则。

(3)拆除墙模板时,应保证拆模时混凝土表面及棱角不因拆除模板而受损。拆除模板之前应保证模板的对拉螺杆、背楞、竖楞、斜向支撑、所有模板上的销子和楔子都已拆除,模板之间无任何连接。

(4)内墙模板的拆除可用模板底部作为离开混凝土的转轴,用撬棍使模板与墙侧面混凝土分离,再用拆模专用拉杆可以很容易将其拆除。拆除过程中应避免表面掀皮,墙转角及端头处应特别注意拆模时不产生破损。

(5)外墙模板拆除后,就地清洁、校验后直接拼装到下一层的相同位置。

(6)拆除顶板底模,拆除从顶板面龙骨开始,应首先拆除销子及龙骨与支撑头之间的连接杆,再拆除龙骨与相邻楼面模板的销子与楔子,然后即可拆除龙骨。在拆除沿墙边的楼面模板时,要先用拔模具拆除墙顶边模。

(7)拆除支撑杆,在混凝土结构完全达到强度后即可拆除,一般 12 d 可拆除板底支撑,悬壁结构的支撑在其强度达到 100%之后方可拆除(混凝浇筑完成 28 d 后),砼浇筑时取同条件养护试块,作为施工中控制拆模时间的依据。拆除时,一手抓住支撑杆,另一只手用锤子敲打支撑杆下端,逐个拆除。

10. 混凝土浇筑

1)一般要求

本工程垫层混凝土等级为 C15,构造物找坡混凝土等级 C15,构筑物混凝土强度等级为 C35、抗渗等级 P6,保护层:迎水面 50 mm、综合管廊内部梁柱保护层厚度为 35 mm、其他部位保护层为 40 mm。混凝土中应采用普通硅酸盐水泥,不得采用小窑水泥,强度等级不低于42.5，砂采用符合国家现行标准的中粗砂；混凝土水灰比不大于0.5，水泥用量不低于300 kg/m³，最大氯离子含量不得超过0.06%，宜采用非碱活性骨料，但使用碱活性骨料时，最大碱含量应小于3.0 kg/m³。吸水率不应大于1.5%，混凝土中骨料的最大粒径不应大于40，且不得超过构件截面最小尺寸的1/4，也不得超过钢筋最小间距的3/4。混凝土施工时须严格按照《混凝土结构工程施工质量验收规范》有关要求执行。混凝土全部采用商品混凝土进行浇注，施工中采用汽车泵进行输送。

2）混凝土浇筑

混凝土浇筑分段按25 m变形缝，主体分两次施工，水平缝设在壁板上50 cm处，底板及50 cm壁板一次性浇筑，施工缝以上壁板及顶板一次性施工完成。混凝土浇筑应连续进行，浇筑厚度按振捣器作用长度的1.25倍进行控制，最大不超过40 cm；混凝土浇筑采用砼泵车直接将混凝土泵入浇筑部位，为防止混凝土离析及溅出浪费、泵管与构造物面控制在20~80 cm内；主要采用人工配合泵车浇筑，对泵管浇筑不到的地方、采用人工填补浇筑，保证混凝土浇筑符合设计及规范要求；

（1）管廊首次浇筑：考虑到底板上内倒角模板为吊模，故施工中先将底板混凝土顺向进行浇筑，在底板混凝土初凝前对壁板50 cm混凝土进行浇筑。混凝土振捣利用振捣棒依次均匀振捣，快插慢拔，快插是为了防止先将表面混凝土振实与下层混凝土发生分层，离析现象，慢拔是为了使混凝土填满振动棒抽出时间所造成的空洞。

（2）管廊二次浇筑：对施工缝进行清洗后浇筑壁板、顶板部分，浇筑与振捣应密切配合，第一层混凝土下料速度应减慢，待混凝土充分振实后再继续进行，应注意振实；混凝土表面处理，混凝土初凝前，木杠刮平，用磨光机收面。

3）混凝土养护

浇筑8~12 h之内开始养护，当温度低于-10 ℃，应覆盖草垫或薄膜养护，养护护时间不得小于7 d。

11. 变形缝及施工缝处理（图10-8）

（1）综合管廊中预留的防水套管或钢管，土建施工后不能立即敷设管线的，须采取临时封堵措施，即采用楔形木块外包布塞入管口封死。竣工后管线近期不能敷设的或不需要的，须采取长期封堵措施，采用钢板将管口电焊封死。

（2）综合管廊每个节段间设置一道3 cm变形缝，变形缝内设中埋式钢边橡胶止水带、缝内贴3 cm厚聚乙烯低发泡填缝材料、外贴式橡胶止水带及双组分聚硫密封膏嵌缝材料。

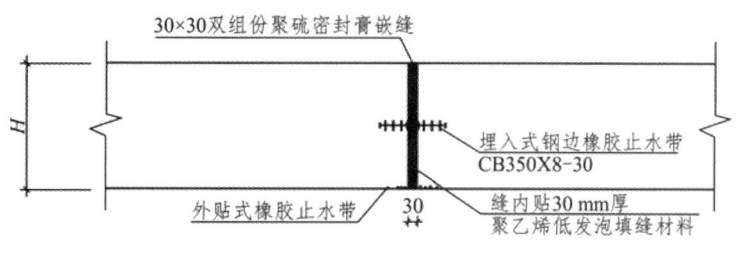

（a）

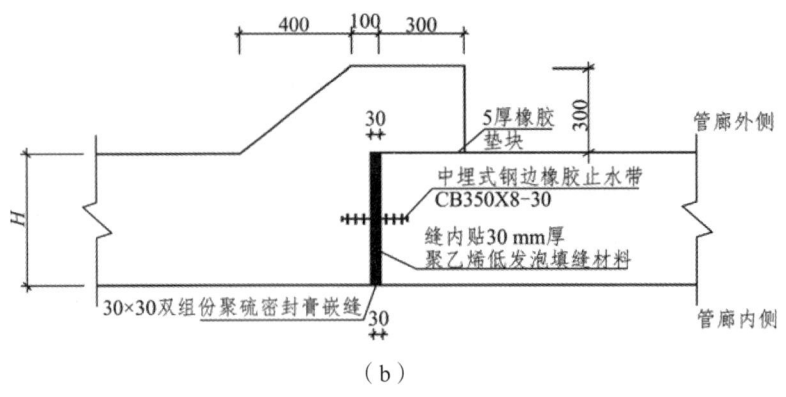

(b)

图 10-8　变形缝大样图

12. 管廊外墙及顶板防水处理

管廊防水采用 2 mm 双组份聚氨酯涂层加 4 mm 高聚物改性沥青防水卷材进行综合防水处理。管廊主体强度达到 100%设计强度后方可进行 2 mm 双组份聚氨酯涂层施工，施工完报监理工程师进行验收，合格后进行高聚物改性沥青防水卷材施工。在施工过程中严格按操作规范、技术方案施工，监督施工人员认真操作，对施工过程中出现的问题及时处理，同时接受监理的技术指导与监督。防水示意图如图 10-9 所示。

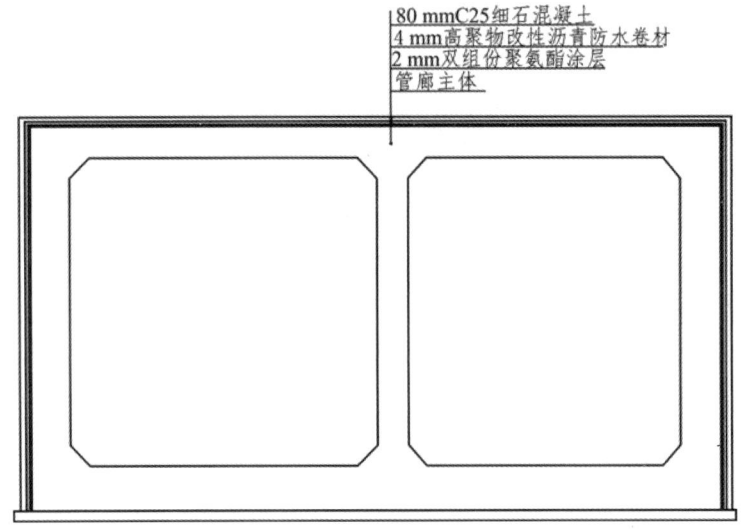

图 10-9　外防水示意图

13. 聚氨酯防水涂料施工工艺

1）施工准备工作

（1）材料的保管和使用。

置于阴凉处干燥处。储存期不超过一年，开罐料当天用完。设专门储存点，防止雨淋日晒。远离火源，分开储存。

（2）施工工具。

搅拌器、搅拌桶、小油漆桶、橡皮刮板、油漆刷、小抹子、扫帚、磅秤、灭火器等。

（3）构造物面层处理及要求。

对构造物防水面层清扫干净，表面应无浮土、砂粒等污物。对于残留的砂浆、突起物应以铲刀削平，不允许有凹凸起砂现象。防水面层应干燥，含水率以小于9%为宜，不允许有明水。对于不同种衔接部位、施工缝处，以及开裂部位，均应当嵌补缝隙。

2）施工顺序

应先做特殊部位后做大面积防水层，先做垂直面部位后做水平面防水层，每次涂抹应方向垂直。

3）工艺流程图

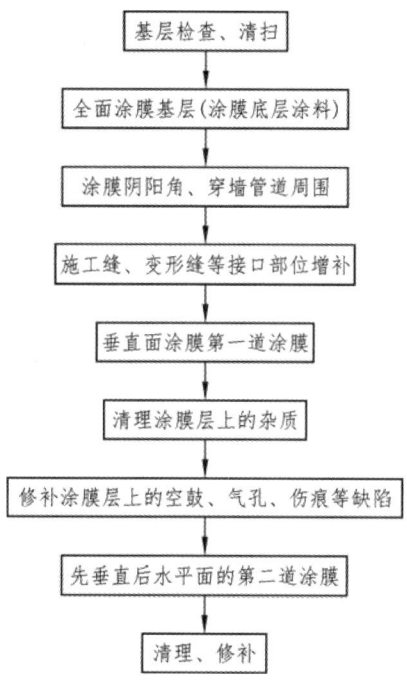

图 10-10 防水施工流程

4）涂膜施工工艺：

（1）涂膜底层涂料。

配置：按甲料：乙料=1：2 的比例配制。涂膜：涂膜底层涂料目的是隔绝基层潮气，提高涂膜同基层的黏接力。大面积施工应先用油漆刷沾底层涂料，将阴阳角、预埋件等细部均匀细致的涂膜一遍，再用长把滚刷在大面积基层上均匀涂膜底层涂料。要注意涂膜均匀，厚薄一致，且不得漏涂，间隔 24 h 以上，固化干燥后，方可进行下道工序。

（2）涂膜防水施工。

配置：按甲料：乙料=1：2 的比例配制。涂膜第一道涂膜：在前一层涂料固化干燥后，应先检查其上有无残留的气孔或气泡，如没有即可涂膜施工，如有应用橡胶板刷将混合料用力压入气孔中，填实补平。涂膜第一层，可用橡皮板刷，力求厚度一致，平面或坡面施工后，在防水层未固化前不宜上人踩踏，涂抹施工中应留出施工退路，可以分区、分片后退法涂刷施工。涂膜第二道涂膜：第一道涂膜固化后，即可在其上均匀涂刮第二道涂膜，方法与第一道相同，但涂刮方向与第一道涂刮方向垂直，第二道涂膜与第一道相隔的时间应看第一道涂膜的固化程度（手感不粘），一般不小于 24 h，也不宜大于 72 h。

14. 高聚物改性沥青防水卷材施工工艺

高聚物改性沥青防水卷材采用冷粘法施工，在铺筑前应对基层（聚氨酯层）进行检查，经检查符合要求后方可铺筑。冷粘法铺贴高聚物改性沥青防水卷材是指用高聚物改性沥青胶结剂或冷玛蹄脂粘贴于涂有冷底子油的聚氨酯防水面上。施工时，每幅卷材必须铺贴位置准确，搭接宽度按不小于 30 cm 控制。

其施工符合以下要求：

基层清理→涂刷基层处理剂→卷材与基层表面涂胶→→卷材铺贴→卷材收头黏结→卷材接头密封。

（1）根据防水工程具体情况，确定卷材铺贴顺序和铺贴方向，并在基层上弹出基准线，然后以基准线铺设卷材。

（2）铺贴卷材时，可按卷材的配置方案，边涂刷胶黏剂，边铺滚卷材，并用压棍滚压排除卷材下的空气，使其黏结牢固。改性沥青胶粘剂涂刷应均匀，不漏底、不堆积。空铺法、条粘法、点粘法应按规定位置与面积涂刷胶黏剂。

（3）搭接缝部位，最好采用热风焊接机或火焰加热器（热熔焊接卷材的专用工具）或汽油喷灯加热，以接缝卷材表面熔融至光亮黑色时，即可进行黏合。

15. 沟槽回填

综合管廊主体、防水及保护层施工完成后，管廊回填红土碎石沿管廊四周分层均匀回填，防止超填。顶板表面覆土时避免大力夯填，顶板及侧墙外 0.5 m 范围内采用人工回填，用小型蛙式夯实机进行夯实，其余部分采用 12 t 压路机分层进行夯实回填。管廊回填应符合《给水排水构筑物施工及验收规范》（GB 50141—2008）的规定，回填土压实度不低于设计要求，已建好的管廊必须及时回填覆盖，严禁长期暴露。

第11章 城市综合管廊桥施工关键技术

11.1 花庄河管廊桥工程简介

11.1.1 花庄河管廊桥设计概况

1. 管廊桥总体布置

综合管廊跨越花庄河处同标准段一样,采用单箱双仓,一个管道仓,一个电力仓。标准段管道仓净空要求 2.9 m(高)×3 m(宽),电力仓净空要求 2.9 m(高)×2.6 m(宽);进风井(兼投料口)和排风井处每个仓室需加宽 1 m。管廊桥总体布置见表 11-1。

表 11-1 管廊桥总体布置

联号	跨径/m	桥宽/m	梁高/m	结构形式	施工方案	备注
1~4	1×30	8.7	3.8	简支架	支架现浇	
5	1×30	8.7~9.8	3.8	简支架	支架现浇	
6	42+75+42	9.3	3.48~4.5	连支架	挂篮现浇	跨花庄河
7	1×30	8.7~9.8	3.8	简支架	支架现浇	
8~11	1×30	8.7	3.8	简支架	支架现浇	

2. 主桥上部结构

主桥跨径组合为(42+75+42)m,其上部结构为挂篮悬浇预应力混凝土连续梁桥。箱梁为直腹板单箱双室结构,主桥顶板宽 9.3 m,底板宽 8.3 m,中支点中腹板中心处梁高 4.5 m,边支点中腹板中心处梁高 3.8 m,跨中中腹板中心处梁高 3.48 m。箱梁梁高及底板厚度均以圆弧线变化。箱梁采用挂篮悬臂施工,底板水平、调整腹板高度的方式形成双向 1.5%的横坡。箱梁由在主墩上按"T构"用挂篮分段对称悬臂浇筑梁段、吊架上浇筑的跨中合拢梁段及边墩托架上浇筑边跨现浇梁段组成。墩顶 0#、1#块梁段长 10 m,其中桥墩两侧各外伸 3.75 m,2 个"T"构悬臂节段划分为 9 个梁段,边中跨对称设置。梁段长度从根部至跨中分别为 3×3 m、3×3.5 m、3×4 m,累计悬臂总长为 35.25 m。主桥挂篮(含模板)设计自重不应超过 82 t。本桥有 3 个合龙段,合龙段长 2 m,边跨现浇段长度为 3.4 m。根据综合管廊功能需求,箱梁不在支点处设置实心段,在箱梁墩顶处设置局部加厚段,端横梁加厚段长 1.5 m,中横梁加厚段长 2.5 m。在箱梁腹板距箱梁顶板 0.9 m 处每隔 2 m 设直径 10 cm 通气孔一个,以减少箱内外温差。箱梁顶板厚 0.28 m,底板在中横梁处厚 1.1 m,在跨中厚 0.3 m,底板上下缘边线按圆弧渐变。主线桥腹板厚度 1#梁段采用 0.9 m,3#梁段采用 0.65 m,5~10#梁段采用 0.4 m,2#梁段由 0.9 m 线性渐变到 0.65 m,4#梁段由 0.65 m 线性渐变到 0.4 m。结构具体参数见表 11-2,跨中断面和中墩处断面如图 11-1、11-2 所示。

表 11-2 主桥箱梁构造参数

挑臂长度/cm	顶板厚度/cm	底板厚度/cm		腹板厚度/cm		横梁加厚长度/cm	
		跨中	中横梁处	跨中	中横梁处	端横梁	中横梁
50	28	30	110	40	90	150	250

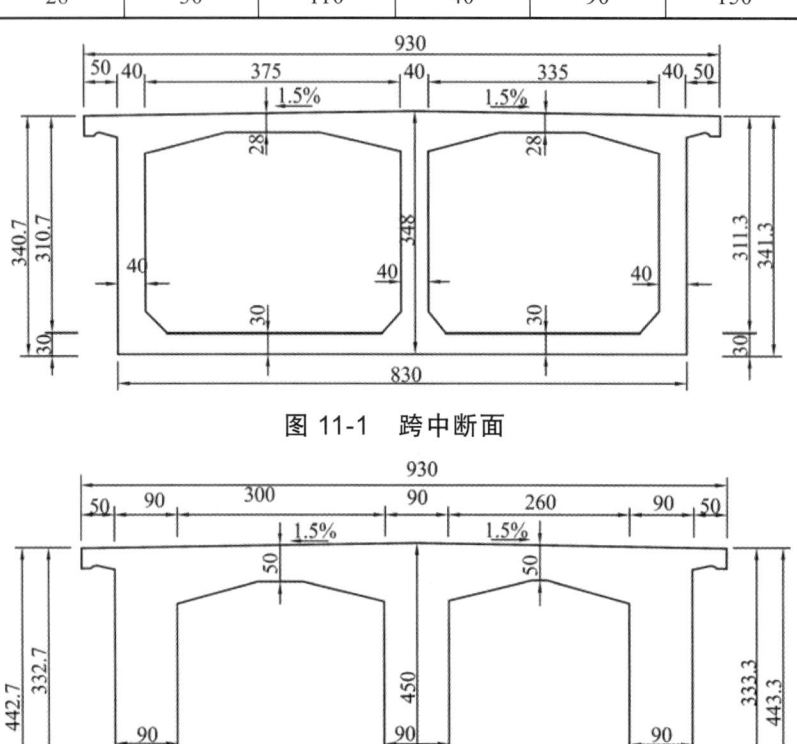

图 11-1 跨中断面

图 11-2 中墩处断面

主桥上部纵向按全预应力混凝土构件设计，纵向预应力束共设置了腹板束（W）、悬浇段顶板束（T）、中跨合龙段顶板束（ZT）、中跨合龙段底板束（ZD）、边跨合龙段顶板束（BT）、边跨合龙段底板束（BD）和预备束（TY）共 7 种。钢束锚下控制应力 1 395 MPa，除边跨合龙段顶、底板束采用单端张拉外，其余均采用双端张拉。预备束孔位预留，钢束根据实际情况设置，待全部预应力施工完毕后封闭备用。

3. 引桥上部结构

引桥跨径均为 30 m，梁高为 3.8 m，采用单箱双室结构，箱梁采用直腹板，横坡采用顶底板倾斜的方式形成；根据工艺要求箱梁采用不同的宽度，1~4、8~11 联桥宽 8.7 m；5、7 联桥分别设有进风井（兼投料口）和排风井，宽 8.7~9.8 m。箱梁纵向预应力只采用腹板束，每片腹板内横向设单排钢束，腹板钢束在梁端附近上弯至顶板张拉。结构具体参数件表 11-3，引桥跨中断面如图 11-3 和图 11-4 所示。

表 11-3 引桥结构参数

挑臂长度/cm	顶板厚/cm	底板厚/cm	腹板宽/cm	
			跨中	端支点
50	25	25	40	70

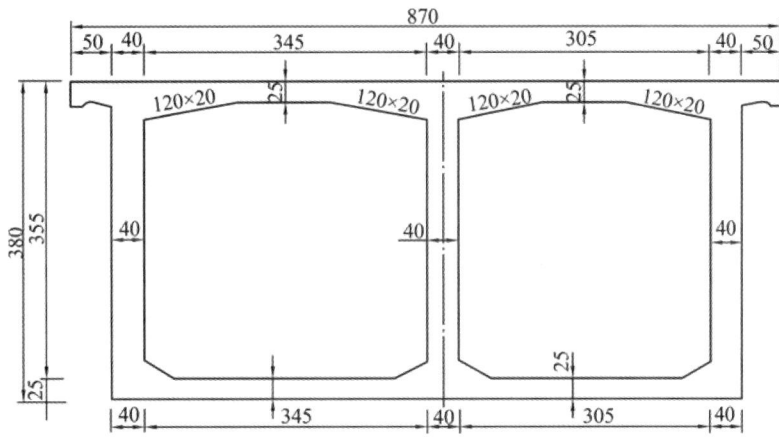

图 11-3 等宽跨引桥跨中断面

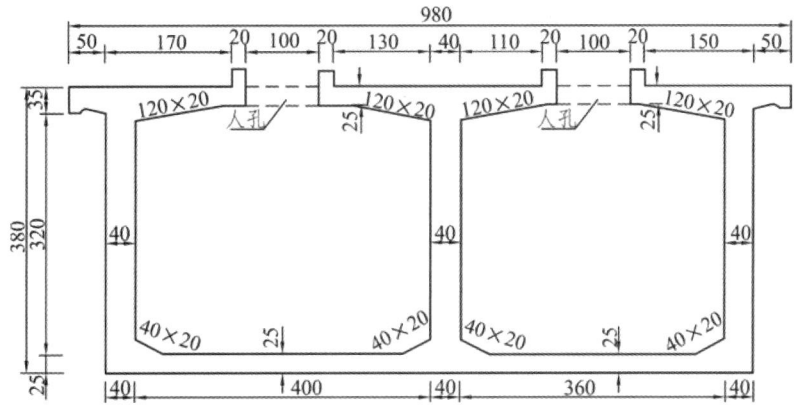

图 11-4 变宽跨（设排风井）引桥跨中断面

4. 下部结构

主桥主墩采用薄壁空心墩，主墩顺桥向宽 2.5 m，主墩横桥向宽 8.3 m；壁厚横桥向均 80 cm，顺桥向均 60 cm；墩顶设 1.5 m 厚实心段，墩底设 2 m 厚实心段。主墩承台厚 3.0 m，平面尺寸 13.2 m×8.2 m。主桥桩基采用 $\phi 2$ m 的钻孔灌注桩。主桥边墩采用双柱式框架墩，墩柱尺寸采用 1.3 m（横桥向）×1.5 m（顺桥向），采用工字型承台，台厚 2 m，采用 $\phi 1.2$ m 的灌注桩。引桥桥墩采用双柱式框架墩，采用桩接柱形式。墩柱尺寸采用 1.2 m×1.2 m，采用 $\phi 1.5$ m 的灌注桩，承台厚 1.5 m。本桥根据地势采用肋板式桥台和桩柱式台，桥台桩基采用 $\phi 1.2$ m、$\phi 1.5$ m 的灌注桩。设计主墩横断面如图 11-5 所示。

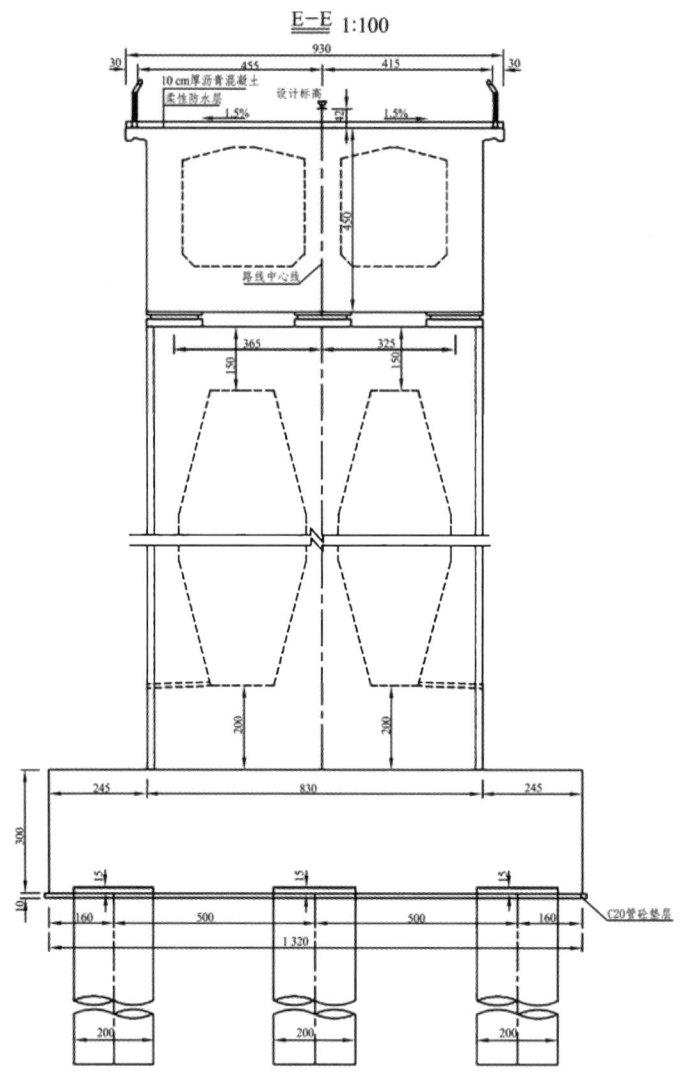

图 11-5 设计主墩横断面

11.1.2 现场特征及施工条件

1. 气象

本工程位于昆明市,属高原性季风气候,大部分地区为北亚热带。

(1)气温:昆明市年平均气温 15.1 ℃,最热为 7 月,平均温度 20.2 ℃,极值高温 31.20 ℃;冬季均温 9.3 ℃,年温差 12.8 ℃。

(2)降水:区域内年平均降水量 869 mm。

(3)风向及风速:区域内年平均风速 2.2 m/s,20 年一遇最大风速 23.7 m/s。

2. 地质状况

从上至下地质情况如下:① 黏土,厚度 0.1~17.5 m。② 全风化白云质灰岩,厚度 0.8 m。③ 强风化白云质灰岩,厚度 1.5~1.8 m。④ 破碎中风化白云质灰岩,厚度 0.6~28.4 m。⑤ 中风化白云质灰岩,厚度 0.6~20.5 m。⑥溶洞:洞高一般 0.2~6.0 m。

11.2 管廊桥现浇箱梁施工技术

11.2.1 管廊现浇箱梁桥支架施工专项技术

1. 支架方案

设计采用钢管贝雷梁相结合的施工支架,钢管立柱及贝雷梁施工图如图 11-6 所示。

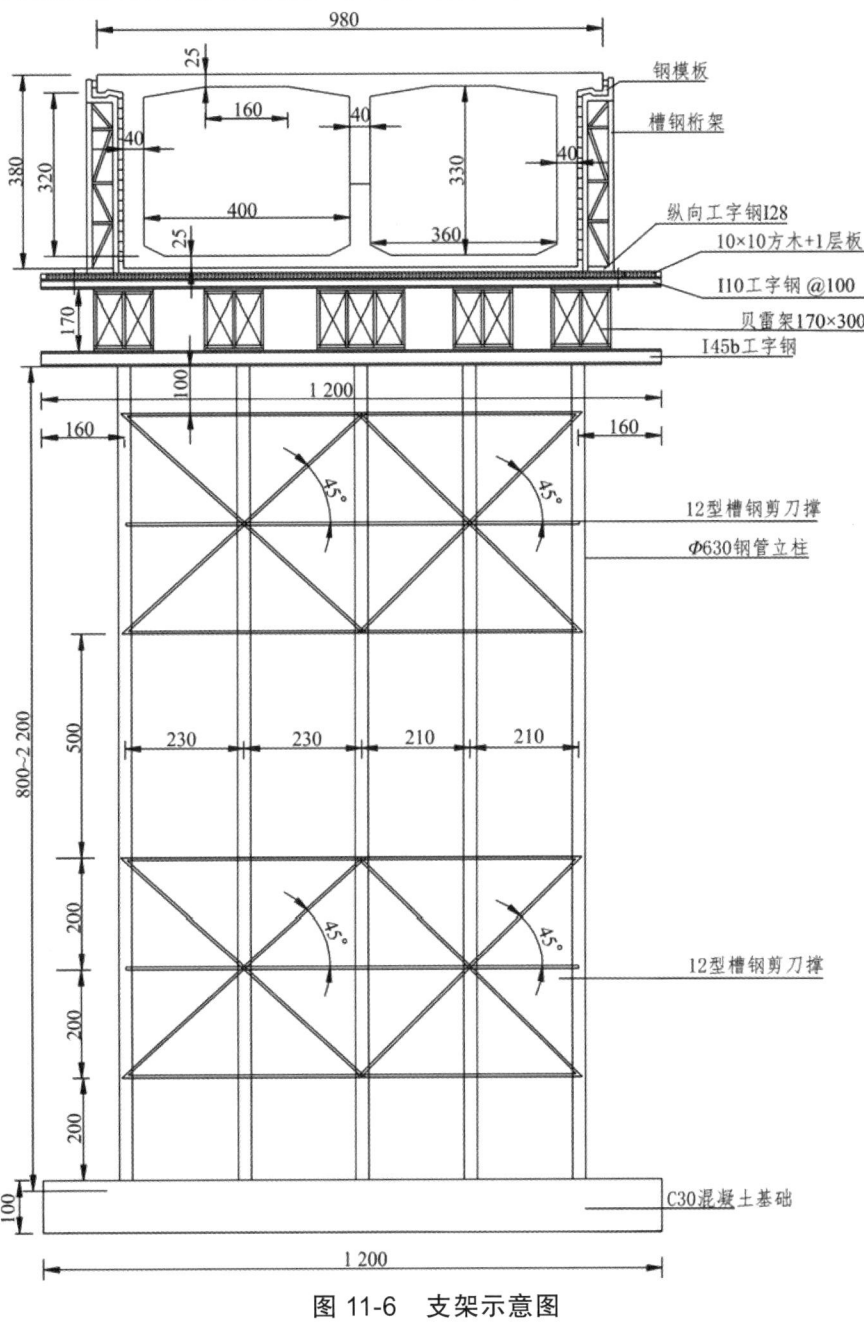

图 11-6 支架示意图

横梁有等宽跨 8.7 m 和变宽跨 9.8 m 两种宽度，由于数据的不统一给计算带来很大麻烦，所以为了简化计算、便于施工，使施工人员能够通过简单的原则就掌握支架搭设方法，在设计时采取尽量统一的方式进行设计，支架纵断面图和平面布置图如图 11-7、图 11-8 所示。

（1）钢管柱布置原则。

① 箱梁外侧腹板下的钢管柱中心位于腹板中心位置。

② 钢管柱按相同根数变宽跨 9.8 m 最宽截面及钢管桩最高跨 21.0 m 进行验算，以保证最不利情况满足施工安全需要。

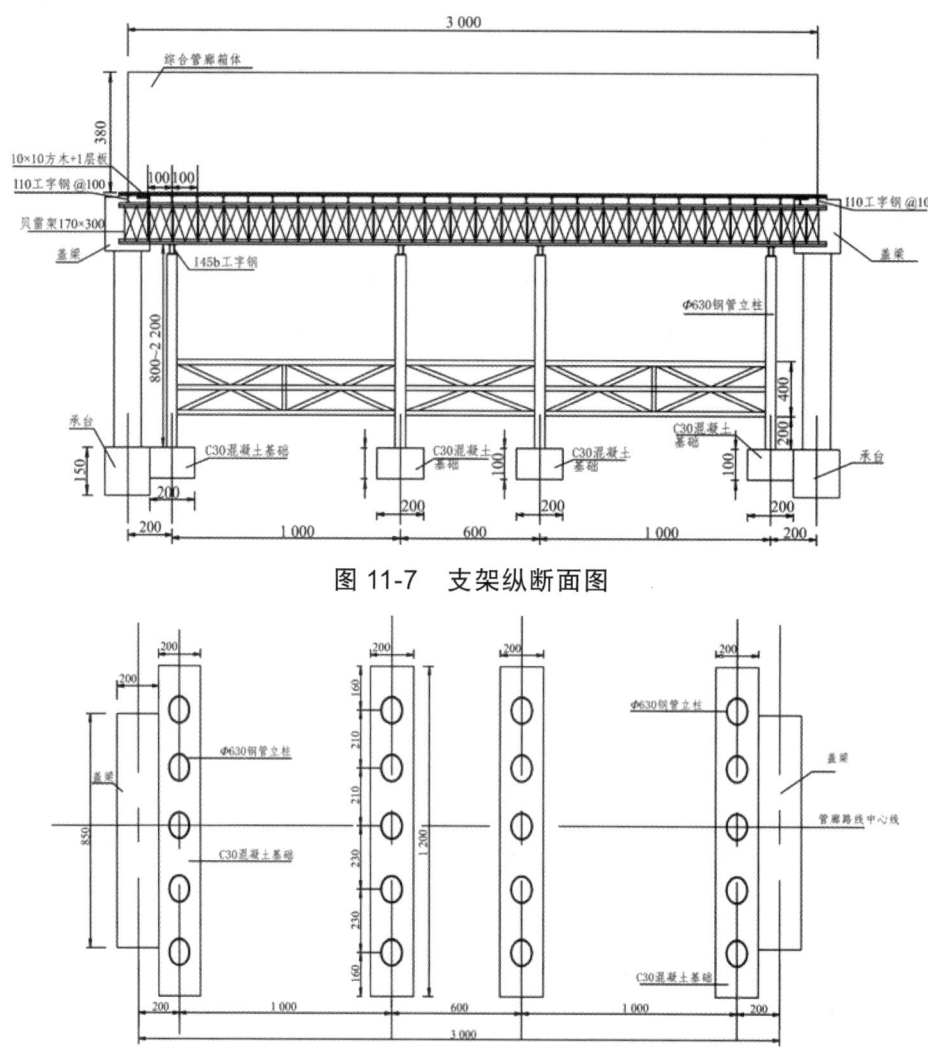

图 11-7 支架纵断面图

图 11-8 支架平面布置图

（2）贝雷布置原则。

① 腹板下贝雷设 4 片为一组，采用 90 支撑架固定，支撑架间距 3 m，且保证每组贝雷至少有一个支撑架，该组贝雷中心位置与 50 cm 厚腹板中心重合。

② 箱梁每室底板下布置 3 片贝雷为 1 组，之间每隔 3 m 采用[10 槽钢、螺栓连接固定在贝雷预留支撑架螺栓孔内，水平和斜向都要设置，且上下弦均进行固定。

③贝雷按最不利情况进行验算，即按贝雷排数相同箱梁最宽进行验算。

④箱梁每室底板下贝雷间距指桥跨中心线处的距离，此处为最大距离，计算木方时使用此距离，也即按最不利情况进行验算。

（3）贝雷上横向 10 cm×10 cm 木方按桥跨中心线处横桥向跨度最大情况进行验算。

（4）工字钢按钢管柱相同根数中跨度最大（也即箱梁最宽）情况进行验算。

（5）地基承载力计算按钢管柱相同根数中箱梁最宽情况进行验算。

（6）按箱梁混凝土二次浇筑设计。

根据以上原则对各种情况进行了受力分析与计算。

2. 钢管柱贝雷架搭设方案

1）钢管柱基础

（1）基础施工。

当基础开挖至设计标高后首先对原状土进行人工整平，而后进行地基承载力试验，要求承载能力不小于 160 kPa，如果实测承载力小于要求值，则根据实测承载力值反算出需要继续换填的深度。换填宽度要求不小于 2 m，横桥向开挖长度开挖到最外侧钢管桩外 3 m 位置。承载力检测合格后，当基底晾晒至最佳含水量后对基底进行填前碾压，压实度不小于 94%。而后分层回填碎石土至设计标高。回填过程中严格控制每层填筑厚度不大于 30 cm，压实度不小于 96%。施工时采取打坡道方式使振动压路机下到基坑碾压，碾压不到位的死角部位采用小型压实机具碾压密实。实际施工时开挖长度适当加长，以留出压路机自身长度，以保证钢管柱下碾压密实，满足受力需要。

（2）钢筋混凝土条形基础。

钢筋混凝土基础使用 C30 混凝土浇筑，基础具体尺寸长×宽×高为 12 m×2.0 m×1.0 m，使用钢模板施工，严格保证混凝土强度、基础尺寸、顶部水平及预埋螺栓位置准确度。

2）钢管柱

钢管柱采用外径 $\phi 630$ mm、壁厚 10 mm 的直缝钢管，验算时按最大高度 21.0 m 计算。钢管柱底部与混凝土独立基础之间采用法兰盘、螺栓连接加固。长钢管柱每节整米长度 1～9 m，短钢管柱每节长度 0.1～0.9 m，钢管柱之间采用法兰盘、螺栓连接固定。卸架由卸落式钢制漏砂筒来完成，采用外径 $\phi 300$ mm 砂筒，砂筒下垫抗剪钢板厚 30 mm。每排的钢管柱之间使用 [16 槽钢进行水平、斜向交叉（剪力撑）连接加固。纵向、横向剪刀撑均以条形基础以上 2 m 开始设置，5 m 设置一道，具体尺寸见纵、横断面图。

3）工字钢横梁

每排钢管上横梁采用厂家定型制作的 I45b 双拼工字钢，工字钢与活络端之间采用电弧焊接固定。工字钢与工字钢之间连接要符合附表"各种型钢对接接头标准表—工字钢对接接头标准"中 45b 的要求，水平盖板、垂直盖板必须按要求设置并焊接合格，以保证施工安全。注意双拼工字钢比翼板端部每侧宽出 1 m 做为卸架时的吊装平台，贝雷通过这个平台起吊后落地。

4）贝雷架

贝雷架除满足以上"三、设计说明及布置原则中（二）、贝雷布置原则"外，还应注意：

有支撑架的贝雷架在地面组装成一组后整体吊装至工字钢横梁上,无支撑架的贝雷架按要求跨度单片组拼后吊装至工字钢横梁上再进行片与片之间的连接加固。最后进行所有组贝雷之间的连接固定,使所有贝雷形成一个受力整体。贝雷与工字钢横梁之间不采用焊接方式加固,以免卸架时氧气乙炔切割时损伤贝雷片自身,给再次使用时带来安全隐患,所以要求使用U型螺栓栓接固定,螺栓要求采用厂家制作的定型产品,贝雷与工字钢相交处均要设置U型螺栓。贝雷架拆除时,为防止贝雷倾覆,对其采用[10#槽钢三脚架加固,三脚架与贝雷梁采用螺栓连接,三脚架底高于工字钢顶2~5 cm。

5)横向分配梁(10 cm×10 cm木方)

10 cm×10 cm木方在端横梁、中横梁及腹板渐变段内间距按中到中15 cm布置;在跨中截面范围内按中到中间距25 cm布置。木方与贝雷之间采用铁丝捆绑固定,每根木方设2个捆绑点,注意铁丝不要影响底模铺设,必要时将铁丝砸入木方中。同时注意木方之间的搭接仅能设置在贝雷上,搭接长度不小于15 cm,不允许出现悬挑木方。

6)底模板

底模板采用1.5 cm厚清水板,清水板尺寸为1.22 m×2.44 m。底模板采用铁钉固定在其下木方上。因为木方上面直接铺设底模板,所以要求严格控制每片贝雷顶面高程,采取在工字钢横梁位置贝雷架上拉线绳方式控制,而且要保证贝雷连接、加固到位,确保贝雷跨中位置顶面高程符合要求。同时进场木方尺寸要严格控制,确保统一、确保标准、确保足尺,以使底模铺设后平整度及高程符合要求。

7)腹板及翼板

腹板竖向5 cm×8 cm木方按间距40 cm布置,顺桥向设置4根8 cm×8 cm木方,采用扣件式钢管支架支撑加固。翼板横向分配梁采用5 cm×8 cm木方,间距按50 cm布置,纵向设置3根8 cm×8 cm木方,采用扣件式钢管支架支撑加固,斜支撑2道,立杆3根,横杆2道。

8)内模板

内模板采用1.5 cm厚清水板,清水板尺寸为1.22 m×2.44 m。支撑方式采用木支架支撑,每隔30 cm设置1榀,使用5 cm×8 cm和8 cm×8 cm木方结合制作。

3. 支架预压

1)预压设计

根据《钢管满堂支架预压技术规程》要求,实行整体预压。

(1)本方案拟按分段预压法进行预压,每阶段箱梁预压前对预压荷载及其分布情况进行详细的计算,预压重量为底、腹板箱梁自重(梁跨荷载统一考虑安全系数为1.2),并绘制出荷载分布的平面图,以保证预压可准确模拟箱梁现浇时的支架受力状态。箱梁预压荷载采用砂袋,准确加载。在支架顶、支架底设置观测点,模板顶设观测杆(位置不影响加载并要有明显标志),并对支架模板作第一次观测,作好记录。布置测量标高点并记录每点的初始标高值H_1。

(2)加载顺序及时间:加载时按照计算预压总荷载的60%、80%、100%、120%分级进行,中间每级加载完成后,对支架进行一次观测,最后一级加载完成后要进行24 h跟踪观测,每次观测都要根据观测记录计算支架在两次观测时间之间的沉降情况。

（3）对加载后各测量点标高值 H_2 进行测量。加砂布载结束后立即进行观测各测量点的标高值 H_2，并做好相应的记录。

（4）测量卸载前各测量点标高值 H_3。布载 24 h 后、卸载前测量各测量点标高值 H_3。

（5）卸载顺序及时间：预压持载时间根据支架观测情况确定，若沉降量或支架形变没有趋于平缓，则适当延长预压时间，直至支架形变及沉降均满足规范要求（连续两天沉降量小于 5 mm）即可卸载。卸载按预压总荷载的 60%、80%、100%、120%逐级卸载，每级卸载完成都要对支架进行观测，计算支架的弹性变形情况。

（6）预压荷载计算：

一跨混凝土荷载：298.9×2.5=747.25 t。

钢筋钢绞线荷载：45.7t，模板、支架荷载：20.8 t。

合计荷载：747.25+45.7+20.8=813.7 t。

荷载 60%=813.7×0.6=488.22t，荷载 80%=650.96 t。

荷载 100%=813.7 t，荷载 120%=976.44 t。

2）预压区域

预压区域为整体箱梁。为保证施工进度和预压质量，考虑采用砂袋预压。用水准仪观测加载后支架、模板、地基垂直沉降变形，用全站仪观测支架的位移变形，具体观测方法：

（1）测量人员在预压前在支架顶部选好观测点，作好标记并编号，在每跨箱梁纵向 1/4 处、1/2 处、3/4 处及两端分别设置一个观测断面，每断面取 3 个点（分别为梁底边缘及中线位置）。

（2）对靠近墩边 1 m、2 m 中心及其左右侧布 5 个点进行观测，其余采用间隔 5 m 布置一个断面 5 个观测点进行观测；在预压前对底模标高观测一次，在预压过程中每隔 2 h 观测一次，观测至沉降稳定为止，沉降稳定的标准为沉降量 < 1 mm/d；将预压荷载卸载后再对底模标高观测一次，从以上的观测资料中计算出支架的弹性变形及地基的下沉。预压过程中进行精确的测量，可测出梁段荷载作用下支架将产生的弹性变形值及地基下沉值，将此弹性变形值、地基下沉值以及设计预拱度（设计未说明，以经验值 50 mm 计）叠加，计算出施工中应当采用的预拱度，按算出的预拱度调整底模标高。同时要注意在支架外侧设置临时防护设施，防止流水及雨水流入支架区引起支架下沉。预压完成移除沙袋，根据下沉量重新调整支架。支架预压沉降观测点布置图如图 11-9 所示。

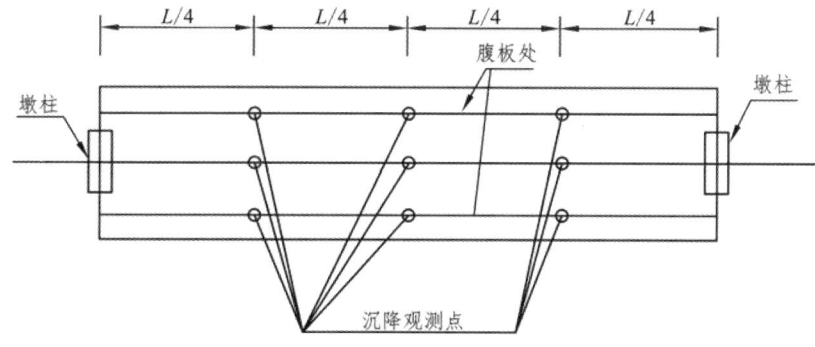

图 11-9 支架预压沉降观测点布置图

3）预压测量数据观测

（1）观测使用水准仪和全站仪，只设一观测站，不积累误差。

（2）在场地硬化完成后对每跨场地进行观测点布设，并进行原地面观测。

（3）支架安装完成后对硬化场地及支架顶部进行观测。

（4）在每次加载完成后每间隔12 h进行观测，当支架测点连续2次沉降差平均值均小于2 mm时，方可继续加载，最后一次加载完毕后观测48 h直至沉降和变形稳定。

（5）卸载后对支架及场地进行观测。

（6）记录整理每次加荷观测的成果，以便更好地掌握控制箱梁的地基处理和支架搭设参数。

4）起拱

在支架上浇筑上部构造混凝土时，在施工过程中和卸架后，上部构造要发生一定的下沉和产生一定的挠度。因此，为使上部构造在卸架后能满意地获得设计规定的外形，须在施工时设置一定数值的预拱度。预留施工沉落值参考数据见表11-4。

表11-4 预留施工沉落值参考数据

项目		沉落值/ mm
接头承压非弹性变形	木与木	每个接头顺纹为2，横纹为3
	木与钢	每个接头约为2
卸落设备的压缩变形	砂筒	2~4
	木楔或木马	每个接头约为1~3
	底梁置于砌石或混凝土上	约3

立模标高=设计梁底标高+弹性变形值+地基下沉值+设计预拱度 V（按二次抛物线 $V=4FX(L-X)/L^2$ 分配，F（无设计，经验为 50 mm）为跨中最大预拱度，X 为桥跨任意点至墩中心支点的距离，L 为跨长），弹性变形值及地基下沉值根据支架预压后所得。

4. 支架施工

1）施工流程

条形基础施工→钢柱焊接施工→横桥向工字钢安装及焊接→贝雷架安装→满堂支架搭设。

2）各工序主要施工要点

（1）条形基础施工。

根据设计平面图，用全站仪及钢尺放出条形基础位置，采用挖掘机开挖基础至强风化岩，进行支模，钢筋绑扎，C30砼浇筑。强度达到80%后方能进行钢柱安装，要求混凝土顶面平整。

（2）钢管立柱施工。

立柱采用 ϕ630 mm钢管，壁厚1.0 mm，每根长9 m，其中地表以下2.4~3 m，外露部分约6 m。上下焊接加劲钢板，厚度10 mm。立柱钢管间距2.3 m，安装采用25 t汽车吊，专人指挥操作。

（3）剪刀撑施工。

钢管柱之间的横向及纵向连接采用 12 型槽钢，槽钢与钢管柱之间、槽钢与槽钢之间均采用电焊进行连接，注意焊接不能漏焊，也不能过焊而烧伤钢管柱。

（4）H 型钢安装。

H 型钢与钢管立柱顶固定在一起，使用 1 cm 厚钢板加工成倒"L"型连接件将两者焊接在一起。H 型钢安装过程中应保证水平，各排高度应统一，保证贝雷梁与其接触各点不悬空，受力均匀。

（5）贝雷架安装。

先将贝雷架在地面上拼装分组连接好。在横桥向工字钢上每 90 cm 用红油漆标出贝雷架位置。用汽车吊将已连接好的贝雷架按照先中间后两边的顺序吊装到位。

单组贝雷架吊装时必须设置两个起吊点，并且等距离分布，保持吊装过程中贝雷梁平衡，以避免吊装过程中产生扭曲应力。贝雷架全部架设完毕后铺设 12 cm×15 cm 方木。

5. 支架拆除

（1）拆架程序应遵循"由上而下，先搭后拆"的原则，即先松顶托，使底梁板、翼缘板底模与梁体分离，再用吊车起吊拆除，然后拆脚手板、剪刀撑（一般的拆除顺序为：安全网→栏杆→底模→脚手板）。

（2）拆除后架体的稳定性不被破坏，必要时加设临时支撑防止变形，拆除支架应防止失稳。

（3）底模方木及竹胶板拆除。

方木及竹胶板采用人工传递方式传递至梁体两侧，延滑道滑至地面，滑道采用碗扣支架搭设。下滑方木及竹胶板时要有安全员监督，距离施工点 10 m 以内不得有人。

（4）贝雷片拆除。

尽可能在跨中对贝雷片进行断开，敲出销子，然后对每组贝雷片采用吊车依次拆除，如果不能够断开拆除，可以采用两台吊车对整组贝雷片进行整体吊装拆除。对于吊车不能够直接吊装拆除的贝雷片采用倒链同步拉出，再进行吊装拆除。

（5）H 型钢拆除。

使用气焊将工字钢与钢管立柱的连接件断开，采用 25 t 吊车对工字钢进行两点吊装。吊点位置必须保证工字钢能够平衡吊装。

（6）连接系及钢管柱拆除。

采用挖掘机配合，人工割断与钢管的连接，拆除连接系；将钢管柱与基础预埋钢板割断，拆除钢管柱。

11.2.2 管廊现浇预应力箱梁施工技术

1. 钢筋设置

钢筋的下料、焊接应符合相关施工规范要求，布筋时，如钢筋与钢束、钢筋与钢筋之间互相干扰，应按构造筋让位于主钢筋、细钢筋让位于粗钢筋、普通钢筋让位于预应力钢束的原则施工。如钢束与骨架钢筋互相干扰，请通知设计代表另行处理。如锚下螺旋筋与分布筋相扰时，可适当移动分布筋或调整分布筋间距，但混凝土保护层厚度应予以保证。对于直径大于 25 mm 的墩身钢筋需采用机械连接，接头采用镦粗直螺纹接头，且符合《镦粗直螺纹钢筋接头》（JG171—2005）的有关规定；其余钢筋均采用焊接，焊接连接时单面焊焊接长度为 $5d$，双面焊焊接长度为 $10d$，d 为钢筋直径。锚固齿板内的钢筋端头应勾住与腹板、底板钢筋并与之绑扎连接；箱梁底板内平衡拉筋必须与底板内上下层主筋点焊连接。

2. 预应力钢束设置

波纹管的定位必须准确。管道位置的容许偏差平面不得大于±1 cm，垂直高度不得大于 0.5 cm。预应力的波纹管应有一定强度和刚度，管壁严密不易变形，确保其位置准确，管节连接尽量保持平顺，孔道锚固端的预埋钢板应垂直于孔道中心线，浇筑砼进行震捣时，应注意不能破坏波纹管，且不允许管道位移，尤其应避免管道上浮，以保证达到预应力的预期效果和防止破坏性的局部应力产生。安装千斤顶时必须保证锚圈孔与垫板中心严格对中，防止滑丝、断丝等现象。

钢绞线的下料不得使用电焊或氧弧切割，只允许采用圆盘锯切割，且应使钢绞线的切割面为一平面，以便在张拉时检查断丝。钢绞线切口侧要用铁丝绑扎，以免松散，并应梳理顺直，以防缠绕。锚具和垫板质量和施工要求：

（1）穿束前应清除喇叭管内的漏浆及杂物。

（2）应抽样检查夹片硬度。

（3）应逐个检查垫板喇叭管内有无毛刺，对有毛刺者不准使用。

3. 混凝土浇筑

混凝土浇筑前应进行相关试验，包括混凝土材料配合比试验，混凝土收缩徐变系数、强度及弹性模量等基本参数测定，混凝土泵送工艺试验，挂篮试验及拼装，为确保箱梁成桥线形所进行的施工观测与控制，预应力损失试验等。各构件浇筑前，应核查相关专业图纸，注意预埋件的布置。浇筑承台时，应注意桥墩深入承台部分钢筋的预埋；浇筑箱梁时，应注意护栏钢筋、伸缩缝钢筋及交安设施的预埋。横梁及齿板等锚固区，预应力钢束、纵横向钢筋交错布置，箱梁浇筑时亦应注意加强振捣，保证质量。箱梁内、外侧（腹板内、外侧，顶板底面，底板顶、底面，悬臂板底面）应光洁、平整、美观，要保持在一个平、立面上，凹凸差不得大于 0.5 cm；底板顶面在混凝土初凝前抹平。

应加强施工现场管理，在箱梁混凝土终凝以前，施工人员、机械不得在桥面板上行走。

4. 预应力施工

预应力张拉槽口有主筋、箍筋时，需预先在槽口处将主筋、箍筋弯折，待张拉后，再将其扳直、焊接，焊接长度应满足规范要求。预应力张拉槽口较多，施工时应特别注意保证预留槽口尺寸以免张拉时带来不便。预应力箱梁混凝土实测立方体强度达到设计强度的 90%且龄期达到 7 天后方可张拉预应力束，图纸中所给伸长值未计钢束工作长度部分伸长值，施工时应特别注意。锚下张拉控制应力均未计锚圈口摩擦损失，施工单位应根据厂家资料或试验后确定。要求严格按设计文件和《公路桥涵施工技术规范》执行。

纵向预应力钢束在箱梁横断面应保持对称张拉，纵向钢束张拉时两端应保持同步。同类型钢束应两侧对称张拉。钢束张拉需认真做好张拉记录，且应在监理在场的情况下进行。

图纸中无特殊要求时，各预应力钢束张拉应按照先张拉长束后张拉短束的顺序进行。锚具与千斤顶必须配套使用，使用前锚具应作检测，千斤顶和油表应进行校验。张拉采用"双控"，以张拉力为主，伸长值作为校核。每一级荷载张拉完均应实测钢束的伸长值，并和理论伸长值进行比较，误差应控制在±6%之内，否则应查明原因后方可再张拉。

预应力钢束（筋）张拉完后，应尽早进行孔道压浆并封锚。孔道压浆采用真空辅助压浆技术并切实保证压浆质量。管道压浆应密实，压浆浆液性能、强度及压浆工艺需满足《公路桥涵施工技术规范》中的有关要求。预应力张拉及传感器应按有关规定定期标定，张拉人员应持证上岗，监理人员应现场旁站。钢束张拉时，应尽量避免滑丝、断丝现象。当出现滑丝、断丝时，每束钢绞线断丝或滑丝不得超过 1 丝，每个断面滑丝、断丝总数量不得大于该断面钢绞线总数的1%。钢束张拉完毕，严禁碰撞锚具和钢绞线（预应力钢筋），钢绞线剩余长度采用砂轮切割机切断。

11.3 管廊桥悬臂浇筑施工技术

11.3.1 悬臂浇筑主要施工方法

T 构全部节段如图 11-10 所示。

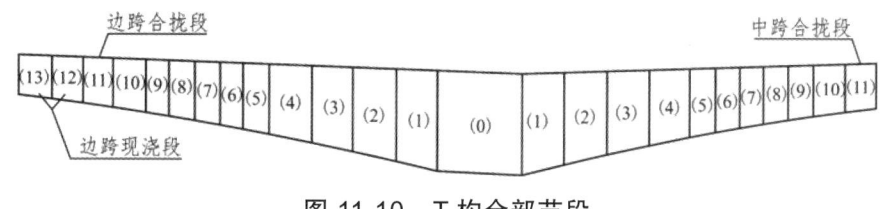

图 11-10 T 构全部节段

1. 悬臂施工主要工艺流程

（1）在主桥墩搭设托架及支架，立模浇筑 0 号块混凝土，张拉 0 号块竖向预应力筋。浇筑 1 号梁段混凝土，张拉 1 号梁段纵向预应力束及竖向预应力筋。

（2）在 2 号块上安装挂篮的机具，进行挂篮试拼、试压。

（3）挂篮浇筑 2 号梁段混凝土，张拉 2 号梁段纵向预应力束及竖向预应力筋，张拉横隔板横向预应力筋，拆除墩顶托架。

（4）挂篮前移，施工 3～10 号梁段。

2. 悬臂浇筑施工工艺

主梁施工采用挂篮对称悬臂浇筑，2 个 T 构各划分为 10 对梁段，累计悬臂总长为 35.25m，边跨设一个 3.4 m 长现浇段。2 号～10 号梁段均为挂篮施工。在挂篮上进行节段的模板、钢筋、管道布置和混凝土浇筑及预应力张拉、管道压浆等作业。花庄河管廊桥拟投入 2 对挂篮同步施工。

1）挂篮设计

挂篮设计为菱形挂篮，主桁底纵梁和立杆均采用 2[40b 普通热轧槽钢组成的方形截面杆件构成，斜拉杆采用 2[40b 普通热轧槽钢，前横梁由 2I50c 普通工字钢组成，前后下横梁均由 2I40b 普通热轧工字钢组成，底纵梁由 I40b 普通热轧工字钢，吊杆采用 ϕ32 精轧螺纹钢，挂蓝总重约 75 t。如图 11-11、图 11-12 所示。

2）挂篮总体构造

主桥挂篮为菱形挂篮，主要由 4 大部分组成，分别为：菱形组合主桁架、底篮及模板系统、行走系统、悬吊系统及锚固系统。挂篮各部分构造组成情况如下：

（1）菱形组合主桁架。

主桁架是由三片外形呈菱形的桁片在其横向设置前后横梁组成一空间桁架，并在前后横梁上设置上下两层平面联结杆件以提高主桁的稳定性和刚度。主桁杆件采用 H 型钢两侧焊钢板，杆件间采用 30CrMnTi 销子销接，前后横梁桁片及其平联采用焊接薄壁方钢管和角钢。在前后横梁下方设置分配梁，用于悬挂底篮、模板。为改善露天施工条件，桁架顶部设置遮雨棚。

（2）底篮及模板系统。

根据主梁结构设计特点，结合挂篮主桁的结构实际情况，为加快施工进度，减小高空作业量，模板系统由内、外模组成整体，模板均采用大块钢模组装。底篮由前横梁、后横梁、纵梁等组成。

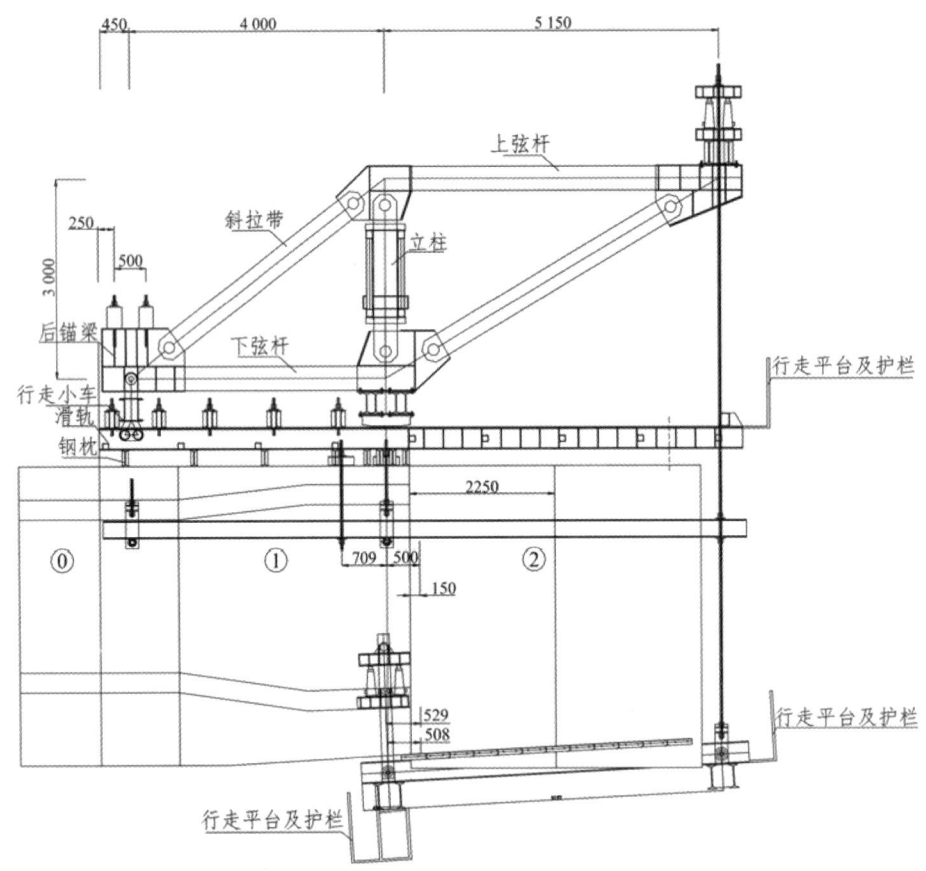

图 11-11 挂篮纵桥向图

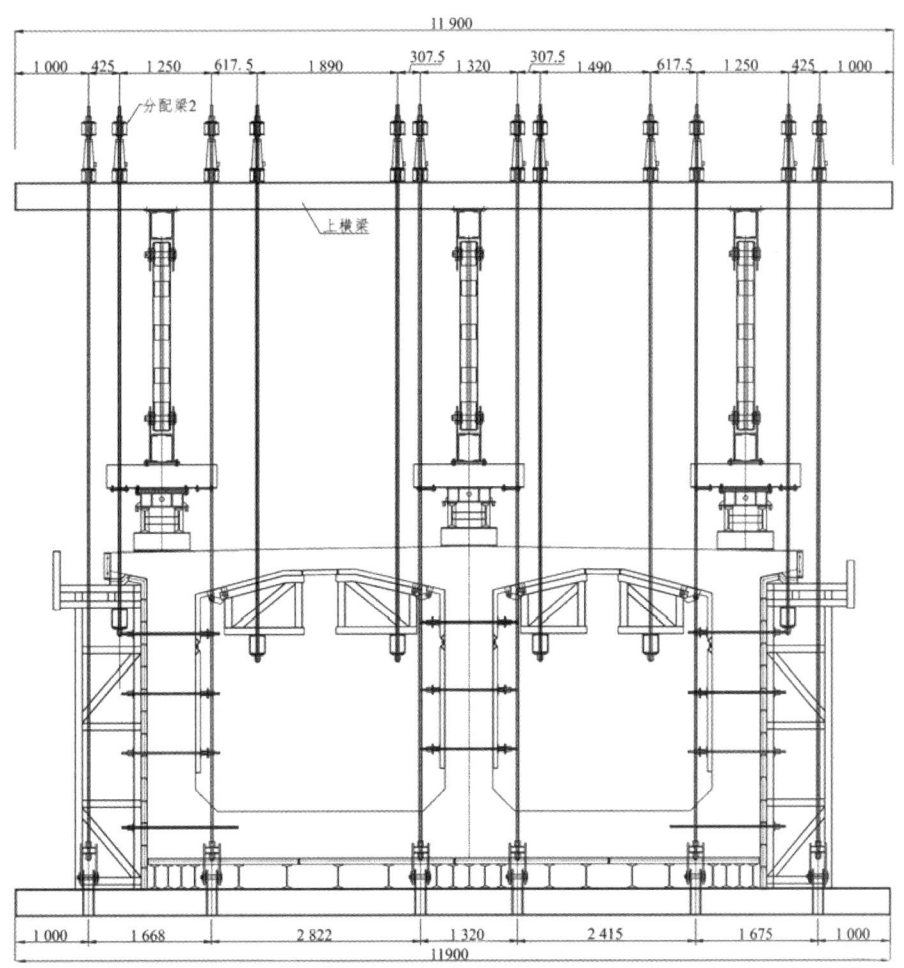

图 11-12 挂篮横桥向图

内模：由加工的大块钢模板与桁架组成。顶板由钢模、槽钢和木条、木楔形成桁架，内顶模板为通过钩头螺栓连接成整体；侧板由也由大块钢模组拼，槽钢加劲，内侧模与顶模之间采用螺栓连接。

外模：由型钢和大块平面钢模板组成桁架式模板，翼缘悬臂模板和腹板之间采用螺栓连接。

（3）行走系统。

整个桁架结构支承在由型钢加工而成的前、后支腿上。每组主梁的支腿下设一套行走系统，行走系统主要包括：行走轨道横梁、行走支腿及行走轮、前后支腿行走轨道等。

（4）悬吊系统及锚固系统。

悬吊系统包括前横梁和中横梁，前和中横梁均为型钢结构，通过吊杆与底篮连接。

挂篮后锚由锚固梁、锚杆组成，上端通过锚固梁锚于主梁尾部，下端通过精轧螺纹钢筋和连接器锚于箱梁上。

3）挂篮拼装施工

用托架及支架完成 0#、1# 块施工之后，用 1:2 砂浆找平铺设轨道的部位，每根纵梁下设一道专制滑轨。准备工作就绪后，开始拼装挂篮。拼装时采用吊车把挂篮各部件吊运到拼装位置安装就位。安装的顺序是：轨道安装锚固、主桁片安装、后锚杆锚固、主桁前、后横梁桁片安装、主桁上下平联安装、底平台安装、外模系统安装、内模系统安装、悬吊工作平台安装。在挂篮安装过程中，要严格按照设计要求的顺序和安全操作规程进行，特别是对挂篮的锚固点、连接节点、吊带、后锚带等要重点进行检查，满足要求后方可投入使用。挂篮拼装工艺流程如图 11-13 所示。

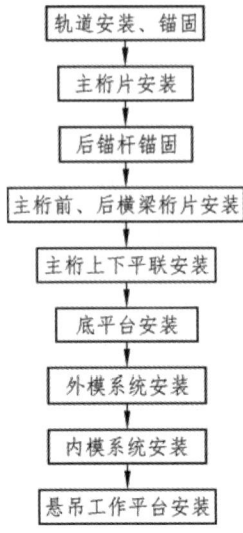

图 11-13 挂篮拼装工艺流程

4）挂篮堆载预压

（1）挂篮预压。

① 挂篮施工前应对挂篮进行加载试验，检查其整体结构和构件的安全度、可靠性及可操作性。同时，实测挂篮的弹性和非弹性变形，为悬浇梁段的施工控制提供依据。根据其工作时的受力状态及受力位置模拟加载，以消除结构的非弹性变形，检验结构的承载能力及稳定性。

② 加载程序应按规范要求，并按荷载总重的 0→60%→80%→100%→120%→0 进行逐级加载及卸载，并同时测得各级荷载下测点的变形值，加载时挂篮两边要对称堆载，两边不平衡重不得超过 10 t。同时，挂篮与梁段模板安装时按设计和监控要求应设预拱度，以控制挠度。在支架上浇筑上部构造混凝土时，在施工过程中和卸架后，上部构造要发生一定的下沉和产生一定的挠度。因此，为使上部构造在卸架后能满足设计规定的外形，须在施工时设置一定数值的预拱度。预留施工沉落值参考数据见表 11-5。

表 11-5 预留施工沉落值参考数据

项目		沉落值/mm
接头承压非弹性变形	木与木	每个接头顺纹为 2，横纹为 3
	木与钢	每个接头约为 2
卸落设备的压缩变形	砂筒	2~4
	木楔或木马	每个接头约为 1~3
	底梁置于砌石或混凝土上	约 3

立模标高=设计梁底标高+弹性变形值+设计预拱度 V（按二次抛物线 $V=4FX（L-X）/L^2$ 分配，F（无设计，经验为 50 mm）为跨中最大预拱度，X 为桥跨任意点至墩中心支点的距离，L 为跨长），弹性变形值根据支架预压后所得。

③ 加载方法：加载材料使用砂袋，试压加载为最大梁段设计荷载的 1.2 倍。加载时按设计要求分级进行，每级持荷时间不少于 60 min。

④ 加载从墩顶向跨中依次进行。满载后持荷时间不小于 24 h，分别量测各级荷载下挂篮的变形值。然后再逐级卸载，并测量变形。

⑤ 加载顺序：底板—腹板—顶板—翼缘板。

⑥ 变形测量：基准标高设在墩顶梁段分别在底板、翼缘板上布设测点。

⑦ 预压荷载计算：以最大荷载节段（第 2 节段）进行计算。

最大荷载节段混凝土荷载：50.1×2.5=125.3 t。

钢筋钢绞线荷载：6.59 t，模板、挂篮荷载：10.8 t。

合计荷载：125.3+6.59+10.8=142.69 t。

荷载 60%=142.69×0.6=85.61 t。

荷载 80%=114.15 t。

荷载 100%=142.69 t。

荷载 120%=171.2 t。

（2）预压测量数据观测。

① 观测使用水准仪和全站仪，只设一观测站，不积累误差；

② 在每次加载完成后每间隔 10 min 进行观测，当挂篮测点连续 2 次沉降差平均值均小于 2 mm 时，方可继续加载，最后一次加载完毕后观测 24 h 直至沉降和变形稳定。

③ 卸载后对挂篮进行观测；

④ 记录整理每次加荷观测的成果，以便更好地掌握挂篮的控制参数。

挂篮预压沉降观测点布置图如图 11-14 所示。

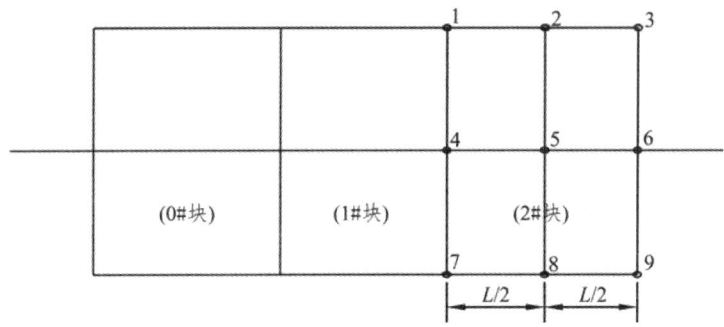

图 11-14 沉降观测点布置图

3．合拢段施工方法

1）主要工艺流程

先边跨合拢，后中跨合拢。

（1）边跨合拢段主要工艺流程。

① 利用边跨现浇段吊架，不再单独搭设支架。
② 搭设边跨合拢段钢筋骨架及焊接边跨合拢段劲性骨架。
③ 浇筑边跨合拢段混凝土，同时对边跨悬臂端平衡重进行相应的卸载，保持悬臂两端受力平衡。
④ 待混凝土强度到达设计强度的100%以上且满座龄期要求时，对称张拉边跨顶底板合拢预应力束，张拉顺序为先长后短。
⑤ 张拉边跨现浇段及合拢段竖向预应力钢筋。
⑥ 拆除边跨导梁吊架，同时将中跨两悬臂端平衡重减少至跨中合拢段重量的二分之一。
（2）中跨合拢段主要工艺流程。
① 利用三角挂篮，不再单独搭设吊架。
② 在中跨20号梁段施工全部完成后，拆除一侧挂篮，利用另一侧挂篮做吊架。
③ 搭设中跨合拢段钢筋骨架及焊接中跨合拢段劲性骨架。
④ 浇筑中跨合拢段混凝土，同时对中跨悬臂端平衡重进行相应的卸载，保持悬臂两端受力平衡。
⑤ 待混凝土强度到达设计强度的100%以上且满座龄期要求时，对称张拉中跨顶底板合拢预应力束，张拉顺序为先长后短。
⑥ 张拉中跨合拢段竖向预应力钢筋。
⑦ 拆除中跨合拢段挂篮吊架。

2）合拢段施工工艺

（1）边跨合拢段吊架。

待边跨现浇段浇筑结束后，即进行边跨合拢段施工，边跨合拢段利用挂篮直接跨过边跨合拢段，不另行搭设。

（2）中跨合拢段吊架。

待跨中两个10号节段施工结束后，拆除一侧挂篮。待边跨合拢段全部结束后，利用剩余的一侧挂篮，直接跨过中跨合拢段，不再另行搭设支架。

（3）吊架预压。

由于边跨合拢段及中跨合拢段吊架沿用挂篮施工工艺，固不再单独进行边跨合拢段及中跨合拢段吊架预压工作。

4. 钢筋制作与安装

1）钢筋制作

钢筋加工弯制前，应将其表面的油渍、漆污、浮皮、铁锈等清除干净。钢筋应顺直，无局部折曲。加工后表面无削弱钢筋截面的伤痕。钢筋加工弯制前应调直，当采用冷拉方法矫直钢筋时，钢筋的矫直伸长率为：Ⅰ级钢筋不得大于2%；Ⅱ级钢筋不得大于1%。钢筋在车间下料、弯制成型，再倒运至现场进行绑扎安装。钢筋在加工车间的加工制作应严格按设计图进行，成品编号堆码。钢筋的弯制和末端的弯钩应按设计要求办理，设计未提要求时则应符合下列规定：

（1）受拉热轧光圆钢筋（HPB235）的末端应做180°弯钩，其弯曲直径 d_m 不得小于钢筋直径的 2.5 倍，钩端应留有不小于钢筋直径 3 倍的直线段。

（2）受拉热轧带肋钢筋（HRB335）的末端应采用直角形弯钩，其弯曲直径 d_m 不得小于钢筋直径的 5 倍，钩端应留有不小于钢筋直径 3 倍的直线段。

（3）弯起钢筋应弯成平滑的曲线，其弯曲半径不得小于钢筋直径的 10 倍（HPB235）或 12 倍（HRB335）。

（4）用光圆钢筋制成的箍筋，末端应做成不小于 90°弯钩，弯钩的弯曲直径应大于受力钢筋直径，且不得小于箍筋直径的 2.5 倍；弯钩直线段长度不得小于箍筋直径的 5 倍。

（5）钢筋制作成型后要进行抽样检查。

2）钢筋安装

（1）钢筋连接。

花庄河综合管廊桥主筋型号为 $\phi 20$、$\phi 16$，主筋连接采用双面焊接形式，搭接长度为 $5d$，搭接接头钢筋的端部应预弯，搭接钢筋的轴线应位于同一直线上。钢筋连接接头，经外观检查合格后，应取样进行拉伸试验，并应符合下列规定：在同条件下的焊接接头，以 200 个作为一批，从中取出 3 个试件作拉伸试验。3 个钢筋接头试件的抗拉强度均不得小于该级别钢筋规定的抗拉强度。至少应有 2 个试件断于焊缝之外，并呈延性断裂。

钢筋接头应设置在承受应力较小处，并应分散布置。配置在"同一截面"内受力钢筋的截面面积，占受力钢筋总截面面积的百分率，应符合设计要求。当设计未提要求时，应符合下列规定：焊接接头在受弯构件的受拉区不得大于 50%；绑扎接头在构件的受拉区不得大于 25%，在受压区不得大于 50%；钢筋接头应避开钢筋弯曲处，距弯曲点的距离不得小于钢筋直径的 10 倍；在同一根钢筋上应少设接头。"同一截面"内，同一根钢筋上不得超过一个接头。

（2）钢筋绑扎。

将加工好的钢筋运至模板内，按设计图放样绑扎，钢筋品种、规格、数量、形状、位置、间距、接头等均应符合设计图纸和施工规范的要求，在交叉点处应用直径 0.7～2.0 mm 的铁丝，按逐点改变扎丝方向（8 字形）交错扎结，或按双对角线（十字形）方式扎结，必要时可以采取点焊，以确保钢筋骨架的刚度和稳定性。为便于施工，腹板钢筋分段从起始端向前进方向进行绑扎。根据弹好的线安放腹板箍筋。纵向水平筋采用搭接绑扎或焊接，其搭接长度、焊接长度及接头错开应满足设计及规范的要求，遇到各预留孔洞处可自行断开。应确保最小净保护层厚度。最后垫好钢筋保护层垫块。侧面的垫块与钢筋绑牢，每间距 1 m 一块，底板垫块按每平方米 4 块布置。并检查有无遗漏。垫块厚度要准确，垫块的强度要满足施工要求，且牢固固定于钢筋上。凡与预应力束发生冲突的普通钢筋，均适当移动以避让。箱梁顶板钢筋的绑扎待内模拼装完成后再绑扎，绑扎工艺均应符合规范要求。

（3）预埋件安装。

泄水孔、通风孔、张拉槽口及设计图上其他预埋件的预埋，应根据施工设计图纸进行施工。梁体钢筋如与预应力孔道、预留孔洞、预埋件相碰，适当移动梁体钢筋的位置保证预埋位置正确。

5．预应力管道安装

预应力管道安装按照先底板、再腹板、后顶板的顺序进行安装，与普通钢筋冲突时，适当挪动普通钢筋的原则进行。预应力管道安装时需要精确定位，按图纸要求，采用 $\phi 12$ 钢筋固定波纹管，直线段每米一道，曲线段 0.5 m 一道，以防止浇筑混凝土时管道上浮。梁体内设有竖向和纵向预应力，其孔道纵横交错，比较复杂。由于钢筋，管道密集，如波纹管、精轧螺纹钢筋管道、普通钢筋发生冲突时，允许进行局部调整，调整原则是先普通钢筋，其次是竖向预应力筋，保持纵向预应力钢筋管道位置准确。梁体腹板箍筋与预应力钢束干扰时，应尽量避免切断腹板箍筋，若切割腹板箍筋，须在切断箍筋内侧补充布置相同数量和直径的竖向拉筋，且其应钩在顶板上钢筋网和地板下钢筋网的纵向钢筋上。压浆管道设置，钢束长超过 60 m 的按相距 20 m 左右增设一个三通管，以利于排气，保证压浆质量。

对波纹管接缝应进行密封处理，不使漏浆。槽口范围内的顶板横向钢筋可先预留锚固长度后截断并弯折，待预应力筋张拉和压浆完毕后在复位焊接横向钢筋，最后采用 C55 干硬补偿收缩混凝土封锚。预应力管道安装控制措施：

（1）施工中对纵向预应力管道要设足够数量的定位钢筋，以保证纵向预应力束位置与设计位置相符。特别是腹板内的纵向预应力束，曲线半径小，定位网的位置及间距在竖曲线处应加密，定位钢筋应多方向固定，确保预应力管道在混凝土浇筑中不上浮、不下沉、不偏移。

（2）分节安装波纹管，接头处用透明胶密封。连接管的直径宜大于被连接管一个直径级别，其长度为 4~5 倍连接管内径，且不应小于 300 mm，保证密实良好、接头严密。

（3）波纹管与锚垫板连接时须将锚垫板的喇叭管适当扩大后，将波纹管穿入喇叭管中，并用透明胶将波纹管与锚垫板间的缝隙密封以防止漏浆。波纹管伸入喇叭管中的长度应保证钢筋调整及端模安装时波纹管不会滑脱。

（4）锚板应与锚块模板之间贴紧，并加圆钉固定。压浆孔和排气孔应用湿棉纱堵塞，并用封箱胶带封口，防止在混凝土浇筑中漏浆。

（5）螺旋筋应在安装前与锚板之间电焊固定，保证其位置正确。

（6）竖向预应力管道底端在横向每两根之间用压浆管串联，并在两根的梁端分别设一压浆管。压浆管和压浆孔应密封可靠，并有足够的强度，确保在混凝土浇筑时混凝土的冲击下不产生变形、破裂，在压浆时在梁面由任意一根压浆，从另一根排气。

6. 模板安装

箱梁模板由底模、外侧模、内模、端模等组成。底模采用大块钢模直接布设于挂篮底篮上的较密的型钢上承受荷载；外侧模采用大块钢模；在箱梁节段上端头模板上预留孔洞，将箱梁接缝处纵向钢筋伸出模板。顶板部分将预应力束管道波纹管伸出模板。

模板安装应先安装底模、外侧模，再安装内模。相互连接的模板，模板面要对齐，连接螺栓不要一次紧到位，整体检查模板线形，发现偏差及时调整后再锁紧连接螺栓，固定好支撑杆件。模板接缝用胶带纸密封，防止漏浆而影响箱梁混凝土质量和外观。在绑扎钢筋前，应对模板平面位置、标高、节点联系及稳定性进行检查，全部符合规范后涂刷脱模剂，之后进行下一步工作。每一节段施工时，应根据施工监控和测量单位提供的参数，及时调整标高。

7. 混凝土浇筑

挂篮悬浇节段法施工箱梁时，在施工中必须解决好施工组织、浇筑顺序、坍落度控制、振捣及孔道保护等一系列问题才能保证浇筑质量以及上下工序的顺利完成。箱梁为 C50 砼，由试验室按技术规范试配出符合要求的配合比,砼拌和楼严格按配合比配拌砼,由砼罐车运输至施工场地泵送施工。因波纹管和钢筋较密集,严格按照规范要求进行砼振捣,防止损坏管道。

浇筑混凝土操作要点:

(1)悬臂施工时,理论上宜完全对称浇筑,如混凝土泵送有困难而难以实现时,应控制两端混凝土灌筑不平衡重不超过 20 t。

(2)为了防止新老混凝土结合面出现裂缝,砼浇筑方向由悬臂端或跨中向支点进行。砼分层浇筑,每层厚度宜 30~40 cm,应一次连续浇筑完毕。

(3)所有块段箱梁混凝土采用一次浇筑完成,在顶板上预留方孔,进行底板砼浇筑施工。

(4)在浇筑砼前,预应力管道内必须完成安装内衬管工作。在浇筑砼过程中,避免踩压波纹管,防止变形,影响穿束和张拉。

(5)使用 50 型插入式振捣棒振捣砼时需快插慢拔,要垂直插入砼中,并插至前一层浇筑砼 5~10 cm,严禁用振捣棒拖曳砼,振捣棒移动间距不得超过有效振动半径的 1.5 倍。对于钢筋密集部位、锚下部位要特别注意振捣作业,避免出现蜂窝。

(6)因为箱梁表层(顶板)厚度小、面积大,极易产生收缩裂缝,顶板浇筑混凝土时,采用平板振捣器,并在混凝土终凝前再进行一次重力压磨工艺。

(7)混凝土质量必须设置双控系统。即搅拌机出盘质量控制与现场入模前的质量控制。现场与搅拌站要有畅通的通信手段,以便随时调整浇筑速度及混凝土质量。

(8)混凝土浇筑施工用机械设备和原材料在施工前准备充分,以保证浇筑的连续性。

(9)所有箱梁砼施工缝严格按照规范要求进行凿毛处理。在下一箱梁段砼浇筑前,表面洒适量水进行湿润,防止新旧砼结合面衔接质量不良。

(10)砼浇过程中要按试验规定留取足够的试件,并要与箱梁同条件养护。

混凝土浇筑完成后,应在收浆后尽快覆盖和洒水养护。覆盖时不得损伤或污染混凝土的表面,洒水的次数以能保持混凝土表面经常处于湿润状态为度。对于大体积砼的养护,应根据气候条件采取控温措施,并按需要测定浇筑后的混凝土表面和内部温度,将温差控制在设计要求的范围内。砼强度达到 2.5 MPa 前,不得使其承受人员、工具、模板、支架等荷载的干扰。

8. 预应力张拉及孔道压浆

当砼强度达到设计强度的 100%,混凝土弹性模量达到设计要求数值后,立即进行预应力张拉与压浆。纵向预应力体系:预应力钢束采用符合 GB/5224 标准 ϕ_s15.2 mm 高强低松驰预应力钢绞线,标准抗拉强度 f_{pk}=1 860 MPa,钢束规格顶板及下弯束采用 ϕ_s15.2-14,张拉采用与之配套的智能张拉设备,管道形成采用塑料波纹管成孔。

竖向预应力体系:预应力筋采用 ϕ32 mm 的 $40Si_2MnMov$ 精扎螺纹钢筋,抗拉强度标准值为 785 MPa,弹性模量为 2×105 MPa,管道形成采用内径 50 mm,外径 63 mm 塑料波纹管成孔。

1)纵向预应力张拉

(1)纵向预应力筋张拉施工程序。

纵向钢绞线束张拉的施工程序:清理锚具、喇叭口,割除多余波纹管→钢绞线除锈、下料、编束、做束头、穿束→切除多余钢绞线,安装工作锚、千斤顶及工具锚→待混凝土龄期(弹性模量)及强度达到设计要求数值后进行张拉→完成张拉并合格后割除多余钢绞线→封锚、压浆。

(2)纵向预应力筋张拉步骤。

初张拉(张拉力 P_0 为 0.1~0.15 倍设计张拉力 P)→持荷 3 min→量测伸长量 δ_0→张拉至设计张拉力 P→持荷 3 min→量测伸长量 δ_1→回油→量测伸长量 δ_2。

(3)清理锚具、喇叭口的要求。

将锚具、喇叭口上的水泥浆、混凝土清除干净;清通喇叭口上的压浆孔,保证灌浆通道畅通;对喇叭口与波纹管连接处的错台进行处理,使之连接圆顺,错台不超过 5 mm;对喇叭口内的多余波纹管予以切除。检查喇叭口位置是否正确,与孔道是否垂直,有问题时先对其进行处理。对锈斑不能清除干净或有损伤的锚具和夹片不使用。

(4)钢绞线除锈、下料、焊束头和穿束的要求。

钢绞线防锈:钢绞线分批进货,以免货多积压而生锈。进场后做好防雨、防潮、防锈工作。除锈重点是束两端张拉范围,以防张拉时滑丝。钢绞线下料:钢绞线下料在梁面上进行。下料长度为孔道长度+2 倍的千斤顶工作长度+0.3 m 的束头焊接影响区+下料富余量。下料用砂轮锯,不使用电气焊切割。砂轮片为增强型的,以策安全。切口两侧 5 cm 处用细铁丝绑扎,以免散股。下料中和下料后避免钢绞线受损和污染。下料按先长后短的原则进行,以节约材料。下料时经两人确认长度无差错后再切割,避免出错。下料时拉动钢绞线不要太快,避免钢绞线散盘速度跟不上拉动速度而弯折。当钢绞线出现弯折后不得使用。

钢绞线编束和做束头:将穿束端钢绞线用 2~3 道粗铁丝捆绑后调整各根端头之间的相对位置,使端头形成圆锥形后拧紧铁丝;根据连续箱梁钢绞线束长短不一的特点,结合既有施工经验,钢绞线穿束的束头根据钢绞线束长短分别采用物理处理束头和化学焊接束头:对 35 m 以下的钢绞线束采用钢管套筒加楔形粗钢筋的物理钢绞线束头,从而每束钢绞线均可以节省半米左右的束头钢绞线;对 35 m 以上的钢绞线束采用焊接束头,将各根钢绞线互相焊连、结成一体。焊接过程中,将电焊机地线捆在束头 0.5 m 内即张拉范围以外,以免电焊机打火损伤钢绞线。束头焊接后,用手持砂轮机打磨端头,使之成为圆顺的锥形。焊束头时将穿束用的钢筋环一起焊上。尽量缩短焊接长度,以便束头在管道内顺利通行。

钢绞线穿束:对 30 m 左右的钢绞线束用人工穿束,对 30 m 以上的用卷扬机穿束。纵向束的穿束在混凝土强度大于 10 MPa 后进行。用卷扬机穿束时,卷扬机即可放在本 T 构上,也可放在相邻 T 构上或附近桥墩上,具体布置视现场实际情况而定。用 3 t 左右牵引力的卷扬机即能满足穿束要求。穿束前理顺钢绞线,使之顺直不扭结,并用胶布将束头缠裹严实。

穿束时首先用比孔道长 10 m 左右的单根钢绞线穿过管道,然后通过该根钢绞线将卷扬机钢丝绳拉出孔道后,用 O 形卡将钢丝绳与束头上面的钢筋环相连。经检查连接可靠后,开动卷扬机,进行穿束作业。穿束时,卷扬机操作者与穿入端人员保持联系,令行禁止,避免强拉、多拉。在卷扬机牵引钢绞线束的同时,施工人员在束后不断地向前推送钢绞线束,并使两者速度基本同步,以减少牵引阻力、避免钢绞线弯折。为保证钢绞线束顺利穿过管道,在第一次穿过孔道的单根钢绞线前端固定一个直径比束头大 1 cm 的铁球,借以提前发现孔道内堵塞和不畅问题,并在穿束前予以妥善解决,以免穿束中出现堵塞后进退两难。通过孔道的任何物件如钢丝绳、钢绞线、铁球、卡子、接头等,都必须圆顺,以免引起管道的损伤和堵塞。

(5)张拉准备工作。

按规定对锚具、夹片等进行检验;对千斤顶、油泵、油表等进行配套标定;千斤顶作业空间的检查、确认;对梁体作全面检查。如有缺陷,按照监理工程师同意的方案修补完好且达到设计强度。割除多余钢绞线:钢绞线外露喇叭口的长度为锚具厚度+千斤顶最小工作长度+15 cm 的张拉富裕量。富裕量不能过大,否则将增加施工难度。

安装工作锚和夹片:装好锚具后用手锤垫在木头上敲击锚具,直至不能敲动。接着将夹片装入锚孔,用比钢绞线直径略大的钢管击打夹片,使之塞紧在锚孔内。用钢管击打夹片前,调整均匀同一夹片中各楔片间的缝隙和外露量。装好后的夹片外露量基本一致且缝隙均匀,否则重装。

安装千斤顶和工具锚、工具夹片:千斤顶安装使用手拉葫芦,安装后至张拉完一直用倒链悬灌着千斤顶,以便用倒链调整千斤顶,使千斤顶轴线与管道和锚垫板轴线一致,保证钢绞线顺直,减少张拉摩阻力。为使张拉后夹片退锚顺利,在工具锚和工具夹片之间涂抹退锚材料。

安装千斤顶和工具锚、夹片符合下列要求:工作锚、限位板、千斤顶、工具锚、夹片按要求装好,工作锚位于锚垫板凹槽内,相互之间密贴;"四同心"符合要求,即预应力管道、锚垫板、锚具、千斤顶四部分基本同心;各种油管接头满扣上紧,千斤顶、油表安放位置配套正确。

(6)张拉作业。

所有纵向预应力束张拉均使用自锚式锚具、按"左右对称、两端同时"的原则进行,以下说明均建立在此基础上的。检查油管路连接可靠、正确后,开动油泵,使钢绞线略为拉紧后调整千斤顶位置,使其中心与孔道轴线基本一致,以保证钢绞线自由伸长,减少摩阻。同时调整工具夹片使之卡紧钢绞线,以保证各根钢绞线受力均匀。然后两端千斤顶以正常速度对称加载到初始张拉力后停止加载,持荷 3 min 测量并记录钢绞线初始伸长量。完成如上操作后,继续向千斤顶进油加载,直至达到控制张拉力。初始张拉力取控制张拉力的 10%。

钢绞线达到控制张拉力时,不关闭油泵,而继续保持油压在控制张拉力下 3 min,以补偿钢绞线的松弛所造成的张拉力损失。然后测量并记录控制张拉力下的钢绞线伸长量。持荷 3 min 油表读数无明显下降时即可关闭油泵进油阀,打开油泵回油阀使油缸退回,则工作锚自动锚固钢绞线。锚固时先锚固一端,待该端锚固完成并退去工具夹片、卸去工具锚及千斤顶、观察钢绞线无滑丝和断丝现象后,将另一端补足拉力后再锚固这一端。然后卸去这一端的工具夹片、工具锚及千斤顶,同样观察钢绞线有无滑丝和断丝现象。钢绞线束伸长量测方法:开始张拉之前应将所有钢绞线尾端切割成一个平面或采用与钢绞线颜色反差较大的颜料标注出一个平面,在任何步骤下量测伸长量均应量测该平面距锚垫板之间的距离,不得以量测油缸伸长值代替。

实测伸长量:

$$\delta = \frac{P(\delta_1 - \delta_0)}{P - P_0}$$

钢绞线束张拉采用张拉力与伸长值双控法,即在张拉力达到设计要求后,实际伸长值与理论值之间的误差若在-6%～+6% [即（$\delta-\Delta'$）/Δ'在（-6%～+6%）]，即表明本束钢绞线张拉合格。否则，张拉力虽已达到设计要求，但实际伸长值与理论值之间的误差超标，则暂停施工，在分析原因并处理后继续张拉。对伸长量超标的原因分析，从如下方面入手：张拉设备可靠性即张拉力的准确度，设计对波纹管道摩阻和偏差系数取值的准确性，钢绞线弹性模量计算值与实际值的偏离，伸长量量测和计算方面的原因如没考虑千斤顶内钢绞线伸长值等。若一切正常，则封堵锚具端头，尽快压浆。

（7）张拉施工注意事项。

千斤顶加载和卸载时做到平稳、均匀、缓慢、无冲击。张拉时混凝土强度和龄期不得低于图纸要求。张拉顺序按图纸要求进行。张拉作业中，对钢绞线束的两端同步施加预应力，以保证两端张拉伸长量基本相等。若两端伸长量相差较大时，查找原因，进行纠正。当气温下降到+5 ℃以下时，禁止张拉作业，以免钢绞线发生脆断。

张拉过程中不敲击和碰撞张拉设备和油管路。张拉完毕后，未压浆或压浆后水泥浆未凝固时，不敲击锚具和剧烈震动梁体。多余的钢绞线用切割机切割，切割后留下的长度不少于3 cm。在高压油管的接头加防护套，以防喷油伤人。在测量伸长量时，停止开动油泵。张拉过程严格执行操作规程。转移油泵时必须将油压表拆卸下来另行携带转送。在有压下不得拧动油泵或千斤顶的接头。

（8）滑丝和断丝处理。

在张拉过程中，多种原因都可能引起预应力筋滑丝和断丝，使预应力筋受力不均，甚至不能建立足够的预应力，从而影响桥梁的使用寿命。因此需要限制预应力筋的滑丝和断丝数量。当滑丝和断丝数量在允许范围内时，不需处理；但当滑丝和断丝数量超过允许范围时，则需处理。

滑丝判断：张拉完毕卸下千斤顶后，目视检查滑丝情况。仔细查看工具锚处每根钢绞线上的楔片压痕是否平齐，若不平齐则说明有滑丝；察看本束钢绞线尾端张拉前做的标记是否平齐，若不平齐则说明有滑丝。

滑丝处理方法：首先把专用卸荷座支承在锚具上，将专用千斤顶油缸外伸至千斤顶行程的一半后，把退锚千斤顶装在单根钢绞线上。当钢绞线受力伸长时，夹片稍被带出。这时立即用改锥或钢钎卡住夹片凹槽。然后油缸缓慢回油，钢绞线内缩，而夹片因被卡住而不能与钢绞线同时内缩。如此反复，直至夹片退出、钢绞线放松、重新张拉至设计张拉力并顶压楔紧新夹片为止。重新张拉完成后，立即进行压浆。

断丝处理方法：提高其他钢绞线束的控制张拉力作为补偿。但最大超张拉力不得超过设计和规范允许值；换束，重新张拉；启用备用束。具体采用何种方式，与设计单位商定。

（9）预应力质量控制。

原材料质量控制：为控制原材料质量，选择质量可靠、性能稳定的产品，把质量放在第一位；其次，到货时除厂家提供合格证外，还需按照规范进行复验，不合格的不接受使用。

预应力管道质量控制：在预应力管道曲线段，采取增加定位钢筋数量、加大定位钢筋直径以及将定位钢筋与梁体钢筋焊为一体的方法，以保证管道坐标准确和成孔质量。另外为加强孔道整体刚度，防止混凝土浇筑过程中进入波纹管中，采取在波纹管内穿入PVC管或橡胶管的措施。

摩阻测试：为检验设计参数对施工现场的准确性、适应性和施工工艺的可靠性，以保证有效预应力满足设计要求，在施工中进行管道、锚具和喇叭口的摩阻测试。根据实测数据，检查预应力损失值并与设计允许值进行对比后报设计单位，确定进行预应力调整的必要性和调整量，确定实际张拉控制力，确保梁体最终能够获得需要的预施应力值。

张拉控制：建立预应力设备的定期配套校验制度，提高使用压力表的精度；箱梁预施应力坚持"强度、弹模、龄期"三个条件同时满足原则和"以张拉力控制为主、以伸长量进行校核"的双控标准；若张拉结果或检查中有异常，则根据问题情况，由有关单位（施工、监理、设计等）的有关人员共同分析原因后确定进一步的处理措施。

张拉后梁体收缩徐变对预应力影响的考虑：根据梁体应力与线性监测结果，还需对张拉后梁体过大的收缩徐变对预应力损失的影响采取相应的措施。相应措施与设计单位商定。

梁体上拱观测及控制：在连续梁全部成桥后的 6 个月内，定期测量梁体上拱度，做好记录，检查是否超限。若超限，与监理、设计单位共同分析原因、确定处理意见。

2）竖向预应力筋张拉

梁体竖向预应力钢筋采用抗拉强度标准值为 785 MPa 的精轧螺纹粗钢筋，采用螺杆式穿心千斤顶张拉。张拉采取同一梁段两侧对称张拉的措施。其张拉程序为：清理锚垫板，在锚垫板上作测量伸长量的标记点，并量取从粗钢筋头至锚垫板上标记点之间的竖向距离 δ_1 作为计算伸长量的初始值→安装工作螺帽→安装千斤顶→安装连接器和张拉杆→安装双工具螺帽→张拉至 $0.1P$→张拉至控制张拉力 P→旋紧工作螺帽→卸去千斤顶及附件→1～2 天后再次张拉至控制张拉力 P 并旋紧螺帽→量取粗钢筋头至锚垫板上标记点的竖向距离 δ_2 作为计算伸长量的终值→计算实际伸长量 $\varDelta=\delta_2-\delta_1$，将该值与理论值进行比较。若误差在±6%内，则在 24 h 内完成压浆；若误差超过±6%，则分析原因并妥善处理后再压浆。竖向预应力粗钢筋张拉的注意事项：每一节段尾端与另一梁段接头处的一组竖向预应力粗钢筋留待与下一节段同时张拉，以使其预应力在混凝土接缝两侧都发挥作用。

3）预应力管道压浆

孔道压浆是将水泥浆填满孔道内空隙，让预应力筋与混凝土牢固地黏结为整体，并防止预应力筋的锈蚀。为保证压浆的密实性、延长预应力筋和梁体使用寿命，采用真空辅助压浆法连续压注。采用智能压浆设备。孔道压浆有如下主要工作：

（1）孔道压浆前的准备工作。

水泥浆配合比：水灰比 0.35～0.4，并掺减水剂和不含氯盐的膨胀剂。掺入膨胀剂后水泥浆的自由膨胀率控制在 2%左右；水泥采用强度等级不低于 42.5 级的低碱硅酸盐或低碱普通硅酸盐水泥；若掺入粉煤灰，则符合相关规定；初凝时间大于 3 h，终凝时间小于 24 h。

冲洗孔道：孔道在压浆前用压浆机冲洗，以排除孔道和灌浆孔内杂物，保证孔道畅通。冲洗后用空压机吹去孔内积水。检查设备完好性。

（2）水泥浆的拌和。

在拌浆机内先放水和减水剂后再放水泥，最后放膨胀剂。拌和时间不少于 2 min，拌好的灰浆过筛后存放于储浆桶内。储浆桶不停地低速搅拌，并保持足够的数量以保证每根管道的压浆能连续进行。

（3）孔道真空辅助压浆施工程序。

① 操作工艺要点。

真空压浆前,采用保护罩封锚(保护罩作为工具罩使用,在灌浆后浆体初凝后拆除)。封锚前将锚垫板表面进行清理,在灌浆保护罩底面和橡胶密封圈表面均匀涂上一层玻璃胶,装上橡胶密封圈,将保护罩套与锚垫板的安装孔对准后用螺栓拧紧,注意将排气口安装在正上方。真空压浆施工设备连接如图11-15所示。

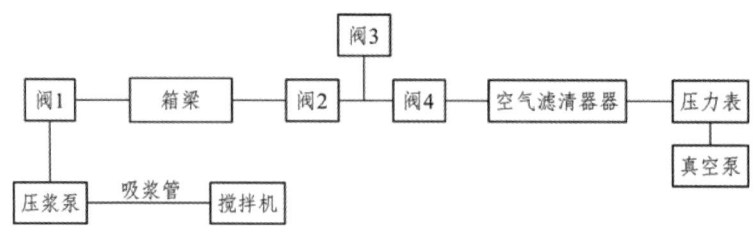

图 11-15 真空压浆施工设备连接图

② 真空压浆作业步骤。

清理锚垫板上的灌浆孔,保证灌浆通道畅通,与引出管接通。确定抽真空和灌浆端,安装引出管、球阀和接头等,并检查可靠性。搅拌水泥浆,使其水灰比、流动度、泌水性等达到技术指标要求。启动真空泵,使真空度达到-0.09~-0.1 MPa,并保持稳定。启动灌浆泵,当灌浆泵输出的浆体稠度与输入的相同时,将输送管接到锚垫板上的引入管,开始灌浆。压浆过程中,真空泵保持连续工作。待抽真空端的空气滤清器中有浆体经过时,关闭空气滤清器前端的阀门,稍后打开排气阀。当水泥浆从排气阀顺畅流出,且稠度与压入的浆体相当时,关闭抽真空端的所有阀门。灌浆泵保持继续工作,当压力达到 0.6 MPa 时停止灌浆,在 0.6 MPa 下持压 2 min。持压中若浆体压力无下降,则关闭压浆泵及压浆端阀门,完成压浆;若浆体压力有明显下降,则在查找原因后决定应对和处理措施。当水泥浆失去流动性前,拆卸外接管路、附件,并清洗干净。

(4) 质量控制措施。

针对曲线孔道的特点,在每根波纹管道的最高点设立泌水管。灰浆进入灌浆泵之前通过1.2 mm 的筛网进行过滤,以防止堵管。在现场对搅拌后的水泥浆做流动度、泌水性试验,并制作浆体强度试块。每根孔道的压浆连续进行,水泥浆搅拌结束至压入管道的时间以保证水泥浆在初凝时间内压注完为度。孔道压浆顺序为先下后上,同一管道压浆连续一次完成。气温低于 5 ℃ 情况下压浆采取可靠保温措施,或掺入不具腐蚀性的防冻剂。

(5) 压浆注意事项。

压浆在张拉质量确认后 24 h 内完成,并尽早进行。压浆泵上输浆管选用抗压能力 10 MPa以上的抗高压橡胶管,压浆系统上各连接件之间的连接要牢固可靠。灌浆在灰浆流动性下降前进行。同一管道的压浆连续进行。因意外中断时,用高压水冲洗干净并处理好后再压浆。

4) 端头锚具封端

对悬灌过程中的腹板束和顶板束,在张拉压浆后将其直接浇筑在下一梁段混凝土内作为封端,不再另外封端。而对合拢后的顶板束和底板束,由于其锚头外露,因此必须另做封端。封端的施工程序和要求如下:

浇筑封端混凝土前,首先确认无漏压的管道。然后对混凝土面凿毛,将锚垫板和锚具、钢绞线上的混凝土、砂浆等清除干净，对锚圈与锚垫板的交接缝涂抹聚氨酯防水涂料，对锚具和外露钢绞线进行防腐处理。绑扎端部钢筋网，并将钢筋网焊在端面预留钢筋上。然后牢固地固定封端模板，以免模板移动。并在立模后校核伸缩缝宽度。浇筑封端混凝土。浇筑时，细心插捣使混凝土密实，以免形成裂缝。封端混凝土是保证锚具和钢绞线免受腐蚀的重要屏障之一，浇筑混凝土后，养护时间不少于 7 d，以保证混凝土不开裂。封端混凝土养护结束后，采用聚氨酯防水涂料对封端处新老混凝土的接缝进行防水处理。为提高封端混凝土的抗裂能力，采用无收缩混凝土。其强度与梁体同标号，或不低于设计要求。试验室随机制作混凝土试件，以检查质量。

9. 挂篮整体行走

在梁段砼强度达到设计及施工技术规范要求时，张拉预应力束、压浆，挂篮整体前移；挂篮行走通过锚固后节点的办法，使其抗倾覆稳定系数不小于 2.0，挂篮总重不超过设计规定的重量；挂篮行走到位时，采取跟踪测量保证挂篮位置和高程的准确。

10. 挂篮拆卸

在浇筑最后一节梁段砼并完成张拉压浆后，采用吊车拆除挂篮。挂篮拆除与安装顺序相反，先拆除模板系统、底栏、悬灌系统，最后拆除菱形形桁架系统。

11. 挂篮节段悬浇线型控制

连续箱梁是：施工→量测→识别→修正→预告→施工的循环过程。施工控制的核心任务就是对各种误差进行分析、识别、调整，对结构未来状态作出预测。

预应力连续箱梁悬浇法施工时，由于梁体每段砼的重量、龄期、弹性模量、结构特性、预加应力、施工荷载等都在不断变化，并受到温度变化、材料收缩、徐变产生的次内力影响，使梁体各个截面的内力和位移都不断发生变化。

施工中，为确保主桥一次达到合拢精度和全桥设计精度，我们拟采用预应力砼梁桥施工动态跟踪和现场实际观测的方法，对主梁施工的每个阶段进行应力和挠度的动态监测和控制。通过施工过程对影响应力和变形的数据输入，对预应力砼结构进行弹性分析和时效分析，对悬浇法施工的结构从开始到合拢整个过程中任一施工段的结构内力变形情况进行计算，从而实现对结构施工过程的跟踪分析。并在施工过程中根据实际监测情况及时识别修正计算模型参数，重新计算各施工阶段节段的理想状态，对下一施工段作出更准确的预测，确保结构物高程和中线的偏差在允许范围之内，使大桥顺利合拢。连续箱梁施工控制流程如图 11-16 所示。

连续箱梁线型控制包括施工挠度控制及平面控制。挂篮与梁段模板安装时按设计和监控要求应设预拱度，以控制挠度。挂篮首次安装完成后，需要进行加载预压，设置挂篮施工的预拱度，并应开始对施工全过程进行线型监测。施工中，严格按照施工监控单位提供的数据，及时调整标高，保持箱梁线形顺直。

挂篮施工的预拱度的确定除了需要挂篮预压时的测量数据外，还需要在每段的施工前后对箱梁进行多次的沉降观测来提供数据。主要是箱梁浇筑后、挂篮移位前，挂篮移位后张拉前、张拉后等几次的线型观测，自 0#块浇筑完成后便开始此过程直至箱梁合拢完成。每次沉降观测完成后及时提供数据以便确定下一段模板调整的预拱度。根据计算预测提供的梁段顶标高及支架变形，精确设置立模标高，施工过程中要保持与设计计算模式相一致，如施工方案出现较大变化时，分析其影响程度，修正立模标高。

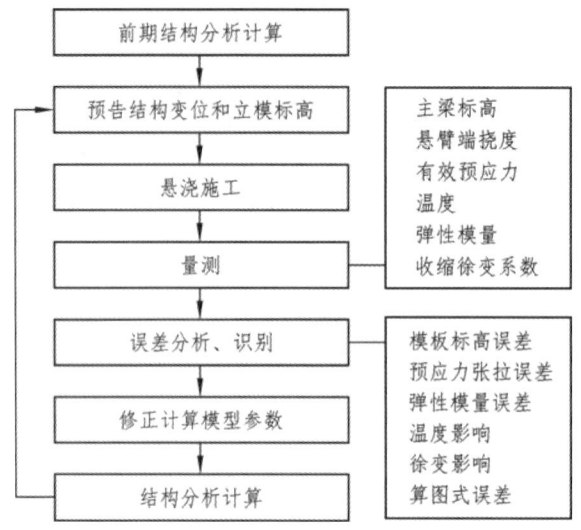

图 11-16　连续箱梁施工控制流程图

1）施工挠度控制

在主桥悬臂浇筑施工中，挠度控制极为重要，但影响挠度的主要因素有箱梁段自重引起的挂篮弹性变形、施工荷载、混凝土收缩与徐变、日照和温度变化等。挠度控制将影响到合拢精度及成功与否，故必须对挠度进行精确的计算和严格控制，在实际操作中采用计算机程序化控制。

（1）立模标高的确定。

箱梁悬浇段的各节段立模标高可参考下式确定：

$$H_i = H_0 + f_i + f_{挂} + f_x$$

式中　H_i——待浇筑段箱梁底板前端点处托架底模板标高；

　　　H_0——该点设计标高；

　　　f_i——本施工段及以后浇筑的各段对该点挠度影响值，该值由设计提供，但须实测后进行修正，修正值约为设计值的 0.6~0.9；

　　　$f_{挂}$——挂篮弹性变形对该施工段的影响值，在挂篮设计和加载试压后得出；

　　　f_x——由徐变、收缩、温度结构体系转移、二期恒载、活载等影响产生的挠度计算值，其中徐变、收缩值可按一个月内完成的节段考虑，如一个月浇筑四节段，则其值分别按前四段的理论计算值的 0.25、0.1、0.07、0.05 计算，此值在昼夜平均气温 15 ℃ 以下时接近实际，当气温在 20 ℃ 以下时明显偏小，须进行修正。

温度影响主要是日照温差的影响，它影响立模的放样、复测精度等。因此，放样及复测等工作选定在夜间或早晨进行，否则应予以修正。

（2）施工高程控制。

为了保证箱梁理论轴线高程施工精度，及时准确地控制和调整施工中发生的偏差值，应选有经验的专职测量工程师进行量测。高程控制以Ⅲ等水准高程控制测量标准为控制网，箱梁悬浇以Ⅲ等水准高程精度控制联测，选用高精度水准仪，其偶然误差不大于 1 mm/km。

挠度监测的方法是在梁顶面的同一方向截面上预埋 3 个测点，为便于分析计算，其中 1 个测点应较为准确地埋设于梁的中线上，另外 2 个测点对称于中测点设于两边，按照一定的时间间隔和每种工况交界时刻对每一截面上 3 个测点进行监测。并于浇筑混凝土前 1 h，由专门技术人员复核、检查各控制点，确保混凝土浇筑前的控制点立模标高、坐标，控制在 2 mm 以内。通过对监测数据整理分析后得知在每一种工序下梁体随着时间推移的变形规律和变形量大小，每个梁段施工过程需进行六次监测，即立模完浇筑混凝土前、浇筑混凝土后、预应力束张拉前、张拉后、挂篮行走前、行走后。每次监测都需将以前所有的监测点进行联测，绘出各监测点坐标、标高变化曲线，以便更好地修正理论分析。据此推算下一步施工梁段应该预留的变形量，同时与设计值进行对照，若发现异常现象应及时分析处理，以便定出一个合理的预留变形值进行施工放样。在每次浇筑完梁段后，全桥各临时转点、水准点必须复核、闭合，尤其是主梁上的混凝土浇筑临时水准点校核，必要时可进行适当调整。

2）平面控制

与梁段的标高值一样，梁段的中心线位置也同样受到各种因素的影响而发生变化。在实际操作中采取如下几种措施：

该桥设三等精度导线网，要求测角中误差符合规范要求。桥轴线相对中误差为 1/75 000，基线相对中误差为 1/200 000。计算出每个梁段中心线的起点、终点平面坐标值，输入微机待用。施工测量与控制测量相结合控制平面位置。施工测量就是预先在施工完的梁段埋设中心基点，运用偏角法测量定出下一梁段的中心位置。由于中心基点和所要测设的下个中心点受各种因素的影响，均处于不稳定的状态中，所以要用该桥三角网进行梁段中心线的复核测量，当复核误差大于 5 mm 时应及时分析原因，及时调整。三角网控制复测最好安排在 18：30～次日 7：30 前，以减少日照的影响。对已施工完成的各梁段的中心也要按规定每天测量一次，以掌握线型的总体变化，输入计算机指导下步梁段的测量工作。

11.3.2 0#、1#块施工方法

主桥 0#块长 2.5 m，1#块长 3.75 m，梁体截面为单箱双室形式。主桥顶板宽 9.3 m，底板宽 8.3 m，中支点中腹板中心处梁高 4.5 m，边支点中腹板中心处梁高 3.8 m，跨中中腹板中心处梁高 3.48 m。箱梁梁高及底板厚度均以圆弧线变化。

0#、1#块支架搭设示意图如图 11-17～11-19 所示。

1. 总体思路

主桥 0#块为后续挂篮悬浇节段的起步段，采取支架现浇法施工。在 0#块施工时，相应考虑或后续挂篮施工所需的各种构造措施，如临时固结，挂篮锚固点及预留孔洞布置等。0#块施工所需的预埋件预先在承台及桥墩墩身施工时埋设。0#块因顶板位置预应力管道很密，且各个部位钢筋均配置较密，采取一次浇注，困难较大，很容易出现混凝土缺陷。因此，0#块混凝土分两次完成，第一次浇注底板及腹板，第二次浇注顶板及翼板。顶板内支架采用扣件式钢管支架。混凝土采用泵送浇筑，按水平分层顺序浇捣。应注意的是，浇筑应对称均衡进

行。0#块施工时应注意按照施工图纸预埋挂篮锚固件及相应预留孔洞，混凝土浇注前应予复查，防止遗漏造成施工困难。0#块混凝土强度及龄期达到设计要求后，即可张拉预应力钢束，并及时压浆。压浆完成且浆体达到一定强度后即可拆除0#块支架。0#块施工所需的预埋件预先在承台及桥墩墩身施工时埋设。

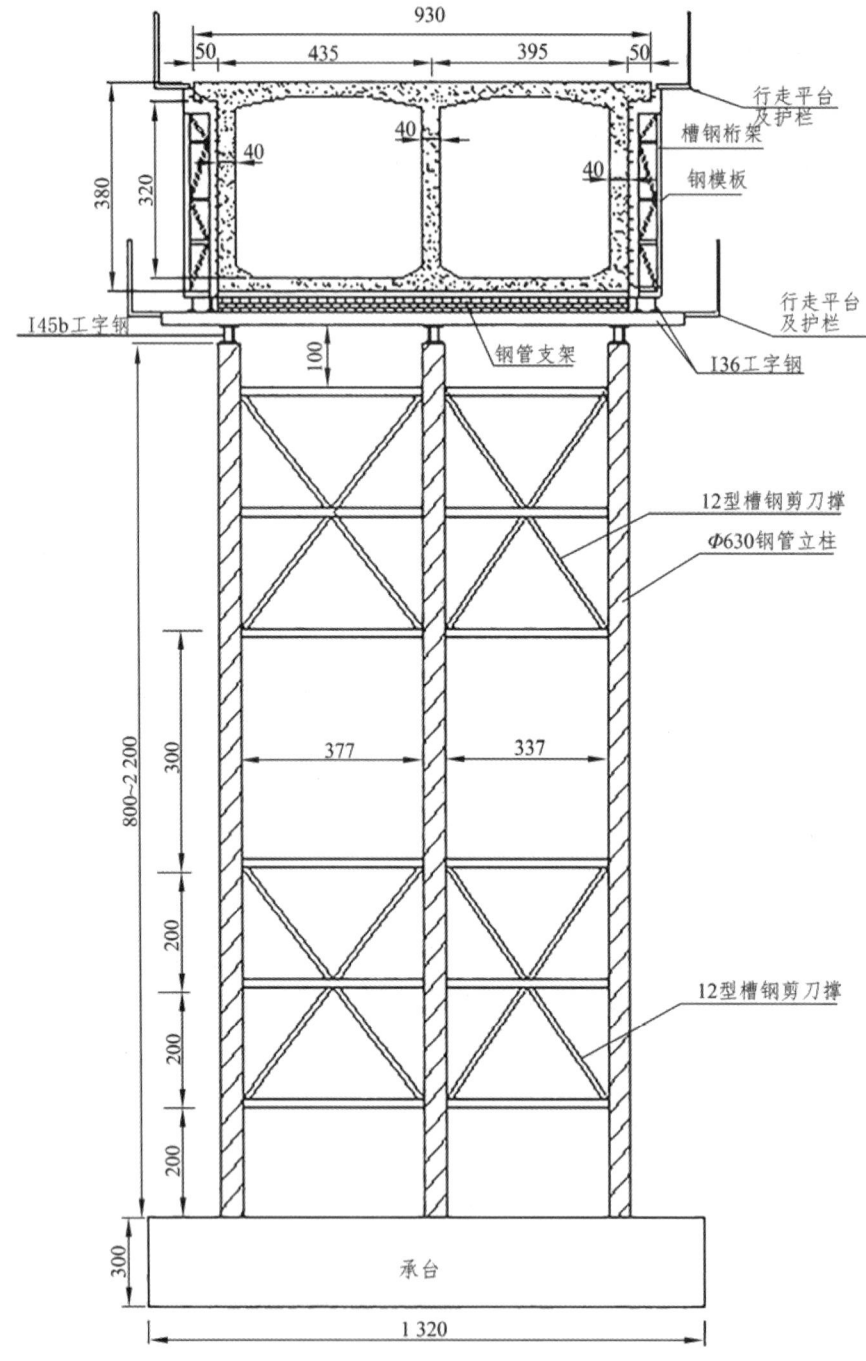

图 11-17 支架搭设示意图

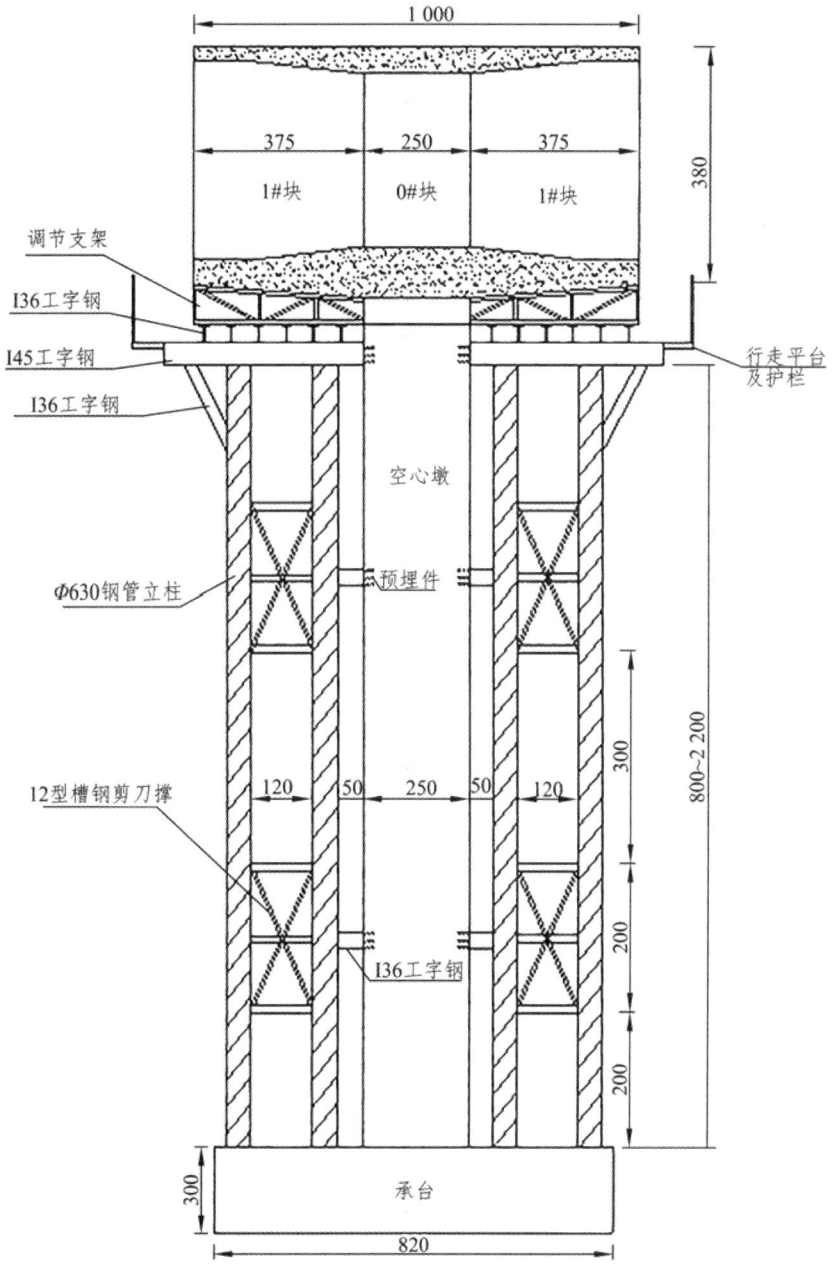

图 11-18 支架纵断面图

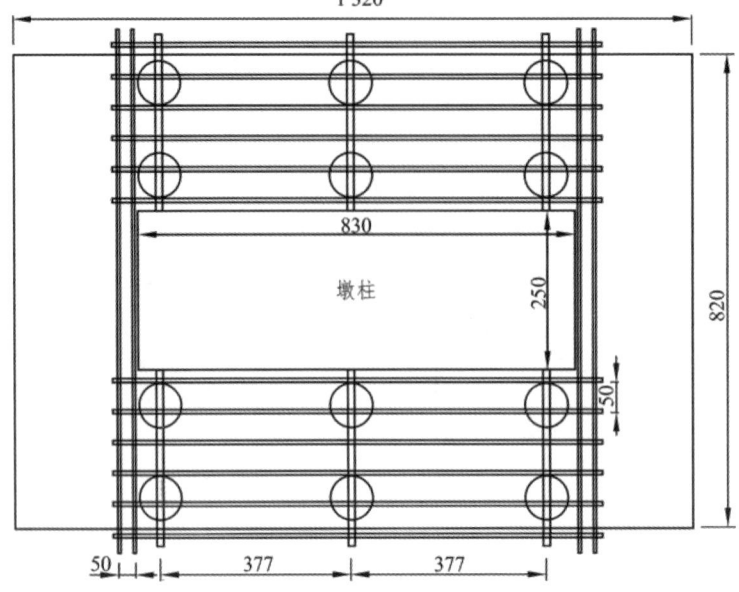

图 11-19 支架平面图

2．主要施工工艺

1）施工工艺流程

下部结构验收→支座安装→安装临时固结柱、0#块钢管立柱→搭设支架→支架预压→安装模板→安装底板及腹板钢筋→浇注底板及腹板→搭设内支架，安装内顶模→安装顶板钢筋→浇注顶板及翼板→预应力张拉及压浆→0#块支架拆除。

2）施工步骤

其详细施工步骤如下：

承台施工时，预埋临时墩固结钢板及钢筋；临时墩施工时，预埋支架预埋件；安装 0#块支架，焊接翼板下主梁，安装纵梁、底模落架砂箱、翼板钢管支架等；浇筑支座垫石，安装永久球型钢支座；安装底模，支架预压，确定支架预抬高量，调整底模位置及标高；安装底板部分堵头模板，绑扎底板和腹板钢筋，安装人洞模板，绑扎横隔梁钢筋，安装侧模，安装横梁预应力管道及预应力筋，安装腹板纵向预应力管道。监理验收；浇注第一次混凝土（底板及腹板）；安装箱梁内顶模，翼板模，安装堵头模板，绑扎顶板底层钢筋网及管道定位筋，安装顶板纵向预应力管道，安装顶板横向预应力管道，安装顶板上层钢筋网。监理验收；浇注第二次混凝土（顶板及翼板）；拔出预应力管道内衬管，管道清理及混凝土养生，拆除堵头模板，两端混凝土连接面凿毛；混凝土达到设计强度后，拆除内膜、侧模和顶模，对称张拉钢束 F1、T1，张拉钢束完毕后管道压浆；转入挂蓝安装及 1#块施工。

3．支架及临时固结构造设计及施工

临时固结工艺流程：承台施工时，预埋临时固结柱底板钢板及通长 Φ32 钢筋（可以采用钢筋连接器接长）→安装焊接钢管（分段接长）→灌注管内混凝土→设置柱顶钢板→搭设支架、模板→浇注 0#块混凝土。

临时支撑体系由支撑钢管与工字钢体系共同组成。0#、1#块分配梁一端坐落在主墩上,另一端坐落在临时墩中,经过临时墩的分配梁采用施工预埋,并且在每两个临时墩中间的连系梁底下加临时槽钢支撑,确保连系梁的荷载通过临时钢管柱传到承台,临时支撑拆除亦应该对称均衡。分配梁上直接铺设模板,外部模板利用挂篮模板。支架按施工设计图搭设完毕后,应组织验收。同时,支架还应按照要求进行预压,以进一步检查其安全性。预压堆载时,荷载分布情况应与实际相同。分配梁采用I35b工字钢,底板下主横梁采用I45b工字钢与两侧临时墩预埋钢板焊接,外模利用挂篮模板,内模采用钢管架和木模。

4. 分配梁

0#、1#块支架设置的分配梁共分为1种。分配梁为底板下分配梁,横桥向设置,翼板下分配梁,顺桥向设置,主要承担墩身以外的梁体的重量并将其传递至主梁上,分配梁采用I35b工字钢,在底板位置布置间距为0.5 m,每个翼板下布置2根,具体布置详见设计图;分配梁与桥墩(包括主墩和临时墩)相接处,受梁底斜坡及卸架的需要,其形成的梯形间隙采用砂筒。

5. 钢管柱支架

钢管柱采用外径ϕ630 mm、壁厚10 mm的直缝钢管。钢管柱底部与基础之间采用法兰盘、螺栓连接加固。长钢管柱每节整米长度1~9 m,短钢管柱每节长度0.1~0.9 m,钢管柱之间采用法兰盘、螺栓连接固定。上下焊接加劲钢板,厚度10 mm。安装采用25 t汽车吊,专人指挥操作。卸架由调节支架来完成,每排的钢管柱之间使用[12槽钢进行水平、斜向交叉(剪力撑)连接加固。纵向、横向剪刀撑均以基础以上2 m开始设置,3 m设置一道,具体尺寸见纵、横断面图。钢管柱与薄壁空心墩预埋件采用I36工字钢连接,5 m设置一道。0#、1#块支架施工时,应严格控制施工质量,尤其是在预埋件制作及安装、钢结构焊接、钢管柱制作及安装精度、见支架及其支撑限位装置安装等方面。支架搭设完毕后,应组织相关人员进行检查验收,经检查验收后,方可进行下一步工序的施工。

6. 支座安装

(1)在支座设计位置处划出中心线,同时在支座顶,底板上也标出中心线。

(2)将地脚螺栓穿入底板(顶板)地脚螺栓孔并旋入底柱内,底板和底柱之间垫以直径略大于底柱直径的橡胶垫圈。

(3)支座就位对中并调整水平后,用环氧砂浆或高标号砂浆灌注地脚螺栓孔及支座底板垫层。待砂浆硬化后拆除调整支座水平用的垫块,并用环氧砂浆填满垫块位置,环氧砂浆要求灌注密实。

7. 支架预压

支架搭设完毕后,应对支架进行预压,以消除支架的非弹性变形,并根据变形观测数据计算弹性变形大小以准确设置梁体的与拱度。同时验证支架的安全性和稳定性。0#块支架预压采用预制块堆载。具体方法是在完成0#块底板及侧翼板安装后,使用预制块(每个质量约2.5 t)按照实际混凝土荷载分布情况进行堆载。堆载重量为支架实际承受的混凝土自重的1.2倍。

(1)本方案拟按分段预压法进行预压,每阶段箱梁预压前对预压荷载及其分布情况进行详细的计算,预压重量为底、腹板箱梁自重(梁跨荷载统一考虑安全系数为1.2),并绘制出荷载分布的平面图，以保证预压可准确模拟箱梁现浇时的支架受力状态。箱梁预压荷载采用砂袋，准确加载。在支架顶、支架底设置观测点，模板顶设观测杆（位置不影响加载并要有明显标志），并对支架模板作第一次观测，作好记录。布置测量标高点并记录每点的初始标高值 H_1。

（2）加载顺序及时间：加载时按照计算预压总荷载的 60%、80%、100%、120%分级进行，中间每级加载完成后，对支架进行一次观测，最后一级加载完成后要进行 24 h 跟踪观测，每次观测都要根据观测记录计算支架在两次观测时间之间的沉降情况。

（3）对加载后各测量点标高值 H_2 进行测量。加砂布载结束后立即进行观测各测量点的标高值 H_2，并做好相应的记录。

（4）测量卸载前各测量点标高值 H_3。布载 24 h 后、卸载前测量各测量点标高值 H_3。

（5）卸载顺序及时间：预压持载时间根据支架观测情况确定，若沉降量或支架形变没有趋于平缓，则适当延长预压时间，直至支架形变及沉降均满足规范要求（连续两天沉降量小于 5 mm）即可卸载。卸载按预压总荷载的 60%、80%、100%、120%逐级卸载，每级卸载完成都要对支架进行观测，计算支架的弹性变形情况。

（6）预压荷载计算：

一跨混凝土荷载：73.2×2.5=183.0 t

钢筋钢绞线荷载：12.1 t，模板、支架荷载：12.8 t。

合计荷载：183.0+12.1+12.8=207.9 t。

荷载 60%=207.9×0.6=124.7 t，荷载 80%=166.3 t。

荷载 100%=207.9 t，荷载 120%=249.5 t。

（7）预压区域。

预压区域为整体箱梁。

为保证施工进度和预压质量，考虑采用砂袋预压。用水准仪观测加载后支架、模板、地基垂直沉降变形，用全站仪观测支架的位移变形，具体观测方法：

① 测量人员在预压前在支架顶部选好观测点，作好标记并编号，在每跨箱梁纵向 1/2 处两端分别设置一个观测断面，每断面取 3 个点（分别为梁底边缘及中线位置）。

② 在 1#块中间布置 3 个点，在两边各布置 3 个点进行观测；在预压前对底模标高观测一次，在预压过程中每隔 2 h 观测一次，观测至沉降稳定为止，沉降稳定的标准为沉降量＜1 mm/d；将预压荷载卸载后再对底模标高观测一次，从以上的观测资料中计算出支架的弹性变形及地基的下沉。预压过程中进行精确的测量，可测出梁段荷载作用下支架将产生的弹性变形值及地基下沉值，将此弹性变形值、地基下沉值以及设计预拱度（设计未说明，以经验值 50 mm 计）叠加，计算出施工中应当采用的预拱度，按算出的预拱度调整底模标高。同时要注意在支架外侧设置临时防护设施，防止流水及雨水流入支架区引起支架下沉。预压完成移除沙袋，根据下沉量重新调整支架。

（8）预压测量数据观测。

① 观测使用水准仪和全站仪，只设一观测站，不积累误差。

② 在场地硬化完成后对每跨场地进行观测点布设，并进行原地面观测。

③ 支架安装完成后对硬化场地及支架顶部进行观测。

④ 在每次加载完成后每间隔 12 h 进行观测,当支架测点连续 2 次沉降差平均值均小于 2 mm 时,方可继续加载,最后一次加载完毕后观测 48 h 直至沉降和变形稳定。

⑤ 卸载后对支架及场地进行观测。

⑥ 记录整理每次加荷观测的成果,以便更好地掌握控制箱梁的地基处理和支架搭设参数。

8. 模板

0、1#块外侧模板利用挂蓝侧模,为钢模板。模板面板厚 6 mm,横竖向分别设 L75×8 角钢及-6×67 扁钢加固,模板外侧竖向设 4 条 2[10 槽钢加强带,以保证模板的整体刚度。两块钢模采用螺栓连接,并夹塞双面泡沫胶带。在钢侧模外沿竖直高度上每 0.7～0.75 m 设一道 2[10 槽钢横带,并设对拉杆与内膜拉紧。内膜均采用木模,面板为 2 cm 厚胶合板,加强带木采用 10 cm×10 cm 木枋,间距 30 cm。内外模、内膜与内膜之间均采用对拉杆加固,对拉杆直径 20 mm,水平布置间距 50～100 cm,竖向间距与横带相同。内膜加强采用 2φ48×3 钢管。模板安装完毕后,应吊线检查模板的垂直度,对拉杆螺栓要逐个检查是否上紧,且紧固程度一致。为保证模板牢固,可在模板外侧增加斜撑及拉杆。内顶模支架采用扣件式钢管支架。

9. 钢筋、预应力管道及预埋件安装

钢筋构件根据设计图纸及实际净保护层厚度进行下料加工,尺寸力求准确,避免出现安装后混凝土保护层厚度不够的情况。钢筋连接采用手工电弧焊接,两接长钢筋轴线应一致。焊接接头满一个批次,应由试验室现场随机取样,其强度及冷弯性能应满足规范要求。施焊焊工必须具有焊工证。箍筋绑扎应预先在竖向钢筋上画出标记,绑扎时,应注意将箍筋接头错开。另外要特别注意箍筋的加工尺寸要严格控制,允许偏差范围内,宜小不宜大,防止保护层厚度不够。箍筋与竖向钢筋采取扎丝绑扎,相邻两个丝扣应呈八字形。必要时采用点焊固定。

钢筋骨架安装完毕后,要求钢筋规格、数量、位置正确,钢筋横平竖直,间距一致整齐,钢筋表面干净,无锈,保护层厚度满足设计要求。混凝土保护层垫块呈梅花形布置,间距不大于 1 m。0#、1#块钢筋较密,种类较多,因此要根据设计图纸严格下料加工,编号分类存放,禁止乱堆乱放,造成混乱,影响进度。主桥纵向预应力孔道均采用金属波纹管,管道位置偏差不得大于 1 cm。预应力管道按设计图纸设置定位钢筋。在安装预应力管道及进行钢筋安装过程中,应注意不得损坏波纹管。为保证预应力管道在浇筑混凝土过程中不致漏浆,必须设置外径比波纹管内径小 3～4 mm 的塑料内衬管。0#、1#块波纹管数量较多,分布较密,施工时要严格固定好管道位置,同时清点好数量,避免遗漏。

0#、1#块作为悬浇梁段的起始段,其预埋件较多,且要求较高,施工时应特别予以重视。其预埋件主要有:预应力管道;排气孔、泄水孔;卷扬机及导向锚固筋(必要时设);挂蓝后锚所需预留孔,精轧螺纹钢锚点等;另外,要特别检查各种预应力钢筋的锚具、管道预埋,不得出现遗漏,另外注意安装泄水管预留孔、防撞护栏等。

10. 混凝土浇筑

0#、1#块混凝土分两次浇筑完成,第一次浇筑底板及腹板,第二次浇筑顶板及翼板混凝土。浇注时混凝土分段分层进行,混凝土自一端向另一端斜坡分层推进浇筑。由于墩顶段混凝土一部分位于桥墩上，一部分位于支架上，其沉降变形有差异，为防止0#、1#块混凝土出现裂纹，混凝土在设计配合比时，考虑采用超长缓凝混凝土，即在梁段混凝土第一次浇筑结束时，混凝土仍然处于未初凝状态。按正常施工考虑，混凝土初凝时间应控制在8 h以上。同时，浇注时，应按照从悬臂端向支点方向的顺序进行浇筑。第一次浇筑时，先浇筑底板，然后浇筑腹板至梗肋位置，为防止继续浇筑腹板时，混凝土从底板冒出，可在腹板与底板梗肋处加设水平压板，压板宽度不小于25 cm，可有效减少混凝土冒出量，同时在浇筑梗肋以上腹板混凝土时，应稍停顿一段时间，使得底板混凝土流动性变得小一些（但未初凝），再进行浇筑。浇筑腹板梗肋以上一定高度内的混凝土时，应稍稍降低一些浇筑速度。

混凝土浇筑过程中，应派模板及架子工随时检查模板和支架情况，发现模板变形、漏浆、对拉杆松动、支撑不稳固、支架变形、木楔移位等情况时应及时处理。

混凝土拌合应注意配料正确，控制好混凝土的坍落度及拌和时间。0#、1#块钢筋较密、各种预埋件及预应力管道较多，为保证混凝土的浇筑质量，混凝土粗骨料最大粒径应控制在2 cm以下，坍落度控制在设计值±2 cm，夏季施工时，应考虑水分蒸发量大对坍落度损失影响（可根据损失情况，适当提高坍落度），并有良好的和易性。尤其是泵送混凝土，要始终保持混凝土的均匀性、和易性很良好的坍落度，已防止发生堵管。

混凝土浇筑时，应注意防止混凝土离析，避免粗骨料集中或堆积在模板边上，影响外观质量。0#、1#块钢筋较密，倒角多，施工时要加强混凝土的振捣工作，振捣应认真仔细，要责任到人，注意防止出现漏捣不足。尤其是在钢筋较密（横梁、人洞位置）、锚垫板后面以及预应力管道两侧（顶板纵向预应力管道之间净距较小，一定要加强振捣）。对于间隙较小的部位应配置较小直径的振动棒，应尽量避免碰撞预应力管道。施工时，如遇到表面泌水较多，应及时通知拌合站调整配合比，同时将表面泌水人工舀出，严禁将泌水赶至模板边，导致混凝土表面出现麻面、水纹等外观缺陷。

梁段第二次混凝土浇筑前，应对已浇筑混凝土接茬面进行凿毛，凿毛以达到清除松散砂浆及集料，均匀露出粗骨料为准。同时，在浇筑前，接茬面洒水润湿，但不得出现明水，再铺筑2~3 cm厚同配合比砂浆（或在第一次盘料中适当减少粗骨料含量，以达到同样的效果），以加强接茬面的连接强度。

混凝土浇筑完毕后，为防止表面出现沉降裂纹及干缩裂纹，可考虑在混凝土初凝前进行二次振捣或对混凝土表面进行二次抹压，第一次抹压在混凝土浇筑完毕后进行，并及时清除表面泌水，第二次抹压在混凝土初凝前进行，消除已出现的沉降裂纹和干缩裂纹。在混凝土终凝后，直接利用循环水在混凝土表面蓄水养生，或在混凝土表面铺一层棉毡保湿，混凝土养生时间不得小于7 d。拆除模板后，应及时修补局部缺陷处，保证混凝土颜色一致，外表美观。

11. 预应力张拉及压浆

0#、1#块张拉预应力钢束：0#、1#块顶板纵向预应力钢束；腹板纵向预应力钢束；竖向预应力钢筋。张拉顺序为：腹板纵向预应力钢束→顶板纵向预应力钢束→竖向预应力钢筋（推后张拉）

1）钢束下料及穿束

钢绞线下料场应平坦，下垫方木或彩条布，不得将钢绞线直接接触土地以免生锈，也不得在混凝土地面上生拉硬拽，磨伤钢绞线，下料长度误差控制在 50～100 mm 以内，下料时，将钢绞线盘卷装在铁笼内，从盘卷中央逐步抽出。钢绞线的下料采用砂轮切割机切割不得采用电弧切割。钢绞线束每端工作长度 80 cm。精轧螺纹钢筋按设计图纸尺寸报生产厂家，定尺制作，其尺寸误差不大于 1 cm。安装时，精轧螺纹钢筋应高于上螺母 10 cm，以满足张拉施工需要。0#、1#块梁段预应力钢束穿束时间分两种情况，横向及竖向预应力钢筋在混凝土浇筑前预埋。纵向预应力钢绞线束采取后穿束，即在混凝土浇筑完毕后再进行穿束。钢束采取人工穿束，可一根或多根同时穿，为便于穿过孔道，钢绞线的前端应安装梭形帽，以便顺利通过孔道。

2）张拉前的准备工作

（1）千斤顶标定，并计算每级张拉力与相应千斤顶油表读书对应关系。

（2）伸长值计算：按钢束布置计算其理论伸长值。

（3）梁体混凝土强度达到设计强度的 100%，且混凝土龄期达到 7 d 以上。

（4）锚具经验收合格，规格型号符合设计要求。

（5）施工机具设备的准备及使用前的检查：包括千斤顶及高压油泵、工具箱、限位板、真空泵、压浆泵、搅拌机等设备及其他施工配套设备及辅助工具等。

（6）其他准备工作：包括安装张拉千斤顶吊架、端量安全挡板、清理梁体端头、布置现场电源及安排张拉压浆人员的等。

3）预应力张拉

混凝土强度及龄期达到设计要求后，方可施加预应力。张拉采取张拉力与伸长量双控法进行。以张拉为主控，伸长量作为校核。实际伸长量与计算伸长量差值控制在±6%以内，如有超限应停止张拉，分析，待查明原因并采用有效措施后方可重新张拉。预应力张拉程序及张拉顺序应严格按照设计及规范要求执行。采取两端张拉时，两端千斤顶应同步进行。

4）管道压浆及封锚

预应力筋张拉锚固后，孔道应尽早压浆，且宜在 48 h 内完成，否则应采取避免预应力筋锈蚀的措施，由于压浆质量对整个预应力体系的建立至关重要，针对以往传统压浆工艺出现的压浆不饱满、预应力筋容易锈蚀导致桥梁使用的耐久性出现问题，本桥设计纵向预应力使用真空压浆技术。

（1）纵向预应力孔道压浆采取真空辅助压浆方案（其中备用束施工完以后不压浆，两端简易封闭以备用），竖向预应力管道采用普通压浆方案。选用 MBV80 型真空泵及其配套设备，实施真空灌浆，既在预应力张拉完毕并密封孔道两端后，在孔道一端用真空泵抽吸 孔道内的空气，使孔道内达到-0.1 MPa 左右的真空度，随后在孔道的另一端用灌浆泵将拌制好的水泥浆灌入，待浆体充满整个孔道时，保持 0.7 MPa 的压力一定时间（2 min），确保孔道灌浆的饱满和密实。

（2）施工工艺为：

① 所有的进浆口、吸气孔安置阀门，组装真空设备和压浆设备，清理孔道内的水及杂物。

② 打开孔道的抽真空端阀门，关闭其他阀门，开启真空阀门抽取孔道内的空气，使孔道内处于 80%的真空状态，使孔道的水蒸发为水气。

③ 在负压力下，压浆泵将浆体压入孔道。

④按次序关闭抽气端的阀门,分别打开盖帽的排气孔,在正压力下分别进行排浆,然后关闭其他排气孔。

⑤孔道加压至 0.4 MPa,关闭进浆口阀门之前保压一段时间后结束。

(3)孔道压浆的主要工作。

①孔道压浆前的准备工作

a. 水泥浆配合比:水泥浆配合比要根据孔道形式、压浆方法、压浆设备等因素通过试验而定。根据经验,本桥孔道压浆用水泥浆的配合比拟采用如下指标:

水胶比 0.26~0.28,并掺适量外加剂,外加剂不得含氯盐、亚硝酸盐或其他对预应力筋有腐蚀作用的成分。

水泥采用普通硅酸盐水泥,水泥标号为不小于 42.5 的低碱硅酸或低碱普通硅酸盐水泥。矿物掺合料的品种宜为 Ⅰ 级粉煤灰、莫西矿渣粉或硅灰。

水泥浆的 3 天强度不低于 20 MPa,7 天强度不低于 40 MPa,28 天强度不低于 50 MPa。24 h 后泌水全部被浆体吸收;流动度为 10~25 s,具体值需根据季节和温度做适当调整。

膨胀率。膨胀剂的掺量经试验确定,掺入膨胀剂后水泥浆的自由膨胀率控制在 3% 左右。

施工时要冲洗管道后再用空压机吹去孔内积水,其中压缩空气不能含有油污。水泥浆在拌浆机内按照先放水和减水剂后再放水泥,最后放膨胀剂的顺序。拌和时间不能低于 2 min,拌好的灰浆过筛后存放于储浆桶内。储浆桶要不停地低速搅拌并保持足够的数量以保证每根管道的压浆能一次连续完成。水泥浆自压浆到完到压入管道的时间不得超过 40 min。

b. 切割锚外多余钢绞线。使用砂轮机切割,切割后的余留长度 3~5 cm。

c. 封锚时锚具外面的预应力筋间隙和压浆管用无收缩快硬性水泥封堵。

d. 冲洗孔道。孔道在压浆前用压力水冲洗,以排除孔内无杂物、畅通。

②孔道压浆施工程序。

在做好上述准备工作后,即可进行压浆作业。其作业程序如下(图 11-20):

a. 搅拌水泥浆,使其流动度等性能达到技术要求。

b. 启动压浆泵,当压浆泵输出的浆体无自由水并达到要求稠度时,将浆泵的输送管连接到喇叭的进浆管上,开始压浆。

c. 压浆过程中,压浆泵保持连续工作。当水泥浆从排浆(气)管顺畅流出,且稠度与灌入的浆体相当时,关闭排浆(气)管。在关闭排浆(气)管的时候,压浆泵继续工作,直至压力达到 0.7 MPa,压浆泵停机,持压 3~5 min。

d. 在持压的过程中,若浆体压力无明显下降,则关闭进浆管;在持压的过程中,若浆体压力有明显的下降,则在查找后决定是继续持压或是冲洗管道、处理问题后重新压浆。

e. 压浆泵回压至零。

f. 拆卸外接管路、阀门及附件。

g. 清洗干净所有沾上水泥浆的设备。

h. 压浆后根据气温情况,在浆体初凝时卸下进浆管和排浆(气)管,冲洗干净。

③压浆注意事项。

a. 在波纹管每个波峰的最高点设一排气管兼压浆管。压浆泵输浆管应选用抗压能力 10 MPa 以上的抗高压橡胶管,输浆管连接件之间的连接要牢固可靠。水泥浆进入灌浆泵之前应通过 1~15 mm 的筛网过滤。

b. 搅拌后的水泥浆要做流动度试验，并根据试验结果作必要的调整，以保证压浆的顺利。

c. 灌浆要在灰浆流动性下降前（约 40 min）进行。同一根管道的要一次连续进行，出现意外情况中断时，应立即用高压水冲洗干净理好后，再重新压浆。

d. 在现场做好灌浆孔数和位置及水泥浆配合比的记录，以防漏压。压浆时必须采取压浆过后再稳压 3~5 min 的办法以增加浆体的密实度，保证预应力筋的永存应力达到设计要求，减少应力损失。

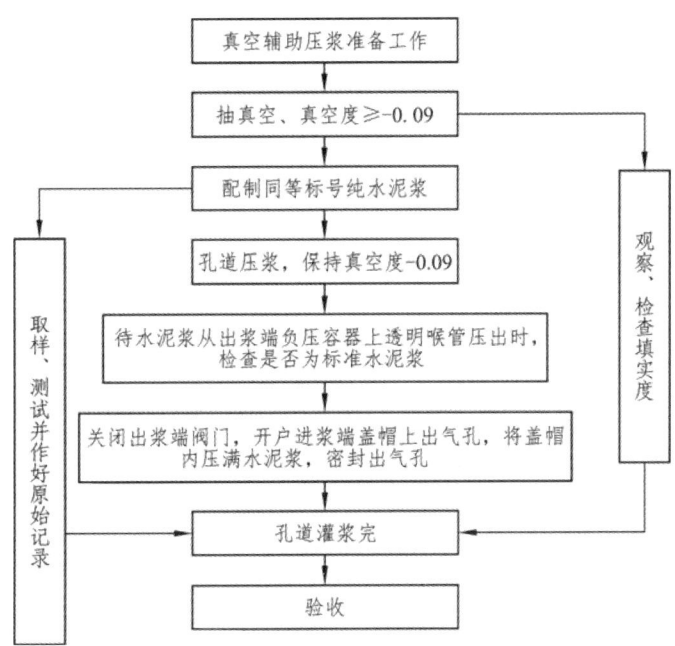

图 11-20 真空压浆工艺流程图

12. 0#、1#支架拆除

1）支架拆除顺序

按照"顺桥向对称均衡、横桥向基本同步"的原则分阶段循环进行支架拆除。单孔支架自上而下的拆除顺序为：简支梁张拉完成→拆除调节支架→拆除方木、侧模、脱内模及底模等→拆除工字钢分配梁→拆除主横梁工字钢→拆除水平桁及剪刀撑→分节拆除钢管立柱。

2）支架拆除方法

（1）拆除内模及侧模等。

侧模：梁体混凝土达到设计强度的 80%后开始内模拆除，在梁体混凝土达到设计强度的 100%后进行张拉，张拉完成后，松开侧模竖向撑杆，松开侧模横向连接螺栓，两侧外模拆除，运往下一孔梁进行侧模拼装。

（2）拆除调节支架。

拆除程序一般应是后支的先拆，先支的后拆；拆除时应从梁的中间向两端拆除。拆模时严禁剧烈冲击，损伤模板和混凝土棱角。

（3）拆除底模。

底模：依次抽出工字钢分配梁上竹胶板、预拱度调节块及方木后，用导链将工字钢分配梁向外拉出，拉至翼缘板位置用吊车将模板装车运走。人工拆除竹胶板、方木及调节块；拆除过程中注意保护避免高空坠物。

（4）拆除工字钢分配梁及工字钢主横梁。

拆除分配梁（纵向方向端头、1/4跨、1/2跨的工字钢分配梁）。分配梁拆除后解除主横梁与钢管柱之间的限位连接，利用汽车吊直接吊离主横梁缓慢下放。

（5）拆除钢管支墩。

钢管柱拆除注意事项：应分水平桁以上部位及以下部位两部分的钢管拆除。首先应解除水平桁以上位置的钢管支墩间的横向连接及其与墩身之间的连接（如顶楔、撑架等），然后分节松开法兰盘连接螺栓分节吊离钢管，再拆除钢管支墩纵向的剪刀撑、水平桁连接杆件。最后用吊机一根根吊装钢管支墩，遵循"解除一根，吊走一根"的原则。

3）拆模注意事项

（1）混凝土强度达到100%时进行张拉，张拉后砂箱放砂，靠模板自重脱模，如若个别模板自然脱落不下，采用导链将其拉下，严禁用锤敲打脱模。

（2）按立模的逆过程进行，对称缓慢分级卸载，拆模时严禁剧烈冲击，损伤模板和混凝土棱角。

（3）拆模选择晴好天气，尽量避免选择恶劣天气和气温急剧变化的时间。

（4）拆模前桥梁下方20 m范围内设置警戒区，禁止行人、车辆通过。

（5）在拆除过程中，凡已松开连接的杆配件应及时拆除运走，避免误扶和误靠已松脱连接的杆件。拆除作业中需要加固的部位，应先加固再拆除，防止架体倒塌。拆下的零部件、杆件，应按规格分批运到地面，严禁抛掷，并按规格、品种码放整齐。作业人员应相互呼应，动作协调，中间不换人，必须换人时应将拆除情况做详细交底，禁止单人进行拆除较重杆件等危险作业。拆除全过程中，必须专人担任指挥和监护。

11.3.3　12#、13#块边跨现浇段主要施工方法

边跨现浇段分别位于5#、8#墩旁现浇段12#、13#块，其中12#块长度为1.9 m，13#块长度为1.5 m。采用钢管柱支架一次整体浇筑。12#、13#块支架搭设示意图如图11-21所示。

1. 总体思路

主桥12#、13#块为边跨现浇段，采取支架现浇法施工。在12#、13#块施工时，相应考虑或后续合拢段施工所需的各种构造措施，如合拢段吊架锚固点及预留孔洞布置等。

12#、13#块支架施工所需的预埋件预先在桥墩墩身施工时埋设。12#、13#块因顶板位置预应力管道很密，且各个部位钢筋均配置较密，采取一次浇注，困难较大，很容易出现混凝土缺陷。因此，12#、13#块混凝土分两次完成，第一次浇注底板及腹板，第二次浇注顶板及翼板。顶板内支架采用扣件式钢管支架。混凝土采用泵送浇注，按水平分层顺序浇捣。应注意的是，浇注应对称均衡进行。

12#、13#块施工时应注意按照施工图纸预埋合拢段吊架锚固件及相应预留孔洞，混凝土浇筑前应予复查，防止遗漏造成施工困难。

12#、13#块混凝土强度及龄期达到设计要求后，即可张拉预应力钢束，并及时压浆。压浆完成且浆体达到一定强度后即可拆除12#、13#块支架。

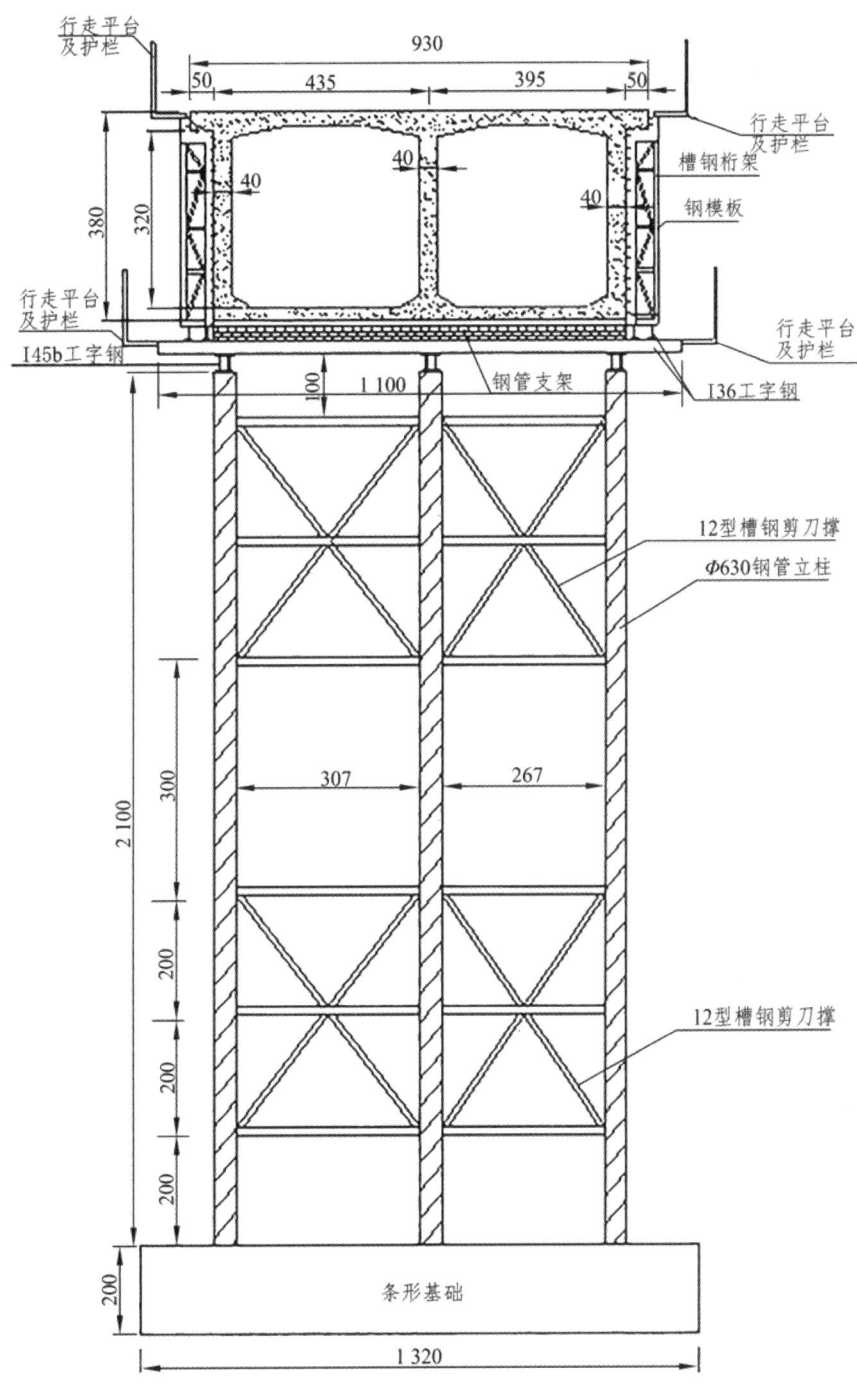

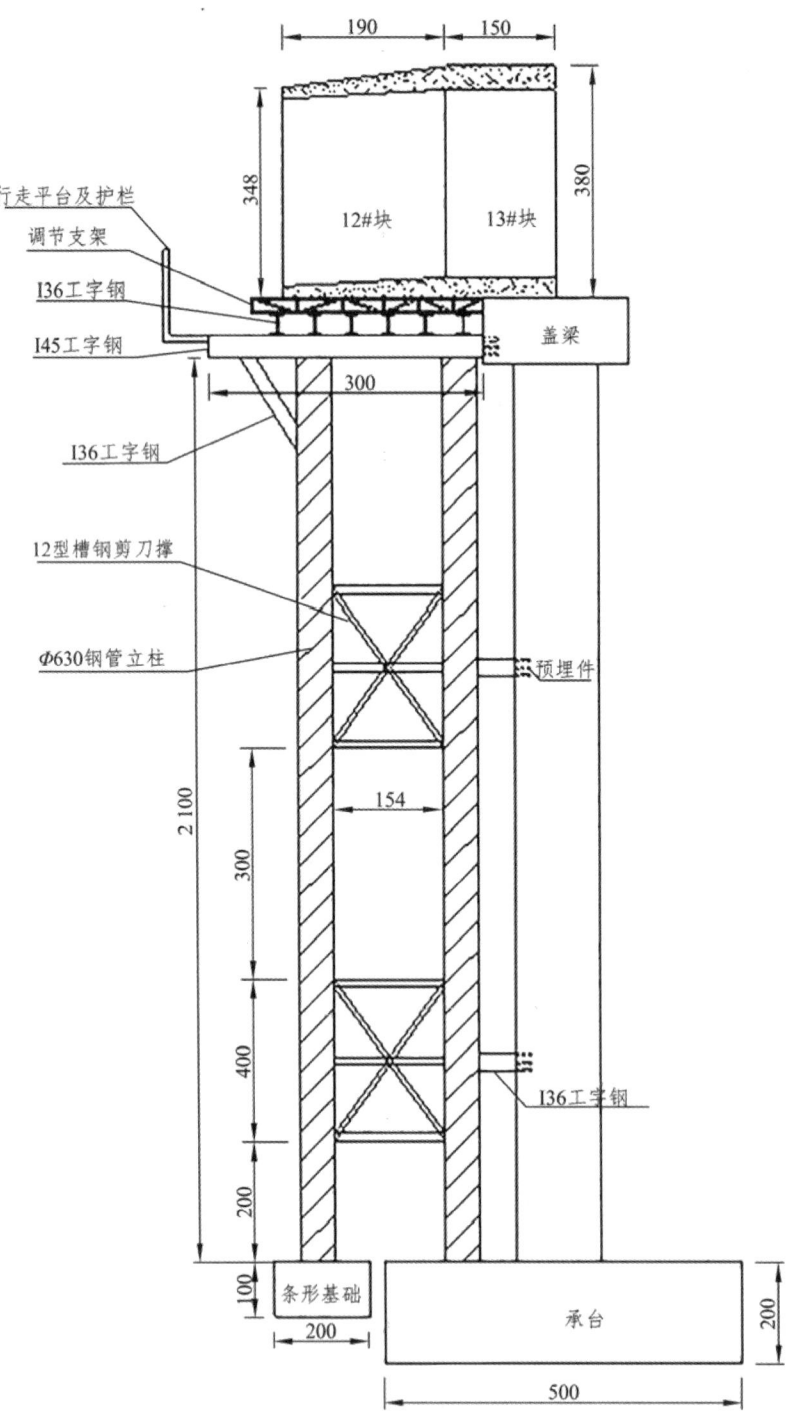

图 11-21 支架示意图

2. 主要施工工艺

1)施工工艺流程(图 11-22)

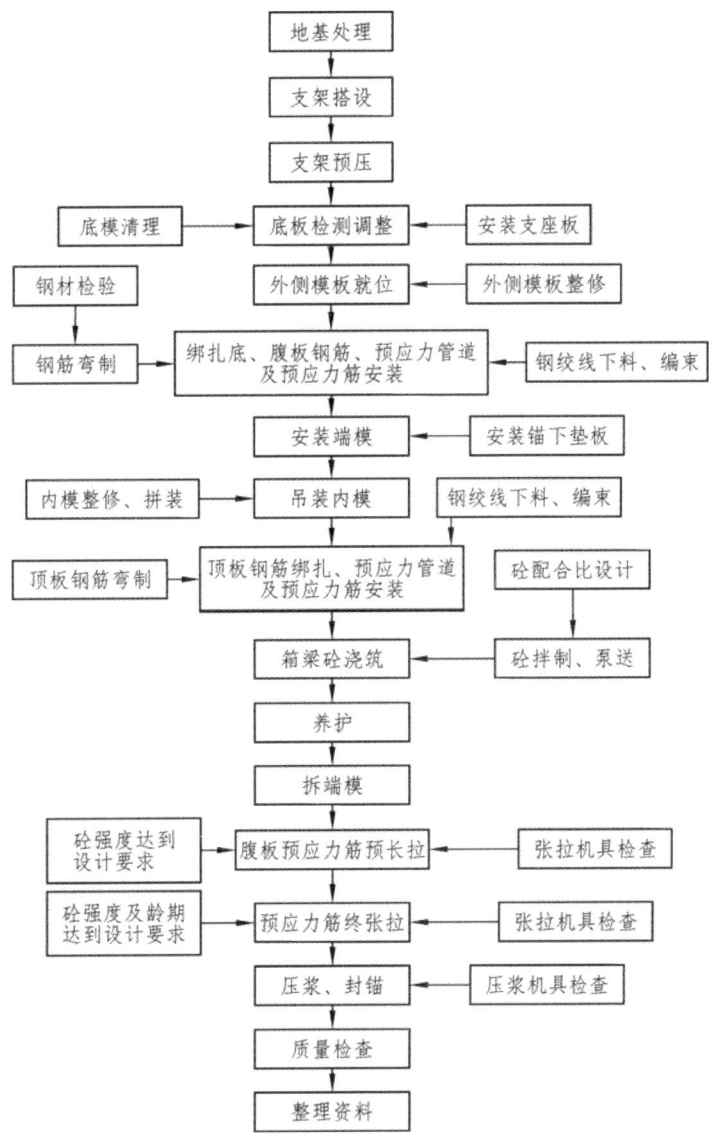

图 11-22 施工工艺流程

2）支架结构造设计及施工

分配梁上直接铺设模板，外部模板利用挂篮模板。支架按施工设计图搭设完毕后，应组织验收。同时，支架还应按照要求进行预压，以进一步检查其的安全性。预压堆载时，荷载分布情况应与实际相同。

分配梁采用 I36b 工字钢，主横梁采用 I45b 双拼工字钢，一端与墩柱预埋钢板焊接，外模利用挂篮模板，内模采用钢管架和木模。

3）分配梁

12#、13#块支架设置的分配梁共分为 2 种。横桥向分配梁 1#块底板下分配梁，横桥向设置，主要承担墩身以外的梁体的重量并将其传递至主梁上，横桥向采用 I36b 工字钢，在底板位置布置间距为 0.5 m；顺桥向分配梁为翼板下分配梁，也是顺桥向设置，其两端分配置于主墩两侧的临时墩上，主要承担 12#、13#块梁体翼板的重量。顺桥向分配梁在每侧翼板下共布置 2 根，均用 I36b 工字钢。

4）钢管柱支架

钢管柱采用外径 $\phi630$ mm、壁厚 10 mm 的直缝钢管，验算时按最大高度 21.0 m 计算。钢管柱底部与基础之间采用法兰盘、螺栓连接加固。长钢管柱每节整米长度 1~9 m，短钢管柱每节长度 0.1~0.9 m，钢管柱之间采用法兰盘、螺栓连接固定。上下焊接加劲钢板，厚度 10 mm。安装采用 25 t 汽车吊，专人指挥操作。卸架由调节支架来完成，每排的钢管柱之间使用[12 槽钢进行水平、斜向交叉（剪力撑）连接加固。纵向、横向剪刀撑均以基础以上 2 m 开始设置，5 m 设置一道，具体尺寸见纵、横断面图。钢管柱与墩柱及盖梁预埋件采用 I36 工字钢连接，5 m 设置一道。钢管柱之间的横向及纵向连接采用 12 型槽钢，槽钢与钢管柱之间、槽钢与槽钢之间均采用电焊进行连接，注意焊接不能漏焊，也不能过焊而烧伤钢管柱。调节支架：调节支架间距按 30 cm 间距布置，调节支架与纵梁之间采用焊接固定，注意焊接不能漏焊，也不能过焊而烧伤工字钢及调节支架。

5）底模板

底模板采用 1.5 cm 厚清水板，清水板尺寸为 1.22 m×2.44 m。底模板采用铁钉固定在其下木方上。因为木方上面直接铺设底模板，所以要求严格控制调节架顶面高程，采取在工字钢横梁位置拉线绳方式控制，而且要保证其连接、加固到位，确保工字钢跨中位置顶面高程符合要求。同时进场木方尺寸要严格控制，确保统一、确保标准、确保足尺，以使底模铺设后平整度及高程符合要求。

6）腹板及翼板

腹板竖向 5 cm×8 cm 木方按间距 40 cm 布置，顺桥向设置 4 根 8 cm×8 cm 木方，采用扣件式钢管支架支撑加固。翼板横向分配梁采用 5 cm×8 cm 木方，间距按 50 cm 布置，纵向设置 3 根 8 cm×8 cm 木方，采用扣件式钢管支架支撑加固，斜支撑 2 道，立杆 3 根，横杆 2 道。

7）内模板

内模板采用 1.5 cm 厚清水板，清水板尺寸为 1.22 m×2.44 m。支撑方式采用木支架支撑，每隔 30 cm 设置 1 榀，使用 5 cm×8 cm 和 8 cm×8 cm 木方结合制作。

3．支座安装

（1）在支座设计位置处划出中心线，同时在支座顶，底板上也标出中心线。

（2）将地脚螺栓穿入底板（顶板）地脚螺栓孔并旋入底柱内，底板和底柱之间垫以直径略大于底柱直径的橡胶垫圈。

（3）支座就位对中并调整水平后，用环氧砂浆或高标号砂浆灌注地脚螺栓孔及支座底板垫层。待砂浆硬化后拆除调整支座水平用的垫块，并用环氧砂浆填满垫块位置，环氧砂浆要求灌注密实。

4．支架预压

支架搭设完毕后，应对支架进行预压，以消除支架的非弹性变形，并根据变形观测数据计算弹性变形大小以准确设置梁体的与拱度。同时验证支架的安全性和稳定性。12#、13#块支架预压采用预制块堆载。具体方法是在完成 12#、13#块底板及侧翼板安装后，使用沙袋，按照实际混凝土荷载分布情况进行堆载。堆载重量为支架实际承受的混凝土自重的1.2倍。

（1）本方案拟按分段预压法进行预压，每阶段箱梁预压前对预压荷载及其分布情况进行详细的计算，预压重量为底、腹板箱梁自重（梁跨荷载统一考虑安全系数为1.2），并绘制出荷载分布的平面图，以保证预压可准确模拟箱梁现浇时的支架受力状态。箱梁预压荷载采用砂袋，准确加载。在支架顶、支架底设置观测点，模板顶设观测杆（位置不影响加载并要有明显标志），并对支架模板作第一次观测，作好记录。布置测量标高点并记录每点的初始标高值 H_1。

（2）加载顺序及时间：加载时按照计算预压总荷载的60%、80%、100%、120%分级进行，中间每级加载完成后，对支架进行一次观测，最后一级加载完成后要进行24 h跟踪观测，每次观测都要根据观测记录计算支架在两次观测时间之间的沉降情况。

（3）对加载后各测量点标高值 H_2 进行测量。加砂布载结束后立即进行观测各测量点的标高值 H_2，并做好相应的记录。

（4）测量卸载前各测量点标高值 H_3。布载24 h后、卸载前测量各测量点标高值 H_3。

（5）卸载顺序及时间：预压持载时间根据支架观测情况确定，若沉降量或支架形变没有趋于平缓，则适当延长预压时间，直至支架形变及沉降均满足规范要求（连续两天沉降量小于5 mm）即可卸载。卸载按预压总荷载的60%、80%、100%、120%逐级卸载，每级卸载完成都要对支架进行观测，计算支架的弹性变形情况。

（6）预压荷载计算：

一跨混凝土荷载：（22.1+24.2）×2.5=115.75 t。

钢筋钢绞线荷载：8.1 t，模板、支架荷载：6.8 t。

合计荷载：115.75+8.1+6.8=130.65 t。

荷载60%=130.65×0.6=78.39 t，荷载80%=104.52 t。

荷载100%=130.65 t，荷载120%=156.8 t。

（7）预压区域：

预压区域为整体箱梁。

为保证施工进度和预压质量，考虑采用砂袋预压。

用水准仪观测加载后支架、模板、地基垂直沉降变形，用全站仪观测支架的位移变形。

5. 模板

12、13#块外侧模板利用挂篮侧模，为钢模板。模板面板厚6 mm，横竖向分别设L75×8角钢及-6×67扁钢加固，模板外侧竖向设4条2[10槽钢加强带，以保证模板的整体刚度。两块钢模采用螺栓连接，并夹塞双面泡沫胶带。在钢侧模外沿竖直高度上每0.7~0.75 m设一道2[10槽钢横带，并设对拉杆与内膜拉紧。内膜均采用木模，面板为2 cm厚胶合板，加强带木枋采用10 cm×10 cm木枋，间距30 cm。内外模，内膜与内膜之间均采用对拉杆加固，对拉杆直径20 mm，水平布置间距50~100 cm，竖向间距与横带相同。内膜加强采用2ϕ48×3钢管。模板安装完毕后，应吊线检查模板的垂直度，对拉杆螺栓要逐个检查是否上紧，且紧固程度一致。为保证模板牢固，可在模板外侧增加斜撑及拉杆。内顶模支架采用扣件式钢管支架。

6. 钢筋、预应力管道及预埋件安装

钢筋构件根据设计图纸及实际净保护层厚度进行下料加工，尺寸力求准确，避免出现安装后混凝土保护层厚度不够的情况。钢筋连接采用手工电弧焊接，两接长钢筋轴线应一致。焊接接头满一个批次，应由试验室现场随机取样，其强度及冷弯性能应满足规范要求。施焊焊工必须具有焊证。箍筋绑扎应预先在竖向钢筋上画出标记，绑扎时，应注意将箍筋接头错开。另外要特别注意箍筋的加工尺寸要严格控制，允许偏差范围内，宜小不宜大，防止保护层厚度不够。箍筋与竖向钢筋采取扎丝绑扎，相邻两个丝扣应呈八字形。必要时采用点焊固定。钢筋骨架安装完毕后，要求钢筋规格、数量、位置正确，钢筋横平竖直，间距一致整齐，钢筋表面干净，无锈，保护层厚度满足设计要求。混凝土保护层垫块呈梅花形布置，间距不大于 1 m。

12#、13#块钢筋较密，种类较多，因此要根据设计图纸严格下料加工，编号分类存放，禁止乱堆乱放，造成混乱，影响进度。主桥纵向预应力孔道均采用金属波纹管，管道位置偏差不得大于 1 cm。预应力管道按设计图纸设置定位钢筋。在安装预应力管道及进行钢筋安装过程中，应注意不得损坏波纹管。为保证预应力管道在浇筑混凝土过程中不致漏浆，必须设置外径比波纹管内径小 3~4 mm 的塑料内衬管。12#、13#块波纹管数量较多，分布较密，施工时要严格固定好管道位置，同时清点好数量，避免遗漏。12#、13#块作为悬浇梁段的起始段，其预埋件较多，且要求较高，施工时应特别予以重视。其预埋件主要有：

预应力管道；排气孔、泄水孔；卷扬机及导向锚固筋(必要时设)；挂蓝后锚所需预留孔，精轧螺纹钢锚点等；另外，要特别检查各种预应力钢筋的锚具、管道预埋，不得出现遗漏，另外注意安装泄水管预留孔、防撞护栏等。

7. 混凝土浇筑

12#、13#块混凝土分两次浇筑完成，第一次浇筑底板及腹板，第二次浇筑顶板及翼板混凝土。浇注时混凝土分段分层进行，混凝土自一端向另一端斜坡分层推进浇筑。由于墩顶段混凝土一部分位于桥墩上，一部分位于支架上，其沉降变形有差异，为防止 12#、13#块混凝土出现裂纹，混凝土在设计配合比时，考虑采用超长缓凝混凝土，即在梁段混凝土第一次浇筑结束时，混凝土仍然处于未初凝状态。按正常施工考虑，混凝土初凝时间应控制在 8 h 以上。同时，浇注时，应按照从悬臂端向支点方向的顺序进行浇筑。第一次浇筑时，先浇筑底板，然后浇筑腹板至梗肋位置，为防止继续浇筑腹板时，混凝土从底板冒出，可在腹板与底板梗肋处加设水平压板，压板宽度不小于 25 cm，可有效减少混凝土冒出量，同时在浇筑梗肋以上腹板混凝土时，应稍停顿一段时间，使得底板混凝土流动性变得小一些（但未初凝），再进行浇筑。浇筑腹板梗肋以上一定高度内的混凝土时，应稍稍降低一些浇筑速度。

混凝土浇筑过程中，应派模板及架子工随时检查模板和支架情况，发现模板变形、漏浆、对拉杆松动、支撑不稳固、支架变形、木楔移位等情况时应及时处理。混凝土拌合应注意配料正确，控制好混凝土的坍落度及拌合时间。12#、13#块钢筋较密、各种预埋件及预应力管道较多，为保证混凝土的浇筑质量，混凝土粗骨料最大粒径应控制在 2 cm 以下，坍落度控制在设计值±2 cm，夏季施工时，应考虑水分蒸发量大对坍落度损失影响（可根据损失情况，适当提高坍落度），并有良好的和易性。尤其是泵送混凝土，要始终保持混凝土的均匀性、和易

性良好的坍落度,已防止发生堵管。

混凝土浇筑时,应注意防止混凝土离析,避免粗骨料集中或堆积在模板边上,影响外观质量。12#、13#块钢筋较密,倒角多,施工时要加强混凝土的振捣工作,振捣应认真仔细,要责任到人,注意防止出现漏捣不足。尤其是在钢筋较密(横梁、人洞位置)、锚垫板后面以及预应力管道两侧(顶板纵向预应力管道之间净距较小,一定要加强振捣)。对于间隙较小的部位应配置较小直径的振动棒,应尽量避免碰撞预应力管道。施工时,如遇到表面泌水较多,应及时通知拌合站调整配合比,同时将表面泌水人工舀出,严禁将泌水赶至模板边,导致混凝土表面出现麻面、水纹等外观缺陷。

梁段第二次混凝土浇筑前,应对已浇筑混凝土接茬面进行凿毛,凿毛以达到清除松散砂浆及集料,均匀露出粗骨料为准。同时,在浇筑前,接茬面洒水润湿,但不得出现明水,再铺筑 2~3 cm 厚同配合比砂浆(或在第一次盘料中适当减少粗骨料含量,以达到同样的效果),以加强接茬面的连接强度。混凝土浇筑完毕后,为防止表面出现沉降裂纹及干缩裂纹,可考虑在混凝土初凝前进行二次振捣或对混凝土表面进行二次抹压,第一次抹压在混凝土浇筑完毕后进行,并及时清除表面泌水,第二次抹压在混凝土初凝前进行,消除已出现的沉降裂纹和干缩裂纹。在混凝土终凝后,直接利用循环水在混凝土表面蓄水养生,或在混凝土表面铺一层棉毡保湿,混凝土养生时间不得小于 7 d。拆除模板后,应及时修补局部缺陷处,保证混凝土颜色一致,外表美观。

8. 预应力张拉及压浆

12#、13#块张拉预应力钢束:12#、13#块顶板纵向预应力钢束;腹板纵向预应力钢束;竖向预应力钢筋。张拉顺序为:腹板纵向预应力钢束→顶板纵向预应力钢束→竖向预应力钢筋(推后张拉)

1)钢束下料及穿束

钢绞线下料场应平坦,下垫方木或彩条布,不得将钢绞线直接接触土地以免生锈,也不得在混凝土地面上生拉硬拽,磨伤钢绞线,下料长度误差控制在 50~100 mm 以内,下料时,将钢绞线盘卷装在铁笼内,从盘卷中央逐步抽出。钢绞线的下料采用砂轮切割机切割不得采用电弧切割。钢绞线束每端工作长度 80 cm。

精轧螺纹钢筋按设计图纸尺寸报生产厂家,定尺制作,其尺寸误差不大于 1 cm。安装时,精轧螺纹钢筋应高于上螺母 10 cm,以满足张拉施工需要。12#、13#块梁段预应力钢束穿束时间分两种情况,横向及竖向预应力钢筋在混凝土浇筑前预埋。纵向预应力钢绞线束采取后穿束,即在混凝土浇筑完毕后再进行穿束。钢束采取人工穿束,可一根或多根同时穿,为便于穿过孔道,钢绞线的前端应安装梭形帽,以便顺利通过孔道。

2)张拉前的准备工作

(1)千斤顶标定,并计算每级张拉力与相应千斤顶油表读书对应关系。

(2)伸长值计算:按钢束布置计算其理论伸长值。

(3)梁体混凝土强度达到设计强度的 100%,且混凝土龄期达到 7 d 以上。

(4)锚具经验收合格,规格型号符合设计要求。

(5)施工机具设备的准备及使用前的检查:包括千斤顶及高压油泵、工具箱、限位板、真空泵、压浆泵、搅拌机等设备及其他施工配套设备及辅助工具等。

（6）其他准备工作：包括安装张拉千斤顶吊架、端量安全挡板、清理梁体端头、布置现场电源及安排张拉压浆人员等。

3）预应力张拉

混凝土强度及龄期达到设计要求后，方可施加预应力。张拉采取张拉力与伸长量双控法进行。以张拉为主控，伸长量作为校核。实际伸长量与计算伸长量差值控制在±6%以内，如有超限应停止张拉，分析，待查明原因并采用有效措施后方可重新张拉。预应力张拉程序及张拉顺序应严格按照设计及规范要求执行。采取两端张拉时，两端千斤顶应同步进行。

4）管道压浆及封锚

预应力筋张拉锚固后，孔道应尽早压浆，且宜在48 h内完成，否则应采取避免预应力筋锈蚀的措施，由于压浆质量对整个预应力体系的建立至关重要，针对以往传统压浆工艺出现的压浆不饱满、预应力筋容易锈蚀导致桥梁使用的耐久性出现问题，本桥设计纵向预应力使用真空压浆技术。

9.12#、13#块支架拆除

1）支架拆除顺序

按照"顺桥向对称均衡、横桥向基本同步"的原则分阶段循环进行支架拆除。单孔支架自上而下的拆除顺序为：简支梁张拉完成→拆除调节支架→拆除方木、侧模、脱内模及底模等→拆除工字钢分配梁→拆除主横梁工字钢→拆除水平桁及剪刀撑→分节拆除钢管立柱。

2）支架拆除方法

（1）拆除内模及侧模等。

侧模：梁体混凝土达到设计强度的80%后开始内模拆除，在梁体混凝土达到设计强度的100%后进行张拉，张拉完成后，松开侧模竖向撑杆，松开侧模横向连接螺栓，两侧外模拆除，运往下一孔梁进行侧模拼装。

（2）拆除调节支架。

拆除程序一般应是后支的先拆，先支的后拆；拆除时应从梁的中间向两端拆除。拆模时严禁剧烈冲击，损伤模板和混凝土棱角。

（3）拆除底模。

底模：依次抽出工字钢分配梁上竹胶板、预拱度调节块及方木后，用导链将工字钢分配梁向外拉出，拉至翼缘板位置用吊车将模板装车运走。人工拆除竹胶板、方木及调节块；拆除过程中注意保护避免高空坠物。

（4）拆除工字钢分配梁及工字钢主横梁。

拆除分配梁（纵向方向端头、1/4跨、1/2跨的工字钢分配梁）。分配梁拆除后解除主横梁与钢管柱之间的限位连接，利用汽车吊直接吊离主横梁缓慢下放。

（5）拆除钢管支墩。

钢管柱拆除注意事项：应分水平桁以上部位及以下部位两部分的钢管拆除。首先应解除水平桁以上位置的钢管支墩间的横向连接及其与墩身之间的连接（如顶楔、撑架等），然后分节松开法兰盘连接螺栓分节吊离钢管，再拆除钢管支墩纵向的剪刀撑、水平桁连接杆件。最后用吊机一根根吊装钢管支墩，遵循"解除一根，吊走一根"的原则。

11.3.4 合拢段施工方法

1. 总体思路及体系转换

在第 10#块段与边跨现浇段施工完成后，先进行边跨合拢段施工。当边跨合拢后，拆除 0#块下临时墩和临时支座，使永久支座受力，同时采取措施使 6#、7#墩活动支座形成固定支座，形成简支单悬臂结构。边跨合拢张拉钢束后，然后进行中跨合拢段施工，当吊架安装完毕劲型骨架锁定后，预张拉合拢段钢绞线，张拉控制应力 195 MPa，然后割除临时固结钢筋，解除 0#块支座约束。最后浇筑砼，等强度达到 100%且龄期大于 7 d 后拆除模板，张拉完毕后拆除劲性骨架，形成连续结构。

2. 边跨合拢段施工

边跨合拢段施工方案决定利用挂篮进行边跨合拢段的施工，待边跨直线段及悬灌梁 10#段施工完成后，移动挂篮到边跨合拢段就位（中跨及边跨可同时移动挂篮相同的距离），然后绑扎钢筋、安装预应力管道，然后浇筑合龙段混凝土。为保证两个悬臂端在浇筑合龙段混凝土过程中始终保持平衡，在浇筑混凝土前，需要根据合拢段的重量，在中跨和边跨进行配重。配重必须按梁段质量和施工荷载设置平衡重，并伴随混凝土浇筑过程分级撤除平衡重（一极相当于 2 m³ 混凝土重量）。两悬臂端平衡重：中跨合拢时配重，18.9×26=491.4 kN，边跨合拢时配重 20.3×26=527.8 kN。配重采用水箱加水，布放在 10#块段上。在加载配重物时，中跨与边跨要同时平衡加载。浇筑混凝土时，根据入模混凝土量，相应卸去边跨 10#段上的配重物，直到边跨合拢段混凝土浇筑完成时，边跨 10#段上的加载物也全部卸完。详细步骤如下：

（1）检查边跨直线段和 10#块段上的预留孔是否符合要求。
（2）割除挂篮外侧模下端伸出部分，使外侧模伸出合拢段梁底 100 mm。
（3）拆除边跨直线段施工支架的前端部分，使支架前端与边跨直线段梁端平齐。
（4）安装垫枕和 2.0 m 轨道，将挂篮前移 1.9 m 后安装挂篮后锚。
（5）将挂篮外侧模前后端分别临时悬吊在前上横梁和 10#梁段。
（6）用手拉葫芦拖拉外模走行梁就位，并安装吊杆。调整吊杆使外模走行梁重新支撑外侧模。
（7）拆除外侧模的临时吊杆，用手拉葫芦拖拉外侧模沿外模走行梁滑移就位。
（8）安装底模平台后吊杆。调整底模平台前后吊杆，使底模板后端压紧 10#块段的底板，底模板前端顶面与边跨直线段底模板顶面平齐。
（9）安装挂篮底模板与边跨直线段底模板之间的空隙模板。
（10）安装底板下层钢筋。
（11）安装底板的刚性支撑和底板纵向预应力管道。
（12）安装底板上层钢筋、腹板钢筋、竖向预应力筋。
（13）安装内模。
（14）安装顶板下层钢筋。
（15）安装顶板刚性支撑、纵向预应力管道、横向预应力钢束。

（16）安装顶板上层钢筋。

（17）在10#块段上加配重，配重按0.5个合拢段混凝土计算。

（18）在一天温度最低时调整焊接合拢段劲性骨架进行锁定。

（19）锁定完成后即灌注混凝土，混凝土灌注过程中根据混凝土入模方量卸除荷载。

（20）合拢段顶板混凝土收浆后用土工布覆盖并浇水养生。

3. 中跨合拢施工

本桥中跨合拢全部采用在挂篮改制的吊架上合拢，边跨合拢段张拉压浆完成后，移动挂篮到中跨合拢段就位。中跨合拢段施工程序：

（1）检查10#和10′#梁段上的预留孔是否符合要求。

（2）吊架及模板安装：中跨合拢梁段采用合拢吊架施工，合拢吊架和模板采用施工挂篮的底篮及模板系统。合拢吊架及模板安装步骤为：①将挂篮整体前移合拢段另一悬臂端；②在悬臂端预留孔内穿入钢丝绳，用几组滑车吊起底篮前横梁及内外滑梁的前横梁，拖拉底模就位；③拆除挂篮前吊杆；④用手拉葫芦调整所有钢丝绳，使底篮及内外滑梁移到相应位置，安装锚杆、吊杆和连接器将吊架及模板系统锚固稳定；⑤将主桁系统退至0#梁段后拆除。

（3）安装底板下层钢筋。

（4）安装底板纵向预应力管道。

（5）安装底板上层钢筋、腹板钢筋、竖向预应力筋。

（6）安装内模。

（7）安装顶板下层钢筋。

（8）安装纵向预应力管道、横向预应力钢束。

（9）安装顶板上层钢筋。

（10）在10#梁段和10′#梁段上加施加配重，配重水箱重量按半个合拢段混凝土计算。

（11）在一天温度变化最小时焊接好劲性骨架。

（12）劲性骨架焊接完成后即灌注混凝土，混凝土灌注过程中根据混凝土入模方量卸除两端配重荷载。

（13）合拢段顶板混凝土收浆后用土工布覆盖并浇水养生。

4. 合拢施工工艺

1）施工准备

（1）对合拢段结构物的图纸设计位置、几何尺寸、内部构造等进行认真细致的审核，明白设计意图，在施工中严格按设计规范操作。

（2）对施工所用的一切原材料，砂石料、水泥、外加剂等材料严格按照规范和监理要求的检测频率和检测手段进行检测，确保原材料合格，并准备充足数量。

（3）用于合拢段的碎石采用洗石机进行水洗，以保证混凝土质量。

（4）与合拢段工程相关的机械设备提前完成检查和调试，确保在施工中能够正常运作。

（5）在合拢前完成无收缩混凝土配合比的验证工作。

2）拆除临时固结（中跨合拢时）

张拉并压浆边跨预应力钢束，搭设脚手架拆除临时固结。先拆除墩顶中间的枕木，然后拆除墩左右两侧的枕木，拆除时要求左右基本对称。拆完墩顶枕木后，再按顺序拆除用气割割除 6 个临时钢管柱。拆除时作业人员佩带防护面罩，操作面四周拉设警戒线，防止混凝土碎片迸裂伤人，拆除时用测量仪器进行全程监控，以保证体系转换能够顺利进行。

3）安装吊架

在 9#块梁段施工时，按挂篮后吊点的间距在距梁段端头 50 cm 的部位分别在底板及顶板处预留精轧螺纹钢穿孔，用以吊挂合拢段模板。在 11#施工完毕后，将挂篮一侧的模板拆除，并将拆除下的模板吊至该侧悬臂段梁面，将另一侧模板拆除，用精轧螺纹钢将挂篮模板两端的底模、翼模及腹模吊起，形成吊架，并在这一侧悬臂段配相当模板重量的配重（经计算需 12 t），以保证悬臂段所承受重量不变然后张拉螺纹钢，使模板与混凝土紧密相贴。为防止合拢段混凝土与 10#块混凝土出现错台，在吊架底板每根精轧螺纹钢上预设 5t 初始拉力，在翼板每根精轧螺纹钢上预设 5 t 初始拉力。

4）悬臂段配重

为防止悬臂段上翘及合拢后新旧混凝土开裂，在中跨合拢前在悬臂段必须配重，加载重量为合拢段混凝土自重一半。采用 2 个 2.0 m×2.5 m×3.0 m 水箱进行配置。配重时根据悬臂段两侧标高监控数据，在标高较高侧可多加配重，使两侧悬臂段的标高满足规范要求，以保证梁体线形适顺。

两悬臂端平衡重：边跨合拢段（10#段上）各设置 2 个 2.0 m×2.5 m×3.0 m 水箱（每侧配重 263.9 kN），中跨合拢段两侧各设置 2 个 2.0 m×2.5 m×3.0 m 水箱（每侧配重 245.7 kN），水箱布放在 10#块段上，且应靠近腹板位置处。在加载配重物时，中跨与边跨要同时平衡加载。浇筑混凝土时，根据入模混凝土量，相应卸去边跨 11#段上的配重物，直到边跨合拢段混凝土浇筑完成时，边跨 11#段上的加载物也全部卸完。

5）安装劲性骨架

在 11#块施工时预埋锚板，当吊架模板安装完毕及悬臂段配重加载完毕后，将钢接杆搁于锚板之上，并在钢接杆上焊接缀板，由于施工等因素可能产生现浇段长度的误差，钢接杆槽钢长度作相应的调整，并在钢接杆两端垫钢板使其与混凝土紧密均匀接触。当锚板与箱梁构造钢筋相干扰时，可适当调整箱梁构造钢筋位置，竖向预应力筋应在劲性骨架锁定前进行安装，当有竖向预应力筋通过缀板时可在缀板相应位置开直径 6 cm 的孔。劲性骨架安装时，先焊接一边方向，对应一侧在凌晨 1:00～3:00 气温较低时焊接锁定。

6）体系转换

合拢是悬臂灌注施工体系转换的重要环节，合拢施工必须满足受力状态的设计要求和保持梁线形，控制合拢段的施工误差。本连续梁施工在边跨先合拢，形成两单悬臂梁，最后在中跨跨中合拢，形成三跨连续梁。边跨合拢采用吊篮现浇合拢，中跨合拢利用其中一套挂篮合拢。合拢后张拉钢绞线完成体系转换。

合拢前调整中线和高程，在混凝土浇筑之前将两悬臂端间距离按设计合拢温度及预施应力后弹性压缩换算后采用体外刚性支撑和四束永久性钢束进行约束锁定。混凝土浇筑完成后，预应力张拉之前将合拢一侧的临时固定支座释放。

合拢梁段施工工艺流程：安装底模、侧模板，测量底模标高→绑扎底板钢筋，安装底板波纹管→安装底模支撑→绑扎腹板钢筋，安装腹板波纹管、预埋件→安装顶板支撑，安装内模→绑扎顶板钢筋，安装顶板波纹管、预埋件→张拉顶板及底板临时钢绞线束→灌注砼。连续梁体系转换过程图如图 11-23 所示。

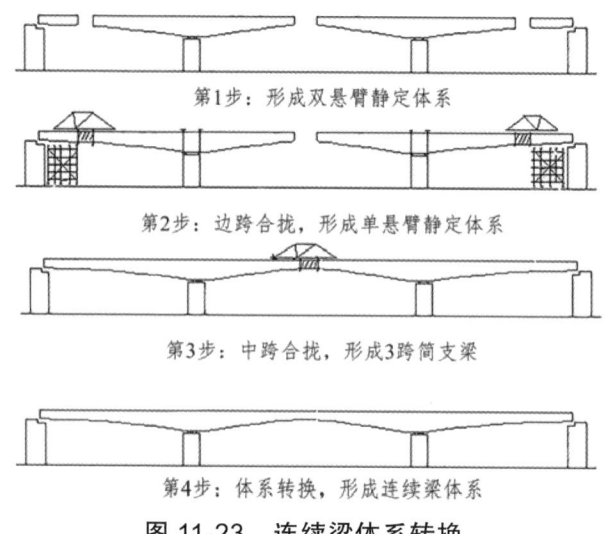

图 11-23 连续梁体系转换

灌注砼选在日最低气温时进行，一般选定凌晨 1 时灌注开始，控制到 3 时完成。先合拢边跨，后合拢中跨。在边跨直线段合拢吊篮上先完成边跨合拢段的施工，张拉预应力，然后拆除合拢吊篮和临时支座，将临时支座反力转移到永久支座上。双悬臂梁变成单悬臂梁，完成由双悬臂梁向单悬臂梁的第一次体系转换，中跨合拢利用合拢吊篮来进行，在吊篮上完成中跨合拢段的施工，实现由两单悬臂梁向三跨连续梁的第二次体系转换。当吊架安装完毕劲型骨架锁定后，预张拉合拢段钢绞线，张拉控制应力 195 MPa，然后割除临时固结钢筋，解除 0#块支座约束。拆除顺序：边跨合拢后，先拆除墩顶中间的枕木，然后拆除墩左右两侧的枕木，拆除时要求左右基本对称。拆完墩顶枕木后，再对称拆除临时钢管柱。

7）模板安装

（1）外模。

当吊架安装完毕后，对外模进行彻底整修，对鼓包及凸凹不平处进行热处理修正，以保证模内尺寸及模板相邻表面高差符合设计规范要求，在钢筋绑扎前进行彻底打磨，并用纯机油进行均匀涂刷，保证外观色泽一致。

（2）内模。

内模采用原 11'#块内模，在 11#、11'#块施工时在悬臂段预留精轧螺纹穿行孔，待底腹板钢筋绑扎完后，拆除一端内模，将另一端内模滑移至对应悬臂段箱内，用精轧螺纹将其吊起，完成内模滑移，内模支撑系统同 11'#块，在上顶板钢筋之前，将内模进行检修，使内模结构满足设计及规范要求，梁体模板安装允许偏差见表 11-6。

表 11-6 梁体模板安装允许偏差表

项次	检查项目	允许偏差（mm）
1	模板标高	±10
2	模板内部尺寸	+5，0

续表

项次	检查项目	允许偏差（mm）
3	轴线偏位	10
4	模板相邻两板表面高低差	2
5	模板表面平整	5
6	预埋件中心线位置	3
7	预留孔洞中心线位置	10
8	预留孔洞截面内部尺寸	+10，0

8）钢筋及预应力系统安装

当外模经检验达到设计规范要求后，进行底板、腹板钢筋的绑扎及底腹板预应力系统的安装，然后进行内模安装，待内模安装完毕后再进行顶板钢筋的绑扎和顶板预应力系统的安装，主筋接头均采用绑扎接头。

（1）底板钢筋绑扎。

当外模经监理工程师检查通过后，开始绑扎底板钢筋。钢筋严格按施工图进行绑扎，绑扎时注意钢筋的型号、直径、数量、间距和保护层厚度符合设计要求和规范规定，钢筋的接头布置应符合规范规定。绑扎底板钢筋时，先进行两头钢筋位置固定，再对交叉点钢筋用铁丝绑扎牢固，以保证网格间距。底板钢筋绑扎时要保证上下两层钢筋网的距离符合设计要求，可在底板钢筋上点焊短钢筋来固定，必要时可用马凳筋固定。

（2）腹板钢筋绑扎与安装。

腹板钢筋绑扎采用和横梁钢筋相同的方法。由于腹板钢筋架立钢筋直径较大，必须严格控制其加工、绑扎尺寸，以保证腹板处钢筋具有足够的保护层。

（3）顶板钢筋绑扎。

当内模顶板安装完毕，并符合设计规范要求后，开始绑扎顶板钢筋。顶板下层钢筋绑扎要注意保护层厚度和与腹板承托钢筋的连接，然后进行上层钢筋网的绑扎，绑扎顶板上层钢筋应注意它与下层钢筋的距离，可在下层钢筋上点焊短钢筋来固定这两层钢筋的距离，必要时采用马凳筋固定，在绑扎顶板上层钢筋之前注意安装护栏预埋钢筋。

（4）预应力系统的安装。

在绑扎安装的同时要安装相应的预应力管道和锚垫板，在安装时保证预应力管道定位准确，预应力定位筋严格按照设计间距进行四向定位，以防止在混凝土浇筑时管道移位。钢筋安装实测项目见表11-7。

表11-7 钢筋安装实测项目

项次	项目	允许偏差	检查方法
1	受力钢筋	±10 mm	用尺量
2	箍筋、横向水平筋	0，-20 mm	用尺量
3	箍筋骨架尺寸	长±10 mm 宽、高±5 mm	用尺量
4	弯起钢筋	±20 mm	用尺量
5	保护层厚度	±5 mm	用尺量

9）混凝土浇筑

（1）混凝土浇筑。

合拢段砼因体积较小，采用一次浇筑法，浇筑顺序为先底板后腹板再顶板。浇筑时采用地泵直接送至前台，先从底板浇至底板倒角顶，后腹板。浇筑过程中要根据混凝土浇筑方量逐级卸载相应重量预压料包，卸载时要有专人指挥，两侧必须对称同步卸载，混凝土浇筑完毕所有小包料全部卸载结束。浇筑时严格按每层不超过30 cm厚分层振捣，循环浇筑，使支架受力分级均匀，以防止支架受力不均产生局部变形，影响整体受力，顶板先用插入式振捣器振捣，然后用振动梁拖平，人工收面，为了避免梁面开裂在砼收浆后进行二次抹面。为使合拢块的现浇砼在凝固过程中不致受温度变化而发生温差应力产生裂缝。在安排砼浇筑时，选择在一天温度最低时段浇筑。

（2）混凝土的捣固。

捣固方式采用插入式振捣器（$\phi 50$ mm，$\phi 30$ mm两种规格）进行捣固，捣固中注意应快进慢出和间隔距离，每一振点的捣固时间约20~30 s，以混凝土不再沉落、不出现气泡，表面出现浮浆为度；振捣器的移动间距不大于振捣器作用半径的1.5倍，$\phi 50$ mm振捣器作业半径为20 cm，且插入下层混凝土的深度宜为5~10 cm；捣固过程中振捣棒不得触碰到模板、钢筋、波纹管及预埋件，以免造成钢筋位移、预埋件游移变化等质量事故。

10）预应力施工

（1）穿束及锚具安装。

砼浇筑前所有钢绞线完成穿束、锚垫板及排气管的安装和固定工作，全面检查孔道和锚垫板，锚垫板应位置正确，型号符合设计要求，孔道应畅通，无水分和杂物。穿束工作采用人工配合机械直接穿束，预应力束借助一根钢绞线作为引线，用卷扬机和滑轮组进行穿束，为防止波纹管卡阻预应力束及预应力束划破波纹管，预应力束前端加工安装一个锥形头和牵引钢绞线连接。待混凝土浇筑完毕后，适当牵拉引线，防止漏浆产生堵管，影响张拉压浆等后道工序。

（2）张拉顺序。

在砼强度达到设计张拉强度后，对称张拉梁体预应力束，采用先长束后短束，先底板后顶板的顺序依次张拉。

5. 合拢段施工要点

（1）合拢段固结为体内劲性骨架永久固结，严格按设计要求操作，确保劲性骨架构件的焊接质量，并使劲性骨架与周围钢筋焊接，骨架的长度依实际情况确定。

（2）为确保梁体砼浇筑质量，采用一次连续浇筑工艺，加强振捣，使用无收缩性砼，以免新旧砼的连接处产生裂缝。

（3）砼作业的结束时间，根据掌握的天气变化情况，尽可能安排在气温回升之前完成，浇筑完毕后及时覆盖，按规定养生。

（4）在每一合拢段吊架就位、配重、砼浇筑、预应力施张、拆除挂篮及配重前均要测量梁端及梁部各测点的标高变化，并进行数据分析，以供后续合拢段施工参考，积累经验。

第 12 章　城市快速路宽幅路面施工关键技术

12.1　哨关路路面工程概况及施工总体安排

12.1.1　哨关路路面工程概况

1. 总体情况

哨关路规划为城市快速路，道路规划红线宽度 85 m。起点桩号 MZK0+966.376，终点桩号 MZK13+661.226。其中快速系统设置双向八车道，设计时速 80 km/h，辅道设置双向四车道，按照城市主干路标准设计，设计时速 40 km/h。起点位于与新昆嵩高速相交的小哨互通，之后向西与规划主干道一、老 320 国道、规划次干道一、新 G320、沪昆铁路相交，在高尔夫球场通道西侧花庄河最窄处跨越，之后一路向西与规划次干道二、规划空港大道、对龙公路、规划主干道二、规划主干道三、现状昆曲高速、兰茂路等相交，最终顺接规划昆曲高速改线的哨关互通，全长 14.2 km。哨关路全线路面工程主要包括路面底基层、基层、面层及路面附属工程，主要工程数量见表 12-1。

表 12-1　主要工程数量表

序号	项目名称	单位	数量
1	级配碎石底基层（厚 18 cm、20 cm）	m²	756 787
2	水泥稳定碎石基层（厚 34 cm、38 cm）	m²	699 261
3	透层	m²	615 377
4	稀浆封层	m²	615 377
5	黏层	m²	1 242 283
9	粗粒式沥青混凝土下面层 AC-25（厚 7 cm）	m²	540 694
10	中粒式沥青混凝土中面层 AC-20（厚 5 cm）	m²	701 591
11	细粒式沥青混凝土上面层 AC-13（厚 4 cm）	m²	701 591
12	混凝土预制块路缘石（流水石）	m	230 000
13	人行道铺装	m²	40 000

2. 施工条件

本项目位于滇池盆地中部地段，属滇东高原盆地区昆明岩溶高原湖盆亚区。沿线总体地势较为平坦、开阔，局部地段基岩裸露。路线展布区内一般多在海拔 1900～2300 m。路线所经区域可划分为山间盆地、岩溶地貌，局部段落为果树园区，植被茂盛。

气象与水文条件：昆明年平均气温 15.1 ℃，最热为 7 月，平均温度 20.2 ℃，极值高温 31.2 ℃；冬季平均温度 9.3 ℃，最冷为 1 月，极值最低温度-7.8 ℃，最大积雪厚度 17 cm；年温差 12.8 °C，无霜期 240-247 天。区域内年平均降水量 869 mm，年最大降水量 1 348 mm，日最大降水量 313.9 mm，历年平均降雨日 96-98 天，最长连续降水 17 天。降水多集中在 6-9 月份，雨量占全年 50%以上。

施工用电条件：项目部已委托地方电力部门在路线沿线架设 10 kV 的输电线路，就近架设部分临时输电线路即可采用电网供电。

施工用水条件：施工用水采用打深井取水，水质满足施工用水要求。

交通条件：本项目沿线有老 G320 国道、新 G320 国道、哨关公路及地方乡村道路等，运输条件较好。

通信条件：全线均有移动网络覆盖，通讯联络方便。

12.1.2 工程重难点及施工总体目标

1. 工程特点、重难点

（1）本项目周边多条高速公路及市政项目在建，碎石、砂等地材紧缺，项目砂石料储备工作成为路面工程施工的重点，并应选择多家合格砂石料供应商，以防备由于砂石料供应不及时对项目进度的影响。

（2）本项目工期紧，业主要求 2017 年 2 月 28 日实现全线通车，且道路路幅宽，保证路面熟料产量、运输及施工现场机械的合理组织调配是确保该项目按期完工的重点。

（3）项目沿线村落多、人口多，施工难免要和村民发生接触，文明施工、与村民和谐共处是顺利完成此项工程任务的前提保证。

2. 施工管理总目标

（1）安全目标：无因工死亡事故；无重伤事故，轻伤率控制在 5‰以内；重大交通运输、机械操作事故为零。

（2）环境保护和水土保持目标：从开工到竣工，做到各项环保及水保指标完全满足环境部门的要求，创绿色环保样板工地，配合地方建设一条绿色环保大道。

（3）质量目标：竣工验收达到一次性验收合格，争创省优及以上工程。

（4）文明施工目标：做到现场布局合理，施工组织有序，材料堆码整齐，设备停放有序，标识标志醒目，环境整洁干净，实现施工现场标准化、规范化管理。争创文明施工工地和文明施工先进单位。

（5）文物保护目标：严格按照《中华人民共和国文物保护法》的有关精神，与地方文物保护部门签订文物保护实施协议书，确保文物不受损坏或流失。

（6）工期目标：按合同约定日期通车，计划开工日期、计划交工日期由业主统一安排，完全响应业主工期要求。

12.1.3 各项大临工程设施安排

1. 布置依据及原则

根据合同文件、施工图设计、工期要求、施工进度计划及现场勘察情况。按照永临结合、满足施工需要并减少浪费，减少环境污染，尽量避免破坏植被和既有水系，远离村镇、滑坡体设置拌合站，减少施工干扰的原则布置。

2．办公、住房及生活区

路面施工项目部驻地选址在新 G320 国道西侧八家村内，紧邻新 G320 国道，交通方便，占地面积约 2 000 m²，既有住房为三层楼房，新建单层彩钢瓦房作为餐厅、会议室、活动室等场所。工区驻地建设遵循相关标准化要求，因地制宜，尽量减少对环境的影响，努力建设好"四室"（办公室、视频会议室、资料室、试验室）"五小"（宿舍、食堂、卫生间、淋浴室、办公活动室），保证驻地建设的标准化。

3．拌合站

根据项目工程量及进度要求，九工区设置 1#、2#、3# 共三个拌合站。

1# 拌合站设置在哨关路主线 MZK4+800 右侧空地，总占地面积约 28 000 m²。站内主要设备为 1 台 4000 型沥青拌合楼（每小时生产能力 320 t）和 1 台 800 型水稳拌合楼（每小时生产能力 640 t）。站内设置沥青集料仓 5 个、级配水稳集料仓 4 个、扩展备料仓一个，总备料量约 20 万吨。其中沥青混凝土集料仓和级配水稳细集料仓设钢结构彩钢瓦防雨大棚。1# 拌合站负责供应哨关路一标（MZK0+966.376-MZK7+100）级配、水稳层熟料和全线（MZK0+966.376-MZK13+661.226）的沥青混凝土。

2# 拌合站设置在哨关路废置路基上（MZK10+200-MZK10+400），总占地面积约 24 000 m²。站内主要设备为 2 台 600 型水稳拌合楼（每台每小时生产能力 480 t）。站内设置级配水稳集料仓 7 个，总备料量约 10 万吨。细集料仓设钢结构彩钢瓦防雨大棚。2# 拌合站负责供应哨关路二标（MZK7+100- MZK13+661.226）级配、水稳层熟料。

3# 拌合站设置在哨关路标尾天成石料厂旁，总占地面积约 10 000 m²，3# 拌合站为备用站。站内主要设备为 1 台 4000 型沥青拌合楼（每小时生产能力 320 t）。站内设置沥青集料仓 5 个，总备料量约 5 万吨。其中沥青混凝土集料仓设钢结构彩钢瓦防雨大棚。3# 拌合站作为供应全线沥青混凝土的备用站。

4．试验室

该项目相关试验由施工总承包项目部中心试验室完成。沥青混凝土配合比设计外委具备相应资质的试验机构完成。在沥青及水稳拌合站设置工地试验室，进行现场质量的控制。

5．临时施工用电、用水

本工程沿线供电较方便，工程用电可以与当地电力部门协商解决。临时用电方案见表 12-2。

表 12-2 临时用电方案

编号	变压器功率/kVA	数量/台	设置位置	供应范围	备用发电机
1	800	2	1# 拌合站	1 台 4000 型沥青拌合楼、1 台 800 型水稳拌合机	1 000 kW
2	650	1	2# 拌合站	两台 600 型水稳拌合机	300 kW
3	800	1	3# 拌合站	备用	

本项目施工用水采取打深井的方式，拌合站设置蓄水池（800 m³）。所有水源必须送检水样且检测合格后方能使用。

12.2 拌合站建站与施工

12.2.1 路面工程主要工程量

1. 快速主线

上面层：4 cm 细粒式改性沥青混凝土（AC-13C）。
中面层：5 cm 中粒式改性沥青混凝土（AC-20C）。
下面层：7 cm 粗粒式沥青混凝土（AC-25C）。
基层：38 cm 水泥稳定碎石。
底基层：18 cm 级配碎石。

2. 辅道、匝道、平交口

上面层：4 cm 细粒式沥青混凝土（AC-13C）。
中面层：5 cm 中粒式沥青混凝土（AC-20C）。
下面层：7 cm 粗粒式沥青混凝土（AC-25C）。
基层：38 cm 水泥稳定碎石。
底基层：18 cm 级配碎石。

3. 非机动车道

上面层：4 cm 细粒式沥青混凝土（AC-13C）。
中面层：6 cm 中粒式沥青混凝土（AC-20C）。
基层：22 cm 水泥稳定碎石。
底基层：18 cm 级配碎石。

4. 人行道

面层：5 cm 人行道板。
基层：22 cm 水泥稳定碎石。
底基层：18 cm 级配碎石。

5. 主要工程量

38 cm 水泥稳定碎石：569 288 m²；34 cm 水泥稳定碎石：14 968 m²；22 cm 水泥稳定碎石：100 684 m²；15 cm 水泥稳定碎石：2468 m²；18 cm 水泥稳定碎石：2 675 m²；18 cm 级配碎石：713 994 m²；25 cm 级配碎石：8 771 m²；30 cm 级配碎石：16 196 m²；15 cm 级配碎石：18 399 m²；沥青混凝土（AC-13）：432 686 m²；改性沥青混凝土（AC-13）：313 429 m²；沥青混凝土（AC-20）：438 664 m²；改性沥青混凝土（AC-20）：311 722 m²；沥青混凝土（AC-25）：541 648 m²。

12.2.2 拌合站总体规划及布局

(1) 1#拌合站位于道路主线桩号 MZK4+800 右侧,距新 320 国道 500 m,占地面积为:长 142 m×宽 126 m=17 892 m²,本站计划安装一台 WBS-600E 拌合机和一台 4000 型沥青拌合机。

(2) 2#拌合站位于道路主线桩号 MZK10+100～MZK10+290 路基(废置工程)范围内,占地面积为:长 190 m×宽 126 m=23 940 m²,本站计划安装一台 WBS-600E 拌合机。

(3) 3#拌合站位于道路止点右侧(天成石料厂),占地面积为:长 100 m×宽 60 m=6 000 m²,本站计划安装一台 WBS-600E 拌合机。

(4) 拌合站机械设备配置见表 12-3～12-5。

表 12-3　1#站设备配置

序号	机械设备名称	型号	单位	数量
1	水稳拌合机	WB-S600E	台	1
2	沥青拌合机	4000 型	台	1
3	装载机	ZL50	台	5
4	自卸车	20 t	台	15
5	散装水泥罐	100 t	个	2
6	地磅	120 t	座	1

表 12-4　2#站设备配置

序号	机械设备名称	型号	单位	数量
1	水稳拌合机	WB-S600E	台	1
2	装载机	ZL50	台	4
3	自卸车	20 t	台	15
4	散装水泥罐	100 t	个	2
5	地磅	120 t	座	1

表 12-5　3#站设备配置

序号	机械设备名称	型号	单位	数量
1	水稳拌合机	WB-S600E	台	1
2	装载机	ZL50	台	4
3	自卸车	20 t	台	15
4	散装水泥罐	100 t	个	2
5	地磅	120 t	座	1

12.2.3 拌合站建站与施工

1. 拌合站布置

(1) 按照三通一平要求原则,对整个拌合站料仓及道路进行硬化处理。首先清除地面杂草、腐殖土等,然后进行场地平整碾压密实,再对场地进出场道路及料仓进行规划,材料运输道路采用宽 10 m 厚 0.25 m 的 C30 混凝土浇筑,料仓地坪采用 C20 混凝土浇筑厚度为 0.2 m,运输道路两侧、料仓周围及办公室周围砌筑排水沟,排水沟尺寸为:宽 0.4 m×深 0.5 m,把水排到场地外,预防场地内积水。场地四周用彩钢瓦搭设围栏,尺寸:3 m×2.5 m×0.08 m。

（2）对拌合站按照文明工地要求进行区域功能划分,规划分为作业区、储料区及办公区。在厂区内建设彩钢瓦房设置现场办公室、实验室、宿舍及过磅房。另在场地边角搭设卫生间;

（3）根据工程情况及进度计划,我方每站配置拌合机安装如下：1#拌合站安装一台江苏华通动力重工有限公司生产的 WB-S600E 型水稳料拌合机及一台 4000 型沥青拌合机。水稳料拌合机产量为 600 t/h,拌合楼总长 37 m,宽 8 m;沥青拌合机产量为 320 t/h;2#及 3#拌合站分别安装一台江苏华通动力重工有限公司生产的 WB-S600E 型水稳料拌合机,拌合机产量为 600 t/h,拌合楼总长 37 m,宽 8 m。

（4）按照厂方提供的水稳料拌合楼基础图浇筑拌合机基础。骨料斗基础长 14 m 宽 3.2 m 高 1.5 m 浇筑 C30 混凝土并安装预埋件;水泥灌基础长 9 m 宽 5 m 厚 2.0 m 浇筑 C30 混凝土并安装预埋件;卸料带基础为:1.4 m×2.4 m、3.1 m×3.1 m、3.3 m×1.3 m 厚度为 1 m 并安装预埋件。

（5）沥青拌合楼基础浇筑由设备生产厂家指派专业技术人员到现场进行指导浇筑设备基础,由厂方负责安装,我方提供相关配套机械并配合实施,拌合楼上方安装避雷针。

（6）水稳拌合站配置 4 个集料上料仓、2 个 100 t 的水泥桶仓和 1 个成品仓。所有设备在进场后协调统一、同步安装,确保相互位置准确。

（7）在拌合站上料区安装 4 个喷淋装置,防止扬尘。

（8）水泥罐基础承载能力验算：水泥罐满载时每个腿承受静载 35 t,基础自重 $9×5×5×1.5$ m×2.6=97.5 t。

土质基本承载力为 160 kPa。

$35×4+97.5=2\ 300$ kN $< 160×5×5=4\ 000$ kN。

水泥罐基础满足承载力要求。

（9）主机基础承载力验算如下：

拌合楼主机每条支腿承载 12 t。

基础自重：1 m×1 m×1m×2.6=2.6 t。

$120+26=146$ kN < 160 kPa$×1×1=160$ kN。

满足要求。

2. 储料区的设置

（1）1#拌合站储料区分隔成 5 个储料区,各区之间浇筑高 2.5 m 宽 0.5 m 的 C20 混凝土进行分隔,再在隔墙上面垒沙袋加高以满足计划储料要求,各区面积约为 2 100 m^2,每区醒目位置挂设材料标识牌,计划储料 15 万吨。

（2）2#拌合站储料区分隔成 8 个储料区,各区之间砌筑高 2.5 m 宽 0.5 m 的 C20 混凝土进行分隔,再在隔墙上面垒沙袋加高以满足计划储料要求,各区面积约为 2 000 m^2,每区醒目位置挂设材料标识牌,计划储料 15 万吨。

（3）3#拌合站储料区分隔成 4 个储料区,各区之间砌筑高 2.5 m 宽 0.5 m 的 C20 混凝土进行分隔，再在隔墙上面垒沙袋加高以满足计划储料要求，各区面积约为 800 m²，每区醒目位置挂设材料标识牌，计划储料 4 万吨。

（4）拌合站内料仓、运输道路、排水沟及办公室设置坡度不小于 2‰。

（5）1 号拌合站沥青原材料储料仓搭设钢架防雨棚，防止雨淋；2 号、3 号拌合站材料堆放分为 1、2、3、4 号料，在 4 号料仓上搭设钢架防雨棚，防止雨淋。

3. 拌合站内水电

（1）拌合站用水设置：拌合站用水采用自备抽水机抽水，修筑长 20 m 宽 5 m 深 4 m 蓄水池蓄水，计划储水 400 m³。

（2）拌合站用电设置：

1#拌合站用电向供电局申请安装（1×1 000 kVA + 1×315 kVA）变压器用电。2#、3#拌合站用电向供电局申请安装 400 kVA 变压器用电。采用三相五线制供电。设置三级漏电保护，在配电室、分配电箱和开关箱分别设置漏电保护装置，确保安全用电。同时配置一台 PL-330 发电机，确保停电时也能正常生产。

4. 拌合站施工计划

（1）1 号拌合站从 2016 年 7 月 20 日开工至 9 月 10 日完工；7 月 20 日至 8 月 20 日进行场地平整、硬化、浇筑拌合机、拌合楼、水泥灌、变压器基础等；8 月 20 日至 30 日架设电力线路、储料区浇筑隔墙、修试验室、办公室；8 月 25 日至 9 月 5 日拌合设备进场安装调试、安装拌合楼、安装水泥罐；8 月 30 日开始备料、试配；9 月 5 日至 10 日，进行设备验收，并试运转。

（2）2 号拌合站从 2016 年 7 月 10 日开工至 8 月 20 日完工；7 月 10 日至 8 月 10 日进行场地平整、硬化、浇筑拌合机、拌合楼、水泥灌、变压器基础等；8 月 10 日至 15 日架设电力线路、储料区浇筑隔墙、修试验室、办公室；8 月 5 日至 15 日拌合设备进场安装调试、安装拌合楼、安装水泥罐；8 月 18 日开始备料、试配；8 月 18 日至 20 日，进行设备验收，并试运转。

（3）3 号拌合站从 2016 年 9 月 1 日开工至 9 月 30 日完工；9 月 1 日至 20 日进行场地平整、硬化、浇筑拌合机、拌合楼、水泥灌、变压器基础等；9 月 10 日至 25 日架设电力线路、储料区浇筑隔墙、修试验室、办公室；9 月 15 日至 27 日拌合设备进场安装调试、安装拌合楼、安装水泥罐；9 月 28 日开始备料、试配；9 月 28 日至 30 日，进行设备验收，并试运转。

12.3 级配碎石底基层施工技术

12.3.1 施工准备

1. 试验路段准备情况

级配碎石底基层试验段选择在 K11+285～K11+500 左幅，该路段为直线，全长 215 m，路槽转序弯沉值达到设计要求，路槽平整度较好，与 2#水稳拌合站运距较近，作为试验路段具有较好的条件。

2. 拌合厂准备情况

2#水稳拌合站设置于原道路设计主线 K10+200 内约距铺筑路段约 1 km，场地已经硬化处理完毕，水电设施准备完成。

3. 原材料准备情况

碎石：采用中石料场生产的碎石，规格为：0～4.75 mm 石屑，4.75～9.5 mm 碎石，9.5～19 mm 碎石，19～31.5 mm 碎石。经试验压碎值、针片状含量、细集料砂当量均满足设计要求。水采用自来水。2#拌合站集料仓储备容量为 10^5 m³，料源由中交石场供应，集料用于路面铺筑，截至 2016 年 11 月 17 日已储备 5 万方集料，数量满足开工条件。

4. 施工机械设备准备情况

水泥稳定级配碎石施工的主要机械设备配置见表 12-6。

表 12-6 主要机械配备

序号	设备名称	型号	单位	数量	进场日期	备注
1	水稳拌合机	600 型	台	2	2016-08	良好
2	摊铺机	ABG8820	台	2	2016-11	良好
3	双钢轮压路机	HD120V	台	1	2016-11	良好
4	单钢轮压路机	徐工 XS262J	台	2	2016-11	良好
5	单钢轮压路机	CAT20	台	1	2016-11	良好
6	胶轮压路机	BW-24R	台	1	2016-11	良好
7	装载机	ZL50	台	3	2016-11	良好
8	自卸车	红岩	台	17	2016-11	良好

5. 配合比设计结论准备

路面施工单位、监理单位及第三方检测单位完成了九工区级配碎石底基层目标配合比设计，配比设计结果见表 12-7、表 12-8、图 12-1。

表 12-7 级配碎石底基层矿料组成设计

各矿料比例(%)(1#:2#:3#:4#)	下列筛孔（mm）的通过率（%）											
	31.5	26.5	19.0	16.0	13.2	9.5	4.75	2.36	1.18	0.6	0.3	0.15	0.075
25:26:17:32	100	94.4	76.9	73.6	62.8	51.8	33.8	25.3	17.8	12.1	8.9	5.8	4.9
规范级配范围	100	90~95	72~84	65~79	57~72	47~62	30~40	19~28	12~20	8~14	5~10	3~7	2~5

表 12-8 目标配比配合比设计结论

混合料类型	下列各种材料比例（%）1#:2#:3#:4#	最大干密度/（g/cm³）	最佳含水率/%	CBR 强度/%
级配碎石底基层	22:24:21:33	2.311	4.6	131.6

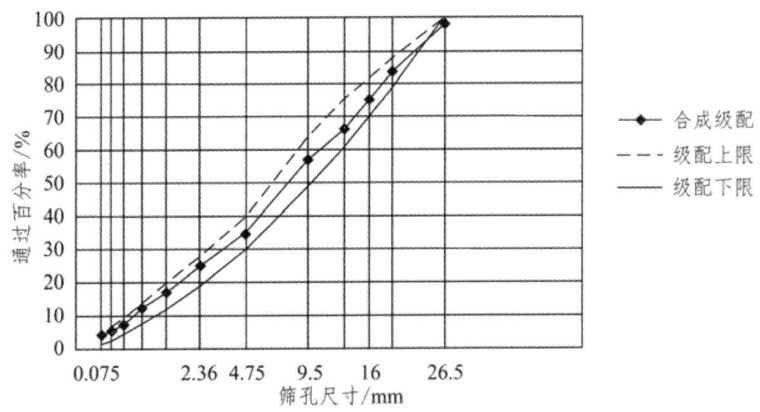

图 12-1 级配碎石基层级配曲线

生产配比的验证：

路面施工单位、监理单位及第三方检测单位对 2#拌合站进行了调试，并进一步确定了生产配合比。生产配合比与目标配合比级配对比见表 12-9、图 12-2。

表 12-9 生产配合比矿料组成

各矿料比例(%)(1#:2#:3#:4#)	下列筛孔（mm）的通过率（%）											
	26.5	19.0	16.0	13.2	9.5	4.75	2.36	1.18	0.6	0.3	0.15	0.075
22：24：21：33	98.9	85.7	80.8	72.5	61.4	37.4	23.9	15.3	11.0	6.5	5.3	4.0
规范级配范围	100	79~88	70~82	61~76	49~64	30~40	19~28	12~20	8~14	5~10	3~7	2~5

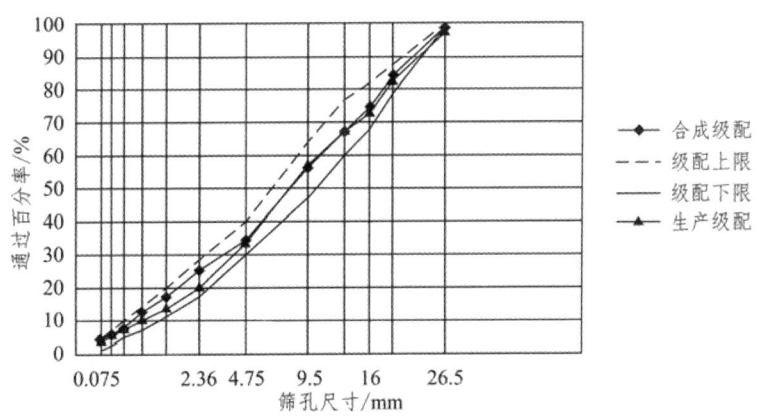

图 12-2 生产合配比与目标配合比级配对比图

从表 12-10 和图 12-2 可以看出，生产合配比与目标配合比的合成级配基本一致，可以用于工程施工。

表 12-10 生产配合比设计结论

混合料类型	下列各种材料比例（%）1#:2#:3#:4#	最大干密度/(g/cm³)	最佳含水率/%	CBR强度/%
级配碎石底基层	22：24：21：33	2.335	4.1	131.6

12.3.2 施工工艺及方法

采取一层摊铺一层碾压的工艺。

施工流程：下承层准备→测量放样→混合料拌合→自卸车上料→摊铺机摊铺→压路机碾压→检测压实度

1. 集料的选择

根据设计及规范级配碎石底基层混合料，粒径宜控制在 26.5~0.075 mm，级配碎石压碎值不大于26%，碎石中针片颗粒的总含量不超过15%，碎石中不有黏土块、植物等有害物质，通过 0.075 mm 筛孔颗粒含量不宜大于5%，其颗粒组成和塑性指数应符合表 12-11。

表 12-11 级配碎石底基层颗粒组成范围

层位	通过下列筛孔（mm）的质量百分率（%）									液限/%	塑性指数
	31.5	26.5	19	16	9.5	4.75	1.18	0.6	0.075		
底基层		100	79~88	70~82	49~64	30~40	12~20	8~14	2~5	<25	≤4

2. 下承层检查

底基层铺筑前，认真检查下承层，对路基的高程、中线、宽度、横坡度和平整度等外形进行全面检查，以使路基顶面高程满足设计要求。并认真清扫，如发现下承层层面上有明显松散、坑洞情况，应对其路床补强处理至合格，之后适量洒水湿润。

3. 混合料拌和

（1）作业前的准备工作。

① 试验室检查集料的级配、含水量，计算施工配合比，填写开盘通知单，经拌和场负责人、监理工程师签认后，交拌和机操作手，方能开盘。

试验段施工考虑到天气等因素各种集料的含水量变化较大，施工配合比需进行调整，所以在开盘前，试验室对各种集料的含水量按规范规定的方法、频率进行了抽样检测。提供施工配合比时，对用水量进行调整，比最佳含水量高1.0%。

混合料的拌和采用 WBS600E 型拌和机。拌和机的拌和工艺流程：各种规格的碎石及石屑通过 3 台 ZL50 装载机上料，根据选用的配合比，由各料斗斗门开启度和电机转速控制上料数量；供水采用电子流量器控制出水量；水泥通过自动电子计量器计量后，通过传送带传输进入拌缸搅拌完成。拌合料通过斜皮带送入储料仓装车。施工过程中，拌和站安排 1 名专职试验人员跟班作业，及时取样检测，及时发现混合料级配偏差及含水量不匀等情况，从而保证出厂的混合料均为合格料。当天中午天气较热，根据规范适当调整混合料的含水量，比最佳含水量大1.0%。

② 拌和机、装载机等机械操作手对机械进行例行保养，加油、加水、打黄油，避免施工中机械设备出现缺油、缺水、机械故障等现象。

（2）拌和机操作手根据施工配合比按事先标定的关系曲线确定各储料仓出料量，并打开各储料仓开始拌和。

（3）拌和过程中，装载机及时向各储料仓依次加料，防止缺料现象发生。

（4）试验人员在拌和机生产第二斗混合料后开始取样抽查，检查混合料级配、含水量，如上述检查出现异常，及时通知施工员和操作人员，及时调整，直至各项数据正常为止，方能正式生产，含水量抽检频率1次/小时。

（5）保障措施。

① 机械设备的保障。机械设备定期进行保养，开机前按操作规程例行检查，发现问题及时解决。

② 材料保障。试验室对原材料实行动态监控，按规定频率抽检，发现不合格材料及时通知材料部，并对处理结果进行监督。

③ 安全保证。拌合场配有专职安全员，全过程对拌和场用电、机械设备例行检查，发现问题立即处理，并上报项目部有关部门作出相应制度加以控制，杜绝事故发生。

4. 混合料运输

1）运输的准备工作

（1）运输队长提前同前场工班长联系运输地点，安排运输车辆的数量、行车顺序、行车路线。

（2）项目部安排专人逐车检查车辆的清洁状况，车斗不干净的车辆不允许装料。

2）装料

（1）车辆按顺序依次排队，等待装料。当听到控制室发出的响铃后驶入卸料斗下。

（2）驾驶员将空车开到料斗下停放，为了减小混合料的离析，分三次装料，先装车厢前部，然后汽车应向前移动一下，装车厢后部，最后汽车向后倒一下装车的中部。每装一斗混合料以后，保持装料高度大致相同。

（3）料装完后，接到控制室发出的发车响铃后车辆驶出。

3）运输

（1）运输汽车进入摊铺现场时，如果轮胎上沾有泥土等可能污染路面的脏物，人工将之清除。

（2）运输汽车在路基和底基层上匀速行驶，不急转弯、急刹车。

（3）为了防止混合料在运输过程中的水分蒸发，所有运输车辆覆盖蓬布，直至卸料时才取下。

4）卸料

卸料车辆取下篷布，缓慢倒车靠近摊铺机，在摊铺机前10~30 cm处停住，空档等候，由摊铺机推动车辆前进开始缓慢卸料，避免汽车猛退撞击摊铺机，影响摊铺的平整度。

5. 混合料摊铺

（1）摊铺前的施工放样。测量人员提前放出要铺设基层路段的中桩、边桩，间距10 m，然后在距基层摊铺宽度两侧30 cm处打钢钎，间距10 m一个。现场技术人员根据基层的设计标高及松铺厚度测量两侧挂钢丝绳处钢钎横杆的标高，然后现场工人挂钢丝绳，用紧线器张拉钢丝绳，钢丝绳的张拉力10 m的挠度不超过2 mm。钢丝张拉结束后，用细钢丝扎紧，以免在摊铺过程中因摊铺机的振动使钢丝绳从钢钎的凹槽中滑落。根据摊铺机熨平板拼装的宽度架设铝合金导梁。导梁架在铁制的三角支架上，现场工程师根据松铺高度确定导梁的标高。

前面的一台摊铺机一边的传感器放在导梁上，另一传感器放在钢丝绳上，当摊铺机走过一段导梁的距离后，将导梁向前循环移动；后一台摊铺机的传感器一边直接放在钢丝绳上，另一边放在铺好的级配层上。

（2）在即将摊铺底基层级配料的路床上洒水，保证与级配碎石良好黏接。

（3）摊铺。

（1）根据经验拟定松铺系数 1.30，随着试验段的铺筑，根据测量人员实测标高，松铺系数逐渐调整。最终，根据试验段验证，摊铺系数调整为 1.254，松铺厚度 22.57 cm，并按照此厚度摊铺。

（2）为保证基层的平整度，现场施工摊铺机采用梯队形式进行摊铺。两台摊铺机的摊铺距离不超过 10 m。为了使摊铺的混合料平整密实，减小混合料的离析，在摊铺过程中，摊铺机缓慢、均匀、连续不断地摊铺，并保持两台摊铺机的夯锤频率一致。

现场工程师严格控制导梁的标高，并用铝合金尺检查接缝处的平整度。同时现场工程师根据摊铺的质量控制摊铺机的速度、厚度。

（3）摊铺开始后人工筛出一小推车细料，如果发现基层有离析现象，则立即换以细料，然后碾压密实。

（4）根据拌和站的实际拌和能力确定摊铺机的摊铺速度为 1.3 m/min。

6．混合料压实

（1）碾压分初压、复压和终压三个步骤进行操作，并且保证在最佳含水量或略大于最佳含水量下碾压。

（2）压实遵循先轻后重、先起步再开振、先停振再停机的原则。

（3）碾压方向与路中线平行。碾压方式由外侧面向内碾压。

（4）试验段采用钢轮压路机与轮胎压路机组合碾压。

① 方案 1：初压（20 t 双钢轮压路机静压 1 遍），复压（26 t 单钢轮压路机弱振碾压 3 遍→22 t 单钢轮压路机弱振碾压 1 遍），终压：（轮胎压路机消除轮迹）。

② 方案 2：初压，20 t 双钢轮压路机静压 1 遍；复压，26 t 单钢轮压路机弱振碾压 4 遍→22 t 单钢轮压路机弱振碾压 1 遍；终压，轮胎压路机消除轮迹。复压第三、四遍分别做压实度检测，根据试验结果选择最优碾压方案。

（5）碾压完后的稳定土表面要平整、密实、无浮石、弹簧现象，接茬处平整。

（6）压路机不在已完成压实的路面上急刹车或调头，以保证水稳表面不受破坏。

（7）压实保证。有技术人员坚守施工现场，发现并及时纠正施工中的偏差。用三米直尺逐段测量平整度，发现异常马上处理。

12.3.3 施工控制要点

1．拌和

级配碎石采用集中厂拌法。采用 WCD-600 型拌合设备集中拌和，保证配料精确，性能完好。为了使现场级配碎石能够在接近最佳含水量下碾压，在拌和过程中的加水量需要略高出配合比设计确定的最佳含水量 0~2%，并根据天气、运距等因素实时调整，做到配料准确，拌和均匀，无粗细料离析现象。拌和现场配备一名试验员跟踪检测拌和料的含水量及各种集料的配比情况，发现异常及时调整或停止生产。含水量按要求频率检查，做好记录。各料斗配备1~2名工作人员，时刻监视各料斗的上料下料情况，及时排除下料堵塞，不出现卡堵现象。

2. 闷料

经检查合格的级配碎石混合料才准运至闷料场地进行闷料，闷料时间不少于48 h，闷料期间根据天气情况，对级配碎石表面进行适量洒水，确保级配碎石混合料表面含水量符合要求。

3. 运输

采用30~50 t自卸汽车运料，料斗上用篷布覆盖，以减少混合料含水量的丧失。运料车在摊铺作业面以外调头，倒退驶入摊铺现场，避免破坏下承层。为了保证连续摊铺，现场存料车不少于5辆，卸车时，由专人指挥运料车在摊铺机前10~30 cm处停车，避免撞击摊铺机。

4. 摊铺

摊铺前下承层路基表面应适量洒水，保持湿润。采用ABG423型摊铺机和中大摊铺机进行摊铺。在摊铺过程中，速度为1.5~2.2 m/min为宜，垫层在开始摊铺3~6 m长时，现场技术人员立即检测摊铺面的标高及横坡，合格后，再继续摊铺。正常施工时，摊铺机每前进10 m，检测级配碎石摊铺顶面标高，检测位置同路基顶面检测位置，记录下数据，并根据之前测量的级配碎石底面标高计算出级配碎石松铺厚度及横坡度。同时设专人检测摊铺平整度，不合格时，立即进行调整并记录。在摊铺机前进过程中，两机纵向距离宜保持在5~8 m，且相对距离要保持稳定。螺旋搅拌笼两端的混合料高度要保持和送料螺旋同高或稍低，否则应立即停止摊铺，等混合料输送充足后再开始摊铺。摊铺机行走时，应先传送混合料，再行走摊铺。运输车应距摊铺机料斗10~30 cm左右停车。由摊铺机前顶靠住汽车后轮，再起斗卸料。摊铺机行进时，应始终保持同路线方向行驶，摊铺机行走时标尺上自然垂落的左右测平传感器的中心应对准级配碎石左右控制边线，以保证摊铺宽度、厚度准确。

5. 碾压

混合料经摊铺与整型后，立即在级配碎石垫层全宽范围内进行碾压。碾压过程中，级配碎石的表面始终保持潮湿，当混合料的含水量在最佳含水量时进行碾压。如表面水蒸发得快，需要及时喷洒少量的水，以混合料表面润湿为准。第一遍采用静压，第二遍采用低频小振幅振压，第三至五遍采用高频大振幅碾压，第五遍碾压后开始进行压实度检测，如压实度不满足规范要求继续碾压，直至检测合格为止。最后一遍为消除表面碾压轮迹碾压。无轮迹时的压实遍数作为试验段的压实遍数。压路机碾压速度头两遍采用1.5~1.7 km/h，待混合料稳定后，然后用2.0~2.5 km/h速度碾压。压路机弱振振幅为1.5~2.0 mm，振动频率为29~32 Hz，激振力为200~270 kN；强振振幅为1.08~1.5 mm，振动频率为32~35 Hz，激振力为270~350 kN。为保证底基层两侧边缘的压实度，采用PBVC-606型平板夯对边缘进行夯实。本试验段采用横向垂直接缝，用3 m靠尺检测在平整度符合要求处，划直线铲除多余料，用装载机装运，运离施工地段，为今后接缝做好了前期准备工作。在整个试验段的拌和、摊铺、碾压过程中，工程技术人员进行大频率的跟踪检测。

6. 碾压指标

压实质量是路面摊铺的一个重要指标，压路机的整个碾压过程须严格按规程操作。压实时速度控制在 1.5～1.7 km/h 以内，以后用 2.0～2.5 km/h。压实方式，先慢后快，直线段先两头后中间，曲线段先内侧后外侧，先静压（由弱到强）后振压。严禁压路机在已完成的或正在碾压的路段上调头或急刹车，变换时速时，操作要平稳。碾压一个来回，应处于同一个车道上。路面的两侧应多压 2～3 遍。做到无漏压、无死角、确保均匀碾压。

12.3.4 施工质量检测

1. 混合料级配筛分

试验段当天，拌合楼生产过程中，在前段皮带上截取一个断面进行混合料筛分，筛分结果见表 12-12，图 12-3。

表 12-12 试验路段混合料级配筛分结果

各矿料比例（%）(1#:2#:3#:4#)	下列筛孔（mm）的通过率（%）											
	26.5	19.0	16.0	13.2	9.5	4.75	2.36	1.18	0.6	0.3	0.15	0.075
22:24:21:33	98.2	85.0	75.8	66.1	56.1	33.9	24.2	16.2	11.5	7.9	6.0	4.7
规范级配范围	100	79~88	70~82	61~76	49~64	30~40	19~28	12~20	8~14	5~10	3~7	2~5

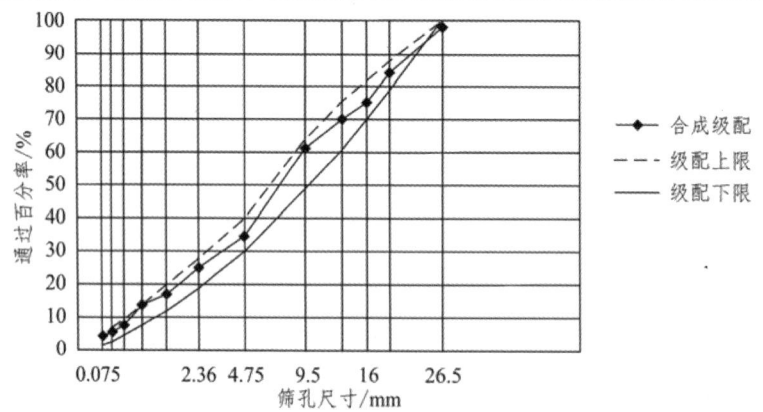

图 12-3 级配碎石底基层试验路段级配筛分结果曲线

2. 含水量检测

含水量检测具体结果见表 12-13。

表 12-13 含水量试验结果

检测时间	实测含水量%	设计含水量%
10:00	4.9	4.1
12:00	5.3	4.1
14:00	5.5	4.1
16:00	5.4	4.1

试验路段的含水量控制较好。在今后的施工中,把含水量控制在最佳含水量的+0.5%~+1.5%范围内,并根据天气情况适当增减。同时,避免含水量过大。

3. 碾压工艺及压实度、厚度检测

本次试验段中,采取两种碾压组合方式进行碾压,碾压方案和压实度检测结果见表12-14。

表 12-14 碾压方案及压实度对比

碾压方案	位置	初压	复压	终压	压实度/%	压实度平均值/%	厚度/cm	厚度平均值/cm
方案1 共5遍	MZK11+280~MZK11+450	双钢轮压路机静压1遍	26 t单钢轮弱振4遍	20 t胶轮收面	98.1 97.5 98.7	98.1	20 20 19	19.7
方案2 共6遍	MZK11+280~MZK11+450	双钢轮压路机静压1遍	26 t单钢轮弱振5遍	20 t胶轮收面	99.2 99.6	99.4	19 20	19.5

复压第三、四、五遍分别做压实度检测,通过压实度试验检测结果的对比,二种碾压方式都能满足施工要求,但方案2碾压机械组合更合理,因此在今后施工中按照方案2的组合方式碾压。

4. 试验路平整度检测

采用三米直尺对试验路段进行了平整度检测,结果见表12-15。

表 12-15 试验路段平整度检测

桩号及位置	平均值/mm	不合格尺数	合格率/%	设计平整度/mm
K11+400~k11+500 行车道	12	0	100	15
K11+285~k11+400 超车道	14	0	100	

5. 试验路纵、横坡检测

记录表见后附表,基层两边在碾压时有推移,所以中、边桩标高普遍低,为解决这个问题,我项目部要求碾压时两边留 40 cm 不碾压,用小型双钢轮压路机静压,每次碾压向外移 10 cm,分 4 次完成,以减少级配料向外推移。

6. 质量总体评价

基层试验路段压实度、平整度、纵断高程、宽度、厚度、横坡、外观等各项检测指标均符合设计及规范要求。质量总体评价合格。

12.4 水泥稳定碎石基层施工技术

12.4.1 施工准备

1. 施工准备工作

试验段相应人员全部到位,协调工作已做好;施工机械组合配备全部完成;生产配合比已经过工地试验室的取样试验;作业程序已确定,机械作业路线,确保作业连续;机械调试、碾压摊铺、整平压实等铺前处理工作已完成。

2. 技术准备

1)下承层检查

水泥稳定碎石基层铺筑前,认真检查下承层,对底基层的高程、中线、宽度、横坡度和平整度等外形进行全面检查,以使底基层顶面高程满足设计要求。并认真清扫,如发现下承层层面上有明显松散、坑洞情况,应对其处理至合格,之后适量洒水湿润。经质检试验人员和监理工程师检测合格后方可进行水泥稳定碎石基层施工。

2)施工放样

工程技术部用全站仪每10 m定出水泥稳定碎石摊铺两侧坡脚线,在路肩侧使用人工培料,以控制水泥稳定碎石摊铺宽度。测量控制桩间距设10 m一个,采取内、外边桩控制标高。标高控制桩测设完成后,在施工段的两端打钢筋桩,用紧线器拉紧钢丝绳以不产生挠度为准,拉引力不小于800 N,钢丝绳长度以100~200 m为宜,且其直径为2 mm或3 mm。钢丝绳张紧完成以后,由测量人员把其固定在钢筋桩横杆的凹槽内用扎丝绑牢,接着调整横杆使钢丝绳平面位置等于基层压实厚度乘以松铺系数加上摊铺机基准相对标高,松铺系数暂定为1.3。由钢丝线来控制摊铺机的传感器,以控制水泥稳定碎石面高程。

3)碾压机械、摊铺机械就位

混合料拌和前,认真检查摊铺机各个部位,保证各操作系统性能完好,然后移位就位、等料。压路机停于摊铺机之后,并清理压路机轮。

3. 材料的选择

试验段集料采用中交石料厂的石料,根据设计及规范水泥稳定碎石基层混合料,碎石大粒径为31.5 mm,宜按粒径19~31.5 mm、9.5~19 mm、4.75~9.5 mm和0~4.75 mm四种规格备料。碎石压碎值应不大于28%,粗集料中针片状颗粒的总含量应不超过18%(宜不大于15%),4号料中0.075 mm通过率应不大于20%(宜不大于18%);碎石中小于0.5 mm的颗粒必须做液限和塑性指数实验,要求液限小于28%,塑性指数小于6。现场施工时根据工地实际使用的碎石确定级配形式,要求组成混合料的级配符合表12-16的规定。水泥稳定碎石组成必须达到强度要求,具有较小的温缩和干缩系数(现场裂纹较少),施工和易性较好(粗集料离析较少)。具体指标详见附件(试验检测报告审批单)。

表12-16 水泥稳定碎石混合料中集料的颗粒组成表

层位	通过下列筛孔(mm)的质量百分率(%)									液限/%	塑性指数
	31.5	26.5	19	16	9.5	4.75	2.36	0.6	0.075		
基层	100	100	82~86	73~79	53~62	35~45	22~31	8~15	2~5	<28	≤6

(1)水泥稳定碎石施工前,应在所定料场中取有代表性的材料进行下列试验:

① 颗粒分析。

② 碎石的压碎值试验。

③ 混合料的组成设计。

④ 按工地预定达到的压实度，确定应有的干密度。

（2）采用强度等级 32.5 早强、缓凝水泥，3d 胶砂强度不小于 18 MPa，受外界影响水泥不得采用。

（3）水：凡是饮用水皆可使用，遇到可疑水源，应检验下例指标，合格后方可使用。

① 硫酸盐含量小于 0.002 7 mg/mm^3。

② 含盐量不超过 0.005 mg/mm^3。

③ pH 不得小于 4。

④ 不得含有油污和其他杂质。

12.4.2 施工方法

本试验路段采用中心试验室生产配合比（1#料：2#料：3#料：4#料=20%：24%：23%：33%），水泥掺量为 4.5%掺配比例拌制，混合料拌和使用 2#拌合站，拌合站距试验段约 1.5 km。压实度检测现场采用灌砂法控制。

1. 施工工序

（1）施工工艺流程：水泥稳定碎石基层施工严格按照监理程序及《工程项目管理办法》施工，具体施工程序如图 12-4 所示。

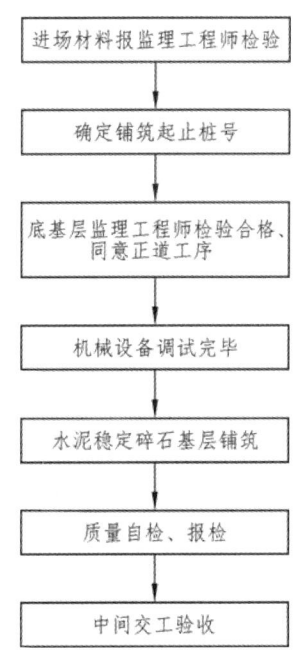

图 12-4 施工工艺流程框图

（2）本试验段水泥稳定碎石混合料采用强制式拌和机在 2#拌合站集中拌和。

（3）不同粒级的碎石和石屑等集料应隔离，分别堆放。

（4）细集料设有雨篷覆盖，防止雨淋。

（5）在正式拌制水泥稳定碎石混合料之前，必须先调试所用的厂拌设备，使混合料的颗粒组成和含水量都能达到规定的要求。

（6）用摊铺机摊铺混合料。

① 根据摊铺层的厚度和要求达到的压实干密度，计算每车混合料的摊铺面积。

② 混合料稍大于路幅宽。用摊铺机将混合料按松铺厚度摊铺均匀。摊铺后混合料如有粗细颗粒离析现象，应用人工进行补充拌和。

③ 下层摊铺长度不大于 150 m，两层施工需三小时内完成，一次挂线两层摊铺，摊铺机就位及时，压路机快速压实，模板支立迅速，各项检测及时准确，前后场配合密切，形成流水作业。

④ 设专人负责导向钢丝绳的调整，在首层摊铺结束后将其调整至上层的导线槽内，并经复测。

⑤ 下层经检测合格后立即进行上层摊铺，摊铺、碾压方法和下层一致。

⑥ 摊铺用两台摊铺机宽度不得相同，摊铺下一结构层时摊铺机位置必须互换，使上下结构层的纵向施工缝不在同一断面上。

（7）碾压：

① 整形后，当混合料的含水量等于或略大于最佳含水量时，立即用三轮压路机或双钢轮压路机，振动压路机和轮胎压路机进行碾压。直线和不设超高的平曲线段，由低处向高处碾压；在设超高的平曲线段，由内侧路肩向外侧路肩进行碾压。碾压时，后轮应重叠1/2轮宽；后轮必须超过两段的接缝处。后轮压完路面全宽时，即为一遍。碾压一直进行到要求的密实度为止。一般需碾压6~8遍，应使表面无明显轮迹。压路机的碾压速度，头两遍以采用 1.5~1.7 km/h 为宜，以后用 1.8~2.2 km/h。

② 路面的两侧应多压 2~3 遍。

③ 严禁压路机在已完成的或正在碾压的路段上调头或急刹车。

（8）横缝的处理：

① 用摊铺机摊铺混合料时，靠近摊铺机未压实的混合料铲除，并将已碾压密实且高程和平整度符合要求的末端挖成与路中心线垂直并垂直向下的断面，再摊铺新的混合料。

② 每天的工作缝处理：在重新开始铺筑混合料之前，用三米直尺沿纵向位置，在摊铺段端部的直尺呈悬臂状，以碾压层与直尺脱离接触处定出接缝位置，人工将摊铺机末端的混合料整理整齐，形成与路中心线垂直的一条直线，并清扫干净。

2. 采用的机械设备组合

水泥稳定碎石基层，采用分层摊铺一次成型工艺，本施工工艺为水泥稳定碎石基层两层一次铺筑成形，水泥稳定碎石上下两层分层由两作业班组施工，呈梯队推进摊铺并碾压成形。采用摊铺机摊铺，摊铺机后面应设专人消除粗细集料离析现象。本次试铺段采用了三种碾压组合方式，见表 12-17。

表 12-17 试验段压实组合方式

碾压组合	阶段	压路机类型	碾压遍数	速度
方案一	初压	双钢轮压路机	全幅碾压，前静后振 1~2 遍	1.6 km/h
	复压	震动压路机	全幅开振碾压 4 遍	2.2 km/h
	终压	胶轮压路机	全幅碾压 1~2 遍	2.2 km/h
方案二	初压	双钢轮压路机	全幅碾压，前静后振 1~2 遍	1.6 km/h
	复压	震动压路机	全幅碾压，各开振碾压 5 遍	2.2 km/h
	终压	胶轮压路机	全幅碾压 1~2 遍	2.2 km/h
方案三	初压	双钢轮压路机	全幅碾压，前静后振 1~2 遍	1.6 km/h
	复压	震动压路机	全幅碾压，各开振碾压 6 遍	2.2 km/h
	终压	胶轮压路机	全幅碾压 1~2 遍	2.2 km/h

根据以上方案复压至第 4、5、6 遍，每次碾压后进行压实度检测，每种压实工艺的压实度的检测样本不少于 4 个，收集数据选择最优碾压方案。

12.4.3 施工控制要点

1. 混合料的拌和

（1）开始拌和前，拌和场的备料应能满足 3~5 d 的摊铺用料。

（2）开始拌和前，全面检查场内各种单集料的含水量、单集料级配等指标，计算当天的施工配合比，考虑到环境温度、湿度、运输等因素，外加水与天然含水量总和略高于最佳含水量；试验室定时对集料含水量进行测定并及时指导拌和站进行调整。实际水泥剂量可以大于混合料组成设计时确定的实际水泥剂量约 0.5%，但实际采用水泥剂量和现场抽检的实际水泥剂量应小于 5.5%。同时，在充分估计施工富余强度时要从缩小施工偏差入手，不得以提高水泥用量的方式提高路面基层强度。

（3）上料应均匀，防止离析。

（4）每天开始搅拌之后，出料时要取样，检查级配、水泥剂量、含水量是否符合设计要求。进行正式生产之后，每天 1~2 h 检查一次拌和情况，抽检其配比、含水量是否变化。高温作业时，早晚与中午的含水量要有区别，要求温度变化时及时调整。

（5）拌和机出料不允许采取自由跌落式的落地成堆、装载机装料运输的办法。一定要配备带活门漏斗的料仓，由漏斗出料直接装车运输，混合料装车时车辆前后移动，分三次装料，避免混合料离析。

（6）拌和机停拌后，对拌锅内壁、搅拌桨叶及出料口进行彻底清理。

2. 混合料的运输

（1）运输车辆使用前要检验其完好情况，装料前应将车厢清洗干净。运输车辆数量一定要满足拌和出料与摊铺需要，并略有富余。

（2）为减少混合料水分损失，应尽快将拌成的混合料运送到铺装现场，运输车上的混合料统一采用军用防雨篷布覆盖。覆盖要求严实，采用拉绳绑紧，混合料不外露。在出场前安排专人检查覆盖情况。

（3）如运输车辆中途出现故障，必须立即排除，当有困难时，车内的混合料不能在初凝时间内运到工地，必须予以转车或废弃。

3. 混合料的摊铺

（1）摊铺前应将底基层适当洒水润湿，宜使用装有喷雾式洒水管的洒水车。

（2）摊铺机就位后，按已确定的松铺系数调整好松铺厚度；调整好传感器臂与导向控制线的位置，严格控制基层摊铺厚度和高程，保证横坡度满足设计要求。

（3）供料能力、运输能力应与摊铺速度相匹配。混合料摊铺采用两台摊铺机呈梯队作业，两台摊铺机前后间距宜不大于 10 m，一前一后应保证速度一致，松铺系数一致，路拱坡度一致，摊铺平整度一致，振动频率一致，两机摊铺接缝平整。

（4）运输车辆在摊铺机前方 10~30 cm 停车，由摊铺机迎上去推动卸料车，一边前进一边卸料。卸料速度应与摊铺机铺筑速度相协调，应注意防止运料车碰撞摊铺机。

（5）摊铺机应保持连续、均匀、不间断的摊铺。

（6）为保证水泥稳定碎石基层的压实效果和施工横坡满足要求，在摊铺过程中宜设置纵向模板。

（7）摊铺机摊铺混合料时，保持连续摊铺。摊铺机摊铺速度，根据拌和机的产量以及兼顾混合料自加水拌和到摊铺不宜超过 2 h 而定，避免摊铺机停机待料。

（8）在摊铺机后面，设专人消除集料离析现象，并铲除局部集料"窝"和"带"，并用新拌混合料填补后一起碾压。特别注意 2 台摊铺机拼接处产生的离析，安排专人处理。

（9）对无法使用机械摊铺的超宽路段，应采用人工同步摊铺、修整，并同时碾压成型。

（10）摊铺机前宜增设橡胶挡板，橡胶挡板底部距下承层距离宜不大于 100 mm。

（11）一般应使下层的略薄于上层，并保证每层的压实厚度控制在 15~20 cm，根据拌合、运输、摊铺用时确定首层摊铺长度，在能保证首层初凝前上层碾压结束的前提下，可适当加长。

（12）上层施工运料车辆应倒车入位，禁止在铺筑好的首层表面调头。

4. 混合料的碾压

（1）应在混合料处于或略大于最佳含水率的状态下碾压。气候炎热干燥时，碾压时的含水率可比最佳含水率增加 0.5~1.5 个百分点。

（2）水泥稳定碎石混合料碾压遵循的原则是：先轻后重，先静后振，由低向高，由边向中。一次碾压长度一般为 50~80 m，碾压段落必须层次分明，以标识牌形式明确初压、复压和终压区域。

（3）碾压应遵循生产试验段确定的程序与工艺。注意稳压要充分，振压不起浪、不推移。压实时，可以先稳压（变数适中，压实度达到 90%）→开始轻震动碾压→再重震动碾压→最后胶轮稳压，压至无轮迹为止。碾压过程中，可用核子仪初查压实度，不合格时，重复再压。

（4）压路机碾压时应重叠 1/2 轮宽。

（5）压路机倒车换挡要轻且平顺，不要拉动基层，在第一遍初步稳压时，倒车后尽量原路返回，换挡位置应在压好的段落上，在未碾压的一头换挡倒车位置错开，形成齿状，出现个别拥包时，应配工人进行铲平处理。

（6）压路机碾压时的建议行驶速度，第 1~2 遍为 1.5~1.7 km/h，以后各遍应为 1.8~2.2 km/h。

（7）压路机停车要错开，而且离开 3 m 远，最好停在已碾压好的路段上，以免破坏基层结构。

（8）严禁压路机在已完成的或正在碾压的路段上调头和急刹车，以保证水泥稳定碎石层表面不受破坏。

（9）碾压宜在水泥终凝前及试验确定的延迟时间内完成，并达到要求的压实度，同时没有轮迹。

（10）为保证水泥稳定碎石基层边缘强度，应有一定的超宽。

（11）在碾压过程中出现软弹现象时，应及时将该路段混合料挖出，重新换填新料碾压。

（12）碾压完成、各项指标检测合格后，用水车雾化洒水，然后覆盖土工布，并开始养生工作。

5. 横缝设置

（1）水泥稳定类混合料摊铺时，必须连续作业不中断，如因故中断时间超过 2 h，则应设横缝；每天收工之后，第二天开工的接头断面也要设置横缝；每当通过桥涵，特别是明涵、明通，在其两边需设置横缝，基层的横缝最好与桥头搭板尾端吻合。要特别注意桥头搭板前水泥稳定碎石的碾压。

（2）横缝应与路面车道中心线垂直设置，设置方法：

① 人工将末端含水率合适的混合料整齐，紧靠混合料末端放两根方木，方木高度应与混合料的压实厚度相同，整平紧靠方木的混合料。

② 方木的另一侧用砾石或碎石回填约 3 m 长，其高度应高出方木 2~3 cm，并碾压密实。

③ 在重新开始摊铺混合料之前，应将砾石或碎石和方木除去，并将下承层顶面清扫干净。

④ 摊铺机应返回到已压实层的末端，重新开始摊铺混合料。

⑤ 摊铺中断大于 2 h 且未按上诉方法处理横向接缝时，应将摊铺机附近及其下面未经压实的混合料铲除，并将已碾压密实且高程和平整度符合要求的末端挖成与路中心线垂直并垂直向下的断面，再摊铺新的混合料。

6. 养生

（1）碾压完成后，水车雾化洒水，采用透水土工布全幅覆盖养生。在土工布边部和搭接部位，采用塑料编织袋装砂砾压住，防止透水土工布卷起。养生完毕，及时安排工人收拾土工布，回收塑料编织袋。

（2）养生期间，洒水车的喷头采用喷雾式洒水，严禁使用高压式喷管，以免破坏水稳层结构。

（3）洒水次数视气温而定，整个养生期间始终保持水泥稳定碎石基层表面湿润。特别是边角部位，要专人养生。

（4）基层养生期应不少于 7 d。

（5）养生路段，设置禁止通行告示牌，禁止除水车外的一切车辆在铺筑好的基层上行驶。养生过程中每日做好养生记录。

7. 碾压指标

压实质量是路面摊铺的一个重要指标,压路机的整个碾压过程须严格按规程操作。第 1~2 遍压实时速度控制在 1.5~1.7 km/h,以后用 1.8~2.2 km/h。压实方式,先慢后快,直线段由低向高,曲线段先内侧后外侧,先静压(由弱到强)后振压。严禁压路机在已完成的或正在碾压的路段上调头或急刹车,变换时速时,操作要平稳。碾压一个来回,应处于同一个车道上。路面的两侧应多压 2~3 遍。做到无漏压、无死角,确保均匀碾压。

12.5 路面面层施工技术

12.5.1 施工准备

(1)路面面层结构组合见表 12-18。

表 12-18 路面面层结构组合

结构层	主线	辅道	桥面铺装	桥梁搭板	非机动车道
中面层	5 cm 中粒式 SBS 改性沥青砼（AC-20C）添加抗车辙剂	5 cm 中粒式沥青砼（AC-20C）添加抗车辙剂	6 cm 中粒式改性沥青砼（AC-20C）添加抗车辙剂	5 cm 中粒式改性沥青砼（AC-20C）添加抗车辙剂	6 cm 中粒式沥青砼（AC-20C）
下面层	7 cm 粗粒式沥青砼（AC-25C）	7 cm 粗粒式沥青砼（AC-25C）		7 cm 粗粒式沥青砼（AC-25C）	
封层	0.6 cm 乳化沥青稀浆封层	0.6 cm 乳化沥青稀浆封层		0.6 cm 乳化沥青稀浆封层	0.6 cm 乳化沥青稀浆封层

为提高面层层间的黏结,封层上、下面层与中面层、中面层与上面层之间均喷洒黏层沥青,均采用 PC-3 型快裂或中裂乳化沥青,用量为 0.3~0.6 L/m²。为使沥青面层与水泥稳定碎石基层结构连续以及整体受力,各类基层都喷洒透层油,采用 PC-2 型阳离子乳化沥青,用量为 0.7~1.5 L/m²。

(2)机械、仪器设备投入。

针对拟采用的工艺特点,拟投入的施工机械设备见表 12-19,拟投入的试验设备见表 12-20。

表 12-19 主要机械设备准备

序号	名 称	单 位	型号、规格	数 量
1	沥青拌和站	套	4000 型	1
2	沥青摊铺机	台	沃尔沃	2
3	双钢轮压路机	台	HD120V	1
4	双钢轮压路机	台	悍马 130	2
5	胶轮压路机	台	BW-24R	2
6	洒水车	台	东风	2
7	吹风机	台		2
8	混合料运输车	辆	18 t/后 8 轮	20
9	乳化沥青洒布车	辆	15 t	2

表 12-20 主要试验仪器设备

名称	数量
针入度仪	1 台
延度仪	1 台
软化点	1 台
沥青混合料马歇尔试验仪	1 台
马歇尔试件击实仪	1 台
脱模器	1 台
沥青混合料离心抽提仪、燃烧炉	1 台
恒温水浴	1 台
渗水仪	1 台
路面取芯机	1 台
连续式平整度仪	1 台
插入式数字温度计	若干
标准筛	2 套
车辙仪	1 台
弯沉仪	2 套

12.5.2 沥青透层、黏层、稀浆封层施工方案、施工方法

通过试验段确定透层油的洒布量。基层水稳碎石养生完毕应及时洒布乳化沥青透层油及铺筑改性乳化沥青纤维封层。改性乳化沥青纤维封层，采用优质改性乳化沥青，施工时严格符合规范要求。

沥青面层分层进行施工，在铺筑下面层的沥青混凝土以前先清洁沥青封层表面，如纤维封层污染严重，则浇洒黏层沥青（严格控制剂量，无须满洒）再施工。基层施工结束后，进行 0.6 cm 的纤维改性乳化沥青碎石封层的施工，封层上、下面层和中面层、中面层和上面层之间均喷洒黏层沥青。对于桥梁、明通道、明涵洞及搭板上的水泥混凝土采用喷砂打磨处理，并清洁后进行溶剂型黏结剂施工后再铺筑沥青混凝土中面层，在铺上面层。溶剂型黏结剂用量为 0.6~0.7 kg/m²，黏层纯沥青用量 0.2~0.3 kg/m²。透层油采用 PC-2 阳离子乳化沥青，黏层油采用改性乳化沥青，纤维封层采用改性乳化沥青。在监理工程师已准备好的工作面进行检查批准后，开始施工。

施工设备：同步碎石沥青洒布车（智能），纤维封层摊铺机 1 台，洒水车 1 辆、高压水枪 1 把、森林灭火鼓风机 3~4 台、自行式强力清刷机、轮胎压路机 1 台。检查试验仪器。准备洒沥青的工作面，应整洁而无尘埃。用秃的扫帚将基层表面的所有杂质清扫干净，必要时配合用铁锹和钢丝刷。用 2~3 台肩扛式森林灭火鼓风机沿着半幅路的纵向，2~3 人成一斜线，前面的人靠近中央分隔带前进，后面的人依次递进，将基层表面的浮尘吹干净，尽量使表面骨料外露，以利于沥青与基层的黏结。

1. 稀浆封层施工

（1）在稀浆封层开工前（在施工之前要进行路缘石的安装），选长度不小于 50 m 的路段

进行试铺试验,试铺路段试验的目的:

① 基层表面浮灰清除方式。
② 乳化沥青透油层的洒布量与洒布时机。
③ 热沥青的喷洒方法及用量的掌握,起步、终止的横向及纵向喷洒幅间,搭接工艺等。
④ 集料撒布方法及用量的控制。
⑤ 碾压时机及碾压工艺。
⑥ 确定施工产量及作业段长度。
⑦ 全面检查材料质量及试铺层的施工质量是否符合要求。
⑧ 确定施工组织及管理体系、质保体系、人员、机械设备、通信及指挥方式等。

(2)稀浆封层施工工艺。

清洁基层顶面(水泥稳定碎石基层上铺稀浆封层)在施工之前要进行路缘石的安装。

① 喷洒乳化沥青前采用机械与人工相结合的方式进行基层顶面尘土的清扫,并注意清扫的时间、距离、风的影响和清扫人员的劳动安全。
② 检查裂缝情况并对裂缝进行提前处治。

施工引导线设置:

① 考虑碎石撒布机的撒布宽度、稀浆封层车的喷洒宽度,根据横向车道宽度、车道位置确定单幅施工的纵向接缝位置和横向施工范围,纵向接缝宜与车道分隔线或道路中心线重合。
② 在喷洒乳化沥青前,在纵向施工路段内、沿纵向接缝处设置临时的路面标记或标签,作为施工引导线或参考线。
③ 沿施工引导线外侧,设置路锥、指示牌等交通控制设施。

(3)乳化沥青喷洒与稀浆封层同步切割撒布。

① 确保稀浆封层车处于良好的技术状态,包括沥青喷洒系统、用量调控及运行速度控制等;沥青喷洒系统应进行充分的预热,喷嘴应先进行冲洗。
② 稀浆封层车保持适宜的速度匀速行驶,并与碎石撒布、碾压作业的进程相匹配;避免出现乳化沥青洒布后碎石集料无法及时跟进撒布,造成乳化沥青破乳凝结碎石无法下嵌;对于智能纤维封层车,适宜的施工速度为 3.6 km/h。
③ 乳化沥青应保持适合的喷洒温度,保证具有合适的黏度和流动性;对于阳离子聚合物改性乳化沥青,喷洒温度不低于 60 ℃、不高于 80 ℃。
④ 喷洒横梁应设置合适的高度,喷嘴阀门应设置合适的方向角度,并采用合适的泵送压强,以保持既定的乳化沥青喷洒形式(喷洒重叠层数为 2~3 层),确保乳化沥青喷洒用量的准确性及均匀性,避免乳化沥青用量过大引起泛油、用量过小造成集料散失。
⑤ 注意喷洒横梁上两端最外侧喷嘴的参数设置,以保证喷洒区域的宽度要求,且纵向边缘与施工引导线对齐。
⑥ 在施工开始、结束的连接区域内采用沿横向铺放专用纸张等方法,保持接缝区域内乳化沥青及纤维洒布的连续性、均匀性和准确性。
⑦ 及时通过外观检查乳化沥青及纤维封的洒布效果;若出现条纹,检查以下可能原因:喷洒横梁高度不正确;喷嘴阀门的方向角度未对齐,横向喷洒量不均匀;喷嘴阀门阻塞,横梁喷洒量不均匀;乳化沥青黏度太大,喷洒量不稳定;喷洒压强不足,喷洒量不稳定;人

工修补施工工程中分配 2～3 名工人专门负责人工修补操作。

初期碾压：

① 碎石撒布后立即采用胶轮压路机进行碾压，控制在 2～5 min，在乳化沥青破乳凝结之前完成。

② 在撒布碎石的全部宽度范围内，碎石均经过至少 3 遍碾压；当气温较低时，增加碾压遍数。

③ 具备足够数量的压路机，以保证碾压能紧跟乳化沥青洒布与碎石撒布的施工速度。

④ 压路机的运行速度不超过 2 km/h，其启动、停止及行进均应缓慢、平稳，以防止引起碎石颗粒滑移、拖拽或翻滚，影响碎石集料的嵌挤稳定性。

⑤ 碾压过程中及时检查碎石颗粒的嵌入深度和嵌挤就位方位。以调整碾压的遍数，确保初期碾压的效果。碾压结束时，碎石集料的嵌入百分率为 70% 左右。

（4）接缝处理。

① 接缝位置的要求。

纵向接缝的位置一般应与车道分隔线或道路中心线重合。横向接缝的位置避免出现在以下区域：距离交叉口或人行横道 50 m 以内；曲线路段以及曲线路段两端临近区域；封层的类型改变。

② 横向接缝。

在每次沥青喷洒施工开始和结束位置，眼横向铺放建筑专用纸张，宽度 1～1.5 m，长度应布满沥青喷洒的全部范围，并在纸张的边线上撒布少量碎石。纸张的边缘与接缝连接线对齐。在施工开始位置，纸张铺放在开始边界线的前面，如果需要铺放纸张的位置还未撒布碎石，应手工撒布碎石；而在施工结束位置，纸张应铺放在结束边界线的后面。乳化沥青洒布结束后清除铺放的纸张及碎石。

③ 纵向接缝横向分幅施工时，各幅之间接缝宜位于交通量小的车道分隔线或道路中心线上。纵向接缝的搭接宽度宜为 10～15 cm，在撒布碎石时预留出相应的宽度（10～15 cm）。纵向接缝区域由于交通荷载作用次数相对较少，适当改变材料的设计用量。

（5）特殊路段或区域的施工。

① 一般原则。

特殊路段或区域包括交叉口、小半径曲线路段、环形区域及其他不规则区域。特殊路段或区域的施工在主要道路施工之前进行。

② 喷洒沥青结合料时，从较窄的一段开始施工；当宽度逐渐增加时，适时开启相应数量的喷嘴；内侧边缘保持连接处顺直、明晰，外侧边缘结合人工修补完成。

③ 曲线区域

采用机械与人工相结合的施工方式完成乳化沥青及纤维的喷洒、碎石的撒布和碾压。

④ 环形区域

综合运用过渡车道及曲线区域的施工方法。

2. 透层、黏层施工工艺

为使沥青面层与水泥稳定碎石基层结构连续及整体受力，各类基层都要喷洒透油层。下封层上、下面层与中面层、中面层与上面层之间均喷洒黏层沥青（在施工之前要进行路缘石的安装）。

（1）透层洒布采用智能型沥青洒布车作业。沥青洒布车喷洒 PC-2 阳离子乳化透层沥青，用量范围为 $0.7 \sim 1.5$ L/m^2，喷洒均匀，如有花白遗漏应人工补洒，用量通过试洒确定。

（2）透层沥青洒布完后立即检查，透层油达不到渗透度小于 5 mm 要求时，立即更换透层油稠度。透层油洒布后禁止在表面形成被车辆粘起的油皮。

（3）黏层采用智能型沥青洒布车喷洒，在洒布车无法作业的部位，人工补洒均匀。用水冲洗后需待表面干燥后喷洒。喷洒粘油层后，严禁除运料车外的其他车辆和行人通过。黏层沥青宜在当天洒布，待乳化沥青破乳、水分蒸发完成后，紧跟着铺筑沥青层，确保黏层不受污染。

（4）当气温低于 10 ℃，有降雨可能或风速过大时，以及潮湿的基层上，均不能洒布乳化沥青，喷洒时对结构物、路缘石等加以保护以免污染。

12.5.3 沥青混合料下面层施工方法

沥青混合料下面层为 7 cm AC-25C 型粗粒式沥青混凝土。采用两台摊铺机梯队单幅单层全宽一次摊铺，胶轮式压路机和钢轮双振压路机联合碾压成型。

1. 材料

1）粗集料

粗集料为工地附近石料厂生产的石灰岩等碱性石料碎石。粗集料清洁、干燥、无风化、无杂质。软石含量不大于 3%；吸水率不大于 2%；针片状颗粒含量不大于 15%；压碎值下面层不大于 24%。砂当量不小于 65%，当按《公路工程沥青及沥青混合料试验规程》（JTJ 052—2000）规定的试验方法试验时，沥青与粗集料的粘附性不小于 4，否则应掺加外掺剂。外掺剂精确的比例经试验确定。其他各项技术指标应满足技术规范中的要求。

2）细集料

沥青混凝土下面层所用细集料为石灰岩，要求石质坚硬、清净、无风化、无杂质并有适当级配的人工轧制的米砂，细集料的各项指标应满足技术规范中沥青混凝土面层细集料质量要求，其表观相对密度不小于 2.50 t/m^3，坚固性（>0.3 mm 部分）不小于 12%，砂当量不小于 60%。水洗法 <0.075 mm 含量不大于 15%。

3）矿粉

矿粉采用石灰岩石料经磨细得到的矿粉，不含有其他杂质和团粒。其表观相对密度不小于 2.50 t/m^3，小于 0.075 mm 部分的重量比应大于 75%；亲水系数小于 1，塑性指数小于 4.0，含水量应不大于 1%。严禁使用回收粉。

4）沥青

下面层采用 AH-70 道路石油沥青，由业主指定供应。进场沥青每批都进行取样和试验，第一次要对各项技术指标进行全面检测，以后仅对针入度、软化点、延度进行检验，其他各项技术指标应满足规范中对道路石油沥青的要求。每次检验的沥青必须留存备检。沥青使用期间，在罐或储油池中的储存温度不宜低于 130 ℃，并不得高于 170 ℃。并按规定的频率对沥青全套指标进行送检。

2. 配合比组成设计

配合比组成设计在试验室中进行，首先对各种骨料进行筛分试验，该试验应反复多次，以获得具有代表性原材料的级配组成。根据原材料的级配组成进行试配，计算出混合料中各种骨料的用量比例，配成符合规范要求的矿料级配范围，然后遵照试验规程和模拟生产实际情况，进行马歇尔试验，确定最佳沥青用量，定出目标配合比，确定各冷料仓向拌和机的供料比例、上料速度，供试拌使用。

对进入拌和机冷、热料仓的各种材料，取样进行筛分、试验，随时调整进料比例，使用于拌和生产的各种材料满足目标配比的要求；确定出各热料仓的用料比例，供拌和生产时使用，同时反复调整冷料仓进料比例，以达到供料平衡，并按目标配比的最佳沥青用量及±0.3%等三个沥青用量分别进行马歇尔试验，确定出生产配合比的最佳沥青用量范围，从而确定出生产配合比，然后进行试拌试铺，进行生产配合比验证，若验证结果不符要求，则重新进行生产配比的试验调整，直至满足要求为止。

3. 试验路段

在路面工程开工前，下面层进行试验段，长度不小于500 m，首先向监理工程师提交沥青混合料试验段施工的申请开工报告。报告内容应包括粗、细集料和矿粉及沥青的各项技术指标、目标配合比设计的结果和生产配合比设计的结果、拥有铺筑面层的各种机械设备的规格和数量、人员配备、试验路段的位置及通过试验路段准备解决的问题，经监理工程师批准后，再开始铺筑试验路段。

试验段的目的：

（1）根据沥青路面各种施工机械相匹配的原则，确定合理的施工机械、机械数量及组合方式。

（2）通过试拌确定拌合机的上料速度、拌和数量与时间、拌和温度等操作工艺。

（3）通过试铺确定：摊铺机的摊铺方法、摊铺温度、摊铺速度、初步振捣夯实的方法和强度、自动找平方式等操作工艺；压路机的碾压时间、压实顺序、碾压温度、碾压速度，静压与振压最佳遍数，压路机类型组合，压路机型号与吨位，压路机振幅、频率与行走速度的组合等；确定松铺系数、接缝方法等。

（4）验证混合料的生产配合比，决定生产用的矿料配合比和油石比。

（5）建立用钻孔法及核子密度仪法测定密度的对比关系。确定粗粒式沥青混凝土压实标准密度。

（6）确定施工作业段长度，制定施工进度计划。

（7）全面检查材料及施工质量。

（8）确定施工组织及管理体系、人员、通信联络及指挥方式。

在拌和站按标准方法随机取样，进行马歇尔抽提试验，并在沥青混合料摊铺压实达到规范后，按规范标准方法钻芯取样进行压实度、厚度的检验。试验路面完成后，写出书面总结报告，报请监理工程师审查批准。试验段经检查合格，得到监理工程师批准后再进行大面积施工。

4. 施工工艺过程控制

1）下面层施工工艺流程（图 12-5）。

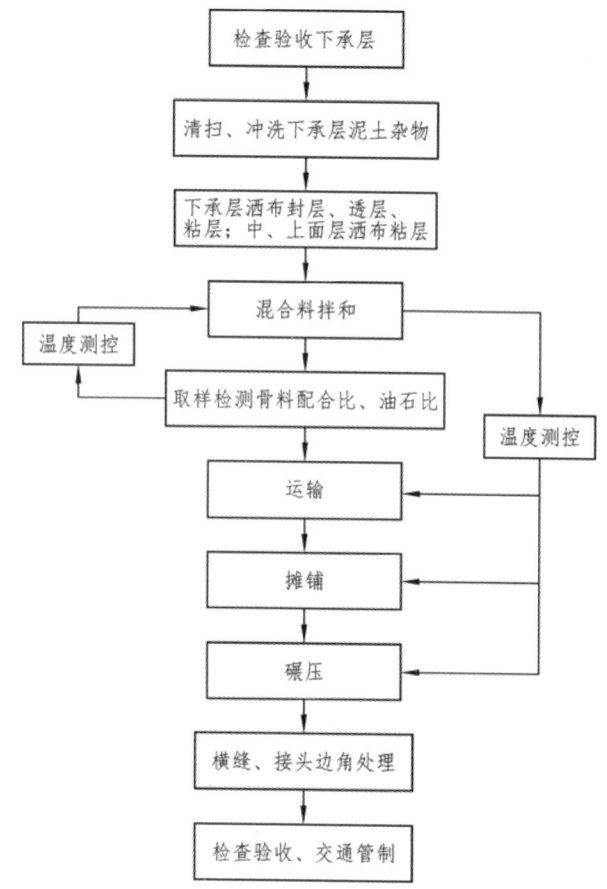

图 12-5 面层施工工艺图

2）准备作业

沥青混合料下面层应在路缘石施工完成后进行。沥青混合料下面层施工前要对水泥稳定碎石基层进行一次认真的检查，达不到要求的路段应进行彻底处理，清扫表面尘土后，施工封层沥青，测量放线、钉钢桩、挂钢绞线与基层方法相同，摊铺机就位，在摊铺机受料斗涂刷少量柴油防止粘料。

3）混合料的拌和与运输

下面层混合料各项指标应满足技术规范的要求，拌合站采用德基 4000 型间歇式拌和机拌和，拌和产量不小于 280 t/h，拌和过程为全部电子自动化计量。冷、热料仓各 5 个，沥青罐具有搅拌功能，储备能力不小于 200 t，严格控制各阶段的材料温度，绝不允许有花料或超温料现象发生。在正式试拌之前，先拌一锅干料，取样筛分，检查级配，无误后喷洒沥青进行湿拌，并取样做马歇尔抽检试验，检验沥青用量。干拌时间不少于 5 s，湿拌时间不少于 50 s，拌和好的混合料应均匀一致，无花白料，无结团或严重的粗细料分离现象，混合料出厂温度控制在规范要求内，具体见表 12-21。

表 12-21 热拌沥青混合料的施工温度（°C）

沥青种类		70#石油沥青	改性沥青	测量部位
沥青加热温度		155~165	165~175	沥青加热灌
矿料		165~180	190~200	加热提升斗
混合料出厂温度		160~170	175~185	运料车
混合料储存温度		储存过程中温度降低不超过 10		储存灌
运输到现场温度		>155	>165	运料车
摊铺温度		150~165	160~170	摊铺机
初压温度		145~155	155~165	摊铺层内部
复压温度		>130	>140	碾压层内部
终压温度	钢轮压路机	>100	>110	碾压层内部
	轮胎压路机	>90	>100	碾压层内部
开放交通温度		路面冷却后		

拌和机具有保温性能良好的成品料仓，储存过程中混合料的温度降低不大于 10 °C，且沥青不滴漏，储存时间不超过 8 h。拌和机向运料车放料时，汽车前后移动，按前、后、中的顺序分三堆装料，减少粗集料的分离现象。沥青混合料的运输采用 20 t 自卸车，装料前车箱底板及侧板应清洗干净，并刷一薄层隔离剂（油和水的混合物）。每辆运输车都要备有双层篷布，在运输过程中进行保温和防尘。在连续摊铺过程中，运料车在摊铺机前 10~30 cm 处停住，避免撞击摊铺机。卸料过程中运料车挂空挡，靠摊铺机推动前进。

4）混合料摊铺

（1）沥青混合料的摊铺采用两台摊铺机梯队摊铺，以提高摊铺层均匀性。根据拌和机拌和能力、施工能力、摊铺厚度、宽度等因素综合确定摊铺速度，通常控制在 2 m/min 左右。保证摊铺机均匀、缓慢、连续不断地摊铺，避免出现停机待料或随意改变摊铺速度的情况。

（2）摊铺的混合料未压实前，禁止施工人员进入踩踏。摊铺机后跟有人工进行边角及坑槽处理。

（3）采用钢丝引导的高程控制方式进行摊铺，钢丝为扭绕式，直径不小于 6 mm，钢丝拉力大于 800 N，每 5 m 设一钢丝支架。采用两台摊铺机联合作业实施摊铺，前摊铺机过后，摊铺层纵向接缝上呈斜坡，后面摊铺机跨缝 10~20 cm 摊铺。两台摊铺机距离不超过 10 m。

（4）摊铺机施工前仔细检查，确保调整到最佳状态，调试好螺旋布料器两端的自动料位器，并使料门开度、链板送料器的速度和螺旋布料器的转速相匹配。螺旋布料器的料量高于螺旋布料器顶部，每天起步前就将料量调整好，再实施摊铺。摊铺过程中螺旋布料器的转速保持匀速，确须变更转速采用很低的加速度缓慢变更，避免摊铺层出现离析现象；并随时分析粗细料是否均匀，检测松铺厚度是否符合规定。摊铺前将熨平板预热至规定温度（不低于 100 °C），摊铺时熨平板采用中强夯等级，使铺面的初始压实度不小于85%。

（5）摊铺机集料斗在刮板尚未露出，尚有足够厚的热料时，下一辆运料车即开卸料，做到连续供料，避免粗料集中，减少接料斗的收方次数。

（6）摊铺选择在当日高温时段进行，摊铺遇雨时，立即停止施工，并清除未压实成型的混合料。

5）混合料摊铺碾压

（1）下面层沥青路面初压采用钢轮振动压路机，复压采用轮胎压路机碾压，碾压遵守紧跟、慢压、高频、低幅的原则进行。混合料摊铺后必须紧跟着在高温状态下开始碾压，不得等候。不能在低温状态下反复碾压，防止磨掉石料棱角、压碎石料，破坏石料嵌挤。

（2）在初压和复压过程中，采用同类压路机并列成梯队压实。压路机以缓慢而均匀的速度碾压，压路机的适宜碾压速度随初压、复压、终压及压路机的类型确定。

（3）初压紧跟摊铺后碾压，由专人负责指挥协调各台压路机的碾压路线和碾压遍数，使摊铺面在较短时间内达到规定压实度，且碾压温度符合有关规定。

（4）在当天碾压的尚未冷却的沥青混凝土面层上，禁止停放压路机或其他车辆，并防止矿料、油料和杂物散落在沥青层面上。

（5）路面压实完成 24 h 内，禁止施工车辆通行。

6）施工接缝处理

（1）纵向施工缝：采用两台摊铺机成梯队联合摊铺方式的纵向接缝，在前部已摊铺混合料部分留下 10～20 cm 宽暂不碾压作为后高程基准面，并有 5～10 cm 的摊铺层重叠，以热接缝形式在最后作跨接缝碾压以消除缝迹。

（2）横向施工缝：采用平接缝，用三米直尺沿纵向位置，在摊铺段端部的直尺呈臂状，以摊铺层与直尺脱离接触定出接缝位置，用锯缝机割齐后铲除；继续摊铺时，将接缝锯切时留下的灰浆擦洗干净，涂上少量黏层沥青，摊铺机熨平板从接缝后起步摊铺；碾压时用钢筒式压路机进行横向压实，从先铺路面上跨缝逐渐移向新铺面层。

（3）横向施工缝远离桥梁伸缩缝 20 m 以外，禁止设在伸缩缝处，确保伸缩缝两边路面表面的平顺。

7）交通管制

① 沥青路面待摊铺层完全自然冷却到周围地面温度时（最好隔夜），方可开放交通。

② 当摊铺时遇雨或下层潮湿时，严禁进行摊铺工作。

12.5.4　沥青混合料中面层施工方法

中面层为 5 cm 厚 AC-20C 型中粒式沥青混凝土，采用 4000 型拌和机拌和，两台摊铺机梯队单幅单层全宽一次摊铺，轮胎式压路机和振压路机联合碾压成型。

1. 施工机械（表 12-22）

表 12-22　施工机械投入

设备名称	型号功率	单位	数量	备注
沥青站	4000 型	座	1	良好
摊铺机	全液压，自动找平	台	2	良好
装载机	50	台	6	良好
轻型压路机		台	2	良好
双钢轮振动压路机		台	2	良好
胶轮压路机		台	2	良好
运输车辆		辆	20	良好

2. 材料

施工前，各种材料均按照监理程序申报，原材料检验合格，数量满足试验段需要。中面层用粗集料、细集料、矿粉的质量要求同下面层。中面层采用 AH-70 号 A 级道路石油沥青，由业主指定的供货商提供。进场沥青每批都进行取样和试验，每一批次开始都要对各项技术指标进行全面检测，每 5 天对针入度、软化点、延度进行检验。每次检验的沥青必须留存 4 kg 备检。沥青在罐或贮油池中的储存温度不宜低于 130 ℃，并不得高于 170 ℃。为了增加沥青路面的抗车辙性能，在中面层加入抗车辙剂，技术标准满足设计要求。

3. 配合比组成设计

沥青混合料中面层的配合比设计，遵循规范中关于热拌沥青混合料配合比设计的目标配合比、生产配合比及生产配合比验证的三个阶段，确定矿料级配及最佳沥青用量，并进行高温稳定性（车辙试验）、低温劈裂性（弯曲试验）和水稳定性（浸水马歇稳定度试验和冻融劈裂试验）试验，其技术指标符合技术规范的规定。当水稳定性达不到要求时采取抗剥落措施。配合比设计三个阶段的操作方式与下面层相同。

4. 试验路段

沥青混合料中面层正式施工之前做试验路段，试验路段 500 m，将根据混合料的试拌、试铺、试压试验制定正式的施工程序，以确保良好的施工质量和路面施工顺利进行，试验路段目的如下：

① 确定拌和温度、拌和时间，验证矿料级配和沥青用量。
② 确定摊铺温度、摊铺速度。
③ 确定压实温度、压路机类型、压实工艺及压实遍数。
④ 检测试验路段施工质量，不符合要求时应找出原因，采取纠正措施，重新铺筑试验路段，直到满足要求为止。

试验段施工完成后，按照规范要求进行检测，并对试验段进行总结，把结果上报监理，在监理批准后进行正式施工。施工中严格按照批准的材料级配和油石比进行施工，碾压工艺不得随意更改。

5. 施工工艺及控制过程

1）准备下承层

施工前要对下承层进行一次认真的检验，特别要重点检查：检查平整度是否满足要求，不达标的先用铣刨机进行处理；标高是否符合要求；表面有无松散。以上检验要有检验报告单及处理措施。对面层表面泥土和污物进行彻底的清扫和冲洗，清除一切路面污染。在铺前 24 小时，喷洒乳化沥青黏结层。乳化沥青喷洒必须均匀。洒布乳化沥青黏层油的路幅在铺筑上面层之前必须严格断绝交通，禁止任何车辆通行。

2）混合料的拌制

沥青混合料采用 4000 型间歇式拌和机拌和，拌合机实际产量不小于 280 t/h，拌和过程为全部电子自动化计量。沥青加热温度控制在 155～165 ℃ 范围内，矿料加热温度为 165～180 ℃，严格控制各阶段的材料温度，绝不允许有花料或超温料现象发生。混合料出厂温度控制在 160~170℃，沥青混合料出厂温度超过正常温度高限时，混合料应予以废除。热拌沥青混合料的施工温度见表 12-23。

表 12-23 热拌沥青混合料的施工温度（℃）

沥青种类		70#石油沥青	改性沥青	测量部位
沥青加热温度		155~165	165~175	沥青加热灌
矿料		165~180	190~200	加热提升斗
混合料出厂温度		160~170	175~185	运料车
混合料储存温度		储存过程中温度降低不超过 10		储存灌
运输到现场温度		>155	>165	运料车
摊铺温度		150~165	160~170	摊铺机
初压温度		145~155	155~165	摊铺层内部
复压温度		>130	>140	碾压层内部
终压温度	钢轮压路机	>100	>110	碾压层内部
	轮胎压路机	>90	>100	碾压层内部
开放交通温度		路面冷却后		

在正式试拌之前，先拌一锅干料，在添加集料的同时将抗车辙剂投入拌锅搅拌均匀，采用自动称量添加设备，确保用量准确，喷洒沥青进行拌和，并取样做马歇尔抽提试验，检验沥青用量。按照经验，干拌时间为 10 s，湿拌时间为 45 s，总生产周期为 55 s，具体拌和时间根据试拌确定。必须使所有集料颗粒全部裹覆沥青结合料，并以沥青混合料均匀为度。拌和好的混合料应均匀一致，无花白料，无冒青烟，无结团或严重的粗细料分离现象。拌和楼控制室逐盘打印沥青及各种矿料的用量和拌和温度，并定期对拌和楼的计量和测量进行校核。拌和站人员和试验人员要目测检查混合料的均匀性，及时分析异常现象。如混合料有无花白和离析现象。如确认是质量问题，应作废料处理并及时予以纠正。在生产开始以前，组织拌和楼人员及试验人员熟悉本项目所用各种混合料的外观特征。每日施工开始及下午取一组混合料做马歇尔试验和抽提筛分试验，检验油石比、矿料级配和沥青混凝土的物理力学性质。施工结束后，用拌和站打印的各仓料数量，以总量控制，以各仓用量及各仓级配计算平均施工级配、油石比与施工厚度和抽提结果进行校核

3）混合料的运输

拌和机具有保温性能良好的成品料仓，储存过程中混合料的温度降低不大于 10 ℃，且沥青不滴漏，储存时间不超过 8 h。拌和机向运料车放料时，汽车前后移动，按前、后、中的顺序分三堆装料，减少粗集料的分离现象。沥青混合料的运输采用 20 t 自卸车，装料前车箱底板及侧板应清洗干净，并刷一薄层隔离剂（油和水的混合物）。每辆运输车都要备有双层篷布，在运输过程中进行保温和防尘。在连续摊铺过程中，运料车在摊铺机前 10~30 cm 处停住，避免撞击摊铺机。卸料过程中运料车挂空挡，靠摊铺机推动前进。运料车在出厂时和到达工地后采用水银温度计检测沥青混合料的温度，水银温度计插入深度要大于 150 mm，每次测温时间不短于 5 min，发现超温料坚决废弃。

4）混合料的摊铺

按照试验段测定的松铺系数计算松铺厚度，按照松铺厚度调整平衡梁，设定松铺值。

（1）沥青混合料的摊铺采用两台摊铺机梯队摊铺，距离不大于 10 m。以提高摊铺层均匀性。根据拌和机拌和能力、施工能力、摊铺厚度、宽度等因素综合确定摊铺速度，通常控制在 2 m/min 左右。保证摊铺机均匀、缓慢、连续不断地摊铺，避免出现停机待料或随意改变摊铺速度的情况。

（2）摊铺的混合料未压实前，禁止施工人员进入踩踏。摊铺机后跟有人工进行边角及坑槽处理。

（3）沥青混合料中面层摊铺厚度采用非接触式平衡梁控制方式，摊铺桥面铺装时采用走钢丝控制方式。采用两台摊铺机联合作业实施摊铺，前摊铺机过后，摊铺层纵向接缝上呈斜坡，后面摊铺机跨缝 10～20 cm 摊铺。两台摊铺机距离不超过 10 m。

（4）摊铺机施工前仔细检查，确保调整到最佳状态，调试好螺旋布料器两端的自动料位器，并使料门开度、链板送料器的速度和螺旋布料器的转速相匹配。螺旋布料器的料量高于螺旋布料器顶部，每天起步前就将料量调整好，再实施摊铺。摊铺过程中螺旋布料器的转速保持匀速，确须变更转速采用很低的加速度缓慢变更，避免摊铺层出现离析现象；并随时分析粗细料是否均匀，检测松铺厚度是否符合规定。摊铺前将熨平板预热至规定温度（不低于 100 ℃），摊铺时熨平板采用中强夯等级，使铺面的初始压实度不小于 85%。摊铺机熨平板拼接紧密，不存缝隙，防止卡入粒料将铺面拉出条痕。

（5）摊铺机集料斗在刮板尚未露出，尚有足够厚的热料时，下一辆运料车即开卸料，做到连续供料，避免粗料集中，减少接料斗的收方次数。

（6）摊铺选择在当日高温时段进行，摊铺遇雨时，立即停止施工，并清除未压实成型的混合料。

5）沥青混合料的碾压

初压采用钢轮振动压路机静压前进，初压温度控制在 140 ℃ 以上。为提高压实效果，在混合料不产生推移、开裂等情况下尽量在摊铺后较高温度下进行碾压。不能在低温状态下反复碾压，防止磨掉石料棱角、压碎石料，破坏石料嵌挤。碾压时将压路机的驱动轮面向摊铺机，从外侧向中心碾压，在超高路段则由低向高碾压，在坡道上应将驱动轮从低处向高处碾压。初压后检查平整度、路拱，有严重缺陷时进行修整乃至返工。复压紧跟在初压后开始，且不得随意停顿，压路机碾压段的总长度控制在 60 m 以内。采用不同型号的压路机组合碾压时安排每台压路机作全幅碾压，防止不同部位的压实度不同。复压采用胶轮压路机进行搓揉碾压，增加密水性，碾压速度控制在 3.5～4.5 km/h，相邻碾压带重叠 1/3～1/2 的碾压轮宽度，碾压至要求的压实度。终压紧跟复压后进行，采用双钢轮压路机静压两遍，消除轮迹，碾压速度控制在 2.5～3.5 km/h，碾压终了温度不低于 100 ℃。用压路机斜向碾压消除碾压接头，施工出现的平整度不合格的点用压路机进行碾压至符合要求，不允许人工处理平整度。具体的碾压工艺按试验段总结的工艺进行。

在碾压期间，压路机不得中途停留、转向或制动。施工机械和车辆不得在未冷却沥青混合料面层上停放，同时应采取有效措施，防止油料、润滑脂、汽油或其他有机杂质在压路机操作或停放期间掉落在路面上。对初压、复压、终压段落设置旗帜作为标志，便于司机辨认，对松铺厚度、碾压顺序、压路机组合、碾压遍数、碾压速度及碾压温度设专岗管理和检查，使面层做到既不漏压也不超压。终压完成后测量班测量面层标高。路面压实完成 24 h 后，方能允许施工车辆通行。

6）施工接缝处理

（1）纵向施工缝：采用两台摊铺机成梯队联合摊铺方式的纵向接缝，在前部已摊铺混合料部分留下 10~20 cm 宽暂不碾压作为后高程基准面，并有 5~10 cm 的摊铺层重叠，以热接缝形式在最后作跨接缝碾压以消除缝迹。上中层纵缝错开 15 cm 以上。

（2）横向施工缝：采用平接缝，用三米直尺沿纵向位置，在摊铺段端部的直尺呈臂状，以摊铺层与直尺脱离接触定出接缝位置，用锯缝机割齐后铲除；继续摊铺时，将接缝锯切时留下的灰浆擦洗干净，涂上少量黏层沥青，摊铺机熨平板从接缝后起步摊铺；碾压时用钢筒式压路机进行横向压实，从先铺路面上跨缝逐渐移向新铺面层。

（3）横向施工缝远离桥梁伸缩缝 20 m 以外，禁止设在伸缩缝处，确保伸缩缝两边路面表面的平顺。

7）交通管制

每天施工完成的路段封闭交通，禁止任何车辆通行，沥青路面待摊铺层完全自然冷却到周围地面温度时（最好隔夜），方可开放交通。

6．质量检查

1）基本要求

（1）沥青混合料的矿料质量及矿料级配应符合设计要求和施工规范的规定。

（2）沥青材料及混合料的各项指标应符合图纸和施工规范要求。

（3）严格控制各种矿料和沥青的用量及各种材料和沥青混合料的加热温度。

（4）拌和后的沥青混合料应均匀一致，无花白、无粗细料分离现象，摊铺平整，接茬平顺。

（5）摊铺时应严格掌握厚度和平整度，细致找平，要注意控制摊铺和碾压温度，碾压至要求的密实度。

2）检查项目（表 12-24）

（1）原材料的质量检查：包括沥青、粗集料、细集料、填料。

（2）混合料的质量检查：油石比、矿料级配、稳定度、流值、空隙率、残留稳定度、混合料出厂温度、运到现场温度、摊铺温度、初压温度、碾压终了温度；混合料拌和均匀性。

（3）面层质量检查：厚度、平整度、宽度、高程、横坡度、压实度、横向偏位；摊铺均匀性、渗水系数。

表 12-24 沥青混凝土面层实测项目

项次	项目		规定要求或允许差	检查频度和方法
1	压实度/%		试验室标准密度的 98%；最大理论密度的 92%；试验段密度的 98%	每 200 m 测 1 处
2	平整度	σ/mm	1.2	平整度仪：全线每车道连续按每 100 m 计算 IRI 或 σ
		IRI/(m/km)	2.0	
		最大间隙 h/(mm)		3 m 直尺：每 200 m 测 2 处×10 尺

续表

项次	项目		规定要求或允许差	检查频度和方法
3	弯沉值（0.01 mm）		符合设计要求	按附录 I 检查
4	渗水系数		SMA 路面 200 mL/min；其他沥青混凝土路面 300 mL/min	渗水试验仪：每 200 m 测 1 处
5	抗滑	摩擦系数	符合设计要求	摆式仪：每 200 m 测 1 处；横向系数测定车：全线连续
		构造深度		铺砂法：每 200 m 测 1 处
6	厚度/mm	代表值	总厚度：设计值的-8% 上面层：设计值的-10%	按附录 H 检查，双车道每 200 m 测 1 处
		合格值	总厚度：设计值的-10% 上面层：设计值的-20%	
7	中线平面偏位/mm		20	经纬仪：每 200 m 测 4 点
8	纵断面高程/mm		±10	水准仪：每 200 m 测 4 个断面
9	宽度/mm	有侧石	±20	尺量：每 200 m 测 4 个断面
		无侧石	不小于设计	
10	横坡度		符合设计要求	水准仪：每 200 m 测 4 处

3）外观鉴定

（1）表面平整密实，无泛油、松散、裂缝、粗细料集中等现象。
（2）表面无明显碾压轮迹。
（3）接缝紧密、平顺。
（4）面层与路缘石及其他构筑物衔接平顺，无积水现象。
（5）沥青面层无积水、漏水现象。

12.5.5 上面层沥青路面施工方法

上面层为 4 cm 厚 AC-13C 型沥青路面，采用 4000 型拌合机拌和，采用大功率摊铺机整幅摊铺，双钢轮压路机碾压成型。

1. 施工机械

4000 型拌合站 1 座，产量不小于 280 t/h；摊铺机 2 台；双钢轮振动压路机 3 台；轻型压路机 2 台；装载机 3 台；运输车辆 20 辆。

2. 材料

施工前，各种材料均按照监理程序申报，原材料检验合格，数量满足试验段需要。上面层材料质量要求如下：

1）粗集料

粗集料采用玄武岩碎石。粗集料清洁、干燥、无风化、无杂质。集料公称最大粒径为 13.2 mm，最大尺寸为 16 mm。压碎值不大于 20%，表观相对密度不小于 2.60 t/m³，吸水率不大于 2%，水洗法小于 0.075 颗粒含量应不大于 1%，针片状颗粒含量不大于 12%。石料磨光值不小于（BPN）42，与沥青的黏附性等级，达不到要求时，加消石灰增加与沥青的粘附性，达到规定要求。

2）细集料

沥青混合料上面层所用细集料采用机制砂，机制砂原材料采用 10～31.5 mm 洁净的石灰岩碎石，成品机制砂坚硬、洁净、干燥、无风化、无杂质，并且筛分级配符合规范要求，其各项指标均满足《沥青路面施工技术规范》（JTGF 40—2004）沥青混混合料面层细集料质量要求，其表观相对密度不小于 2.60 t/m^3，坚固性（＞0.3 mm 部分）不大于 12%，砂当量不小于 65%，亚甲蓝值不大于 2.5 g/kg。

3）矿粉

采用石灰岩石料经磨细得到，矿粉质量技术要求必须满足规范规定的物理力学性能要求，并满足粒径规格要求。矿粉干燥、洁净，能自由地从矿粉仓流出。矿粉堆放应做好防潮、防水措施，结团结块的矿粉不能使用。表观相对密度不小于 2.5 t/m^3，小于 0.075 mm 部分不小于 80%；亲水系数小于 1.0，含水量不大于 1%。拌和机回收的粉料不能用于拌制沥青混合料。

4）抗剥落剂

当粗集料与沥青的粘附性达不到要求时，掺加消石灰、水泥或将粗集料用饱和石灰水处理后使用，消石灰或水泥的用量经试验确定。

5）沥青

上面层采用 SBS 改性沥青。进场沥青每批都进行取样和试验，每一批次开始都要对各项技术指标进行全面检测，以后每 5 天对针入度、软化点、延度进行检验。沥青在罐或贮油池中的储存温度不宜低于 130 ℃，并不得高于 170 ℃。

3. AC-13C 配合比组成设计

依据工程设计要求选用的级配类型，进行配合比设计。① 矿料级配计算，用图解法或试算法利用人机对话方式反复进行矿料级配计算，调整至最佳 3 种级配类型的矿料配合比。② 马歇尔试验，根据经验选定一个最佳油石比，以 0.5%间隔每种级配类型成型不同油石比 5～6 组试件，分别进行马歇尔、稳定度、孔隙率、密度、流值试验，确定最佳沥青用量，以最佳沥青用量分别制件进行马歇尔试验，并检验其高温稳定性和水温稳定性，根据试验结果确定出最佳配合比。

4. 试验路段

上面层正式施工之前做试验路段，试验路段 300～600 m，将根据混合料的试拌、试铺、试压试验制定正式的施工工艺，以确保良好的施工质量和路面施工顺利进行，试验目的如下：① 确定拌和温度、拌和时间，验证矿料级配和沥青用量；② 确定摊铺温度、摊铺速度；③ 确定压实温度、压路机类型、压实工艺及压实遍数；④ 检测试验路段施工质量，不符合要求时应找出原因，采取纠正措施，重新铺筑试验路段，直到满足要求为止。

试验段施工完成后，按照规范要求进行检测，并对试验段进行总结，把结果上报监理，在监理批准后进行正式施工。施工中严格按照批准的材料级配和油石比进行施工，碾压工艺不得随意更改。

5. 施工工艺及控制过程

1）准备下承层

施工前要对下承层进行一次认真的检验，特别要重点检查：检查平整度是否满足要求，不达标的先用铣刨机进行处理；标高是否符合要求；表面有无松散。以上检验要有检验报告单及处理措施。对面层表面泥土和污物进行彻底的清扫和冲洗，清除一切路面污染。在铺前，喷洒乳化沥青黏结层。乳化沥青喷洒必须均匀。洒布乳化沥青黏层油的路幅在铺筑上面层之前必须断绝交通，禁止任何车辆通行。

2）混合料的拌制

沥青混合料采用4000型间歇式拌和机拌和，拌合机实际产量不小于280 t/h，拌和过程为全部电子自动化计量。沥青加热温度控制在范围内，严格控制各阶段的材料温度，绝不允许有花料或超温料现象发生。混合料出厂温度控制在设计和规范要求内，沥青混合料出厂温度超过正常温度高限时，混合料应予以废除。施工温度见表12-25。

表12-25 热拌沥青混合料的施工温度（°C）

沥青种类		70#石油沥青	改性沥青	测量部位
沥青加热温度		155~165	165~175	沥青加热灌
矿料		165~180	190~200	加热提升斗
混合料出厂温度		160~170	175~185	运料车
混合料储存温度		储存过程中温度降低不超过10		储存灌
运输到现场温度		>155	>165	运料车
摊铺温度		150~165	160~170	摊铺机
复压温度		>130	>140	碾压层内部
终压温度	钢轮压路机	>100	>110	碾压层内部
	轮胎压路机	>90	>100	碾压层内部
开放交通温度		路面冷却后		

在正式试拌之前，先拌一锅干料，取样筛分，检查级配，无误后喷洒沥青进行湿拌，并取样做马歇尔抽提试验，检验沥青用量。按照经验，干拌时间不小于5 s，湿拌时间为45 s，总生产周期为50 s，具体拌和时间根据试拌确定。必须使所有集料颗粒全部裹覆沥青结合料，并以沥青混合料均匀为度。拌和好的混合料应均匀一致，无花白料，无冒青烟，无结团或严重的粗细料分离现象。拌和楼控制室逐盘打印沥青及各种矿料的用量和拌和温度，并定期对拌和楼的计量和测量进行校核。拌和站人员和试验人员要目测检查混合料的均匀性，及时分析异常现象。如混合料有无花白和离析现象。如确认是质量问题，应作废料处理并及时予以纠正。在生产开始以前，组织拌和楼人员及试验人员熟悉本项目所用各种混合料的外观特征。每日施工开始及下午取一组混合料试验做马歇尔试验和抽提筛分试验，检验油石比、矿料级配和沥青混凝土的物理力学性质。施工结束后，用拌和站打印的各仓料数量，以总量控制，以各仓用量及各仓级配计算平均施工级配、油石比与施工厚度和抽提结果进行校核。

3）混合料的运输和摊铺

拌和机具有保温性能良好的成品料仓，储存过程中混合料的温度降低不大于 10 ℃，且沥青不滴漏，储存时间不超过 8 h。拌和机向运料车放料时，汽车前后移动，按前、后、中的顺序分三堆装料，减少粗集料的分离现象。沥青混合料的运输采用 20 t 自卸车，装料前车箱底板及侧板应清洗干净，并刷一薄层隔离剂（油和水的混合物）。每辆运输车都要备有双层篷布，在运输过程中进行保温和防尘。在连续摊铺过程中，运料车在摊铺机前 10～30 cm 处停住，避免撞击摊铺机。卸料过程中运料车挂空挡，靠摊铺机推动前进。运料车在出厂时和到达工地后采用水银温度计检测沥青混合料的温度，水银温度计插入深度要大于 150 mm，每次测温时间不短于 5 min，发现超温料坚决废弃。

4）沥青混合料的摊铺

按照试验段测定的松铺系数计算松铺厚度，按照松铺厚度调整平衡梁，设定松铺值。

（1）沥青混合料的摊铺采用大摊铺机梯队摊铺，以提高摊铺层均匀性。根据拌和机拌和能力、施工能力、摊铺厚度、宽度等因素综合确定摊铺速度，通常控制在 2～3 m/min 左右。保证摊铺机均匀、缓慢、连续不断地摊铺，避免出现停机待料或随意改变摊铺速度的情况。

（2）摊铺的混合料未压实前，禁止施工人员进入踩踏。摊铺机后跟有人工进行边角及坑槽处理。

（3）沥青混合料上面层摊铺厚度采用非接触式平衡梁控制方式，摊铺桥面铺装时采用走钢丝控制方式。采用两台摊铺机联合作业实施摊铺，前摊铺机过后，摊铺层纵向接缝上呈斜坡，后面摊铺机跨缝 10～20 cm 摊铺。两台摊铺机距离不超过 10 m。

（4）摊铺机施工前仔细检查，确保调整到最佳状态，调试好螺旋布料器两端的自动料位器，并使料门开度、链板送料器的速度和螺旋布料器的转速相匹配。螺旋布料器的料量高于螺旋布料器顶部，每天起步前就将料量调整好，再实施摊铺。摊铺过程中螺旋布料器的转速保持匀速，确须变更转速采用很低的加速度缓慢变更，避免摊铺层出现离析现象；并随时分析粗细料是否均匀，检测松铺厚度是否符合规定。摊铺前将熨平板预热至规定温度（不低于 100 ℃），摊铺时熨平板采用中强夯等级，使铺面的初始压实度不小于 85%。摊铺机熨平板拼接紧密，不存缝隙，防止卡入粒料将铺面拉出条痕。

（5）摊铺机集料斗在刮板尚未露出，尚有足够厚的热料时，下一辆运料车即开卸料，做到连续供料，避免粗料集中，减少接料斗的收方次数。

（6）摊铺选择在当日高温时段进行，摊铺遇雨时，立即停止施工，并清除未压实成型的混合料。

5）沥青混合料的碾压

初压采用钢轮振动压路机静压前进，碾压速度控制在 1.5～2 km/h。为提高压实效果，在混合料不产生推移、开裂等情况下尽量在摊铺后较高温度下进行碾压。不能在低温状态下反复碾压，防止磨掉石料棱角、压碎石料，破坏石料嵌挤。碾压时将压路机的驱动轮面向摊铺机，从外侧向中心碾压，在超高路段则由低向高碾压，在坡道上应将驱动轮从低处向高处碾压。初压后检查平整度、路拱，有严重缺陷时进行修整乃至返工。复压紧跟在初压后开始，且不得随意停顿，压路机碾压段的总长度控制在 60 m 以内。采用不同型号的压路机组合碾压时安排每台压路机作全幅碾压，防止不同部位的压实度不同。碾压速度控制在 3.5～4.5 km/h，相邻碾压带重叠 1/3~1/2 的碾压轮宽度，碾压至要求的压实度。终压紧跟复压后进行，采用双钢轮压路机静压两遍，消除轮迹，碾压速度控制在 2.5~3.5 km/h。用压路机斜向碾压消除碾压接头，施工出现的平整度不合格的点用压路机进行碾压至符合要求，不允许人工处理平整度。具体的碾压工艺按试验段总结的工艺进行。

在碾压期间，压路机不得中途停留、转向或制动。施工机械和车辆不得在未冷却沥青混合料面层上停放，同时应采取有效措施，防止油料、润滑脂、汽油或其他有机杂质在压路机操作或停放期间掉落在路面上。对初压、复压、终压段落设置旗帜作为标志，便于司机辨认，对松铺厚度、碾压顺序、压路机组合、碾压遍数、碾压速度及碾压温度设专岗管理和检查，使面层做到既不漏压也不超压。终压完成后测量班测量面层标高。路面压实完成 24 h 后，方能允许施工车辆通行。

6）横缝处理

（1）纵向施工缝：采用两台摊铺机成梯队联合摊铺方式的纵向接缝，在前部已摊铺混合料部分留下 10~20 cm 宽暂不碾压作为后高程基准面，并有 5~10 cm 的摊铺层重叠，以热接缝形式在最后作跨接缝碾压以消除缝迹。上中层纵缝错开 15 cm 以上。

（2）横向施工缝：采用平接缝，用三米直尺沿纵向位置，在摊铺段端部的直尺呈臂状，以摊铺层与直尺脱离接触定出接缝位置，用锯缝机割齐后铲除；继续摊铺时，将接缝锯切时留下的灰浆擦洗干净，涂上少量黏层沥青，摊铺机熨平板从接缝后起步摊铺；碾压时用钢筒式压路机进行横向压实，从先铺路面上跨缝逐渐移向新铺面层。

（3）横向施工缝远离桥梁伸缩缝 20 m 以外，禁止设在伸缩缝处，确保伸缩缝两边路面表面的平顺。

8）交通管制

每天施工完成的路段封闭交通，禁止任何车辆通行，沥青路面待摊铺层完全自然冷却到周围地面温度时（最好隔夜），方可开放交通。

参考文献

[1] 中国科学院地质研究所岩溶研究组. 中国岩溶研究[M]. 北京：科学出版社，1979.

[2] 聂跃平. 碳酸盐岩性因素控制喀斯特发育特征[J]. 中国岩溶，1994，13（1）：76-82.

[3] 王宇. 云南省岩溶水开发条件研究[J]. 中国岩溶，2000，19（2）：129-135.

[4] 陈文俊. 地苏岩溶地下暗河系研究[J]. 中国岩溶，1988，7（3）：223-231.

[5] 何宇彬. 试论均匀状厚层灰岩水动力剖面及实际意义[J]. 中国岩溶，1991，10（1）：1-10.

[6] 陈文俊. 中国南方岩溶地下水[J]. 地质学报，1982，55（2）：143-151.

[7] 卢耀如. 中国岩溶地区水文环境与水资源模式[J]. 中国岩溶，1988，7（3）：193-199.

[8] 郭纯青. 中国岩溶地下河系及其水资源[J]. 中国岩溶，2001，28（5）：43-51.

[9] 光耀华. 广西岩溶地区水资源开发利用问题[J]. 中国岩溶，2000，19（3）：251-260.

[10] 川李希文. 个旧某些岩溶型矿床的地质特征[J]. 中国岩溶，1985，4（12）：165-174.

[11] 郭玉文. 山东岩溶泉[J]. 中国岩溶，1989，8（3）：2-5.

[12] 范爽秋，陈伟海. 来宾岩溶地下水分布特征及开发利用[J]. 中国岩溶，1995，14（4）：330-341.

[13] 李德荣. 试论不同力学性质的断裂构造的富水部位及富水性[J]. 地质科学，1975（2）：2-13.

[14] 徐开礼. 构造地质学[M]. 北京：地质出版社，1984.

[15] 姜本. 南方典型岩溶地区岩溶发育的垂直模式与煤矿水害防治[J]. 中国岩溶，1985，4（3）：241-250.

[16] 陈文俊. 岩溶发育过程及岩溶水运动特征[C]//水文地质工程地质辑. 北京：地质出版社. 1974，158-164.

[17] 任美锷，刘振中. 岩溶学概论[M]. 北京：商务印书馆，1983：89-168.

[18] 广西水文地质队. 岩溶地区供水水文地质找水方法[M]. 北京：地质出版社，1979.

[19] 袁丙华，毛郁. 中国西南岩溶地区地下水资源[J]. 水文地质工程地质，2001，28（5）：46-54.

[20] 王可羽，邹文明. 鄂西—重庆地区岩溶水文地质环境基本特征[J]. 中国岩溶，1984，3（4）：133-142.

[21] 陆杰. 邵怀高速公路岩溶环境浅析[J]. 勘察科学技术，2003（2）：35-38.

[22] 杨银湖，黄正发. 京珠线湖北省南段岩溶地质问题与勘察对策[J]. 地球科学：中国地质大学学报，2001（4）：73-77.

[23] 曾经道，张举贤. 津浦铁路泰安岩溶地面塌陷成因与整治[J]. 铁道工程学报，1996（2）：45-48.

[24] 任国华. 论岩溶地面塌陷的形式机制与防治[J]. 中国煤田地质，1994（2）：54-58.

[25] 刘秀峰，姜金华，等. 隧道地表塌陷成因分析及治理对策研究——水害治理的途径[J]. 中国经贸导刊，2002（15）：18-22.

[26] 李彦军. 岩溶地质综合勘察方法[J]. 铁道建筑，2000（5）：25-29.

[27] 林宗元. 岩土工程勘察设计手册[J]. 沈阳：辽宁科学技术出版社，1996：886-965.

[28] 易永森. 地下物探地岩溶塌陷勘查中的应用[J]. 中国地质灾害与防治学报，1997.

[29] 郭正言，刘长平. 地质雷达在岩溶地区公路工程勘察中的应用[J]. 中国公路学报，1999（11）：63-68.

[30] 陈韶光，程志平. 公路路基工程勘察的物探方法研究[J]. 桂林工学院学报，2000.

[31] 易永森. 地下物探地岩溶塌陷勘查中的应用[J]. 中国地质灾害与防治学报，1997（8）：53-56.

[32] 张运标. 新建城镇隐伏型岩溶的勘察与治理[J]. 中国地质灾害与防治学报，1998（9）：42-46.

[33] 周建普，李献民. 岩溶地基稳定性分析评价方法[J]. 矿业工程，2003，23（1）：4-8.

[34] 陈国亮. 岩溶地区地面塌陷的评价与处理[J]. 工程勘察，1983（1）：25-30.

[35] 胡宗汉. 唐山市东矿区塌陷形成机制及其防治[J]. 水文地质工程地质，1991（4）：34-36.

[36] 黄伯瑜. 岩溶地基稳定性评价与工程处理[J]. 勘察科学技术，1988（3）：1-6.

[37] 赵永贵，蔡祖煌. 岩溶地下水系统的研究[M]. 北京：科学出版社，1990.

[38] 韩行瑞. 岩溶隧道涌水及其专家评判系统[J]. 中国岩溶，2004，23（3）：213-218.

[39] 徐泽民，黄润秋. 深埋隧洞地质灾害及其评价与控制[J]. 成都理工大学学报，2004，9（3）：363-367.

[40] 谢洪毅. 弱渗透裂隙介质深埋藏隧洞水文地质模型及其涌水量预测研究[D]. 南京：河海大学，2006：9-10.

[41] 地质科学院水文所隧道岩溶组. 西南某越岭隧道岩溶涌水及预报[J]. 水文地质工程地质，1974.

[42] 郭芳，姜光辉，等. 中国南方岩溶石山地区不同岩溶类型的地下水与环境地质问题[J]. 地质科技情报，2006.

[43] 徐则民，黄润秋，唐正光，等. 中国南方碳酸盐岩上覆红土形成机制研究进展[J]. 地球与环境，2005（4）：33-40.

[44] 孙承兴，王世杰，周德全，等. 碳酸盐岩酸不溶物作为贵州岩溶区红色风化壳主要物质来源的证据[J]. 矿物学报. 2002（3）：235-242.

[45] 孙承兴，王世杰，周德全，等. 碳酸盐岩差异性风化成土特征及其对石漠化形成的影响[J]. 矿物学报，2002（4）：308-314.

[46] 屈播敏，梅世龙. 红土与红黏土[J]. 水文地质工程地质，1987（3）：13-17.

[47] 李景阳，朱立军. 碳酸盐岩风化壳及喀斯特成土作用研究[J]. 贵州地质，1996，13（2）：139-145.

[48] 李景阳，王朝富，樊廷章，等. 碳酸盐岩残积红土的结构、构造特征及其成因研究[J]. 中国岩溶，1995（1）：31-39.

[49] 李景阳，王朝富，樊廷章. 试论碳酸盐岩风化壳与喀斯特成土作用[J]. 中国岩溶，1991（1）：32-41.

[50] 张庆云，唐大雄，王朝富. 贵阳地区红粘土的成土机理及其特性[C]//第二届全国红土工程地质研讨会论文集. 贵阳：贵州科技出版社，1991：29-36.

[51] 符必昌，黄英. 试论碳酸盐岩上覆红土的形成模式及演化趋势闭[J]. 地质科学，2003（1）：128-136.

[52] 张生，朱诚，于世永，等. 南沙套二元相结构的发现及其意义[J]. 地理科学，2002（1）：63-66.

[53] 廖义玲，朱要强，赵坤，等. 对贵州红黏土成因的再探讨[J]. 贵州大学学报（自然科学版），2006（4）：361-365.

[54] 廖义玲，张竹如，周训华. 从岩溶作用认识碳酸盐岩红土的胀缩性[J]. 中国岩溶，2000（4）：52-56.

[55] 周德全，王世杰，季宏兵. 黔中红黏土的物质来源与成因研究——以平坝剖面为例[J]. 矿物学报，2006（3）：249-256.

[56] 孔令伟，陈正汉. 特殊土与边坡技术发展综述[J]. 土木工程学报，2012（5）：141-161.

[57] 弓虎军. 中国黄河中游地区新近纪红黏土的成因[D]. 西安：西北大学，2007.

[58] 李建星，岳乐平，徐永，等. 吕梁山西麓红黏土和水成堆积物之间的关系[J]. 沉积学报，2009（3）：518-524.

[59] 刘艳霖，岳乐平，帕拉提. 黄河中游新近系红黏土粒度特征及其古环境——以陕西府谷老高川为例[J]. 沉积与特提斯地质，2004（1）：78-83.

[60] 刘艳霖. 黄河中游上第三系沉积地层及其古环境演化[D]. 乌鲁木齐：新疆大学，2004.

[61] Hong H, Li Z, Xiao P. CLAY MINERALOGY ALONG THE LATERI'TE PROFILE IN HUBEI, SOUTH CHINA[J]. MINERAL EVOLUTION AND EVIDENCE FOR EOLIAN ORIGIN.CLAYS AND CLAY MINERALS, 2009, 57（5）：602-615.

[62] 张云翔，弓虎军. 甘肃灵台上新世哺乳动物化石埋藏学[J]. 古生物学报，2003（3）：460-465.

[63] 张云翔，薛祥煦. 甘肃武都龙家沟三趾马动物群化石的埋藏特点及该地区"三趾马红层"的成因[J]. 科学通报，1995（19）：1782-1784.

[64] 李建星，岳乐平，徐永，等. 再搬运红黏土的发现及地质意义[J]. 沉积学报，2009（6）：1184-1190.

[65] 弓虎军，张云翔，岳乐平，等. 甘肃灵台新近纪红黏土磁组构特征的沉积学意义[J]. 沉积学报，2007（3）：437-444.

[66] 何同. 黄土高原晚中新世—上新世红黏土碳酸盐地球化学研究[D]. 南京：南京大学，2012.

[67] 张勇，李吉均，赵志军，等. 中国北方晚新生代红黏土研究的进展与问题[J]. 中国沙漠，2005（5）：722-730.

[68] 黄镇国等. 中国南方红色风化壳[M]. 北京：海洋出版社，1996.

[69] 陈秀玲，李志忠，靳建辉，等. 中国南方第四纪红土研究进展[J]. 福建师范大学学报（自然科学版），2009（S）：118-124.

[70] 顾延生，肖春娥，章泽军，等. 中国南方红土的研究进展[J]. 华东师范大学学报（自然

科学版），2002（1）：69-75.

[71] 刘彩彩，邓成龙. 南方红土磁性地层年代学研究进展[J]. 地学前缘，2011（4）：158-170.
[72] 袁宝印，夏正楷，李保生，等. 中国南方红土年代地层学与地层划分问题[J]. 第四纪研究，2008（1）：1-13.
[73] 谭罗荣，孔令伟. 特殊岩土工程土质学[M]. 北京：科学出版社，2006.
[74] 高岱，袁玩，余培厚. 贵州红黏土的建筑性能[C]//第一届土力学及基础工程学术会议论文集. 北京：中国工业出版社，1964.
[75] 林宗元. 试论红土的工程分类[J]. 岩土工程学报，1989（1）：85-96.
[76] 黄志昆. 黄聪花岗岩残积土的分类及其承载力[Z]. 北京，1987.
[77] 谭罗荣. 红七有关问题的讨论[C]//第二届全国红土工程地质研讨会论文集. 贵州：贵州科技出版社，1991.
[78] 杨世基. 高含水量残积黏性土路基的压实[J]. 岩土工程学报，2012（1）：1-17.
[79] 陈淦. "福建红土"工程地质特性的初步探讨[J]. 工程勘察，2012（3）：62-65.
[80] 唐大雄，李洪玉，王清. 我国南方红土的工程地质特性[Z]. 北京，1997.
[81] 薄遵昭，李生林，秦素娟，等. 广西柳州龙船山地区红黏土的成因及工程地质特征[Z]. 武汉，1987.
[82] 成谷雨. 益阳玄武岩出露区红黏土的工程地质特征[J]. 岩土工程学报，1989（4）：72-80.
[83] 向春尧. 网纹红土的工程地质特性和地基评价[J]. 水文地质工程地质，1985（3）：1-8.
[84] 王清，唐大雄，陈剑平. 北方花岗岩残积土的工程地质性质研究[C]. 贵州：贵州科技出版社，1991.
[85] 谭罗荣. 红土特性的微观基础[Z]. 成都，1988.
[86] 李海光. 红粘土铁路路堑边坡的防护[C]//第二届全国红土工程地质研讨会论文集. 贵州：贵州科技出版社，1991.
[87] 李景阳. 贵州残积红黏土的力学强度特征[J]. 贵州工业大学学报，1997（2）：79-80.
[88] 王云鹏. 玄武岩风化红土地基承载力的探讨[C]//第二届全国红土工程地质研讨会论文集. 贵州：贵州科技出版社，1991.
[89] 姜其岩，余培厚，郭沛，等. 红黏土力学强度特征的形成及分析[J]. 贵州工学院学报，1991（2）：22-28.
[90] 李萌. 个旧地区红黏土的特点[J]. 明锡业科技，2000，1（3）：32-34.
[91] 孔令伟，罗鸿禧. 游离氧化铁形态转化对红黏土工程性质的影响[J]. 岩土力学，1993（4）：25-39.
[92] 罗鸿禧. 游离氧化铁对红色黏土工程性质的影响[J]. 岩土力学，1987（2）：29-36.
[93] 谭罗荣，孔令伟. 某类红粘上的基本特性与微观结构模型[J]. 岩土工程学报，2001（4）：458-462.
[94] 赵颖文，孔令伟，郭爱国，等. 广西原状红黏土力学性状与水敏性特征[J]. 岩土力学，2003（4）：568-572.
[95] 李景阳，王朝富残积红粘土成因探讨[C]//第二届全国红土工程地质研讨会论文集. 贵州：贵州科技出版社，1991.

[96] 余培厚，郭沛，郑玉元，等．红黏土的微观结构模型与力学特征[C]//第二届全国红土工程地质研讨会论文集．贵阳：贵州人民出版社，1991：94-95.

[97] 刘前明．贵州红粘土工程地质特征探讨[J]．中国煤田地质，2002（2）：48-49.

[98] 李景阳，朱立军．论碳酸盐岩现代风化壳和古风化壳[J]．中国岩溶，2004（1）：57-63.

[99] 姜洪涛．红粘土的成因及其对工程性质的影响[J]．水文地质工程地质，2000（3）：33-37.

[100] 庞春勇，赖来仁，周明芳．桂林市红黏土的化学活动性与工程环境效应[J]．矿产与地质，2002，16（6）：357-359.

[101] 庞春勇，赖来仁．桂林市红黏土的矿物组成与化学组成特征[J]．矿产与地质，2001（6）：734-737.

[102] 王毓华．中国红黏土特征及建筑地基工程处理方法[J]．西部探矿工程，1996（4）：6-7.

[103] 朱立军，傅平秋，李景阳．贵州碳酸盐岩红土中的黏土矿物及其形成机理[J]．矿物学报，1996（3）：290-297.

[104] 韦复才．桂林红黏土的物质组成及其工程地质性质特征[J]．江西师范大学学报（自然科学版），2005（5）：88-92.

[105] 李景阳，梁风，朱立军，等．两种典型碳酸盐岩红土风化剖面的物理化学特征[J]．中国岩溶，2005（1）：30-36.

[106] 韦复才，唐健生．我国红土工程地质研究新进展及今后主要研究方向[J]．矿产与地质，2005（5）：568-572.

[107] 王继庄．游离．氧化铁对红黏土工程特性的影响[J]．岩土工程学报，1983（1）：147-156.

[108] 孔令伟，罗鸿禧，袁建新．红黏土有效胶结特征的初步研究[J]．岩土工程学报，1995（5）：42-47.

[109] 张文敏．广东韶关红黏土特性研究[J]．岩土力学，1991（4）：41-51.

[110] 高国瑞．中国红土的微结构和工程性质[J]．岩土工程学报，1985（5）：10-21.

[111] 李文达，等．华南红土化作用地球化学及红土型金矿形成的可能性[M]．北京：地质出版社，1995.

[112] 冯金良，崔之久，朱立平．高海拔山地碳酸盐岩风化壳的发育特征及其地貌意义[J]．中国岩溶，2002（4）：8-13.

[113] 徐义芳，朱照宇，文启忠，等．英峰岭剖面红土的黏土矿物和化学特征与成土环境关系[J]．地球化学，1999（3）：281-288.

[114] 刘振波，赵春宏．云南红钻土工程特性及岩土工程问题与对策[J]．电力勘测设计，2005（3）：32-35.

[115] 中华人民共和国交通部．JTG D30—2004 公路路基设计规范[S]．北京：人民交通出版社，2004.

[116] 蒙高磊，刘之葵，雷铁．红黏土的研究现状与展望[J]．路基工程，2014（4）：7-10.

[117] 姜洪涛．红黏土的成因及其对工程性质的影响[J]．水文地质工程地质，2000（3）：33-37.

[118] 张慧颖，张云淑，彭玉林．昆明红黏土的基本特性及工程效应影响机理的探讨[J]．云南农业大学学报，2007，22（4）：615-617.

[119] 聂庆科．广西靖西红黏土的工程特性[J]．工程勘察，2009（2）：1-6.

[120] 谭罗荣，孔令伟. 某类红黏土基本特性与微观结构模型[J]. 岩土工程学报，2001，23（4）：458-462.

[121] 谢俊文. 湖南红黏土的工程特性[J]. 电力勘测，1995（1）：23-27.

[122] 廖义玲，朱要强，赵坤，等. 对贵州红黏土成因的在探讨[J]. 贵州大学学报，2006（4）.

[123] 高国端. 中国红黏土的微观结构和工程性质[J]. 岩土工程学报，1985，7（5）：10-21.

[124] 秦刚，廖义玲. 红黏土的"反剖面"特征及其形成条件分析[J]. 贵州地质，1994，11（1）：89-93.

[125] 赵颖文，孔令伟，郭爱国，等. 典型红黏土与膨胀土的对比试验研究[J]. 岩土力学与工程学报，2004，23（15）：2593-2598.

[126] 王中文，红宝宁，刘鑫，等. 红黏土的抗剪强度的水敏特性[J]. 四川大学学报：工程科学版，2011，43（1）：17-22.

[127] 黄志宏，朱立军，廖义玲，等. 裂隙发育的红黏土力学特性研究[J]. 工程勘察，2004（4）：9-12.

[128] 胡世敬，毕庆涛. 贵州红黏土"干燥不可逆"效应对液限测定的影响[J]. 贵州工业大学学报，2004，33（4）：12-14.

[129] 刘龙武，杨和平，康石磊，等. 红黏土填料的路用性质研究[J]. 公路，2002（6）：126-128.

[130] 曾静，邓志斌，兰霞，等. 竹城公路高液限土的路用性能的试验研究[J]. 岩土力学，2006（1）：89-92.

[131] 黄俊. 高等级公路红黏土路基处理技术研究[C]//第一届全国公路科技创新高层论坛文集. 2002.

[132] 谈云志. 压实红黏土的工程特性与湿热祸合效应研究[D]. 北京：中国科学院研究生院，2009.

[133] 张伟华. 衡枣高速公路高液限土的主要工程性质[J]. 湖南交通科技，2003，29（2）：39-40.

[134] 张龙兴. 湘南地区高速公路路基红黏土施工技术研究[J]. 公路交通科技应用技术版，2006（7）：19-23.

[135] 于自清. 机场飞行区场道红黏土施工技术[J]. 路基工程，2006（3）：106-108.

[136] 查旭东，王红祥，万剑平. 高液限红黏土路堤碾压工艺试验研究[J]. 交通科学与工程，2001，27（1）：1-6.

[137] 万智. 细粒料的压实特性与潮湿地区公路路基填筑控制技术研究[D]. 长沙：中南大学，2010

[138] 张麒蛰. 高液限红黏土路基修筑技术探讨[J]. 水利与建筑工程学报，2007（1）：83-85.

[139] 吴利坚，钟发林，吴昌兴. 高液限土路用特性研究[J]. 岩土工程学报，2003，2（2）：193-195.

[140] 龚先兵. 湖南宁道高速公路红黏土路基填筑[J]. 道路工程，2010（3）：90-92.

[141] 罗斌，赵雄. 碎石改良高液限红黏土的试验研究[J]. 公路工程，2009（2）：131-134.

[142] 叶琼瑶，陶海燕. 高液限红黏土的改良试验研究[J]. 公路，2001（1）：148-151.

[143] 唐志军，李大湘，黄鹤. 3种改良材料对高液限土的改性试验分析[J]. 中外公路，2009

（4）：124-127.

[144] 张金利，蒋正国，杨钢. 聚丙烯纤维红黏土力学特性试验研究[J]. 岩土工程学报，2011（1）：427-432.

[145] 徐勇，张婉琴，宫全美. 石灰土作为铁路路基填料的研究[J]. 岩石力学与工程学报[J]. 2001（增1）：1013-1017.

[146] 中华人民共和国交通部. JTG E40-2007 公路土工试验规程[S]. 北京：人民交通出版社，2007.

[147] 代红娟. 察格高速盐渍土填料特性试验研究[D]. 西安：长安大学，2011.

[148] 中华人民共和国交通部. JTG F10—2006 公路路基施工技术规范[S]. 北京：人民交通出版社，2006.

[149] 中华人民共和国交通部. JTG E60—2008 公路路基路面现场测试规程[S]. 北京：人民交通出版社，2008.

[150] 郭涛，何森. 动力锥DCP在路基拼接中的应用研究[J]. 道路工程，2009（2）：114-117.

[151] 邱庆程，李伟和. 跨孔地震CT层析成像在岩溶勘察中的应用[J]. 物探与化探，2001，25（3）：236-240.

[152] 汪兴旺，杨勤海，孙党生. 岩溶探测中井间地震波层析成像的应用[J]. 物探与化探，2008，32（1）：105-108.

[153] 李天祺，彭涛，郭印. 井间地震层析成像技术在岩溶勘察中的应用[J]. 水文地质工程地质，2009（6）：127-130.

[154] 褚学伟，党爽，丁坚平. 贵州岩溶塌陷分布及其影响因素分析[J]. 人民长江，2015，46（12）：42-44.

[155] 邢雪，周丹，罗跃. 江苏徐州岩溶塌陷及其防治对策[J]. 中国地质灾害与防治学报，2014，25（4）：51-58.

[156] 吴永华，谢春波，朱沟. 陆家街地区岩溶塌陷形成机制及预测评价[J]. 中国地质灾害与防治学报，1994，10（5）：118-123.

[157] 武汉林，赵劲松. 临沂市城区地面塌陷的成因及防治[J]. 岩土工程界，2002，5（7）：37-38.

[158] 潘国林，洪天求. 地下水示踪试验在岩溶塌陷成因判别中应用分析——以安庆市怀宁县黄岭区为例[J]. 中国地质灾害与防治学报，2014，25（1）：125-130.

[159] 王滨，李治广，董听，等. 岩溶塌陷的致塌力学模型研究——以泰安市东羊娄岩溶塌陷为例[J]. 自然灾害学报，2011，20（4）：119-125.

[160] 应文玺. 贵州织金某场地岩溶塌陷危险性评价及稳定性分析[D]. 成都：西南石油大学，2012.

[161] 殷美，任康进. 武汉市某公路工程桩基施工引发岩溶地面塌陷形成机制及防治措施[J]. 资源环境与工程，2013，27（2）：189-192.

[162] 川李勇峰. 深圳大运中心场地岩溶地面塌陷危险性评价研究[D]. 武汉：中国地质大学，2013.

[163] 徐卫国. 试论岩溶矿区地面塌陷的真空吸蚀作用[J]. 地质论评，1981，27（2）：174-183.

[164] 左平怡, 赵济群, 钱再华. 对真空吸蚀作用解释地面塌陷的疑议[J]. 地质论评, 1981, 27（3）: 243-248.

[165] 郭殿权, 刘道喜. 武昌陆家街地面塌陷成因机理分析[J]. 工程勘察, 1990（6）: 11-13.

[166] 雷国良, 周济柞. 贵州水城工业区覆盖型岩溶塌陷研究[J]. 中国地质灾害与防治学报, 1996, 7（4）: 87-91.

[167] 曾昭华. 江西地质灾害与环境[J]. 工程勘察, 1998（6）: 32-36.

[168] 吴春寅, 曹峰, 朱嗣昭. 山东省枣庄市十里泉、丁王庄一带地面塌陷的成因及防治对策[J]. 水文地质工程地质, 1998（5）: 27-32.

[169] 王建秀, 杨立中, 刘丹, 等. 铁路岩溶塌陷典型概念模型研究及实例分析[J]. 铁道工程学报, 1999（4）: 75-80.

[170] 朱寿增, 周健红, 陈学军. 桂林市西城区岩溶塌陷形成条件及主要影响因素[J]. 桂林理工大学学报, 2000, 20（2）: 100-105.

[171] 彭涛, 葛少亭, 武威. 庞世彬岩溶土洞发育区地基塌陷的治理[J]. 水文地质工程地质, 2001（3）: 55-60.

[172] 王柳宁, 高武振. 桂林市西城区地下水活动与岩溶塌陷的关系[J]. 桂林工学院学报, 2000, 20（4）: 106-111.

[173] 高宗军. 泰安岩溶地面塌陷形成机理与防治对策[J]. 中国地质灾害与防治学报, 2001, 12（4）: 73-761.

[174] 骆银辉, 马刚, 顾荣生, 等. 云南南伞盆地岩溶塌陷机制初探[J]. 水文地质工程地质, 2003（2）: 53-55.

[175] 丁春林. 溶洞的机场滑行道路基稳定性评估[J]. 岩石力学与工程学报, 2003, 22（8）: 1329-1333.

[176] 李清春, 李清春, 冯克印. 临沂市城区岩溶塌陷特征及成因分析[J]. 山东国土资源, 2005, 21（9）: 61-64.

[177] 张丽芬, 曾夏生, 等. 我国岩溶塌陷研究综述[J]. 中国地质灾害与防治学报, 2007, 18（3）: 127.

[178] 范士凯. 武汉（湖北）地区岩溶地面塌陷[J]. 资源环境与工程, 2006（20）: 608-616.

[179] 万志博, 武雄, 徐晟, 等. 枣庄市十里泉岩溶塌陷机理分析[J]. 水文地质工程地质, 2006（3）: 109-111.

[180] 万志博, 武雄, 徐晟, 等. 枣庄市中区岩溶塌陷特征与成因分析[J]. 中国岩溶, 2006, 25（2）: 146-151.

[181] 许领, 金艳丽, 简中华, 等. 杭州市环西湖覆盖型岩溶地面塌陷成因及预防[J]. 中国地质灾害与防治学报, 2008, 19（1）: 36-39.

[182] 邓启江, 李星宇, 吕琼, 等. 昆明市岩溶塌陷发育特征和防治措施[J]. 中国岩溶, 2009, 28（1）: 23-29.

[183] 刘之葵. 岩溶区土洞发育机制的分析[J]. 工程地质学报, 2004, 12（1）: 45-49.

[184] 谭益. 广西覆盖型岩溶区土层崩解机理研究[J]. 工程地质学报, 2001, 9（3）: 272-276.

[185] 谭开鸥, 李玉生. 重庆地区的岩溶塌陷及其形成机理[J]. 中国地质灾害与防治学报,

1995，6（3）：23-27.

[186] 邓启江，李星宇，吕琼，等. 昆明市岩溶塌陷发育特征和防治措施[J]. 中国岩溶，2009，28（1）：23-28.

[187] 许公瞻，周来，冯启言. 枣庄岩溶地面塌陷机理研究[J]. 地质灾害与环境保护，2005，16（1）：41-43.

[188] 邓启江，李星宇，吕琼，等. 昆明市岩溶塌陷发育特征和防治措施[J]. 中国岩溶，2009，28（1）：23-29.

[189] 刘秀敏，陈从新，沈强，等. 覆盖型岩溶塌陷的空间预测与评价[J]. 岩土力学，2011，32（9）：2787-2790.

[190] 李万有，陈立龙，李爽，等. 覆盖层的抗剪强度与土洞型岩溶塌陷高度关系的数值分析研究[J]. 林业科技情报，2010，42（1）：102-104.

[191] 郭栋栋，赵利红，高宗军，等. 山东泰安羊娄岩溶地面塌陷的高密度电法探测应用[J]. 中国地质灾害与防治学报，2012，23（4）：104-108.

[192] 邓凯，沈云发，张玉池. 综合物探方法在高速公路岩溶塌陷探测中的应用分析[J]. 工程地球物理学报，2012，9（1）：54-57.

[193] 雷位冰，方彦，杨成忠. 填石路堤研究进展与展望[J]. 华东交通大学学报，2007，24（4）：8-12.

[194] 中华人民共和国行业标准. JTJ 051—93 公路土工试验规程[S]. 北京：北京人民交通出版社，1993：54-76.

[195] 赵久炳. 西宝高速公路粗粒土路基压实度试验研究[J]. 国外公路，1996（2）：1821.

[196] 玛忠居，张永清. 粗粒土路基的压实试验[J]. 长安大学学报：自然科学版，2004，24（3）：9-12.

[197] 李哲，土芝银，谢永利. 粗粒土类别的分形图解[J]. 长安大学学报：自然科学版，2004，24（6）：15-19.

[198] 刘丽萍，土东耀. 土石混合料压实质量控制[J]. 长安大学学报（自然科学版），2006，26（1）：35-37.

[199] 张宜洛，郑南翔，顾炳其. 中粗粒土路基压测定方法[J]. 中国公路学报，2006，19（5）：29-33.

[200] 土东耀，刘丽萍，叶万军. 山渣料路用性能试验[J]. 长安大学学报（自然科学版），2007，27（1）：15-18.

[201] 赵久炳，王正良. 西方高速公路粗料土路基压实度的试验研究[J]. 国外公路，1996（2）：35.

[202] 徐卫东，赵丽华. 土石混合料非均质填方的压实质量控制方法初探[J]. 辽宁交通科技，1995（6）：12-15.

[203] 武明. 土石混合非均质填料力学特性试验研究[J]. 公路，1997（5）：12-13.

[204] 顾炳其，马荣贵. 路基压实度快速测定的瞬态冲击频谱分析法[J]. 西安公路交通大学学报，1997，17（4）：37-41.

[205] 杨世基. 公路填石路基压实标准与检测方法总报告[J]. 北京：交通部公路科学研究所，

1998：23-30.

[206] 玛居忠，李玮，刘远征，等. 高等级公路填石路基压实实验研究[J]. 河南交通科技，2000（3）：31-33.

[207] 于晓. 高速公路填石路堤施工方法及质量控制[J]. 东北公路，2001（2）：30-34.

[208] 徐立章，徐刚. 基于便携式计算机的路基压实度测定方法的实现[J]. 江苏理工大学学报，2001，17（4）：69-72.

[209] 张润利，张俊杰. 振动压路机压实度连续检测仪[J]. 工程机械，2001（8）：46.

[210] 刘宇，刘大超. 粗粒径石料填筑高路堤的施工质量控制与检测[J]. 路基工程，2002，102（3）：60-61.

[211] 郑治，漆光荣，陈礼彪. 硬石料填石路堤修筑技术试验研究[J]. 公路交通科技，2002，19（6）：13-16.

[212] 永和. 填石路堤施工工艺与技术控制研究[J]. 广西交通科技，2002，27（1）：30-32.

[213] 钟守宾. 基于反分析方法的高填石路堤工期沉降计算[J]. 广西交通科技，2003，28（2）：63-65.

[214] 贾侃. 填石路基施工工艺研究[D]. 西安：长安大学，2003.

[215] 闫从军，杨士敏. 填石路基振动压实试验[J]. 筑路机械与施工机械化，2003（5）：89.

[216] 邓学欢，土太勇. 压实度自动检测技术及其应用[J]. 西南交通大学学报，2003，38（5）：505-508.

[217] 李青山，张献民，李红英. 路基压实度的瞬态瑞雷波检测法[J]. 河北工业大学学报，2003，32（5）：27-30.

[218] 孙党生，李国占. 基于时频分析的瑞雷波相速度提取及其应用[J]. 勘察科学技术，2003（3）：46.

[219] 赵建三，李亭. 瑞雷波法应用于高速公路路基工程质量无损检测研究[J]. 湖南大学学报，2003，30（1）：107-112.

[220] 于德阶，赵明华，赵江. 高填石路堤模型密度动测方法的研究[J]. 中国岩溶，2005，24（2）：124-127.

[221] 邵腊庚，傅志勇，李闯民. 山区高速公路填石路堤压实质量控制[J]. 公路交通科技，2005，2：24-27.

[222] 刘多文. 填石路堤原位抗剪试验研究[J]. 中南公路工程，2005，30（2）：69.

[223] 盖晓连，张佰真铭. 以哈尔滨市为例浅谈地下综合管廊建设[J]. 黑龙江科学，2016，7（21）：142-143.

[224] 黄明利. 城市地下综合管廊建设管理模式及关键技术[J]. 隧道建设，2013.

[225] 贾志恒，陈战利，李雯琳. 城市地下综合管廊的现状及发展探索[J]. 江西建材，2016（22）.

[226] 杨峰. 城市地下市政综合管廊施工方法初步探讨与分析[J]. 安徽建筑，2016，23（3）：88-91.

[227] 杨韬，张杰. 施工项目计划与控制[J]. 硅谷，2011(1)：151-151.

[228] 杨永强. 地下综合管廊的技术施工方法探讨[J]. 建筑知识，2016（6）.

[229] 张良. 斜坡软弱土地基路堤的工程特性研究[D]. 成都：西南交通大学，2003.

[230] 黎莉，刘代全，刘晓明. 山区高速公路高填石路堤稳定性分析[J]. 公路，2003（1）：72-76.

[231] 吴超凡. 高速公路浸水填石路堤设计与施工的探讨[J]. 公路，2003（4）：82-83.

[232] 土爱红. 浅谈土工格栅填石路堤质量控制[J]. 山西交通科技，2004（10）：28-29.

[233] 彭建国，刘小明，刘江波. 填石路堤变形观测方案设计与实施[J]. 中国岩溶，2005（24）2：135-139.

[234] 陈昌富，龚晓南. 启发式蚁群算法及其在高填石路堤稳定性分析中的应用[J]. 数学的实践与认识，2004（6）：89-92.

[235] 陈昌富，李刚，曹文贵. 高填石路堤参数进化反演研究[J]. 中国岩溶，2005，24（2）：119-125.

[236] 黎莉，赵明华，刘小明. 高填石路堤施工阶段地基沉降分析分析方法初探[J]. 公路，2002（1）：64-66.

[237] 曹喜仁，钟守滨，等. 高填石路堤工后沉降分析及工程算法探讨[J]. 湖南大学学报（自然科学版），2002，29（6）：112-117.

[238] 赵明华，刘江波，余颜. 高填石路堤沉降变权重组合预测方法研究[J]. 湖南科技大学学报（自然科学版），2005（4）：53-56.